DER U-BOOT-KRIEG
1939–1945

Rainer Busch / Hans-Joachim Röll

Der U-Boot-Krieg

1939–1945

Die Ritterkreuzträger der U-Boot-Waffe von September 1939 bis Mai 1945

SEIT 1789

Verlag E.S. Mittler & Sohn
Hamburg · Berlin · Bonn

Bibliografische Information Der Deutschen Bibliothek
Die Deutsche Bibliothek verzeichnet diese
Publikation in der Deutschen Nationalbibliografie; detaillierte
bibliografische Daten sind im Internet über
http://dnb.ddb.de abrufbar.

ISBN 3 8132 0515 0; Warengruppe 3
ISBN Gesamtwerk (5 Bände) 3 8132 0509 6

Satz: Hans Kock Buch- und Offsetdruck GmbH, Bielefeld
Druck und Weiterverarbeitung: Clausen & Bosse GmbH, Leck

INHALT

VORWORT

Mit diesem fünften Band liegt das Werk über den U-Boot-Krieg von 1939 bis 1945 – über die Kommandanten, ihre Erfolge und Verluste sowie über die Ritterkreuzträger – nun vollständig vor.
Auf der Grundlage der Personalakten und selbstverständlich auch der Kriegstagebücher, die sich in unserem Besitz befinden, werden die Ritterkreuzträger der U-Boot-Waffe mit ihrem Lebenslauf, ihren Feindfahrten und den Daten des Ein- und Auslaufens der U-Boote in der Reihenfolge der Verleihung aufgeführt. Wieder – wie auch in den anderen Bänden – zeigt sich, daß die scheinbar leblosen Zahlen doch ein lebendiges Bild vom Kriegsverlauf vermitteln.
Militär- und zeitgeschichtlich aufschlußreich und besonders interessant sind die Stellungnahmen des Befehlshabers der U-Boote (B.d.U.) zum Verlauf der einzelnen Einsätze und zu den Reaktionen der dekorierten U-Boot-Fahrer.
Nach den anfänglichen Erfolgen der deutschen U-Boote zu Beginn des Zweiten Weltkrieges dokumentieren sie mit den wachsenden Verlusten auch die zunehmenden Veränderungen in den Kriterien der Bewertung der Leistungen der Kommandanten durch die Führung der deutschen U-Boot-Waffe, aber auch zur Qualität der Bewaffnung.
Zusammen mit dem dritten Band unserer Publikation, der die Erfolge der deutschen U-Boot-Waffe schildert, erhält der Leser mit diesem fünften Band eine wertvolle und interessante Ergänzung über Verlauf und Daten der Kämpfe auf See.
Das Ritterkreuz, 1813 von Friedrich Wilhelm III. von Preußen als Kriegsauszeichnung für die Dauer des Krieges für alle Dienstgrade gestiftet, wurde 1870, 1914 und 1939 erneuert und bedeutete in Deutschland von 1939 bis 1945 die höhere Stufe des Eisernen Kreuzes.
Der Leser kann sich nun selbst ein Bild machen über die unterschiedlichen Persönlichkeiten und Charaktere der besonders hervorgehobenen U-Boot-Kommandanten, Ingenieure, Obersteuermänner und Obermaschinisten, die mit dem Ritterkreuz zum Eisernen Kreuz ausgezeichnet wurden.
Die Personalakten wurden uns von der Deutschen Dienststelle (WASt) zur Verfügung gestellt. Hierfür sind wir Herrn Bernd Gericke zu Dank verpflichtet.
Unser besonderer Dank gilt Herrn Manfred Dörr, der ein erfahrener Autor von Publikationen über Orden und Auszeichnungen ist, und dessen Engagement, mit dem er unser Projekt begleitet hat, für uns besonders wertvoll war. Auf diese Weise konnten viele Detailpunkte besprochen und geklärt werden, deshalb möchten wir uns an dieser Stelle noch einmal für das fruchtbare Zusammenwirken bedanken.
Äußerst verbunden sind wir auch der Marine-Offizier-Vereinigung für das Bereitstellen der benötigten Ranglisten, Crewbücher und Marine-Verordnungsblätter. Dank hierfür an Herrn Schmeling und Herrn Liedtke.
Weiterhin sind wir dem Geschäftsführer der Ordensgemeinschaft der Ritterkreuzträger, Herrn Jürgen Heinze, für seine Mithilfe dankbar.
Bedanken möchten wir uns auch bei Herbert Ritschel, Wolfgang Freese, Jürgen Schlemm, Andreas Dwulecki, Thomas Wende und Uwe Schweisfurth, die uns weiteres wertvolles Material zur Verfügung stellten.
Viele offene Fragen konnten durch die Korrespondenz mit noch lebenden Ritterkreuzträgern geklärt werden. In diesem Zusammenhang wurde die Schreibweise der Namen im Verlauf der Erarbeitung der fünf Bände den neuesten Erkenntnissen angeglichen.
Die Bilder stammen aus unserer Sammlung bzw. wurden uns teilweise von Herrn Manfred Dörr und Herrn Wolfgang Freese zur Verfügung gestellt.

Würzburg, im September 2003 — Rainer Busch und Hans-Joachim Röll

Erläuterung der Abkürzungen

A I	1. Admiralstabsoffizier
A/A	Artillerieoffizier A
A/B	Artillerieoffizier B
Abt	Abteilung
ACL	Hilfskreuzer
Adm. Ausb.	Admiral Ausbildung
AG	Amtsgericht
Agru-Front	Technische Ausbildungsgruppe für Front-U-Boote
am	Vereinigte Staaten von Amerika
AO	Artillerieoffizier
APC	Hilfs-U-Bootjäger
Aphrodite	Deckname für das Funkmeß-Täuschungsgerät (FuMT 1)
APM	Hilfs-Minensuchboot
Asdic	Allied Submarine Detection Investigations Committee bzw. nach diesem benannten Gerät zur Unterwasser-Schallortung
A/S	Army Squadron
A/S	Anti Submarine (U-Boot-Abwehr)
ASM	Admiral Schwarzes Meer
Asto	Admiralstabsoffizier
A.T.O.	Artillerietechnischer Offizier
B	Schlachtschiff
B.d.A.	Befehlshaber der Aufklärungsstreitkräfte
B-Dienst	Beobachtungsdienst
B.d.L.	Befehlshaber der Linienschiffe
B.d.M.	Befehlshaber der Minensuchstreitkräfte
B.d.P.	Befehlshaber der Panzerschiffe
B.d.U.	Befehlshaber der Unterseeboote
BGS	Bundesgrenzschutz
BMVg	Bundesministerium der Verteidigung
br	Großbritannien
BRD	Bundesrepublik Deutschland
BRT	Bruttoregistertonnen
BÜ	Befehlsübermittler
Ca	Kanada
CL	Leichter Kreuzer
CM	Minenkreuzer
Composite	Mehrzweck
Crew	Einstellungsjahrgang für Offizieranwärter der Reichs- und Kriegsmarine
CV	Flotten-Flugzeugträger
CVE	Geleitträger
DD	Zerstörer
DE	Geleitzerstörer
Dete-Anlage	Deutsches Radar – später Funkmeß
Div.	Division
div.	diverse
DNB	Deutsches Nachrichtenbüro
DO	Divisionsoffizier
d.R.	der Reserve
dt	Deutschland
DVS	Deutsche Verkehrsfliegerschule
E-Meß	Entfernungsmesser
ES	Erkennungssignal
ETo	elektrischer Torpedo
EVG	Europäische Verteidigungsgemeinschaft
FAA	Fleet Air Arm of Royal Navy
FAB	Brazilian Air Force (Brasilianische Luftwaffe)
FAT	Feder-Apparat-Torpedo (eingestellter Kurven- bzw. Zickzacklauf)
F.d.M.	Führer der Minensuchverbände
F.d.U.	Führer der Unterseeboote
F.d.W.	Führer der Wohnschiffe
Fido	akustischer Flugzeugtorpedo
FK	Fregattenkapitän
Fla	Fliegerabwehr
Flibo	Fliegerbombe

fr	Frankreich
F.T.	Funktelegrafie
F.T.O.	Funktechnischer Offizier
FuM.B	Funkmeß-Beobachtungs-dienst
Fumo	Gerät zur Funkmeßortung
Fü	Führung
FüB (Nato)	Führungsstab der Bundes-wehr
FüM (Nato)	Führungsstab der Marine
FüS (Nato)	Führungsstab der Streit-kräfte
Füsto	Führungsstabsoffizier
GFK	Geschützführer Küste
GHG	Gruppenhorchgerät
GM/SA	German Minesweeping Administration
H.S.O.	Handelsschiffsoffizier
Ing.	Ingenieur
i.G.	im Generalstab
i.V.	in Vertretung
Kdt	Kommandant
Kdt-Schüler	Kommandantenschüler
KG	Kampfgeschwader
KGr	Kampfgruppe
KK	Korvettenkapitän
Kl	Kapitänleutnant
K.L.A.	Kriegsschiffsbaulehrabtei-lung
K.L.A.-U.	Kriegsschiffsbaulehrabtei-lung für U-Boote
KMD	Kriegsmarinedienststelle
Kom. Adm.	Kommandierender Admiral
Komp.	Kompanie
KrO	Kriegsoffizier
K-Verband	Kleinkampfverband
K.S.L.	Kommandanten-Schieß-lehrgang
K.T.B.	Kriegstagebuch
Küfa	Küstenfrachter
KzS	Kapitän zur See
LI	Leitender Ingenieur
lt.	laut
LUT	Lagenunabhängiger Torpedo
LzS	Leutnant zur See
M ...	Minensuchboot
M.A.	Marineartillerie
M.A.A.	Marineartillerieabteilung
MB	Marinebau
Metox	Bezeichnung für das erste deutsche Funkmeßgerät auf Unterseebooten (Pro-visorium ohne Erfolge), bekannt als Biskaya-Kreuz
MG	Maschinengewehr
M.G.D.	Marine-Grenadierdivision
MKB	Motorkanonenboot
M.L.A.	Marineunteroffizierslehr-abteilung (ab 01.01.1944 Marinelehrabteilung)
MNO	Marine-Nachrichtenoffizier
MOK	Marineoberkommando
Mot	Motorenlehrgang III (für Mannschaften) II (für Unteroffiziere) I (für Oberfeldwebel)
MPA	Marinepersonalamt
MTB	Motortorpedoboot
m.W.d.G.b.	mit der Wahrnehmung der Geschäfte beauftragt
MZ	Mehrzweck
Naxos	Name für das FuMB 7
NO	Navigationsoffizier
nw	Norwegen
n.v.	nicht vermerkt
O (I) = I.O.	1. Offizier
Ob.d.Luft	Oberbefehlshaber der Luftwaffe (See)
Ob.d.M.	Oberbefehlshaber der Marine
O.K.M.	Oberkommando der
Marine	
OlzS	Oberleutnant zur See
OlzSdR	Oberleutnant zur See der Reserve
op	Operation
Org.	Organisation
PA	Personalakte
PC	U-Boot-Jäger
PE	Korvette
Pi-Versager	Pistolenversager
PM	Minensuchboot

POW	Prisoner of War
PS	Sloop
R ...	Räumboot
Reg.	Regiment
R.L.M.	Reichsluftfahrtministerium
R.O.	Rollenoffizier
ROA	Reserveoffiziersanwärter
S.A.S.	Schiffsartillerieschule
SHAPE (Nato)	Supreme Headquarters
Skl	Seekriegsleitung
sj	Sowjetunion
sm	Seemeile = 1,852 km
SMS	Seiner Majestät Schiff (Kaiserliche Marine)
s.o.	siehe oben
Squadron	Staffel
SS	U-Boot
SSS	Segelschulschiff
S.St.Abt.	Schiffsstammabteilung
S.St.Div.	Schiffsstammdivision
S.St.Reg.	Schiffsstammregiment
S.V.K.	Sperrversuchskommando
T ...	Torpedoboot
TO	Torpedooffizier
ts	tons (engl.)
T.W.L.	Torpedowaffenleitlehrgang
UA	U-Batiray ex türkisches U-Boot
U.A.	U-Ausbildung
Ua	U-Ausbildungslehrgang
u.a.	unter anderen
U.A.A.	U-Ausbildungsabteilung
überplanm.	überplanmäßig
Ufl.	U-Flottille
U.L.D.	U-Bootlehrdivision
U.S.A.	United States of America
USAAF	United States Army Air Force (Heeresluftwaffe)
US-Navy	United States Marine
U.T.	Unterwassertelegrafie
U.T.E.S.	Unterwassertelegrafie-Erkennungssignal
U.T.O.	U-Torpedooffizier
U-T.W.L.	U-Torpedowaffenleitlehrgang
U.W.O.	U-Wachoffizier
VBK	Verteidigungsbezirkskommando
vergl.	vergleiche
Vp	Vorpostenboot
Wabo	Wasserbomben
WASt	Wehrmachtsauskunftstelle
WO	Wachoffizier
Z.B.	Zielbeobachter
z.B.	zum Beispiel
z.b.V.	zur besonderen Verwendung
Z.H.B.	Zielhilfsbeobachter
z.T.	zum Teil
z.V.	zur Verwendung
z.Vfg.	zur Verfügung
z.Zt.	zur Zeit
*	geboren am ...
†	verstorben bzw. gefallen am ...
+	versenkt
=	beschädigt
$	beschädigt, aufgegeben

Die Ritterkreuzträger der U-Boot-Waffe

Günther Prien

* 16.01.1908
in Osterfeld/Thüringen
† 07.03.1941
im Nordatlantik südöstlich von Island verschollen

18.10.1939
Ritterkreuz (2-1)

20.10.1940
5. Eichenlaub (1-1)

16.01.1933
Eintritt in die Reichsmarine
Crew 31 (eingegliedert), vorher H.S.O.

16.01.1933 – 31.03.1933
Infanterieausbildung – II. Abt. S.St.Div. der Ostsee, Stralsund

01.03.1933
Fähnrich zur See

01.04.1933 – 30.09.1934
Fähnrichslehrgänge (Haupt- und Waffenlehrgänge) – Marineschulen Flensburg-Mürwik und Kiel

01.10.1934 – 30.09.1935
Wach- und Divisionsleutnant – Leichter Kreuzer KÖNIGSBERG

01.01.1935
Oberfähnrich zur See

01.04.1935
Leutnant zur See (-14-)

01.10.1935 – 30.04.1936
U-Ausbildung – U-Bootsschule Kiel bzw. T-B-Lehrgang auf U 3

01.05.1935 – 10.05.1935
z.Vfg. – F.d.U.

11.05.1936 – 30.09.1938
I.WO – U 26/U-Flottille Saltzwedel bzw. im Spanieneinsatz vom 06.05.1937 – 15.06. 1937 und 15.07.1937 – 30.08.1937

01.01.1937
Oberleutnant zur See (-10-)

22.01.1937
Dienstauszeichnung IV. Klasse

01.10.1938 – 16.12.1938
Baubelehrung – Germaniawerft Kiel, für U 47

17.12.1938 – 07.03.1941
Kommandant – U 47/U-Flottille Wegener, ab 01.01.1940, 7. U-Flottille

01.02.1939
Kapitänleutnant (-10-)

25.09.1939
Eisernes Kreuz II. Klasse

17.10.1939
Eisernes Kreuz I. Klasse

18.10.1939
Ritterkreuz des Eisernen Kreuzes

29.11.1939
Nennung im Wehrmachtsbericht

28.06.1940
Nennung im Wehrmachtsbericht

01.07.1940
Nennung im Wehrmachtsbericht

06.07.1940
Nennung im Wehrmachtsbericht

10.09.1940
Nennung im Wehrmachtsbericht

25.09.1940
Nennung im Wehrmachtsbericht

20.10.1940
Günther Prien bekam am 20.10.40 als 5. Soldat der deutschen Wehrmacht das Eichenlaub zum Ritterkreuz des Eisernen Kreuzes verliehen. Er war damit zugleich der 1. Soldat der Kriegs-

marine und der U-Boot-Waffe, dem diese hohe Auszeichnung verliehen wurde.

20.10.1940
Nennung im Wehrmachtsbericht

07.03.1941
U 47 meldet sich nach Anfrage nach Standort nicht mehr. U 47 ist seit dem 07.03.41 im Nordatlantik südöstlich von Island beim Angriff auf den Geleitzug OB 293 verschollen. Die ungefähre Position ist 60°00'N/12°50'W, die wirkliche Verlustursache bleibt unbekannt.

18.03.1941
Korvettenkapitän zum 01.03.41 gemäß Erlaß wegen besonderer Tapferkeit vor dem Feind

23.05.1941
Letzte Nennung im Wehrmachtsbericht:
Das von Korvettenkapitän Günther Prien geführte Unterseeboot ist von seiner letzten Fahrt gegen den Feind nicht zurückgekehrt. Mit dem Verlust des Bootes muß gerechnet werden.
Korvettenkapitän Günther Prien, der Held von Scapa Flow, der vom Führer in Anerkennung seiner überragenden Verdienste mit dem Eichenlaub zum Ritterkreuz des Eisernen Kreuzes ausgezeichnet worden war, und seine tapfere Besatzung leben im Herzen aller Deutschen weiter.

24.05.1941
Tagesbefehl des Befehlshabers der Unterseeboote
Der Befehlshaber der Unterseeboote, Vizeadmiral Dönitz, hat folgenden Tagesbefehl an die Unterseebootwaffe erlassen:
Günther Prien, der Held von Scapa Flow, tat seine letzte Fahrt. Wir U-Bootsmänner neigen uns in stolzer Trauer und grüßen ihn und seine Männer. Auch wenn ihn der weite Ozean deckt, Günther Prien steht doch für immer mitten unter uns. Kein U-Boot wird nach Westen fahren, das er nicht begleitet, das nicht von seinem Geiste mitnimmt. Kein Schlag gegen England wird von uns geschlagen werden, den er nicht, zum Angriff drängend, mitführt. Überschäumend von Jugendkraft und Draufgängertum ist er den U-Boot-Kämpfern ewiges Vorbild. Wir verloren ihn und gewannen ihn wieder: Symbol ist er uns geworden für unseren harten, unerschütterlichen Angriffswillen gegen England.
Der Kampf geht weiter in seinem Geiste.

1. Unternehmung U 47:
(Nordatlantik, südwestlich von Irland)

Kdt:	Kl Günther Prien (1. Feindfahrt)
I. WO:	OlzS Engelbert Endrass
LI:	Ol (Ing.) Johann Friedrich Wessels
19.08.1939	Kiel aus
15.09.1939	Kiel ein
Erfolge:	3 Schiffe (8270 BRT +)

Auszug aus dem K.T.B. des B.d.U. vom 15.09.1939:
U 47 meldet als versenkt:

D. BOSNIA	*2407 BRT*	*3200 t Schwefel*
D. RIO CLARO	*4086 BRT*	*4777 t Stückgut*
D. GARTAVON	*1777 BRT*	*2900 t Erz*
Summe:	*8270 BRT*	

Das Boot war 4 Tage (03.-07.09.) im Operationsgebiet nach Kriegsausbruch. Ein schöner Erfolg für den Anfang!

2. Unternehmung U 47:
(Scapa Flow, Sonderunternehmung gemäß Operationsbefehl Nr.16)

Kdt:	Kl Günther Prien (2. Feindfahrt)
I. WO:	OlzS Engelbert Endrass
LI:	Ol (Ing.) Johann Friedrich Wessels
08.10.1939	Kiel aus
17.10.1939	Wilhelmshaven ein
20.10.1939	Wilhelmshaven aus
21.10.1939	Kiel ein
Erfolge:	1 Schlachtschiff (29150 ts + br BB ROYAL OAK)

Auszug aus dem K.T.B. des F.d.U. West vom 15.10.1939:
2300 Uhr geht von U 47 der Funkspruch ein: Unternehmung planmäßig durchgeführt.

ROYAL OAK versenkt. REPULSE beschädigt. Erbitte Einlaufweg I, 16.10. abends, da andere Unterlagen nicht mehr an Bord.

Das Boot erhält entsprechenden Funkbefehl (Einlaufen Wilhelmshaven).

Mit der eingegangenen Meldung liegt die Bestätigung der erfolgreichen Beendigung einer von langer Hand vorbereiteten Unternehmung vor – dem Eindringen eines U-Bootes in die Bucht von Scapa Flow.

Sie stellt dem Kommandanten U 47, Kaptlt. Prien, und seiner Besatzung das höchste Zeugnis aus.

Der Durchführung sind folgende Überlegungen und Vorbereitungen vorausgegangen:

1.) Das Eindringen eines U-Bootes in die Scapa-Bucht ist von Kriegsbeginn an auf seine Durchführbarkeit untersucht worden. Die Bedeutung eines Erfolges lag auf der Hand.

2) Als erste Unterlage ging von Skl auf Anforderung die Ausarbeitung Scapa Flow mit eingezeichneten vermuteten Sperren ein. Hierfür mußte aber eine Bestätigung geschaffen werden, da so noch nicht zu erkennen war, wo ein Eindringen möglich war.

3) Am 08.09. erhielt ich davon Kenntnis, daß durch ein Wetterflugzeug der Luftflotte 2 eine Aufnahme von Scapa gemacht worden war (06.09.). Diese wurde am 11.09. übersandt und zeigte schwere und leichte Seestreitkräfte nördlich Flotta und im Sund zwischen Switha und Risa.

4) U 14 wird vor den Orkneys angesetzt (13.–29.09.) und bringt von dieser Unternehmung wertvolles B-Material über Bewachung, Befeuerung, Stromverhältnisse usw. mit. Der Kommandant (Wellner) hält ein Eindringen in Scapa durch den Hoxa-Sund bei offener Sperre für möglich.

5) Auf Anforderung werden am 26.09/ 1500 Uhr vorzügliche Luftaufnahmen der Luftflotte 2 gemacht, die ein genaues Bild von dem Clestrom-Sund über Risa bis Switha, dem Hoxa-Sund (teilweise) und dem Holm-Sund, der Bucht vor Scapa und Kirkwall geben. Bei der Auswertung komme ich zu folgendem Schluß:

a) Ich halte das Eindringen durch die Sperre im Hoxa-Sund für kaum möglich, durch den Switha-Sund und Clestrom-Sund infolge der dortigen Sperren für aussichtslos.

b) Der Holm-Sund ist ausschließlich durch 2 quer im Fahrwasser des Kirk-Sundes liegende, anscheinend versenkte Dampfer und einen an der Nordseite liegenden gesperrt. Südlich derselben bis zum Lamb Holm ist auf 7 m Tiefe eine Lücke von 170 m Breite bis zum flachen Wasser. Auch nördlich der Dampfer ist eine kleine Lücke. Das Ufer ist an beiden Seiten fast unbewohnt. Hier halte ich ein Eindringen nachts über Wasser bei Stauwasser für ohne weiteres möglich. Die Hauptschwierigkeit liegt auf navigatorischem Gebiet.

6) Eine erneute Aufnahme des Hoxa-Sundes bekräftigt die Ansicht, daß ein Eindringen dort unzweckmäßig ist.

7) Ich entschließe mich, die Unternehmung durchzuführen zu lassen und erhalte hierzu durch den Ob.d.M. bei persönlichem Vortrag in der Skl das Einverständnis. Als besonders geeigneten Kommandanten habe ich den Kaptlt. Prien vorgesehen, der die Durchführung mit Begeisterung übernimmt.

8) Es wird festgestellt, daß das Boot die Unternehmung in der Nacht vom 13. zum 14.10. durchführt, da an diesem Datum beide Stauwasserzeiten in die Dunkelheit fallen und Neumond ist. Das Boot läuft hierzu am 08.10. aus Kiel aus. Vor dem Auslaufen unterrichte ich den Kommandanten erneut an Hand der letzten Aufnahmen.

9) Das Boot ist nur mit G.7e ausgerüstet. Die Frage, ob Minen- oder Torpedoausrüstung, ist zu Gunsten letzterer entschieden, da hierdurch bei Antreffen ein sicherer Erfolg erzielt wird.

10) Die A-Gruppe, Ob.d.Luft - Werder, erhält Anweisung, kurz vor der Unternehmung (am 12.10.) durch Aufklärung und Bilderkundung die Lage in Scapa zu klären, um dem Boot rechtzeitig übermittelt werden zu können.

11) Die um die Orkneys aufgestellten Boote U 10, U 18, U 20, U 23 sind am 04.10. zurückgezogen worden, um keine Beunruhigung im Seegebiet Orkneys zu schaffen und die Engländer u. U. zu warnen. Es muß alles auf die eine Karte gesetzt werden.

12) Am 11.10. sieht ein Flugzeug der Luftflotte 2 Scapa bei niedriger Wolkenhöhe ein, ohne Auftrag dazu zu haben. Am 12.10./1500 Uhr wird eine vorzügliche Erkundung von einem Flugzeug der A-Gruppe

Ob.d.Luft
Besatzung: Leutnant Newe, Feldwebel Böhme, Feldwebel Wolff
durchgeführt, die die genaue Lage eines Flugzeugträgers, 5 schwere Schiffe, 10 Kreuzer meldet und die mündlich in der Nacht durch den Lt. N. in Wilhelmshaven erläutert wird. U 47 wird unterrichtet. Der Funkspruch wird jedoch von U 47 nicht aufgenommen, da das Boot auf Abgabezeit auf Grund liegt.

13) Nach den B-Meldungen ist dann am 13.10. ein größerer Teil der Schiffe wieder ausgelaufen. Es besteht die Möglichkeit, daß dies durch das zweimalige Erscheinen von Flugzeugen in Furcht vor Bombenangriffen auf den Stützpunkt Scapa erfolgt ist und daß das Erscheinen des Fliegers so eine unerwünschte Begleiterscheinung ergeben hat.
Das Boot wird am 17. vormittags in Wilhelmshaven zurückerwartet.

Auszug aus dem K.T.B. des F.d.U. West vom 17.10.1939:
1030 Uhr. Einlaufen U 47 Wilhelmshaven. Empfang durch Ob.d.M. Der Kommandant meldet über die Unternehmung:
Ein- und Auslaufen durch den Holm-Sund unter großen Schwierigkeiten möglich gewesen. Sehr wenig Platz bei Sperrschiffen, stärkste Stromkabelungen, beim Auslaufen 10 sm Strom gegenan.
Von Flotte nur REPULSE und ROYAL OAK vor Scapa.
1.) Anlauf 1 Treffer Vorschiff REPULSE.
2.) Anlauf kurz danach (2 Torpedos nachgeladen)
3.) Treffer auf ROYAL OAK. Schiff fliegt binnen weniger Sekunden in die Luft. Anschließend sofort ausgelaufen.
Nach Verlassen des Holm-Sund starke Suchaktion in Scapa-Bucht (mit Wasserbomben) festgestellt. Sehr starkes Nordlicht bis zum Zenit, so daß Helligkeit sehr störte.
Aus der Meldung geht hervor, daß die Unternehmung mit großem Schneid und Umsicht durchgeführt ist (Einzelheiten siehe Kriegstagebuch U 47).

Auszug aus dem K.T.B. der Seekriegsleitung vom 16.10.1939:
Ein herrlicher Erfolg und ein Beweis für die hervorragende Einsatzbereitschaft unserer jungen U-Boot-Waffe!
Die Beschädigung der REPULSE wird bestätigt durch die von der Luftaufklärung festgestellte Tatsache, daß sich der Schlachtkreuzer im Dock Rosyth befindet. Der Ansatz von Luftstreitkräften gegen REPULSE wird beantragt (s.o.).
Der Verlust der ROYAL OAK und die Beschädigung der REPULSE trifft England im gegenwärtigen Augenblick – kurz nach der ablehnenden Stellungnahme der deutschen Friedensvorschläge durch den britischen Premierminister – besonders schwer, zumal es keineswegs gewillt war, den Krieg unter vollem Einsatz und mit großen Opfern zu führen. Der Erfolg schädigt in hohem Maße das englische Prestige bei den Neutralen und erhöht die Achtung vor der deutschen Schlagkraft. Im deutschen Volke stärkt er in gleicher Weise wie die Erfolge unseres U-Boot-Handelskrieges das Ansehen der Kriegsmarine und weckt die Liebe zur jungen deutschen U-Boot-Waffe.
Die militärischen Auswirkungen der Erfolge unserer U-Boot-Waffe und Luftstreitkräfte auf die Seekriegsführung in der Nordsee sind im einzelnen noch nicht zu übersehen.

3. Unternehmung U 47:

(Nordatlantik, Orkneys, westlich des Kanals)

Kdt:	Kl Günther Prien (3. Feindfahrt)
I. WO:	OlzS Engelbert Endrass
LI:	Ol (Ing.) Johann Friedrich Wessels
16.11.1939	Kiel aus
18.12.1939	Kiel ein
Erfolge:	3 Schiffe (23 168 BRT +)

Auszug aus dem K.T.B. des B.d.U. vom 17.12. 1939:
Außerdem hat U 47 östlich der Shetlands am 28.11. einen einwandfreien Torpedotreffer auf einen Kreuzer der LONDON-Klasse erzielt. Anscheinend ist der Kreuzer aber nicht gesunken. Die Unternehmung war gut. Besonderes ist zu ihr nicht zu bemerken.
Es hat versenkt:

1.) Dampfer, unbekannt,	*etwa*	*12 000 ts*
2.) Tanker (Norwegen),	*etwa*	*10 000 ts*
3.) Tanker (Holland),	*etwa*	*9 000 ts*
	Summe:	*31 000 ts*

4. Unternehmung U 47:

(Nordsee, Shetlands, Orkneys)

Kdt:	Kl Günther Prien (4. Feindfahrt)
I. WO:	OlzS Hans-Werner Kraus
29.02.1940	Kiel aus
01.03.1940	Helgoland ein

05.03.1940	Helgoland aus
05.03.1940	Wilhelmshaven ein
11.03.1940	Wilhelmshaven aus (Beginn der 4. Unternehmung)
29.03.1940	Wilhelmshaven ein
Erfolge:	1 Schiff (1 146 BRT +)

5. Unternehmung U 47:

(Norwegenfeldzug, Shetlands, Vaagsfjord)

Kdt:	Kl Günther Prien (5. Feindfahrt)
I. WO:	OlzS Hans-Werner Kraus

03.04.1940	Wilhelmshaven aus
26.04.1940	Kiel ein
Erfolge:	keine

Stellungnahme des B.d.U.:
Eine gut durchgeführte, durch Torpedoversager um Erfolge gebrachte Unternehmung. Die Versenkung auch nur eines Transporters im Vaagsfjord hätte die Entwicklung der Lage im Raum Narvik entscheidend beeinflussen können.
Der ergebnislose Angriff auf WARSPITE mit einem Endstreckendetonierer beweist, welche Folgen eine Detonation am Ende der Laufstrecke für das schießende Boot haben kann. Wieviel Boote durch die Folgen von Torpedoversagern verloren sind, wissen wir nicht, daß aber Bootsverluste auf Rechnung von Torpedoversagern gehen, ist mit Sicherheit anzunehmen und aus einem Gefangenenbrief ersichtlich.
Aus dem Kriegstagebuch geht die dauernde Beanspruchung der U-Boot-Besatzungen durch Auftreten von Flugzeugen und, besonders in der ganzen Nordsee, fortlaufende Detonationen besonders anschaulich hervor. Diese Verhältnisse haben sich gegenüber dem Weltkrieg grundlegend geändert.

6. Unternehmung U 47:

(Nordatlantik, Biscaya, westlich des Kanals)

Kdt:	Kl Günther Prien (6. Feindfahrt)
I. WO:	OlzS Hans-Werner Kraus

03.06.1940	Kiel aus
06.07.1940	Kiel ein
Erfolge:	8 Schiffe (51 483 BRT +)
	1 Schiff (3 999 BRT =)

Stellungnahme des B.d.U.:
1.) *Ausgezeichnete Unternehmung, auf der alle Waffen bis zum letzten Schuß ausgenutzt wurden.*
2.) *Das Mißtrauen gegen die B-Dienst Standorte ist unberechtigt. Der Beweis hierfür ist dem Kommandanten am 21.06. erbracht worden. Der Mißerfolg des Ansatzes am 17.06. beruhte darauf, daß der Treffpunkt des Halifax-Geleitzuges verlegt war, die Verlegung aber erst zu spät festgestellt wurde.*
3.) *Die Versenkung eines 7000-t-Dampfers aus einem Geleitzug am 21.06. kann nicht als unbedingt sicher angesehen werden. Der O.K.W.-Bericht kann für den Kommandanten nicht maßgebender sein als seine eigene Beobachtung.*
4.) *Eine Bestätigung der englischen Nachrichten über die ARANDORA STAR bleibt abzuwarten.*

Auszug aus dem K.T.B. des B.d.U. vom 06.07.1940:
U 47 Kiel ein. Bei Ausmarsch wurden im Shetland-Gebiet eigene Flieger eines notgelandeten Flugzeugs gerettet, vor Erreichen der befohlenen Aufstellung des Halifax-Geleitzuges hat er anscheinend den vorübergehenden Geleitzug aus Kanada mit Erfolg angegriffen. Nach Aufgabe der Angriffsaufstellung gegen HX 48 hat er im Ost-West-Streifen vor dem Englischen Kanal mit großem Erfolg gegen Geleitzüge und Einzelgänger operiert und auf der Unternehmung 10 Dampfer mit insgesamt 66587 Tonnen versenkt, die bisher erfolgreichste Unternehmung dieses Krieges.

7. Unternehmung U 47:

(Nordatlantik, westlich der Hebriden)

Kdt:	Kl Günther Prien (7. Feindfahrt)
I. WO:	OlzS Hans-Werner Kraus

27.08.1940	Kiel aus
26.09.1940	Lorient ein
Erfolge:	6 Schiffe (35 006 BRT +)
	1 Schiff (5 156 BRT =)

Stellungnahme des B.d.U.:
1.) *Wie immer ausgezeichnet durchgeführte Unternehmung.*
2.) *Rettungsmaßnahmen am 05.09. in Ordnung.*
3.) *Das Verhalten von U 47 am Geleitzug war vorzüglich.*
Der Versuch, durch ein »Aus-Sicht-Signal« die Fühlung abzugeben (21.09.), war falsch.
Die Kritik an der Versenkungsmeldung von U 100 (22.09.) steht dem Kommandanten U 47 nicht zu.

4.) *Die Maßnahme des Heraussetzens von U 65 am 06.09. hatte nach mündlicher Meldung U 65 den Zweck, den verloren gegangenen Geleitzug wiederzufinden, nicht eine Angriffsverteilung zu machen.*

8. Unternehmung U 47:

(Nordatlantik, Nordkanal, Rockall-Bank)

Kdt: Kl Günther Prien (8. Feindfahrt)

I. WO: OlzS Hans-Werner Kraus

14.10.1940 Lorient aus
23.10.1940 Lorient ein
Erfolge: 4 Schiffe (22014 BRT +)
2 Schiffe (15018 BRT =)

Stellungnahme des B.d.U.:
Ein Schulbeispiel für eine gut durchgeführte Unternehmung.
Der Kommandant hat:
1.) *Tadellos Fühlung gehalten und dadurch andere Boote herangeführt.*
2.) *In hervorragend geschicktem und entschlossenem Nachtangriff die sich ihm bietende Gelegenheit vorzüglich ausgenutzt.*

21. Oktober 1940.
Der Führer und Oberste Befehlshaber der Wehrmacht hat Kapitänleutnant Prien das Eichenlaub zum Ritterkreuz des Eisernen Kreuzes mit folgendem Telegramm verliehen:

An Kapitänleutnant Prien:
In dankbarer Würdigung Ihres heldenhaften Einsatzes im Kampf für die Zukunft unseres Volkes verleihe ich Ihnen anläßlich der Versenkung von 200000 Tonnen feindlichen Schiffsraumes als fünftem Offizier der deutschen Wehrmacht das Eichenlaub zum Ritterkreuz des Eisernen Kreuzes.
Adolf Hitler

9. Unternehmung U 47:

(Nordkanal, westlich des Nordkanals)

Kdt: Kl Günther Prien (9. Feindfahrt)

03.11.1940 Lorient aus
06.12.1940 Lorient ein
Erfolge: 1 Schiff (7555 BRT +)
1 Schiff (8376 BRT =)

Stellungnahme des B.d.U.:
1.) *Eine Unternehmung, die ausgesprochen im Zeichen des Pechs gestanden hat.*
2.) *Die Möglichkeit, daß die angeführten ungeklärten Fehlschüsse Versager waren, bleibt offen. Sie wird durch gleichzeitige Erfahrungen anderer Boote beim Torpedoschießen nicht bestätigt.*
3.) *Der Einsatz der Artillerie im Geleitzug ist ein gewagter Entschluß, der zwar in diesem Fall gebilligt wird, sonst aber absolute Ausnahme bleiben muß, weil hier Einsatz und möglicher Erfolg in einem Mißverhältnis stehen.*

10. Unternehmung U 47:

(Nordatlantik)

Kdt: Kl Günther Prien (10. Feindfahrt)

20.02.1941 Lorient aus
07.03.1941 Verlust U 47
Erfolge: 4 Schiffe (16310 BRT +)
2 Schiffe (28744 BRT =)

Erfolge Günther Prien als Kommandant U 47:
31 Schiffe (194102 BRT + einschließl. br BB ROYAL OAK)
7 Schiffe (61293 BRT =)

Herbert Schultze

* 24.07.1909
in Kiel
† 03.06.1987
in London (beigesetzt in Wilhelmshaven)

01.03.1940
Ritterkreuz (3-2)

12.06.1941
15. Eichenlaub (6-6)

01.04.1930
Eintritt in die Reichsmarine
Crew 30

01.04.1930 – 30.06.1930
Infanterieausbildung – II. Abt. S.St.Div. der Ostsee, Stralsund

01.07.1930 – 09.10.1930
Bordausbildung – SSS NIOBE

09.10.1930
Seekadett

10.10.1930 – 04.01.1932
Bordausbildung – Leichter Kreuzer EMDEN

01.01.1932
Fähnrich zur See

05.01.1932 – 31.03.1932
Infanterielehrgang für Fähnriche – II. Abt. S.St.Div. der Ostsee, Stralsund

01.04.1932 – 28.03.1933
Hauptlehrgang für Fähnriche – Marineschule Flensburg-Mürwik

29.03.1933 – 28.06.1933
Sperr- und Artillerielehrgang für Fähnriche – Sperr- und S.A.S.-Schule Kiel-Wik

29.06.1933 – 18.08.1933
Torpedo- und Nachrichtenlehrgang für Fähnriche – Marineschule Flensburg-Mürwik

18.08.1933 – 31.08.1933
Fla-Lehrgang für Fähnriche – Küstenartillerieschulen Schilling und Wilhelmshaven

01.09.1933 – 01.10.1933
Torpedo- und Nachrichtenlehrgang für Fähnriche – Marineschule Flensburg-Mürwik

02.10.1933 – 07.10.1934
Bordausbildung und Divisionsleutnant – Leichter Kreuzer LEIPZIG

01.04.1934
Oberfähnrich zur See

01.10.1934
Leutnant zur See (-30-)

08.10.1934 – 22.12.1934
F.T.O.-Ausbildung – Nachrichtenschule Flensburg-Mürwik

23.12.1934 – 22.09.1935
2. F.T.O. und Divisionsleutnant – Leichter Kreuzer LEIPZIG

23.09.1935 – 05.07.1936
2. F.T.O. und Divisionsleutnant – Leichter Kreuzer KARLSRUHE

01.06.1936
Oberleutnant zur See (-25-)

06.07.1936 – 30.03.1937
Gruppenoffizier – Marineschule Flensburg-Mürwik

02.10.1936
Dienstauszeichnung IV. Klasse

31.03.1937 – 18.05.1937
Ausbildungsoffizier für Reserveoffiziersanwärter – M.L.A. Wesermünde

20.04.1937
Deutsche Olympia-Erinnerungsmedaille

19.05.1937 – 04.10.1937
Kommandantenschüler – Unterseebootsschule Neustadt, zugleich Kommandant i.V. U 5 – im August 1937

05.10.1937 – 29.01.1938
T/B- und U.T.O.-Lehrgang – Torpedo- und Nachrichtenschule Flensburg-Mürwik

30.01.1938 – 16.03.1939
Kommandant – U 2/U-Schulflottille

17.03.1939 – 21.04.1939
Baubelehrung für U 48 – Germaniawerft Kiel

22.04.1939 – 20.05.1940
Kommandant – U 48/U-Flottille Wegener bis 31.12.1939, ab 01.01.1940 Kommandant – U 48/7.U-Flottille

01.06.1939
Kapitänleutnant (-23-)

25.09.1939
Eisernes Kreuz II. Klasse

25.10.1939
U-Boots-Kriegsabzeichen 1939

27.10.1939
Eisernes Kreuz I. Klasse

26.02.1940
Nennung im Wehrmachtsbericht

01.03.1940
Ritterkreuz des Eisernen Kreuzes

21.05.1940 – 10.1940
Lazarettaufenthalt wegen schwerer Erkrankung

10.1940 – 15.12.1940
Flottillenchef i.V. – 7.U-Flottille

16.12.1940 – 27.07.1941
Kommandant – U 48/7.U-Flottille

02.04.1941
Nennung im Wehrmachtsbericht

12.06.1941
Nennung im Wehrmachtsbericht

12.06.1941
15. Eichenlaub zum Ritterkreuz des Eisernen Kreuzes

15.07.1941
U-Boots-Kriegsabzeichen 1939 mit Brillanten

28.07.1941 – 16.03.1942
Flottillenchef – 3.U-Flottille/La Pallice (im Februar 1942 Kurlazarett Bad Nauheim)

24.10.1941
Italienisches Kriegskreuz mit Schwertern

17.03.1942 – 03.12.1942
U-Asto – Marinegruppe Nord

04.12.1942 – 05.03.1944
6. Asto – 2.S.k.l./B.d.U.op (ab Februar 1944 im Kurlazarett Edlach)

18.03.1943
Korvettenkapitän mit Wirkung zum 01.04.1943 (-7-)

06.03.1944 – 08.05.1945
Kommandeur – II. Abt./Marinekriegsschule Schleswig

08.05.1945 – 04.08.1945
Bataillonskommandeur – Wehrmachtsordnungstruppe

05.08.1945 – 04.11.1945
Kommandeur (von Alliierten eingesetzt) – Marineschule Flensburg-Mürwik und »Heinz Krey«-Lager

05.11.1945 – 31.01.1946
Betriebsleiter (Zivil) – Marineanlagen Flensburg-Mürwik

02.07.1956
Eintritt in die Bundesmarine

02.07.1956 – 15.02.1959
Kommandeur – 3. S.St.Abt.

01.11.1956
Fregattenkapitän mit Wirkung zum 02.07.1956

16.02.1959 – 31.12.1960
A 1 – im Stab, beim Kommando der Flottenbasis

01.01.1961 – 15.07.1962
Kommandeur (m.W.d.G.b.) – beim Kommando der Troßschiffe

16.07.1962 – 30.09.1964
Lehrgruppenleiter – Marineschule Flensburg-Mürwik

01.10.1964 – 02.06.1968
Leiter – Freiwilligen-Annahmezentrale der Bundesmarine

01.07.1966
Kapitän zur See

30.09.1968
Ruhestand

1. Unternehmung U 48:
(Nordatlantik, südwestlich Irland, Rockall-Bank)

Kdt:	Kl Herbert Schultze (1. Feindfahrt)
I. WO:	LzS Reinhard Suhren
II.WO:	LzS Otto Ites

19.08.1939	Kiel aus
17.09.1939	Kiel ein
Erfolge:	3 Schiffe (14777 BRT +)

Auszug aus dem K.T.B. des B.d.U. vom 16./17.09.1939:
U 41, U 48, U 52 laufen ein.
Erfolge: U 41 – 2 finnische Dampfer als Prisen aus der Nordsee eingebracht. Keine Versenkungen.
U 48 hat versenkt:

Dampfer WINKLEIGH	*5055 t*
Dampfer ROYAL SCEPTRE	*4053 t*
Dampfer FIRBY	*4869 t*
	14977 t

U 52 hat versenkt:
Dampfer Typ APPALACHEE 8826 t

2. Unternehmung U 48:
(Nordatlantik, südwestlich Irland)

Kdt:	Kl Herbert Schultze (2. Feindfahrt)
I. WO:	OlzS Reinhard Suhren
II.WO:	LzS Otto Ites

04.10.1939	Kiel aus
25.10.1939	Kiel ein
Erfolge:	5 Schiffe (37153 BRT +)

Auszug aus dem K.T.B. des B.d.U. vom 25.10.1939:
U 48 läuft in Kiel ein. Das Boot hat versenkt:

Frz. Tanker	*EMILE MIGUET*	*14115 ts*
Engl. Dampfer	*HEROUSPOOL*	*5202 ts*
Frz. Dampfer	*LOUISIANE*	*6903 ts*
Engl. Dampfer	*SNEATON*	*3677 ts*
Unbek. Dampfer, aus Geleitzug,		
Vermutung: CITY OF MANDALAY		*7014 ts*
Also sicher mehr als 29897 ts		
und wahrscheinlich		*36911 ts*

Eine sehr erfolgreiche Fahrt, um so mehr, als sie nur 3 Wochen gedauert hat. U 48 hat alle seine Torpedos verschossen, meldet aber darunter 5 Versager, der gleichen Art, wie sie bisher aufgetreten sind. Ihm ist viel sichere Tonnage dadurch entgangen. Auf die Ursachen und Auswirkungen dieser Versager erübrigt es sich, nochmals einzugehen. Die Torpedoinspektion wird laufend über sie unterrichtet. Sie ist nachdrücklich auf ihre Bedeutung hingewiesen worden. Der B.d.U. bleibt in engster Verbindung mit ihr.

3. Unternehmung U 48:
(Nordatlantik, Orkneys, westlich des Kanals)

Kdt:	Kl Herbert Schultze (3. Feindfahrt)
I. WO:	OlzS Reinhard Suhren
II.WO:	LzS Otto Ites

20.11.1939	Kiel aus
20.12.1939	Kiel ein
Erfolge:	4 Schiffe (25618 BRT +)

Auszug aus dem K.T.B. des B.d.U vom 20.12.1939:
U 48 eingelaufen.
Es hat versenkt:

1.) Tanker	*GUSTAV REUTER*	*6336 ts*
2.) Dampfer	*NOVASOTA*	*8795 ts*
3.) Tanker	*SAN ALBERTO*	*7397 ts*
4.) Dampfer	*GERMAINE*	*5217 ts*
	Summe:	*27745 ts*

Die dritte, wieder gut gelungene Unternehmung des Kommandanten, der seit Kriegsbeginn insgesamt 80380 ts versenkt hat.

4. Unternehmung U 48:
(Nordatlantik, westl. Biscaya, Minensperre am 09.02.40 südwestl. St. Albans Head in BF 3146)

Kdt:	Kl Herbert Schultze (4. Feindfahrt)
I. WO:	OlzS Reinhard Suhren
II.WO:	LzS Otto Ites
LI:	L (Ing.) Erich Zürn

24.01.1940	Kiel aus
26.01.1940	Helgoland ein
27.01.1940	Helgoland aus
27.01.1940	Wilhelmshaven ein
30.01.1940	Wilhelmshaven aus
30.01.1940	Helgoland ein
31.01.1940	Helgoland aus
23.02.1940	Helgoland ein
23.02.1940	Helgoland aus

24.02.1940	Wilhelmshaven ein
25.02.1940	Wilhelmshaven aus
26.02.1940	Kiel ein
Erfolge:	4 Schiffe (31 526 BRT +)

Auszug aus dem K.T.B. des B.d.U. vom 24.02. 1940:
U 48 eingelaufen. Es hat seine Sperraufgabe gut und schnell gelöst und außerdem versenkt:

1. Holl. Dampfer	*BURGERDIJK*		*6853 ts*
2. Engl. Dampfer	*SULTAN STAR*		*12306 ts*
3. Holl. Tanker	*DEN HAAG*		*8971 ts*
4. fdl. Dampfer		*ca.*	*6000 ts*
Summe:			*34130 ts*

Damit hat es insgesamt in 4 Unternehmungen 16 Schiffe mit 114510 ts versenkt. Es hat z. Zt. die höchste Versenkungsziffer. Die Leistung ist ausgezeichnet. Sie muß um so höher bewertet werden, als die letzte Unternehmung eine Minen- und Torpedo-Unternehmung gewesen ist, über deren Minenerfolge noch nichts bekannt geworden ist, die aber mit Sicherheit erwartet werden können, und die dann noch zu der oben angegebenen Versenkungsziffer hinzugerechnet werden müssen.
Was den Entschluß des Kommandanten, dem Geleitzug nachzustreben, statt auf die ARK ROYAL Position zu gehen, anbelangt, so ist der Tatbestand, als Ergebnis des Berichtes des Kommandanten, der, daß er einen Vorstoß gegen den gegebenen Befehl begangen hat.
Dem Kommandanten ist, angesichts der Eindrücke, unter denen er stand, jedoch erst später klar geworden, daß er falsch gehandelt hat. Ich habe daher von Weiterem abgesehen.

5. Unternehmung U 48:

(Nordsee, ostwärts Shetlands, Westfjord, Norwegenfeldzug)

Kdt:	Kl Herbert Schultze (5. Feindfahrt)
I. WO:	OlzS Reinhard Suhren
II.WO:	LzS Otto Ites
LI:	L (Ing.) Erich Zürn
03.04.1940	Kiel aus
19.04.1940	Wilhelmshaven ein
19.04.1940	Wilhelmshaven aus
20.04.1940	Kiel ein
Erfolge:	keine

Stellungnahme des B.d.U.:
1.) Die Angriffsaussicht auf den beschädigten Kreuzer hätte noch weiter verfolgt werden müssen.
2.) Torpedoversager – wie bei allen Booten im nördlichen Seeraum zu dieser Zeit. Selbst die tüchtigsten Kommandanten werden um ihren Erfolg gebracht.
Der Funkspruch 0751/9/72 mit dem Befehl, die Position 90 sm in Richtung 120° zu verlegen, wurde vom Boot aufgenommen, aber nicht entschlüsselt, da der Funker bereits einen Funkspruch mit der Leitnummer 72 entschlüsselt hatte.
Durch den Befehl Längstwelle Dauerbesetzung wurden natürlich auf der Längstwelle zu den jeweiligen Programmzeiten die Funksprüche beider Verkehrskreise aufgenommen. Der Funker hat das nicht beachtet, sonst hätten ihm die verschiedenen Uhrzeitgruppen der beiden Funksprüche mit der Leitnummer 72 auffallen müssen. Ähnlichen Irrtümern ist für die Zukunft durch Einführung verschiedenartiger Leitnummern auf den beiden Schaltungen vorgebeugt worden.

10. Unternehmung U 48:

(Nordatlantik, westlich des Nordkanals und Irlands)

Kdt:	Kl Herbert Schultze (6. Feindfahrt)
I. WO:	OlzS Otto Ites
LI:	Ol (Ing.) Erich Zürn
20.01.1941	Kiel aus
21.01.1941	Helgoland ein
25.01.1941	Helgoland aus
27.02.1941	St. Nazaire ein
Erfolge:	2 Schiffe (8640 BRT +)

Stellungnahme des B.d.U.:
Nichts zu bemerken.

11. Unternehmung U 48:

(Nordatlantik, westlich Irland)

Kdt:	Kl Herbert Schultze (7. Feindfahrt)
LI:	Ol (Ing.) Erich Zürn
17.03.1941	St. Nazaire aus
08.04.1941	St. Nazaire ein
Erfolge:	4 Schiffe (22989 BRT +)

Stellungnahme des B.d.U.:
Wie immer gut durchgeführte Unternehmung. Die Erfahrungen und Überlegungen bezüglich des Verhaltens einer Wabo-Verfolgung und beim Suchen der abgerissenen Fühlung an einem Gegner sind wertvoll.

12.Unternehmung U 48:
(Nordatlantik)

Kdt:	Kl Herbert Schultze (8. Feindfahrt)
LI:	Ol (Ing.) Erich Zürn
Kdt-Schüler:	Kl Adolf Piening
22.05.1941	St. Nazaire aus
17.06.1941	Bergen ein
19.06.1941	Bergen aus
21.06.1941	Kiel ein
Erfolge:	4 Schiffe (29006 BRT +) 1 Schiff (9456 BRT =)

Stellungnahme des B.d.U.:
Gute, erfolgreiche und mit glücklicher Hand durchgeführte Unternehmung. Die später von U 75 erwiesene Feststellung, daß der Tanker INVENSUIR von U 48 nicht zum Sinken gebracht worden ist, beweist, wie leicht sich selbst alte Kommandanten in solchen Annahmen täuschen können.

Funkspruch an U 48 vom 12.06.1941/2319 Uhr:
An Kommandant U 48:
In dankbarer Würdigung Ihres heldenhaften Einsatzes im Kampf für die Zukunft unseres Volkes verleihe ich Ihnen anläßlich der Versenkung von 200000 Tonnen feindlichen Handelsschiffsraumes als 15. Offizier der deutschen Wehrmacht das Eichenlaub zum Ritterkreuz des Eisernen Kreuzes.
gez. Adolf Hitler

Funkspruch an U 48 vom 13.06.1941/0045 Uhr:
An Kommandant U 48:
Herzlichen Glückwunsch zum Eichenlaub. Alles Gute für die Zukunft.
B.d.U.

Funkspruch an U 48 vom 13.06.1941/1025 Uhr:
U 48 von B.d.U.:
Oberbefehlshaber Gruppe West übermittelt herzliche Glückwünsche zum Eichenlaub und Hals- und Beinbruch.

Funkspruch an U 48 vom 13.06.1941/1440 Uhr:
An U 48:
Herzlichen Glückwunsch zum Eichenlaub.
Oberbefehlshaber Gruppe Nord

Funkspruch an U 48 vom 14.06.1941/0141 Uhr:
B.d.U. an U 48 für Kommandant:
Zur Verleihung Eichenlaub herzliche Glückwünsche. Ihnen und Ihrer tapferen Besatzung Dank und Anerkennung.
Oberbefehlshaber

Erfolge Herbert Schultze als Kommandant U 48:
26 Schiffe (169709 BRT +)
1 Schiff (9456 BRT =)

Karl Dönitz

* 16.09.1891
in Grünau bei Berlin
† 24.12.1980
in Aumühle bei Hamburg

21.04.1940
Ritterkreuz (5-3)

06.04.1943
223. Eichenlaub (25-21)

01.04.1910
Eintritt in die Kaiserliche Marine
Crew 10

01.04.1910 – 31.03.1911
Infanterieausbildung (bis 12.05.1910) und Bordausbildung – SMS Großer Kreuzer HERTHA

01.04.1910
Seekadett

01.04.1911 – 31.03.1912
Offiziersausbildung und Spezialkurse – Marineschule

15.04.1911
Fähnrich zur See

01.04.1912 – 30.04.1912
Infanterielehrgang – II. Seebataillon

01.05.1912 – 30.06.1912
Lehrgang für Torpedooffiziere – SMS Linienschiff WÜRTTEMBERG

01.07.1912 – 30.09.1912
Artillerielehrgang – S.A.S.

01.10.1912 – 14.09.1916
Wachoffizier und Adjutant – SMS Kleiner BRESLAU, zugleich

19.06.1915 – 28.06.1915
Fliegerbeobachter – beim Landungskorps Dardanellen, zugleich

22.07.1915 – 08.09.1915
Flugplatzleiter der Wasserflugzeugabteilung in St. Stefano

07.06.1913
Allgemeines Ehrenzeichen

27.09.1913
Leutnant zur See (U)

07.11.1914
Eisernes Kreuz II. Klasse

07.11.1914
Türkische Medaille mit Schwertern

07.11.1914
Türkischer Eiserner Halbmond

17.01.1916
Anhaltisches Friedrich-Kreuz

22.03.1916
Oberleutnant zur See (Q)

05.05.1916
Eisernes Kreuz I. Klasse

15.09.1916 – 01.10.1916
z.Vfg. – der U-Abteilung

02.10.1916 – 25.11.1916
Torpedolehrgang – SMS Linienschiff WÜRTTEMBERG

26.11.1916 – 01.12.1916
z.Vfg. – der U-Abteilung

02.12.1916 – 16.01.1917
kommandiert – SMS VULCAN/U-Schule

17.01.1917 – 29.02.1918
Wachoffizier – U 39/Forstmann, zugleich

10.12.1917 – 08.01.1918
Artillerielehrgang – SMS KAISERIN AUGUSTA
Feindfahrten U 39/
Kdt: Walter Forstmann
12.02.1917 – 07.03.1917
29.05.1917 – 01.07.1917

19.07.1917 – 12.08.1917
18.09.1917 – 14.10.1917
Feindfahrten U 39/Kdt: Heinrich Metzger
07.11.1917 – 06.12.1917

13.03.1917
Medschidie Orden IV. Klasse

24.12.1917
Österr. Militär. Verdienstkreuz III. Klasse m.d.Kr.D.

01.03.1918 – 04.09.1918
Kommandant – UC-25 (lt. K.T.B. UC-25 war Dönitz bis 31.08.1918 Kommandant des Bootes)
Feindfahrten als Kommandant UC-25
14.03.1918 – 11.04.1918
17.07.1918 – 07.08.1918

10.06.1918
Ritterkreuz des Königlichen Hausordens von Hohenzollern mit Schwertern

05.09.1918 – 05.10.1918
Kommandant – UB-68/II. U-Bootsflottille (lt. K.T.B. UB-68 war Karl Dönitz bereits ab 01.09.1918 Kommandant des Bootes)
Feindfahrt als Kommandant UB-68
25.09.1918 – 04.10.1918
(04.10.1918 Versenkung UB-68)
U-Boots-Kriegsabzeichen 1918

05.10.1918 – 12.07.1919
Kriegsgefangenschaft in England

15.07.1919 – 13.03.1920
kommandiert (Referent für Offizierspersonalien) – beim Stabe, Chef der Marinestation der Ostsee

14.03.1920 – 19.04.1920
Kommandant – Torpedoboot V-5

20.04.1920 – 19.03.1923
Kommandant – T-157 und G-8/1.Torpedobootshalbflottille

10.01.1921
Kapitänleutnant mit Rangdienstalter vom 01.01.1921 (-3-)

20.03.1923 – 02.11.1924
Referent und Adjutant – Inspektion des Torpedo- und Minenwesens bzw.

07.01.1924 – 25.01.1924
Gehilfenlehrgang – bei Inspektion des Bildungswesen der Marine bzw.

01.09.1924 – 10.09.1924
überplanm. auf M-66, als Schiedsrichter bei Herbstverbandsübungen

03.11.1924 – 05.12.1927
Referent – Marinewehrabteilung, Marineleitung, zugleich

03.10.1927 – 05.12.1927
Navigationsoffizier – Kreuzer NYMPHE, zugleich

22.11.1927 – 29.11.1927
Navigationsbelehrungsfahrt – Vermessungsschiff METEOR

06.12.1927 – 16.12.1927
Kursus für Wetterkunde – Observatorium Wilhelmshaven

17.12.1927 – 23.09.1928
Navigationsoffizier – Kreuzer NYMPHE

24.09.1928 – 30.09.1930
Chef – 4. Torpedobootshalbflottille bzw.

18.02.1929 – 23.02.1929
Gasschutzlehrgang in Berlin bzw.

21.10.1929 – 26.10.1929
Stabsoffiziers-Funklehrgang – Torpedo und Nachrichtenschule bzw.

09.01.1930 – 12.01.1930
Stabsoffizierslehrgang – Inspektion der Marineartillerie bzw.

03.03.1930 – 08.03.1930
Stabsoffizierslehrgang – über technische Navigation

01.11.1928
Korvettenkapitän (-3-)

01.10.1930 – 09.09.1934
1. Asto – Stab, Marinestation Nordsee bzw.

09.04.1931 – 22.04.1931
Marinepionierlehrgang – Pionierschule München bzw.

24.10.1932 – 29.10.1932
Stabsoffiziers-Funklehrgang – Torpedo- und Nachrichtenschule Flensburg-Mürwik bzw.

07.03.1933 – 28.06.1933
Belehrungsfahrt nach Niederländisch-Indien – Dampfer MENES und Dampfer RUHR

01.10.1933
Fregattenkapitän (-8-)

10.09.1934 – 28.09.1934
z.Vfg. – Marinestation Nordsee

29.09.1934 – 21.09.1935
Kommandant – Leichter Kreuzer EMDEN

30.01.1935
Ehrenkreuz für Frontkämpfer

22.09.1935 – 31.12.1935
Chef – U-Flottille Weddigen

01.10.1935
Kapitän zur See (-2-)

01.01.1936 – 16.10.1939
Führer der Unterseeboote (F.d.U.), zugleich Chef der U-Flottille Weddigen (bis 13.10.1936) bzw.

23.11.1936 – 28.11.1936
Sperrlehrgang für Stabsoffiziere – Sperrschule Kiel

12.04.1936
Ritterkreuz I. Klasse des Königl. Schwedischen Schwerterordens

20.08.1938
Ungarischer Verdienstorden, Komturkreuz

28.01.1939
Kommodore

18.09.1939
Spange 1939 zum Eisernen Kreuz II. Klasse 1914

01.10.1939
Konteradmiral (-3-)

17.10.1939 – 30.01.1943
Befehlshaber der Unterseeboote (B.d.U.)

20.12.1939
Spange 1939 zum Eisernen Kreuz I. Klasse 1914

20.12.1939
Medaille zur Erinnerung an den 01.10. 1938

27.02.1940
U-Boots-Kriegsabzeichen

Fernschreiben an B.d.U., Konteradmiral Dönitz vom 27.02.1940:
In Anerkennung der letzthin besonders erfolgreichen Leistungen der U-Bootswaffe, die Ihrer hervorragenden Führung zu danken sind, verleihe ich Ihnen das U-Bootsabzeichen. Ich werde Ihnen diese Auszeichnung bei der nächsten sich bietenden Gelegenheit persönlich überreichen.

Oberbefehlshaber

20.04.1940
Komturkreuz des Militärordens vom Hause Savoyen

21.04.1940
Ritterkreuz des Eisernen Kreuzes

10.06.1940
Spanisches Marineverdienstkreuz in Weiß

01.09.1940
Vizeadmiral (-2-)

07.11.1941
Commandantore della ordine Militare de Savoyen

14.03.1942
Admiral

14.03.1942
Nennung im Wehrmachtsbericht

30.01.1943
Großadmiral

31.01.1943 – 30.04.1945
Oberbefehlshaber der Kriegsmarine, zugleich

17.04.1945 – 30.04.1945
Wehrmachtsoberbefehlshaber Nord

06.04.1943
223. Eichenlaub zum Ritterkreuz des Eisernen Kreuzes

07.04.1943
Michael der Tapfere III. und II. Klasse, Rumänien

11.09.1943
Aufgehende Sonne I. Klasse, Japan

01.05.1945 – 23.05.1945
Reichspräsident (Staatsoberhaupt) und Oberster Befehlshaber der Wehrmacht

05.05.1945
Nennung im Wehrmachtsbericht

23.05.1945
Verhaftung von Dönitz und der Reichsregierung durch die Alliierten

01.10.1946
Verurteilung in Nürnberg zu 10 Jahren Gefängnis

01.10.1956
Entlassung aus dem Militärgefängnis Berlin-Spandau

Werner Hartmann

* 11.12.1902 in Silstedt/Harz
† 26.04.1963 in Ussel/Waldeck

09.05.1940
Ritterkreuz (8-4)

05.11.1944
645. Eichenlaub (47-27)

01.04.1921
Eintritt in die Reichsmarine
Crew 21

01.04.1921 – 30.09.1925
Infanterieausbildung – Stralsund, Waffenkurse und Lehrgänge – Marineschule Flensburg-Mürwik bzw. praktische Bordausbildung auf SSS NIOBE und Linienschiff HANNOVER

01.04.1923
Fähnrich zur See

04.04.1925
Oberfähnrich zur See

01.10.1925 – 31.03.1926
Signaloffizier – Kreuzer BERLIN

01.10.1925
Leutnant zur See (-3-)

01.04.1926 – 30.09.1927
Zugoffizier – II. Abt. S.St.Div. der Ostsee, Stralsund

01.07.1927
Oberleutnant zur See (-3-)

01.10.1927 – 30.09.1929
Wachoffizier – T-157/2.Torpedoboots-Halbflottille

01.10.1929 – 31.03.1931
Ausbildungsoffizier – Marineschule Flensburg-Mürwik bzw. Leichter Kreuzer EMDEN

01.04.1931 – 30.09.1931
Ausbildungsoffizier – Leichter Kreuzer KARLSRUHE

01.10.1931 – 30.09.1933
Ausbildungsoffizier bzw. Lehrer (Torpedo- und Funkwesen) – Marineschule Flensburg-Mürwik

01.10.1933 – 30.09.1935
Wachoffizier bzw. Kommandant (1934) – Torpedoboot SEEADLER, später Kommandant (1935 - Juni 1935) – Torpedoboot ALBATROS

01.10.1933
Kapitänleutnant (-8-)

01.10.1935 – 20.12.1935
U-Boot-Ausbildung bzw. Wachoffizier auf einem Schul-U-Boot – U-Flottille Weddigen/Kiel

21.12.1935 – 31.03.1936
z.Vfg. – F.d.U.

01.04.1936 – 10.05.1936
Baubelehrung – U 26/Deschimag AG Weser Bremen

11.05.1936 – 30.09.1938
Kommandant – U 26/U-Flottille Saltzwedel bzw. im Spanieneinsatz vom 06.05. – 15.06.1937 und 15.07. – 30.08.1937

02.10.1936
Dienstauszeichnung IV. und III. Klasse

01.07.1937
Korvettenkapitän (-2-)

01.10.1938 – 24.09.1939
Flottillenchef – U-Flottille Hundius bzw. als Flottillenchef an Bord von U 37/Schuch – 19.08.1939 – 15.09.1939

01.04.1939
Dienstauszeichnung II. Klasse

21.08.1939
Spanisches Verdienstkreuz in Weiß bzw. Verdienstkreuz in Silber II. Klasse

25.09.1939 – 06.05.1940
Flottillenchef – U-Flottille Hundius – 25.09.1939 – 31.12.1939, zugl. Kommandant – U 37 – 25.09.1939 – 06.05.1940, zugl. Chef der 2.U-Flottille – 01.01.1940 – 06.05.1940

08.11.1939
Eisernes Kreuz II. und I. Klasse

07.12.1939
U-Boots-Kriegsabzeichen 1939

01.03.1940
Nennung im Wehrmachtsbericht

19.04.1940
Nennung im Wehrmachtsbericht

09.05.1940
Ritterkreuz des Eisernen Kreuzes

07.05.1940 – 31.10.1940
1. Asto – Stab, B.d.U.op

01.11.1940 – 30.11.1941
Kommandeur – 2.U.L.D./Gotenhafen

01.04.1941
Fregattenkapitän (-2-)

01.12.1941 – 02.11.1942
Flottillenchef – 27.U-Flottille/Gotenhafen

03.11.1942 – 31.03.1943
Kommandant – U 198/4.U-Flottille

01.04.1943 – 20.01.1944
Kommandant – U 198/12.U-Flottille

01.04.1943
Kapitän zur See (-2-)

21.01.1944 – 10.08.1944
F.d.U./Mittelmeer

11.08.1944 – 31.10.1944
Leiter – Kleinkampfverband/Italien

01.11.1944 – 03.02.1945
Stabsführer – Deutscher Volkssturm für Danzig/Westpreußen

05.11.1944
645. Eichenlaub zum Ritterkreuz des Eisernen Kreuzes

Funkspruch vom 5. November 1944 an KzS Werner Hartmann, über Gauleiter Forster, Danzig:
In dankbarer Würdigung Ihres heldenhaften Einsatzes im Kampf für die Zukunft unseres Volkes verleihe ich Ihnen als 645. Soldaten der deutschen Wehrmacht das Eichenlaub zum Ritterkreuz des Eisernen Kreuzes.
Adolf Hitler

04.02.1945 – 08.05.1945
Kommandeur – Marine-Grenadier-Regiment 6

01.12.1946
Gefangenschaft – entlassen

10.07.1956
Eintritt in die Bundesmarine

10.07.1956 – 31.03.1962
Kommandeur – 1. S.St.Reg. (Glückstadt)

01.04.1962
Ruhestand

1. Unternehmung U 37:
(Nordatlantik, westlich Irland,
Höhe Gibraltar)

Kdt:	Kl Heinrich Schuch
Flottillenchef:	KK Werner Hartmann
I. WO:	OlzS Ernst Bauer
II.WO:	LzS Gustav Poel
LI:	OI (Ing.) Gerd Suhren
19.08.1939	Wilhelmshaven aus
15.09.1939	Wilhelmshaven ein
Erfolge:	keine

2. Unternehmung U 37:
(Nordatlantik, südwestlich Irland,
westlich Gibraltar

Kdt:	KK Werner Hartmann
I. WO:	OlzS Ernst Bauer
II.WO:	LzS Gustav Poel
LI:	OI (Ing.) Gerd Suhren
05.10.1939	Wilhelmshaven aus
08.11.1939	Wilhelmshaven ein
Erfolge:	8 Schiffe (35 306 BRT +)

Auszug aus dem K.T.B. des B.d.U. vom 08.11.1939:
U 37 eingelaufen. Es hat versenkt:

1. D. VISTULA	*1018 ts*	*Schwede*
2. D. ASIS	*4810 ts*	*Grieche*
3. D. VERMONT	*5186 ts*	*Franzose*
4. D. YORKSHIRE	*10183 ts*	*Engl.*
5. D. MENIN RIDGE	*2474 ts*	*Engl.*
6. D. LEDBURG	*3528 ts*	*Engl.*
7. D. TAFNA	*4413 ts*	*Engl.*
8. D. THRASYROULOS	*3393 ts*	*Grieche*
Summe	*35305 ts*	

Eine sehr gute Leistung. Auf dem Ausmarsch hat das Boot zwischen Orkneys und den Hebriden ein Schlachtschiff der ROYAL SOVEREIGN-Klasse und einen Kreuzer der C- oder D-Klasse getroffen. Der Angriff konnte nicht durchgeführt werden, da die Wetterlage ein Steuern auf Angriffstiefe unmöglich machte.

3. Unternehmung U 37:
(Nordatlantik, westl. Biscaya,
Anlandung eines Agenten in Killala-Bucht/
Irland am 09.02.40)

Kdt:	KK Werner Hartmann
I. WO:	OlzS Nikolai Clausen
II. WO:	LzS Gustav Poel
LI:	OI (Ing.) Gerd Suhren
28.01.1940	Wilhelmshaven aus
28.01.1940	Helgoland ein
01.02.1940	Helgoland aus
27.02.1940	Wilhelmshaven ein
Erfolge:	8 Schiffe (24 539 BRT +)

Auszug aus dem K.T.B. des B.d.U. vom 27.02.1940:
U 37 eingelaufen. Es hat versenkt:

1. Tanker	*ca. 6000 t*
2. Dampfer in Zone A	*ca. 7000 t*
3. Dampfer in Zone B	*ca. 4500 t*
4. Bewacher (TOGIMO?)	*?*
5. Dampfer in Zone B	*ca. 6500 t*
6. Dampfer in Zone B	*ca. 7000 t*
7. Dampfer in Zone B	*ca. 8000 t*
8. Tanker	*ca. 6000 t*
Summe	*ca. 45000 t*

Eine ausgezeichnete Unternehmung.
Die Feststellungen des Bootes über eine starke feindliche Bewachung an der spanischen Küste bestätigen das aus dem B-Dienst in letzter Zeit gewonnene Bild. Das Ergebnis wird bei den späteren Operationen Berücksichtigung finden müssen.

4. Unternehmung U 37:
(Nordatlantik, Nordmeer,
Unternehmen Weserübung)

Kdt:	KK Werner Hartmann
I. WO:	OlzS Nikolai Clausen
II. WO:	LzS Gustav Poel
LI:	OI (Ing.) Gerd Suhren
31.03.1940	Wilhelmshaven aus
18.04.1940	Wilhelmshaven ein
Erfolge:	3 Schiffe (18 715 BRT +)

Stellungnahme des B.d.U.:
Zur Hilfskreuzerbegleitung:
U 37 wurde durch diese Aufgabe der Verwendung in der Norwegenunternehmung, die Konzentration aller Kräfte erforderte, entzogen. Als »befriedigend« kann die Durchführung nur insofern angesehen werden, als das Zusammenbleiben von U-Boot und Hilfskreuzer dank Vorbereitung, Durchführung durch die Kommandanten und geringe Feindeinwirkung gelungen ist. Zu einer »Schutzaufgabe« ist es gar nicht gekommen, die Erfolgsmöglichkeiten dabei halte ich für sehr fraglich. Als einzig Positives bleibt die psychologische Wirkung auf die Hilfskreuzerbesatzung, die mit der maschinellen Beanspruchung des U-Bootes und dessen Ausfall für andere Unternehmungen n.m.A. zu teuer bezahlt wird.
Die unerträglichen T-Versager werden im Zusammenhang im Kriegstagebuch B.d.U. be-

handelt. Die Vernichtung eines Kriegsschiffes (Kreuzer oder Zerstörer möglich) ist als sicher anzusehen.

1. Unternehmung U 198:
(Südatlantik, Indischer Ozean, Südafrika, südlich Madagaskar, Mauritius)

Kdt:	KzS Werner Hartmann
LI:	Kl (Ing.) Johann Friedrich Wessels
09.03.1943	Kiel aus
11.03.1943	Kristiansand-Süd ein
12.03.1943	Kristiansand-Süd aus
24.09.1943	Bordeaux ein
Erfolge:	7 Schiffe (36772 BRT +)

Stellungnahme des B.d.U.:
Die 200 Tage lange Unternehmung des Kommandanten mit neuem Boot nach langer Einsatzpause wurde mit Schwung, Angriffsgeist und Geschick ausgezeichnet durchgeführt. Im südafrikanischen Raum des Indischen Ozeans wurden die möglichen Chancen überlegt angepackt und entschlossen ausgeschöpft. Das Ergebnis der Fahrt besteht neben wertvollen Erfahrungen aus dem erfreulichen Versenkungserfolg von 8 Schiffen.
Im einzelnen ist nichts Besonderes zu bemerken.

Anerkannte Erfolge:

1 Frachter	*9000 BRT versenkt*
1 Frachter	*6000 BRT versenkt*
MA HOPETARN	*5231 BRT versenkt (brit.)*
MA DUMRA	*2304 BRT versenkt (brit.)*
DA WILLIAM KING	*6800 BRT versenkt (USA)*
DA HYDRAIOS (griech.)	*4476 BRT versenkt*
DA LEANA	*4742 BRT versenkt (brit.)*
1 Dampfer	*7000 BRT versenkt*
8 Schiffe	*45553 BRT versenkt*

Erfolge Werner Hartmann als Kommandant U 37:
19 Schiffe (78560 BRT +)

Erfolge Werner Hartmann als Kommandant U 198:
7 Schiffe (36772 BRT +)
Gesamt:
26 Schiffe (115332 BRT +)

OTTO SCHUHART

*** 04.09.1909**
IN HAMBURG
† 10.03.1990
IN STUTTGART

16.05.1940
Ritterkreuz (9-5)

01.04.1929
Eintritt in die Reichsmarine
Crew 29

01.04.1929 – 30.06.1929
Infanterieausbildung – II. Abt. S.St.Div. der Ostsee, Stralsund

01.07.1929 – 11.10.1992
Bordausbildung – SSS NIOBE

10.10.1929
Seekadett

12.10.1929 – 05.01.1930
Lehrgänge – Marineschule Flensburg-Mürwik

06.01.1930 – 21.05.1930
Bordausbildung – Leichter Kreuzer EMDEN

22.05.1930 – 04.01.1931
Bordausbildung Leichter Kreuzer KARLSRUHE

01.01.1931
Fähnrich zur See

05.01.1931 – 02.04.1931
Infanterielehrgang für Fähnriche – II. Abt. S.St.Div. der Ostsee, Stralsund

03.04.1931 – 29.03.1932
Hauptlehrgang für Fähnriche – Marineschule Flensburg-Mürwik

30.03.1932 – 25.05.1932
Torpedolehrgang für Fähnriche – Marineschule Flensburg-Mürwik

26.05.1932 – 30.07.1932
Artillerielehrgang für Fähnriche – S.A.S.-Schule Kiel-Wik

31.07.1932 – 15.08.1932
Fla-Waffenlehrgang für Fähnriche – Küstenartillerieschule Wilhelmshaven

16.08.1932 – 07.09.1932
Sperrlehrgang für Fähnriche – Sperrschule Kiel-Wik

08.09.1932 – 30.09.1932
Nachrichtenlehrgang für Fähnriche – Marineschule Flensburg-Mürwik

01.10.1932 – 25.09.1934
Bordausbildung, später Divisionsleutnant – Linienschiff SCHLESWIG-HOLSTEIN

01.04.1933
Oberfähnrich zur See

01.10.1933
Leutnant zur See (-20-)

26.09.1934 – 30.09.1936
Kompanieoffizier (bzw. lt. Rangliste vom 01.11.35 Adjutant) – III. M.A.A./Swinemünde

01.06.1935
Oberleutnant zur See (-13-)

02.10.1936
Dienstauszeichnung IV. Klasse

01.10.1936 – 04.10.1937
Flaggleutnant – U-Bootsflottille Weddigen/Kiel

05.10.1937 – 31.10.1937
T/B-Lehrgang – Torpedoschule Flensburg-Mürwik

01.11.1937 – 29.01.1938
Kompanieoffizier – Stammkompanien der U-Flottillen Emsmann und Hundius

30.01.1938 – 24.04.1938
U-Boot-Ausbildung – U-Schule

25.04.1938 – 11.07.1938
Führer des Marinekommandos – auf Forschungsschiff ALTAU

12.07.1938 – 01.09.1938
I.WO – U 25, U-Flottille Saltzwedel

01.08.1938
Kapitänleutnant (-7-)

02.09.1938 – 29.10.1938
Kommandant i.V. – U 8/U-Bootsschule

30.10.1938 – 09.12.1938
z.Vfg. – F.d.U. bzw. Kommandant (lt. Rangliste vom 01.11.1938) – U-Flottille Saltzwedel

10.12.1938 – 03.04.1939
Kommandant – U 25/U-Flottille Saltzwedel

04.04.1939 – 01.01.1941
Kommandant – U 29/U-Flottille Saltzwedel bzw. ab 01.01.40 2.U-Flottille

19.09.1939
Nennung im Wehrmachtsbericht

26.09.1939
Eisernes Kreuz II. Klasse
Eisernes Kreuz I. Klasse

16.12.1939
U-Boots-Kriegsabzeichen 1939

14.03.1940
Nennung im Wehrmachtsbericht

16.05.1940
Ritterkreuz des Eisernen Kreuzes

Auszug aus »Die Kriegsmarine«, Heft Nr. 12, Juni 1940:
Kapitänleutnant Schuhart hat als Kommandant eines U-Bootes im September 1939 den britischen Flugzeugträger COURAGEOUS trotz stärkster Sicherung durch Torpedoschuß versenkt. Auf seinen weiteren Feind-

fahrten gelang es ihm dank der hervorragenden Führung seines Unterseebootes und seiner bewiesenen Einsatzfreudigkeit, die beachtliche Versenkungsziffer von annähernd 70 000 Tonnen zu erreichen. Er hat außerdem eine Reihe von Minenunternehmungen gegen die britische Küste erfolgreich durchgeführt.

03.07.1940
Nennung im Wehrmachtsbericht

02.01.1941 – 21.06.1943
Lehrer und Leiter der Offz.Ausb. – 1. U.L.D./Pillau

01.04.1943
Korvettenkapitän (-5-)

22.06.1943 – 01.1944
Kommandeur – I. Abt./1. U.L.D., zugl. Flottillenchef – 21.U-Flottille/Pillau

01.1944 – 20.09.1944
Flottillenchef – 21. U-Flottille/Pillau

30.01.1944
Kriegsverdienstkreuz mit Schwertern II. Klasse

01.09.1944
Kriegsverdienstkreuz mit Schwertern I. Klasse

21.09.1944 – 05.08.1945
Kommandeur – I. Abt./Marineschule Flensburg-Mürwik bzw. bei Kriegsende Kommandeur des Marine-Schützenbataillons Schuhart

06.08.1945 – 13.12.1945
Dezernent – Deutsche Minenräumdienstleistung

14.12.1945
Entlassung

03.12.1955
Eintritt in die Bundeswehr

03.12.1955 – 13.05.1956
Prüfgruppenleiter – Offiziersanwärter (OA-Marine) Köln

01.05.1956
Fregattenkapitän

14.05.1956 – 15.11.1959
Leiter der Ausbildung – Marineschule Flensburg-Mürwik, zugleich bis 28.06. 1956 Kommandeur (m.W.d.G.b.) – Marineschule Flensburg-Mürwik

01.02.1959
Kapitän zur See

16.11.1959 – 06.06.1960
Kommandeur – Marine-Stützpunkt Flensburg

07.06.1960 – 31.03.1964
Referent – Offiziers- und Unteroffiziers-Ausbildung/Marine – Bundesministerium der Verteidigung/Bonn

01.04.1964 – 31.03.1965
Kommandeur – Marine-Stützpunkt Kiel

01.04.1965 – 30.06.1966
Kommandeur – Marine-Ausbildungsregiment/Glückstadt

01.07.1966 – 30.09.1967
Abteilungsleiter für Offiziersanwärter (OA)/ Marine – Personalstammamt der Bundeswehr

30.09.1967
Bundesverdienstkreuz I. Klasse

30.09.1967
Ruhestand

1. Unternehmung U 29:
(Nordatlantik, westlich Irland)

Kdt:	Kl Otto Schuhart (1. Feindfahrt)
I. WO:	LzS Georg Lassen
19.08.1939	Wilhelmshaven aus
26.09.1939	Wilhelmshaven ein
Erfolge:	4 Schiffe (41 905 BRT + einschließlich br CV COURAGEOUS 22 500 ts +)

Auszug aus dem K.T.B. des B.d.U. vom 18.09. 1939:
Der engl. Rundfunk gibt die Versenkung des Flugzeugträgers COURAGEOUS (22 500 t) durch ein U-Boot bekannt. Ein herrlicher Erfolg und eine weitere Bestätigung dafür, daß die engl. Abwehr nicht die Wirksamkeit besitzt, die sie von sich aus behauptet.

<u>Auszug aus dem K.T.B. des B.d.U. vom 26.09. 1939:</u>
U 29 hat versenkt:
Den Flugzeugträger
COURAGEOUS 22 500 t

Ferner die Tankdampfer
REGENT TIGER 10 176 t
und BRITISH INFLUENCE 8431 t
und den Schlepper 900 t
19 507 t

Eine besonders erfolgreiche Fahrt.

<u>Auszug aus dem K.T.B. der Seekriegsleitung vom 18.09.1939:</u>
Englischer Rundfunk gibt bekannt, daß Flugzeugträger COURAGEOUS von deutschem U-Boot versenkt worden sei: Nachricht wird 1300°° von englischer Admiralität bestätigt. »Admiralty regret to anounce that H.M.S. COURAGEOUS has been lost by enemy submarine action.«
Die vom englischen Rundfunk gleichzeitig verbreitete Nachricht, das deutsche U-Boot sei vernichtet worden, wird durch die Meldung des Bootes »U 29 mit FT. 1819« widerlegt: »COURAGEOUS vernichtet, Heimmarsch, U 29«.
Die Besatzung »U 29«, Kommandant Kapitänleutnant Schuhart, wird vom Oberbefehlshaber durch Verleihung des Eisernen Kreuzes ausgezeichnet (Kmdt. EK I, Besatzung EK II).
Nach späteren Veröffentlichungen der englischen Admiralität ist COURAGEOUS innerhalb 20 Minuten gesunken, von der 1 260 Mann starken Besatzung sollen 681 Mann von den Begleitzerstörern und Handelsdampfern gerettet worden sein.

2. Unternehmung U 29:
(Nordatlantik)

Kdt:	Kl Otto Schuhart (2. Feindfahrt)
I. WO:	OlzS Georg Lassen
14.11.1939	Wilhelmshaven aus
16.12.1939	Wilhelmshaven ein
Erfolge:	keine

<u>Auszug aus dem K.T.B. des B.d.U. vom 16.12. 1939:</u>
Die Unternehmung von U 29 ist nicht glücklich gewesen. Das Boot hatte nichts mitgebracht und die Sperraufgabe nicht durchgeführt. Der Kommandant hat offensichtlich den Fehler begangen, die Tätigkeit der feindlichen Bewacher und verdächtigen Fahrzeuge zu sehr auf sein Boot zu beziehen. Dadurch ist er nicht recht weiter gekommen. Um seinen Fehler zu überwinden, wird er das nächste Mal eine ähnliche Unternehmung zur Durchführung erhalten.

3. Unternehmung U 29:
(Nordatlantik, westlich des Kanals, Minenunternehmung vor Newport)

Kdt:	Kl Otto Schuhart (3. Feindfahrt)
I. WO:	OlzS Georg Lassen
06.02.1940	Wilhelmshaven aus
07.02.1940	Helgoland ein
11.02.1940	Helgoland aus
12.03.1940	Wilhelmshaven ein
Erfolge:	3 Schiffe (10 499 BRT +)

<u>Auszug aus dem K.T.B. des B.d.U. vom 12.03. 1940:</u>
U 29 eingelaufen.
Es hat seine Sperraufgabe sehr gut gelöst und außerdem durch Torpedoschuß versenkt:
1) D. abgeblendet ca. 5000 ts
2) D. PACIFIC RELIANCE 6171 ts
3) D. SAN FLORENTINO 12 842 ts
Summe 24 559 ts

4. Unternehmung U 29:
(Nordsee, Nordmeer, Norwegenfeldzug, Unternehmen »Weserübung«)

Kdt:	Kl Otto Schuhart (4. Feindfahrt)
I. WO:	OlzS Georg Lassen
17.04.1940	Wilhelmshaven aus
19.04.1940	Bergen ein
20.04.1940	Bergen aus
23.04.1940	Drontheim ein
27.04.1940	Drontheim aus
04.05.1940	Wilhelmshaven ein
Erfolge:	keine

<u>Stellungnahme des B.d.U:.</u>
1.) Boot war vorübergehend zum Transport eingesetzt.
2.) Der Kommandant hat sich am 29.04. durch alleiniges Verlassen auf die Horchgeräte wahrscheinlich eine gute Angriffschance entgehen lassen. Das Unterschneiden des Bootes am 30.04. ist sehr bedauerlich.
3.) Zwei gute Chancen nicht ausgenutzt. Sonst nichts zu bemerken.

5. Unternehmung U 29:
(Nordatlantik, Biscaya)

Kdt:	Kl Otto Schuhart (5. Feindfahrt)
I. WO:	OlzS Georg Lassen
27.05.1940	Wilhelmshaven aus
21.06.1940	Vigo ein (Versorgung aus deutschem Versorgungsschiff BESSEL)
21.06.1940	Vigo aus
11.07.1940	Wilhelmshaven ein
Erfolge:	4 Schiffe (25061 BRT +)

Stellungnahme des B.d.U.:
1.) *Der wiederholte »Zielwechsel« am 11.06. hat nicht zum Erfolg geführt, »Zielwechsel« sollte nur dann vorgenommen werden, wenn das neue Ziel einwandfrei günstiger ist als das alte. Das war hier nicht immer der Fall.*
2.) *Schüsse aus 4000 m mit = 90° sind wenig erfolgversprechend.*
3.) *Die Untersuchung der G.7.e-Fehlschüsse, bei denen Tiefensteuerversager vorzuliegen scheinen, hat keine Klärung gebracht.*

6. Unternehmung U 29:
(Nordatlantik, Nordkanal, Hebriden)

Kdt:	Kl Otto Schuhart (6. Feindfahrt)
I. WO:	OlzS Georg Lassen
02.09.1940	Wilhelmshaven aus
05.09.1940	Bergen ein
11.09.1940	Bergen aus
01.10.1940	Lorient ein
Erfolge:	1 Schiff (6223 BRT +)

Stellungnahme des B.d.U.:
Der Zustand der Maschinenanlage hat den Erfolg der Unternehmung stark beeinflußt. Trotzdem hätte der Kommandant am 27.09. weiter versuchen müssen, an dem Geleitzug Fühlung zu bekommen. In Anbetracht der Wichtigkeit des Heranführens der östlich stehenden U-Boote an den von U 29 gesichteten einlaufenden Geleitzug mußten alle eigenen maschinellen Schwierigkeiten zurückstehen.

7. Unternehmung U 29:
(Nordatlantik)

Kdt:	Kl Otto Schuhart (7. Feindfahrt)
I. WO:	OlzS Georg Lassen
Kdt-Schüler:	Kl Karl Thurmann
26.10.1940	Lorient aus
30.11.1940	Bergen ein
01.12.1940	Bergen aus
03.12.1940	Wilhelmshaven ein
Erfolge:	keine

Stellungnahme des B.d.U.:
Durch schlechtes Wetter und die sehr stark beanspruchte Maschinenanlage des Bootes sehr erschwerte Unternehmung des bewährten Kommandanten.
Das Treffen und Begleiten von Schiff 21 ist unter sehr schwierigen Verhältnissen geglückt und gut durchgeführt worden.

Erfolge Otto Schuhart als Kommandant U 29:
12 Schiffe (83688 BRT + einschließl.
br CV COURAGEOUS
22500 ts)

WILHELM ROLLMANN

* 05.08.1907
IN WILHELMSHAVEN
† 05.11.1943
IM SÜDATLANTIK,
SÜDWESTLICH ASCENSION

31.07.1940
Ritterkreuz (19-6)

01.04.1926
Eintritt in die Reichsmarine
Crew 26

01.04.1926 – 11.07.1926
Infanterieausbildung – 5. Komp./II. Abt. S.St.Div. der Ostsee, Stralsund

12.07.1926 – 17.10.1926
Bordausbildung – SSS NIOBE

12.10.1926
Seekadett

18.10.1926 – 24.03.1928
Bordausbildung – Leichter Kreuzer EMDEN

25.03.1928 – 22.03.1929
Hauptlehrgang für Fähnriche – Marineschule Flensburg-Mürwik bzw.

09.07.1928 – 13.07.1928
Navigationsfahrt – Tender NORDSEE bzw.

08.10.1928 – 13.10.1928
Vermessungsschiff METEOR

01.04.1928
Fähnrich zur See

23.03.1929 – 11.05.1929
Nachrichtenlehrgang für Fähnriche – Marineschule Flensburg-Mürwik

12.05.1929 – 08.06.1929
Sperrlehrgang für Fähnriche – Sperrschule Kiel-Wik

09.06.1929 – 04.08.1929
Torpedolehrgang für Fähnriche – Marineschule Flensburg-Mürwik

05.08.1929 – 26.10.1929
Infanterielehrgang für Fähnriche – 4. Komp./II. Abt. S.St.Div. der Ostsee, Stralsund

27.10.1929 – 02.02.1930
Artillerielehrgang für Fähnriche – S.A.S.-Schule Kiel-Wik

03.02.1930 – 22.09.1930
Bordausbildung – Linienschiff HESSEN

01.05.1930
Oberfähnrich zur See

23.09.1930 – 05.01.1931
Kompanieoffizier – I. Abt.S.St.Div. der Ostsee, zugleich Horchlehrgang – Torpedo- und Nachrichtenschule

01.10.1930
Leutnant zur See (-17-)

06.01.1931 – 28.03.1931
F.T.O.-Lehrgang – Marineschule Flensburg-Mürwik

29.03.1931 – 29.09.1931
Divisionsleutnant und 2. F.T.O. – Leichter Kreuzer KARLSRUHE

30.09.1931 – 31.03.1933
Kompanieoffizier – 1. M.A.A. bzw. Flaklehrgang – Küsten-Artillerieschule Wilhelmshaven (08.10. – 11.12.1931), bzw. Kraftfahrerlehrgang – Kommandantur Kiel (25.01. – 04.03.1933)

01.10.1932
Oberleutnant zur See (-10-)

01.04.1933 – 25.07.1933
Divisionsleutnant und Fla-A.O. – Leichter Kreuzer KARLSRUHE

26.07.1933 – 16.08.1933
Fla-Waffenlehrgang – Küstenartillerieschule Wilhelmshaven

17.08.1933 – 08.07.1934
III.Offizier und Fla-A.O. – Leichter Kreuzer KARLSRUHE

09.07.1934 – 23.04.1935
Gruppenoffizier für Fähnriche – Marineschule Flensburg-Mürwik bzw.

17.10.1934 – 23.10.1934
Navigationsbelehrungsfahrt – Tender NORDSEE bzw.

31.01.1935 – 06.02.1935
Navigationsbelehrungsfahrt – Tender NORDSEE bzw.

18.03.1935 – 29.03.1935
überplanmäßig, zur Unterrichtung über Flottenfunkbetrieb – Leichter Kreuzer LEIPZIG

24.04.1935 – 12.05.1935
überplanmäßig, zur Unterrichtung – Linienschiff SCHLESWIG-HOLSTEIN

13.05.1935 – 19.05.1935
Besatzungsstamm – Aviso GRILLE

20.05.1935 – 24.11.1935
Wachoffizier und F.T.O. – Aviso GRILLE

25.11.1935 – 12.02.1936
Hilfssachbearbeiter beim Marineattaché London

13.02.1936 – 18.05.1937
Wachoffizier, F.T.O. und A.O. – Aviso GRILLE

01.04.1936
Kapitänleutnant (-12-)

02.10.1936
Dienstauszeichnung IV. Klasse

19.05.1937 – 31.01.1938
Kommandantenschüler – U-Bootsschule bzw.

05.09.1937 – 27.09.1937
z.Vfg. F.d.U. und F.T.O. – U-Tender WEICHSEL bzw.

05.10.1937 – 18.12.1937
U.T.O.-Lehrgang – Marineschule Flensburg-Mürwik

01.02.1938 – 25.10.1938
Führer der Stammkompanie – 4. U-Flottille und U-Flottille Hundius bzw.

22.04.1938 – 05.05.1938
überplanmäßig, an F.d.U.-Übungen – Tender SAAR und Aviso GRILLE bzw.

04.06.1938 – 08.06.1938
überplanmäßig, Teilnahme Nordseewoche – Stationssegeljacht ORION bzw.

10.07.1938 – 16.07.1938
überplanmäßig, Teilnahme Torpedoschießen – U-Flottille Saltzwedel bzw.

19.08.1938 – 21.08.1938
überplanmäßig, Wettfahrt – Dienstsegeljacht HELGOLAND

01.04.1938
Dienstauszeichnung III. Klasse

01.10.1938
Medaille zur Erinnerung an den 01.10.1938

26.10.1938 – 28.09.1940
Kommandant – U 34/U-Flottille Saltzwedel, ab 01.01.1940 – 2. U-Flottille

26.09.1939
Eisernes Kreuz II. Klasse

12.11.1939
U-Boots-Kriegsabzeichen 1939

07.02.1940
Eisernes Kreuz I. Klasse

29.07.1940
Nennung im Wehrmachtsbericht

31.07.1940
Ritterkreuz des Eisernen Kreuzes

02.08.1940
Nennung im Wehrmachtsbericht

29.09.1940 – 01.10.1940
z.Vfg. – 2. U-Flottille

02.10.1940 – 11.01.1943
Lehrer und Komp.Chef – 2. U.L.D./Gotenhafen

01.12.1940
Korvettenkapitän (-3-)

12.01.1943 – 19.02.1943
Baubelehrung – 1. Komp./6. K.L.A. Bremen für U 848 (am 26.01.1943 überführte KK Wilhelm Rollmann das bereits in Dienst gestellte U 847 von Bremen nach Kiel – 1-Tages-Kommando)

20.02.1943 – 31.07.1943
Kommandant – U 848/4.U-Flottille

01.08.1943 – 05.11.1943
Kommandant – U 848/12.U-Flottille

01.11.1943
Fregattenkapitän (posthum)

05.11.1943
Funkspruch U 848: »*Am 02.11.43 Frachter 5000 BRT versenkt. Soeben FL 6675 drei schwere Flugzeugangriffe. Flugzeug hält Fühlung. Dabei Boot beschädigt. Vorläufig noch tauchklar. Kurs 250°, Fahrt 7 sm.*« Danach meldet sich U 848 nicht mehr. U 848 wurde am 05.11.1943 gegen 16:55h von US-Flugzeugen der US-Navy-Squadron VB-107 und der 1st. (Composite) US-Army-Squadron versenkt. Der Kommandant Wilhelm Rollmann und die gesamte Besatzung von U 848 fanden den Tod.

1. Unternehmung U 34:
(Nordatlantik, Nordsee, Kanal, Biscaya)

Kdt:	Kl Wilhelm Rollmann (1. Feindfahrt)
II.WO:	LzS Hans-Hartwig Trojer
19.08.1939	Wilhelmshaven aus
26.09.1939	Wilhelmshaven ein
Erfolge	3 Schiffe (13 891 BRT + einschließlich es D HANONIA als Prise)

Auszug aus dem K.T.B. des B.d.U. vom 26.09. 1939:
U 34 hat versenkt:
Dampfer PUKKASTAN 5809 t
Dampfer KENNEBEC 5548 t
und außerdem als Prise eingebracht den estn. Dampfer HANONIA 2543 t.

2. Unternehmung U 34:
(Nordatlantik, Biscaya)

Kdt:	Kl Wilhelm Rollmann (2. Feindfahrt)
II.WO:	LzS Hans-Hartwig Trojer
17.10.1939	Wilhelmshaven aus
12.11.1939	Wilhelmshaven ein
Erfolge:	5 Schiffe (19 722 BRT + einschließlich nw D SNAR als Prise)

Auszug aus dem K.T.B. des B.d.U. vom 12.11. 1939:
U 34 eingelaufen. Es hat versenkt:

1. D. GUSTAV ADOLF Schweden, Banngut	*935 ts*	
2. 1 Engl. Sperrbrecher	*ca. 1200 ts*	*Engl.*
3. D MALABAR	*7976 ts*	*Engl.*
4. D. CAIRNONA	*4666 ts*	*Engl.*
5. D. BRONTE	*5317 ts*	*Engl.*
6. Tanker Name ?	*6-7000 ts*	
	26 094 ts	

Ferner als Prise eingebracht Norweger SNAR 3176 ts Grubenholz.
Eine gut durchgeführte und erfolgreiche Unternehmung.

3. Unternehmung U 34:
(Nordatlantik, Minenunternehmung vor Falmouth)

Kdt:	Kl Wilhelm Rollmann (3. Feindfahrt)
II.WO:	LzS Hans-Hartwig Trojer
10.01.1940	Wilhelmshaven aus
10.01.1940	Helgoland ein
11.01.1940	Helgoland aus
05.02.1940	Helgoland ein
05.02.1940	Helgoland aus
06.02.1940	Wilhelmshaven ein
Erfolge:	2 Schiffe (13 432 BRT +)

Auszug aus dem K.T.B. des B.d.U. vom 06.02. 1940:
U 34 Wilhelmshaven eingelaufen. Es hat die Sperraufgabe vor Falmouth rasch und gut durchgeführt.
Außerdem einen Dampfer von 12 000 t versenkt. Westlich vom Nordkanal hat es 2 Schlachtschiffe und 1 Kreuzer mit Kurs auf den Nordkanal gesichtet, hatte aber keine Torpedos mehr und wäre auch sonst nicht auf Schußentfernung herangekommen.

4. Unternehmung U 34:
(Nordatlantik)

Kdt:	Kl Wilhelm Rollmann (4. Feindfahrt)
II.WO:	LzS Hans-Hartwig Trojer
11.03.1940	Wilhelmshaven aus
30.03.1940	Wilhelmshaven ein
Erfolge:	keine

5. Unternehmung U 34:
(Nordsee, Nordmeer, Norwegenfeldzug, Unternehmen Weserübung)

Kdt: Kl Wilhelm Rollmann (5. Feindfahrt)
II.WO: LzS Hans-Hartwig Trojer

03.04.1940 Wilhelmshaven aus
30.04.1940 Wilhelmshaven ein
Erfolge: 1 Schiff (595 BRT + nw CM FRÖYA +)

Stellungnahme des B.d.U.:
Auch diese, zeitweise unter stärkster Gegenwehr stehende Unternehmung, ist durch Versager bei Angriffen auf 1 Kreuzer, 1 Zerstörer und 1 Dampfer um ihren Erfolg gebracht; während beim Angriff auf FRANCONIA Fehlschuß angenommen werden muß.
Ein Vorschlag auf Vereinfachung U.T.E.S. wird vorgelegt werden.

6. Unternehmung U 34:
(Nordatlantik, Nordkanal, Kap Finisterre)

Kdt: Kl Wilhelm Rollmann (6. Feindfahrt)
II.WO: LzS Hans-Hartwig Trojer
Kd-Schüler: Kl Heinrich Bleichrodt

22.06.1940 Wilhelmshaven aus
18.07.1940 Lorient ein
Erfolge: 8 Schiffe (22 434 BRT + einschließlich br DD WHIRLWIND 1 100 ts +)

Stellungnahme des B.d.U.:
Energisch durchgeführte Unternehmung, guter Erfolg.

7. Unternehmung U 34:
(Nordatlantik, Nordsee)

Kdt: Kl Wilhelm Rollmann (7. Feindfahrt)
II.WO: LzS Hans-Hartwig Trojer

23.07.1940 Lorient aus
03.08.1940 Wilhelmshaven ein
Erfolge: 5 Schiffe (29 990 BRT + einschließlich br SS SPEARFISH 670 ts +)

Stellungnahme des B.d.U.:
Vorzügliche, besonders erfolgreiche Unternehmung.

Auszug aus dem K.T.B. der Seekriegsleitung vom 01.08.1940:
U 34 aus Op.-Gebiet Atlantik zurückkehrend meldet die Versenkung des U-Bootes SPEARFISH bei Noss-Head. Damit hat U 34 (Kplt. Rollmann) in 2 Unternehmungen innerhalb von 41 Tagen 12 Dampfer mit zusammen 74 338 BRT, den Zerst. WHIRLWIND und das U-Boot SPEARFISH versenkt.

Auszug aus dem K.T.B. der Seekriegsleitung vom 03.08.1940:
U-Boot-Erfolge: Kaptlt. Rollmann, Kdt U 34, wird vom Führer für die erzielten großen Erfolge und den bewiesenen beispielhaften Einsatz mit dem Ritterkreuz zum Eisernen Kreuz ausgezeichnet.

1. Unternehmung U 848:
(Mittel- und Südatlantik, südwestlich Ascension)

Kdt: KK Wilhelm Rollmann (8. Feindfahrt)

18.09.1943 Kiel aus
05.11.1943 Verlust U 848
Erfolge: 1 Schiff (4 573 BRT +)

Erfolge Wilhelm Rollmann als Kommandant U 34:
24 Schiffe (100 064 BRT + einschließlich 2 Prisen)

Erfolge Wilhelm Rollmann als Kommandant U 848:
1 Schiff (4 573 BRT +)

Gesamt:
25 Schiffe (104 637 BRT +)

OTTO KRETSCHMER

* 01.05.1912
IN HEIDAU/KREIS LIEGNITZ
IN SCHLESIEN
† 05.08.1998
IN STRAUBING (SEEBESTATTUNG)

04.08.1940
Ritterkreuz (23-7)

04.11.1940
6. Eichenlaub (2-2)

26.12.1941
5. Schwerter (1-1)

01.04.1930
Eintritt in die Reichsmarine
Crew 30

01.04.1930 – 30.06.1930
Infanterieausbildung – II. Abt. S.St.Div. der Ostsee, Stralsund

01.07.1930 – 09.10.1930
Bordausbildung – SSS NIOBE

09.10.1930
Seekadett

10.10.1930 – 04.01.1932
Bordausbildung – Leichter Kreuzer EMDEN

01.01.1932
Fähnrich zur See

05.01.1932 – 31.03.1932
Infanterielehrgang für Fähnriche – 4. Komp./II. Abt. S.St.Div. der Ostsee, Stralsund

01.04.1933 – 27.03.1933
Hauptlehrgänge für Fähnriche – 1. Komp./ Marineschule Flensburg-Mürwik bzw.

22.06.1932 – 25.06.1932
Navigationsbelehrungsfahrt auf Vermessungsschiff METEOR bzw.

10.10.1932 – 15.10.1932
Navigationsbelehrungsfahrt Vermessungsschiff METEOR

28.03.1933 – 22.04.1933
Sperrlehrgang für Fähnriche – Sperrabteilung Kiel

23.04.1933 – 28.06.1933
Artillerielehrgang für Fähnriche – S.A.S.-Schule Kiel-Wik

29.06.1933 – 18.08.1933
Torpedolehrgang für Fähnriche – Marineschule Flensburg-Mürwik

19.08.1933 – 31.08.1933
Fla-Waffenlehrgang für Fähnriche – Küstenartillerieschule Wilhelmshaven

01.09.1933 – 24.09.1933
Nachrichtenlehrgang für Fähnriche – Marineschule Flensburg-Mürwik

25.09.1933 – 01.10.1933
U.A.-Lehrgang für Fähnriche – Marineschule Flensburg-Mürwik

02.10.1933 – 04.03.1934
Bordausbildung und B.Ü.-Fähnrich – Panzerschiff DEUTSCHLAND

05.03.1934 – 10.03.1934
Luftschutzlehrgang für Fähnriche – Marineschule Warnemünde

11.03.1934 – 19.03.1934
Bordausbildung – Panzerschiff DEUTSCHLAND

20.03.1934 – 26.09.1934
Bordausbildung und II. B.Ü.-Offizier – Leichter Kreuzer KÖLN

01.04.1934
Oberfähnrich zur See

27.09.1934 – 21.12.1934
Torpedo-Offizierslehrgang – Marineschule Flensburg-Mürwik

01.10.1934
Leutnant zur See (-16-)

22.12.1934 – 26.09.1935
2. Torpedooffizier – Leichter Kreuzer KÖLN bzw. zugleich

11.03.1935 – 30.03.1935
Katapultlehrgang in Travemünde

27.09.1935 – 25.01.1936
Kompanieoffizier – I. Abt. S.St.Abt./Nordsee Wilhelmshaven bzw.

06.01.1936 – 18.01.1936
U.T.O.- Lehrgang – Marineschule Flensburg-Mürwik

26.01.1936 – 03.02.1936
Kompanieoffizier – U-Bootsschule Kiel

04.02.1936 – 30.04.1936
U-Schüler – U-Bootsschule/Neustadt in Holstein bzw.

04.04.1936 – 09.04.1936
Nachrichtenlehrgang für U-Schüler – Marineschule Flensburg-Mürwik

01.05.1936 – 02.10.1936
z.Vfg. – F.d.U., zugleich Kompanieoffizier – 2. Komp./U-Bootsschule

01.06.1936
Oberleutnant zur See (-13-)

02.10.1936
Dienstauszeichnung IV. Klasse

03.10.1936 – 18.10.1936
Wachoffizier – U-Flottille Saltzwedel

19.10.1936 – 02.11.1936
Baubelehrung – Germaniawerft Kiel für U 35

03.11.1936 – 30.09.1937
I. Wachoffizier – U 35/U-Flottille Saltzwedel bzw. Kommandant i.V. – U 35 – 08/37

01.10.1937 – 01.04.1940
Kommandant – U 23/U-Flottille Weddigen, ab 01.01.1940, 1.U-Flottille (lt. K.T.B. U 23 fand die Übergabe des Bootes an Kl Heinrich Driver am 02.04.1940 statt)

01.06.1939
Kapitänleutnant (-6-)

02.04.1940 – 17.04.1940
Baubelehrung – U-Boote/Ost für U 99

18.04.1940 – 17.03.1941
Kommandant – U 99/7.U-Flottille

17.10.1939
Eisernes Kreuz II. Klasse

26.10.1939
Medaille zur Erinnerung an die Heimkehr des Memellandes

09.11.1939
U-Boots-Kriegsabzeichen 1939

17.12.1939
Eisernes Kreuz I. Klasse

20.12.1939
Medaille zur Erinnerung an den 01.10. 1938

03.08.1940
Nennung im Wehrmachtsbericht

04.08.1940
Ritterkreuz des Eisernen Kreuzes

19.10.1940
Nennung im Wehrmachtsbericht

04.11.1940
Nennung im Wehrmachtsbericht

04.11.1940
6. Eichenlaub zum Ritterkreuz des Eisernen Kreuzes

17.12.1940
Nennung im Wehrmachtsbericht

17.03.1941
U 99 wurde durch Wasserbomben vom britischen Zerstörer WALKER zum Auftauchen gezwungen und durch Öffnen der Flutventile selbst versenkt. Kapitänleutnant Otto Kretschmer geriet in Gefangenschaft.

19.03.1941
Korvettenkapitän mit Wirkung vom 01.03.1941 (-6-)

25.04.1941
Nennung im Wehrmachtsbericht

26.12.1941
Eichenlaub mit Schwertern (5.) zum Ritterkreuz des Eisernen Kreuzes

01.09.1944
Fregattenkapitän (-7-)

31.12.1947
Entlassung aus der Gefangenschaft

01.12.1955
Eintritt in die Bundeswehr

01.12.1955 – 15.06.1956
Teilnehmer 2. Offizierslehrgang Sonthofen, später Prüfgruppenleiter – der Annahmeorganisation

16.06.1956 – 02.01.1957
im Aufbaukommando – 1. Geleitgeschwader

03.01.1957 – 15.10.1957
Kommandeur – 1. Geleitgeschwader

16.10.1957 – 28.02.1958
Lehrgang in USA – für amphibische Operationen

01.03.1958 – 31.10.1958
Asto – beim Kommando der Flotte

01.11.1958 – 15.01.1962
Kommandeur – Amphibische Streitkräfte und der U-Boote

12.12.1958
Kapitän zur See

16.01.1962 – 27.08.1963
Leiter des Referates Verbandsausbildung und Seetaktik (Fü M II/3) – Führungsstab Marine, Bundesministerium der Verteidigung

28.08.1963 – 17.06.1964
kommandiert – NATO-Defense-College, Paris, bis 07.02.1964 (24. Lehrgang)

18.06.1964 – 31.05.1965
Chef des Stabes – beim Befehlshaber der Seestreitkräfte Nordsee

01.06.1965
Flottillenadmiral auf Zeit

15.12.1965
Flottillenadmiral

01.06.1965 – 31.03.1969
Chef des Stabes
(15.06.1965 Kommandoübernahme) – NATO-Kommando COMNAVBALTAP (Ostseezugänge)

01.04.1969 – 30.09.1970
kommandiert (Dienstantritt 18.04.1969) – Amt für Militärkunde

30.09.1970
Ruhestand

1. Unternehmung U 23:
(Nordsee, niederländische Küste)

Kdt:	Kl Otto Kretschmer (1. Feindfahrt)
WO:	OlzS Adalbert Schnee
25.08.1939	Wilhelmshaven aus
04.09.1939	Wilhelmshaven ein
Erfolge:	keine

2. Unternehmung U 23:
(Nordsee, Firth of Forth)

Kdt:	Kl Otto Kretschmer (2. Feindfahrt)
WO:	OlzS Adalbert Schnee
09.09.1939	Wilhelmshaven aus
21.09.1939	Kiel ein
Erfolge:	keine

Auszug aus dem K.T.B. des F.d.U. West vom 21.09.1939:
U 23 Kiel eingelaufen. Meldung des Kommandanten ergibt:
1.) Ein Bild über den Handelsverkehr vor dem Firth of Forth.
2.) Die Tatsache, daß auch dort bis auf 1 Zerstörer keine englischen Kriegsschiffe gesichtet wurden.
3.) Bei zweimaligem Angriff englischer U-Boote auf U 23 einwandfrei Blasenköpfe und starke Ölspuren gesichtet wurden; da die Angriffe in beiden Fällen bei stark vorgeschrittener Dämmerung stattfanden, müssen die englischen U-Boote sehr gute Sehrohrnachtoptik haben.
Die Erfahrungen werden an alle Stellen weiter gemeldet.

3. Unternehmung U 23:
(Nordsee)

Kdt:	Kl Otto Kretschmer (3. Feindfahrt)
WO:	OlzS Adalbert Schnee
29.09.1939	Kiel aus
30.09.1939	Wilhelmshaven aus
01.10.1939	Wilhelmshaven aus
16.10.1939	Kiel ein
Erfolge:	1 Schiff (876 BRT +)

Auszug aus dem K.T.B. des F.d.U. West vom 16.10.1939:
U 23 Kiel eingelaufen. Kommandant meldet die Versenkung eines abgeblendet fahrenden Dampfers bei Fair Island.

4. Unternehmung U 23:
(Minenunternehmung vor Cromarty)

Kdt:	Kl Otto Kretschmer (4. Feindfahrt)
WO:	OlzS Adalbert Schnee
01.11.1939	Kiel aus
09.11.1939	Kiel ein
Erfolge:	keine

Auszug aus dem K.T.B. des F.d.U. West vom 09.11.1939:
U 23 Kiel durch Kleinen Belt eingelaufen. Das Boot hat in entschlossener und geschickter Durchführung trotz Ausfall Kreiselkompaß und zahlreicher Bewachung seine Minenaufgabe unmittelbar vor Invergordon durchgeführt.

5. Unternehmung U 23:
(Nordsee, Orkneys, Shetlands)

Kdt:	Kl Otto Kretschmer (5. Feindfahrt)
WO:	OlzS Adalbert Schnee
05.12.1939	Kiel aus
15.12.1939	Kiel ein
Erfolge:	1 Schiff (2400 BRT +)

Auszug aus dem K.T.B. des F.d.U. West vom 17.12.1939:
Der Kommandant U 23 trifft aus Kiel zur Meldung über Unternehmung Orkneys-Shetlands ein. Es ist mit großem Schneid bis tief in die Schlupfwinkel der englischen Streitkräfte eingedrungen, wie Ura Firth, Busta Voe, Olna Firth, Aith Voe, die er alle leer fand. Ich beabsichtige, ihn auf Grund seiner Ortskenntnisse noch einmal dorthin zu schicken, da ein Eindringen vor allem in den Sullon Voe nach seinem Bericht durchaus möglich erscheint.

6. Unternehmung U 23:
(Nordsee, schottische Ostküste)

Kdt:	Kl Otto Kretschmer (6. Feindfahrt)
I. WO:	OlzS Hans Diedrich Freiherr von Tiesenhausen
08.01.1940	Kiel aus
15.01.1940	Wilhelmshaven ein
Erfolge:	2 Schiffe (11667 BRT +)

Auszug aus dem K.T.B. des F.d.U. West vom 15.01.1940:
U 23 Wilhelmshaven eingelaufen nach Unternehmung bei den Orkneys. Das Boot soll nach kurzer Ruhepause, etwa 19.01., von hier aus wieder in das ihm bekannte Operationsgebiet Orkneys-Shetlands auslaufen.

7. Unternehmung U 23:
(Nordsee, britische Ostküste)

Kdt:	Kl Otto Kretschmer (7. Feindfahrt)
I. WO:	OlzS Hans Diedrich Freiherr von Tiesenhausen
18.01.1940	Wilhelmshaven aus
29.01.1940	Wilhelmshaven ein
Erfolge:	1 Schiff (1085 BRT +)

Auszug aus dem K.T.B. des F.d.U. West vom 29.01.1940:
U 23 Wilhelmshaven ein von Shetlands. Sullom Voe durch Netzsperre ohne Lücke gesichert. In den zahlreichen abgesuchten Buchten keine Schiffe gesichtet. Durch besondere Helligkeit in den Nächten (Vollmond, leuchtende Schneehänge) stark behindert.
1 Dampfer 1500 ts versenkt, 1 Kreisläufer, 2 Versager durch Nichtzündung. Beide Versager geschossen, ehe neue Befehle über Pistoleneinstellung ergangen waren.

8. Unternehmung U 23:
(Nordsee, Shetlands)

Kdt:	Kl Otto Kretschmer (8. Feindfahrt)
I. WO:	OlzS Hans Diedrich Freiherr von Tiesenhausen
09.02.1940	Wilhelmshaven aus
09.02.1940	Helgoland ein
10.02.1940	Helgoland aus
25.02.1940	Wilhelmshaven ein
26.02.1940	Wilhelmshaven aus
28.02.1940	Kiel ein
Erfolge:	3 Schiffe (11596 BRT + einschließlich br DD DARING +)

Auszug aus dem K.T.B. des F.d.U. West vom 25.02.1940:
U 57, U 23 und U 22 Wilhelmshaven von Unternehmung (Nordmark) eingelaufen. U 23

hat den Zerstörer DARING und einen 5000-t-Dampfer versenkt und dem von U 57 beschädigten Dampfer den Fangschuß gegeben. Das Zusammenarbeiten von U 57 und U 23 ist besonders hervorzuheben, der Erfolg war dabei nur möglich durch die genauen Standortangaben von U 57. Außer der Begegnung von U 57 und U 23 bei dem 7000-t-Dampfer hat eine weitere stattgefunden, und zwar zwischen U 22, U 23, U 19 im Quadrat 1623, das den Booten als Ansteuerungspunkt für zwei Kreuzer durch Funkspruch gegeben war.

1. Unternehmung U 99:
(Nordsee, Kattegat, Skagerrak)

Kdt:	Kl Otto Kretschmer (9. Feindfahrt)
I. WO:	OlzS Klaus Bargsten
18.06.1940	Kiel aus
25.06.1940	Wilhelmshaven ein
Erfolge:	keine

Stellungnahme des B.d.U.:
Zum Flugzeugangriff am 21.06.: Der Angriff erfolgte durch Bordflugzeug, da U 99 von der ihm bekannten Kurslinie der SCHARNHORST geringeren Abstand hatte als den befohlenen von 30 sm.
Feststellungen wegen der weiteren Angriffe laufen.

2. Unternehmung U 99:
(Nordatlantik, Biscaya, südwestlich Irland)

Kdt:	Kl Otto Kretschmer (10. Feindfahrt)
I. WO:	OlzS Klaus Bargsten
27.06.1940	Wilhelmshaven aus
21.07.1940	Lorient ein
Erfolge:	7 Schiffe (22719 BRT +)

Stellungnahme des B.d.U.:
Nichts zu bemerken. Gute, erfolgreiche Unternehmung.

3. Unternehmung U 99:
(Nordatlantik, Nordkanal, westlich Irland)

Kdt:	Kl Otto Kretschmer (11. Feindfahrt)
I. WO:	OlzS Klaus Bargsten
25.07.1940	Lorient aus
05.08.1940	Lorient ein
Erfolge:	4 Schiffe (32345 BRT +) 3 Schiffe (25545 BRT +)

Stellungnahme des B.d.U.:
28.07./0904 Uhr
Tauchen beim Sichten eines Sehrohres ist nicht zu empfehlen, vor allem nicht, wenn wie in diesem Falle mit gegnerischer Überwasserbekämpfung zu rechnen ist. Richtiger ist, Sehrohr achteraus nehmen und mit Höchstfahrt ablaufen – wie am 01.08./2218 Uhr geschehen.
02.08.
Mit Schneid und Überlegung sehr gut durchgeführter Angriff.
Kurze, besonders erfolgreiche Unternehmung.

4. Unternehmung U 99:
(Nordatlantik, Biscaya, Nordkanal, westlich Irland)

Kdt:	Kl Otto Kretschmer (12. Feindfahrt)
I. WO:	OlzS Klaus Bargsten
04.09.1940	Lorient aus
25.09.1940	Lorient ein
Erfolge:	7 Schiffe (25925 BRT +)

Stellungnahme des B.d.U.:
1.) *Zäh durchgeführte Unternehmung, zu deren Durchführung nichts zu bemerken ist.*
2.) *Der Erfolg ist zwar befriedigend, er hätte aber größer sein können, wenn wir über einen Torpedo verfügen würden, der auch noch bei stärkerem Seegang brauchbar ist.*

5. Unternehmung U 99:
(Nordatlantik, Nordkanal)

Kdt:	Kl Otto Kretschmer (13. Feindfahrt)
I. WO:	OlzS Klaus Bargsten
13.10.1940	Lorient aus
22.10.1940	Lorient ein
Erfolge:	6 Schiffe (27396 BRT +) 1 Schiff (3106 BRT =)

Stellungnahme des B.d.U.:
Hervorragend durchgeführter Angriff auf den Geleitzug, der durch einen entsprechenden Erfolg belohnt worden ist.

6. Unternehmung U 99:
(Nordatlantik, Nordkanal, westlich Irland)

Kdt:	Kl Otto Kretschmer (14. Feindfahrt)
I. WO:	OlzS Klaus Bargsten

30.10.1940 Lorient aus
08.11.1940 Lorient ein
Erfolge: 4 Schiffe (42 407 BRT +)

Stellungnahme des B.d.U.:
1.) Sehr gute und erfolgreiche, von Glück begünstigte Unternehmung.
2.) Es war richtig, daß der Kommandant den Dampfer PATROCLUS in Zeitabständen, die die Beobachtung der Trefferwirkung gestatteten, so lange beschossen hat, bis er gesunken ist.

Aus Anlaß der Versenkung von 200 000 BRT feindlichen Handelsschiffsraumes wurde Kapitänleutnant Kretschmer das Eichenlaub zum Ritterkreuz des Eisernen Kreuzes verliehen und folgendes Telegramm an ihn gerichtet:

In dankbarer Würdigung Ihres heldenhaften Einsatzes im Kampf für die Zukunft unseres Volkes verleihe ich Ihnen anlässlich der Versenkung von 200 000 BRT, feindlichen Handelsschiffsraumes als sechstem Offizier der deutschen Wehrmacht das Eichenlaub zum Ritterkreuz des Eisernen Kreuzes.

Adolf Hitler

Funkspruch an U 99 vom 04.11.40:
An U 99. Für Kmdt.
Zur Verleihung des Eichenlaubs zum Ritterkreuz übermittle ich Ihnen in stolzer Anerkennung ihrer Leistungen meine herzl. Glückwünsche.

Oberbefehlshaber

Funkspruch an U 967 vom 12.05.44:
An U 99.
Glückwunsch, weitermachen.

Dein B.d.U.

7. Unternehmung U 99:

(Nordatlantik, westlich Irland)
Kdt: Kl Otto Kretschmer (15. Feindfahrt)
I. WO: OlzS Klaus Bargsten

27.11.1940 Lorient aus
12.12.1940 Lorient ein
Erfolge: 4 Schiffe (34 291 BRT +)

Stellungnahme des B.d.U.:
Sehr erfolgreiche, gut durchgeführte Unternehmung.

8. Unternehmung U 99:

(Nordatlantik, süd- und südöstlich von Island)
Kdt: Kl Otto Kretschmer (16. Feindfahrt)
II.WO: Stabsobersteuermann Heinrich Petersen

22.02.1941 Lorient aus
17.03.1941 Verlust U 99
Erfolge: 7 Schiffe (61 711 BRT +)
1 Schiff (9 314 BRT =)

Auszug aus dem K.T.B. U 99 vom 17.03. 1941(aufgestellt von B.d.U.-op-):
Nach Meldung U 37 und U 46 gibt U 99 offenen Funkspruch: »Bomben, Boot versenkt, Heil Hitler. Kretschmer 2 Zerstörer, 53 Tonnen.« Dieser Funkspruch wurde von Landstellen nicht aufgenommen, sondern von U 37 gemeldet.

Erfolge Otto Kretschmer als Kommandant U 23:
8 Schiffe (27 624 BRT +
einschließlich br DD
DARING 1 375 ts +)

Erfolge Otto Kretschmer als Kommandant U 99:
39 Schiffe (246 794 BRT +)
5 Schiffe (37 965 BRT =)

Gesamt:
47 Schiffe (274 418 BRT +)
5 Schiffe (37 965 BRT =)

Heinrich Liebe

* 29.01.1908
in Gotha
† 27.07.1997
in Eisenach

14.08.1940
Ritterkreuz (24-8)

10.06.1941
13. Eichenlaub (4-4)

05.04.1927
Eintritt in die Reichsmarine
Crew 27

05.04.1927 – 03.07.1927
Infanterieausbildung – II. Abt. S.St.Div. der Ostsee, Stralsund

04.07.1927 – 31.10.1927
Bordausbildung – Segelschulschiff NIOBE

11.10.1927
Seekadett

01.11.1927 – 17.03.1929
Bordausbildung – Leichter Kreuzer BERLIN

18.03.1929 – 29.03.1930
Lehrgang für Fähnriche – Marineschule Flensburg-Mürwik bzw.

17.06.1929 – 22.06.1929
Navigationsbelehrung – Tender FRAUENLOB und

30.09.1929 – 05.10.1929
Navigationsbelehrung – Vermessungsschiff METEOR

01.04.1929
Fähnrich zur See

30.03.1930 – 01.05.1930
Torpedo- und Navigationslehrgang – Marineschule Flensburg-Mürwik

02.05.1930 – 30.05.1930
Sperrlehrgang für Fähnriche – Sperrschule Kiel

31.05.1930 – 31.07.1930
Nachrichtenlehrgang für Fähnriche – Marineschule Flensburg-Mürwik

01.08.1930 – 24.10.1930
Infanterielehrgang für Fähnriche – II. Abt. S.St.Div. der Ostsee, Stralsund

25.10.1930 – 08.02.1931
Artillerielehrgang für Fähnriche – S.A.S./Kiel-Wik

09.02.1931 – 21.02.1931
Fla-Waffenlehrgang für Fähnriche – Küstenartillerieschule Wilhelmshaven

22.02.1931 – 03.01.1932
Bordausbildung – Linienschiff SCHLESWIG-HOLSTEIN

01.06.1931
Oberfähnrich zur See

01.10.1931
Leutnant zur See (-31-)

04.01.1932 – 05.04.1932
Funklehrgang – Marineschule Flensburg-Mürwik

06.04.1932 – 31.03.1934
2. F.T.O. – Linienschiff SCHLESWIG-HOLSTEIN

01.10.1933
Oberleutnant zur See (-12-)

01.04.1934 – 29.09.1935
Adjutant – 1. Torpedobootshalbflottille

30.09.1935 – 30.09.1936
U-Lehrgang für U-Bootsoffiziere – Unterseebootsschule bzw.

30.09.1935 – 20.12.1935
Torpedolehrgang – Marineschule Flensburg-Mürwik bzw.

06.01.1936 – 18.01.1936
E.T.O.-Lehrgang – Marineschule Flensburg-Mürwik bzw.

04.04.1936 – 09.04.1936
Nachrichtenlehrgang – Marineschule Flensburg-Mürwik

01.10.1936
Kapitänleutnant (-27-)

02.10.1936
Dienstauszeichnung IV. Klasse

01.10.1936 – 31.01.1938
Kommandant – U 2/U-Bootsschule

20.04.1937
Olympiamedaille

01.02.1938 – 14.08.1938
Kommandant – z.Vfg. F.d.U. und U-Bootsschule

15.08.1938 – 23.10.1938
Baubelehrung – U-Flottille Hundius

24.10.1938 – 14.07.1941
Kommandant – U 38/U-Flottille Hundius bzw. ab 01.01.1940 2. U-Flottille (das K.T.B. U 38 gibt den Kommandantenwechsel Kl Heinrich Liebe – Kl Heinrich Schuch für den 22.07.1941 an)

08.10.1939
Eisernes Kreuz II. Klasse

16.12.1939
U-Boots-Kriegsabzeichen 1939

06.04.1940
Eisernes Kreuz I. Klasse

05.07.1940
Nennung im Wehrmachtsbericht

14.08.1940
Ritterkreuz des Eisernen Kreuzes

Auszug aus »Die Kriegsmarine«, Heft 19, erstes Oktoberheft 1940:
Kapitänleutnant Liebe hat 16 Schiffe mit 97296 BRT, meist aus gesicherten Geleitzügen versenkt. Diese ausgezeichnete Leistung ist seiner besonderen Zähigkeit, seinem guten Können und seinem Wagemut zu verdanken.

31.05.1941
Nennung im Wehrmachtsbericht

09.06.1941
Nennung im Wehrmachtsbericht

10.06.1941
13. Eichenlaub zum Ritterkreuz des Eisernen Kreuzes

15.07.1941 – 13.08.1944
Referent – Skl./O.K.M.

01.12.1941
Korvettenkapitän (-4-)

02.12.1941
Italienisches Kriegskreuz mit Schwertern

19.03.1943
Korvettenkapitän, Verbesserung des Rangdienstalters gemäß MPA I vom 19.03.1943, Rangdienstalter: 01.03. 1941 (-7-)

14.08.1944 – 08.05.1945
Referent W in der Zentralabt. – B.d.U.op/ 2. S.k.l./O.K.M.

03.09.1944
Kriegsverdienstkreuz II. Klasse mit Schwertern

17.09.1944
Fregattenkapitän

08.05.1945 – 30.06.1947
Nachrichten-Gruppenleiter für Seefahrer – Deutsches Hydrographisches Institut

1. Unternehmung U 38:
(Nordatlantik, westlich Irland, Höhe Gibraltar)

Kdt:	Kl Heinrich Liebe (1. Feindfahrt)
I. WO:	OlzS Wolfgang Lüth
19.08.1939	Wilhelmshaven aus
18.09.1939	Wilhelmshaven ein
Erfolge:	2 Schiffe (16698 BRT +)

Auszug aus dem K.T.B. des B.d.U. vom 18.09. 1939:
Es laufen ein: U 38 und U 40.
Erfolge: U 38 hat versenkt
MANAAR 7200 t
INVERLIFFEY 9445 t
16645 t
U 40 keine Versenkungen.

2. Unternehmung U 38:
(Nordmeer, norwegische Nordküste)

Kdt:	Kl Heinrich Liebe (2. Feindfahrt)
14.11.1939	Wilhelmshaven aus
16.12.1939	Wilhelmshaven ein
Erfolge:	3 Schiffe (13269 BRT +)

Auszug aus dem K.T.B. des B.d.U. vom 16.12. 1939:
U 38 hat versenkt:

1.) D. THOMAS WALTON	*4500 ts*
2.) D GARONFALIA	*4700 ts*
3.) D. BREDFORD	*4000 ts*
Summe:	*13200 ts*

Es hat an der norwegischen Küste einen regen neutralen Einzelverkehr festgestellt. Geleitzugbildung oder englische Kriegsschiffe nicht beobachtet. Vor der Kola-Bucht geringer Verkehr, mäßige Bewachung. Ausreichende Beleuchtungsverhältnisse durch Nordlicht-Strahlung.

3. Unternehmung U 38:
(Nordsee, Shetland und Orkneys)

Kdt:	Kl Heinrich Liebe (3. Feindfahrt)
26.02.1940	Wilhelmshaven aus
05.04.1940	Wilhelmshaven ein
Erfolge:	6 Schiffe (15849 BRT +)

Stellungnahme des B.d.U.:
Rückruf und Ansatz des Bootes im Raum nordwestlich Schottland und vor Norwegen war durch die Vorbereitungen für die Weserübung bedingt. In beiden Gebieten war mit größeren Erfolgen nicht zu rechnen.
Der mit der dem Kommandanten eigenen Zähigkeit durchgeführte Angriff auf einen Geleitzug in der Nordsee unter schwierigsten Verhältnissen verdient besondere Anerkennung.

4. Unternehmung U 38:
(Norwegenfeldzug, Unternehmen »Weserübung«, südwestlich der Lofoten)

Kdt:	Kl Heinrich Liebe (4. Feindfahrt)
08.04.1940	Wilhelmshaven
27.04.1940	Wilhelmshaven
Erfolge:	keine

Stellungnahme des B.d.U.:
1.) Bei der entscheidenden Wichtigkeit, die Transporter zu fassen, hätte U 38 am 15.4. nach der Wabo-Verfolgung mit allen Mitteln versuchen müssen, wieder nach Süden, wo, wie ihm bekannt, die Transporter standen, vorzustoßen.
2.) Die Angriffe am 14.4., 15.4. und auch wahrscheinlich der am 19.4. wären richtiger unterblieben, da keine Reichweite.

5. Unternehmung U 38:
(Nordatlantik, Biskaya, Anlandung von Agenten in Brandon-Bay/Irland am 12./13.06.40)

Kdt:	Kl Heinrich Liebe (5. Feindfahrt)
06.06.1940	Wilhelmshaven aus
02.07.1940	Wilhelmshaven ein
Erfolge:	6 Schiffe (30353 BRT +)

Stellungnahme des B.d.U.:
Erfolgreiche Unternehmung des bewährten Kommandanten.

6. Unternehmung U 38:
(Nordatlantik, Nordkanal, Hebriden, Irland, Rockall-Bank)

Kdt:	Kl Heinrich Liebe (6. Feindfahrt)
01.08.1940	Wilhelmshaven aus
03.09.1940	Lorient ein
Erfolge:	2 Schiffe (12493 BRT +) 1 Schiff (7461 BRT =)

Auszug aus dem K.T.B. des B.d.U. vom 03.09. 1940:
U 38, U 59 Lorient ein.
U 38 hat im Operationsgebiet vor Nordkanal und westlich Hebriden sehr unter Luftbewachung und schlechtem Wetter gelitten. Er hat auf dieser Unternehmung 3 Fahrzeuge mit insgesamt 19–20000 Tonnen versenkt.

7. Unternehmung U 38:
(Nordatlantik, Nordkanal, Rockall-Bank)

Kdt:	Kl Heinrich Liebe (7. Feindfahrt)
25.09.1940	Lorient aus
24.10.1940	Lorient ein
Erfolge:	4 Schiffe (30345 BRT +) 1 Schiff (3670 BRT =)

Stellungnahme des B.d.U.:
Sehr erfolgreiche Unternehmung, deren Durchführung jedoch im Sinne der notwendigen Zusammenarbeit der U-Boote zu Ausstellungen Anlaß gibt.

1.) *Die Feindmeldung am 1. Oktober mit falschem Standort ist ein bedauerlicher Fehler.*
2.) *Die Fühlung am Geleitzug vom 1. Oktober hätte bei der vorlichen Position des Bootes in der Abenddämmerung nicht verloren zu gehen brauchen.*
3.) *Der Kommandant hätte am 17. Oktober beim Sichten des Geleitzuges um 0110 Uhr, von dem seit dem Morgen (U 48) keine Fühlungshaltermeldungen mehr vorlagen, sofort Meldung machen müssen. Diese Meldung ist überhaupt nicht erfolgt. Er hätte ferner, nachdem er vom Geleitzug abgedrängt worden war, versuchen müssen, nachzustoßen und die Fühlung wieder zu gewinnen.*

8. Unternehmung U 38:

(Nordatlantik, westlich des Nordkanals)

Kdt:	Kl Heinrich Liebe (8. Feindfahrt)
Kdt-Schüler:	KK Karl-Friedrich Merten
18.12.1940	Lorient aus
22.01.1941	Lorient ein
Erfolge:	2 Schiffe (16583 BRT +)

Stellungnahme des B.d.U.:
Nichts zu bemerken.

9. Unternehmung U 38:

(Mittelatlantik, vor Freetown)

Kdt:	Kl Heinrich Liebe (9. Feindfahrt)
09.04.1941	Lorient aus
24.06.1941	Lorient ein
Erfolge:	8 Schiffe (47279 BRT +)

Stellungnahme des B.d.U.:
Erfolgreiche Unternehmung, in deren Verlauf der Kommandant, der seit Kriegsbeginn ununterbrochen fährt, die 200000-BRT-Grenze überschritten hat.
Vielleicht wäre ein sparsamerer Einsatz von Torpedos möglich gewesen. Die Beurteilung der Lage des Versorgungsplatzes hätte vom Kommandanten sofort durch F.T. gemeldet werden müssen, nicht erst nach Rückkehr.

Funkspruch an U 38 vom 11.06.1941/1156 Uhr:
Kaptlt. Liebe, Kmdt U 38.
In dankbarer Würdigung Ihres heldenhaften Einsatzes im Kampf für die Zukunft unseres Volkes verleihe ich anläßlich der Versenkung von 200000 t feindlichen Handelsschiffsraumes als 13. Offizier der deutschen Wehrmacht das Eichenlaub zum Ritterkreuz des Eisernen Kreuzes.
gez. Adolf Hitler

Erfolge Heinrich Liebe als Kommandant U 38:
33 Schiffe (182869 BRT +)
2 Schiffe (11131 BRT =)

FRITZ-JULIUS LEMP

* 19.02.1913
IN TSINGTAU
† 09.05.1941
IM NORDATLANTIK
SÜDÖSTLICH VON GRÖNLAND

14.08.1940
Ritterkreuz (25-9)

01.04.1931
Eintritt in die Reichsmarine
Crew 31

01.04.1931 – 30.09.1931
Infanterieausbildung – II. Abt. S.St.Div. der Ostsee, Stralsund, und Bordausbildung – SSS NIOBE

lt. Meldung – 10.1931
Bordausbildung – Leichter Kreuzer KARLSRUHE

14.10.1931
Seekadett

01.01.1933
Fähnrich zur See

01.01.1935
Oberfähnrich zur See

01.04.1935
Leutnant zur See (-20-)

lt. Meldung – 04.1935
U-Boots-Ausbildung – U-Bootsschule Kiel

lt. Meldung – 11.1936
Wachoffizier – U 28/U-Flottille Saltzwedel (lt. Rangliste vom 01.11.1936)

02.10.1936
Dienstauszeichnung IV. Klasse

01.01.1937
Oberleutnant zur See (-16-)

lt. Meldung – 01.1937
Wachoffizier – U 28/U-Flottille Saltzwedel (lt. Rangliste vom 01.11.1937)

lt. Meldung – 28.10.1938
Kommandant – U 28/U-Flottille Saltzwedel (lt. Rangliste vom 01.11.1938)

11.1938 – 09.1940
Kommandant – U 30/U-Flottille Saltzwedel, ab 01.01.1940 2.U-Flottille

06.09.1939
Spanienkreuz in Bronze

24.09.1939
Kapitänleutnant mit Wirkung vom 01.10.1939 (-43-)

27.09.1939
Eisernes Kreuz II. Klasse

18.01.1940
Eisernes Kreuz I. Klasse

14.08.1940
Ritterkreuz des Eisernen Kreuz

Auszug aus »Die Kriegsmarine«, Heft 19, erstes Oktoberheft 1940:
Kapitänleutnant Lemp hat unter vollstem Einsatz Minenaufgaben unmittelbar vor der englischen Küste erfolgreich durchgeführt. Außerdem versenkte er aus stark gesicherten Geleitzügen 11 Handelsschiffe mit 50000 BRT. Bei allen seinen Unternehmungen hat er besonderen Schneid, großes Können und größte Einsatzbereitschaft gezeigt.

01.10.1940 – 20.10.1940
z.Vfg. – 2. U-Flottille

21.10.1940 – 20.11.1940
Baubelehrung – U-Boote/Nordsee für U 110

21.11.1940 – 09.05.1941
Kommandant – U 110/2.U-Flottille

09.05.1941
Im Nordatlantik durch die Konvoisicherung des OB.318, den britischen Zerstö-

rern BULLDOG und BROADWAY sowie der Korvette AUBRIETIA nach Wasserbomben zum Auftauchen gezwungen. U 110 wurde von den Briten gekapert. Der zum Boot zurückschwimmende Fritz-Julius Lemp wurde vom Prisenkommando erschossen.

1. Unternehmung U 30:
(Nordatlantik, nordwestlich Irland)

Kdt:	OlzS Fritz-Julius Lemp (1. Feindfahrt)
22.08.1939	Wilhelmshaven aus
19.09.1939	Reykjavik ein
19.09.1939	Reykjavik aus
27.09.1939	Wilhelmshaven ein
Erfolge:	3 Schiffe (23206 BRT +)

Auszug aus dem K.T.B. des B.d.U. vom 04.09. 1939:
Aus dem B-Dienst und dem Rundfunk wird die Versenkung des englischen Dampfers ATHENIA bekannt (B-Leitstelle 0409). Genaue Angaben über den Versenkungsort liegen nicht vor.
Die Versenkung der ATHENIA gibt Anlaß, die bisher ergangenen Befehle erneut zu überprüfen. Ein Irrtum in der Auslegung ist an sich nicht denkbar. Um aber für die Klarstellung nichts ungeschehen zu lassen, wird durch Befehl Funkspruch 1655: »Für Handelskrieg bleiben Operationsbefehle Ziffer VI A unverändert gültig.« Noch einmal auf den Handelskrieg nach Prisenordnung hingewiesen.

04.09.1939/2353 Uhr:
Funkspruch von Skl an alle U-Boote:
»Auf Anordnung Führers zunächst keinerlei Feindhandlungen gegen Passagierdampfer, auch wenn im Geleit.«
Eine Definition des Begriffes Passagierdampfer ist nicht gegeben. Ich halte sie auch in einer für die Kommandanten brauchbaren Form nicht für möglich.

Auszug aus dem K.T.B. der Skl. vom 04.09. 1939:
ATHENIA Torpedierung ist als englische Greuelmeldung entschieden abzulehnen. Von eigenen U-Booten kann auch das nördlichste nicht in diesem Gebiet gestanden haben, da Nordgrenze seines Operationsgebietes noch 70 sm südlicher liegt. Wahrscheinlich Versuch Englands, mit diesem LUSITANIA-Fall Amerika in den Krieg zu ziehen. Entsprechende Rücksprache mit Führerzug. Staatssekretär des Auswärtigen Amts gibt klares Dementi heraus.

Eidesstattliche Erklärung von Großadmiral Karl Dönitz im Nürnberger Prozeß/ Dokument 638-D
Eidesstattliche Erklärung von Karl Dönitz, 17. November 1945, worin bestätigt wird, daß der Kommandant des Unterseebootes U 30, Oberleutnant Lemp, die Verantwortung für die Versenkung der ATHENIA auf sich genommen hat (Beweisstück GB-220)

STATEMENT

U 30 returned to harbour about mid-September. I met the captain, Oberleutnant Lemp, on the lockside at Wilhelmshaven, as the boat was entering harbour, and he asked permission to speak to me in private. I noticed immediately that he was looking very unhappy and he told me at once that he thought he was responsible for the sinking of the ATHENIA in the North Channel area. In accordance with my previous instructions he had been keeping a sharp lookout for possible armed merchant cruisers in the approaches to the British Isles, and had torpedoed a ship he afterwards identified as the ATHENIA from wireless broadcasts, under the impression that she was an armed merchant cruiser on patrol. I had never specified in my particular type of ship as armed merchant cruiser nor mentioned any names of ships. I despatched Lemp at once by air to report to the SKL at Berlin; in the meantime, I ordered complete secrecy as a provisional measure. Later the same day or early on the following day, I received a verbal order from Kapitän zur See Fricke that:

1. *The affair was to be kept a total secret.*
2. *The OKM considered that a courtmartial was not necessary as they were satisfied that the captain had acted in good faith.*
3. *Political explanations would be handled by the OKM.*

I had had no part whatsoever in the political events in which the Führer claimed that no U-boat had sunk the ATHENIA.
After Lemp returned to Wilhelmshaven from Berlin, I interrogated him thoroughly on the sinking an formed the impression that although he had taken reasonable care, he had still not taken sufficient precautions to establish fully the identity of the ship before attacking; I had previously given very strict orders that all merchant vessels and neutrals were to be treated according to naval prize law, before the occurrence of this incident. I according placed him under cabin arrest, as I felt

certain that a courtmartial could only acquit him and would entail unnecessary publicity an too much time.

Karl Dönitz

Auszug aus dem K.T.B. der Skl vom 15.09. 1939:
U 30 ist während Aufbringung eines Fischdampfers von Flugzeugen der ARK ROYAL angegriffen. Boot durch Bombe am Bug leicht beschädigt, 2 Rohre ausgefallen. 2 Flugzeuge der ARK ROYAL sind beim Angriff abgestürzt. 2 Offiziere gefangen.
Boot bittet um Genehmigung zum Anlaufen von Reykjavik zur Abgabe eines Schwerverletzten und Behandlung Leichtverletzter. Genehmigung wird erteilt. Die Meldung bestätigt die Nachrichten vom Aufenthalt des Flugzeugträgers ARK ROYAL im Seegebiet Nordenglands.

Auszug aus dem K.T.B. der Skl. vom 19.09. 1939:
U 30 heute 0900 Uhr in Reykjavik eingelaufen und nach Abgabe eines Schwerverwundeten 1215 Uhr wieder ausgelaufen.

Auszug aus dem K.T.B. der Skl. vom 27.09. 1939:
U 30 von Fernunternehmung Wilhelmshaven eingelaufen. Versenkungsziffer: 9699 t.

Auszug aus dem K.T.B. des B.d.U. vom 27.09. 1939:
U 30 läuft ein.
Es hat versenkt:

Dampfer BLAIRLOGIE	*4425 t*
Dampfer FANAD HEAD	*5274 t*
	9699 t

Das Anhalten des FANAD HEAD wäre für das Boot beinahe verhängnisvoll geworden. Während das Prisenkommando den Dampfer untersuchte, erschienen Flieger, die den Kommandanten vor die Entscheidung stellten, entweder das Boot voll einzusetzen, oder das Prisenkommando aufzugeben. Er hatte das erstere gewählt und mit Schneid und Geschick zum Schluß alles erreicht, was er wollte.
Dieser Fall zeigt aber, wie wenig es dem Wesen des U-Bootes, besonders unter den durch die Luftwaffe geschaffenen Verhältnissen entspricht, nach Prisenordnung verfahren zu müssen. Es entblößt dem Feind dabei Schwächen und beraubt sich seiner Stärken, die in der Überraschung und im Schutz der Tiefe liegen.

2. Unternehmung U 30:
(Nordatlantik, Minenunternehmung im Queens Channel vor Liverpool am 06.01.1940)

Kdt:	Kl Fritz-Julius Lemp (2. Feindfahrt)
09.12.1939	Wilhelmshaven aus
14.12.1939	Wilhelmshaven ein
23.12.1939	Wilhelmshaven aus
17.01.1940	Wilhelmshaven ein
Erfolge:	1 Schiff (325 BRT +) 5 Schiffe (27 540 BRT + Minen – Minensperre) 1 Schlachtschiff (31 100 ts = br BB BARHAM) 1 Schiff (5642 BRT = Mine – Minensperre)

Auszug aus dem K.T.B. des B.d.U. vom 17.01. 1940:
U 30 eingelaufen. Es hat auf dem Hinmarsch einen Bewacher vom AGATHE-Typ versenkt und der BARHAM einen Torpedotreffer beigebracht. Die Sperraufgabe vor Liverpool ist glatt und gut geglückt; ihre Durchführung hat viel Schneid, Besonnenheit, Geschick und Zähigkeit erfordert; sie hat unter dichter Bewachung auf flachem Wasser durchgeführt werden können. Dies überraschende Auftreten auf einem neuen Kriegsschauplatz ist geglückt. Bis zum 16. abends sind bereits 3 Minenwarngebiete vor dem Hafen erklärt worden.
Am Tage seiner Rückkehr in die Heimat erlebt der Kommandant noch den Triumph, daß der gesamte Hafen von Liverpool wegen Minengefahr vorübergehend geschlossen wird.

3. Unternehmung U 30:
(Nordsee, Shetland und Orkneys)

Kdt:	Kl Fritz-Julius Lemp (3. Feindfahrt)
11.03.1940	Wilhelmshaven aus
30.03.1940	Wilhelmshaven ein
Erfolge:	keine

4. Unternehmung U 30:
(Nordmeer, Norwegenfeldzug, Unternehmen »Weserübung«)

Kdt:	Kl Fritz-Julius Lemp (4. Feindfahrt)

03.04.1940 Wilhelmshaven aus
04.05.1940 Wilhelmshaven ein
Erfolge: keine

Stellungnahme des B.d.U.:
1.) Daß das Boot am 10.04. nicht durch eigene Streitkräfte vernichtet wurde, ist nur dem U-Boot-Kommandanten und dem Glück zu verdanken.
2.) Die Beobachtungen über Angriffsgelegenheiten vor der Minch widersprechen denen anderer Boote, die dort Ziele fanden.
Sonst nichts zu bemerken.

5. Unternehmung U 30:
(Nordatlantik, Nordkanal, Biscaya)
Kdt: Kl Fritz-Julius Lemp
(5. Feindfahrt)

08.06.1940 Wilhelmshaven aus
25.06.1940 El Ferrol ein (Ergänzung aus dem deutschen Versorger MAX ALBRECHT)
26.06.1940 El Ferrol aus
07.07.1940 Lorient ein (1. deutsches U-Boot in Lorient)
Erfolge: 5 Schiffe (22300 BRT +)

Stellungnahme des B.d.U. – siehe 7. Unternehmung U 30

6. Unternehmung U 30:
(Nordatlantik, Biscaya)
Kdt: Kl Fritz-Julius Lemp
(6. Feindfahrt)

13.07.1940 Lorient aus
24.07.1940 Lorient ein
Erfolge: 1 Schiff (712 BRT +)

Stellungnahme des B.d.U. – siehe 7. Unternehmung U 30

7. Unternehmung U 30:
(Nordatlantik, Nordkanal)
Kdt: Kl Fritz-Julius Lemp
(7. Feindfahrt)

05.08.1940 Lorient aus
27.08.1940 Helgoland ein
29.08.1940 Helgoland aus
30.08.1940 Kiel ein
Erfolge: 2 Schiffe (12407 BRT +)

Stellungnahme des B.d.U.:
Gut und erfolgreich durchgeführte Unternehmung, zu der sonst nichts zu bemerken ist.

Funkspruch an U 30 vom 15.08.1940/1200 Uhr:
An U 30 und U 38
Glückwunsch Ob.d.M. und B.d.U. zur Verleihung Ritterkreuz.

1. Unternehmung U 110:
(Nordatlantik, Nordkanal, westlich Irland)
Kdt: Kl Fritz-Julius Lemp
(8. Feindfahrt)

09.03.1941 Kiel aus
29.03.1941 Lorient ein
Erfolge: 2 Schiffe (8675 BRT =)

Stellungnahme des B.d.U.:
Zur Unternehmung nichts zu bemerken. Allem zugestimmt, bis auf den vergessenen Mundpfropfen.

2. Unternehmung U 110:
(Nordatlantik, südlich Island)
Kdt: Kl Fritz-Julius Lemp
(9. Feindfahrt)

15.04.1941 Lorient aus
09.05.1941 Verlust U 110
Erfolge: 3 Schiffe (10056 BRT +)

Erfolge Fritz-Julius Lemp als Kommandant U 30:
17 Schiffe (86490 BRT +)
1 Schiff (5642 BRT =)
1 Schlachtschiff (31100 ts = br BB BARHAM)

Erfolge Fritz-Julius Lemp als Kommandant U 110:
3 Schiffe (10056 BRT +)
2 Schiffe (8675 BRT =)

Gesamt:
20 Schiffe (96546 BRT +
4 Schiffe (45417 BRT = einschließlich br BB BARHAM)

Hans Rudolf Rösing

* 28.09.1905
in Wilhelmshaven

29.08.1940
Ritterkreuz (28-10)

31.03.1924
Eintritt in die Reichsmarine
Crew 24

04.04.1924 – 27.09.1924
Infanterieausbildung – II. Abt. S.St.Div. der Ostsee, Stralsund

28.09.1924 – 31.03.1925
Bordausbildung – Linienschiff ELSASS

01.04.1925
Seekadett

01.04.1925 – 11.07.1925
Bordausbildung – SSS NIOBE

12.07.1925 – 30.03.1926
Bordausbildung – Leichter Kreuzer BERLIN

31.03.1926 – 23.03.1927
Fähnrichslehrgang – Marineschule Flensburg-Mürwik bzw.

23.07.1926 – 27.07.1926
Navigationsbelehrungsfahrt – Tender NORDSEE bzw.

18.10.1926 – 22.10.1926
Navigationsbelehrungsfahrt – Kanonenboot PANTHER

01.04.1926
Fähnrich zur See

24.03.1927 – 28.05.1927
Torpedolehrgang für Fähnriche – Marineschule Flensburg-Mürwik

29.05.1927 – 03.07.1927
Nachrichtenlehrgang für Fähnriche – Marineschule Flensburg-Mürwik

04.07.1927 – 31.07.1927
Sperrlehrgang für Fähnriche – Sperrschule Kiel-Wik

01.08.1927 – 26.09.1927
Infanterielehrgang für Fähnriche – II. Abt. S.St.Div. der Ostsee, Stralsund

27.09.1927 – 08.01.1928
Artillerielehrgang für Fähnriche – S.A.S.-Schule Kiel-Wik

09.01.1928 – 10.03.1929
E-Meß-Offizier – Kleiner Kreuzer NYMPHE

01.05.1928
Oberfähnrich zur See

01.10.1928
Leutnant zur See (-8-)

11.03.1929 – 27.03.1929
Fla-Waffenlehrgang – Küstenartillerieschule Wilhelmshaven

28.03.1929 – 16.04.1929
E-Meß-Offizier – Kleiner Kreuzer NYMPHE

17.04.1929 – 31.10.1929
E-Meß-Offizier – Leichter Kreuzer KÖNIGSBERG

01.11.1929 – 05.02.1931
Kompanieoffizier – II. Abt. S.St.Div. der Ostsee

01.04.1930
Oberleutnant zur See (-8-)

06.02.1931 – 10.07.1931
Sonderkommando der Marineleitung (kommandiert bzw. Austausch zur schwedischen Marine)

11.07.1931 – 21.09.1931
Kompanieoffizier – II. Abt. S.St. Div. der Ostsee bzw.

01.08.1931 – 30.08.1931
eingeschifft auf Segeljacht ASTA

22.09.1931 – 22.12.1931
z.Vfg. – beim Stationschef Marinestation der Ostsee bzw.

22.09.1931 – 22.12.1931
T.O.-Lehrgang – Marineschule Flensburg-Mürwik

23.12.1931 – 01.10.1933
Kommandant – ZU(S)-15/1. Schnellbootshalbflottille bzw.

04.02.1932 – 17.02.1932
Gasschutzlehrgang für Offiziere

05.05.1932 – 15.06.1932
Sprachenurlaub/Dolmetscher in Spanisch, Prüfung 26.10.32 bestanden bzw.

04.11.1932 – 01.10.1933
Kommandant – S-3/1.Schnellbootshalbflottille

02.10.1933 – 23.09.1934
kommandiert – zur U-Boots-Abwehrschule

24.09.1934 – 20.09.1935
Lehrer, zugleich Kompanieführer – U-Boots-Abwehrschule

01.04.1935
Kapitänleutnant (-24-)

21.09.1935 – 26.09.1935
Kommandant – U 11/Schulverband der U-Schule

27.09.1935 – 01.10.1937
Kommandant – U 11/U-Flottille Weddigen, zugleich Kommandant i.V. U 28 (Februar/März 1937) und U 35 (Frühjahr/Sommer 1937, für eine Fahrt nach Punta Delgada)

02.10.1937 – 08.08.1938
Referent – Torpedo-Erprobungskommando Eckernförde bzw. auch als Kommandant U 10 eingesetzt

09.08.1938 – 22.08.1938
kommandiert – zum Gruppenbefehlshaber Ost

23.08.1938 – 30.11.1938
Gruppenleiter – Torpedo-Erprobungskommando Eckernförde

01.12.1938 – 31.12.1939
Flottillenchef – U-Flottille Emsmann

01.07.1939
Korvettenkapitän (-7-)

01.01.1940 – 07.01.1940
Asto, bzw. Referent – B.d.U./Org.

08.01.1940 – 03.09.1940
Flottillenchef – 7. U-Flottille, zugleich Kommandant i.V. – U 48 (21.05. – 03.09. 1940)

13.02.1940
Eisernes Kreuz II. Klasse

22.06.1940
Nennung im Wehrmachtsbericht

03.07.1940
Eisernes Kreuz I. Klasse

26.08.1940
Nennung im Wehrmachtsbericht

29.08.1940
Ritterkreuz des Eisernen Kreuzes

Auszug aus »Die Kriegsmarine«, Heft 19, erstes Oktoberheft 1940
Korvettenkapitän Rösing hat als stellvertretender Kommandant in zwei Unternehmungen 14 Schiffe mit 88 849 BRT, darunter drei Tanker, und zwar vorwiegend aus stark gesicherten Geleitzügen heraus, versenkt.
Diese ausgezeichnete, in kurzer Zeit erreichte Leistung, ist seinem unerschrockenen Vorgehen und hervorragenden Können zu verdanken.

04.09.1940 – 28.02.1941
Verbindungsoffizier des B.d.U. – Italienischer Führer der U-Boote (F.d.U.) in Bordeaux

01.03.1941 – 08.1941
Flottillenchef – 3. U-Flottille/Kiel

08.1941 – 30.06.1942
Chef der Zentralabteilung – im Stab, B.d.U.

01.11.1941
Italienisches Kriegskreuz mit Schwertern

01.11.1941
Komturkreuz des Ordens der Krone Italiens

01.07.1942 – 08.05.1945
Führer der U-Boote West (F.d.U. West)

01.02.1943
Fregattenkapitän

01.03.1943
Kapitän zur See mit Wirkung vom 01.03. 1943 und Rangdienstalter vom 01.06. 1944 (-8-)

11.1946
Entlassung aus der Kriegsgefangenschaft

15.08.1952
Leiter der Schiffbauplanung – Amt Blank

01.03.1956 – 31.10.1957
Unterabteilungsleiter Schiffbau und Waffen VII D – Bundesministerium der Verteidigung, Abteilung VII (Marine), Führungsstab Marine

04.11.1957 – 31.03.1962
Kommandeur – Marine-Abschnittskommando Nordsee

27.07.1961
Flottillenadmiral

01.04.1962 – 30.09.1965
Befehlshaber im Wehrbereich I

13.11.1962
Konteradmiral

30.09.1965
Ruhestand

08.03.1966
Großes Verdienstkreuz des Verdienstordens der BRD

01.08.1966 – 31.07.1968
Präsident der Vereinigung der Reserveoffiziersverbände (CIOR) der NATO

6. Unternehmung U 48:

(Nordatlantik, Biscaya, Kap Finisterre)

Kdt:	KK Hans Rudolf Rösing (1. Feindfahrt)
I. WO:	OlzS Reinhard Suhren
II.WO:	LzS Otto Ites
LI:	OI (Ing.) Erich Zürn
26.05.1940	Kiel aus
29.06.1940	Kiel ein
Erfolge:	7 Schiffe (31 533 BRT +) 1 Schiff (5 888 BRT =)

Stellungnahme des B.d.U.:

1.) Ausgezeichnete Unternehmung. Zäher Angriff auf Geleitzug 19.06. beispielhaft.

2.) Das Gesehenwerden durch den LONDON-Kreuzer am 14.06. hat vielleicht den erwarteten Truppentransporter aus Kapstadt zum Ausweichen veranlaßt. Nach dem Angriff des Bordflugzeuges nachdem das Boot also einwandfrei entdeckt war, hätte dies gemeldet werden müssen. Zum Auslassen des Angriffes auf den bald darauf erscheinenden griechischen Dampfer lag nun auch kein Grund mehr vor.

3.) Die Betrachtungen über die Folgen des Funkgebrauchs beim Fühlunghalten sind abwegig, denn:

a) ohne F.T.-Gebrauch ist Angriff anderer Boote, der in vielen Fällen auf Fühlunghaltermeldung erfolgreich durchgeführt wurde, nicht möglich;

b) Kurzsignale können nicht die Reichhaltigkeit haben (schon allein für Standorte), wie sie zum Fühlunghalten nötig ist;

c) es ist kein Fall bekannt, in dem Ausweichen vor eingepeilten U-Booten erfolgreich durchgeführt wurde, viel mehr

d) die erfaßten Einpeilungen waren so ungenau, daß ein Ausweichen vor ihnen ebenso gut gerade zum Mißerfolg hätte führen können. Vergleiche hierzu B.d.U. Gkdos. B.Nr. 150 vom 28.01.1940.

7. Unternehmung U 48:

(Nordatlantik, Nordkanal)

Kdt:	KK Hans Rudolf Rösing (2. Feindfahrt)
I. WO:	OlzS Reinhard Suhren
II.WO:	LzS Otto Ites
LI:	OI (Ing.) Erich Zürn
07.08.1940	Kiel aus
28.08.1940	Lorient ein
Erfolge	5 Schiffe (29 160 BRT +)

Stellungnahme des B.d.U.:

Kurze, mit Zähigkeit, Schneid und taktisch vorzüglich durchgeführte Unternehmung.

Erfolge Hans Rudolf Rösing als Kommandant U 48:
12 Schiffe (60 693 BRT +)
1 Schiff (5 888 BRT =)

Fritz Frauenheim

*** 09.03.1912**
in Friedenau/Berlin
+ 28.09.1969
in Hamburg

29.08.1940
Ritterkreuz (29-11)

01.04.1930
Eintritt in die Reichsmarine
Crew 30

01.04.1930 – 30.06.1930
Infanterieausbildung – II. Abt. S.St.Div. der Ostsee, Stralsund

01.07.1930 – 10.10.1930
Bordausbildung – SSS NIOBE

10.10.1930
Seekadett

11.10.1930 – 04.01.1932
Bordausbildung – Leichter Kreuzer EMDEN sowie Marineschule Flensburg-Mürwik

01.01.1932
Fähnrich zur See

05.01.1932 – 31.03.1932
Infanterieausbildung – 4. Komp./II. Abt. S.St.Div. der Ostsee, Stralsund

01.04.1932 – 28.03.1933
Hauptlehrgang für Fähnriche – Marineschule Flensburg-Mürwik

29.03.1933 – 22.04.1933
Sperrlehrgang für Fähnriche – Sperrschule Kiel-Wik

23.04.1933 – 28.06.1933
Artillerielehrgang für Fähnriche – S.A.S.-Kiel-Wik

29.06.1933 – 18.08.1933
Torpedolehrgang für Fähnriche – Marineschule Flensburg-Mürwik

19.08.1933 – 12.09.1933
Fla-Waffen-Lehrgang für Fähnriche – Küstenartillerieschule Wilhelmshaven

13.09.1933 – 01.10.1933
Nachrichtenlehrgang für Fähnriche – Marineschule Flensburg-Mürwik

02.10.1933 – 24.06.1934
Bordausbildung – Linienschiff SCHLESWIG-HOLSTEIN

01.04.1934
Oberfähnrich zur See

25.06.1934 – 29.09.1935
Bordausbildung und Divisionsleutnant – Leichter Kreuzer KARLSRUHE

01.10.1934
Leutnant zur See (-10-)

30.09.1935 – 21.12.1935
Torpedo-Offiziers-Lehrgang B – Marineschule Flensburg-Mürwik

22.12.1935 – 26.01.1936
nicht vermerkt

27.01.1936 – 30.04.1936
U-Schüler – U-Bootsschule Kiel

01.05.1936 – 30.09.1937
Wachoffizier – U 25/U-Flottille Saltzwedel

01.06.1936
Oberleutnant zur See (-4-)

02.10.1936
Dienstauszeichnung IV. Klasse

01.10.1937 – 29.12.1939
Kommandant – U 21/U-Flottille Weddigen (das K.T.B. U 21 gibt den Kommandantenwechsel Fritz Frauenheim – Wolf-Harro Stiebler am 06.01.1940 an)

01.04.1939
Kapitänleutnant (-6-)

06.06.1939
Spanienkreuz in Bronze

02.10.1939
Eisernes Kreuz II. Klasse

07.11.1939
Eisernes Kreuz I. Klasse

20.12.1939
Medaille zur Erinnerung an den 01.10. 1938

30.12.1939 – 09.02.1940
z.Vfg. – U-Flottille Weddigen bzw. 1.U-Flottille

10.02.1940 – 10.03.1940
Baubelehrung – U-Boote Ostsee für U 101

11.03.1940 – 18.11.1940
Kommandant – U 101/7.U-Flottille

17.06.1940
Nennung im Wehrmachtsbericht

29.08.1940
Ritterkreuz des Eisernen Kreuzes

29.08.1941
Auszug aus »Die Kriegsmarine«, Heft 19, erstes Oktoberheft 1940
Kapitänleutnant Frauenheim ist erfolgreich in stark überwachtes englisches Küstengebiet eingedrungen. Sehr ernste Beschädigungen eines Schweren Kreuzers und das Sinken mehrerer bewaffneter Handelsdampfer waren der Erfolg seiner Tätigkeit. Außerdem ist seinem kühnen und ruhigen Verhalten die Versenkung von weiteren 11 bewaffneten, feindlichen Handelsschiffen mit einer Gesamttonnage von 58 010 BRT, zum größten Teil aus stark gesicherten Geleitzügen heraus, zu verdanken.

19.10.1940
Nennung im Wehrmachtsbericht

19.11.1940 – 20.12.1940
z.Vfg. – 7. U-Flottille

21.12.1940 – 05.04.1941
Offizierslehrer – I. Abt./2. U.L.D.

06.04.1941 – 20.06.1941
Verbindungsoffizier (U-Asto) – beim Fliegerführer Atlantik

21.06.1941 – 30.06.1941
n.v.

01.07.1941 – 31.07.1941
Flottillenchef i.V. – 4. U-Flottille/Stettin

01.08.1941 – 10.09.1941
Flottillenchef – 6. U-Flottille/Danzig (Kommando nicht angetreten)

11.09.1941 – 28.05.1942
Flottillenchef – 23. U-Flottille (Einsatzgebiet östliches Mittelmeer)

01.11.1941
Italienisches Kriegskreuz mit Schwertern

29.05.1942 – 31.07.1943
Flottillenchef – 29. U-Flottille (Einsatzgebiet Mittelmeer)

01.03.1943
Korvettenkapitän mit Wirkung vom 01.03.1943 und Rangdienstalter vom 01.04.1943 (-24-)

18.06.1943
Ritterkreuz des Ordens vom Römischen Adler mit Schwertern

01.08.1943 – 16.02.1944
z.Vfg. – Kommandierender Admiral der U-Boote (Lazarett), dann z.Vfg. auf U-Begleitschiff ERWIN WASSNER bzw. Einsatzleiter der Kleinkampfverbände (Nettuno/ Italien)

02.1944 – 04.1944
U-Asto – Stab M.O.K. Ostsee

04.1944 – 08.05.1945
Chef des Stabes – beim Admiral der Kleinkampfverbände

23.11.1944
Deutsches Kreuz in Gold

01.12.1944
Fregattenkapitän

08.05.1945 – 09.01.1946
Kriegsgefangenschaft

09.01.1946
Entlassung aus der Kriegsgefangenschaft

1. Unternehmung U 21:
(Nordsee, niederländische Küste)

Kdt:	Kl Fritz Frauenheim (1. Feindfahrt)
25.08.1939	Wilhelmshaven aus
05.09.1939	Wilhelmshaven ein
Erfolge:	keine

2. Unternehmung U 21:
(Nordsee)

Kdt:	Kl Fritz Frauenheim (2. Feindfahrt)
09.09.1939	Wilhelmshaven aus
01.10.1939	Kiel ein
Erfolge:	keine

3. Unternehmung U 21:
(Nordsee, Minenunternehmen Firth of Forth am 04./05.11.1939)

Kdt:	Kl Fritz Frauenheim (3. Feindfahrt)
22.10.1939	Kiel aus
08.11.1939	Kiel ein
Erfolge:	1 Kreuzer (11 500 BRT = br CL BELFAST = auf Minensperre)

Auszug aus dem Kriegstagebuch der Seekriegsleitung vom 22.11.1939:
Gestrige Meldung vom Unfall Kreuzer BELFAST bestätigt sich. Es muß Minentreffer einer von U 21 im Firth of Forth ausgelegten Mine angenommen werden. Bemerkenswert ist die Feststellung der amerikanischen »United Press«, daß es zum zweiten Male einem deutschen U-Boot gelungen sei, in einen englischen Stützpunkt einzudringen und Erfolge zu erzielen. – Britische Admiralität sperrt als Folge des Minenalarms die nördliche Einfahrt zum Firth of Forth.

4. Unternehmung U 21:
(Nordsee, britische Ostküste)

Kdt:	Kl Fritz Frauenheim (4. Feindfahrt)
27.11.1939	Kiel aus
05.12.1939	Kiel ein
Erfolge:	1 Schiff (1 277 BRT +)

5. Unternehmung U 21:
(Nordsee, britische Ostküste)

Kdt:	Kl Fritz Frauenheim (5. Feindfahrt)
17.12.1939	Kiel aus
24.12.1939	Kiel ein
Erfolge:	2 Schiffe (2 827 BRT +) 2 Schiffe (2 871 BRT + auf von U 21 am 04./05.11.1939 ausgebrachter Minensperre)

1. Unternehmung U 101:
(Transportunternehmung nach Drontheim)

Kdt:	Kl Fritz Frauenheim (6. Feindfahrt)
29.04.1940	Kiel aus
03.05.1940	Drontheim ein
05.05.1940	Drontheim aus
10.05.1940	Kiel ein
Erfolge:	keine

Stellungnahme des B.d.U.:
Sehr schnell durchgeführte Transportaufgabe.

2. Unternehmung U 101:
(Nordatlantik, Biscaya, vor Brest, Kanal, Landsend, Kap Finisterre, westlich Spanien)

Kdt:	Kl Fritz Frauenheim (7. Feindfahrt)
21.05.1940	Kiel aus
25.06.1940	Kiel ein
Erfolge:	7 Schiffe (42 022 BRT +)

3. Unternehmung U 101:
(Nordatlantik, Nordkanal)

Kdt:	Kl Fritz Frauenheim (8. Feindfahrt)
09.08.1940	Kiel aus
16.09.1940	Lorient ein
Erfolge:	3 Schiffe (12 311 BRT +)

Stellungnahme des B.d.U.:
1. *Die Unternehmung wurde erschwert durch anhaltende schlechte Wetter und die geringe Sicht. Ihr Erfolg blieb gering.*
2. *Der Kommandant hätte energischer versuchen müssen, an dem am 28.08. von ihm gesichteten Geleitzug die Fühlung zu behalten. Auch am 07.09. hätte das Suchen nach dem Geleitzug nicht aufgegeben werden dürfen. Das Einsetzen der inneren Abgasklappe muß in einem solchen Fall zurückstehen.*

Funkspruch an U 101 vom 29.08.1940:
An U 101:
Folgendes Fernschreiben von Ob. d. M. eingegangen:
Übermittle Kommandant herzliche Glückwünsche zur Verleihung des Ritterkreuzes zum Eisernen Kreuz durch den Führer.
Zusatz von B.d.U.: Herzlichen Glückwunsch.
B.d.U.

4. Unternehmung U 101:
(Nordatlantik, Rockall-Bank, Nordkanal)

Kdt:	Kl Fritz Frauenheim (9. Feindfahrt)
05.10.1940	Lorient aus
24.10.1940	Lorient ein
Erfolge:	4 Schiffe (14616 BRT +) 1 Schiff (4155 BRT =)

Stellungnahme des B.d.U.:
Hervorragend, geschickt und entschlossen durchgeführter Angriff auf einen Geleitzug. Ausgezeichnet durchgeführte Unternehmung.

Erfolge Fritz Frauenheim als Kommandant U 21:
5 Schiffe (6975 BRT +)
1 Kreuzer (1500 BRT =)

Erfolge Fritz Frauenheim als Kommandant U 101:
14 Schiffe (68949 BRT +)
1 Schiff (4155 BRT =)

Gesamt:
19 Schiffe (75924 BRT +)
2 Schiffe (15655 BRT =)

Engelbert Endrass

*** 02.03.1911**
in Bamberg
† 21.12.1941
im Nordatlantik nordöstlich der Azoren

05.09.1940
Ritterkreuz (30-12)

10.06.1941
14. Eichenlaub (5-5)

05.04.1935
Eintritt in die Kriegsmarine
Crew 34 (eingegliedert)/ehemaliger Handelsschiffsoffizier (H.S.O.)

05.04.1935 – 08.06.1935
Infanterieausbildung – 10. Komp./II. S.St. Abt. der Ostsee, Stralsund

09.06.1935 – 10.07.1935
Lehrgruppe B – S.A.S.- Kiel-Wik

01.07.1935
Fähnrich zur See

11.07.1935 – 30.03.1936
Hauptlehrgang für Fähnriche – 2. Komp./ Marineschule Flensburg-Mürwik bzw.

18.11.1935 – 23.11.1935
Navigationsbelehrungsfahrt – Linienschiff SCHLESWIG-HOLSTEIN bzw.

13.01.1936 – 18.01.1936
Navigationsbelehrungsfahrt – Tender HECHT

31.03.1936 – 14.04.1936
Fla-Lehrgang für Fähnriche – Küstenartillerieschule Wilhelmshaven

15.04.1936 – 04.05.1936
Nachrichtenlehrgang für Fähnriche – Marineschule Flensburg-Mürwik

05.05.1936 – 02.06.1936
Infanterie-Zugführerlehrgang – 3. Komp./ II. S.St.Abt. der Ostsee, Stralsund

03.06.1936 – 28.07.1936
Artillerielehrgang für Fähnriche, Lehrgruppe F – S.A.S.- Kiel-Wik

29.07.1936 – 22.09.1936
Torpedolehrgang für Fähnriche – Marineschule Flensburg-Mürwik

23.09.1936 – 26.09.1936
Sperrlehrgang für Fähnriche – Sperrschule Kiel-Wik

27.09.1936 – 28.09.1936
Bordausbildung – Leichter Kreuzer KARLSRUHE

29.09.1936 – 31.03.1937
Bordausbildung – Panzerschiff DEUTSCHLAND

01.01.1937
Oberfähnrich zur See

01.04.1937
Leutnant zur See (-27-)

01.04.1937 – 04.10.1937
I. WO – 2. Geleitflottille

05.10.1937 – 29.01.1938
kommandiert zur U-Schule bzw.

05.10.1937 – 18.10.1937
T/B-Lehrgang – Marineschule Flensburg-Mürwik bzw.

19.10.1937 – 04.01.1938
II.WO – U 29/U-Flottille Saltzwedel bzw.

05.01.1938 – 29.01.1938
U.T.O.-Zusatzlehrgang – Marineschule Flensburg-Mürwik

30.01.1938 – 03.04.1938
U-Schüler – U-Schule bzw.

30.03.1938 – 02.04.1938
Sperrlehrgang – Sperrschule Kiel-Wik

04.04.1938 – 11.06.1938
T/B-Lehrgang – Marineschule Flensburg-Mürwik

12.06.1938 – 30.09.1938
Flaggleutnant – z.Vfg. F.d.U. bzw.

21.08.1938 – 01.09.1938
eingeschifft zu Herbstübungen – Schwerer Kreuzer ADMIRAL SCHEER

01.10.1938 – 05.11.1938
z.Vfg. – U-Flottille Emsmann, zugleich

10.10.1938 – 05.11.1938
U.A.O.- Lehrgang – S.A.S.- Kiel-Wik

06.11.1938 – 17.11.1938
z.Vfg. – U-Flottille Wegener

18.11.1938 – 16.12.1938
Baubelehrung – Germaniawerft Kiel für U 47

17.12.1938 – 06.01.1940
I.WO – U 47/U-Flottille Wegener,
ab 01.01.1940, 7. U-Flottille
Feindfahrten U 47/Kdt: Günther Prien
19.08.1939 – 15.09.1939
08.10.1939 – 17.10.1939
16.11.1939 – 18.12.1939

05.04.1939
Dienstauszeichnung IV. Klasse

20.04.1939
Oberleutnant zur See (-27-)

06.06.1939
Spanienkreuz in Bronze

25.09.1939
Eisernes Kreuz II. Klasse

17.10.1939
Eisernes Kreuz I. Klasse

19.12.1939
U-Boots-Kriegsabzeichen 1939

07.01.1940 – 21.05.1940
Kommandantenschüler – 1. U-Bootsausbildungsflottille bzw.

13.02.1940 – 17.02.1940
Unterrichtung von S-Anlagen – U-Bootsabwehrschule bzw.

26.02.1940 – 01.03.1940
U.W.O.-Lehrgang – Sperrschule Kiel-Wik

22.05.1940 – 24.09.1941
Kommandant – U 46/7. U-Flottille

17.06.1940
Nennung im Wehrmachtsbericht

04.07.1940
Nennung im Wehrmachtsbericht

04.09.1940
Nennung im Wehrmachtsbericht

05.09.1940
Ritterkreuz des Eisernen Kreuzes

Auszug aus »Die Kriegsmarine«, Heft 19, erstes Oktoberheft 1940:
Oberleutnant zur See Endrass hat als Wachoffizier und Torpedooffizier unter dem Kommando von Kapitänleutnant Prien an den Erfolgen dieses Unterseebootes wesentlichen Anteil. Er hat als Kommandant eines Unterseebootes auf zwei Unternehmungen insgesamt 106 307 BRT versenkt, darunter die englischen Hilfskreuzer CARINTHIA und DUNVEGAN CASTLE. Die versenkten Schiffe wurden zum großen Teil aus stark gesicherten Geleitzügen herausgeschossen.
Endrass hat sowohl als Wachoffizier wie auch als Kommandant hervorragendes Können, Kaltblütigkeit und rücksichtslose Einsatzbereitschaft gezeigt.

20.10.1940
Nennung im Wehrmachtsbericht

04.04.1941
Nennung im Wehrmachtsbericht

09.06.1941
Nennung im Wehrmachtsbericht

10.06.1941
14. Eichenlaub zum Ritterkreuz des Eisernen Kreuzes

02.07.1941
Kapitänleutnant mit Wirkung zum 01.05.1941 und Rangdienstalter vom 01.05.1941

18.07.1941
U-Boots-Kriegsabzeichen 1939 mit Brillanten

25.09.1941 – 13.10.1941
Baubelehrung – Admiral der KMD/Hamburg für U-Boote

14.10.1941 – 31.10.1941
Kommandant – U 567/3. U-Flottille

01.11.1941 – 21.12.1941
Kommandant – U 567/7. U-Flottille

01.11.1941
Italienisches Kriegskreuz mit Schwertern

21.12.1941
Gefallen als Kommandant von U 567 mit der gesamten Besatzung im Atlantik nordöstlich der Azoren am Konvoi HG.76. Die britische Sloop DEPTFORD ortete U 567 und versenkte es um 22:41 h mit Wasserbomben auf Position: 44°02'Nord/ 20°10'West.

31.03.1942
Nennung im Wehrmachtsbericht:
Das Unterseeboot unter Führung von Kapitänleutnant Endrass, Träger des Eichenlaubes zum Ritterkreuz des Eisernen Kreuzes, ist von Feindfahrt nicht zurückgekehrt. Ein hervorragender Unterseeboot-Kommandant ist mit seiner tapferen Besatzung vor dem Feinde geblieben.

31.03.1942
Tagesbefehl des B.d.U. zum Tode von Kapitänleutnant Endrass

5. Unternehmung U 46:
Nordatlantik, Biscaya, Kap Finisterre)

Kdt:	OlzS Engelbert Endrass (4. Feindfahrt)
II.WO:	LzS Hans-Jürgen Hellriegel
01.06.1940	Kiel aus
30.06.1940	Helgoland ein
30.06.1940	Helgoland aus
01.07.1940	Kiel ein
Erfolge:	5 Schiffe (35 347 BRT +)
	1 Schiff (8 782 BRT =)

Stellungnahme des B.d.U.:
Vorzügliche Unternehmung – erste des Kommandanten. Der Treffer auf dem Flugzeugträger kann nicht mit Sicherheit angenommen werden.
Geringe Abwehr entspricht den Beobachtungen anderer Boote.

6. Unternehmung U 46:
(Nordatlantik, Nordkanal)

Kdt:	OlzS Engelbert Endrass (5. Feindfahrt)
II.WO:	LzS Hans-Jürgen Hellriegel
01.08.1940	Kiel aus
01.08.1940	Helgoland ein
02.08.1940	Helgoland aus
04.08.1940	Bergen ein
08.08.1940	Bergen aus
06.09.1940	Lorient ein
Erfolge:	6 Schiffe (34 499 BRT +)
	1 Schiff (6 189 BRT =)

Stellungnahme des B.d.U.:
Wiederum ausgezeichnete Unternehmung. Der Kommandant handelt taktisch richtig, hat Schneid und in allen Lagen ein klares, ruhiges Urteil.
Eine Unternehmung ohne Angriffssehrohr verspricht nur bei einem höchst Ausgebildeten und Eingespielten Erfolg.

7. Unternehmung U 46:
(Nordatlantik, Biscaya)

Kdt:	OlzS Engelbert Endrass (6. Feindfahrt)
II.WO:	LzS Hans-Jürgen Hellriegel
20.09.1940	Lorient aus
21.09.1940	St. Nazaire ein
23.09.1940	St. Nazaire aus
29.09.1940	St. Nazaire ein
Erfolge:	2 Schiffe (3920 BRT +)

Stellungnahme des B.d.U.:
Die Kollision mit dem torpedierten Schiff, die zum Abbruch der Unternehmung gezwungen hat, ist auf eine falsche Beurteilung der Lage durch den Kommandanten zurückzuführen. Angesichts der schwierigen Verhältnisse, die für die Beobachtung vorlagen, kann dem Kommandanten jedoch kein Vorwurf gemacht werden. Es ist richtig, daß er bei dem allein fahrenden Schiff versucht hat, den Namen festzustellen.
Die Ursachen des plötzlichen Unterschneidens und die notwendigen Folgerungen sind an anderer Stelle verfolgt. Das Verhalten der Brückenwache beim Unfall ist anzuerkennen. Die Maßnahmen nach dem Unfall und zur Rettung der über Bord gespülten Soldaten waren richtig.

8. Unternehmung U 46:
(Nordatlantik, Nordkanal, Rockall-Bank)

Kdt:	OlzS Engelbert Endrass (7. Feindfahrt)
II.WO:	OlzS Hans-Jürgen Hellriegel
Kdt-Schüler:	Kl Richard Zapp
13.10.1940	St. Nazaire aus
29.10.1940	Kiel ein
Erfolge:	5 Schiffe (22966 BRT +) 1 Schiff (4947 BRT =)

Stellungnahme des B.d.U.:
1.) *Eine zielbewußt, klare und gut durchgeführte Unternehmung. Der Kommandant hat die sich bietenden Gelegenheiten an 2 Geleitzügen sehr gut zu nützen verstanden und einen ausgezeichneten Erfolg erzielt.*
2.) *Der Fliegerangriff, der zur Beschädigung des Bootes geführt hat, zeigt, welche Möglichkeiten der Überraschung Flugzeuge bei geeigneten Wetterlagen haben. Es ist oft schwer zu beurteilen, welches eine notwendige und welches eine übertriebene Vorsichtsmaßnahme ist. Mit übertriebener Vorsicht kann jedenfalls kein U-Boot zum Erfolg geführt werden.*

9. Unternehmung U 46:
(Nordatlantik)

Kdt:	OlzS Engelbert Endrass (8. Feindfahrt)
II.WO:	OlzS Hans-Jürgen Hellriegel
12.02.1941	Kiel aus
13.02.1941	Cuxhaven ein
15.02.1941	Cuxhaven aus
15.02.1941	Helgoland ein
17.02.1941	Helgoland aus
04.03.1941	St. Nazaire ein
Erfolge:	keine

Stellungnahme des B.d.U.:
Nichts zu bemerken.

10. Unternehmung U 46:
(Nordatlantik, westlich von Irland)

Kdt:	OlzS Engelbert Endrass (9. Feindfahrt)
15.03.1941	St. Nazaire aus
10.04.1941	St. Nazaire ein
Erfolge:	3 Schiffe (17465 BRT +) 1 Schiff (4313 BRT =)

Stellungnahme des B.d.U.:
Nichts zu bemerken.
Versenkungsziffer: 20707 BRT

11. Unternehmung U 46:
(Nordatlantik)

Kdt:	OlzS Engelbert Endrass (10. Feindfahrt)
15.05.1941	St. Nazaire aus
13.06.1941	St. Nazaire ein
Erfolge:	2 Schiffe (10893 BRT +) 1 Schiff (6207 BRT =)

Auszug aus dem K.T.B. des B.d.U. vom 14.06. 1941:
Kommandant U 46, Oberleutnant z. S. Endrass, zur Berichterstattung. Endrass hat seine Unternehmung tadellos durchgeführt und alle militärischen Möglichkeiten erschöpft.
Erfolg: 2 Tanker, 1 Dampfer mit 20707 BRT.

12. Unternehmung U 46:
(Nordatlantik)

Kdt:	Kl Engelbert Endrass (11. Feindfahrt)
26.07.1941	St. Nazaire aus
22.08.1941	Bergen ein
23.08.1941	Bergen aus
26.08.1941	Kiel ein
Erfolge:	keine

Stellungnahme des B.d.U.:
Zur Durchführung nichts zu bemerken. Leider sind am Geleitzug, dem einzigen Feindziel, daß das Boot gesehen hat, Maschinenpannen eingetreten, die den Angriff vereitelt haben.

2. Unternehmung U 567:
(Nordatlantik, nordostwärts Neufundland)

Kdt:	Kl Engelbert Endrass (12. Feindfahrt)
LI-Schüler:	Oberfähnrich (Ing.) Heinz Krey
25.10.1941	St. Nazaire aus
26.11.1941	St. Nazaire ein
Erfolge:	keine

Stellungnahme des B.d.U.:
Der sehr gut durchgeführten Geleitzugsoperation blieb leider auf Grund der ungeklärten Fehlschüsse ein größerer Erfolg versagt.
Letzte Unternehmung dieses hervorragenden Kommandanten.

3. Unternehmung U 567:
(Nordatlantik, nordostwärts der Azoren)

Kdt:	Kl Engelbert Endrass (13. Feindfahrt)
18.12.1941	St. Nazaire aus
21.12.1941	Verlust U 567
Erfolge:	1 Schiff (3324 BRT +)

Erfolge Engelbert Endrass als Kommandant U 46:
23 Schiffe (125090 BRT +)
5 Schiffe (30438 BRT =)

Erfolge Engelbert Endrass als Kommandant U 567:
1 Schiff (3324 BRT +)

Gesamt:
24 Schiffe (128414 BRT +)

GÜNTER KUHNKE

* 07.09.1912
IN ELBING
+ 11.10.1990
IN SCHORTENS

19.09.1940
Ritterkreuz (31-13)

07.04.1931
Eintritt in die Reichsmarine
Crew 31

07.04.1931 – 29.06.1931
Infanterieausbildung – II. Abt. S.St.Div. der Ostsee, Stralsund

30.06.1931 – 16.10.1931
Bordausbildung – SSS NIOBE

17.10.1931 – 04.01.1933
Bordausbildung – Leichter Kreuzer KARLSRUHE

01.04.1932
Seekadett

05.01.1933 – 29.03.1933
Infanterielehrgang für Fähnriche – II. Abt. S.St.Div. der Ostsee, Stralsund

30.03.1933 – 20.03.1934
Hauptlehrgang für Fähnriche – Marineschule Flensburg-Mürwik bzw.

22.06.1933 – 28.06.1933
Navigationsfahrt – Tender WESER bzw.

23.10.1933 – 27.10.1933
Navigationsfahrt – Tender WESER

01.04.1933
Fähnrich zur See

29.03.1934 – 25.04.1934
Sperrlehrgang für Fähnriche – Sperrschule Kiel-Wik

26.04.1934 – 30.06.1934
Artillerielehrgang für Fähnriche – S.A.S.-Kiel-Wik

01.07.1934 – 22.08.1934
Torpedolehrgang für Fähnriche – Marineschule Flensburg-Mürwik

23.08.1934 – 07.09.1934
Fla-Waffenlehrgang für Fähnriche – Küstenartillerieschule Wilhelmshaven

08.09.1934 – 24.09.1934
Nachrichtenlehrgang für Fähnriche – Marineschule Flensburg-Mürwik

25.09.1934 – 01.10.1934
U.A.-Lehrgang für Fähnriche – U.A.-Schule Kiel-Wik

02.10.1934 – 11.11.1934
Bordausbildung – Linienschiff HESSEN

12.11.1934 – 29.09.1935
Divisionsleutnant – Schwerer Kreuzer ADMIRAL SCHEER, zugleich

27.05.1935 – 23.06.1935
Taucherlehrgang – I. S.St.Abt. der Ostsee

01.01.1935
Oberfähnrich zur See

01.04.1935
Leutnant zur See (-24-)

30.09.1935 – 30.04.1936
U-Schüler – U-Bootsschule bzw.

30.09.1935 – 21.12.1935
Torpedolehrgang – Marineschule Flensburg-Mürwik bzw.

06.01.1936 – 18.01.1936
U.T.O.-Lehrgang – Marineschule Flensburg-Mürwik bzw.

04.04.1936 – 09.04.1936
Nachrichtenlehrgang für U-Schüler – Marineschule Flensburg-Mürwik

01.05.1936 – 11.08.1936
z.Vfg. – F.d.U.

12.08.1936 – 24.06.1938
I.WO – U 27/U-Flottille Saltzwedel, zugleich

09.11.1936 - 30.11.1936
U-Wachoffiziers-Artillerie-Schießlehrgang – S.A.S.- Kiel-Wik

02.10.1936
Dienstauszeichnung IV. Klasse

01.01.1937
Oberleutnant zur See (-19-)

27.06.1938 – 26.09.1938
Artillerielehrgang – S.A.S.- Kiel-Wik

27.09.1938 – 27.10.1938
z.Vfg. – U-Flottille Saltzwedel

28.10.1938 – 02.01.1941
Kommandant – U 28/U-Flottille Saltzwedel, ab 01.01.1940 2. U-Flottille zugleich

13.03.1939 – 31.03.1939
U-Wachoffiziers-Artillerielehrgang – S.A.S.- Kiel-Wik (lt. K.T.B. U 28 fand der Kommandantenwechsel Kl Günter Kuhnke/ OlzS Friedrich Guggenberger am 03.01. 1941 statt).

29.09.1939
Eisernes Kreuz II. Klasse

01.10.1939
Kapitänleutnant (-46-)
Eisernes Kreuz I. Klasse

19.09.1940
Ritterkreuz des Eisernen Kreuzes

Auszug aus »Die Kriegsmarine«, Heft 20, zweites Oktoberheft 1940:
Der Führer und Oberste Befehlshaber der Wehrmacht verlieh auf Vorschlag des Oberbefehlshabers der Kriegsmarine, Großadmiral Raeder, das Ritterkreuz des Eisernen Kreuzes an Kapitänleutnant Kuhnke. Kapitänleutnant Günter Kuhnke hat als Unterseebootskommandant zweimal und unter besonders schwierigen Verhältnissen und unter vollen Einsatz seines Bootes in flachen, stromreichen Gewässern Minenaufgaben durchgeführt. Außer diesen schwierigen Unternehmungen hat Kapitänleutnant Kuhnke insgesamt vierzehn Schiffe mit 76191 BRT, – oft unter starker Wasserbombenabwehr – versenkt. Diese vorzüglichen Leistungen erreichte er durch seine ruhige Überlegenheit und kaltblütige Zähigkeit.

03.01.1941 – 02.02.1941
z. Vfg. – 2. U-Flottille

03.02.1941 – 02.03.1941
Baubelehrung – U-Boote, Gruppe Nord für U 125

03.03.1941 – 15.12.1941
Kommandant – U 125/2. U-Flottille (siehe bei Ulrich Folkers)

16.12.1941 – 14.01.1942
z.Vfg. – 8. U-Flottille

15.01.1942 – 15.10.1944
Flottillenchef – 10. U-Flottille/Lorient, zugleich

24.08.1944 – 15.10.1944
Kommandant i.V. – U 853/10. U-Flottille

01.03.1943
Korvettenkapitän mit Wirkung vom 01.03.1943 und Rangdienstalter vom 01.09.1943 (-8-)

30.01.1944
Kriegsverdienstkreuz II. Klasse mit Schwertern

26.10.1944 – Kriegsende
Flottillenchef – 33. U-Flottille/Flensburg

06.1945
Stützpunkt Flensburg

23.07.1945 – 15.04.1946
Referent – im Stab, Deutsches Minenräumkommando/Schleswig-Holstein

15.04.1946
Entlassung

15.11.1955
Eintritt in die Bundeswehr

16.11.1955 – 26.11.1955
Einweisung

27.11.1955 – 14.10.1956
kommandiert zur Annahmestelle Köln

16.06.1956
Fregattenkapitän

01.01.1957 – 06.01.1958
S 3 und Ausbildungsleiter – 5. S.St.Abt.

07.01.1958 – 31.05.1958
Ausbildung in den USA (bis 15.05.1958)

01.06.1958 – 05.05.1959
S 3 und Ausbildungsleiter – 5. S.St.Abt.

06.05.1959 – 13.07.1959
Schiffsstamm Zerstörer Z 2

14.07.1959 – 14.11.1960
Kommandant – Zerstörer Z 2 (bis 10.11.1960)

15.11.1960 – 15.10.1962
Stabsoffizier beim Chef des Stabes Fü B – Führungsstab der Bundeswehr (BMVg)

27.07.1961
Kapitän zur See

16.10.1942 – 30.09.1964
Kommandeur der Zerstörer

01.10.1964 – 31.03.1966
Stellv. Befehlshaber der Flotte

28.01.1965
Flottillenadmiral

17.03.1966
Konteradmiral

01.04.1966 – 30.09.1972
Chef des Marineamtes (Dienstantritt 05.04.1966)

26.06.1969
Großes Verdienstkreuz des Verdienstordens der BRD

30.09.1972
Stern zum Großen Verdienstkreuz des Verdienstordens der BRD

30.09.1972
Ruhestand

1. Unternehmung U 28:
(Nordatlantik, westlich Irland, Irische See)

Kdt:	OlzS Günter Kuhnke (1. Feindfahrt)
19.08.1939	Wilhelmshaven aus
29.09.1939	Wilhelmshaven ein
Erfolge:	1 Schiff (4955 BRT +)

2. Unternehmung U 28:
(Nordatlantik, Minenunternehmung im Bristol-Kanal)

Kdt:	Kl Günter Kuhnke (2. Feindfahrt)
08.11.1939	Wilhelmshaven aus
18.12.1939	Wilhelmshaven ein
Erfolge:	3 Schiffe (19854 BRT + einschließlich br DP PROTESILAUS + – Minensperre 05.12.1939)

3. Unternehmung U 28:
(Nordatlantik, Kanal, Minenunternehmung vor Portsmouth)

Kdt:	Kl Günter Kuhnke (3. Feindfahrt)
I. WO:	OlzS Friedrich Guggenberger
18.02.1940	Wilhelmshaven aus
23.03.1940	Wilhelmshaven ein
Erfolge:	2 Schiffe (11215 BRT +)

Auszug aus dem K.T.B. des B.d.U. vom 23.03.1940:
U 28 und U 32 eingelaufen. Die Boote haben für den Rückmarsch durch die Nordsee außerordentlich lange gebraucht, da sie eine sehr schwere See gegenan hatten.
U 28: Sperraufgabe Quadrat 3163 BF. Es hat sie planmäßig durchgeführt. Die Lage der Sperrlücke wurde durch Beobachtung des Dampferverkehrs ermittelt. Das Boot fand die Kanalküste einschließlich der Seebefeuerung abgeblendet vor; es hat während der ganzen Fahrt nur geringen Verkehr, auch im Kanal, beobachtet.
Es hat versenkt:

1. Abgeblendeten Dampfer	*ca. 6000 ts*
2. Abgeblendeten Tanker	*ca. 6000 ts*
Summe	*ca. 12000 ts*

Die Art, wie der Kommandant die Unternehmung angefaßt hat, war gut.

4. Unternehmung U 28:
(Nordatlantik, Biscaya, westlicher Kanal)

Kdt:	Kl Günter Kuhnke (4. Feindfahrt)
I. WO:	OlzS Friedrich Guggenberger
20.05.1940	Wilhelmshaven aus
06.07.1940	Wilhelmshaven ein
Erfolge:	3 Schiffe (10303 BRT +)

Stellungnahme des B.d.U.:
Boot erhält gründliche Maschinenüberholung. Nichts zu bemerken.

5. Unternehmung U 28:
(Nordatlantik, Nordkanal)

Kdt:	Kl Günter Kuhnke (5. Feindfahrt)
I. WO:	OlzS Friedrich Guggenberger
11.08.1940	Wilhelmshaven aus
17.09.1940	Lorient ein
Erfolge.	4 Schiffe (9945 BRT +) 1 Schiff (4678 BRT =)

Stellungnahme des B.d.U.:
Die Unternehmung stand im Zeichen sehr ungünstigen Wetters. Der Kommandant ist nicht vom Glück begünstigt gewesen. Seine Zähigkeit hat ihm jedoch trotzdem einen beachtlichen Erfolg eingebracht.

6. Unternehmung U 28:
(Nordatlantik, Rockall-Bank)

Kdt:	Kl Günter Kuhnke (6. Feindfahrt)
I. WO:	OlzS Friedrich Guggenberger
04.10.1940	Lorient aus
04.10.1940	Lorient/Fischereihafen festgemacht (am 05.10. 1940, LI Niewerth wegen Krankheit ausgestiegen)
05.10.1940	Lorient/Fischereihafen ausgelaufen (LI zur Überführung nach St. Nazaire, Ol (Ing.) Kammüller)
06.10.1940	St. Nazaire ein
12.10.1940	St. Nazaire aus
15.11.1940	Wilhelmshaven ein
Erfolge:	1 Schiff (5389 BRT =)

Stellungnahme des B.d.U.:
1.) *Der geringe Erfolg der Unternehmung hat zum Teil an dem maschinellen Zustand des Bootes gelegen. Wie weit trotzdem ein höheres Ergebnis hätte erzielt werden können, kann letzten Endes nur der Kommandant selbst beurteilen.*
2.) *Die Nichtabgabe von Feindmeldungen, weil keine anderen Boote in der Nähe standen, war falsch. Der Kommandant muß bestrebt sein, der Führung Unterlagen über den Feindverkehr im Operationsgebiet möglichst bald zuzuleiten.*

1. Unternehmung U 125:
(Nordatlantik, Biscaya, Überführungsfahrt Frankreich)

Kdt:	Kl Günter Kuhnke (7. Feindfahrt)
15.07.1941	Kiel aus
18.07.1941	Bergen ein
21.07.1941	Bergen aus
28.07.1941	Lorient ein
Erfolge:	keine

Stellungnahme des B.d.U.:
Überführungsfahrt nach Lorient. Nichts zu bemerken.

2. Unternehmung U 125:
(Mittelatlantik, westlich Azoren, St. Paul, Kapverden, Freetown)

Kdt:	Kl Günter Kuhnke (8. Feindfahrt)
12.08.1941	Lorient aus
05.11.1941	Lorient ein
Erfolge:	keine

Stellungnahme des B.d.U.:
Der bewährte Kommandant hatte auf dieser Unternehmung in den verkehrslosen Gebieten keine Erfolgschancen.

Erfolge Günter Kuhnke als Kommandant U 28:
13 Schiffe (56272 BRT +)
2 Schiffe (10067 BRT =)

Erfolge Günter Kuhnke als Kommandant U 125:
keine

Joachim Schepke

* 08.03.1912
in Flensburg
† 17.03.1941
im Nordatlantik
südostwärts Island

24.09.1940
Ritterkreuz (32-14)

01.12.1940
7. Eichenlaub (3-3)

01.04.1930
Eintritt in die Reichsmarine
Crew 30

01.04.1930 – 30.06.1930
Infanterieausbildung – II. Abt. S.St.Div. der Ostsee, Stralsund

01.07.1930 – 09.10.1930
Bordausbildung – SSS NIOBE

09.10.1930
Seekadett

10.10.1930 – 04.01.1932
Bordausbildung – Leichter Kreuzer EMDEN

01.01.1932
Fähnrich zur See

05.01.1932 – 31.03.1932
Infanterielehrgang für Fähnriche – II. Abt. S.St.Div. der Ostsee, Stralsund

01.04.1932 – 28.03.1933
Hauptlehrgang für Fähnriche – 1.Komp./ Marineschule Flensburg-Mürwik bzw.

27.06.1932 – 02.07.1932
Navigationsbelehrungsfahrt – Vermessungsschiff METEOR bzw.

24.07.1932 – 05.08.1932
Segelbelehrungsfahrt – Schiff ALBATROSS bzw.

17.10.1932 – 21.10.1932
Navigationsbelehrungsfahrt – Vermessungsfahrt METEOR

29.03.1933 – 22.04.1933
Sperrlehrgang für Fähnriche – Sperrschule Kiel-Wik

23.04.1933 – 28.06.1933
Artillerielehrgang für Fähnriche – S.A.S.-Kiel-Wik

29.06.1933 – 18.08.1933
Torpedolehrgang für Fähnriche – Torpedoschule Flensburg-Mürwik

19.08.1933 – 31.08.1933
Fla-Waffenlehrgang für Fähnriche – Küstenartillerieschule Wilhelmshaven

01.09.1933 – 01.10.1933
Nachrichtenlehrgang für Fähnriche – Nachrichtenschule Flensburg-Mürwik bzw.

25.09.1933 – 30.09.1933
U.A.-Lehrgang für Fähnriche

02.10.1933 – 04.03.1934
Bordausbildung – Panzerschiff DEUTSCHLAND

05.03.1934 – 10.03.1934
Luftschutzlehrgang für Fähnriche – Marineschule Warnemünde

11.03.1934 – 26.09.1934
Bordausbildung – Panzerschiff DEUTSCHLAND

01.04.1934
Oberfähnrich zur See

27.09.1934 – 21.12.1934
Torpedolehrgang – Torpedoschule Flensburg-Mürwik

01.10.1934
Leutnant zur See (-26-)

22.12.1934 – 30.09.1935
Panzerschiff DEUTSCHLAND

01.10.1935 – 20.12.1935
U-Schüler – U-Bootsschule

21.12.1935 – 05.01.1936
z.Vfg. – U-Flottille Weddigen

06.01.1936 – 18.01.1936
F.T.O.- Lehrgang – Nachrichtenschule Flensburg-Mürwik

19.01.1936 – 11.10.1936
WO – U 13/U-Flottille Weddigen

01.06.1936
Oberleutnant zur See (-22-)

12.10.1936 – 30.03.1937
Kompanieoffizier – III. S.St.Abt./Ostsee

31.03.1937 – 28.10.1938
Lehrer – Torpedoschule Flensburg-Mürwik

29.10.1938 – 02.01.1940
Kommandant – U 3/U-Bootsschulverband

01.06.1939
Kapitänleutnant (-19-)
Eisernes Kreuz II. Klasse

03.01.1940 – 30.04.1940
Kommandant – U 19/1. U-Flottille (lt. K.T.B. U 19 übergibt Kl Joachim Schepke das Boot bereits am 26.04.1940 an Kl Wilfried Prellberg)
U-Boots-Kriegsabzeichen 1939

27.02.1940
Eisernes Kreuz I. Klasse

01.05.1940 – 18.05.1940
z.Vfg. – 1. U-Flottille

19.05.1940 – 29.05.1940
Baubelehrung – U-Boote Ostsee für U 100

30.05.1940 – 17.03.1941
Kommandant – U 100/7. U-Flottille

29.08.1940
Nennung im Wehrmachtsbericht

22.09.1940
Nennung im Wehrmachtsbericht

24.09.1940
Ritterkreuz des Eisernen Kreuzes

21.10.1940
Nennung im Wehrmachtsbericht

26.11.1940
Nennung im Wehrmachtsbericht

01.12.1940
7. Eichenlaub zum Ritterkreuz des Eisernen Kreuzes

20.12.1940
Nennung im Wehrmachtsbericht

17.03.1941
U 100 wurde um 03:18h im Nordatlantik südöstlich von Island am Konvoi HX.112 durch Wasserbomben der britischen Zerstörer WALKER und VANOC zum Auftauchen gezwungen und von VANOC durch Rammstoß auf Position 61°04'Nord/ 11°30'West versenkt. Dabei fanden Kapitänleutnant Schepke und 37 Mann seiner Besatzung den Tod, nur 6 Mann der U 100-Besatzung konnten gerettet werden.

25.04.1941
Nennung im Wehrmachtsbericht:
Die von Korvettenkapitän Kretschmer und Kapitänleutnant Schepke geführten Unterseeboote sind von Feindfahrt nicht zurückgekehrt. Beide Boote waren an kürzlich unter schwierigsten Bedingungen durchgeführten Vernichtungen von feindlichen Geleitzügen maßgeblich beteiligt und haben dabei ihre Gesamterfolge beträchtlich erhöht. Kapitänleutnant Schepke hat nunmehr 233 971 BRT feindlichen Schiffsraum versenkt. Die beiden Kommandanten, in Anerkennung ihrer hervorragenden Dienste im Freiheitskampf des deutschen Volkes mit dem Eichenlaub zum Ritterkreuz des Eisernen Kreuzes ausgezeichnet, haben mit ihren tapferen Besatzungen unvergänglichen Lorbeer errungen. Ein Teil der Besatzungen, unter ihnen Korvettenkapitän Kretschmer, geriet in Gefangenschaft.

1. Unternehmung U 3:
(Nordsee)

Kdt:	Kl Joachim Schepke (1. Feindfahrt)
04.09.1939	Wilhelmshaven aus
08.09.1939	Wilhelmshaven ein
Erfolge:	keine

2. Unternehmung U 3:
(Nordsee, vor Terschelling)

Kdt:	Kl Joachim Schepke (2. Feindfahrt)
13.09.1939	Wilhelmshaven aus
24.09.1939	Wilhelmshaven ein
Erfolge:	keine

3. Unternehmung U 3:
(Nordsee, vor Südnorwegen)

Kdt:	Kl Joachim Schepke (3. Feindfahrt)
27.09.1939	Wilhelmshaven aus
03.10.1939	Kiel ein
Erfolge:	2 Schiffe (2348 BRT +)

5. Unternehmung U 19:
(Nordsee, schottische Ostküste)

Kdt:	Kl Joachim Schepke (4. Feindfahrt)
04.01.1940	Kiel aus
12.01.1940	Kiel ein
Erfolge:	1 Schiff (1343 BRT +)

6. Unternehmung U 19:
(Nordsee, britische Ostküste)

Kdt:	Kl Joachim Schepke (5. Feindfahrt)
18.01.1940	Kiel aus
27.01.1940	Helgoland ein
28.01.1940	Helgoland aus
28.01.1940	Wilhelmshaven ein
Erfolge:	4 Schiffe (8855 BRT +)

7. Unternehmung U 19:
(Nordsee)

Kdt:	Kl Joachim Schepke (6. Feindfahrt)
12.02.1940	Wilhelmshaven aus
26.02.1940	Wilhelmshaven ein
Erfolge:	keine

8. Unternehmung U 19:
(Nordsee)

Kdt:	Kl Joachim Schepke (7. Feindfahrt)
14.03.1940	Wilhelmshaven aus
23.03.1940	Wilhelmshaven ein
Erfolge:	4 Schiffe (5517 BRT +)

9. Unternehmung U 19:
(Nordsee, Pentland-Firth)

Kdt:	Kl Joachim Schepke (8. Feindfahrt)
03.04.1940	Wilhelmshaven aus
23.04.1940	Kiel ein
Erfolge:	keine

Stellungnahme des B.d.U.:
1.) Zu Arbeiten am Torpedo muß der Kommandant geeignete Maßnahmen ergreifen, um das Boot auf alle Fälle auf Tiefe zu halten.
2.) Solange es die Sichtweite erlaubt, muß das U-Boot aufgetaucht bleiben, um bessere Sichtverhältnisse zu haben, das blinde Verlassen auf die Horchanlage läßt teils gute Erfolgsmöglichkeiten vorübergehen.

1. Unternehmung U 100:
(Nordatlantik, Nordkanal)

Kdt:	Kl Joachim Schepke (9. Feindfahrt)
I. WO:	OlzS Günther Krech
09.08.1940	Kiel aus
01.09.1940	Lorient ein
Erfolge:	6 Schiffe (25812 BRT +) 1 Schiff (5498 BRT =)

Stellungnahme des B.d.U.:
1.) Sehr erfolgreiche, gut durchgeführte Unternehmung. Bei einem Teil der torpedierten Dampfer ist jedoch auf Grund der aus dem K.T.B. ersichtlichen Beobachtungen die Schlußfolgerung, daß sie gesunken sind, nicht mit Sicherheit möglich.
2.) Tauchpannen wie die am 16.08. dürfen unter keinen Umständen vorkommen.

2. Unternehmung U 100:
(Nordatlantik, westlich Nordkanal und Irland)

Kdt:	Kl Joachim Schepke (10. Feindfahrt)
I. WO:	OlzS Günther Krech
11.09.1940	Lorient aus
25.09.1940	Lorient ein
Erfolge:	6 Schiffe (50340 BRT +)

Stellungnahme des B.d.U.:
Sehr erfolgreiche, gut durchgeführte Unternehmung. Der Kommandant hat die sich ihm am Geleitzug bietende Gelegenheit hervor-

ragend ausgenützt. Bezüglich der Tonnageschätzungen darf niemals außer Acht gelassen werden, daß man bei Nacht fast immer zu hoch schätzt. Nur eine dauernde Selbstkontrolle an Hand von namentlich festgestellten Dampfern kann hier Erfahrungen vermitteln. Der Kommandant hat sich in seinen Schätzungen bemüht, dem Rechnung zu tragen. Es ist nicht ganz klar, ob alle torpedierten Schiffe auch gesunken sind. Feststellungen in dieser Richtung sind so weit wie nur irgend möglich erwünscht.

Funkspruch an U 100 vom 24.09.1940:
An U 100:
Zur Verleihung Ritterkreuz des Eisernen Kreuzes an Kommandanten durch Führer herzliche Glückwünsche.

Oberbefehlshaber

3. Unternehmung U 100:
(Nordatlantik, westlich Nordkanal und Irland)

Kdt:	Kl Joachim Schepke (11. Feindfahrt)
I. WO:	OlzS Günther Krech
12.10.1940	Lorient aus
23.10.1940	Lorient ein
Erfolge:	3 Schiffe (19900 BRT +) 3 Schiffe (11731 BRT =)

Auszug aus dem K.T.B. des B.d.U.:
U 100 hat auf 2 Geleitzüge (U 48 und U 47) operiert und 5 Schiffe, darunter einen Einzelgänger mit insgesamt 38365 Tonnen versenkt bzw. schwer beschädigt.

4. Unternehmung U 100:
(Nordatlantik, westlich Nordkanal und Irland)

Kdt:	Kl Joachim Schepke (12. Feindfahrt)
07.11.1940	Lorient aus
27.11.1940	Lorient ein
Erfolge:	7 Schiffe (24601 BRT +)

Stellungnahme des B.d.U.:
1.) *Der Angriff auf den Geleitzug am 23. November stellt im Hinblick auf seine starke Sicherung eine sehr gute Leistung dar.*
2.) *Das Dranbleiben und zähe Fühlungssuchen war gut.*
3.) *Das Unterlassen rechtzeitiger Fühlunghaltermeldungen, gegebenenfalls auch Peilzeichen, stellt der Kommandant selbst als Fehler heraus.*

5. Unternehmung U 100:
(Nordatlantik, westlich Irland)

Kdt:	Kl Joachim Schepke (13. Feindfahrt)
Kdt-Schüler:	Kl Rolf Mützelburg
02.12.1940	Lorient aus
01.01.1941	Lorient ein
Erfolge:	3 Schiffe (17166 BRT +)

Stellungnahme des B.d.U.:
1.) *Dem sonst sehr erfolgreichen Kommandanten ist diese Unternehmung durch schlechtes Wetter und Pech weniger gut gelungen.*
2.) *Der bei Tag aufgetauchte Marsch durch die Nordsee am 27. Dezember ist ein Verstoß gegen den Befehl, hier südlich 60° tags getaucht zu marschieren. Er hätte verhängnisvoll ausgehen können. Der Befehl ist künftig zu beachten.*
3.) *Die Unternehmung ist lehrreich in folgender Beziehung:*
   a) *Sie zeigt erneut, wie schwer es ist, die Größe der Dampfer richtig zu schätzen.*
   b) *Wie wichtig es ist, daß beim Sichten von Zielen sofort richtige Manöver eingeleitet werden, z. B. beim Dampfer am 08. Dezember nachts.*
   c) *Wie schwer es ist, bei ungünstiger Sicht an einem Dampfer dranzubleiben, wenn man ihn erst getaucht beobachtet hat und ihn dann aufgetaucht weiterverfolgen muß.*

Auszug aus »Die Kriegsmarine«, Heft 2, 1. Januarheft 1941
Berlin, den 20. Dezember 1940.

Der Führer und Oberste Befehlshaber der Wehrmacht hat Kapitänleutnant Schepke, Kommandant eines Unterseebootes das Eichenlaub zum Ritterkreuz des Eisernen Kreuzes verliehen und folgendes Telegramm an ihn gerichtet:

In dankbarer Würdigung Ihres heldenhaften Einsatzes im Kampf für die Zukunft unseres Volkes verleihe ich Ihnen anlässlich der Versenkung von 200000 t feindlichen Handelsschiffsraumes als siebentem Offizier der deutschen Wehrmacht das Eichenlaub zum Ritterkreuz des Eisernen Kreuzes.

Adolf Hitler

Die Erfolgsmeldung im Wehrmachtsbericht lautete:
Ein Unterseeboot meldet die Versenkung seines 40. feindlichen Handelsschiffes. Damit

hat der Kommandant dieses Bootes, Kapitänleutnant Schepke, eine Gesamtversenkungsziffer von 208975 BRT erreicht und somit als dritter Unterseebootskommandant die 200000-Tonnen-Grenze überschritten.

6. Unternehmung U 100:
(Nordatlantik, südöstlich von Island)

Kdt:	Kl Joachim Schepke (14. Feindfahrt)
09.03.1941	Kiel aus
17.03.1941	Verlust U 100
Erfolge:	keine

Erfolge Joachim Schepke als Kommandant U 3:
2 Schiffe (2348 BRT +)

Erfolge Joachim Schepke als Kommandant U 19:
9 Schiffe (15715 BRT +)

Erfolge Joachim Schepke als Kommandant U 100:
25 Schiffe (137819 BRT +)
4 Schiffe (17229 BRT =)

Gesamt:
36 Schiffe (155882 BRT +)
4 Schiffe (17229 BRT =)

Hans Jenisch

* 19.10.1913
in Gerdauen/Ostpreussen
† 29.04.1982
in Kronshagen/bei Kiel

07.10.1940
Ritterkreuz (36-15)

01.04.1933
Eintritt in die Reichsmarine
Crew 33

01.04.1933 – 30.06.1933
Infanterieausbildung – 4. Komp./II. Abt. S.St.Div. der Ostsee, Stralsund

01.07.1933 – 22.09.1933
Bordausbildung – SSS GORCH FOCK

01.10.1933
Seekadett

23.09.1933 – 11.07.1934
Bordausbildung – Leichter Kreuzer KARLSRUHE

01.07.1934
Fähnrich zur See

12.07.1934 – 18.04.1935
Hauptlehrgang für Fähnriche – Marineschule Flensburg-Mürwik

19.04.1934 – 18.09.1935
Lehrgangszeit für Fähnriche – verschiedene Lehrgänge

19.09.1935 – 01.10.1935
n.v.

02.10.1935 – 10.05.1937
Bordausbildung – Panzerschiff DEUTSCHLAND, zugleich

02.10.1935 – 08.12.1935
Artillerielehrgang für Fähnriche – S.A.S.-Kiel-Wik, danach Batterieoffizier, später Fla-Leiter (Fla-Leiterausbildung im Sommer 1936) – Panzerschiff DEUTSCHLAND

01.04.1936
Oberfähnrich zur See

01.10.1936
Leutnant zur See (-17-)

11.05.1937 – 16.08.1937
U-Bootsausbildung – U-Schule/Neustadt

17.08.1937 – 04.10.1937
z.Vfg. – U-Flottille Saltzwedel

05.10.1937 – 18.12.1937
U.T.O.-Lehrgang – Torpedoschule Flensburg-Mürwik

19.12.1937 – 30.01.1938
U-Bootsausbildung – U-Schule/Neustadt

31.01.1938 – 11.02.1940
II.WO, später I.WO – U 32/U-Flottille Saltzwedel, ab 01.01.1940, 2. U-Flottille

01.06.1938
Oberleutnant zur See (-16-)
Feindfahrten U 32/Kdt: Paul Büchel:
27.08.1939 – 30.09.1939
28.12.1939 – 22.01.1940
Eisernes Kreuz II. Klasse
U-Boots-Kriegsabzeichen

12.02.1940 – 30.10.1940
Kommandant – U 32/2. U-Flottille
Eisernes Kreuz I. Klasse

12.09.1940
Nennung im Wehrmachtsbericht

01.10.1940
Nennung im Wehrmachtsbericht

03.10.1940
Nennung im Wehrmachtsbericht

07.10.1940
Ritterkreuz des Eisernen Kreuzes

28.10.1940
Nennung im Wehrmachtsbericht

30.10.1940
Nordwestlich von Irland auf Position 55° 37'Nord/12°20'West durch Wasserbomben der britischen Zerstörer HARVESTER und HIGHLANDER versenkt. Kapitänleutnant Jenisch und 32 Mann der Besatzung gerieten in britische Gefangenschaft. Neun Mann fanden beim Untergang von U 32 den Tod.

31.10.1940 – 20.06.1947
Kriegsgefangenschaft in England und Kanada

01.11.1940
Kapitänleutnant (-4-)

01.10.1956
Eintritt in die Bundeswehr

01.10.1956 – 15.10.1956
Einweisung – Marineschule Flensburg-Mürwik

01.10.1956
Korvettenkapitän

16.10.1956 – 30.09.1957
A 3 (Asto) – Kommando der Flottenbasis

01.10.1957 – 15.11.1958
Lehrgang – Marineakademie

24.07.1958
Fregattenkapitän

16.11.1958 – 15.11.1960
Hilfsreferent B III/3 – Führungsstab Streitkräfte, Bundesministerium der Verteidigung

16.11.1960 – 15.12.1960
Belehrung – Kommando der Marineausbildung

16.12.1960 – 30.06.1961
Kommandant – Fregatte HIPPER

01.07.1961 – 30.09.1963
Lehrstabsoffizier und Hörsaalleiter – Führungsakademie der Bundeswehr

26.03.1963
Kapitän zur See

01.10.1963 – 30.09.1966
Chef des Stabes i.V. und Leiter der Operationsabteilung – COMNAV-BALTAP (Nato-Marinekommando, Ostseezugänge)

01.10.1966 – 31.03.1970
Lehrgruppenkommandeur – Führungsakademie der Bundeswehr/Abt. Marine, Hamburg

01.04.1970 – 30.03.1972
Standortkommandeur Hamburg und Kommandeur VBK 10 Hamburg

31.03.1972
Ruhestand

3. Unternehmung U 32:
(Nordatlantik, Kanal,
Minenunternehmung vor Liverpool)

Kdt:	OlzS Hans Jenisch (3. Feindfahrt)
26.02.1940	Wilhelmshaven aus
23.03.1940	Wilhelmshaven ein
Erfolge:	1 Schiff (2818 BRT +)

Auszug aus dem K.T.B. des B.d.U. vom 23.03. 1940:

U 28 und U 32 eingelaufen. Die Boote haben für den Rückmarsch durch die Nordsee außerordentlich lange gebraucht, da sie eine schwere See gegenan hatten.
U 32: Sperraufgabe Quadrat 9322 AM. Planmäßig in einer Neumondnacht durchgeführt. Die Verseuchung liegt vorzüglich. Der Umstand, daß bisher noch keine sicheren Erfolge festgestellt werden konnten, ist an sich unwesentlich und darauf zurückzuführen, daß der Feind nach und nach die bei Eintritt von Kriegsverlusten von ihm befohlene Funkstille und sonstige Geheimhaltung vollständiger einzuhalten versteht.
Das Boot ist in einem Falle auf größerer Tiefe, auf dem Grunde liegend, von einem S-Gerät einwandfrei angelotet worden. Diese Tatsache erhärtet die auf Grund der Erfahrung und Beobachtung anderer Boote gewonnene Vermutung, daß der Gegner über zwei verschiedene S-Anlagen verfügt: Eine Horizontallotanlage, die bei geringen Entfernungen aussetzt und eine Vertikallotanlage, deren Ergebnisse, wenn das Boot einmal erfaßt ist, sehr genau sind, die aber dann unzuverlässig sind, wenn das Boot in größeren Tiefen sich dicht über oder auf dem Grunde aufhält.
Außer den Minen hat das Boot noch 7 Torpedos mitgeführt, von denen aber 5 Versager und 2 Fehlschüsse gewesen sind.
Es hat daher außer seiner gut durchgeführten Sperrunternehmung nur noch die Vernichtung des mit Banngut beladenen schwedischen Dampfers LAGAHOLM – 2818 ts – melden können, ein Erfolg, den es seiner Artillerie zu verdanken hat.

4. Unternehmung U 32:
(Norwegenfeldzug,
Unternehmen »Weserübung«)

Kdt:	OlzS Hans Jenisch (4. Feindfahrt)
27.04.1940	Wilhelmshaven aus
05.05.1940	Drontheim ein
08.05.1940	Drontheim aus
14.05.1940	Helgoland ein
14.05.1940	Helgoland aus
14.05.1940	Wilhelmshaven ein
Erfolge:	keine

Stellungnahme des B.d.U.:

1.) *Tiefensteuerversager am 02.05. ist bedauerlich.*
2.) *Ausholen nach Norden entsprach nicht dem Operationsbefehl und der Transportaufgabe.*
3.) *Warum am 12.05. kein Angriff versucht wurde, ist nicht ersichtlich.*
4.) *Nicht mehr an Horchverfolgung annehmen, als tatsächlich sicher ist! Ferndetonationen brauchen nicht unbedingt dem eigenen Boot zu gelten.*

5. Unternehmung U 32:
(Nordatlantik, westlich Kanal, Biscaya)

Kdt:	OlzS Hans Jenisch (5. Feindfahrt)
03.06.1940	Wilhelmshaven aus
30.06.1940	Helgoland ein
30.06.1940	Helgoland aus
01.07.1940	Wilhelmshaven ein
Erfolge:	5 Schiffe (16098 BRT +)

Stellungnahme des B.d.U.:

1.) *Zähes Rangehen des Kommandanten hätte bei besseren Schießergebnissen mit Unterwasserschuß bessere Erfolge gehabt. Der Kommandant wird zur Selbstkontrolle einige Übungsschüsse erhalten.*
2.) *Zum 21.06.: Im Gegensatz zum vorhergehenden HALIFAX-Geleitzug wurde bei diesem die Verlegung des Treffpunktes mit dem Geleit so rechtzeitig bekannt, daß noch Boote angesetzt werden konnten.*

6. Unternehmung U 32:
(Nordatlantik, Hebriden, Nordkanal,
Irland, Rockall-Bank)

Kdt:	OlzS Hans Jenisch (6. Feindfahrt)
15.08.1940	Wilhelmshaven aus
08.09.1940	Lorient ein
Erfolge:	3 Schiffe (13093 BRT +) 1 Schiff (8000 ts = br CL FIJI =)

<u>*Stellungnahme des B.d.U.:*</u>
Nach anfänglichen Mißerfolgen, die vermutlich z. T. in maschinellen Versagern begründet sind, ist die Unternehmung mit besonderem Geschick und Schneid durchgeführt worden.

7. Unternehmung U 32:
(Nordatlantik, Nordkanal, Rockall-Bank)

Kdt:	OlzS Hans Jenisch (7. Feindfahrt)
18.09.1940	Lorient aus
06.10.1940	Lorient ein
Erfolge:	7 Schiffe (35782 BRT +) 2 Schiffe (14749 BRT =)

<u>*Stellungnahme des B.d.U.:*</u>
1.) Mit sehr gutem Erfolg, klar und entschlossen durchgeführte Unternehmung.
2.) Die Annahme des Kommandanten, daß der Dampfer CORRIENTES sinken würde, war verfrüht. Der Dampfer ist 2 Tage später von einem anderen U-Boot (U 37) in Fahrt angetroffen und endgültig versenkt worden.

8. Unternehmung U 32:
(Nordatlantik, nordwestlich der Donegal-Bucht)

Kdt:	OlzS Hans Jenisch (8. Feindfahrt)
24.10.1940	Lorient aus
30.10.1940	Verlust U 32
Erfolge	1 Schiff (42488 BRT +)

Erfolge Hans Jenisch als Kommandant U 32:
17 Schiffe (110279 BRT +)
2 Schiffe (14749 BRT =)
1 Kreuzer (8000 ts =)

Victor Oehrn

* 21.10.1907 in Kedabeg/Kaukasus/Russland
† 26.12.1997 in Bonn

21.10.1940
Ritterkreuz (39-16)

05.04.1927
Eintritt in die Reichsmarine
Crew 27

05.04.1927 – 03.07.1927
Infanterieausbildung – Marinestation Ostsee, Stralsund

04.07.1927 – 31.10.1927
Bordausbildung – SSS NIOBE

01.10.1927
Seekadett

01.11.1927 – 17.03.1929
Bordausbildung – Kreuzer BERLIN

18.03.1929 – 29.03.1930
Hauptlehrgang für Fähnriche – Marineschule Flensburg-Mürwik bzw.

17.06.1929 – 22.06.1929
Navigationsbelehrungsfahrt – Tender FRAUENLOB bzw.

30.09.1929 – 05.10.1929
Navigationsbelehrungsfahrt – Vermessungsschiff METEOR

01.04.1929
Fähnrich zur See

30.03.1930 – 01.05.1930
Torpedolehrgang für Fähnriche – Torpedoschule Flensburg-Mürwik

02.05.1930 – 30.05.1930
Sperrlehrgang für Fähnriche – Sperrversuchskommando Kiel

31.05.1930 – 31.07.1930
Nachrichtenlehrgang für Fähnriche – Nachrichtenschule Flensburg-Mürwik

01.08.1930 – 24.10.1930
Infanterieausbildung – II. Abt. S.St.Div. der Ostsee, Stralsund

25.10.1930 – 29.01.1931
Artillerielehrgang für Fähnriche – S.A.S. Kiel-Wik

30.01.1931 – 01.10.1931
Bordausbildung – Leichter Kreuzer KÖNIGSBERG

01.06.1931
Oberfähnrich zur See

01.10.1931
Leutnant zur See (-3-)

02.10.1931 – 27.09.1932
Divisionsleutnant – Leichter Kreuzer KÖNIGSBERG

28.09.1932 – 25.09.1934
Kompanieoffizier und Ausbildungsoffizier für Offiziersanwärter – II. Abt./S.St.Div./Ostsee, Stralsund, zugleich

07.12.1932 – 20.12.1932
Gasschutzlehrgang – Sperrabteilung

01.07.1933
Oberleutnant zur See (-5-)

26.09.1934 – 30.06.1935
Ausbildungsoffizier – Leichter Kreuzer KARLSRUHE

01.07.1935 – 20.10.1935
U-Lehrgänge – U-Schule bzw.

30.09.1935 – 21.10.1935
Torpedolehrgang – Torpedoschule Flensburg-Mürwik bzw.

21.10.1935 – 17.01.1936
z.Vfg. – U-Flottille Weddigen

18.01.1936 – 04.10.1937
Kommandant – U 14/U-Flottille Weddigen

01.10.1936
Kapitänleutnant (-3-)

05.10.1937 – 31.10.1938
Kompaniechef – Marineschule Flensburg-Mürwik bzw.

05.10.1937 – 01.11.1937
z.Vfg. – Kommandierender Admiral Marinestation Ostsee bzw.

02.11.1937 – 04.04.1938
Kompanieführer – II.Abt. S.St.Div. der Ostsee, Stralsund bzw.

12.09.1938 – 24.09.1938
kommandiert – U-Schule

01.11.1938 – 20.08.1939
Führergehilfenausbildung – Marine-Akademie, zugleich

19.06.1939 – 23.06.1939
überplanm. zur B.d.A.- Sperrübung – Leichter Kreuzer LEIPZIG bzw.

25.06.1939 – 28.06.1939
Asto-Fahrt der Marineakademie – Aviso GRILLE, zugleich

03.07.1939 – 11.07.1939
Asto-Fahrt der Marineakademie – Aviso GRILLE, zugleich

14.08.1939 – 19.08.1939
überplanmäßig – Leichter Kreuzer LEIPZIG (Teilnahme am Flottentorpedoschießen)

21.08.1939 – 31.08.1939
Asto – F.d.U./Ost

01.09.1939 – 16.10.1939
Asto z.b.V. – F.d.U.

17.10.1939 – 05.05.1940
1. Asto (B.d.U.op) – B.d.U.

20.12.1939
Medaille zur Erinnerung an den 01.10. 1938

27.01.1940
Eisernes Kreuz II. Klasse

06.05.1940 – 26.10.1940
Kommandant – U 37/2. U-Flottille

10.06.1940
Eisernes Kreuz I. Klasse

10.06.1940
Nennung im Wehrmachtsbericht

21.10.1940
Ritterkreuz des Eisernen Kreuzes

27.10.1940 – 27.11.1941
1. Asto – B.d.U.op (01.11.1940 – 23.11.1941)

01.09.1941
Korvettenkapitän (-2-)

02.11.1941
Italienisches Kriegskreuz mit Schwertern

28.11.1941 – 05.1942
F.d.U. (m.W.d.G.b.) – beim Befehlshaber des Deutschen Marinekommandos Italien (bis 09.02.1942), zugleich 1. Asto – F.d.U./Italien (bis Mai 1942)

28.01.1942
Croce di guerra al valore militare

05.1942 – 13.07.1942
Verbindungsoffizier (Sonderaufgabe) – beim OB Süd Kesselring. Am 13.07.1942 bei El Alamein/Nordafrika schwer verwundet in britische Gefangenschaft geraten. – 19. General-Hospital/England

05.11.1943
Austausch aus Gefangenschaft (Rückkehr über Spanien)

17.11.1943 – 31.03.1944
z.Vfg. für Sonderaufgaben – 2. S.k.l./B.d.U.op beim O.K.M.

01.04.1944 – 19.06.1944
z.Vfg. für Sonderaufgaben – F.d.U./Ausb.

20.06.1944 – 20.08.1944
F.d.U. Mitte

15.08.1944
Fregattenkapitän mit Wirkung vom 01.05.1944 und Rangdienstalter vom 01.05.1944

21.08.1944 – Kriegsende
Gruppenleiter der Operationsgruppe (Ia) – 1. Abt./S.k.l./O.K.M.

06.1945 – 08.1945
bei der Seefahrtsabteilung – Deutsche Minenräumdienstleistung

08.1945
Entlassung

5. Unternehmung U 37:
(Nordatlantik, nordwestlich Kap Finisterre)

Kdt:	Kl Victor Oehrn (1. Feindfahrt)
I. WO:	OlzS Nikolai Clausen
II.WO:	LzS Gustav Poel
LI:	Ol (Ing.) Gerd Suhren
15.05.1940	Wilhelmshaven aus
09.06.1940	Wilhelmshaven ein
Erfolge:	10 Schiffe (41 107 BRT +) 1 Schiff (9494 BRT =)

<u>*Stellungnahme des B.d.U.:*</u>
Ausgezeichnete erste Unternehmung des Kommandanten, gestützt auf eine bewährte, eingefahrene Besatzung. Planmäßig und überlegt. Den vom Kommandanten bei den verschiedenen Angriffen gezogenen Erfahrungen wird voll zugestimmt.
Über die Versenkung der URUGUAY ist gesondert berichtet.

6. Unternehmung U 37:
(Nordatlantik, Nordkanal, Hebriden, Irland, Rockall-Bank)

Kdt:	Kl Victor Oehrn (2. Feindfahrt)
LI:	Ol (Ing.) Gerd Suhren
01.08.1940	Wilhelmshaven aus
12.08.1940	Lorient ein
17.08.1940	Lorient aus
30.08.1940	Lorient ein
Erfolge:	8 Schiffe (33 539 BRT + einschließl. br PS PENZACANCE 1 025 ts +)

<u>*Stellungnahme des B.d.U.:*</u>
Die Unternehmung ist mit besonderer Zähigkeit durchgeführt, besonders hervorzuheben ist der Erfolg gegen den bewaffneten Dampfer YEWCREST im Artilleriegefecht.
Der Kommandant hat alle Angriffsmöglichkeiten bis zum Aufbrauch der Kampfkraft

eingesetzt und sehr gute Erfolge erzielt. – Vorbildlich durchgeführte Unternehmung.

7. Unternehmung U 37:
(Nordatlantik, Nordkanal, Rockall-Bank)

Kdt:	Kl Victor Oehrn (3. Feindfahrt)
LI:	Ol (Ing.) Gerd Suhren
24.09.1940	Lorient aus
22.10.1940	Lorient ein
Erfolge:	6 Schiffe (30 100 BRT +)

Stellungnahme des B.d.U.:
Erfolgreiche Unternehmung. Das tatkräftige Operieren des Kommandanten auf die gemeldeten Geleitzüge war richtig; es führte wegen Wetterlage, hierdurch entstandene Besteckunterschiede und unzureichende Fühlunghaltesignale der Fühlunghalter zu keinem Erfolg.

Erfolge Victor Oehrn als Kommandant U 37:
24 Schiffe (104746 BRT + einschließl. br PS PENZACANCE 1025 ts +)
1 Schiff (9494 BRT =)

Gerd Suhren

*** 16.05.1914**
in Tafaigata/Samoa
† 06.05.1991
in Bonn

21.10.1940
Ritterkreuz (40-17)

01.04.1933
Eintritt in die Reichsmarine
Crew 33

01.04.1933 – 29.06.1933
Infanterieausbildung – 4. Komp./II. Abt. S.St.Div. der Ostsee, Stralsund

30.06.1933 – 22.09.1933
Werkstattausbildung – Marineschule Flensburg-Mürwik

01.09.1933
Kadett (Ing.)

30.09.1933 – 27.06.1934
Bordausbildung – Leichter Kreuzer KARLSRUHE

28.06.1934 – 18.04.1935
Hauptlehrgang für Fähnriche – 2. Komp./ Marineschule Flensburg-Mürwik

01.07.1934
Fähnrich (Ing.)

19.04.1935 – 15.07.1935
Werkstättenlehrgang – Marineschule Kiel-Wik

16.07.1935 – 18.08.1935
Infanterielehrgang für Fähnriche – 10. Komp./II. Abt. S.St.Abt. der Ostsee, Stralsund

19.08.1935 – 30.09.1935
Werkstättenlehrgang – Marineschule Kiel-Wik

01.10.1935 – 14.12.1935
Bordausbildung – Linienschiff SCHLESWIG-HOLSTEIN

15.12.1935 – 21.12.1935
U-Lehrgang – U-Schule

22.12.1935 – 28.03.1936
Bordausbildung – Linienschiff SCHLESWIG-HOLSTEIN bzw.

06.01.1936 – 10.01.1936
Luftschutzlehrgang – Kiel-Holtenau

29.03.1936 – 27.09.1936
Bordausbildung – Aviso GRILLE

01.04.1936
Oberfähnrich (Ing.)

28.09.1936 – 02.04.1937
Berufslehrgang für Ingenieuroffiziere – Marineschule Kiel

01.10.1936
Leutnant (Ing.) (-9-)

03.04.1937 – 26.06.1937
Lehrgang für Leitende Ingenieure auf U-Booten – U-Schule

27.06.1937 – 30.09.1937
LI – U-Flottille Weddigen/Reservebootsverband

01.10.1937 – 02.09.1938
LI – U 21/U-Flottille Weddigen

01.06.1938
Oberleutnant (Ing.) (-25-)

03.09.1938 – 21.05.1939
LI – U 31/U-Flottille Saltzwedel

22.05.1940 – 02.12.1940
LI – U 37/U-Flottille Hundius, ab 01.01.1940, 2. U-Flottille
Feindfahrten U 37/Kdt: Heinrich Schuch
19.08.1939 – 15.09.1939
Feindfahrten U 37/Kdt: Werner Hartmann
05.10.1939 – 08.11.1939
28.01.1940 – 27.02.1940
30.03.1940 – 18.04.1940
Feindfahrten U 37/Kdt: Viktor Oehrn
15.05.1940 – 09.06.1940
01.08.1940 – 30.08.1940
24.09.1940 – 22.10.1940

08.11.1939
Eisernes Kreuz II. Klasse

08.11.1939
U-Boots-Kriegsabzeichen 1939

28.02.1940
Eisernes Kreuz I. Klasse

21.10.1940
Ritterkreuz des Eisernen Kreuzes
Gerd Suhren hatte auf seinen Unternehmungen auf U 37 als Leitender Ingenieur durch sein technisches Können und Wissen, sein Improvisationsvermögen in Krisensituationen sowie sein kameradschaftliches, immer heiteres Verhalten gegenüber der Besatzung großen Anteil an den großen Erfolgen des Bootes. Deshalb erhielt er am 21.10.1940 als erster Leitender Ingenieur der U-Boot-Waffe das Ritterkreuz des Eisernen Kreuzes.

03.12.1940 – 31.08.1941
Ausbildungsoffizier (Agrufront) – 25. U-Flottille/Danzig

01.09.1941 – 21.02.1943
Frontausbildungsoffizier für U-Boote – Agru-Front/Hela

01.02.1941
Kapitänleutnant (Ing.) (-1-)

22.02.1943 – 01.03.1943
Ingenieuroffizier beim Stabe – B.d.U./Stab op.

02.03.1943 – 31.03.1944
Ingenieur-Referent – O.K.M./Seekriegsleitung

01.04.1944 – 06.07.1944
kommandiert – O.K.M., zugleich nebendienstlich beim Reichsminister für Rüstung und Kriegsproduktion – Schiffbaukommission

07.07.1944 – 28.09.1944
Baubelehrung – 8. K.L.A., für U 2511

29.09.1944 – 14.03.1945
LI – U 2511/31. U-Flottille

01.12.1944
Korvettenkapitän (Ing.)

15.03.1945 – 08.05.1945
LI – U 2511/11. U-Flottille/Bergen
Feindfahrten U 2511/
Kdt: Adalbert Schnee
03.05.1945 – 06.05.1945
Internierung in Norwegen

09.1945 – 05.1947
4. Komp./1. Deutsche Minenräum-Ersatzabteilung

07.07.1947
Entlassung

Heinrich Bleichrodt

*** 21.10.1909**
in Berga/Sangerhausen/ Thüringen
† 09.01.1977
in München

24.10.1940
Ritterkreuz (41-18)

23.09.1942
125. Eichenlaub (17-15)

26.01.1933
Eintritt in die Reichsmarine
Crew 31 (eingegliedert)

26.01.1933 – 31.03.1933
Infanterieausbildung – II. Abt. S.St.Div. der Ostsee, Stralsund

01.04.1933 – 22.04.1933
Artillerielehrgang für Fähnriche – S.A.S.-Kiel-Wik

01.04.1933
Fähnrich zur See

23.04.1933 – 02.04.1934
Hauptlehrgang für Fähnriche – Marineschule Flensburg-Mürwik bzw.

10.07.1933 – 14.07.1933
Belehrungsfahrt – Leichter Kreuzer KARLSRUHE bzw.

10.08.1933 – 20.08.1933
Segelbelehrungsfahrt – Dienstsegelboot SEEADLER bzw.

16.10.1933 – 21.10.1933
Navigationsbelehrungsfahrt – Artillerieschulschiff DRACHE bzw.

29.03.1934 – 25.04.1934
wegen Krankheit – Marinelazarett Mürwik

03.04.1934 – 25.04.1934
Sperrlehrgang für Fähnriche – Sperrschule Kiel-Wik (keine Teilnahme)

26.04.1934 – 30.06.1934
Artillerielehrgang für Fähnriche – S.A.S.-Kiel-Wik

01.07.1934 – 22.08.1934
Torpedolehrgang für Fähnriche – Torpedoschule Flensburg-Mürwik

23.08.1934 – 07.09.1934
Fla-Waffenlehrgang für Fähnriche – Küstenartillerieschule Wilhelmshaven

08.09.1934 – 24.09.1934
Nachrichtenlehrgang für Fähnriche – Nachrichtenschule Flensburg-Mürwik

25.09.1934 – 01.10.1934
U.A.-Lehrgang für Fähnriche – U-Bootsabwehrschule Kiel

02.10.1934 – 16.12.1934
Bordausbildung (BÜ-Fähnrich) – Linienschiff SCHLESWIG-HOLSTEIN

17.12.1934 – 21.12.1934
Luftschutzlehrgang – Marineschule Warnemünde

22.12.1934 – 10.04.1935
Bordausbildung – Linienschiff SCHLESWIG-HOLSTEIN

01.01.1935
Oberfähnrich zur See

01.04.1935
Leutnant zur See (-43a-)

11.04.1935 – 25.05.1935
E-Meß-Lehrgang für Offizier – S.A.S.-Kiel-Wik

26.05.1935 – 23.07.1935
Linienschiff SCHLESWIG-HOLSTEIN

24.07.1935 – 17.08.1935
Sperrlehrgang – Sperrschule Kiel-Wik

18.08.1935 – 26.09.1935
Zugoffizier – Linienschiff SCHLESWIG-HOLSTEIN

27.09.1935 – 30.09.1936
Kompanieoffizier (Fla-Kompanie) – V. M.A.A., zugleich

18.02.1936 – 21.02.1936
Ergänzungslehrgung für E-Meßoffiziere – Küstenartillerieschule Wilhelmshaven

01.10.1936 – 30.03.1937
Adjutant – V. M.A.A., zugleich

02.11.1936 – 14.11.1936
Sportlehrgang – Sperrschule

01.01.1937
Oberleutnant zur See (-39-)

31.03.1937 – 31.07.1938
Wachoffizier – SSS GORCH FOCK

01.01.1938
Dienstauszeichnung IV. Klasse

01.04.1938 – 27.07.1939
Adjutant und Divisionsoffizier – SSS GORCH FOCK, zugleich

30.01.1939 – 04.02.1939
E-Meßausbildung – S.A.S. Saßnitz, zugleich

06.02.1939 – 30.05.1939
A.O.B.- Lehrgang – S.A.S.- Kiel-Wik

28.07.1939 – 01.10.1939
Divisions- E-Meß- und Rollenoffizier – Schwerer Kreuzer ADMIRAL HIPPER

29.09.1939
Kapitänleutnant mit Wirkung vom 01.10.1939 und Rangdienstalter vom 01.10.1939 (-59-), später (-67-)

02.10.1939 – 03.03.1940
z.Vfg. – B.d.U. bzw.

02.10.1939 – 17.10.1939
U.W.O.-Lehrgang – Sperrschule Kiel-Wik bzw.

18.10.1939 – 25.11.1939
U-Lehrgang – Nachrichtenschule Flensburg-Mürwik bzw.

26.11.1939 – 25.01.1940
U.W.O.-Lehrgang – U-Schule

26.01.1940 – 03.03.1940
U.T.O.-Lehrgang – Torpedoschule Flensburg-Mürwik

04.03.1940 – 17.06.1940
kommandiert – auf U 8/1. U-Flottille, davon

11.04.1940 – 29.04.1940
Wachoffizier – U 8/1. U-Flottille

18.06.1940 – 19.08.1940
z.Vfg. – 2. U-Flottille, zugleich

18.06.1940 – 22.07.1940
WO- und Kdt-Schüler – U 34/
2. U-Flottille, zugleich Feindfahrt U 34/
Kdt: Wilhelm Rollmann
22.06.1940 – 18.07.1940

25.07.1940
Eisernes Kreuz II. Klasse

20.08.1940 – 16.12.1940
Kommandant – U 48/7. U-Flottille (lt. K.T.B. U 48 fand der Kommandantenwechsel KK Hans Rudolf Rösing – Kl Heinrich Bleichrodt am 03.09.1940 statt)

21.09.1940
Nennung im Wehrmachtsbericht

24.09.1940
U-Boots-Kriegsabzeichen 1939

25.09.1940
Eisernes Kreuz I. Klasse

18.10.1940
Nennung im Wehrmachtsbericht

21.10.1940
Nennung im Wehrmachtsbericht

24.10.1940
Ritterkreuz des Eisernen Kreuzes

17.12.1940 – 21.01.1941
Baubelehrung – U-Boote Nord/Deschimag AG Weser Bremen

22.01.1941 – 04.06.1941
Kommandant – U 67/2. U-Flottille

05.06.1941 – 31.01.1943
Kommandant – U 109/2. U-Flottille (der Kommandantenwechsel fand lt. K.T.B. U 109 bereits am 31.05.1941 statt)

01.11.1941
Italienisches Kriegskreuz mit Schwertern

23.09.1942
125. Eichenlaub zum Ritterkreuz des Eisernen Kreuzes

01.02.1943 – 28.02.1943
z.Vfg. – zur 27. U-Flottille

01.03.1943 – 30.06.1943
Leiter der Fahrausbildung – Agru-Front, 27. U-Flottille

01.07.1943 – 16.02.1944
Taktiklehrer für Offiziere – I.Abt./2.U.L.D./Gotenhafen, dann

14.10.1943
Korvettenkapitän mit Wirkung vom 01.11.1943 und Rangdienstalter vom 01.11.1943 (-6-)

17.02.1944 – 30.06.1944
Kommandeur – I.Abt./2.U.L.D./Gotenhafen

01.07.1944 – 08.05.1945
Flottillenchef – 22. U-Flottille/Gotenhafen und Wilhelmshaven

02.10.1944
Korvettenkapitän – Verbesserung des Rangdienstalters auf 01.07.1943 (-10a-)

01.01.1945
Kriegsverdienstkreuz II. Klasse mit Schwertern

09.05.1945 – 25.09.1945
Kriegsgefangenschaft

25.09.1945
Entlassung aus der Kriegsgefangenschaft

8. Unternehmung U 48:
(Nordatlanik, westlich der Hebriden)

Kdt:	Kl Heinrich Bleichrodt (2. Feindfahrt)
I. WO:	OlzS Reinhard Suhren
II.WO:	LzS Otto Ites
LI:	Ol (Ing.) Erich Zürn
08.09.1940	Lorient aus
25.09.1940	Lorient ein
Erfolge:	7 Schiffe (34418 BRT + einschließl. br PS DUNDEE 1060 ts +) 2 Schiffe (6916 BRT =)

Stellungnahme des B.d.U.:
Sehr erfolgreiche, gut durchgeführte Unternehmung, bei der das richtige Verhalten des Kommandanten an den Geleitzügen besonders hervorgehoben zu werden verdient.

9. Unternehmung U 48:
(Nordatlantik, Nordkanal, Rockall-Bank)

Kdt:	Kl Heinrich Bleichrodt (3. Feindfahrt)
I. WO:	OlzS Reinhard Suhren
II.WO:	OlzS Otto Ites
LI:	Ol (Ing.) Erich Zürn
05.10.1940	Lorient aus
26.10.1940	Helgoland ein
26.10.1940	Helgoland aus
26.10.1940	Rendsburg ein
27.10.1940	Rendsburg aus
27.10.1940	Kiel ein
Erfolge:	7 Schiffe (43106 BRT +) 1 Schiff (4678 BRT =)

Stellungnahme des B.d.U.:
Sehr erfolgreiche Unternehmung. Ausgezeichnete Leistungen im Nachtangriff.
Beim Fühlunghalten hätte der Kommandant jedoch zäher sein müssen. Er hat in dieser Richtung nicht alles getan, was er hätte tun können.

2. Unternehmung U 109:
(Mittelatlantik, Kanaren, westlich Gibraltar)

Kdt:	Kl Heinrich Bleichrodt (4. Feindfahrt)
28.06.1941	Lorient aus
22.07.1941	Cadiz ein (Ergänzung aus dem deutschen Versorger THALIA)
23.07.1941	Cadiz aus
17.08.1941	Lorient ein
Erfolge:	keine

Stellungnahme des B.d.U.:
Zum ersten Teil der Unternehmung (bis zur Operation auf den Gibraltar-Geleitzug) nichts zu bemerken.
Die Operationen des Bootes auf den Geleitzug selbst sind wenig geschickt und wenig glücklich gewesen.
Zweifellos war es für den Kommandanten eine Erschwerung, daß er mit diesem Boot noch wenig vertraut war, außerdem sind technische Störungen aufgetreten, die sich ebenfalls erschwerend ausgewirkt haben. Der

Kommandant kann aber mehr, als er diesmal gezeigt hat. Also, das nächste Mal besser.

3. Unternehmung U 109:

(Nordatlantik, Labrador, Neufundland)

Kdt:	Kl Heinrich Bleichrodt (5. Feindfahrt)
21.09.1941	Lorient aus
22.09.1941	Lorient ein
05.10.1941	Lorient aus
18.11.1941	Lorient ein
Erfolge:	keine

Stellungnahme des B.d.U.:
Der Marsch zum neuen Angriffsraum am 29./30.10. hätte näher unter Land erfolgen können.
Sonst nichts zu bemerken.

4. Unternehmung U 109:

(Westatlantik, Nova Scotia, USA-Ostküste)

Kdt:	Kl Heinrich Bleichrodt (6. Feindfahrt)
27.12.1941	Lorient aus
23.02.1942	Lorient ein
Erfolge:	4 Schiffe (27651 BRT +)

Stellungnahme des B.d.U.:
1.) *Der an sich gute Erfolg wurde durch personelle Versager bei den ersten Angriffen noch beeinträchtigt.*
2.) *Das häufige Absetzen von Land, wo vom Boot selbst stärkerer Verkehr beobachtet wurde, ist nicht ganz verständlich.*
3.) *Die späteren, erfolgreichen Angriffe wurden gut durchgeführt.*

5. Unternehmung U 109:

(Westatlantik, USA-Ostküste, vor Florida)

Kdt:	Kl Heinrich Bleichrodt (7. Feindfahrt)
25.03.1942	Lorient aus
03.06.1942	Lorient ein
Erfolge:	3 Schiffe (12099 BRT +) 1 Schiff (6548 BRT =)

Stellungnahme des B.d.U.:
Gut durchgeführte Unternehmung.

6. Unternehmung U 109:

(Mittel- und Südatlantik, Freetown, Golf von Guinea)

Kdt:	Kl Heinrich Bleichrodt (8. Feindfahrt)
18.07.1942	Lorient aus
06.10.1942	Lorient ein
Erfolge:	5 Schiffe (35601 BRT +)

Stellungnahme des B.d.U.:
Gut und überlegt durchgeführte Unternehmung. Die zähe Jagd auf schnelle Einzelfahrer brachte dem Kommandanten als Erfolg u. a. zwei wertvolle, große Schiffe.
Bei der großen Zahl der Boote ist es nicht möglich, alle mit Brennstoff zu versorgen. Die Verteilung erfolgt von der Führung nach Lage und Operationsgebiet. Eine Nichtberücksichtigung des eigenen Bootes darf deshalb nicht persönlich genommen werden und Unfrieden erregen, wie es aus diesem K.T.B. hervorgeht.

Funkspruch an U 109 vom 23.09.1942/1622 Uhr:
An Bleichrodt:
In dankbarer Würdigung Ihres heldenhaften Einsatzes im Kampf für die Zukunft unseres Volkes verleihe ich Ihnen als 125. Soldaten der deutschen Wehrmacht das Eichenlaub zum Ritterkreuz des Eisernen Kreuzes.
Adolf Hitler

Herzlichen Glückwunsch.
B.d.U.

Funkspruch an U 109 vom 24.09.1942/0441 Uhr:
Bleichrodt. Zur Verleihung des Eichenlaubes zum Ritterkreuz des Eisernen Kreuzes übermittle ich Ihnen meine herzlichsten Glückwünsche in dankbarer Anerkennung der von Ihnen und Ihrer tapferen Besatzung erzielten Leistungen und großen Erfolge.
Ihr Oberbefehlshaber

Funkspruch an U 109 vom 24.09.1942/1847 Uhr:
An Bleichrodt:
Zur Verleihung Eichenlaub herzlichen Glückwunsch. O.d.N.

Funkspruch an U 109 vom 25.09.1942/0714 Uhr:
Von Flottillenchef: Herzlichen Glückwunsch.

7. Unternehmung U 109:

(Westatlantik, Karibik, Trinidad)

Kdt:	Kl Heinrich Bleichrodt (9. Feindfahrt)
28.11.1942	Lorient aus
23.01.1943	Lorient ein
Erfolge:	keine

Stellungnahme des B.d.U.:
Der Unternehmung war wegen des Gesundheitszustandes des Kommandanten kein Erfolg beschieden. Das Kommando wurde nach Rückkehr abgegeben.
Zum 26.12.: Die Schlußbetrachtung ist zu stark in den Gegner hineingedacht. Die vermuteten Wabos sind zweifellos Endstrecken- bzw. Absackerdetonationen der eigenen Torpedos gewesen.

Erfolge Heinrich Bleichrodt als Kommandant U 48:
14 Schiffe (77 524 BRT + einschließlich br PS DUNDEE 1 060 ts +)
3 Schiffe (11 594 BRT =)

Erfolge Heinrich Bleichrodt als Kommandant U 109:
12 Schiffe (75 351 BRT +)
1 Schiff (6 548 BRT =)

Gesamt:
26 Schiffe (152 875 BRT + einschließlich br PS DUNDEE 1 060 ts +)
4 Schiffe (18 142 BRT =)

WOLFGANG LÜTH

*** 15.10.1913**
IN RIGA/LETTLAND
† 13.05.1945
IN FLENSBURG-MÜRWIK

24.10.1940
Ritterkreuz (42-19)

13.11.1942
142. Eichenlaub (18-16)

15.04.1943
29. Schwerter (4-4)

09.08.1943
7. Brillanten (1-1)

01.04.1933
Eintritt in die Reichsmarine
Crew 33

01.04.1933 – 29.06.1933
Infanterieausbildung – II. Abt. S.St.Div. der Ostsee, Stralsund

30.06.1933 – 23.09.1933
Bordausbildung – SSS GORCH FOCK

23.09.1933
Seekadett

24.09.1933 – 27.06.1934
Bordausbildung – Leichter Kreuzer KARLSRUHE

28.06.1934 – 18.04.1935
Hauptlehrgang für Fähnriche – Marineschule Flensburg-Mürwik bzw.

24.10.1934 – 30.10.1934
Navigationsbelehrungsfahrt – Tender NORDSEE bzw.

07.02.1935 – 13.02.1935
Navigationsbelehrungsfahrt – Tender NORDSEE

01.07.1934
Fähnrich zur See

19.04.1935 – 12.05.1935
Sperrlehrgang für Fähnriche – Sperrschule Kiel-Wik

13.05.1935 – 14.06.1935
Infanterielehrgang für Fähnriche – II. Abt. S.St.Abt. der Ostsee

15.06.1935 – 30.06.1935
Fla-Waffenlehrgang für Fähnriche – Küstenartillerieschule Wilhelmshaven

01.07.1935 – 06.07.1935
U.A.-Lehrgang für Fähnriche – U-Bootsabwehrschule Kiel-Wik

07.07.1935 – 29.07.1935
Nachrichtenlehrgang für Fähnriche – Nachrichtenschule Flensburg-Mürwik

30.07.1935 – 18.09.1935
Torpedolehrgang für Fähnriche – Torpedoschule Flensburg-Mürwik

19.09.1935 – 07.12.1935
Artillerielehrgang für Fähnriche – S.A.S.-Kiel-Wik

08.12.1935 – 19.01.1936
Bordausbildung – Leichter Kreuzer KÖNIGSBERG

20.01.1936 – 24.01.1936
Luftschutzlehrgang – Warnemünde

25.01.1936 – 24.02.1936
Bordausbildung – Leichter Kreuzer KÖNIGSBERG

25.02.1936 – 21.03.1936
Fla-Waffenlehrgang – 4. Komp./Küstenartillerieschule Wilhelmshaven

22.03.1936 – 31.01.1937
Leichter Kreuzer KÖNIGSBERG

01.04.1936
Oberfähnrich zur See

01.10.1936
Leutnant zur See (-32-)

01.02.1937 – 29.08.1937
U-Schüler – U-Schule/Neustadt

31.03.1937
Dienstauszeichnung IV. Klasse

30.08.1937 – 04.10.1937
z.Vfg. – U-Flottille Saltzwedel

05.10.1937 – 14.12.1937
Torpedolehrgang – Torpedoschule Flensburg-Mürwik

15.12.1937 – 27.03.1938
7. S.St.Abt., zugleich

15.12.1937 – 28.02.1938
1. S.St.Reg., zugleich

08.03.1938 – 27.03.1938
zur Dienstleistung – Marinestation Ostsee

28.03.1938 – 12.06.1938
U-Schüler – U-Schule/Neustadt, zugleich

08.06.1938 – 11.06.1938
Torpedolehrgang – Torpedoschule Flensburg-Mürwik

01.06.1938
Oberleutnant zur See (-31-)

13.06.1938 – 02.07.1938
z.Vfg. – F.d.U., zugleich

13.06.1938 – 02.07.1938
U.T.O.-Zusatzlehrgang

03.07.1938 – 23.10.1938
II.WO – U 27/U-Flottille Saltzwedel

24.10.1938 – 15.10.1939
I.WO – U 38/U-Flottille Hundius, zugleich

13.04.1939 – 18.05.1939
I.WO – U-Boot-Begleitschiff ERWIN WASSNER (Spanieneinsatz)

Feindfahrt U 38/Kdt: Kl Heinrich Liebe
19.08.1939 – 18.09.1939

06.06.1939
Spanienkreuz in Bronze ohne Schwerter

16.09.1939
Medaille zur Erinnerung an den 01.10. 1938

16.10.1939 – 14.11.1939
U-Schule

15.11.1939 – 10.06.1940
1. U-Ausbildungsflottille, Kdt-Schüler auf U 9, zugleich

16.12.1939 – 27.12.1939
Kommandant i.V. – U 13, zugleich

28.12.1939 – 10.06.1940
Kommandant – U 9 (Angabe lt. K.T.B. U 9)

25.01.1940
Eisernes Kreuz II. Klasse

18.02.1940
U-Boots-Kriegsabzeichen 1939

15.05.1940
Eisernes Kreuz I. Klasse

11.06.1940 – 26.06.1940
Baubelehrung – U-Boote Ostsee für U 138

27.06.1940 – 20.10.1940
Kommandant – U 138/1. U-Flottille

23.09.1940
Nennung im Wehrmachtsbericht

24.10.1940
Ritterkreuz des Eisernen Kreuzes

21.10.1940 – 11.04.1942
Kommandant – U 43/2. U-Flottille (lt. K.T.B. U 43 war Wolfgang Lüth nur bis 19.03.1942 Kommandant des Bootes)

01.01.1941
Kapitänleutnant (-4-)

01.11.1941
Italienisches Kriegskreuz mit Schwertern

14.01.1942
Nennung im Wehrmachtsbericht

12.04.1942 – 08.05.1942
Baubelehrung – K.L.A.- U-Nord für U 181

09.05.1942 – 30.09.1942
Kommandant – U 181/4. U-Flottille/Stettin

01.10.1942 – 31.10.1942
Kommandant – U 181/10. U-Flottille/Lorient

01.11.1942 – 31.10.1943
Kommandant – U 181/12. U-Flottille/Bordeaux

13.11.1942
142. Eichenlaub zum Ritterkreuz des Eisernen Kreuzes

01.04.1943
Korvettenkapitän mit Wirkung vom 01.04.1943 und Rangdienstalter vom 01.04.1943 (-32-)

15.04.1943
Eichenlaub mit Schwertern (29.) zum Ritterkreuz des Eisernen Kreuzes

09.08.1943
Eichenlaub mit Schwertern und Brillanten (7.) zum Ritterkreuz des Eisernen Kreuzes

24.10.1943
Gauehrenabzeichen des Reichsgaues Wartheland (15)

01.11.1943 – 14.01.1944
z. Vfg. – 12. U-Flottille/Bordeaux

15.01.1944 – 16.07.1944
Flottillenchef – 22. U-Flottille/Gotenhafen

17.07.1944 – 17.09.1944
Kommandeur – I. Abt./Marineschule Flensburg-Mürwik

01.08.1944
Fregattenkapitän (-5-)

01.09.1944
Kapitän zur See mit Wirkung vom 01.09.1944 und Rangdienstalter vom 01.12.1944 (-7-)

18.09.1944 – 13.05.1945
Kommandeur – Marineschule Flensburg-Mürwik

12.10.1944
U-Boots-Frontspange in Bronze

13.05.1945
Um 23:00 Uhr auf dem Gelände der Marineschule Flensburg-Mürwik von einem Wachposten irrtümlich erschossen.

14.05.1945
Feststellung des Todes (Arzt kam erst nach Mitternacht an den Unfallort)

16.05.1945
Staatsbegräbnis auf dem Friedhof zu Adelby

2. Unternehmung U 9:
(Nordsee/britische Ostküste)

Kdt:	OlzS Wolfgang Lüth (2. Feindfahrt)
I. WO:	OlzS Heinrich Schonder
LI: (z. Einw.)	OI (Ing.) Karl-Heinz Wiebe
16.01.1940	Kiel aus
22.01.1940	Wilhelmshaven ein
Erfolge:	2 Schiffe (2367 BRT +)

Auszug aus dem K.T.B. F.d.U. West vom 22.01.1940:
U 9 Wilhelmshaven eingelaufen nach bisher kürzester Unternehmung. Es wurden schon beim Ansteuern des englischen Warngebie-

tes, westlich Weg X Dampfer gesichtet, 2 versenkt.

3. Unternehmung U 9:
(Nordsee, Minenunternehmung vor Tarbet Ness – nordschottische Küste)

Kdt:	OlzS Wolfgang Lüth (3. Feindfahrt)
I. WO:	OlzS Heinrich Schonder
LI:	Ol (Ing.) Karl-Heinz Wiebe

05.02.1940	Wilhelmshaven aus
05.02.1940	Helgoland ein
06.02.1940	Helgoland aus
14.02.1940	Helgoland ein
17.02.1940	Helgoland aus
17.02.1940	Wilhelmshaven ein
Erfolge:	1 Schiff (1213 BRT +) 1 Schiff (5995 BRT + Minensperre vom 10.02.1940)

4. Unternehmung U 9:
(Nordsee/Südnorwegen)

Kdt:	OlzS Wolfgang Lüth (4. Feindfahrt)
I. WO:	OlzS Heinrich Schonder
LI:	Ol (Ing.) Karl-Heinz Wiebe

14.03.1940	Wilhelmshaven aus
20.03.1940	Wilhelmshaven ein
Erfolge:	keine

5. Unternehmung U 9:
(Nordsee, vor Bergen, nordostwärts der Shetlands)

Kdt:	OlzS Wolfgang Lüth (5. Feindfahrt)
I. WO:	OlzS Heinrich Schonder
LI:	Ol (Ing.) Karl-Heinz Wiebe

04.04.1940	Wilhelmshaven aus
14.04.1940	Bergen ein
15.04.1940	Bergen aus
24.04.1940	Kiel ein
Erfolge:	keine

Stellungnahme des B.d.U.:
Die Versenkung eines Zerstörers ist mit hoher Wahrscheinlichkeit anzunehmen.

6. Unternehmung U 9:
(Nordsee, niederländische Küste)

Kdt:	OlzS Wolfgang Lüth (6. Feindfahrt)
LI:	Ol (Ing.) Karl-Heinz Wiebe

05.05.1940	Kiel aus
06.05.1940	Helgoland ein
06.05.1940	Helgoland aus
15.05.1940	Helgoland ein
15.05.1940	Helgoland aus
15.05.1940	Wilhelmshaven aus
Erfolge:	2 Schiffe (3838 BRT +) 1 U-Boot (552 ts + fr SS DORIS +)

Stellungnahme des B.d.U.:
Schwierige Verhältnisse – gute Erfolge.

7. Unternehmung U 9:
(Nordsee, Kanal)

Kdt:	OlzS Wolfgang Lüth (7. Feindfahrt)
LI:	Ol (Ing.) Karl-Heinz Wiebe

16.05.1940	Wilhelmshaven aus
30.05.1940	Kiel ein
Erfolge:	1 Schiff (3256 BRT +)

Stellungnahme des B.d.U.:
1.) *Unter schwierigen Verhältnissen mit Geschick und kaltem Blut durchgeführte Unternehmung. Das Entziehen aus der Wabo-Einkesselung ist ein klassisches Beispiel dafür, wie man eine schwere Lage durch Kaltblütigkeit und Initiative meistern kann.*
2.) *Zum 21.05.: Bestätigung eines Kurzsignals erfordert längere Zeit, da sie mit geschlüsseltem Funkspruch erfolgt.*
3.) *Gleichzeitiges Operieren von S-Booten und U-Booten muß in Kauf genommen werden, auch wenn ein genaues Festlegen des Passierens von S-Booten nicht möglich ist.*

1. Unternehmung U 138:
(Nordatlantik, westlich der Hebriden, Nordkanal)

Kdt:	OlzS Wolfgang Lüth (8. Feindfahrt)

10.09.1940	Kiel aus
26.09.1940	Lorient ein
Erfolge:	4 Schiffe (34644 BRT +)

Stellungnahme des B.d.U.:
Sehr gute Unternehmung eines kleinen Bootes. Ausgezeichnetes Verhalten beim Angriff auf Geleitzug.
Leistung des Kommandanten um so höher, als er sie mit einem Boot vollbracht hat, das seine erste Feindfahrt machte.

2. Unternehmung U 138:
(Nordatlantik, Rockall-Bank, Nordkanal)

Kdt:	OlzS Wolfgang Lüth (9. Feindfahrt)
08.10.1940	Lorient aus
19.10.1940	Lorient ein
Erfolge:	1 Schiff (5327 BRT +)
	2 Schiffe (11555 BRT =)

Stellungnahme des B.d.U.:
Gute, erfolgreiche Unternehmung. Zur Durchführung nichts zu bemerken.

6. Unternehmung U 43:
(Nordatlantik, westlich des Nordkanals)

Kdt:	OlzS Wolfgang Lüth (10. Feindfahrt)
10.11.1940	Lorient aus
11.11.1940	Lorient ein
17.11.1940	Lorient aus
17.12.1940	Lorient ein
Erfolge:	3 Schiffe (21262 BRT +)
	1 Schiff (10350 BRT =)

Stellungnahme des B.d.U.:
Kommandant hatte das Boot kurz vor der Unternehmung übernommen. Die zahlreichen Feuerleitversager sind trotzdem bedauerlich. Im übrigen bei schlechtem Wetter gut durchgeführte Unternehmung.

7. Unternehmung U 43:
(Nordatlantik, ostwärts der Azoren)

Kdt:	Kl Wolfgang Lüth (11. Feindfahrt)
Kdt-Schüler:	Kl Erich Würdemann
11.05.1941	Lorient aus
01.07.1941	Lorient ein
Erfolge:	3 Schiffe (8017 BRT +)

Stellungnahme des B.d.U.:
Nichts zu bemerken.

8. Unternehmung U 43:
(Nordatlantik, südwestlich von Island)
Kdt: Kl Wolfgang Lüth (12. Feindfahrt)

02.08.1941	Lorient aus
23.09.1941	Lorient ein
Erfolge:	keine

Stellungnahme des B.d.U.:
Auf Grund des fehlenden Verkehrs blieb dem Boot der Erfolg versagt. Beim Operieren und im Angriff auf den Geleitzug in der Zeit vom 09.–12. September war dem Kommandanten die Auswahl der günstigsten Gelegenheiten wegen des geringen Brennstoffbestandes nicht möglich.
Die am 12.09. beim Angriff eingestellte Tiefe der Torpedos von 2 Metern war bei den großen beladenen Zielen zu gering. Wenn die Oberflächenläufer auch als Torpedoversager zu werten sind, so wären bei größer eingestellten Tiefen doch vielleicht Treffer erzielt worden.
Die während der Unternehmung vom Kommandanten gefaßten Entschlüsse und Überlegungen waren gut und richtig.

9. Unternehmung U 43:
(Nordatlantik, vor Kap Race)

Kdt:	Kl Wolfgang Lüth (13. Feindfahrt)
10.11.1941	Lorient aus
16.12.1941	Lorient ein
Erfolge:	3 Schiffe (17979 BRT +)

Stellungnahme des B.d.U.:
Sehr gut durchgeführte Unternehmung mit schönem Erfolg.

10. Unternehmung U 43:
(Nordatlantik)

Kdt:	Kl Wolfgang Lüth (14. Feindfahrt)
30.12.1941	Lorient aus
21.01.1942	Helgoland ein
21.01.1942	Helgoland aus
22.01.1942	Kiel ein
Erfolge:	3 Schiffe (17594 BRT +)

Stellungnahme des B.d.U.:
Der Kommandant hat auf der Überfahrt zur Heimat mit einem nicht voll einsatzfähigem Boot einen sehr schönen Erfolg erzielt.
Die Angriffe im Geleitzug bei sehr schwerem Wetter sind eine ausgezeichnete Leistung und werden besonders hervorgehoben. Hier zeigte sich das Können und die Zähigkeit des oft bewährten Kommandanten. Der Angriff auf den Geleitzug entsprach nicht den Befehlen, wird aber auf Grund der vorgefundenen Lage gebilligt.

1. Unternehmung U 181:
(Südatlantik, Indischer Ozean, Südafrika, Kapstadt)

Kdt:	Kl Wolfgang Lüth (15. Feindfahrt)

III.WO: ObStrm Johann Limbach
LI: OI (Ing.) d.R.
Carl-August Landfermann

12.09.1942 Kiel aus
13.09.1942 Kristiansand ein
14.09.1942 Kristiansand aus
18.01.1943 Bordeaux ein
Erfolge: 12 Schiffe (58380 BRT +)

Stellungnahme des B.d.U.:
Eine Unternehmung des bewährten Kommandanten mit neuem Boot, die überlegt und zäh in vorbildlicher Weise durchgeführt, einen hervorragenden Erfolg brachte.
Die Erfahrungen und Überlegungen des Kommandanten, hinsichtlich Tiefensteuereigenschaften, werden an anderer Stelle weiter verfolgt und ausgewertet.
Sonst nichts zu bemerken.

Funkspruch an U 181 vom 14.11.42:
An Lüth. In dankbarer Würdigung Ihres heldenhaften Einsatzes im Kampf für die Zukunft unseres Volkes verleihe ich Ihnen als 142. Soldaten der deutschen Wehrmacht das Eichenlaub zum Ritterkreuz des Eisernen Kreuzes.
Adolf Hitler

Funkspruch an U 181 vom 14.11.42:
Zur Verleihung des Eichenlaubes übermittle ich Ihnen meine herzlichsten Glückwünsche in dankbarer Anerkennung der von Ihnen und Ihrer tapferen Besatzung erzielten hervorragenden Leistungen und großen Erfolge.
Oberbefehlshaber der Kriegsmarine

Funkspruch an U 181 vom 14.11.42:
Herzlichen Glückwunsch.
Befehlshaber der Unterseeboote

2. Unternehmung U 181:

(Südatlantik, Südafrika, Indischer Ozean)
Kdt: KK Wolfgang Lüth
(16. Feindfahrt)
III.WO: ObStrm Johann Limbach
LI: OI (Ing.) d.R.
Carl-August Landfermann

23.03.1943 Bordeaux aus
14.10.1943 Bordeaux ein
Erfolge: 10 Schiffe (45331 BRT +)

Stellungnahme des B.d.U.:
Der Kommandant hat mit vorbildlichem Können die Erfolgsmöglichkeiten gründlich und überlegt ausgeschöpft. Beispielhafte Beherrschung des Bootes und seiner Waffen führten zum Erfolg. Die Anstrengungen der langen Reise wurden von der Besatzung sehr gut durchgestanden.

Anerkannte Erfolge: 10 Schiffe (45528 BRT) versenkt.
(Siehe auch Stellungnahme des B.d.U. bei Eitel-Friedrich Kentrat/U 196)

Funkspruch an U 181 vom 16.04.43:
An Kptl. Lüth. Im Ansehen Ihres immer bewährten Heldentums verleihe ich Ihnen als 29. Soldaten der deutschen Wehrmacht das Eichenlaub mit Schwertern zum Ritterkreuz des Eisernen Kreuzes.
gez. Adolf Hitler

Funkspruch an U 181 vom 16.04.43:
An Korvettenkapitän Lüth. Lieber Lüth herzlichen Glückwunsch. Ich freue mich mit Ihnen über die wohlverdiente Auszeichnung und Ihre Beförderung. Ihr Oberbefehlshaber der Kriegsmarine und B.d.U.
Großadmiral Dönitz

Funkspruch an U 181 vom 10.08.43:
In Würdigung Ihres immerwährenden heldenmutigen Einsatzes für die Freiheit unseres Volkes verleihe ich Ihnen als 7. Soldaten der deutschen Wehrmacht die höchste deutsche Tapferkeitsauszeichnung, das Eichenlaub mit Schwertern und Brillanten zum Ritterkreuz des Eisernen Kreuzes.
gez. Adolf Hitler

Funkspruch an U 181 vom 10.08.43:
An Lüth. Mein lieber Lüth. Herzlichen Glückwunsch alter Krieger. Ihr getreuer Dönitz.
Großadmiral Dönitz

Tagesbefehl Großadmirals Dönitz zur Ehrung des Brillantenträgers Korvettenkapitän Lüth

Berlin, 26. Oktober 1943

Der Oberbefehlshaber der Kriegsmarine Großadmiral Dönitz erließ anläßlich der hohen Ehrung des Korvettenkapitäns Lüth durch den Führer folgenden Tagesbefehl an die U-Boot-Waffe:
Soldaten der U-Boot-Waffe! Der Führer hat dem Korvettenkapitän Wolfgang Lüth nach Rückkehr von seiner 15. Feindfahrt am heutigen Tage das ihm verliehene Eichenlaub mit Schwertern und Brillanten zum Ritterkreuz des Eisernen Kreuzes überreicht. Damit hat einer der ältesten Kämpfer aus Euren Reihen als erster Offizier der Kriegsmarine die höchste deutsche Tapferkeitsauszeichnung erhal-

ten. Vom ersten Kriegstage an ununterbrochen im U-Boot-Einsatz, bewährte er sich aufs höchste in allen Phasen des U-Boot-Krieges, im harten Kampf unter der englischen Küste, im erbitterten Ringen der Geleitzugschlachten und in der Jagd in den Weiten des Atlantiks und Indischen Ozeans. Seine verbissene Zähigkeit, sein blitzschnelles Zupacken und sein entschlossenes Draufgängertum verkörpern vorbildlich Haltung und Leistung des deutschen U-Boot-Mannes.

Dönitz, Großadmiral
Oberbefehlshaber der Kriegsmarine

Erfolge Wolfgang Lüth als Kommandant U 9:
8 Schiffe (17221 BRT + einschließlich fr SS DORIS 552 ts +)

Erfolge Wolfgang Lüth als Kommandant U 138:
5 Schiffe (39971 BRT +)
2 Schiffe (11555 BRT =)

Erfolge Wolfgang Lüth als Kommandant U 43:
12 Schiffe (64852 BRT +)
1 Schiff (10350 BRT =)

Erfolge Wolfgang Lüth als Kommandant U 181:
22 Schiffe (103711 BRT +)

Gesamt:
47 Schiffe (225755 BRT + einschließlich fr SS DORIS 552 ts +)
3 Schiffe (21905 BRT =)

Reinhard Suhren

* 16.04.1916
in Langenschwalbach/Taunus
† 25.08.1984
in Halstenbek bei Hamburg

03.11.1940
Ritterkreuz (45-20)

31.12.1941
56. Eichenlaub (11-9)

01.09.1942
18. Schwerter (3-3)

05.04.1935
Eintritt in die Reichsmarine
Crew 35

05.04.1935 – 17.06.1935
Infanterieausbildung – 2. Komp./II. Abt. S.St.Abt. der Ostsee, Stralsund

18.06.1935 – 26.09.1935
Bordausbildung – SSS GORCH FOCK

25.09.1935
Seekadett

27.09.1935 – 19.06.1936
Bordausbildung – Leichter Kreuzer EMDEN

20.06.1936 – 31.03.1937
Hauptlehrgang für Fähnriche – Marineschule Flensburg-Mürwik bzw.

10.08.1936 – 15.08.1936
Navigationsbelehrungsfahrt – Tender NORDSEE bzw.

16.11.1936 – 21.11.1936
Navigationsbelehrungsfahrt – Dampfer HECHT

01.07.1936
Fähnrich zur See

01.04.1937 – 19.05.1937
Torpedolehrgang für Fähnriche – Torpedoschule Flensburg-Mürwik

20.05.1937 – 07.06.1937
Fla-Waffenlehrgang für Fähnriche – Küstenartillerieschule Wilhelmshaven

08.06.1937 – 12.06.1937
Sperrlehrgang für Fähnriche – Sperrschule Kiel-Wik

13.06.1937 – 03.07.1937
Nachrichtenlehrgang für Fähnriche – Nachrichtenschule Flensburg-Mürwik

04.07.1937 – 28.07.1937
Infanterielehrgang für Fähnriche – II. S.St.Abt. der Ostsee, Stralsund

29.07.1937 – 02.10.1937
Artillerielehrgang für Fähnriche – S.A.S.-Kiel-Wik

03.10.1937 – 29.03.1938
Bordausbildung – Zerstörer Z-3 MAX SCHULTZ

01.01.1938
Oberfähnrich zur See

30.03.1938 – 28.08.1938
U-Schüler – U-Schule, zugleich

30.03.1938 – 11.06.1938
T-Lehrgang – Torpedoschule Flensburg-Mürwik, zugleich

01.04.1938
Leutnant zur See (-204-)

13.06.1938 – 02.07.1938
U.T.O.-Zusatzlehrgang – Torpedoschule Flensburg-Mürwik, zugleich

03.07.1938 – 28.08.1938
U-Lehrgang – U-Schule

29.08.1938 – 19.09.1938
z.Vfg. – F.d.U.

20.09.1938 – 23.09.1938
U-Sperrlehrgang – Sperrschule Kiel-Wik

24.09.1938 – 09.10.1938
z.Vfg. – F.d.U.

10.10.1938 – 05.11.1938
U-Artillerielehrgang – S.A.S.- Kiel-Wik

06.11.1938 – 21.04.1939
II.WO – U 51, U 46 und U 47/U-Flottille Wegener

22.04.1939 – 09.11.1940
I.WO – U 48/U-Flottille Wegener, ab 01.01.1940, 7. U-Flottille
Feindfahrten U 48/
Kdt: Herbert Schultze
19.08.1939 – 17.09.1939
04.10.1939 – 25.10.1939
20.11.1939 – 20.12.1939
24.01.1940 – 26.02.1940
03.04.1940 – 20.04.1940
Feindfahrten U 48/
Kdt: Hans-Rudolf Rösing
26.05.1940 – 29.06.1940
07.08.1940 – 28.08.1940
Feindfahrten U 48/
Kdt: Heinrich Bleichrodt
08.09.1940 – 25.09.1940
05.10.1940 – 27.10.1940

25.09.1939
Eisernes Kreuz II. Klasse

01.10.1939
Oberleutnant zur See (-196-)

20.12.1939
Medaille zur Erinnerung an den 01.10.1938

21.12.1938
U-Boots-Kriegsabzeichen 1939

25.02.1940
Eisernes Kreuz I. Klasse

03.11.1940
Ritterkreuz des Eisernen Kreuzes

10.11.1940 – 02.03.1941
Lehrer bzw. Leiter der Schießausbildung – 24. U-Flottille/Memel bzw. laut Personalakte als Kommandantenschüler geführt

03.03.1941 – 02.04.1941
Baubelehrung – Blohm & Voss für U 564

03.04.1941 – 30.09.1942
Kommandant – U 564/1. U-Flottille/Brest

31.12.1941
56. Eichenlaub zum Ritterkreuz des Eisernen Kreuzes

01.01.1942
Kapitänleutnant

01.09.1942
Korvettenkapitän

01.09.1942
Eichenlaub mit Schwertern (18.) zum Ritterkreuz des Eisernen Kreuzes

01.10.1942 – 25.10.1942
z.Vfg. – 1. U-Flottille/Brest

26.10.1942 – 12.03.1943
Lehrer und Kompaniechef – 2. U.L.D./Gotenhafen

13.03.1943 – 26.05.1944
Gruppenführer und Chef des Stabes – 27. U-Flottille/Gotenhafen

27.05.1944 – Kriegsende
F.d.U. Norwegen bis 09.1944, ab 09.1944 F.d.U. Nordmeer

30.01.1944
Kriegsverdienstkreuz II. Klasse mit Schwertern

01.06.1944
Fregattenkapitän mit Wirkung vom 01.06.1944 und Rangdienstalter vom 01.12.1944 (-16-)

17.02.1945
Nennung im Wehrmachtsbericht

16.05.1945 – 16.05.1946
Kriegsgefangenschaft (Drontheim, Oslo und Neustadt/Holstein)

16.05.1946
Entlassung aus der Kriegsgefangenschaft

1. Unternehmung U 564:
(Nordatlantik)

Kdt:	OlzS Reinhard Suhren (10. Feindfahrt)
17.06.1941	Kiel aus
18.06.1941	Kristiansand ein
18.06.1941	Kristiansand aus
27.07.1941	Brest ein
Erfolge:	3 Schiffe (18678 BRT +) 1 Schiff (9467 BRT =)

Stellungnahme des B.d.U.:
Eine von hervorragendem Angriffsgeist getragene Unternehmung, deren entschlossene und wagemutige Durchführung alle Anerkennung verdient. Dem Urteil des Kommandanten über seinen Artillerieangriff auf den Bewacher und seinen Erfahrungen beim Angriff auf den Geleitzug wird voll zugestimmt. Der Erfolg der Unternehmung ist gut.

2. Unternehmung U 564:
(Nordatlantik, westlich des Nordkanals)

Kdt:	OlzS Reinhard Suhren (11. Feindfahrt)
16.08.1941	Brest aus
27.08.1941	Brest ein
Erfolge:	3 Schiffe (2587 BRT + einschließlich br PE ZINNIA 900 ts +) 1 Schiff (2129 BRT =)

Stellungnahme des B.d.U.:
Sehr gute Unternehmung, die zeigt, daß mit reichlichem Torpedogebrauch auch auf große Schußentfernungen etwas zu erreichen ist, wenn die Sicherung ein näheres Herankommen unmöglich macht.

3. Unternehmung U 564:
(Nordatlantik, Nordkanal, vor Gibraltar, Kap Trafalgar, Brennstoffergänzung in Cadiz)

Kdt:	OlzS Reinhard Suhren (12. Feindfahrt)
16.09.1941	Brest aus
01.11.1941	Lorient ein
Erfolge:	3 Schiffe (7198 BRT +)

Stellungnahme des B.d.U.:
1.) *Ausgezeichnet durchgeführte Unternehmung. Können, Angriffsgeist und Wagemut brachten dem zähen Kommandanten einen schönen Erfolg. Durch sein vorbildliches Fühlunghalten wurden weitere Boote an den Gibraltar-Geleitzug herangeführt.*
2.) *Das weitere Senden von Peilzeichen durch den Fühlunghalter, auch wenn die Fühlung abgerissen ist, wurde vom B.d.M. jetzt allgemein befohlen.*

4. Unternehmung U 564:
(Westatlantik, USA-Ostküste)

Kdt:	Kl Reinhard Suhren (13. Feindfahrt)
11.01.1942	Lorient aus
12.01.1942	La Pallice ein
18.01.1942	La Pallice aus

06.03.1942	Brest ein
Erfolge:	1 Schiff (11 410 BRT +)
	1 Schiff (6 195 BRT =)

Stellungnahme des B.d.U.:

1.) *Die Unternehmung mußte wegen der beim Rammen mit U 107 unklar gewordener Mündungsklappen frühzeitig abgebrochen werden.*
2.) *Das Rammen erfolgte durch falsches Verhalten des Kommandanten bei Annäherung beider Boote. Er hat sich damit selbst die anschließenden, großen Erfolgsaussichten verdorben.*
3.) *Das Sprengen von Schiffen verspricht den größten Erfolg, wenn die Sprengladung an einer Leine außenbords, unterhalb der Wasserlinie des zu sprengenden Schiffes angebracht wird.*
4.) *Die Notwendigkeit der Schaffung eines brauchbaren U-Boot-Sextanten ist bekannt. Alle diesbezüglichen Versuche haben bisher jedoch zu keinem Erfolge geführt.*

5. Unternehmung U 564:

(Westatlantik, USA-Ostküste)

Kdt:	Kl Reinhard Suhren
	(14. Feindfahrt)
04.04.1942	Brest aus
06.06.1942	Brest ein
Erfolge:	4 Schiffe (24 390 BRT +)
	2 Schiffe (13 245 BRT =)

Stellungnahme des B.d.U.:
Sehr gut durchgeführte Unternehmung. Schade, daß der zähen Operation am Geleitzug wegen Torpedoversager kein Erfolg beschieden war.

6. Unternehmung U 564:

(Mittelatlantik, Westatlantik, Karibik, vor Trinidad)

Kdt:	Kl Reinhard Suhren
	(15. Feindfahrt)
09.07.1942	Brest aus
10.07.1942	Lorient ein
11.07.1942	Lorient aus
18.09.1942	Brest ein
Erfolge:	5 Schiffe (32 181 BRT +)

Stellungnahme des B.d.U.:
Vorzügliche Unternehmung des oft bewährten Kommandanten. Die Geleitzugangriffe sind im Ansatz und in der Ausführung vorbildlich.

Auszug aus »Die Kriegsmarine«, Heft 19, erstes Oktoberheft 1942
Aus dem Führerhauptquartier, 2. September.
Der Führer verlieh dem Kapitänleutnant Reinhard Suhren, Kommandant eines U-Bootes, das Eichenlaub mit Schwertern zum Ritterkreuz des Eisernen Kreuzes und sandte an ihn nachstehendes Telegramm:
»Im Ansehen Ihres immer bewährten Heldentums verleihe ich Ihnen als achtzehntem Soldaten der deutschen Wehrmacht das Eichenlaub mit Schwertern zum Ritterkreuz des Eisernen Kreuzes.«

Berlin, den 3. September.
Der Oberbefehlshaber der Kriegsmarine, Großadmiral Raeder, richtete anläßlich der Verleihung des Eichenlaubes mit Schwertern zum Ritterkreuz des Eisernen Kreuzes an Kapitänleutnant Reinhard Suhren, Kommandant eines U-Bootes, an diesen folgendes Glückwunschschreiben:
»Zur Verleihung des Eichenlaubes mit Schwertern übermittle ich Ihnen in dankbarer Anerkennung der hervorragenden Erfolge, die Sie und Ihre Besatzung vollbracht haben, meine herzlichsten Glückwünsche.
Mit kameradschaftlichem Gruß
Ihr Oberbefehlshaber

Durch Erlaß des Führers vom 08. September 1942 ist Kapitänleutnant Reinhard Suhren wegen besonderer Auszeichnung vor dem Feinde zum Korvettenkapitän befördert worden.

Erfolge Reinhard Suhren als Kommandant U 564:
19 Schiffe (96 444 BRT + einschließlich br PE ZINNIA + 900 ts)
5 Schiffe (31 036 BRT =)

Heinrich Petersen

* 03.11.1902
in Hamburg
† 06.06.1963
in Kiel

05.11.1940
Ritterkreuz (46-21)

01.09.1919
Eintritt in die Reichswehr/Reichsmarine

01.09.1919 – 09.12.1919
Reichswehr-Jäger-Bataillon

10.12.1919 – 19.06.1920
5. Marine-Regiment

20.06.1920 – 13.05.1922
Küstenwehrabteilung 5

14.05.1922 – 06.06.1922
Küstenwehrabteilung III

07.06.1922 – 14.08.1922
Sperrversuchskommando

15.08.1922 – 03.10.1923
Küstenwehrabteilung

01.10.1922
Obermatrose

04.10.1923 – 07.09.1925
Bordausbildung – Kreuzer BERLIN

01.10.1923
Matrosengefreiter

08.09.1925 – 30.09.1925
I. Abt. S.St.Div. der Ostsee

01.10.1925 – 26.03.1926
Marineschule Flensburg-Mürwik

01.01.1926
Matrosenobergefreiter

27.03.1926 – 07.04.1926
I. Abt. S.St.Div. der Ostsee

01.04.1926
Steuermannsmaat

08.04.1926 – 08.11.1927
Kreuzer BERLIN

09.11.1927 – 14.04.1928
S.St.Div. der Ostsee

01.04.1928
Obersteuermannsmaat

15.04.1928 – 26.08.1928
Tender NORDSEE

27.08.1928 – 22.09.1928
2. U.Z.-Halbflottille

23.09.1928 – 28.09.1928
Tender NORDSEE

29.09.1928 – 05.01.1929
Minensuchboot M-75/1. Minensuch-Halbflottille

06.01.1929 – 18.07.1929
S.St.Div. der Ostsee

19.07.1929 – 23.09.1929
U.Z.-Halbflottille

24.09.1929 – 27.09.1929
S.St.Div. der Ostsee

28.09.1929 – 14.02.1930
Tender NORDSEE

15.02.1930 – 18.10.1930
T-152 und T-155 – Sperrversuchsverband

19.10.1930 – 07.11.1930
S.St.Div. der Ostsee

08.11.1930 – 04.01.1931
T-155 – Sperrversuchsverband

05.01.1931 – 02.09.1931
im Stab, Sperrversuchskommando

03.09.1931
Steuermann (überzählig)

03.09.1931
aus der Reichsmarine ausgeschieden

01.01.1935 – 15.02.1935
O.F.-Lehrgang (Personalreserve) – I. Abt. S.St.Div. der Ostsee

15.02.1935
Obersteuermann (überzählig)

16.02.1935 – 31.03.1936
Schüler – U-Bootabwehrschule

01.01.1936
Obersteuermann

01.04.1936 – 02.10.1937
Wachoffizier – T-156

03.10.1937 – 31.03.1940
Obersteuermann – U 23/U-Flottille Weddigen, ab 01.01.1940, 1. U-Flottille
Feindfahrten U 23/Kdt: Otto Kretschmer:
25.08.1939 – 04.09.1939
09.09.1939 – 21.09.1939
29.09.1939 – 16.10.1939
01.11.1939 – 09.11.1939
05.12.1939 – 15.12.1939
08.01.1940 – 15.01.1940
18.01.1940 – 29.01.1940
09.02.1940 – 28.02.1940

01.10.1939
Stabsobersteuermann

19.11.1939
Eisernes Kreuz II. Klasse

25.02.1940
Eisernes Kreuz I. Klasse

01.04.1940 – 17.04.1940
Baubelehrung – U-Boote Ost, Kiel

18.04.1940 – 17.03.1941
Obersteuermann – U 99/7. U-Flottille
Feindfahrten U 99/Kdt: Otto Kretschmer:
18.06.1940 – 25.06.1940
27.06.1940 – 21.07.1940
25.07.1940 – 05.08.1940
04.09.1940 – 25.09.1940
13.10.1940 – 22.10.1940
30.10.1940 – 08.11.1940
27.11.1940 – 12.12.1940
22.02.1941 – 17.03.1941

05.11.1940
Ritterkreuz des Eisernen Kreuzes

Auszug aus »Die Kriegsmarine«, Heft 24, Dezember 1940:
Stabsobersteuermann Petersen ist seit Kriegsbeginn Steuermann auf einem Unterseeboot, unter Führung von Kapitänleutnant Kretschmer, dessen rechte Hand er auf 12 Feindfahrten war. Als wachhabender Offizier hat er sich durch große Verantwortungsfreudigkeit, Zuverlässigkeit und ausgezeichnetes fachliches Können besonders hervorgetan. Durch seine Leistungen erwarb sich Petersen einen Platz unter den ersten unserer Unterseebootssteuerleute.

01.12.1940
ROA-Anwärter

17.03.1941
Beim Untergang von U 99 geriet Heinrich Petersen in britische Kriegsgefangenschaft (siehe Kretschmer) (Camp 8, England, später Offizierscamp Bowmanville/Kanada)

01.07.1941
Leutnant zur See (-6-)

01.01.1942
Oberleutnant zur See

24.06.1947
entlassen aus der Kriegsgefangenschaft

Viktor Schütze

* 16.02.1906
in Kiel
† 23.09.1950
in Frankfurt/Main

11.12.1940
Ritterkreuz (49-22)

14.07.1941
23. Eichenlaub (7-7)

01.04.1925
Eintritt in die Reichsmarine
Crew 25

01.04.1925 – 31.07.1925
Infanterieausbildung – 8. Komp./II. Abt. S.St.Div. der Ostsee, Stralsund

01.08.1925 – 18.01.1926
Bordausbildung – SSS NIOBE

16.11.1925
Seekadett

19.01.1926 – 26.03.1927
Bordausbildung – Kreuzer HAMBURG, zugleich

14.02.1926 – 19.03.1927
Ausbildungsreise (Weltreise – 31 436 sm)

27.03.1927 – 01.04.1928
Hauptlehrgang für Fähnriche – Marineschule Flensburg-Mürwik bzw.

30.06.1927 – 06.07.1927
Navigationsbelehrungsfahrt – Tender NORDSEE bzw.

24.10.1927 – 29.10.1927
Navigationsbelehrungsfahrt – Vermessungsschiff METEOR

01.04.1927
Fähnrich zur See

02.04.1928 – 03.06.1928
Torpedolehrgang für Fähnriche – Torpedo- und Nachrichtenschule Flensburg-Mürwik

04.06.1928 – 08.07.1928
Nachrichtenlehrgang für Fähnriche – Torpedo- und Nachrichtenschule Flensburg-Mürwik

01.06.1928
Oberfähnrich zur See

09.07.1928 – 04.08.1928
Sperrlehrgang für Fähnriche – Sperrversuchskommando Kiel-Wik

05.08.1928 – 28.10.1928
Infanterielehrgang für Fähnriche – 4. Komp./ II. Abt.S.St.Div. der Ostsee, Stralsund

29.10.1928 – 03.02.1929
Artillerielehrgang für Fähnriche – S.A.S. Kiel-Wik

04.02.1929 – 27.09.1929
Bordausbildung – Linienschiff HESSEN

28.09.1929 – 22.09.1930
III.WO – T-155/1. Torpedobootshalbflottille

01.10.1929
Leutnant zur See (-42-)

23.09.1930 – 25.09.1932
Kompanieoffizier – 3. (Flak) Komp./I. M.A.A. Kiel, zugleich

21.11.1930 – 20.12.1930
kommandiert zur s.M.G.-Ausbildung – II. Infanterieregiment 6, zugleich

22.09.1931 – 22.12.1931
T.O.-Lehrgang – Torpedo- und Nachrichtenschule Flensburg-Mürwik

01.07.1931
Oberleutnant zur See (-43-)

26.09.1932 – 27.09.1934
II.WO – Torpedoboot G-10/1. Torpedobootshalbflottille

28.09.1934 – 11.11.1934
Adjutant – Linienschiff HESSEN

12.11.1934 – 30.09.1935
Adjutant – Panzerschiff ADMIRAL SCHEER, zugleich

17.12.1934 – 21.12.1934
Ausbildung für Signaloffiziere – Nachrichtenschule Flensburg-Mürwik

01.10.1935 – 20.12.1935
U-Schüler – U-Schule Neustadt

01.10.1935
Kapitänleutnant (-16-)

21.12.1935 – 01.10.1937
Kommandant – U 19/U-Flottille Weddigen

02.10.1937 – 22.06.1938
Ausbildungsabteilung – 3. Zerstörer-Division, zugleich Kompanieführer Besatzungsstamm – 5. Zerstörer-Division, bis 17.05.1938

23.06.1938 – 12.08.1938
I.O. – Zerstörer ERICH STEINBRINK/3. Zerstörer-Division

13.08.1938 – 04.09.1939
Kommandant – U 11/U-Bootsschule, zugleich

01.12.1938 – 07.12.1938
Sperrlehrgang für Stabsoffiziere – Sperrschule Kiel-Wik

21.08.1939
Spanisches Marineverdienstkreuz in Weiß

05.09.1939 – 19.05.1940
Kommandant – U 25/U-Flottille Saltzwedel, ab 01.01.1940, 2. U-Flottille

13.11.1939
Eisernes Kreuz II. Klasse

01.02.1940
Korvettenkapitän mit Wirkung vom 01.02.1940 und Rangdienstalter vom 01.08.1939 (-5-)

21.02.1940
Eisernes Kreuz I. Klasse

20.05.1940 – 04.07.1940
Baubelehrung – U-Boote Nordsee, Deschimag AG Weser

05.07.1940 – 12.08.1941
Kommandant – U 103/2. U-Flottille (lt. K.T.B. U 103 fand der Kommandantenwechsel KK Viktor Schütze – Kl Werner Winter am 15.07.1941 statt)

04.12.1940
Nennung im Wehrmachtsbericht

10.12.1940
Nennung im Wehrmachtsbericht

11.12.1940
Ritterkreuz des Eisernen Kreuzes

27.05.1941
Nennung im Wehrmachtsbericht

13.07.1941
Nennung im Wehrmachtsbericht

14.07.1941
23. Eichenlaub zum Ritterkreuz des Eisernen Kreuzes

13.08.1941 – 06.02.1943
Flottillenchef – 2. U-Flottille/Lorient

01.11.1941
Italienisches Kriegskreuz mit Schwertern

07.02.1943 – Kriegsende
Führer der U-Bootsausbildung (F.d.U.-Ausb.) in Gotenhafen – 18., 19., 20., 23., 24., 25., 26. und 27. U-Flottille

01.03.1943
Fregattenkapitän (-2-)

30.01.1944
Kriegsverdienstkreuz II. Klasse mit Schwertern

01.03.1944
Kapitän zur See mit Wirkung vom 01.03.1944 (-7-)

01.09.1944
Kriegsverdienstkreuz I. Klasse mit Schwertern

05.1945
Marine-Bereichskommandant Flensburg-Kappeln

03.1946
Entlassung

1. Unternehmung U 25:

(Nordatlantik, Biscaya)

Kdt:	Kl Viktor Schütze (1. Feindfahrt)
18.10.1939	Wilhelmshaven aus
13.11.1939	Wilhelmshaven ein
Erfolge:	1 Schiff (5874 BRT +)

Auszug aus dem K.T.B. des B.d.U. vom 13.11. 1939:

U 25 eingelaufen. Das Boot ist bei seiner Unternehmung nicht vom Glück begünstigt gewesen. Torpedoversager, der Ausfall der Geschütze zu einem entscheidenden Zeitpunkt, die Schwierigkeit der Handhabung dieses, in manchen Dingen noch etwas veralteten Bootes haben dem Kommandanten seine Aufgabe aber auch nicht erleichtert. Es hat je einen Treffer auf 2 Dampfern erzielt, deren Sinken aber wegen der einsetzenden Abwehr nicht beobachten können. Da es sich um mittelgroße Dampfer gehandelt hat, kann angenommen werden, daß die verursachten Beschädigungen ein Einbringen in einen Hafen nicht gestattet haben. Ihre Versenkung kann daher angenommen werden.

2. Unternehmung U 25:

(Nordatlantik)

Kdt:	KK Viktor Schütze (2. Feindfahrt)
I. WO:	OlzS Eitel-Friedrich Kentrat
13.01.1940	Wilhelmshaven aus
30.01.1940	Cadiz ein
31.01.1940	Cadiz aus
17.02.1940	Helgoland ein
18.02.1940	Helgoland aus
18.02.1940	Helgoland ein
19.02.1940	Helgoland aus
19.02.1940	Wilhelmshaven ein
Erfolge:	6 Schiffe (27355 BRT +)

Auszug aus dem K.T.B. des B.d.U. vom 19.02. 1940:

U 25 eingelaufen. Es hat versenkt:

1. Ein bewaffnetes Handelsschiff	*ca. 5000 ts*
2. Norweger ENID – Fluchtversuch –	*1140 ts*
3. Geleiteter Dampfer (PAJALA ?)	*6873 ts*
4. Norw. SONJA – Banngut –	*2977 ts*
5. D. ARMANISTAN – Engl.	*6800 ts*
6. D. in Zone A	*ca. 5000 ts*
	27795 ts

Ferner hat es als erstes Boot die Versorgung gemäß »Moro« durchgeführt. Bericht des Kommandanten hierüber: Feindliche Bewachung dicht außerhalb der Hoheitsgewässer. Sorgfältige und zweckmäßige Vorbereitungen am Versorgungsort. Keine Schwierigkeiten, die Versorgung unbemerkt durchzuführen, Vorrausetzung jedoch mondlose Zeit.

Stellungnahme des B.d.U. zur Versenkung SNESTAD, ENID, CHASTINE MAERSK:

1.) Über die Versenkung der SNESTAD liegen bisher keine Nachrichten vor. Ohne genaue Angaben von Ort und Zeit wird es im allgemeinen nicht möglich sein, Nachforschungen anzustellen.

2.) Über die Versenkung der ENID ist eine Meldung des Kommandanten beigefügt. Der B.d.U. bemerkt hierzu:

a) Das Anhalten erfolgte eben innerhalb des Gebietes (auf 60° 56′ N), in dem U-Boote Handelskrieg nach Prisenordnung nicht führen sollen (61° N). Ich billige jedoch, daß der Kommandant bei Auslegung dieser Grenze nicht allzu genau war, da er das Schiff sonst hätte laufen lassen müssen.

b) Der Dampfer hat versucht, sich der Anhaltung und Untersuchung durch die Flucht zu entziehen und diesen Versuch erst nach mehreren Schüssen aufgegeben. Der Kommandant war daher nach den erlassenen Befehlen zur Vernichtung des Schiffes berechtigt.

c) Von einer Beschießung der Rettungsboote, wie angeblich in der ausländischen Presse behauptet, kann keine Rede sein.

d) B.d.U. schlägt vor, Einsprüche mit folgenden Gründen zurückzuweisen:

aa) Durch den Fluchtversuch hat der Dampfer seine Vernichtung selbst veranlaßt.

bb) Der Vorwurf der Beschießung der Boote muß schon deshalb als böswillige Erfindung angesehen werden, weil die Vernichtung dieser Rettungsboote, die, wenn sie beabsichtigt gewesen, für das U-Boot ein leichtes gewesen wäre, ja tatsächlich nicht erfolgt ist.

3.) Über die Versenkung der CHASTINE MAERSK ist ein Kriegstagebuch des Kommandanten beigefügt: Der B.d.U. bemerkt hierzu:

a) Der erste Angriff mit Torpedos und die Versenkung liegen innerhalb der Zone

»A«. Der Kommandant war demnach berechtigt, das Schiff »möglichst ungesehen« zu vernichten.

b) Das Anhalten und Versenken erfolgte innerhalb des Gebietes, in dem den U-Booten der Handelskrieg nach Prisenordnung untersagt ist.

c) Bei seinen Maßnahmen leitete den Kommandanten das hartnäckige Streben, ein einmal angegriffenes Schiff nicht mehr loszulassen. Er handelte damit im Sinn der vom B.d.U. wiederholt erlassenen allgemeinen Weisungen.

d) Bei der Durchführung seiner Absicht hat der Kommandant

aa) die Bestimmung, daß die Versenkung »möglichst« ungesehen zu erfolgen hatte, zwar dem Wortlaut, nicht aber dem Sinne nach ausgelegt – eine Denkweise, die aus der gegebenen Lage heraus verständlich ist, und

bb) die Prisenordnung in einem falschen Sinne ausgelegt.

e) Der B.d.U. wird dafür sorgen, daß der Sinn der Bestimmung klarer beachtet wird.

f) Dem neutralen Staat gegenüber kann die Versenkung nicht gerechtfertigt werden. Soll sie nicht als Mißgriff des Kommandanten erklärt und Schadensersatz zugebilligt werden, so käme folgendes Verfahren in Frage:

aa) Es wird zunächst erklärt, daß Meldung über die Versenkung noch nicht vorliegt.

bb) Zu gegebener Zeit – etwa Mitte März – wird erklärt, daß weitere Nachrichten nicht vorliegen, daß jedoch mit dem Verlust eines Bootes gerechnet werden müßte, das zur fraglichen Zeit in der nördlichen Nordsee gestanden haben könnte, daß hieraus jedoch eine Schadensersatzpflicht nicht herzuleiten wäre, zumal auch mit einer von englischer Seite unter falscher Flagge ausgeführten Völkerrechtsverletzung zu rechnen wäre.

3. Unternehmung U 25:

(Nordmeer, Narvik, Westfjord)

Kdt:	KK Viktor Schütze (3. Feindfahrt)
03.04.1940	Wilhelmshaven aus
06.05.1940	Helgoland ein
06.05.1940	Helgoland aus
06.05.1940	Wilhelmshaven ein
Erfolge:	keine

Auszug aus dem K.T.B. des B.d.U. vom 06.05. 1940:

U 25, U 24, U 57, U 59, U 61 in Wilhelmshaven eingelaufen, davon U 25 unerwartet. Das Boot hat in den letzten Tagen Sendestörung gehabt, sich daher nicht melden können. Im Westfjord hat das Boot gleiche Feststellungen wie die anderen Boote dort gemacht. Der Kommandant hat es aber mit besonderem Geschick verstanden, sich auch die positiven Seiten der Aufstellung in den Fjorden zunutze zu machen. Die Vernichtung eines Zerstörers vor Narvik ist vielleicht ihm zuzuschreiben.

Stellungnahme des B.d.U.:

1.) Der Kommandant hat es mit Geschick verstanden, sich die Vorteile der Aufstellung in den engen Fjorden zunutze zu machen und sich durch die außerordentlichen Schwierigkeiten nicht ins Bockshorn jagen lassen.
Es ist weiter anzuerkennen, daß die Unternehmung trotz erheblicher und die Verwendung stark beeinträchtigender Störungen gut weitergeführt wurde.

2.) Der Angriff auf einen Dampfer im Ofotfjord entsprach nicht dem Befehl.

3.) Die Schüsse auf 2 Zerstörer am 10.04. waren wahrscheinlich Versager (Frühdetonierer) und Auftreffen auf Felsen. Dagegen besteht die Möglichkeit, daß am 13.04. einer der vernichteten englischen Zerstörer durch den Schuß von U 25 um 1419 Uhr getroffen wurde und nicht durch eigene Zerstörer vernichtet wurde.

4.) Selbständige Maßnahmen bezgl. T-Umstellung, ebenso das Nicht-Weitermarschieren auf befohlene neue Position am 10.04. kann ich nicht billigen.

5.) Das Versagen der Tiefensteuerung am 14.04. beim Angriff auf WARSPITE ist bedauerlich.

6.) Eine Unterrichtung der Boote über die wesentlichen Ereignisse und neue Befehle über die Aufgaben sind laufend erfolgt. Einzelheiten waren für die Boote nicht notwendig, bei starker F.T.-Belastung auch nicht möglich.
Die Führung der U-Boote mußte beim Befehlshaber der Unterseeboote bleiben, da U-Boot-Fachleute bei den einzelnen Einlaufgruppen nicht vorhanden waren

und unsachgemäße Befehle durch die Gruppen hätten erteilt werden können.

1. Unternehmung U 103:
(Nordatlantik, Nordkanal, Rockall-Bank, Sonderaufgabe: Erstmaliges Auslegen von Wetterbojen am 28./29.09.1940)

Kdt:	KK Viktor Schütze (4. Feindfahrt)
I. WO:	OlzS Harald Gelhaus
LI:	Ol (Ing.) Gerhard Bielig
21.09.1940	Kiel aus
19.10.1940	Lorient ein
Erfolge:	5 Schiffe (20279 BRT +) 1 Schiff (3697 BRT =)

Stellungnahme des B.d.U.:

1.) *Gut und erfolgreich durchgeführte Unternehmung. Die Leistung des Kommandanten wird dadurch erhöht, daß er sie mit einem neuen, zum ersten Mal zur Fernfahrt ausgelaufenen Boot erzielt hat, deren Besatzung nur zum geringen Teil über Kriegserfahrung verfügte.*
2.) *Der Angriff auf den Geleitzug am 09. Oktober war gut. Im Hinblick auf das Heranführen anderer Boote wäre es aber wahrscheinlich wichtiger gewesen, etwas später, daß heißt bei Nacht und über Wasser anzugreifen.*
3.) *Der Ansicht des Kommandanten (24.09.) betreffs Mitnahme von weniger Brennstoff und Torpedos wird nicht zugestimmt.*

2. Unternehmung U 103:
(Nordatlantik, westlich des Nordkanals)

Kdt:	KK Viktor Schütze (5. Feindfahrt)
I. WO:	OlzS Harald Gelhaus
LI:	Ol (Ing.) Gerhard Bielig
09.11.1940	Lorient aus
12.12.1940	Lorient ein
Erfolge:	7 Schiffe (38465 BRT +)

Stellungnahme des B.d.U.:

1.) *Eine in Anbetracht der sehr schlechten Wetterlage sehr erfolgreiche Unternehmung.*
2.) *Der Kommandant hat beim Operieren auf gemeldete Geleitzüge kaum Erfolg gehabt, z. T. – so z. B. auf den Geleitzug von U 101 am 01.12. – weil er nicht energisch genug auf sie zu manövriert hat.*
3.) *Das vorzeitige Verlassen des Operationsgebietes war falsch und mißbillige ich scharf. Dadurch wird ein planmäßiger geleiteter Ansatz der Boote, der den größten Erfolg verspricht, für die Führung unmöglich gemacht.*

3. Unternehmung U 103:
(Nordatlantik, westlich des Nordkanals und Irlands)

Kdt:	KK Viktor Schütze (6. Feindfahrt)
I. WO:	OlzS Harald Gelhaus
LI:	Ol (Ing.) Gerhard Bielig
21.01.1941	Lorient aus
24.02.1941	Lorient ein
Erfolge:	3 Schiffe (22948 BRT +) 1 Schiff (10516 BRT =)

Stellungnahme des B.d.U.:
Gut und erfolgreich durchgeführte Unternehmung.
Vielleicht wäre am 28.01. ein Operieren auf den Geleitzug trotz der ungünstigen Wetterlage möglich gewesen.

4. Unternehmung U 103:
(Mittelatlantik, Kanaren, Freetown)

Kdt:	KK Viktor Schütze (7. Feindfahrt)
I. WO:	OlzS Friedrich Markworth
LI:	Ol (Ing.) Gerhard Bielig
01.04.1941	Lorient aus
02.04.1941	Lorient ein
03.04.1941	Lorient aus
12.07.1941	Lorient ein
Erfolge:	13 Schiffe (65172 BRT +)

Stellungnahme des B.d.U.:
Gut durchgeführte, erfolgreiche Unternehmung, zu der sonst nichts zu bemerken ist. Über die Versenkung des italienischen Dampfers ERNANI kann nach Lage der Dinge dem Kommandanten kein Vorwurf gemacht werden. Hierüber ist ein Sonderbericht erfolgt.

Erfolge Viktor Schütze als Kommandant U 25:
7 Schiffe (33229 BRT +)

Erfolge Viktor Schütze als Kommandant U 103:
28 Schiffe (146864 BRT +)
2 Schiffe (14213 BRT =)

Gesamt:
35 Schiffe (180093 BRT +)
2 Schiffe (14213 BRT =)

Hans-Gerrit von Stockhausen

* 11.08.1907
in Kassel
† 15.01.1943
in Berlin
(tödlich verunglückt)

14.01.1941
Ritterkreuz (53-23)

01.04.1926
Eintritt in die Reichsmarine
Crew 26

01.04.1926 – 11.07.1926
Infanterieausbildung – II. Abt. S.St.Div. der Ostsee, Stralsund

12.07.1926 – 17.10.1926
Bordausbildung – SSS NIOBE

12.10.1926
Seekadett

18.10.1926 – 24.03.1928
Bordausbildung – Leichter Kreuzer EMDEN

15.03.1928 – 22.03.1929
Hauptlehrgang für Fähnriche – Marineschule Flensburg-Mürwik bzw.

15.06.1928 – 01.07.1928
Navigationsbelehrungsfahrt – Tender NORDSEE bzw.

01.10.1928 – 06.10.1928
Navigationsbelehrungsfahrt – Vermessungsschiff METEOR

01.04.1928
Fähnrich zur See

23.03.1929 – 01.06.1929
Torpedolehrgang für Fähnriche – Torpedoschule Flensburg-Mürwik

02.06.1929 – 06.07.1929
Nachrichtenlehrgang für Fähnriche – Nachrichtenschule Flensburg-Mürwik

07.07.1929 – 04.08.1929
Sperrlehrgang für Fähnriche – Sperrversuchskommando Kiel-Wik

05.08.1929 – 27.10.1929
Infanterielehrgang für Fähnriche – II. Abt. S.St.Div. der Ostsee, Stralsund

28.10.1929 – 02.02.1930
Artillerielehrgang für Fähnriche – S.A.S.-Kiel-Wik

03.02.1930 – 22.09.1930
Bordausbildung – Linienschiff SCHLESIEN

01.06.1930
Oberfähnrich zur See

23.09.1930 – 25.09.1931
III. WO – Torpedoboot JAGUAR/3. Torpedoboothalbflottille

01.10.1930
Leutnant zur See (-13-)

26.09.1931 – 03.01.1932
Zugführer – I. Abt. S.St.Div. der Nordsee, Wilhelmshaven

01.01.1932
Oberleutnant zur See (-6-)

04.01.1932 – 17.05.1932
Vermessungslehrgang – Vermessungsschiff METEOR

18.05.1932 – 30.09.1932
Zugführer – I. Abt. S.St.Div. der Nordsee, Wilhelmshaven

01.10.1932 – 13.11.1932
Wachoffizier – Tender ELBE

14.11.1932 – 15.08.1933
Kompanieoffizier – I. S.St.Div. der Nordsee, Wilhelmshaven

16.08.1933 – 28.09.1933
Wachoffizier – Tender WESER

29.09.1933 – 23.09.1934
Wach- und Divisionsleutnant – Vermessungsschiff METEOR

24.09.1934 – 30.06.1935
Kommandant – Peilboot V, zugleich

28.09.1934 – 21.12.1934
T.O.-Lehrgang – Torpedoschule Flensburg-Mürwik

01.07.1935 – 20.10.1935
Schüler – U-Bootsabwehrschule

21.10.1935 – 29.11.1935
z.Vfg. – U-Flottille Weddigen

30.11.1935 – 30.09.1937
Kommandant – U 13/U-Flottille Weddigen

01.04.1936
Kapitänleutnant (-9-)

01.10.1936
Dienstauszeichnung IV. Klasse

01.10.1937 – 04.01.1938
F.T.O.-Lehrgang – Nachrichtenschule Flensburg-Mürwik

05.01.1938 – 31.01.1938
U.T.O.-Lehrgang – Torpedoschule Flensburg-Mürwik

01.02.1938 – 17.12.1939
Asto – F.d.U., zugleich

21.08.1938 – 01.09.1938
kommandiert zu Herbstübungen – auf Panzerschiff ADMIRAL SCHEER, zugleich

10.1938 – 08.1939
2. Asto – F.d.U., zugleich

23.11.1938 – 25.11.1938
Unterrichtung in Nachrichtenfragen

08.1939
2. Asto – Stab, F.d.U./S.k.l. und F.d.U. Ost, zugleich

09.1939 – 11.1939
4. Asto – Stab, F.d.U./B.d.U.

24.06.1938
Dienstauszeichnung III. Klasse

18.12.1939 – 14.02.1940
Baubelehrung – U-Boote Nordsee

20.12.1939
Medaille zur Erinnerung an den 01.10. 1938

15.02.1940 – 24.03.1941
Kommandant – U 65/2. U-Flottille
Eisernes Kreuz II. Klasse

09.07.1940
Nennung im Wehrmachtsbericht

12.07.1940
Eisernes Kreuz I. Klasse

01.11.1940
Korvettenkapitän (-5-)

29.12.1940
Nennung im Wehrmachtsbericht

11.01.1941
Nennung im Wehrmachtsbericht

14.01.1941
Ritterkreuz des Eisernen Kreuzes

25.03.1941 – 14.04.1941
z.Vfg. – B.d.U.-Org.

15.04.1941 – 15.01.1943
Flottillenchef – 26. U-Flottille/Pillau

15.01.1943
In Berlin bei einem Autounfall tödlich verunglückt.

1. Unternehmung U 65:
(Norwegenfeldzug, Westfjord, südwestlich der Lofoten)

Kdt:	Kl Hans-Gerrit von Stockhausen (1. Feindfahrt)
09.04.1940	Wilhelmshaven aus
13.05.1940	Helgoland ein
13.05.1940	Helgoland aus
14.05.1940	Wilhelmshaven ein
Erfolge:	keine

Stellungnahme des B.d.U.:

1.) Der Kommandant hat sich in besonders starkem Maße auf Horchergebnisse verlassen. Das kann ich nicht billigen. Horchen kann Sicht nicht ersetzen. Insbesondere war es falsch, auf Grund von Horchmeldungen eines taktisch ungeschulten Soldaten Feindmeldungen abzugeben (23. und 30.04.).

2.) Angriffe:

a) Am 15.04.: vermutlich Fehlschuß. Auf 2000 m hätte unbedingt 4er-Fächer

geschossen werden müssen, ein Erfolg an dieser Stelle war von ausschlaggebender Bedeutung.
b) Am 19.04.: Versager, ein Frühzünder, ein Kreisläufer. Bedauerlich.
c) Es bestand kein Grund, am 21.04. den Angriff aufzustecken; wenn schon vor dem Zerstörer auf 50 m gegangen werden mußte, hätte das Boot, zumal keine Wabos kamen, sobald wie möglich – auch ohne GHG – wieder hochgehen müssen.
3.) Während der Jagd und des Vorsetzens kann unmöglich zum Horchen oder zur T-Bearbeitung getaucht und dadurch Zeit verloren werden (20.04.).
4.) Die technischen Beanstandungen und die des Funkbetriebes werden an anderer Stelle verfolgt.
5.) Die Tiefenangaben sind zum Teil falsch. Mit »T = 15 m« ist eine Tiefe gemeint, die der früher mit »X = 15« bezeichneten entspricht.
6.) Die Erfahrungen der ersten Unternehmung werden dem Kommandanten für spätere Unternehmungen zugute kommen.

2. Unternehmung U 65:
(Nordatlantik, Nordkanal, Biscaya, Kap Finisterre)

Kdt:	Kl Hans-Gerrit von Stockhausen (2. Feindfahrt)
08.06.1940	Wilhelmshaven aus
07.07.1940	Wilhelmshaven ein
Erfolge:	2 Schiffe (4890 BRT +)
	2 Schiffe (13958 BRT =)

Stellungnahme des B.d.U.:
1.) Gut.
2.) Um welchen Dampfer es sich am 21.06. gehandelt hat, ist nicht klar. CHAMPLAIN ist auf eigene Mine vor La Pallice gelaufen.
3.) Die technischen Vorschläge werden an anderer Stelle verfolgt.

3. Unternehmung U 65:
(Nordatlantik, Nordkanal, westlich der Hebriden, Sonderaufgabe: Versuch der Anlandung von Agenten in der Dingle Bay/Irland abgebrochen)

Kdt:	Kl Hans-Gerrit von Stockhausen (3. Feindfahrt)
08.08.1940	Wilhelmshaven aus
19.08.1940	Lorient ein
21.08.1940	Lorient aus
22.08.1940	Brest ein
28.08.1940	Brest aus
25.09.1940	Lorient ein
Erfolge:	2 Schiffe (10192 BRT +)

Stellungnahme des B.d.U.:
1.) Das andauernde schlechte Wetter hat die Unternehmung erschwert, ihren Erfolg beeinträchtigt.
2.) Der Kommandant muß weniger Pech haben.
3.) Das Kriegstagebuch ist zu einseitig geführt. Es muß mehr auf die Überlegungen und Absichten des Kommandanten eingehen und ein plastisches Bild der Unternehmung zum Ausdruck bringen.

4. Unternehmung U 65:
(Mittelatlantik, Freetown)

Kdt:	Kl Hans-Gerrit von Stockhausen (4. Feindfahrt)
15.10.1940	Lorient aus
10.01.1941	Lorient ein
Erfolge:	8 Schiffe (47785 BRT +)
	2 Schiffe (13388 BRT =)

Stellungnahme des B.d.U.:
1.) Gut durchgeführte, erfolgreiche Unternehmung, auf der wertvolle Erfahrungen über so entfernte Operationen gesammelt worden sind.
2.) Es wäre richtig gewesen, wenn der Kommandant die Führung im ganzen besser auf dem laufenden gehalten hätte, sowohl über seine Operationen, als auch über die vorgefundenen Verhältnisse. So entstand zunächst der Eindruck, daß die Unternehmung sich nicht besonders lohne, besonders da während über 4 Wochen hintereinander keine Erfolge erzielt wurden.
3.) Die Durchführung der 3. Versorgung ohne vorherige Meldung an B.d.U. kann nicht gebilligt werden.
4.) Die Gefahr des Eingepeiltwerdens kann in so entfernten und weiten Räumen nicht groß eingeschätzt werden, besonders wenn Anwesenheit aus anderen Gründen bekannt.
5.) Gefangene zu machen und Rettungsboote mit Proviant zu versehen, ist nicht die Aufgabe eines U-Bootes.

Erfolge Hans-Gerrit von Stockhausen als Kommandant U 65:
12 Schiffe (62867 BRT +)
4 Schiffe (27346 BRT =)

Karl-Heinz Moehle

*** 31.07.1910**
in Norden
† 27.11.1996
in Ahrensburg bei Hamburg

26.02.1941
Ritterkreuz (60-24)

01.04.1930
Eintritt in die Reichsmarine
Crew 30

01.04.1930 – 30.06.1930
Infanterieausbildung – II. Abt. S.St.Div. der Ostsee, Stralsund

01.07.1930 – 09.10.1930
Bordausbildung – SSS NIOBE

09.10.1930
Seekadett

10.10.1930 – 04.01.1932
Bordausbildung – Leichter Kreuzer EMDEN

01.01.1932
Fähnrich zur See

05.01.1932 – 31.03.1932
Infanterielehrgang für Fähnriche – II. Abt. S.St.Div. der Ostsee, Stralsund

01.04.1932 – 27.03.1933
Hauptlehrgang für Fähnriche – Marineschule Flensburg-Mürwik bzw.

27.06.1932 – 02.07.1932
Navigationsbelehrungsfahrt – Vermessungsschiff METEOR bzw.

17.10.1932 – 21.10.1932
Navigationsbelehrungsfahrt – Vermessungsschiff METEOR

28.03.1933 – 22.04.1933
Sperrlehrgang für Fähnriche – Sperrabteilung

23.04.1933 – 28.06.1933
Artillerielehrgang für Fähnriche – S.A.S.-Kiel-Wik

29.06.1933 – 18.08.1933
Torpedolehrgang für Fähnriche – Torpedoschule Flensburg-Mürwik

19.08.1933 – 31.08.1933
Fla-Waffenlehrgang für Fähnriche – Küstenartillerieschule Wilhelmshaven

01.09.1933 – 24.09.1933
Nachrichtenlehrgang für Fähnriche – Nachrichtenschule Flensburg-Mürwik

25.09.1933 – 01.10.1933
U-Abwehrlehrgang für Fähnriche – Torpedo- und Nachrichtenschule Flensburg-Mürwik

02.10.1933 – 19.07.1934
Bordausbildung – Linienschiff SCHLESWIG-HOLSTEIN

01.04.1934
Oberfähnrich zur See

20.07.1934 – 30.08.1934
E-Meßlehrgang – S.A.S.- Kiel-Wik

31.08.1934 – 30.06.1935
Wachleutnant – Linienschiff SCHLESWIG-HOLSTEIN

01.10.1934
Leutnant zur See

01.07.1935 – 29.03.1936
Zugoffizier – I. Abt. S.St.Div. der Ostsee, Kiel

30.03.1936 – 28.06.1936
Lehrgang für U-Wachoffiziere – U-Bootsschule Kiel, zugleich

04.04.1936 – 09.04.1936
Nachrichtenlehrgang für U-Schüler (verkürzt) – Nachrichtenschule

01.06.1936
Oberleutnant zur See (-10-)

29.06.1936 – 28.09.1936
Kompanieoffizier – U-Bootsschule Kiel

29.09.1936 – 19.12.1936
Torpedolehrgang – Torpedoschule Flensburg-Mürwik

02.10.1936
Dienstauszeichnung IV. Klasse

20.12.1936 – 05.01.1937
Wachoffizier – U 5/U-Bootschulflottille

06.01.1937 – 30.01.1937
U.T.-Zusatzlehrgang – Torpedoschule Flensburg-Mürwik

31.01.1937 – 31.03.1937
Wachoffizier – U-Flottille Saltzwedel

01.04.1937 – 14.04.1937
Baubelehrung – U-Boote/Deschimag AG Weser Bremen

15.04.1937 – 30.09.1937
I.WO – U 32/U-Flottille Saltzwedel

01.10.1937 – 17.01.1940
Kommandant – U 20/U-Flottille Lohs

01.04.1939
Kapitänleutnant (-19-)

23.09.1939
Eisernes Kreuz II. Klasse

17.10.1939
U-Boots-Kriegsabzeichen 1939

19.12.1939
Ritterkreuz des Ungarischen Verdienstordens

20.12.1939
Medaille zur Erinnerung an den 01.10.1938

18.01.1940 – 29.02.1940
z.Vfg. – 1. U-Flottille

01.03.1940 – 29.05.1940
Baubelehrung – U-Boote Nordsee

30.05.1940 – 16.05.1941
Kommandant – U 123/2. U-Flottille (lt. K.T.B. U 123 Übergabe des Bootes am 14.05.1941 an den I.WO OlzS Günther Müller, der am 19.05.1941 U 123 an Kl Reinhard Hardegen übergab)

19.10.1940
Nennung im Wehrmachtsbericht

24.10.1940
Eisernes Kreuz I. Klasse

24.02.1941
Nennung im Wehrmachtsbericht

26.02.1941
Ritterkreuz des Eisernen Kreuzes

17.05.1941 – 15.06.1941
z.Vfg. – B.d.U.

16.06.1941 – 08.05.1945
Flottillenchef – 5. U-Flottille, zugleich Stützpunktleiter Kiel

01.11.1941
Italienisches Kriegskreuz mit Schwertern

01.03.1943
Korvettenkapitän (-3-)

01.09.1944
Kriegsverdienstkreuz mit Schwertern II. Klasse

30.01.1945
Kriegsverdienstkreuz mit Schwertern I. Klasse

01.05.1945
Deutsches Kreuz in Silber

09.11.1949
Entlassung aus britischer Haft (16.10.1946 – 08.11.1949). – Verurteilung wegen Weiterleitung des LACONIA-Befehls.

1. Unternehmung U 20:
(Nordsee)

Kdt:	Kl Karl-Heinz Moehle (1. Feindfahrt)
LI:	Ol (Ing.) Gerhard Bielig
25.08.1939	Wilhelmshaven aus
31.08.1939	Wilhelmshaven ein
31.08.1939	Wilhelmshaven aus
20.09.1939	Kiel ein
Erfolge:	keine

2. Unternehmung U 20:
(Nordsee)

Kdt:	Kl Karl-Heinz Moehle (2. Feindfahrt)
LI:	Ol (Ing.) Gerhard Bielig

29.09.1939	Kiel aus
17.10.1939	Kiel ein
Erfolge:	keine

3. Unternehmung U 20:
(Minenunternehmung Newarp-Feuerschiff)

Kdt:	Kl Karl-Heinz Moehle (3. Feindfahrt)
LI:	Ol (Ing.) Gerhard Bielig

06.11.1939	Kiel aus
07.11.1939	Wilhelmshaven ein (Überführungsfahrt)
18.11.1939	Wilhelmshaven aus
23.11.1939	Wilhelmshaven ein
23.11.1939	Wilhelmshaven aus
24.11.1939	Kiel ein
Erfolge:	2 Schiffe (7929 BRT + Minensperre vom 21.11.1939)

4. Unternehmung U 20:
(Nordsee, britische Ostküste)

Kdt:	Kl Karl-Heinz Moehle (4. Feindfahrt)
LI:	Ol (Ing.) Gerhard Bielig

07.12.1939	Kiel aus
13.12.1939	Kiel ein
Erfolge:	2 Schiffe (3013 BRT +)

5. Unternehmung U 20:
(Nordsee, schottische Ostküste)

Kdt:	Kl Karl-Heinz Moehle (5. Feindfahrt)
LI:	Ol (Ing.) Gerhard Bielig

06.01.1940	Kiel aus
16.01.1940	Wilhelmshaven ein
Erfolge:	1 Schiff (1524 BRT +)

Auszug aus dem K.T.B. des F.d.U. West vom 16.01.1940:
U 20 Wilhelmshaven eingelaufen nach Unternehmung, während der 1 Dampfer von etwa 3000 t versenkt wurde, noch 3 Versager durch Nichtzündung. Ich lasse den Kommandanten Kaptlt. Moehle, aus gesundheitlichen Gründen sofort durch den OlzS v. Klot-Heydenfeldt ersetzen.

1. Unternehmung U 123:
(Nordatlantik, Nordkanal, westlich Rockall-Bank)

Kdt:	Kl Karl-Heinz Moehle (6. Feindfahrt)

21.09.1940	Kiel aus
23.10.1940	Lorient ein
Erfolge:	6 Schiffe (25878 BRT +)

Stellungnahme des B.d.U.:
Sehr gute und erfolgreiche Unternehmung. Die Leistung des Kommandanten ist um so erfreulicher, als es seine erste Feindfahrt mit einem neuen, nicht vor dem Feind eingefahrenen Boot gewesen ist.

2. Unternehmung U 123:
(Nordatlantik, westlich des Nordkanals)

Kdt:	Kl Karl-Heinz Moehle (7. Feindfahrt)

14.11.1940	Lorient aus
28.11.1940	Lorient ein
Erfolge:	6 Schiffe (27895 BRT +)

Stellungnahme des B.d.U.:
1.) *Gut und erfolgreich durchgeführte kurze Unternehmung.*
2.) *Nach der Unterwasserkollision hätte der Kommandant auf jeden Fall vor Antritt des Rückmarsches einen Trimm- und Tieftauchversuch durchführen müssen. Dies Unterlassen hätte sehr schlimme Folgen haben können.*

3. Unternehmung U 123:
(Nordatlantik, westlich des Nordkanals und Irland)

Kdt:	Kl Karl-Heinz Moehle (8. Feindfahrt)
I. WO:	OlzS Günther Müller (ab 18.02.1942 Müller-Stöckheim)

14.01.1941	Lorient aus
28.02.1941	Lorient ein
Erfolge:	3 Schiffe (20616 BRT +)

Stellungnahme des B.d.U.:
Gute, erfolgreiche Unternehmung. Das zähe Festhalten des Kommandanten am Dampfer der ULYSSES-Klasse am 24. Februar und die richtige Überlegung betr. der bevorstehenden Kursänderung, haben ihm diesen schönen Erfolg eingetragen.
Eingang Funkspruch an U 123 vom 27.02. 1941/2151 Uhr mit Glückwunsch vom Oberbefehlshaber der Marine zum Ritterkreuz des Eisernen Kreuzes.

4. Unternehmung U 123:
(Nordatlantik, südwestlich von Island)

Kdt:	Kl Karl-Heinz Moehle (9. Feindfahrt)

I. WO:	OlzS Günther Müller (ab 18.02.1942 Müller-Stöckheim)
II.WO:	LzS Horst von Schroeter
10.04.1941	Lorient ein
11.05.1941	Lorient aus
Erfolge:	1 Schiff (6991 BRT +)

Stellungnahme des B.d.U.:

1.) Es ist zu bedauern, daß es dem Boot nicht gelungen ist, die Fühlung am Geleitzug so lange zu erhalten, bis andere Boote dran waren. Hierin mußte es eine sehr wichtige Aufgabe sehen.

2.) Bei der Versenkung der VENEZUELA hätte der Kommandant vielleicht bei genauerer Beobachtung die Neutralität feststellen können, andererseits ist es richtig, bei Zweifeln sich für die Versenkung zu entschließen.

Erfolge Karl-Heinz Moehle als Kommandant U 20:
5 Schiffe (12466 BRT +)

Erfolge Karl-Heinz Moehle als Kommandant U 123:
16 Schiffe (81380 BRT +)

Gesamt:
21 Schiffe (93846 BRT +)

HEINRICH LEHMANN-WILLENBROCK

* 11.12.1911 IN BREMEN
† 18.04.1986 IN BREMEN

26.02.1941
Ritterkreuz (61-25)

31.12.1941
51. Eichenlaub (10-8)

01.04.1931
Eintritt in die Reichsmarine
Crew 31

01.04.1931 – 29.06.1931
Infanterieausbildung – II. Abt. S.St.Div. der Ostsee, Stralsund

30.06.1931 – 16.10.1931
Bordausbildung – SSS NIOBE

14.10.1931
Seekadett

17.10.1931 – 04.01.1932
Bordausbildung – Leichter Kreuzer KARLSRUHE

05.01.1932 – 29.03.1932
Infanterieausbildung – II. Abt. S.St.Div. der Ostsee, Stralsund

30.03.1932 – 28.03.1934
Hauptlehrgang für Fähnriche – Marineschule Flensburg-Mürwik bzw.

08.06.1933 – 14.06.1933
Navigationsbelehrungsfahrt – Tender WESER bzw.

30.07.1933 – 18.08.1933
Belehrungsfahrt – Segeljacht ASTA bzw.

09.10.1933 – 14.10.1933
Navigationsbelehrungsfahrt – Tender WESER

29.03.1934 – 25.04.1934
Sperrlehrgang für Fähnriche – Sperrschule Kiel

26.04.1934 – 30.06.1934
Artillerielehrgang für Fähnriche – S.A.S.-Kiel

01.07.1934 – 22.08.1934
Torpedolehrgang für Fähnriche – Torpedoschule Flensburg-Mürwik

23.08.1934 – 07.09.1934
Lehrgang für Fähnriche – Küstenartillerieschule Wilhelmshaven

08.09.1934 – 24.09.1934
Nachrichtenlehrgang für Fähnriche – Nachrichtenschule Flensburg-Mürwik

25.09.1934 – 01.10.1934
Lehrgang für Fähnriche – U-Boot-Abwehrschule

02.10.1934 – 11.11.1934
Bordausbildung – Linienschiff HESSEN

12.11.1934 – 31.12.1934
Bordausbildung – Panzerschiff ADMIRAL SCHEER

01.01.1935
Oberfähnrich zur See

01.01.1935 – 28.03.1935
S.St.Abt. Wesermünde

29.03.1935 – 23.06.1935
II. Abt. S.St.Div. der Ostsee, Stralsund

01.04.1935
Leutnant zur See (-31-)

24.06.1935 – 20.09.1936
Signaloffizier – Leichter Kreuzer KARLSRUHE

21.09.1936 – 01.10.1937
Zugführer – 1. M.L.A.

02.10.1936
Dienstauszeichnung IV. Klasse

01.01.1937
Oberleutnant zur See (-26-)

02.10.1937 – 02.04.1939
Wachoffizier – SSS HORST WESSEL

03.04.1939 – 27.05.1939
U-Lehrgang für U-Boots-Wachoffiziere – U-Schule

28.05.1939 – 31.05.1939
z.Vfg. – F.d.U.

01.06.1939 – 17.06.1939
U-Lehrgang – Sperrschule Kiel-Wik

18.06.1939 – 30.07.1939
z.Vfg. – F.d.U.

31.07.1939 – 09.09.1939
U.T.O.-Lehrgang – Torpedoschule Flensburg-Mürwik

10.09.1939 – 13.10.1939
Schießlehrgang – U-Schule

01.10.1939
Kapitänleutnant (-55-)

14.10.1939 – 13.11.1939
Kommandant – U 8/U-Bootsschulflottille

14.11.1939 – 04.12.1939
Kommandant – U 8/U-Abwehrschule

05.12.1939 – 11.08.1940
Kommandant – U 5/U-Bootsschulflottille, ab 01.07.1940, 21.U-Flottille

20.04.1940
Eisernes Kreuz II. Klasse

12.08.1940 – 13.09.1940
Baubelehrung – U-Boote Ost für U 96

14.09.1940 – 28.03.1942
Kommandant – U 96/7. U-Flottille

14.12.1940
Nennung im Wehrmachtsbericht

31.12.1940
Eisernes Kreuz I. Klasse

02.01.1941
U-Boots-Kriegsabzeichen 1939

25.02.1941
Nennung im Wehrmachtsbericht

26.02.1941
Ritterkreuz des Eisernen Kreuzes

20.05.1941
Nennung im Wehrmachtsbericht

01.11.1941
Italienisches Kriegskreuz für militärische Verdienste mit Schwertern

31.12.1941
51. Eichenlaub zum Ritterkreuz des Eisernen Kreuzes

29.03.1942 – 30.04.1942
z.Vfg. – 7. U-Flottille

01.05.1942 – 10.12.1944
Flottillenchef – 9. U-Flottille/Brest, zugleich

02.09.1944 – 18.10.1944
Kommandant – U 256/9. U-Flottille

08.05.1942
Verwundetenabzeichen in Schwarz

26.02.1943
Korvettenkapitän mit Wirkung vom 01.03.1943 und Rangdienstalter vom 01.07.1943 (-2a-)

30.01.1944
Kriegsverdienstkreuz II. Klasse mit Schwertern

11.12.1944 – Kriegsende
Flottillenchef – 11. U-Flottille/Bergen

19.10.1944
U-Boots-Frontspange in Bronze

18.12.1944
Fregattenkapitän mit Wirkung vom 01.12.1944

05.1945 – 07.1945
Kriegsgefangenschaft, Lager Norheim-Sund

07.1945 – 15.04.1946
Ältester deutscher Marineoffizier (Dienstantritt: 03.09.1945) – Verwaltung, Marinebereich Bergen

16.04.1946 – 06.05.1946
53. Vorpostenbootflottille

07.05.1946
Entlassung

2. Unternehmung U 5:
(Norwegenfeldzug, Unternehmen »Weserübung«, vor Tindesnes)

Kdt:	Kl Heinrich Lehmann-Willenbrock (1. Feindfahrt)
WO:	OlzS Günther Krech

04.04.1940	Kiel aus
19.04.1940	Wilhelmshaven ein
Erfolge:	keine

1. Unternehmung U 96:
(Nordatlantik, Nordkanal, westlich der Rockall-Bank)

Kdt:	Kl Heinrich Lehmann-Willenbrock (2. Feindfahrt)

04.12.1940	Kiel aus
29.12.1940	Lorient ein
Erfolge:	5 Schiffe (37037 BRT +)
	2 Schiffe (15864 BRT =)

Stellungnahme des B.d.U.:

1.) Ausgezeichnete Unternehmung, zäh, entschlossen und mit dem festen Willen zum Erfolg durchgeführt, besonders bei der Geleitzugverfolgung am 11./12.12.

2.) Der Rückmarsch wurde auf einem Umweg durchgeführt, der von der Führung nicht befohlen war. Er hat zu keinem Erfolg geführt und lediglich den Rückmarsch verzögert.

2. Unternehmung U 96:
(Nordatlantik, Nordkanal)

Kdt:	Kl Heinrich Lehmann-Willenbrock (3. Feindfahrt)
Kdt-Schüler:	Kl Wilhelm Dommes

09.01.1941	Lorient aus
22.01.1941	Lorient ein
Erfolge:	2 Schiffe (29054 BRT +)

Stellungnahme des B.d.U.:

1.) Ausgezeichnet durchgeführte Unternehmung. Die Versenkung der beiden schnellen, zickzack fahrenden Dampfer beweist das Können und Geschick des Kommandanten.

2.) Die Meldung »verschossen« war nicht berechtigt. Das Boot hatte noch Oberdeckstorpedos. Das hätte zum Ausdruck kommen müssen.

3.) Den Erfahrungen des Kommandanten wird zugestimmt. Selbstverständlich darf man sich aber niemals zu sehr auf das Horchgerät verlassen. Es ist ein Hilfsmittel.

3. Unternehmung U 96:
(Nordatlantik, südlich von Island)

Kdt:	Kl Heinrich Lehmann-Willenbrock (4. Feindfahrt)

30.01.1941	Lorient aus
28.02.1941	St. Nazaire ein
Erfolge:	7 Schiffe (45478 BRT +)

4. Unternehmung U 96:
(Nordatlantik, Nordkanal, westlich von Irland)

Kdt:	Kl Heinrich Lehmann-Willenbrock (5. Feindfahrt)

12.04.1941 St. Nazaire aus
22.05.1941 St. Nazaire ein
Erfolge: 4 Schiffe (30227 BRT +)

Stellungnahme des B.d.U.:
Ausgezeichnete Unternehmung. Sehr guter Erfolg.

5. Unternehmung U 96:
(Mittelatlantik)
Kdt: Kl Heinrich Lehmann-Willenbrock (6. Feindfahrt)

19.06.1941 St. Nazaire aus
09.07.1941 St. Nazaire ein
Erfolge: 1 Schiff (5954 BRT +)

Stellungnahme des B.d.U.:
Zur Durchführung der Unternehmung ist nichts zu bemerken. Die zähe Entschlossenheit, mit der Kommandant und Besatzung das Boot während der Verfolgung auf Tiefe gehalten haben, verdient hervorgehoben zu werden.
Versenkungsziffer: 12000 BRT

6. Unternehmung U 96:
(Mittelatlantik, westlich Gibraltar)
Kdt: Kl Heinrich Lehmann-Willenbrock (7. Feindfahrt)

02.08.1941 St. Nazaire aus
12.09.1941 St. Nazaire ein
Erfolge: keine

Stellungnahme des B.d.U.:
Die Erfolglosigkeit der Unternehmung fällt nicht dem bewährten Kommandanten zur Last. Die Geleitzugoperationen haben allgemein unter ungünstigen Wetterbedingen gestanden.

7. Unternehmung U 96:
(Nordatlantik, südlich von Grönland)
Kdt: Kl Heinrich Lehmann-Willenbrock (8. Feindfahrt)

27.10.1941 St. Nazaire aus
27.11.1941 Vigo ein (Ergänzung aus dem deutschen Versorger BESSEL)
28.11.1941 Vigo aus
06.12.1941 St. Nazaire ein
Erfolge: 1 Schiff (5998 BRT +)

Stellungnahme des B.d.U.:
Klar und gut durchgeführte Unternehmung. Besonders hervorgehoben wird das ruhige und sichere Arbeiten der Besatzung nach den schweren Fliegerbomben am 30.11.
Versenkungsziffer: 13000 BRT

8. Unternehmung U 96:
(Nordatlantik, USA-Ostküste, Nova Scotia, Neufundland)
Kdt: Kl Heinrich Lehmann-Willenbrock (9. Feindfahrt)

31.01.1942 St. Nazaire aus
23.03.1942 St. Nazaire ein
Erfolge: 5 Schiffe (25464 BRT +)

Stellungnahme des B.d.U.:
Sehr gute und erfolgreiche Unternehmung des bewährten Kommandanten.

5. Unternehmung U 256:
(Nordatlantik, Überführungsfahrt nach Norwegen)
Kdt: KK Heinrich Lehmann-Willenbrock (10. Feindfahrt)

04.09.1944 Brest aus
17.10.1944 Bergen ein
Erfolge: keine

Erfolge Heinrich Lehmann-Willenbrock als Kommandant U 96:
25 Schiffe (179212 BRT +)
2 Schiffe (15864 BRT =)

Jürgen Oesten

* 24.10.1913
in Berlin/Grunewald

26.03.1941
Ritterkreuz (64-26)

01.04.1933
Eintritt in die Reichsmarine
Crew 33

01.04.1933 – 29.06.1933
Infanterieausbildung – II. Abt. S.St.Div. der Ostsee, Stralsund

30.06.1933 – 23.09.1933
Bordausbildung – SSS GORCH FOCK

23.09.1933
Seekadett

24.09.1933 – 27.06.1934
Bordausbildung – Leichter Kreuzer KARLSRUHE

28.06.1934 – 18.04.1935
Hauptlehrgang für Fähnriche – Marineschule Flensburg-Mürwik bzw.

17.10.1934 – 23.10.1934
Navigationsbelehrungsfahrt – Tender NORDSEE bzw.

07.02.1934 – 13.02.1934
Navigationsbelehrungsfahrt – Tender SAAR

01.07.1934
Fähnrich zur See

19.04.1935 – 20.05.1935
Infanterieausbildung für Fähnriche – II. S.St.Abt. der Ostsee, Stralsund

21.05.1935 – 08.06.1935
Sperrlehrgang für Fähnriche – Sperrschule Kiel-Wik

09.06.1935 – 29.07.1935
Torpedolehrgang für Fähnriche – Torpedoschule Flensburg-Mürwik

30.07.1935 – 24.08.1935
Nachrichtenlehrgang für Fähnriche – Nachrichtenschule Flensburg-Mürwik

25.08.1935 – 31.08.1935
U-Lehrgang für Fähnriche – U-Schule Kiel-Wik

01.09.1935 – 18.09.1935
Fla-Waffenlehrgang für Fähnriche – Küstenartillerieschule

19.09.1935 – 07.12.1935
Artillerielehrgang für Fähnriche – S.A.S.-Kiel-Wik

08.12.1935 – 19.01.1936
Bordausbildung – Panzerschiff ADMIRAL GRAF SPEE

20.01.1936 – 24.01.1936
Luftschutzlehrgang – Kiel-Holtenau

25.01.1936 – 30.06.1936
Bordausbildung – Panzerschiff ADMIRAL GRAF SPEE

01.04.1936
Oberfähnrich zur See

01.07.1936 – 28.09.1936
Leichter Kreuzer KARLSRUHE, zugleich

07.09.1936 – 26.09.1936
Schleuderlehrgang für Bordflugzeuge – Warnemünde

29.09.1936 – 19.12.1936
Torpedolehrgang – Torpedoschule Flensburg-Mürwik

01.10.1936
Leutnant zur See (-50-)

20.12.1936 – 18.05.1937
Leichter Kreuzer KARLSRUHE

31.03.1937
Dienstauszeichnung IV. Klasse

19.05.1937 – 16.08.1937
U-Schüler – U-Schule

17.08.1937 – 13.10.1937
Wach- und Torpedooffizier – Torpedoboot JAGUAR

14.10.1937 – 04.01.1938
Wachoffizier – U 20/U-Flottille Lohs

05.01.1938 – 29.01.1938
U.T.O.-Zusatzlehrgang – Torpedoschule Flensburg-Mürwik

30.01.1938 – 02.10.1938
Wachoffizier – U 20/U-Flottille Lohs

01.06.1938
Oberleutnant zur See (-49-)

03.10.1938 – 21.12.1938
F.T.-Lehrgang – Nachrichtenschule Flensburg-Mürwik

22.12.1938 – 16.07.1939
Wachoffizier – U 20/U-Flottille Lohs

06.06.1939
Spanienkreuz in Bronze

17.07.1939 – 11.08.1939
Baubelehrung – U-Boote, Deutsche Werke Kiel für U 61

12.08.1939 – 28.07.1940
Kommandant – U 61/U-Flottille Emsmann, ab 01.01.1940,

1. U-Flottille

03.12.1939
Eisernes Kreuz II. Klasse

20.12.1939
Medaille zur Erinnerung an den 01.10. 1938

27.02.1940
Eisernes Kreuz I. Klasse

29.07.1940 – 26.08.1940
z.Vfg. – 1. U-Flottille

27.08.1940 – 23.09.1940
Baubelehrung – U-Boote, Gruppe Nord für U 106

24.09.1940 – 19.10.1941
Kommandant – U 106/2. U-Flottille (das K.T.B. U 106 gibt den Kommandantenwechsel Kl Jürgen Oesten – OlzS Hermann Rasch am 20.10.1941 an)

01.03.1941
Kapitänleutnant (-5-)

22.03.1941
Nennung im Wehrmachtsbericht

26.03.1941
Ritterkreuz des Eisernen Kreuzes

20.10.1941 – 28.02.1942
Flottillenchef – 9. U-Flottille/Brest

01.03.1942 – 17.01.1943
U-Asto – Admiral Nordmeer

18.01.1943 – 25.07.1943
Asto (A op) – F.d.U. Norwegen

26.07.1943 – 01.09.1943
Baubelehrung – 1.Komp./6. K.L.A. Bremen

02.09.1943 – 31.03.1944
Kommandant – U 861/4. U-Flottille

01.04.1944 – 30.09.1944
Kommandant – U 861/12. U-Flottille

01.10.1944 – 08.05.1945
Kommandant – U 861/33. U-Flottille

01.12.1944
Korvettenkapitän

08.05.1945 – 01.06.1945
Internierung – Drontheim/Norwegen

02.06.1945 – 02.03.1947
Kriegsgefangenschaft in England

02.03.1947
Entlassung

1. Unternehmung U 61:
(Nordsee, norwegische Küste)

Kdt:	OlzS Jürgen Oesten (1. Feindfahrt)
24.10.1939	Kiel aus
14.11.1939	Kiel ein
Erfolge:	keine

Auszug aus dem K.T.B. des F.d.U. West vom 14.11.1939:
U 61 läuft in Kiel ein. Das Boot hat an der norwegischen Küste keine Erfolgsmöglichkeiten gehabt, und hat den Geleitzug, auf den es angesetzt war, nicht gesichtet.

2. Unternehmung U 61:
(Nordsee, Minenunternehmung vor Newcastle)

Kdt:	OlzS Jürgen Oesten (2. Feindfahrt)

28.11.1939	Kiel aus
03.12.1939	Wilhelmshaven ein
Erfolge:	1 Schiff (4434 BRT = Minensperre vom 01.12.1939)
	1 Schiff (1086 BRT + Minensperre vom 01.12.1939)

Auszug aus dem K.T.B. des F.d.U. West vom 03.12.1939:

U 61 läuft in Wilhelmshaven ein. Der Kommandant hat die Aufgabe Newcastle unmittelbar vor dem Hafen in stärkstem Verkehr und Bewachung in vorzüglicher Weise durchgeführt. Ich entschließe mich, ihn mit der Aufgabe Firth of Forth zu betrauen und das Boot, sobald es wieder klar ist, hier von Wilhelmshaven noch in dieser Neumondperiode anzusetzen.

3. Unternehmung U 61:

(Nordsee, Minenunternehmung vor dem Firth of Forth)

Kdt:	OlzS Jürgen Oesten (3. Feindfahrt)
07.12.1939	Wilhelmshaven aus
16.12.1939	Wilhelmshaven ein
17.12.1939	Wilhelmshaven aus
18.12.1939	Kiel ein
Erfolge:	keine

Auszug aus dem K.T.B. des F.d.U. West vom 16.12.1939:

U 61 von Sperrunternehmung Firth of Forth Wilhelmshaven eingelaufen. Es hat die Aufgabe nicht durchgeführt. Nach Feststellung einer sehr stark bewachten Sperrlücke etwa 2 sm südlich May Island, an der das Boot mehrfach herangegangen ist, hat es den Versuch, dort durchzubrechen, richtigerweise aufgegeben. Es lagen 2 Bewachergürtel (etwa 5 u. 8 sm ab May Island) vor dem Firth of Forth, direkt vor der Lücke 4 Bewacher, z. T. mit S-Gerät. Der Versuch des Kommandanten, nachts von North Carr Feuerschiff aus unter Land einzudringen, mißlang aus navigatorischen Gründen ebenfalls, da die Feuer in mehreren Nächten nicht brannten und er so keinen Abgangsort bekam. Der Kommandant hat richtig gehandelt, als er am 6. Tage das Unternehmen wegen zu ungünstiger Verhältnisse und allgemeiner Erschöpfung der Besatzung als z. Zt. undurchführbar aufgab. Ich bin, wie er selbst, der Ansicht, daß die Möglichkeit *eines Eindringens durch den äußeren Sperrgürtel bei Brennen der Landfeuer und günstigen Nächten besteht. Die Sperrlücke selbst sehe ich als unpassierbar an. Der Einsatz ist sehr groß, der zu erwartende Erfolg jedoch ebenfalls. Ich beabsichtige, das Eindringen in den Firth of Forth im Norden unter Land erneut versuchen zu lassen.*

4. Unternehmung U 61:

(Nordsee, britische Ostküste, Kinnaird Head)

Kdt:	OlzS Jürgen Oesten (4. Feindfahrt)
15.01.1940	Kiel aus
30.01.1940	Wilhelmshaven ein
Erfolge:	1 Schiff (2434 BRT +)

Auszug aus dem K.T.B. des F.d.U. West vom 29.01.1940:

U 61 Wilhelmshaven ein von Unternehmung bei Kinnaird Head. Ein Dampfer von 2000 ts versenkt, 3 Fehlschüsse bzw. Versager trotz Pistoleneinstellung gemäß Befehl vom 21.01.

5. Unternehmung U 61:

(Nordsee)

Kdt:	OlzS Jürgen Oesten (5. Feindfahrt)
12.02.1940	Wilhelmshaven aus
13.02.1940	Helgoland ein
13.02.1940	Helgoland aus
27.02.1940	Wilhelmshaven ein
Erfolge:	2 Schiffe (5703 BRT +)

Auszug aus dem K.T.B. des F.d.U. West vom 27.02.1940:

U 61 Wilhelmshaven eingelaufen von »Nordmark«-Unternehmung. U 61 hat 2 Dampfer von 7000 bzw. 3000 t versenkt.

6. Unternehmung U 61:

(Norwegenfeldzug, Unternehmen »Weserübung«)

Kdt:	OlzS Jürgen Oesten (6. Feindfahrt)
29.02.1940	Wilhelmshaven aus
01.03.1940	Kiel ein
11.04.1940	Kiel aus
20.04.1940	Bergen ein
23.04.1940	Bergen aus
05.05.1940	Wilhelmshaven ein
06.05.1940	Wilhelmshaven aus
07.05.1940	Kiel ein
Erfolge:	keine

Stellungnahme des B.d.U.:
1.) *Der Operationsbefehl für U 61 nach dem Einlaufen in Bergen war versehentlich zunächst auf einer falschen Welle abgesetzt.*
2.) *Nach den Erfahrungen von U 61 und besonders U 13 ist das Operationsgebiet westlich der Orkneys für kleine Boote auch zu dieser Jahresszeit möglich, wenn den Booten die Möglichkeit zum Absetzen von der Küste gegeben wird.*

7. Unternehmung U 61:
(Nordatlantik, Hebriden, North Minch, Nordkanal)

Kdt:	OlzS Jürgen Oesten (7. Feindfahrt)
06.06.1940	Kiel aus
06.06.1940	Helgoland ein
08.06.1940	Helgoland aus
11.06.1940	Bergen ein
12.06.1940	Bergen aus
01.07.1940	Bergen ein
06.07.1940	Bergen aus
25.07.1940	Helgoland ein
25.07.1940	Helgoland aus
25.07.1940	Kiel ein
Erfolge:	2 Schiffe (11 531 BRT +)

Stellungnahme des B.d.U.:
1.) *16.06./1302 Uhr: Es wird angenommen, daß es sich nicht um einen Doppelschuß, sondern um einen Zweier-Fächer handelt, da die Entfernung sehr groß und die Schußunterlagen unsicher waren.*
2.) *10.07.: Schuß ist anscheinend Treffer gewesen, sonst ist die Schlagseite nicht zu erklären. Es ist möglich, daß die Detonation infolge besonderer Ladung des Dampfers nur mit schwachem Geräusch verbunden war (vgl. K.T.B. U 34 v. 09.07.40).*
3.) *19.07.: Der Angriff auf den Geleitzug ist mit Schneid und Überlegung geführt.*

1. Unternehmung U 106:
(Nordatlantik, westlich des Nordkanals und Irlands)

Kdt:	OlzS Jürgen Oesten (8. Feindfahrt)
I. WO:	OlzS Hermann Rasch
LI:	Ol (Ing.) Herbert Panknin
04.01.1941	Kiel aus
06.01.1941	Kristiansand ein
07.01.1941	Kristiansand aus
10.02.1941	Lorient ein
Erfolge:	2 Schiffe (13 540 BRT +)

Stellungnahme des B.d.U.:
Gute erste Atlantikunternehmung des auf kleinem Boot bewährten Kommandanten. Die Angriffsmöglichkeit am 14.01. hätte länger verfolgt werden müssen.
Zum 20.01.: Operieren auf jeden erreichbaren Geleitzug ist selbstverständlich, eine Meldung ist daher nicht notwendig.

2. Unternehmung U 106:
(Mittelatlantik, Freetown, Sierra Leone, Rio de Janeiro, Südatlantik)

Kdt:	Kl Jürgen Oesten (9. Feindfahrt)
I. WO:	OlzS Hermann Rasch
LI:	Ol (Ing.) Herbert Panknin
26.02.1941	Lorient aus
06.03.1941	Las Palmas ein
06.03.1941	Las Palmas aus (Versorgung aus deutschem Versorger CORRIENTES)
17.06.1941	Lorient ein
Erfolge:	8 Schiffe (46 485 BRT +) 1 Schiff (7 995 BRT =) 1 Schlachtschiff (31 100 BRT = br BB MALAYA =)

Stellungnahme des B.d.U.:
1.) *Erfolgreiche, gut durchgeführte Unternehmung, zu der im wesentlichen nicht viel zu bemerken ist.*
2.) *Die Feststellung des Kommandanten, daß die Fühlunghaltermeldungen auch dann fortgesetzt werden müssen, wenn angenommen werden kann, daß die anderen Boote ebenfalls am Feind sind, ist sehr richtig. Wie diese Unternehmung zeigt, kann so eine Annahme leicht falsch sein.*
3.) *Das lange und zähe Verfolgen des Geleitzuges wird besonders hervorgehoben, ebenso die gute Zusammenarbeit mit U 105.*
4.) *Die Unterlagen für das Sinken der torpedierten Schiffe sind z. T. recht gering. Die große Entfernung von den nächsten*

Stützpunkten bekräftigt die Annahme des Kommandanten noch am stärksten.

3. Unternehmung U 106:
(Nordatlantik, westlich des Nordkanals, bis westlich von Spanien)

Kdt:	Kl Jürgen Oesten (10. Feindfahrt)
LI:	Ol (Ing.) Herbert Panknin
11.08.1941	Lorient aus
11.09.1941	Lorient ein
Erfolge:	keine

Stellungnahme des B.d.U.:

1.) *Es ist richtig, wenn, wie hier geschehen, sich treffende Boote bei Geleitzugverfolgung sich verabreden und ihre Maßnahmen der Führung melden.*

2.) *B.d.U. hält den Wert eines Dampfergeleites durch U-Boote für sehr fraglich. Der Kommandant hat die Schwierigkeiten richtig erkannt. B.d.U. hat hierzu gesondert Stellung genommen.*

1. Unternehmung U 861:
(Südatlantik, brasilianische Küste, Rio de Janeiro, südöstlich Südafrika, Indischer Ozean, Madagaskar)

Kdt:	Kl Jürgen Oesten (11. Feindfahrt)
LI:	Kl (Ing.) Herbert Panknin
20.04.1944	Kiel aus
23.09.1944	Penang ein
Erfolge:	4 Schiffe (22 048 BRT +) 1 Schiff (8 139 BRT =)

2. Unternehmung U 861:
(Indischer Ozean, Süd- und Mittelatlantik, Nordatlantik)

Kdt:	Kl Jürgen Oesten (12. Feindfahrt)
LI:	Kl (Ing.) Herbert Panknin
01.11.1944	Penang aus
02.11.1944	Singapur ein
03.11.1944	Singapur aus
05.11.1944	Soerabaja ein
15.01.1945	Soerabaja aus
19.04.1945	Drontheim ein
Erfolge:	keine

Erfolge Jürgen Oesten als Kommandant U 61:
6 Schiffe (20 754 BRT +)
1 Schiff (4 434 BRT = Mine)

Erfolge Jürgen Oesten als Kommandant U 106:
10 Schiffe (60 025 BRT +)
1 Schiff (7 995 BRT =)
1 Schlachtschiff (31 100 BRT = br BB MALAYA =)

Erfolge Jürgen Oesten als Kommandant U 861
4 Schiffe (22 048 BRT +)
1 Schiff (8 139 BRT =)

Gesamt:
20 Schiffe (102 827 BRT +)
3 Schiffe (20 568 BRT =)
1 Schlachtschiff (31 100 BRT = br BB MALAYA =)

Wilhelm Schulz

* 10.03.1906
in Köln
† 05.07.1986
in Hamburg

04.04.1941
Ritterkreuz (65-27)

04.10.1933
Eintritt in die Reichsmarine
Crew 32 (eingegliedert)

04.10.1933 – 02.01.1934
Infanterieausbildung – 6. Komp./II. Abt. S.St.Div. der Ostsee, Stralsund

01.01.1934
Fähnrich zur See

03.01.1934 – 31.01.1934
Artillerielehrgang für Fähnriche – S.A.S. Kiel-Wik

01.02.1934 – 17.03.1934
Infanterieausbildung – II. Abt. S.St.Div. der Ostsee, Stralsund

18.03.1934 – 09.04.1934
Nachrichtenlehrgang für Fähnriche – Nachrichtenschule Flensburg-Mürwik

10.04.1934 – 25.04.1934
Fla-Waffenlehrgang für Fähnriche – Küstenartillerieschule Wilhelmshaven

26.04.1934 – 12.05.1934
Sperrlehrgang für Fähnriche – Sperrschule Kiel

13.05.1934 – 03.07.1934
Torpedolehrgang für Fähnriche – Torpedoschule Flensburg-Mürwik

04.07.1934 – 18.04.1935
Hauptlehrgang für Fähnriche – Marineschule Flensburg-Mürwik bzw.

27.08.1934 – 01.09.1934
Navigationsbelehrungsfahrt – Leichter Kreuzer LEIPZIG bzw.

24.01.1935 – 30.01.1935
Navigationsbelehrungsfahrt – Tender NORDSEE

19.04.1935 – 26.05.1935
Bordausbildung – Leichter Kreuzer KÖNIGSBERG

27.05.1935 – 28.07.1935
Artillerielehrgang für Fähnriche – S.A.S. Kiel-Wik

29.07.1935 – 03.08.1935
U-Bootsabwehrlehrgang für Fähnriche – U-Bootsabwehrschule Kiel-Wik

04.08.1935 – 26.09.1935
Bordausbildung – Leichter Kreuzer KÖNIGSBERG

01.09.1935
Oberfähnrich zur See

27.09.1935 – 20.12.1935
U-Schüler – U-Bootsschule Kiel

21.12.1935 – 30.09.1937
Wachoffizier – U 18 und U 12/U-Flottille Weddigen

01.01.1936
Leutnant zur See (-8-)

01.10.1937
Oberleutnant zur See (-4-)

01.10.1937 – 19.09.1938
I. WO – U 33/U-Flottille Saltzwedel, zugleich

22.11.1937 – 04.12.1937
Artillerielehrgang für U-Offiziere – S.A.S. Kiel-Wik, zugleich

26.06.1938 – 04.07.1938
befohlen (überplanm.) – Stationssegeljacht ORION

15.10.1937
Dienstauszeichnung IV. Klasse

20.09.1938 – 25.09.1938
T-Lehrgang für U-Offiziere – Torpedoschule Flensburg-Mürwik

26.09.1938 – 04.01.1939
I.WO – U 33/U-Flottille Saltzwedel

05.01.1939 – 15.10.1939
Kommandant – U 12/U-Flottille Lohs und U 10/U-Bootsschulflottille

01.04.1939
Kapitänleutnant (-4-)

06.06.1939
Spanienkreuz in Bronze

01.10.1939
Medaille zur Erinnerung an den 01.10. 1938

16.10.1939 – 05.11.1939
z. Vfg. als Kommandant – U-Flottille Hundius

06.11.1939 – 15.12.1939
Baubelehrung – U-Boote – Deschimag AG Weser Bremen

16.12.1939 – 13.04.1940
Kommandant – U 64/U-Flottille Hundius, ab 01.01.1940, 2. U-Flottille

13.04.1940
Verlust U 64 im Herjangsfjord bei Narvik durch Fliegerbomben einer »Swordfish« (700.FAA) und eines Bordflugzeuges des britischen Schlachtschiffes WARSPITE. Der Kommandant und 39 Mann konnten sich retten. Position: 68°33,3'Nord/17°30,45' Ost

23.12.1939
U-Boots-Kriegsabzeichen 1939

14.04.1940 – 10.06.1941
z.Vfg. – 2. U-Flottille und Baubelehrung – U-Boote Deschimag Bremen

11.06.1940 – 07.09.1941
Kommandant – U 124/2. U-Flottille

25.09.1940
Eisernes Kreuz II. und I. Klasse

04.04.1941
Ritterkreuz des Eisernen Kreuzes

08.09.1941 – 21.09.1941
z.Vfg. – 2. U-Flottille

22.09.1941 – 03.10.1943
Flottillenchef – 6. U-Flottille/St. Nazaire, zugleich

10.1941 – 01.1942
Flottillenchef – 8. U-Flottille/Königsberg

01.04.1943
Korvettenkapitän (-22-)/(lt. Rangliste vom 01.09.1944)

04.10.1943 – 21.04.1945
A 1 und Erprobungsleiter neuer U-Boote – F.d.U./Ausb.

30.01.1945
Kriegsverdienstkreuz II. und I. Klasse mit Schwertern

22.04.1945 – 06.05.1945
Flottillenchef – 25. U-Flottille

06.05.1945 – 15.07.1945
britische Kriegsgefangenschaft auf Fehmarn

15.07.1945
Entlassung

1. Unternehmung U 10:
(Kattegat)

Kdt:	Kl Wilhelm Schulz (1. Feindfahrt)
07.09.1939	Kiel aus
17.09.1939	Kiel ein
Erfolge:	keine

2. Unternehmung U 10:
(Kattegat)

Kdt:	Kl Wilhelm Schulz (2. Feindfahrt)
26.09.1939	Kiel aus
15.10.1939	Kiel ein
Erfolge:	keine

1. Unternehmung U 64:
(Norwegenfeldzug Unternehmen »Weserübung«, Westfjord, Narvik)

Kdt:	Kl Wilhelm Schulz (3. Feindfahrt)
06.04.1940	Wilhelmshaven aus
12.04.1940	Narvik ein

12.04.1940	Narvik aus
13.04.1940	Verlust U 64
Erfolge:	keine

Stellungnahme des B.d.U.:
Bei aller Würdigung der auf der ersten Unternehmung des Bootes und vor dem Feinde besonders ins Gewicht fallenden Gründe des Kommandanten bleibt festzustellen:
1.) Sowohl vor dem Einlaufen nach Narvik wie nach dem Befehl zum Anlaufen hat sich der Kommandant durch Überlegungen abwegiger Art verleiten lassen, nicht alles an die Ausführung klarer ihm gegebener Befehle zu setzen.
2.) Wenn dem Kommandanten die Lage unklar schien, hätte er versuchen müssen, auf dem Funkweg mehr Nachrichten zu erlangen.
3.) Der Kommandant hätte nach Einlaufen Narvik schnellstens wieder auf Position gehen müssen, statt zu Reparaturen und zum Aufladen im Kriegsgebiet zu ankern, zumal ihm nach dem ersten Luftangriff die Fliegergefahr bekannt war und am Ankerplatz Fla-Schutz durch Zerstörer nur zeitweilig vorhanden war.

Die Maßnahmen im Boot nach dem Sinken waren sachgemäß, das ruhige Aussteigen unter Leitung der im Boot verbliebenen Unteroffiziere ist anzuerkennen.

1. Unternehmung U 124:
(Nordatlantik, Hebriden, Nordkanal, Rockall-Bank)

Kdt:	Kl Wilhelm Schulz (4. Feindfahrt)
I. WO:	OlzS Reinhard Hardegen
19.08.1940	Wilhelmshaven aus
16.09.1940	Lorient ein
Erfolge:	3 Schiffe (14463 BRT +)

Stellungnahme des B.d.U.:
1.) Der Angriff auf den Geleitzug am 25. August stellt eine ausgezeichnete Leistung des Kommandanten dar.
2.) Das Fühlunghalten an mehreren Dampfern, allerdings unter schwierigen Verhältnissen, ist dem Kommandanten nicht geglückt. Es bleibt dahingestellt, ob die Fühlung nicht doch hätte gehalten werden können.
3.) Die möglichen Schwächen und Nachteile eines weitreichenden Minengeleites haben sich hier am 20. August deutlich gezeigt.

2. Unternehmung U 124:
(Nordatlantik, nordwestlich von Irland)

Kdt:	Kl Wilhelm Schulz (5. Feindfahrt)
I. WO:	OlzS Reinhard Hardegen
II.WO:	OlzS Johann Mohr
05.10.1940	Lorient aus
13.11.1940	Lorient ein
Erfolge:	5 Schiffe (20061 BRT +)

Stellungnahme des B.d.U.:
1.) Erfolgreiche, gut durchgeführte Unternehmung.
2.) Das Halten der Fühlung in der Dämmerung und Nacht ist noch verbesserungsbedürftig.

3. Unternehmung U 124:
(Nordatlantik, westlich des Nordkanals)

Kdt:	Kl Wilhelm Schulz (6. Feindfahrt)
I. WO:	OlzS Johann Mohr
II.WO:	OlzS Werner Henke
16.12.1940	Lorient aus
22.01.1941	Lorient ein
Erfolge:	1 Schiff (5965 BRT +)

Stellungnahme des B.d.U.:
1.) Der geringe Erfolg der Unternehmung ist in erster Linie auf die lange Dunkelheit und die oft sehr mäßige Sicht im Operationsgebiet zurückzuführen.
2.) Vielleicht hätte mehr erwartet werden können, wenn der Kommandant noch zäher vermutete Rauchwolken verfolgt, noch öfter zum Horchen getaucht wäre. Der Wille zum Erfolg muß sich in der andauernden Ausnützung aller nur irgend den Erfolg versprechenden Mittel auswirken.

4. Unternehmung U 124:
(Mittelatlantik, Kanaren, vor Freetown)

Kdt:	Kl Wilhelm Schulz (7. Feindfahrt)
I. WO:	OlzS Johann Mohr
II.WO:	OlzS Werner Henke
23.02.1941	Lorient aus
01.05.1941	Lorient ein
Erfolge:	11 Schiffe (53297 BRT +)

Stellungnahme des B.d.U.:
Der Angriff auf den Geleitzug am 08.03. stellt eine besonders gute Leistung dar. Die gesamte Durchführung der Unternehmung ist

klar, überlegt und gut. Ihr Erfolg ist sehr befriedigend.

5. Unternehmung U 124:
(Mittelatlantik, westlich von Gibraltar)

Kdt:	Kl Wilhelm Schulz (8. Feindfahrt)
I. WO:	OlzS Werner Henke
10.07.1941	Lorient aus
12.07.1941	Lorient ein
15.07.1941	Lorient aus
25.08.1941	Lorient ein
Erfolge:	keine

Stellungnahme des B.d.U.:
Der sonst oft bewährte Kommandant hat auf dieser Unternehmung kein besonderes Glück entwickelt. Sehr ungünstige Wetter- und Sichtverhältnisse haben die Operationen, besonders an dem stark und geschickt gesicherten Geleitzug sehr erschwert.
U 124 hat am 13.08. den Geleitzug um 1907 Uhr in Sicht bekommen, aber erst mehrere Stunden später gemeldet. Diese Meldung hätte unbedingt sofort erfolgen müssen.

Erfolge Wilhelm Schulz als Kommandant U 124:
20 Schiffe (93 786 BRT +)

Erich Zürn

* 23.07.1906 in Stuttgart
† 09.08.1965 in Grossholzleute bei Isny

23.04.1941
Ritterkreuz (66-28)

06.01.1925
Eintritt in die Reichsmarine

06.01.1925 – 01.07.1925
Infanterieausbildung – 7. Komp./II. Abt. S.St.Div. der Ostsee, Stralsund

02.07.1925 – 31.10.1925
Heizer – Schulschiff DELPHIN

01.11.1925 – 16.12.1925
E III-Lehrgang – 1. Komp./Marineschule Kiel

17.12.1925 – 19.05.1928
Oberheizer – Minensuchboot M-108

06.01.1927
Oberheizer

20.05.1928 – 29.09.1928
Oberheizer – Schulschiff DELPHIN

30.09.1928 – 02.04.1929
Unteroffiziersanwärter – 3. Komp./Marineschule Friedrichsort

01.02.1929
Heizergefreiter

03.04.1929 – 20.12.1929
E II-Lehrgang – 2. Komp., ab 29.09. 1929, 1. Komp./Marineschule Kiel

14.09.1929
Maschinengefreiter

21.12.1929 – 03.01.1930
3. Komp./I. Abt. S.St.Div. der Ostsee, Stralsund

04.01.1930 – 30.09.1931
Maschinenmaat der E-Anlage – Leichter Kreuzer KÖNIGSBERG

01.05.1930
Maschinenmaat

01.10.1931 – 02.07.1932
E I-Lehrgang – 2. Komp., ab 31.03.1932, 1. Komp./Marineschule Kiel

01.05.1932
Obermaschinenmaat

03.07.1932 – 27.09.1932
4. Komp./II. Abt. S.St.Div. der Ostsee, Stralsund

28.09.1932 – 28.09.1933
Wachmaschinist – Minensuchboot M-126/ 1. Minensuchhalbflottille

01.10.1932
Maschinist, bzw. überzähliger Obermaschinist

29.09.1933 – 07.08.1935
technischer Hilfslehrer – 1.Komp./U-Abwehrschule

01.04.1934
Obermaschinist

08.08.1935 – 15.02.1936
Obermaschinist – U 3/Schulverband der U-Schule

16.02.1936 – 02.03.1936
2. Komp./U-Schule

03.03.1936 – 02.01.1938
1. Wachmaschinist – U 26/U-Flottille Saltzwedel

02.10.1936
Dienstauszeichnung IV. Klasse

06.01.1937
Dienstauszeichnung III. Klasse

03.01.1938 – 03.03.1938
Mot I Lehrgang – 1. Komp./Marineschule Kiel

04.03.1938 – 03.09.1938
1. Wachmaschinist – U 26/U-Flottille Saltzwedel

04.09.1938 – 18.01.1939
Hilfssachbearbeiter des militärischen Referenten der Erprobung der U-Boote (Erprobungsfahrten auf verschiedenen U-Booten) – Erprobungsgruppe für U-Boote, E.A.U. ACHERON

01.10.1938
Stabsobermaschinist

19.01.1939 – 01.04.1939
Lehrgang – Marineschule Flensburg-Mürwik

20.01.1939
Ingenieursoffiziersanwärter

24.03.1939
Fähnrich (Ing.)

02.04.1939 – 27.04.1939
Baubelehrung – Schwerer Kreuzer ADMIRAL HIPPER

28.04.1939 – 09.10.1939
Schwerer Kreuzer ADMIRAL HIPPER

06.06.1939
Spanienkreuz in Bronze

15.09.1939
Oberfähnrich (Ing.)

10.10.1939 – 01.12.1939
U-Lehrgang – U-Schule

01.11.1940
Leutnant (Ing.)

02.12.1939 – 21.12.1939
z.Vfg. – B.d.U./Org. Kiel

22.12.1939 – 14.07.1941
Leitender Ingenieur – U 48/7. U-Flottille
Feindfahrten U 48/
Kdt: Herbert Schultze
24.01.1940 – 26.02.1940
03.04.1940 – 20.04.1940
Feindfahrten U 48/Kdt i.V.:
Hans Rudolf Rösing
26.05.1940 – 29.06.1940
07.08.1940 – 28.08.1940
Feindfahrten U 48/Kdt:
Heinrich Bleichrodt
08.09.1940 – 25.09.1940
05.10.1940 – 27.10.1940
Feindfahrten U 48/Kdt:
Herbert Schultze
20.01.1941 – 27.02.1941
17.03.1941 – 08.04.1941
22.05.1941 – 21.06.1941

25.02.1940
Eisernes Kreuz II. Klasse

20.04.1940
U-Boots-Kriegsabzeichen 1939

03.07.1940
Eisernes Kreuz I. Klasse

01.11.1940
Oberleutnant (Ing.) (-22-)

23.04.1941
Ritterkreuz des Eisernen Kreuzes
Erich Zürn war auf U 48 von Dezember 1939 bis Juli 1941. An den großen Erfolgen des Bootes hatte Zürn durch seine Funktion als Leitender Ingenieur beträchtlichen Anteil. Deshalb wurde er am 23.04. 1941 mit dem Ritterkreuz ausgezeichnet.

15.07.1941 – 05.09.1941
Ingenieuroffizier – 5. U-Flottille/U-Stützpunkt Kiel

06.09.1941 – 07.09.1941
z.Vfg. – B.d.U.

08.09.1941 – 31.05.1942
Flottilleningenieur – 23. U-Flottille/Salamis

01.02.1942
Kapitänleutnant (Ing.) (-3-)

01.06.1942 – 31.01.1944
Flottilleningenieur – 29. U-Flottille/La Spezia und Toulon

01.02.1944 – Kriegsende
z.Vfg., später Flottilleningenieur – 5. U-Flottille Kiel

Herbert Kuppisch

10.12.1909
in Hamburg
27.08.1943
im Mittelatlantik/
Sargasso-See

14.05.1941
Ritterkreuz (69-29)

4.10.1933
Eintritt in die Reichsmarine
Crew 32 (eingegliedert)

04.10.1933 – 02.01.1934
Infanterieausbildung – 6. Komp./II. Abt. S.St.Div. der Ostsee, Stralsund

03.01.1934 – 31.01.1934
Artillerielehrgang – S.A.S. Kiel

01.01.1934
Fähnrich zur See

01.02.1934 – 17.03.1934
Infanterielehrgang für Fähnriche – II. Abt. S.St.Div. der Ostsee, Stralsund

18.03.1934 – 09.04.1934
Nachrichtenlehrgang für Fähnriche – Nachrichtenschule Flensburg-Mürwik

10.04.1934 – 25.04.1934
Fla-Waffenlehrgang für Fähnriche – Küstenartillerieschule

26.04.1934 – 12.05.1934
Sperrlehrgang für Fähnriche – Sperrschule Kiel

13.05.1934 – 03.07.1934
Torpedolehrgang für Fähnriche – Torpedoschule Flensburg-Mürwik

04.07.1934 – 18.04.1935
Hauptlehrgang für Fähnriche – Marineschule Flensburg-Mürwik bzw.

20.08.1934 – 25.08.1934
Navigationsbelehrungsfahrt – Leichter Kreuzer LEIPZIG bzw.

18.01.1935 – 23.01.1935
Navigationsbelehrungsfahrt – Tender SAAR

19.04.1935 – 26.05.1935
Bordausbildung – Leichter Kreuzer KÖNIGSBERG

27.05.1935 – 28.07.1935
Artillerielehrgang für Fähnriche – S.A.S. Kiel-Wik

29.07.1935 – 03.08.1935
U.A.-Lehrgang für Fähnriche – U-Abwehrschule

04.08.1935 – 26.09.1935
Bordausbildung – Leichter Kreuzer KÖNIGSBERG

01.09.1935
Oberfähnrich zur See

27.09.1935 – 31.12.1935
U-Schule

01.01.1936 – 19.12.1936
Kompanieoffizier – U-Schule, zugleich

29.09.1936 – 19.12.1936
T-Lehrgang – Torpedoschule Flensburg-Mürwik

01.01.1936
Leutnant zur See (-17-)

20.12.1936 – 31.01.1937
U-Schüler – U-Schule, zugleich

06.01.1937 – 30.01.1937
U.T.O.-Zusatzlehrgang – Torpedoschule Flensburg-Mürwik

01.02.1937 – 30.04.1937
U-Schüler – U-Schule

01.05.1937 – 18.05.1937
Wachoffizier – U 2/U-Bootsschule

19.05.1937 – 31.05.1937
II.WO – U 29/U-Flottille Saltzwedel

01.06.1937 – 01.10.1937
Kompanieoffizier – II. Abt. M.L.A.

01.10.1937
Oberleutnant zur See (-13-)

02.10.1937 – 15.01.1939
II.WO – U 9 und U 23/U-Flottille Weddigen

04.10.1937
Dienstauszeichnung IV. Klasse

16.01.1939 – 03.02.1939
Baubelehrung – Deutsche Werke Kiel für U 58

04.02.1939 – 30.06.1940
Kommandant – U 58/U-Flottille Emsmann, ab 01.01.1940, 1. U-Flottille

01.11.1939
Kapitänleutnant (-9-)

05.12.1939
Eisernes Kreuz II. Klasse

20.12.1939
Medaille zur Erinnerung an den 01.10.1938

04.05.1940
Eisernes Kreuz I. Klasse

04.05.1940
U-Boots-Kriegsabzeichen 1939

18.06.1940
Nennung im Wehrmachtsbericht

01.07.1940 – 16.07.1940
z.Vfg. – 1. U-Flottille

17.07.1940 – 09.08.1940
Baubelehrung – Gruppe U-Boote Ostsee für U 94

10.08.1940 – 29.08.1941
Kommandant – U 94/7. U-Flottille (das K.T.B. U 94 gibt den 29.08.41 als Kommandantenwechsel zwischen Kl Herbert Kuppisch – OlzS Otto Ites an)

09.05.1941
Nennung im Wehrmachtsbericht

14.05.1941
Ritterkreuz des Eisernen Kreuzes

30.08.1941 – 21.09.1941
z.Vfg. – 7. U-Flottille

22.09.1941 – 28.12.1942
3. Asto, ab Juni 1942 6. Asto – Stab, B.d.U.op.

29.12.1942 – 23.06.1943
Referent – OKM/Skl

24.06.1943 – 30.06.1943
Kommandant – U 516/10. U-Flottille

01.07.1943 – 27.08.1943
Kommandant – U 847/12. U-Flottille (lt. K.T.B. U 847 übernahm Herbert Kuppisch das Boot am 30.06.1943)

27.08.1943
Im Westatlantik, Sargasso-See, durch eine »Wildcat« und eine »Avenger« des US-Geleitträgers CARD (Squadron VC-1) mit akustischem Zielsuchtorpedo (Fido) während des Wegtauchens versenkt. Zwei heftige Unterwasserdetonationen und auftreibendes Öl zeigten die Vernichtung des U-Bootes an. Mit U 847 fand die gesamte Besatzung den Tod.

1. Unternehmung U 58:
(Nordsee, Große Fischerbank)

Kdt:	OlzS Herbert Kuppisch (1. Feindfahrt)
25.08.1939	Wilhelmshaven aus
09.09.1939	Kiel ein
Erfolge:	keine

2. Unternehmung U 58:
(Nordsee)

Kdt:	Kl Herbert Kuppisch (2. Feindfahrt)
23.10.1939	Kiel aus
10.11.1939	Kiel ein
Erfolge:	keine

3. Unternehmung U 58:
(Nordsee, Minenunternehmung vor Lowestoft)

Kdt:	Kl Herbert Kuppisch (3. Feindfahrt)
29.11.1939	Kiel aus
05.12.1939	Kiel ein
Erfolge:	keine

Auszug aus dem K.T.B. des F.d.U. West vom 05.12.1939:
U 58 Kiel ein. U 58 hat seine Sperre planmäßig gelegt und bringt neue Feuerbeobachtungen von der holländischen und englischen Südostküste.

4. Unternehmung U 58:
(Nordsee, britische Ostküste)

Kdt:	Kl Herbert Kuppisch (4. Feindfahrt)
27.12.1939	Kiel aus
28.12.1939	Wilhelmshaven ein
28.12.1939	Wilhelmshaven aus
08.01.1940	Kiel ein
Erfolge:	2 Schiffe (4426 BRT +)

Auszug aus dem K.T.B. des F.d.U. West vom 06. und 08.01.1940:
06.01.1940: U 58 meldet Rückmarsch und Torpedierung von 2 Dampfern und einem Geleitfahrzeug, wahrscheinlich Zerstörer. Bezüglich letzterem kann es sich um den am 31. Dezember 1939 als in der Nordsee gesunken gemeldeten Zerstörer VISCOUNT handeln.
08.01.1940: U 58 Kiel eingelaufen nach Unternehmung. T.E.K. soll den gemeldeten M.Z.-Versager prüfen.

5. Unternehmung U 58:
(Nordsee, britische Ostküste)

Kdt:	Kl Herbert Kuppisch (5. Feindfahrt)
20.01.1940	Kiel aus
25.01.1940	Wilhelmshaven ein
27.01.1940	Wilhelmshaven aus
08.02.1940	Wilhelmshaven ein
Erfolge:	1 Schiff (815 BRT +)

Auszug aus dem K.T.B. des F.d.U. West vom 08.02.1940:
U 58 in Wilhelmshaven eingelaufen nach ausgesprochener Schlechtwetterunternehmung bei Kinnaird's Head mit wenig Erfolg (1 – 2500 t – Dampfer) infolge 4 Versager durch Nichtzündung.

6. Unternehmung U 58:
(Norwegenfeldzug, Pentland-Firth)

Kdt:	Kl Herbert Kuppisch (6. Feindfahrt)
31.03.1940	Wilhelmshaven aus
03.05.1940	Kiel ein
Erfolge:	keine

Stellungnahme des B.d.U:
1.) Beurteilung der Verhältnisse in den Operationsgebieten siehe KTB U 59 für 20.03.–09.05.1940.
2.) Zahlreiche Angriffsgelegenheiten auf Handelsschiffe mußten vor der »Weser-

zeit« gemäß Operationsbefehl ausgelassen werden.

3.) *Beim Angriff auf Zerstörer am 10. und 27.04.1940 mußte die erste Chance ausgenutzt werden, das war der Spatz in der Hand. Beim Angriff auf Zerstörer erfordert die rasch sich ändernde Lage den frühest möglichen Schuß.*

7. Unternehmung U 58:
(Nordsee, Orkneys, North Minch)

Kdt:	Kl Herbert Kuppisch (7. Feindfahrt)
27.05.1940	Kiel aus
16.06.1940	Helgoland ein
16.06.1940	Helgoland aus
17.06.1940	Kiel ein
Erfolge:	1 Schiff (8401 BRT +)

Stellungnahme des B.d.U.:
Angriff an 01./02.06.1940 beispielhaft für einen zähen Angriff.
Es scheint, daß der Verkehr von der West- zur Ostküste überwiegend mit kleineren Fahrzeugen durchgeführt wird. Trotz ungünstiger Jahreszeit muß das Gebiet Moray-Firth gelegentlich wieder beobachtet werden.

1. Unternehmung U 94:
(Nordatlantik, nordwestlich von Irland)

Kdt:	Kl Herbert Kuppisch (8. Feindfahrt)
20.11.1940	Kiel aus
31.12.1940	Lorient ein
Erfolge:	3 Schiffe (18053 BRT +)
	1 Schiff (4360 BRT =)

Stellungnahme des B.d.U.:
Ausgezeichnet durchgeführte Unternehmung. Das Verhalten des Kommandanten beim Operieren und im Angriff auf den Geleitzug am 02. Dezember verdient hervorgehoben zu werden. Sein Entschluß, trotz der Entfernung von 3000 m auf ihn zu operieren, auch als später keine Meldungen mehr eingingen, war richtig, und ist durch einen schönen Erfolg belohnt worden. Sein Benehmen gegenüber der Sicherung war sehr gut und sehr richtig.

2. Unternehmung U 94:
(Nordatlantik, Nordkanal, nordwestlich von Irland)

Kdt:	Kl Herbert Kuppisch (9. Feindfahrt)
09.01.1941	Lorient aus
19.02.1941	Lorient ein
Erfolge:	3 Schiffe (12653 BRT +)

Stellungnahme des B.d.U.:
Vom Wetter beeinträchtigte Unternehmung. Kommandant hat aber alle Erfolgsmöglichkeiten zähe ausgenutzt und die möglichen Erfolge auch erzielt. Gut.

3. Unternehmung U 94:
(Nordatlantik, südwestlich von Island)

Kdt:	Kl Herbert Kuppisch (10. Feindfahrt)
I. WO:	OlzS Max Martin Teichert
29.03.1941	Lorient aus
18.04.1941	Lorient ein
Erfolge:	2 Schiffe (10994 BRT +)

Stellungnahme des B.d.U.:

1.) *Der Gesamterfolg der Unternehmung ist zwar nicht sehr hoch; ihre klare entschlossene Durchführung verdient aber volle Anerkennung. Der bewährte Kommandant hat auch dies Mal sein Können, seine Einsatzbereitschaft, sein Wagen und sein ruhiges Wägen voll unter Beweis gestellt. Er hat alles getan, um den Erfolg zu erzwingen, trotz der ungünstigen äußeren Umstände, bei wieder Torpedoversager, die sich sehr oft gegen ihn gestellt haben.*

2.) *WELCOMBE wurde von einem anderen U-Boot (U 98) versenkt. Es muß sich um einen anderen Dampfer gleicher Größe gehandelt haben.*

4. Unternehmung U 94:
(Nordatlantik, südwestlich Island, südöstlich Grönland)

Kdt:	Kl Herbert Kuppisch (11. Feindfahrt)
I. WO:	OlzS Max Martin Teichert
29.04.1941	Lorient aus
04.06.1941	St. Nazaire ein
Erfolge:	4 Schiffe (26767 BRT +)

Stellungnahme des B.d.U.:

1.) *Ausgezeichnet durchgeführte Unternehmung. Besonders hervorzuheben ist der vorzügliche Angriff auf den Geleitzug am 07. Mai. Hier zeigt sich das Können des Kommandanten.*

2.) *Die nachträgliche Feststellung durch den B-Dienst, daß einer der im Geleitzug ver-*

senkten und mit 5000–6000 BRT geschätzten Dampfer, tatsächlich 10263 BRT gehabt hat, ist für das vorsichtige Schätzen des Kommandanten bezeichnend.

Funkspruch an U 94 vom 19.05.1941:
U 94 und U 556:
Der Führer hat dem Kommandanten das Ritterkreuz zum Eisernen Kreuz verliehen. Ich übermittle für diese Anerkennung der Leistungen und Erfolge der Boote und ihrer Besatzungen meine herzlichen Glückwünsche.
Oberbefehlshaber.

Zusatz: Weiterhin Glück und Erfolg. Schlagt England.
B.d.U.

5. Unternehmung U 94:

(Mittelatlantik, westlich von Gibraltar)

Kdt:	Kl Herbert Kuppisch (12. Feindfahrt)
12.07.1941	St. Nazaire aus
16.08.1941	St. Nazaire ein
Erfolge:	keine

Stellungnahme des B.d.U.:
Die Unternehmung ist ohne Erfolg geblieben. Bezüglich der Durchführung und des Verhaltens kann jedoch dem Kommandanten kein Vorwurf gemacht werden. Das Kriegsglück gab ihm diesmal keine Chance.

1. Unternehmung U 847:

(Mittelatlantik, Azoren, Sargassomeer)

Kdt:	Kl Herbert Kuppisch (13. Feindfahrt)
LI:	Ol (Ing.) d.R. Willi Lechtenbörger
06.07.1943	Kiel aus
20.07.1943	Bergen ein
29.07.1943	Bergen aus
27.08.1943	Verlust U 847
Erfolge:	keine

Erfolge Herbert Kuppisch als Kommandant U 58:
4 Schiffe (13642 BRT +)

Erfolge Herbert Kuppisch als Kommandant U 94:
12 Schiffe (68467 BRT +)
1 Schiff (4360 BRT =)

Gesamt:
16 Schiffe (82109 BRT +)
1 Schiff (4360 BRT =)

HERBERT WOHLFARTH

* 05.06.1915
IN KANAZAWA/JAPAN
† 13.08.1982
IN VILLINGEN

15.05.1941
Ritterkreuz (70-30)

01.04.1933
Eintritt in die Reichsmarine
Crew 33

01.04.1933 – 29.06.1933
Infanterieausbildung – II. Abt. S.St.Div. der Ostsee, Stralsund

30.06.1933 – 23.09.1933
Bordausbildung – SSS GORCH FOCK

23.09.1933
Seekadett

24.09.1933 – 27.06.1934
Bordausbildung – Leichter Kreuzer KARLSRUHE

28.06.1934 – 18.04.1935
Hauptlehrgang für Fähnriche – Marineschule Flensburg-Mürwik bzw.

17.10.1934 – 23.10.1934
Navigationsbelehrungsfahrt – Tender NORDSEE bzw.

31.01.1935 – 06.02.1935
Navigationsbelehrungsfahrt – Tender NORDSEE

01.07.1934
Fähnrich zur See

19.04.1935 – 12.05.1935
Sperrlehrgang für Fähnriche – Sperrschule Kiel-Wik

13.05.1935 – 14.06.1935
Infanterielehrgang (Zugführerlehrgang) für Fähnriche – 10. Komp./II. Abt. S.St.Div. der Ostsee, Stralsund

15.06.1935 – 30.06.1935
Fla-Waffenlehrgang für Fähnriche – Küstenartillerieschule Wilhelmshaven

01.07.1935 – 06.07.1935
U-Abwehrlehrgang für Fähnriche – U-Abwehrschule Kiel-Wik

07.07.1935 – 29.07.1935
Nachrichtenlehrgang für Fähnriche – Nachrichtenschule Flensburg-Mürwik

30.07.1935 – 18.09.1935
Torpedolehrgang für Fähnriche – Torpedoschule Flensburg-Mürwik

19.09.1935 – 07.12.1935
Artillerielehrgang für Fähnriche – S.A.S. Kiel-Wik

08.12.1935 – 05.01.1936
Personalstamm – Panzerschiff ADMIRAL GRAF SPEE

06.01.1936 – 12.01.1936
Bordausbildung – Panzerschiff ADMIRAL GRAF SPEE

13.01.1936 – 17.01.1936
Luftschutzlehrgang – S.A.S. Kiel-Holtenau

18.01.1936 – 18.05.1937
Zugoffizier II. Division – Panzerschiff ADMIRAL GRAF SPEE

01.04.1936
Oberfähnrich zur See

01.10.1936

Leutnant zur See (-6-)

31.03.1937
Dienstauszeichnung IV. Klasse

19.05.1937 – 29.09.1937
U-Schüler – U-Schule

30.09.1937 – 06.02.1938
Flaggleutnant – U-Flottille Lohs

07.02.1938 – 19.02.1938
Lehrgang für Signaloffiziere – Nachrichtenschule Flensburg-Mürwik

20.02.1938 – 12.06.1938
Adjutant – U-Flottille Lohs

01.06.1938
Oberleutnant zur See (-6-)

13.06.1938 – 02.07.1938
U.T.O.-Zusatzlehrgang – Torpedoschule Flensburg-Mürwik

03.07.1938 – 25.09.1938
Adjutant – U-Flottille Lohs

26.09.1938 – 18.10.1939
Wachoffizier – U 16/U-Flottille Lohs
Feindfahrten U 16/Kdt:
Hannes Weingärtner
02.09.1939 – 08.09.1939
13.09.1939 – 05.10.1939

06.10.1939
Eisernes Kreuz II. Klasse

19.10.1939 – 01.06.1940
Kommandant – U 14/U-Ausbildungsflottille (lt. K.T.B. U 14 fand der Kommandanten- bzw. Besatzungswechsel zwischen U 16 und U 14 am 10.10.1939 statt)

20.12.1939
Medaille zur Erinnerung an den 01.10.1938

20.12.1939
U-Boots-Kriegsabzeichen 1939

02.06.1940 – 04.06.1940
z.Vfg. – 1. U-Flottille

05.06.1940 – 14.06.1940
Baubelehrung – U-Boote, Gruppe Ostsee für U 137

15.06.1940 – 14.12.1940
Kommandant – U 137/1. U-Flottille (lt. K.T.B. U 137 fand der Kommandantenwechsel Kl Herbert Wohlfarth – OlzS Hanns Ferdinand Maßmann am 15.12.1940 statt)

26.09.1940
Nennung im Wehrmachtsbericht

01.10.1940
Kapitänleutnant (-6-)

01.10.1940
Eisernes Kreuz I. Klasse

20.11.1940
Nennung im Wehrmachtsbericht

15.12.1940 – 05.01.1941
z.Vfg. – 1. U-Flottille

06.01.1941 – 05.02.1941
Baubelehrung – U-Boote, Admiral KMD Hamburg

06.02.1941 – 27.06.1941
Kommandant – U 556/1. U-Flottille

15.05.1941
Ritterkreuz zum Eisernen Kreuz

27.06.1941
Im Nordatlantik südwestlich von Island am Konvoi HX.133 nach siebeneinhalbstündiger Wasserbombenverfolgung durch die britischen Korvetten NASTURIUM, CELANDINE und GLADIOLUS zum Auftauchen gezwungen, wurde U 556 von den Sicherungsfahrzeugen unter Feuer genommen, wobei 5 Mann der U-Boot-Besatzung den Tod fanden. Der Kommandant und 37 Mann wurden gerettet und gerieten in Kriegsgefangenschaft.

01.11.1941
Italienisches Kriegsverdienstkreuz

27.06.1941 – 14.07.1947
Kriegsgefangenschaft in England und Kanada

3. Unternehmung U 14:
(Nordsee)

Kdt:	OlzS Herbert Wohlfarth (3. Feindfahrt)
WO:	OlzS Hans Heidtmann
17.01.1940	Kiel aus
18.01.1940	Helgoland ein
20.01.1940	Helgoland aus
26.01.1940	Wilhelmshaven ein
Erfolge:	1 Schiff (1 752 BRT +)

Auszug aus dem K.T.B. des F.d.U. West:
U 14 von Unternehmung »Maaß«-Feuerschiff eingelaufen. Es traf dort viel Verkehr und versenkte einen Dampfer von etwa 2 500 ts, 1 Grundlaufversager, 2 Fehlschüsse.

4. Unternehmung U 14:
(Nordsee)

Kdt:	OlzS Herbert Wohlfarth (4. Feindfahrt)
WO:	OlzS Hans Heidtmann
11.02.1940	Wilhelmshaven aus
11.02.1940	Helgoland ein
12.02.1940	Helgoland aus
19.02.1940	Helgoland ein
20.02.1940	Helgoland aus
20.02.1940	Wilhelmshaven ein
Erfolge:	4 Schiffe (5320 BRT +)

5. Unternehmung U 14:
(Nordsee)

Kdt:	OlzS Herbert Wohlfarth (5. Feindfahrt)
WO:	OlzS Hans Heidtmann
03.03.1940	Wilhelmshaven aus
11.03.1940	Wilhelmshaven ein
Erfolge:	4 Schiffe (5290 BRT +)

Auszug aus dem K.T.B. des F.d.U. West:
U 14 in Wilhelmshaven eingelaufen. Das Boot hat 4 Dampfer mit zusammen 9500 BRT versenkt, obwohl es zurückgerufen wurde, ehe es alle Torpedos (erstmalig Ausrüstung mit 6 Torpedos) verschossen hatte. Rückruf war erfolgt, um das Boot für den besonderen Einsatz möglichst bald wieder klar zu haben.

6. Unternehmung U 14:
(vor Bergen)

Kdt:	OlzS Herbert Wohlfarth (6. Feindfahrt)
WO:	OlzS Hans Heidtmann
04.04.1940	Wilhelmshaven aus
05.05.1940	Kiel ein
Erfolge:	keine

Stellungnahme des B.d.U.:
1.) *Dauerndes »auf Tiefe stehen« bei Tage und alleiniges Verlassen auf die Horchpeilung sind abzulehnen. Horchen kann Sehen nicht ersetzen. Unterwasserstehen nur bei schlechter Sicht, da dann Überraschung durch Flugzeuge möglich. Bei guter Sicht aufgetaucht bleiben. Das Überraschtwerden durch Zerstörer am 26.04. wäre bei entsprechendem Verhalten des Bootes nicht möglich gewesen. Es ist ein Beweis dafür, daß das Verlassen auf Horchen allein zum Mißerfolg führt. Die entsprechenden Ausführungen des Kommandanten sind abwegig.*
2.) *Das achtere (Luftziel) Sehrohr aus Sorge vor allgemeiner Luftgefahr nicht zu benutzen, ist übertrieben.*
3.) *Verfolgende Zerstörer querab zu halten (vergl. »Erfahrungen des Kommandanten«, Ziffer 4) ist falsch, da das Boot mit Lage 90 das beste Ortungsziel bietet. Verfolgende Zerstörer sollen im Gegenteil möglichst achteraus genommen werden, da dann*
   a) *das kleinste und ungünstigste Ortungsziel geboten wird und*
   b) *die Ortung auch durch das Schraubenwasser des U-Bootes erschwert wird.*

Beim Angehen des Zerstörers muß dem durch A. K. und Hartruder ausgewichen werden. Bei Zerstörern muß in allen Fällen mit Ortungs-, nicht mit Horchgeräten gerechnet werden.

1. Unternehmung U 137:
(Nordatlantik, Nordkanal, Rockall-Bank)

Kdt:	OlzS Herbert Wohlfarth (7. Feindfahrt)
14.09.1940	Kiel aus
17.09.1940	Stavanger ein
21.09.1940	Stavanger aus
29.09.1940	Lorient ein
Erfolge:	2 Schiffe (10795 BRT +) 1 Schiff (4917 BRT =)

Stellungnahme des B.d.U.:
Guter, geschickter und entschlossener Angriff auf Geleitzug, der selbst, wenn nicht alle Dampfer gesunken sein sollten, ein voller Erfolg gewesen ist.

2. Unternehmung U 137:
(Nordatlantik, Nordkanal)

Kdt:	Kl Herbert Wohlfarth (8. Feindfahrt)
09.10.1940	Lorient aus
17.10.1940	Lorient ein
Erfolge:	1 Schiff (10552 BRT =)

Stellungnahme des B.d.U.:
Der Gesamterfolg der Unternehmung ist zwar gering, aber die Bedingungen für den Angriff eines kleinen Bootes auf schnelle Schiffe sind schwierig. Es war richtig, daß der Kommandant trotzdem alles versucht hat,

was ihm möglich schien. Die Torpedierung des Hilfskreuzers CHESHIRE ist unter den vorliegenden Verhältnissen ein Beweis für das Geschick des Kommandanten und ein schöner Erfolg.

3. Unternehmung U 137:
(Nordatlantik, westlich des Nordkanals)

Kdt:	Kl Herbert Wohlfarth (9. Feindfahrt)
03.11.1940	Lorient aus
22.11.1940	Bergen ein
24.11.1940	Bergen aus
27.11.1940	Kiel ein
Erfolge:	4 Schiffe (13341 BRT +)

Stellungnahme des B.d.U.:
Ausgezeichnete Unternehmung. Richtige Überlegungen am Geleitzug.
Ein sehr schöner Erfolg für ein kleines Boot.

1. Unternehmung U 556:
(Nordatlantik, südlich von Island)

Kdt:	Kl Herbert Wohlfarth (10. Feindfahrt)
01.05.1941	Kiel aus
30.05.1941	Lorient ein
Erfolge:	6 Schiffe (29552 BRT +) 1 Schiff (4986 BRT =)

Stellungnahme des B.d.U.:
Umsichtig, tatkräftig und mit viel Initiative durchgeführte Unternehmung, deren großer Erfolg in besonderem Maße der ausgezeichneten Leistung des Kommandanten zuzuschreiben ist.

Funkspruch vom 19.05.1941 an U 94 und U 556:
Von Oberbefehlshaber: Der Führer hat den Kommandanten das Ritterkreuz zum Eisernen Kreuz verliehen. Ich übermittle für diese Anerkennung der Leistungen und Erfolge der Boote und ihrer Besatzungen meine herzlichsten Glückwünsche.
Zusatz: Weiterhin Glück und Erfolg. Schlagt England.

- B.d.U. -

2. Unternehmung U 556:
(Nordatlantik, südwestlich von Island)

Kdt:	Kl Herbert Wohlfarth (11. Feindfahrt)
19.06.1941	Lorient aus
27.06.1941	Verlust U 556
Erfolge:	keine

Erfolge Herbert Wohlfarth als Kommandant U 14:
9 Schiffe (12362 BRT +)

Erfolge Herbert Wohlfarth als Kommandant U 137:
6 Schiffe (24136 BRT +)
2 Schiffe (15469 BRT =)

Erfolge Herbert Wohlfarth als Kommandant U 556:
6 Schiffe (29552 BRT +)
1 Schiff (4986 BRT =)

Gesamt:
21 Schiffe (66050 BRT +)
3 Schiffe (20455 BRT =)

Georg Schewe

*** 24.11.1909**
in Ueckermünde/Pommern
† 16.09.1989
in Hamburg

23.05.1941
Ritterkreuz (71-31)

15.10.1928
Eintritt in die Reichsmarine
Crew 32 (eingegliedert)

15.10.1928 – 28.09.1929
Rekrut – 1. Komp./I. Marine-Artillerieabteilung

29.09.1929 – 25.09.1931
Bordausbildung – 2. Torpedoboothalbflottille

01.11.1930
Obermatrose

12.06.1931
Unteroffiziersanwärter

26.09.1931 – 06.11.1931
Lehrgang – Marineschule Flensburg-Mürwik

07.11.1931 – 13.02.1932
Bordausbildung – SSS NIOBE

14.02.1932 – 28.05.1932
Artillerielehrgang – S.A.S. Kiel-Wik

29.05.1932 – 26.09.1932
Lehrgang – 2. Komp./Marineschule Friedrichsort

27.09.1932 – 22.12.1932
Lehrgang – 2. Komp./Torpedo- und Nachrichtenschule Flensburg-Mürwik

01.10.1932
Bootsmannsmaat

23.12.1932 – 14.02.1934
Seemännische Nr.1 – S-5/1.Schnellboothalbflottille

05.02.1934
Offiziersanwärter

15.02.1934 – 02.05.1934
2. Komp./Marineschule Flensburg-Mürwik

03.05.1934 – 11.07.1934
Vorbereitungslehrgang – Marineschule Flensburg-Mürwik

01.07.1934
Fähnrich zur See

12.07.1934 – 18.04.1935
Hauptlehrgang für Fähnriche – 1. Komp./ Marineschule Flensburg-Mürwik, zugleich

03.10.1934 – 09.10.1934
Navigationsbelehrungsfahrt – Tender NORDSEE bzw.

14.02.1935 – 20.02.1935
Navigationsbelehrungsfahrt – Tender NORDSEE

01.10.1934
Oberbootsmannsmaat

19.04.1935 – 12.05.1935
Sperrlehrgang für Fähnriche – Sperrschule Kiel-Wik

13.05.1935 – 14.06.1935
Infanterielehrgang (Zugführerlehrgang) – II. S.St.Abt. der Ostsee

15.06.1935 – 30.06.1935
Fla-Waffenlehrgang für Fähnriche – Küstenartillerieschule Wilhelmshaven

01.07.1935 – 06.07.1935
U-Abwehrlehrgang für Fähnriche – U-Abwehrschule Kiel-Wik

07.07.1935 – 29.07.1935
Nachrichtenlehrgang für Fähnriche – Nachrichtenschule Flensburg-Mürwik

30.07.1935 - 18.09.1935
Torpedolehrgang für Fähnriche – Torpedoschule Flensburg-Mürwik

01.09.1935
Oberfähnrich zur See

19.09.1935 – 07.12.1935
Artillerielehrgang für Fähnriche – S.A.S. Kiel-Wik

08.12.1935 – 31.03.1936
II. S.St.Abt. der Ostsee, Stralsund

01.01.1936
Leutnant zur See (-85-)

01.04.1936 – 11.10.1936
Kompanieoffizier – III. S.St.Abt. der Ostsee, Stralsund

02.10.1936
Dienstauszeichnung IV. Klasse

12.10.1936 – 14.04.1937
U-Schüler – U-Schule, zugleich

12.10.1936 – 19.12.1936
T-Lehrgang – Torpedoschule Flensburg-Mürwik, zugleich

06.01.1937 – 30.01.1937
U.T.O.-Lehrgang – Torpedoschule Flensburg-Mürwik

15.04.1937 – 08.01.1939
Wachoffizier – U 15 und U 21/U-Flottille Weddigen

01.10.1937
Oberleutnant zur See (-79-)

09.01.1939 – 11.03.1939
Lehrer – Torpedoschule Flensburg-Mürwik

12.03.1939 – 09.07.1939
z.Vfg. – U-Flottille Weddigen

10.07.1939 – 21.07.1939
Baubelehrung – U-Flottille Emsmann/ Deutsche Werke Kiel

22.07.1939 – 19.07.1940
Kommandant – U 60/U-Flottille Emsmann, ab 01.01.1940, 1.U-Flottille

01.10.1939
Kapitänleutnant (-15-)

20.12.1939
Eisernes Kreuz II. Klasse

20.12.1939
Medaille zur Erinnerung an den 01.10. 1938

24.01.1940
U-Boots-Kriegsabzeichen 1939

13.06.1940
Eisernes Kreuz I. Klasse

20.07.1940 – 11.08.1940
z.Vfg. – 1. U-Flottille

12.08.1940 – 09.09.1940
Baubelehrung – U-Boote Nord für U 105

10.09.1940 – 06.01.1942
Kommandant – U 10/2. U-Flottille

22.03.1941
Nennung im Wehrmachtsbericht

17.05.1941
Nennung im Wehrmachtsbericht

23.05.1941
Ritterkreuz des Eisernen Kreuzes

07.01.1942 – 05.1942
2. Asto – Stab, F.d.U. Mittelmeer

05.1942 – 06.09.1944
1. Asto – Stab, F.d.U. Mittelmeer

01.08.1943
Korvettenkapitän (-11-)

07.09.1944 – 20.09.1944
1. U.A.A.

21.09.1944 – 26.10.1944
Flottillenchef – 33. U-Flottille/Flensburg

27.10.1944 – 08.05.1945
Referent – 5.Skl/O.K.M.

08.05.1945 – 26.04.1946
britische Kriegsgefangenschaft (später Hydrographisches Institut)

16.04.1946
Entlassung

1. Unternehmung U 60:
(Nordsee)

Kdt:	Kl Georg Schewe (1. Feindfahrt)
04.11.1939	Kiel aus
21.11.1939	Kiel ein
Erfolge:	keine

2. Unternehmung U 60:
(Nordsee, Minenunternehmung vor Cross-Sand)

Kdt:	Kl Georg Schewe (2. Feindfahrt)
04.12.1939	Kiel aus
04.12.1939	Wilhelmshaven ein
12.12.1939	Wilhelmshaven aus
18.12.1939	Wilhelmshaven ein
19.12.1939	Wilhelmshaven aus
19.12.1939	Kiel ein
Erfolge:	1 Schiff (4373 BRT + Minensperre vom 15.12.1939 in Quadrat AN 7639)

3. Unternehmung U 60:
(Nordsee, britische Ostküste)

Kdt:	Kl Georg Schewe (3. Feindfahrt)
09.01.1940	Kiel aus
21.01.1940	Wilhelmshaven ein
Erfolge:	keine

Stellungnahme aus dem K.T.B. des F.d.U. West vom 21.01.1940:
U 60 in Wilhelmshaven eingelaufen nach Unternehmung.
Das Boot hat trotz der guten Führung durch seinen Kommandanten keine Erfolge gehabt. 3 Versager, 1 Fehlschuß.

4. Unternehmung U 60:
(Nordsee)

Kdt:	Kl Georg Schewe (4. Feindfahrt)
14.02.1940	Wilhelmshaven aus
14.02.1940	Helgoland ein
15.02.1940	Helgoland aus
29.02.1940	Wilhelmshaven ein
Erfolge:	keine

Stellungnahme aus dem K.T.B. des F.d.U. West vom 29.02.1940:
U 13, U 60 Wilhelmshaven eingelaufen von Unternehmung (Nordmark). Keines der beiden Boote konnte etwas versenken. Beide Kommandanten bestätigen die gegen früher von Grund auf veränderten Verhältnisse vor dem Moray Firth, nämlich Verschwinden des Einzelverkehrs. Verlegung des Dampferweges über die Nordsee nach Norden und erhebliche Verstärkung der Abwehr. Bewachung tags durch Zerstörergruppen.

5. Unternehmung U 60:
(Norwegenfeldzug, Unternehmen »Weserübung«, vor Bergen)

Kdt:	Kl Georg Schewe (5. Feindfahrt)
04.04.1940	Wilhelmshaven aus
27.04.1940	Kiel ein
Erfolge:	keine

Stellungnahme des B.d.U.:
1) Zum 16.04.: Die Unterlagen über Atlantikschaltung müßten an Bord sein.
2.) Sonst nichts zu bemerken.

6. Unternehmung U 60:
(Nordsee, Kanal)

Kdt:	Kl Georg Schewe (6. Feindfahrt)
18.05.1940	Kiel aus
10.06.1940	Helgoland ein
10.06.1940	Helgoland aus
11.06.1940	Kiel ein
Erfolge:	keine

Stellungnahme des B.d.U.:
Eine Unternehmung, der trotz Rangehens des Kommandanten der Erfolg versagt blieb.

1. Unternehmung U 105:
(Nordatlantik, nordwestlich Islands, westlich des Nordkanals)

Kdt:	Kl Georg Schewe (7. Feindfahrt)
24.12.1940	Kiel aus
26.12.1940	Kristiansand ein
27.12.1940	Kristiansand aus
31.01.1941	Lorient ein
Erfolge:	2 Schiffe (11359 BRT +)

Stellungnahme des B.d.U.:
Erste Unternehmung des Kommandanten im Atlantik. Erfolg durch Wetterlage dann erschwert, wenn etwas gesehen wurde. Bei dem geringen Verkehr hätte trotz des aussichtslos scheinenden Wetters hartnäckiger an Erfolgsmöglichkeiten festgehalten werden müssen.

2. Unternehmung U 105:
(Südatlantik, Pernambuco, Kanaren, Kapverden, Freetown, Mittelatlantik)

Kdt:	Kl Georg Schewe (8. Feindfahrt)

22.02.1941	Lorient aus
13.06.1941	Lorient ein
Erfolge:	12 Schiffe (71450 BRT +)

Stellungnahme des B.d.U.:
Gute, sehr erfolgreiche Unternehmung. Die ausgezeichnete Zusammenarbeit mit U 106 am Geleitzug verdient besonders hervorgehoben zu werden. Sonst zur Durchführung nichts zu bemerken.

Funkspruch an U 105 vom 25.05.1941:
An U 105: Zur Verleihung Ritterkreuz an Kommandant herzliche Glückwünsche und Dank und Anerkennung für hervorragende Leistungen der Besatzung.
Oberbefehlshaber

Zusatz B.d.U.:
Brav gemacht. Zähigkeit hat sich gelohnt.
B.d.U.

3. Unternehmung U 105:
(Nordatlantik, südwestlich von Island)

Kdt:	Kl Georg Schewe (9. Feindfahrt)
03.08.1941	Lorient aus
20.09.1941	Lorient ein
Erfolge:	1 Schiff (1549 BRT +)

Stellungnahme des B.d.U.:
Der Entschluß des Kommandanten, trotz großer Brennstoffknappheit zu operieren, war gut und hat sich ihm mit einem Erfolg gelohnt. Sonst nichts zu bemerken.

4. Unternehmung U 105:
(Nordatlantik, Dänemark-Straße, Neufundland, Kap Race)

Kdt:	Kl Georg Schewe (10.Feindfahrt)
08.11.1941	Lorient aus
13.12.1941	Lorient ein
Erfolge:	keine

Stellungnahme des B.d.U.:
Dem Kommandanten bot sich auf dieser Unternehmung keine Erfolgschance. Zur Durchführung nichts zu bemerken.

Erfolge Georg Schewe als Kommandant U 60:
1 Schiff (4373 BRT +)

Erfolge Georg Schewe als Kommandant U 105:
15 Schiffe (84358 BRT +)

Gesamt :
16 Schiffe (88731 BRT +)

Claus Korth

* 07.11.1911
in Berlin
† 24.01.1988
in Kiel

29.05.1941
Ritterkreuz (74-32)

01.04.1932
Eintritt in die Reichsmarine
Crew 32

01.04.1932 – 30.06.1932
Infanterieausbildung – II. Abt. S.St.Div. der Ostsee, Stralsund

01.07.1932 – 26.07.1932
Bordausbildung – SSS NIOBE (beim Untergang der NIOBE am 26.07.1932 gerettet)

27.07.1932 – 07.10.1932
Infanterieausbildung – II. Abt. S.St.Div. der Ostsee, Stralsund

08.10.1932 – 05.11.1932
Durchgangslehrgang – Marineschule Flensburg-Mürwik, zugleich

26.10.1932 – 03.11.1932
Bordausbildung (überplanm.) – Segler ASTA

04.11.1932
Seekadett

06.11.1932 – 02.01.1934
Bordausbildung – Leichter Kreuzer KÖLN

01.01.1934
Fähnrich zur See

03.01.1934 – 17.03.1934
Infanterielehrgang für Fähnriche – II. Abt. S.St.Div. der Ostsee, Stralsund

18.03.1934 – 12.05.1934
Torpedolehrgang für Fähnriche – Torpedoschule Flensburg-Mürwik

13.05.1934 – 29.05.1934
Nachrichtenlehrgang für Fähnriche – Nachrichtenschule Flensburg-Mürwik

30.05.1934 – 15.06.1934
Fla-Waffenlehrgang für Fähnriche – Küstenartillerieschule Wilhelmshaven

16.06.1934 – 03.07.1934
Sperrlehrgang für Fähnriche – Sperrschule Kiel-Wik

04.07.1934 – 18.04.1935
Hauptlehrgang für Fähnriche – Marineschule Flensburg-Mürwik bzw.

20.08.1934 – 25.08.1934
Navigationsbelehrungsfahrt – Tender WESER bzw.

17.01.1935 – 23.01.1935
Navigationsbelehrungsfahrt – Tender SAAR

19.04.1935 – 01.10.1935
Bordausbildung – Panzerschiff DEUTSCHLAND

01.09.1935
Oberfähnrich zur See

02.10.1935 – 07.12.1935
Artillerielehrgang für Fähnriche – S.A.S. Kiel-Wik

08.12.1935 – 15.12.1935
U-Lehrgang für Fähnriche – U-Schule

16.12.1935 – 29.03.1936
Bordausbildung – Panzerschiff DEUTSCHLAND

01.01.1936
Leutnant zur See (-13-)

30.03.1936 – 28.06.1936
U-Schüler – U-Schule, zugleich

04.04.1936 – 09.04.1936
Nachrichtenlehrgang für U-Schüler – Nachrichtenschule Flensburg-Mürwik

29.06.1936 – 28.09.1936
Wachoffizier – U-Flottille Saltzwedel

29.09.1936 – 19.12.1936
T-Lehrgang – Torpedoschule Flensburg-Mürwik

02.10.1936
Dienstauszeichnung IV. Klasse

20.12.1936 – 05.01.1937
z.Vfg. – U-Flottille Saltzwedel

06.01.1937 – 30.01.1937

U.T.O.-Lehrgang – Torpedoschule Flensburg-Mürwik

31.01.1937 – 14.04.1937
Baubelehrung – Deschimag AG Weser für U 32

15.04.1937 – 21.11.1937
Wachoffizier – U 32/U-Flottille Saltzwedel

01.10.1937
Oberleutnant zur See (-9-)

22.11.1937 – 11.12.1937
Artillerielehrgang für U-Offiziere – S.A.S. Kiel-Wik

12.12.1937 – 04.07.1938
I. WO – U 32/U-Flottille Saltzwedel

05.07.1938 – 24.09.1938
Sperrlehrgang für U-Offiziere – Sperrschule Kiel-Wik

25.09.1938 – 27.11.1938
z. Vfg. – U-Flottille Saltzwedel

28.11.1938 – 18.12.1938
Baubelehrung – U-Boote, Arsenal Kiel

19.12.1938 – 28.12.1938
Teilnehmer am Unterrichtungskursus – beim Sperrversuchskommando

29.12.1938 – 04.06.1940
Kommandant – U 57/U-Flottille Emsmann, ab 01.01.1940, 1. U-Flottille

06.06.1939
Spanienkreuz in Bronze

01.11.1939
Kapitänleutnant (-7-)

05.11.1939
U-Boots-Kriegsabzeichen 1939

22.11.1939
Eisernes Kreuz II. Klasse

26.01.1940
Eisernes Kreuz I. Klasse

05.06.1940 – 30.06.1940
z.Vfg. – 1. U-Flottille

01.07.1940 – 29.07.1940
Baubelehrung – U-Boote Ostsee für U 93

30.07.1940 – 30.09.1941
Kommandant – U 93/7. U-Flottille (Kl Claus Korth ging bereits nach Ende der 5. Unternehmung U 93 am 21.08.1941 von Bord)

01.10.1941 – 31.05.1942
3. Asto – 2. Admiral der Unterseeboote

01.06.1942 – 05.03.1944
1. Ausbildungsoffizier – 27. U-Flottille

01.01.1944
Korvettenkapitän (-5-)

06.03.1944 – 08.05.1945
militärischer Referent – Torpedoversuchsanstalt Nord, Eckernförde

20.04.1944
Kriegsverdienstkreuz II. Klasse mit Schwertern

08.05.1945 – 15.11.1945
Kriegsgefangenschaft

15.11.1945
Entlassung aus der Kriegsgefangenschaft

Bundesmarine

06.1952 – 01.1954
Gutachter, später Angestellter – Amt Blank (Persönlicher Referent des German Senior Officer bei der EVG Paris)

01.1954 – 31.10.1955
Aufbau des Marine-Personalreferats Bonn

01.11.1955 – 15.04.1957
Referent – Personalabteilung, III C Marine/Bundesministerium der Verteidigung

26.11.1955
Fregattenkapitän

16.04.1957 – 05.05.1957
Übergabe der Dienstgeschäfte III C Marine

06.05.1957 – 15.06.1957
Einweisung Referat VII B/für Verteidigung

16.06.1957 – 30.04.1961
Leiter – Torpedoversuchsstation, zugleich

12.06.1957 – 03.08.1957
Englischkurs – Bundesministerium der Verteidigung, zugleich

05.08.1957 – 18.08.1957
Einweisung – Marine-Waffenkommando Kiel, zugleich

28.10.1958 – 28.11.1958
zur Dienstleistung – Zentrale Marinedienststelle, zugleich

19.08.1959 – 25.08.1959
Einweisung – Marineversorgungsschule List, zugleich

30.01.1961 – 04.03.1961
Kommandeurslehrgang – Bundeswehrschule für Innere Führung

01.05.1961 – 31.12.1961
Leitung der zur Weiterbildung eingesetzten Offiziere und Unteroffiziere im Wehrbereichskommando II

01.01.1962 – 30.09.1962
Stabsoffizier für Reservistenbetreuung – Wehrbereichskommando II

01.10.1962 – 30.09.1964
Abteilungsleiter G 1 – Wehrbereichskommando I

01.10.1964 – 28.08.1966
Dezernent für Torpedo- und U-Jagdwaffen – Marine-Inspektion Marinewaffen

29.08.1966 – 24.04.1967
Seetaktische Lehrgruppe

25.04.1967 – 31.01.1968
Ausbildung an M 5/4 Anlage – Firma HSA in Hengelo/Niederlande

14.09.1967
Kapitän zur See

01.02.1968 – 30.03.1970
Gruppenleiter Torpedo- und U-Jagdwaffen – Inspektion Marinewaffen/Marineamt

31.03.1970
Ruhestand

1. Unternehmung U 57:
(Ostsee, Polenfeldzug, Unternehmen »Gustav«, Skagerrak)

Kdt:	OlzS Claus Korth (1. Feindfahrt)
LI:	OI (Ing.) Herbert Panknin
15.08.1939	Neustadt aus
16.08.1939	Ankerplatz »Lech« bei Glockentonne vor Warnemünde fest
23.08.1939	Ankerplatz »Lech« bei Glockentonne vor Warnemünde abgelegt
26.08.1939	Memel ein
26.08.1939	Memel aus
02.09.1939	Memel ein
03.09.1939	Memel aus
05.09.1939	Kiel ein
05.09.1939	Kiel aus
18.09.1939	Kiel ein
Erfolge:	keine

2. Unternehmung U 57:
(Nordsee, Noordhinder-Feuerschiff)

Kdt:	KI Claus Korth (2. Feindfahrt)
LI:	OI (Ing.) Herbert Panknin
25.10.1939	Kiel aus
05.11.1939	Kiel ein
Erfolge:	keine

3. Unternehmung U 57:
(Nordsee, britische Ostküste)

Kdt:	KI Claus Korth (3. Feindfahrt)
LI:	OI (Ing.) Herbert Panknin
12.11.1939	Kiel aus
12.11.1939	Wilhelmshaven ein
14.11.1939	Wilhelmshaven aus
22.11.1939	Wilhelmshaven ein
23.11.1939	Wilhelmshaven aus
23.11.1939	Kiel ein
Erfolge:	2 Schiffe (2949 BRT +)

Auszug aus dem K.T.B. des F.d.U. West vom 22.11.1939:
Einlaufen U 57 in Wilhelmshaven. Nach dem Bericht des Kommandanten bestätigen sich die Annahmen über den z. Zt. starken Handelsverkehr in der Nähe des Nordhinder-Feuerschiff.

4. Unternehmung U 57:
(Nordsee, britische Ostküste)

Kdt:	Kl Claus Korth (4. Feindfahrt)
LI:	Ol (Ing.) Herbert Panknin
05.12.1939	Kiel aus
05.12.1939	Wilhelmshaven ein
07.12.1939	Wilhelmshaven aus
15.12.1939	Wilhelmshaven ein
16.12.1939	Wilhelmshaven aus
16.12.1939	Kiel ein
Erfolge:	1 Schiff (1 173 BRT +)

Auszug aus dem K.T.B. des F.d.U. West vom 15.12.1939:
U 57 Wilhelmshaven eingelaufen. Die durch B-Dienst gemeldeten Zusammenstellungen von Geleitzügen bei Nordhinder-Feuerschiff wurden nicht beobachtet.

5. Unternehmung U 57:
(Nordsee, britische Ostküste, Minenunternehmung Firth of Moray)

Kdt:	Kl Claus Korth (5. Feindfahrt)
LI:	Ol (Ing.) Herbert Panknin
16.01.1940	Kiel aus
25.01.1940	Helgoland ein
25.01.1940	Helgoland aus
25.01.1940	Wilhelmshaven ein
Erfolge:	1 Schiff (1 304 BRT +) 1 Schiff (8 240 BRT + Minensperre vom 21.01.40 im Planquadrat AN 1759)

Auszug aus dem K.T.B. des F.d.U. West vom 25.01.1940:
U 57 Wilhelmshaven ein. Es hat im Firth of Moray planmäßig und ohne besondere Schwierigkeiten eine Sperre quer vor die Einfahrt nach Cromarty geworfen und einen Dampfer, etwa 2 500 ts, versenkt. Damit ist die Ergänzung der von U 23 geworfenen Verseuchung gelungen.

6. Unternehmung U 57:
(Nordsee, Shetlands, Pentland Firth)

Kdt:	Kl Claus Korth (6. Feindfahrt)
LI:	Ol (Ing.) Herbert Panknin
08.02.1940	Wilhelmshaven aus
08.02.1940	Helgoland ein
10.02.1940	Helgoland aus
25.02.1940	Wilhelmshaven ein
Erfolge:	1 Schiff (10 191 BRT +) 1 Schiff (4 996 BRT =)

Auszug aus dem K.T.B. des F.d.U. West vom 25.02.1940:
U 57, U 23 und U 22 Wilhelmshaven von Unternehmung (Nordmark) eingelaufen. U 57 hat einen großen Tanker, wahrscheinlich GRETAFIELD, versenkt und einen 7 000-t-Dampfer schwer beschädigt.
U 23 hat den Zerstörer DARING und einen 5 000-t-Dampfer versenkt und dem von U 57 beschädigten Dampfer den Fangschuß gegeben. Das Zusammenarbeiten von U 57 und U 23 ist besonders hervorzuheben, der Erfolg war dabei nur möglich durch die genauen Standortangaben von U 57.

7. Unternehmung U 57:
(Nordsee, britische Ostküste)

Kdt:	Kl Claus Korth (7. Feindfahrt)
LI:	Ol (Ing.) Herbert Panknin
14.03.1940	Wilhelmshaven aus
29.03.1940	Wilhelmshaven ein
Erfolge:	1 Schiff (5 742 BRT +)

8. Unternehmung U 57:
(Norwegenfeldzug, Unternehmen »Weserübung«, Pentland-Firth)

Kdt:	Kl Claus Korth (8. Feindfahrt)
LI:	Ol (Ing.) Herbert Panknin
04.04.1940	Wilhelmshaven aus
15.04.1940	Bergen ein
16.04.1940	Bergen aus
05.05.1940	Wilhelmshaven ein
06.05.1940	Wilhelmshaven aus
07.05.1940	Kiel ein
Erfolge:	keine

Stellungnahme des B.d.U.:
1.) Die Geradlaufversager der Torpedos zu allen anderen Versagern haben gerade noch gefehlt.
2.) Verlassen nur auf Horchergebnisse hat auch hier zum Mißerfolg geführt (19.04. und 22.04.).
3.) Sonst zäh durchgeführte Unternehmung, die das Boot bis zum letzten beanspruchte. Leider kein Erfolg!

1. Unternehmung U 93:
(Nordatlantik, Rockall-Bank)

Kdt:	Kl Claus Korth (9. Feindfahrt)
I. WO:	OlzS Hans Diedrich Freiherr von Tiesenhausen
05.10.1940	Kiel aus
07.10.1940	Kristiansand ein
07.10.1940	Kristiansand aus
08.10.1940	Bergen ein
09.10.1940	Bergen aus
25.10.1940	St. Nazaire ein
Erfolge:	3 Schiffe (13214 BRT +)

Stellungnahme des B.d.U.:
1.) *Die Zähigkeit des Kommandanten in der Verfolgung des Geleitzuges muß besonders hervorgehoben werden. Die Unternehmung hat Schwung.*
2.) *Nach Auffinden des Fehlers in der T.R.W.-Anlage werden dem Kommandanten so zahlreiche Fehlschüsse hoffentlich erspart bleiben.*

2. Unternehmung U 93:
(Nordatlantik, westlich des Nordkanals)

Kdt:	Kl Claus Korth (10. Feindfahrt)
I. WO:	OlzS Hans Diedrich Freiherr von Tiesenhausen
07.11.1940	St. Nazaire aus
29.11.1940	Lorient ein
Erfolge:	keine

Stellungnahme des B.d.U.:
1.) *Stürmisches Wetter und schlechte Sicht haben die Unternehmung erschwert.*
2.) *Der auf kleineren Booten sehr bewährte Kommandant hat hier kein Glück im Operieren auf Feindmeldungen gehabt und hat seinen Brennstoffvorrat im schlechten Wetter zu schnell verfahren. Die gesammelte Erfahrung wird ihm bei den nächsten Unternehmungen von Nutzen sein.*

3. Unternehmung U 93:
(Nordatlantik, Nordkanal, westlich von Irland)

Kdt:	Kl Claus Korth (11. Feindfahrt)
11.01.1941	Lorient aus
14.02.1941	Lorient ein
Erfolge:	4 Schiffe (23943 BRT +)

Stellungnahme des B.d.U.:
Gute Unternehmung. Die Haltung beim Luftangriff ist anzuerkennen. Wenn ein Flugzeug zu spät bemerkt wird, ist es eher richtiger, oben zu bleiben und mit Artillerie abzuwehren, als sich durch Tauchen wehrlos zu machen, ohne eine sichere Tiefe erreichen zu können.
Der Versager am Turmluk am 25. Januar ist bedauerlich. Die Ausbildung in dieser Hinsicht ist richtig gestellt.
Die Fühlung am Geleitzug am 29. Januar morgens hätte durch das Nachladen nicht abreißen dürfen: Beim Nachladen in Vormarschrichtung des Geleitzuges mitlaufen oder, wenn Tauchen notwendig, für 1 oder 2 Torpedos nachladen und wieder ran.

4. Unternehmung U 93:
(Nordatlantik, südöstlich von Grönland)

Kdt:	Kl Claus Korth (12. Feindfahrt)
03.05.1941	Lorient aus
10.06.1941	St. Nazaire ein
Erfolge:	1 Schiff (6235 BRT +)

Auszug aus dem K.T.B. des B.d.U. vom 12.06.1941:
Kommandant U 93 zur Berichterstattung. Der bewährte Kommandant Kaptlt. Korth, hat diesmal keine sehr glückliche Hand in der Durchführung seiner Operationen gehabt. Ich habe auch den Eindruck, als wenn er eine gewisse Ruhepause nötig hat und will ihn nach seiner nächsten Fernfahrt in den Südraum ablösen lassen. Er hat 49 Überlebende des Tankers BELCHEM an Bord genommen. Das Boot ist daher auf dem Rückmarsch nicht mehr voll einsatzbereit gewesen.
Erfolg: 1 Tanker – 10000 BRT.

Funkspruch an U 93 vom 30.05.1941/1900 Uhr:
U 93. Zur Verleihung Ritterkreuzes an Kommandant übermittle ich Ihnen und der tapferen Besatzung herzliche Glückwünsche.
Ob. d. M.

Zusatz B.d.U.: Weiter wie bisher und fernerhin Glück und reiche Beute.
B.d.U.

5. Unternehmung U 93:
(Mittelatlantik, westlich Marokko, Gibraltar, Azoren)

Kdt:	Kl Claus Korth (13. Feindfahrt)

12.07.1941 St. Nazaire aus
21.08.1941 St. Nazaire ein
Erfolge: keine

Auszug aus dem K.T.B. des B.d.U. vom 23.08. 1941:
Die Kommandanten U 93, U 204 und U 559 zur Berichterstattung.
U 93 – Kommandant Kaptlt. Korth – hat diese Unternehmung als Südunternehmung begonnen, wurde dann anhand des abgestoppten Feindverkehrs zurückbefohlen und vor Gibraltar eingesetzt. Die Unternehmung blieb ohne Erfolg.
Der früher bewährte Kommandant macht einen verbrauchten Eindruck und wird abgelöst.

Erfolge Claus Korth als Kommandant U 57:
7 Schiffe (29 599 BRT +)
1 Schiff (4 996 BRT =)

Erfolge Claus Korth als Kommandant U 93:
8 Schiffe (43 392 BRT +)

Gesamt:
15 Schiffe (72 991 BRT +)
1 Schiff (4 996 BRT =)

Erich Topp

* 02.07.1914 in Hannover

20.06.1941
Ritterkreuz (75-33)

11.04.1942
87. Eichenlaub (12-10)

17.08.1942
17. Schwerter (2-2)

08.04.1934
Eintritt in die Reichsmarine
Crew 34

08.04.1934 – 13.06.1934
Infanterieausbildung – II. Abt. S.St.Div. der Ostsee, Stralsund

14.06.1934 – 26.09.1934
Bordausbildung – SSS GORCH FOCK

27.09.1934 – 29.06.1935
Bordausbildung – Leichter Kreuzer KARLSRUHE

30.06.1935 – 29.06.1936
Hauptlehrgang für Fähnriche – Marineschule Flensburg-Mürwik

01.07.1935
Fähnrich zur See

30.06.1936 – 15.10.1936
div. Waffenlehrgänge für Fähnriche – an verschiedenen Marineschulen

16.10.1936 – 31.03.1937
Bordausbildung – Leichter Kreuzer KARLSRUHE

01.04.1937 – 17.04.1937
Torpedolehrgang

01.04.1937
Leutnant zur See (-10-)

18.04.1937 – 04.10.1937
Adjutant – Leichter Kreuzer KARLSRUHE

05.10.1937 – 01.06.1938
U-Schüler – U-Schule Neustadt/Holstein

02.06.1938 – 25.09.1938
Lehroffizier – M.L.A. Kiel-Friedrichsort

26.09.1938 – 01.11.1938
z.Vfg. – U-Flottille Wegener

02.11.1938 – 30.04.1940
I. WO – U 46/U-Flottille Wegener
Feindfahrten U 46/Kdt: Herbert Sohler
19.08.1939 – 15.09.1939
03.10.1939 – 07.11.1939
19.12.1939 – 10.01.1940
11.03.1940 – 23.04.1940

01.04.1939
Oberleutnant zur See (-9-)

07.11.1939
U-Boots-Kriegsabzeichen 1939

01.1940
Eisernes Kreuz II. Klasse

01.05.1940 – 04.06.1940
z.Vfg. – 1. U-Flottille

05.06.1940 – 15.09.1940
Kommandant – U 57/1. U-Flottille

03.09.1940
Vor der Schleuse Brunsbüttel mit dem norwegischen Dampfer RONA kollidiert und gesunken. U 57 wurde am 09.09.1940 gehoben, repariert und am 11.01.1941 als Schulboot für die 22. U-Flottille wieder in Dienst genommen. Erich Topp wurde von jeder Verantwortung freigesprochen.

09.1940
Eisernes Kreuz I. Klasse

16.09.1940 – 03.11.1940
z.Vfg. – 1. U-Flottille

04.11.1940 – 03.12.1940
Baubelehrung – U-Boote Nordsee für U 552

04.12.1940 – 01.09.1942
Kommandant – U 552/7. U-Flottille (Der Kommandantenwechsel Kl Erich Topp – Kl Klaus Popp fand lt. K.T.B. U 552 am 08.09.1942 statt)

20.06.1941
Ritterkreuz des Eisernen Kreuzes

03.07.1941
Nennung im Wehrmachtsbericht

01.09.1941
Kapitänleutnant (-8-)

11.04.1942
Nennung im Wehrmachtsbericht

11.04.1942
87. Eichenlaub zum Ritterkreuz des Eisernen Kreuzes

11.04.1942
U-Boots-Kriegsabzeichen 1939 mit Brillanten

18.06.1942
Nennung im Wehrmachtsbericht

17.08.1942
Korvettenkapitän

17.08.1942
Eichenlaub mit Schwertern (17.) zum Ritterkreuz des Eisernen Kreuzes

17.08.1942
Ehrendolch mit Brillanten

02.09.1942 – 03.11.1942
z.Vfg. – 7. U-Flottille

04.11.1942 – 08.1944
Flottillenchef – 27. U-Flottille/Gotenhafen

30.01.1944
Kriegsverdienstkreuz II. Klasse mit Schwertern

08.1944 – 03.1945
Leiter – Erprobungsgruppe U-Boote, seit 01.12.1944 verantwortlich für Typ XXI-U-Boote

01.12.1944
Fregattenkapitän (-14-)

1944
Kriegsverdienstkreuz I. Klasse mit Schwertern

23.03.1945 – 25.04.1945
Kommandant – U 3010/4. U-Flottille

26.04.1945 – 19.05.1945
Kommandant – U 2513/11. U-Flottille

20.05.1945 – 17.08.1945
Kriegsgefangenschaft in Kragerog/Norwegen

17.08.1945
Entlassung

03.03.1958
Eintritt in die Bundeswehr

03.03.1958 – 15.08.1958
Einweisung beim Führungsstab der Marine

16.08.1958 – 31.12.1961
Marinereferent, später Chef des Stabes – Deutscher Verbindungsstab in Washington (Dienststelle des deutschen militärischen Vertreters im Military Committee der NATO)

01.11.1959
Kapitän zur See

01.01.1962 – 30.09.1963
Kommandeur – Kommando der Amphibischen Streitkräfte, zugleich

01.11.1962 – 01.12.1962
Kommandeur i.V. – der U-Boote

01.10.1963 – 30.06.1965
Chef des Stabes – Kommando der Flotte

01.07.1965 – 30.09.1966
Leiter der Unterabteilung Führung – Führungsstab der Marine/Bundesministerium der Verteidigung

15.11.1965
Flottillenadmiral

01.10.1966 – 30.09.1969
Stellvertreter des Inspekteurs der Marine, zugleich Chef des Führungsstabes der Marine – Bundesministerium der Verteidigung

21.12.1966
Konteradmiral

19.09.1969
Großes Verdienstkreuz des Verdienstordens der BRD

01.10.1969 – 30.12.1969
z.Vfg. – des Inspekteurs der Marine

31.12.1969
Ruhestand

9. Unternehmung U 57:
(Nordatlantik, Nordkanal, North Minch)

Kdt:	OlzS Erich Topp (5. Feindfahrt)
11.07.1940	Kiel aus
15.07.1940	Bergen ein
15.07.1940	Bergen aus
20.07.1940	Bergen ein
22.07.1940	Bergen aus
07.08.1940	Lorient ein
Erfolge:	3 Schiffe (12773 BRT +)

Siehe Stellungnahme des B.d.U. unter 10. Unternehmung U 57!

10. Unternehmung U 57:
(Nordatlantik, Nordkanal, Hebriden, Nordsee)

Kdt:	OlzS Erich Topp (6. Feindfahrt)
14.08.1940	Lorient aus
03.09.1940	Verlust U 57
Erfolge:	3 Schiffe (24088 BRT +)
	1 Schiff (5407 BRT =)

Stellungnahme des B.d.U. für 9. und 10. Unternehmung U 57:

1.) Die Unbrauchbarkeit des G.H.G. ist außerordentlich störend in Erscheinung getreten. In stark überwachten Gebieten und vor allem bei Unsichtigkeit ist das Horchgerät ein besonders wertvolles Hilfsmittel. Es ist bedauerlich, daß die Werft das Gerät nicht in einen voll betriebsklaren Zustand bringen konnte.

2.) Am 16.07. hätte entsprechend dem klaren Befehl das Kurzsignal »nein« abgegeben werden müssen.

3.) Die Unternehmungen sind mit besonderem Schneid, Zähigkeit und Geschick durchgeführt worden, trotz schlechten Wetters und stärkster Bewachung hat der Kommandant mit seinem Boot beste Erfolge erzielt.

1. Unternehmung U 552:
(Nordatlantik, westlich von Irland)

Kdt:	OlzS Erich Topp (7. Feindfahrt)
II.WO:	LzS Siegfried Koitschka
13.02.1941	Kiel aus
13.02.1941	Brunsbüttel ein
14.02.1941	Brunsbüttel aus
14.02.1941	Cuxhaven ein
15.02.1941	Cuxhaven aus
15.02.1941	Helgoland ein
18.02.1941	Helgoland aus
16.03.1941	St. Nazaire ein
Erfolge:	2 Schiffe (12749 BRT +)

Stellungnahme des B.d.U.:
Die sehr gut durchgeführte Unternehmung hätte einen besseren Erfolg verdient, als ihr durch Torpedoversager beschieden war. Besonders anerkennenswert der erste Angriff des Kommandanten auf einen Geleitzug am 23.02.

2. Unternehmung U 552:
(Nordatlantik, südlich von Island)

Kdt:	OlzS Erich Topp (8. Feindfahrt)
II.WO:	LzS Siegfried Koitschka
07.04.1941	St. Nazaire aus
06.05.1941	St. Nazaire ein
Erfolge:	3 Schiffe (15 970 BRT +) 1 Schiff (8 190 BRT =)

Auszug aus dem K.T.B. des B.d.U. vom 07.05.1941:
Kommandant U 552 (OlzS Topp) zur Berichterstattung. Eine sehr schneidige und scharfe Unternehmung. Der Kommandant hat alle Möglichkeiten voll ausgenutzt. Er berichtet von sehr starker Abwehr und Flugzeugüberwachung westlich vom Nordkanal.
Erfolg: 3 Dampfer und 1 Bewacher mit 24 319 t.

3. Unternehmung U 552:
(Nordatlantik, Nordkanal)

Kdt:	OlzS Erich Topp (9. Feindfahrt)
II.WO:	LzS Siegfried Koitschka
25.05.1941	St. Nazaire aus
26.05.1941	St. Nazaire ein
03.06.1941	St. Nazaire aus
02.07.1941	St. Nazaire ein
Erfolge:	3 Schiffe (24 401 BRT +)

Auszug aus dem K.T.B. des B.d.U. vom 02.07.1941:
Kommandant U 552, OlzS Topp, zur Berichterstattung.
Der sehr tüchtige und harte Kommandant hat in dem schwierigen Operationsgebiet, Ausgang Nordkanal, erfolgreich operiert und 3 Dampfer mit 25 548 BRT versenkt.

4. Unternehmung U 552:
(Nordatlantik, westlich des Nordkanal)

Kdt:	OlzS Erich Topp (10. Feindfahrt)
II.WO:	LzS Siegfried Koitschka
Kdt-Schüler:	KK Harro Schacht
18.08.1941	St. Nazaire aus
26.08.1941	St. Nazaire ein
Erfolge:	1 Schiff (2 129 BRT +)

Stellungnahme des B.d.U.:
Der Angriff auf den Dampfer SPIND war gut. Es war richtig beim Ablaufen vor dem Zerstörer noch den Versuch zu machen, dem Dampfer einen Fangschuß zu geben; die Art des Ablaufens war geschickt.
Im übrigen nichts zu bemerken. Unternehmung wegen technischer Schäden frühzeitig abgebrochen.

5. Unternehmung U 552:
(Nordatlantik, südöstlich von Grönland)

Kdt:	Kl Erich Topp (11. Feindfahrt)
II.WO:	LzS Siegfried Koitschka
04.09.1941	St. Nazaire aus
05.10.1941	St. Nazaire ein
Erfolge:	3 Schiffe (18 687 BRT +)

Stellungnahme des B.d.U.:
Ausgezeichnete Unternehmung.
Das überlegte Operieren und der entschlossen durchgeführte Angriff auf den Geleitzug am 19./20.09. zeigt das Können des Kommandanten.

6. Unternehmung U 552:
(Nordatlantik, ostwärts der Neufundlandbank)

Kdt:	Kl Erich Topp (12. Feindfahrt)
I. WO:	OlzS Siegfried Koitschka
25.10.1941	St. Nazaire aus
26.11.1941	St. Nazaire ein
Erfolge:	1 Zerstörer (1 190 ts + am DD REUBEN JAMES)

7. Unternehmung U 552:
(Westatlantik, Neufundlandbank, Nova Scotia)

Kdt:	Kl Erich Topp (13. Feindfahrt)
Kdt-Schüler:	OlzS Albrecht Brandi
25.12.1941	St. Nazaire aus
27.01.1942	St. Nazaire ein
Erfolge:	3 Schiffe (10 560 BRT +)

8. Unternehmung U 552:
(Westatlantik, USA-Ostküste)

Kdt:	Kl Erich Topp (14. Feindfahrt)

07.03.1942 St. Nazaire aus
27.04.1942 St. Nazaire ein
Erfolge: 7 Schiffe (45731 BRT +)

Stellungnahme des B.d.U.:
Ausgezeichnete Unternehmung. Mit Schneid und Überlegung operierte der Kommandant fast nur auf flachem Wasser und nutzte die zahlreichen Erfolgsmöglichkeiten bestens aus.

Funkspruch an U 552 vom 11.04.1942/1837 Uhr:
An Kapitänleutnant Topp:
In dankbarer Würdigung Ihres heldenhaften Einsatzes im Kampf für die Zukunft unseres Volkes verleihe ich Ihnen als 87. Soldaten der deutschen Wehrmacht das Eichenlaub zum Ritterkreuz des Eisernen Kreuzes.
Adolf Hitler

Funkspruch an U 552 vom 11.04.1942/2054 Uhr:
Zur Verleihung des Eichenlaubes übermittle ich Ihnen meine herzlichen Glückwünsche in dankbarer Anerkennung hervorragender Leistungen, die Sie und Ihre Besatzung vollbracht haben, Topp.
Oberbefehlshaber

Funkspruch an U 552 vom 12.04.1942/0149 Uhr:
Zur hart erkämpften und wohlverdienten Auszeichnung meine herzlichsten Glückwünsche Ihnen und Ihren Männern. B.d.U.

9. Unternehmung U 552:
(Nordatlantik, westlich von Spanien)
Kdt: Kl Erich Topp (15. Feindfahrt)

09.06.1942 St. Nazaire aus
19.06.1942 St. Nazaire ein
Erfolge: 5 Schiffe (15825 BRT +)

Stellungnahme des B.d.U.:
Die ausgezeichnete Geleitzugsoperation brachte dem Kommandanten, der hier erneut sein großes Können bewies, innerhalb kürzester Zeit einen sehr schönen Erfolg. Die Versenkung von 5 Schiffen aus diesem Geleitzug ist durch eine Gefangenenaussage bestätigt worden.

10. Unternehmung U 552:
(Nordatlantik)
Kdt: Kl Erich Topp (16. Feindfahrt)

04.07.1942 St. Nazaire aus
13.08.1942 St. Nazaire ein
Erfolge: 2 Schiffe (14555 BRT +)
2 Schiffe (18720 BRT =)

Stellungnahme des B.d.U.:
Ausgezeichnete Unternehmung, Geleitzugbekämpfung unter schwierigen Wetter- und Abwehrverhältnissen.
Die von dem Kommandanten in vielen Geleitzugkämpfen erworbenen und bei der letzten Unternehmung erhärteten Erfahrungen sind für die übrigen Boote und für die Ausbildung des U-Boot-Nachwuchses von großem Wert.

Auszug aus »Die Kriegsmarine«, Heft 18, zweites Septemberheft 1942
Das Eichenlaub mit Schwertern zum Ritterkreuz des Eisernen Kreuzes für Kapitänleutnant Erich Topp

Aus dem Führerhauptquartier, 17.08.1942

Der Führer verlieh am Montag dem Kapitänleutnant Erich Topp, Kommandant eines Unterseebootes, das Eichenlaub mit Schwertern zum Ritterkreuz des Eisernen Kreuzes und sandte nachstehendes Telegramm:
»Im Ansehen Ihres immer bewährten Heldentums verleihe ich Ihnen als 17. Soldaten der deutschen Wehrmacht das Eichenlaub mit Schwertern zum Ritterkreuz des Eisernen Kreuzes.« Adolf Hitler

Großadmiral Raeder an Kapitänleutnant Topp:
»Zu der hohen Auszeichnung, die Ihnen durch Verleihung des Eichenlaubs mit Schwertern durch den Führer zuteil geworden ist, übermittle ich Ihnen in herzlicher Mitfreude meine aufrichtigsten Glückwünsche. Ihnen und Ihrer Besatzung spreche ich meinen Dank und meine höchste Anerkennung aus für die hervorragenden Leistungen und den beispielhaften Angriffsgeist Ihres Bootes.«
Ihr Oberbefehlshaber

Kapitänleutnant Topp wurde in Anerkennung seiner besonderen Verdienste zum Korvettenkapitän befördert.

Erfolge Erich Topp als Kommandant U 57:
6 Schiffe (36861 BRT +)
1 Schiff (5407 BRT =)

Erfolge Erich Topp als Kommandant U 552:
30 Schiffe (161797 BRT + einschließl. am DD REUBEN JAMES 1190 ts +)
3 Schiffe (26910 BRT =)

Gesamt:
36 Schiffe (198658 BRT + einschließl. am DD REUBEN JAMES 1190 ts +)
4 Schiffe (32317 BRT =)

Günter Hessler

* 14.06.1909
in Beerfelde/Kreis Lebus
† 04.04.1968
in Bochum-Laer

24.06.1941
Ritterkreuz (76-34)

05.04.1927
Eintritt in die Reichsmarine
Crew 27

05.04.1927 – 03.07.1927
Infanterieausbildung – 8. Komp./II. Abt. S.St.Div. der Ostsee, Stralsund

04.07.1927 – 31.10.1927
Bordausbildung – SSS NIOBE

01.10.1927
Seekadett

01.11.1927 – 17.03.1929
Bordausbildung – Leichter Kreuzer BERLIN

18.03.1929 – 29.03.1930
Hauptlehrgang für Fähnriche – Marineschule Flensburg-Mürwik bzw.

17.06.1929 – 22.06.1929
Navigationsbelehrungsfahrt – Tender FRAUENLOB bzw.

30.09.1929 – 05.10.1929
Navigationsbelehrungsfahrt – Vermessungsschiff METEOR

01.04.1929
Fähnrich zur See

30.03.1930 – 01.05.1930
Nachrichtenlehrgang für Fähnriche – Nachrichtenschule Flensburg-Mürwik

02.05.1930 – 30.05.1930
Sperrlehrgang für Fähnriche – Sperrversuchskommando

31.05.1930 – 31.07.1930
Torpedolehrgang für Fähnriche – Torpedoschule Flensburg-Mürwik

01.08.1930 – 24.10.1930
Infanterielehrgang für Fähnriche – II. Abt. S.St.Div. der Ostsee, Stralsund

25.10.1930 – 29.01.1931
Artillerielehrgang für Fähnriche – S.A.S. Kiel-Wik

30.01.1931 – 30.09.1931
Bordausbildung – Linienschiff SCHLESIEN

01.06.1931
Oberfähnrich zur See

01.10.1931 – 22.09.1932
Divisionsleutnant – Linienschiff SCHLESIEN

01.10.1931
Leutnant zur See (-7-)

23.09.1932 – 05.06.1933
z.Vfg. Admiralstabsabteilung – Marinestation der Nordsee

06.06.1933 – 18.06.1933
I. Abt. S.St.Div. der Nordsee

19.06.1933 – 25.09.1933
A/B-Lehrgang für Offiziere – S.A.S. Kiel-Wik

01.07.1933
Oberleutnant zur See (-9-)

26.09.1933 – 23.09.1934
II. Marine-Artillerieabteilung

24.09.1934 – 01.10.1936
III.Wachoffizier – Torpedoboot GREIF/ 4. Torpedoboothalbflottille

01.10.1936
Kapitänleutnant (-6-)

02.10.1936 – 29.03.1938
Wachoffizier – Aviso GRILLE

30.03.1938 – 03.05.1938
Besatzungsstamm – Schlachtschiff GNEISENAU

04.05.1938 – 16.05.1938
K.O. und II. Artillerieoffizier – Linienschiff SCHLESIEN

17.05.1938 – 02.06.1938
Sportlehrgang – Marine-Sportschule Flensburg-Mürwik

03.06.1938 – 29.06.1938
Ausbildungsoffizier – Linienschiff SCHLESIEN

30.06.1938 – 18.07.1938
Leiter der Kadettenausbildungskompanie Schlesien – 3. Komp./M.L.A.

19.07.1938 – 26.03.1939
Ausbildungsoffizier – Linienschiff SCHLESIEN

27.03.1939 – 08.01.1940
Kommandant – Torpedoboot FALKE/ 5. Torpedobootflottille

18.11.1939
Eisernes Kreuz II. Klasse

09.01.1940 – 01.02.1940
Artillerielehrgang – S.A.S. Kiel-Wik

02.02.1940 – 31.03.1940
Kommandant – Torpedoboot FALKE/ 5. Torpedobootflottille

01.04.1940 – 30.06.1940
z.Vfg – B.d.U. bzw. U-Lehrgang – 1. U.L.D.

01.07.1940 – 31.07.1940
U-Lehrgang – Torpedoschule Flensburg-Mürwik

01.08.1940 – 16.09.1940
Kommandantenlehrgang – 24. U-Flottille

17.09.1940 – 07.10.1940
Baubelehrung – U-Boote Nordsee für U 107

08.10.1940 – 23.11.1941
Kommandant – U 107/2. U-Flottille (das K.T.B. U 107 gibt den Kommandantenwechsel Kl Günter Hessler – OlzS Harald Gelhaus für den 01.12.1941 an)

01.03.1941
Eisernes Kreuz I. Klasse

01.05.1941
Nennung im Wehrmachtsbericht

08.06.1941
Nennung im Wehrmachtsbericht

24.06.1941
Ritterkreuz des Eisernen Kreuzes

03.07.1941
U-Boots-Kriegsabzeichen 1939

01.09.1941
Korvettenkapitän (-4-)

24.11.1941 – 08.05.1945
1. Asto – Stab, B.d.U.op, bzw. 2. Skl/ B.d.U.op

09.11.1944
Deutsches Kreuz in Gold (454)

01.12.1944
Fregattenkapitän

08.05.1945 – 15.10.1945
Kriegsgefangenschaft (Juli/August 1945 bei der deutschen Minenräumdienstleitung)

15.10.1945
Entlassung
Als »freier« Zeuge in Nürnberg durch die Amerikaner im Zeugenflügel des Nürnberger Gefängnisses inhaftiert, danach in verschiedenen Gefangenenlagern.

17.09.1946
Entlassung
Von 1947 bis 1951 bei der Kriegshistorischen Abteilung der Royal Navy und der US-Navy an der Ausarbeitung der Kriegsgeschichte der U-Boote beteiligt.

1. Unternehmung U 107:
(Nordatlantik, westlich vom Nordkanal und Irland)

Kdt:	Kl Günter Hessler (1. Feindfahrt)
I. WO:	OlzS Helmut Witte
24.01.1941	Wilhelmshaven aus
24.01.1941	Helgoland ein
25.01.1941	Helgoland aus
01.03.1941	Lorient ein
Erfolge:	4 Schiffe (18482 BRT +)

Stellungnahme des B.d.U.:
Wie bei den Unternehmungen anderer Boote: Torpedoversager, dazu schlechtes Wetter. Sehr gut durchdachte und durchgeführte Unternehmung, guter Erfolg. Die Zähigkeit des Kommandanten bei der Versenkung der MANISTEE ist anzuerkennen.

2. Unternehmung U 107:
(Mittelatlantik, Sierra Leone, Freetown)

Kdt:	Kl Günter Hessler (2. Feindfahrt)
I. WO:	OlzS Helmut Witte
29.03.1941	Lorient aus
02.07.1941	Lorient ein
Erfolge:	14 Schiffe (86699 BRT +)

Stellungnahme des B.d.U.:
Gut durchgeführte, sehr erfolgreiche Unternehmung. Es spricht für das Können des Kommandanten, daß er nahezu alle gesichteten Dampfer auch gekriegt hat.

Funkspruch am 25.06.41/1600 Uhr an U 107:
An Kommandanten U 107 und U 552:
Zur Verleihung des Ritterkreuzes übermittle ich Ihnen und der tapferen Besatzung herzlichen Glückwunsch.
Oberbefehlshaber

Zusatz B.d.U.:
Gratuliere, weiter so hart und zäh bleiben, versenken ist unsere Losung. B.d.U.

3. Unternehmung U 107:
(Mittelatlantik, Kanaren, Kapverden, Freetown)

Kdt:	KK Günter Hessler (3. Feindfahrt)
06.09.1941	Lorient aus
07.09.1941	Lorient ein
08.09.1941	Lorient aus
11.11.1941	Lorient ein
Erfolge:	3 Schiffe (13641 BRT +)

Stellungnahme des B.d.U.:
Gute Unternehmung des Kommandanten, dem nach dem ersten Geleitzugangriff keine weiteren Erfolgsmöglichkeiten geboten wurden.

Erfolge Günter Hessler als Kommandant U 107:
21 Schiffe (118822 BRT +)

Jost Metzler

* 26.02.1909 in Altshausen/ Württemberg
† 29.09.1975 in Bavendorf-Ravensburg

28.07.1941
Ritterkreuz (78-35)

04.10.1933
Eintritt in die Reichsmarine
Crew 32 (eingegliedert)

04.10.1933 – 02.01.1934
Infanterieausbildung – 6. Komp./II. Abt. S.St.Div. der Ostsee, Stralsund

01.01.1934
Fähnrich zur See

03.01.1934 – 31.01.1934
Artillerielehrgang – S.A.S. Kiel-Wik

01.02.1934 – 17.03.1934
Infanterielehrgang für Fähnriche – II. Abt. S.St.Div. der Ostsee, Stralsund

18.03.1934 – 09.04.1934
Nachrichtenlehrgang für Fähnriche – Nachrichtenschule Flensburg-Mürwik

10.04.1934 – 25.04.1934
Flaklehrgang für Fähnriche – Küstenartillerieschule

26.04.1934 – 12.05.1934
Sperrlehrgang für Fähnriche – Sperrschule Kiel-Wik

13.05.1934 – 03.07.1934
Torpedolehrgang für Fähnriche – Torpedoschule Flensburg-Mürwik

04.07.1934 – 18.04.1935
Hauptlehrgang für Fähnriche – Marineschule Flensburg-Mürwik bzw.

27.08.1934 – 01.09.1934
Navigationsbelehrungsfahrt – Leichter Kreuzer LEIPZIG bzw.

24.01.1935 – 30.01.1935
Navigationsbelehrungsfahrt – Tender NORDSEE

19.04.1935 – 26.05.1935
Bordausbildung – Leichter Kreuzer KÖNIGSBERG

27.05.1935 – 28.07.1935
Artillerielehrgang für Fähnriche – S.A.S. Kiel-Wik

29.07.1935 – 03.08.1935
U-Abwehrlehrgang für Fähnriche – U-Abwehrschule Kiel-Wik

04.08.1935 – 26.09.1935
Bordausbildung – Leichter Kreuzer KÖNIGSBERG

01.09.1935
Oberfähnrich zur See

27.09.1935 – 30.09.1935
Bordausbildung – Tender SAAR

01.10.1935 – 21.12.1935
Nachrichtenlehrgang – Nachrichtenschule Flensburg-Mürwik

22.12.1935 – 21.09.1936
Bordausbildung – Tender SAAR

01.01.1936
Leutnant zur See (-37-)

22.09.1936 – 01.10.1937
I.WO – Torpedoboot T-196 (Führerboot F.d.M., F.T.O. beim F.d.M.)

01.10.1937
Oberleutnant zur See (-32-)

02.10.1937 – 28.12.1937
Wachoffizier – 2. Minensuchflottille

04.10.1937
Dienstauszeichnung IV. Klasse

29.12.1937 – 31.03.1940
I. WO – Aviso GRILLE

01.10.1939
Kapitänleutnant (-53-)

20.12.1939
Medaille zur Erinnerung an den 01.10. 1938

21.12.1939
Eisernes Kreuz II. Klasse

01.04.1940 – 30.06.1940
z.Vfg. – B.d.U. bzw. U-Schüler – 1.U.L.D.

01.07.1940 – 31.07.1940
U-Lehrgang – Torpedoschule Flensburg-Mürwik

01.08.1940 – 29.09.1940
Kommandantenschüler – 24. U-Flottille

30.09.1940 – 01.11.1940
Baubelehrung – U-Boote Ost für U 69

02.11.1940 – 28.08.1941
Kommandant – U 69/7. U-Flottille

02.03.1941
Eisernes Kreuz I. Klasse

12.04.1941
U-Boots-Kriegsabzeichen 1939

27.06.1941
Nennung im Wehrmachtsbericht

28.07.1941
Ritterkreuz des Eisernen Kreuzes

29.08.1941 – 21.11.1941
z.Vfg. – 7. U-Flottille

22.11.1941 – 06.05.1942
Ausbildungsleiter im Stab – 25. U-Flottille/Libau

07.05.1942 – 04.02.1943
Ausbildungsleiter – 27. U-Flottille/Gotenhafen

05.02.1943 – 30.06.1943
Kommandant – U 847/4. U-Flottille (lt. K.T.B. U 847 fanden die Kommandantenwechsel Kl Friedrich Guggenberger – Kl Jost Metzler am 01.02.1943 und Kl Jost Metzler – Kl Herbert Kuppisch am 30.06.1943 statt)

01.07.1943 – 15.09.1943
Lazarettaufenthalt

16.09.1943 – 17.10.1943
Flottillenchef i.V. – 5. U-Flottille/Kiel

01.10.1943
Korvettenkapitän (-6-)

18.10.1943 – 31.03.1944
Leiter der Fahrtausbildung – 23. U-Flottille/Danzig

01.04.1944 – Kriegsende
Flottillenchef – 19. U-Flottille/Pillau, ab Februar 1945 Kiel

1. Unternehmung U 69:
(Nordatlantik, westlich von Irland)

Kdt:	Kl Jost Metzler
I. WO:	OlzS Günther Heydemann
LI:	Ol (Ing.) Hellmut Rohweder

10.02.1941	Kiel aus
11.02.1941	Helgoland ein
13.02.1941	Helgoland aus
01.03.1941	Lorient ein
Erfolge:	3 Schiffe (16057 BRT +)

Stellungnahme des B.d.U.:
Sehr gute erste Unternehmung des neuen Kommandanten, der durch offenbaren T-Versager um noch weit größeren Erfolg gebracht ist.
Die Frage der auch auf anderen Booten vorgekommenen T-Versager wird gesondert verfolgt.

2. Unternehmung U 69:
(Nordatlantik, westlich Irland, südlich Island)

Kdt:	Kl Jost Metzler
I. WO:	OlzS Günther Heydemann
LI:	Ol (Ing.) Hellmut Rohweder

18.03.1941	Lorient aus
11.04.1941	Lorient ein
Erfolge:	1 Schiff (3759 BRT +)
	1 Schiff (4887 BRT =)

Stellungnahme des B.d.U.:
Der Kommandant hat auf dieser Unternehmung wenig Glück gehabt; äußere Umstände haben oft gegen ihn gestanden. Die Unternehmung hat ihm aber viele Erfahrungen vermitteln können, die ihm in ähnlichen Lagen in Zukunft einen größeren Erfolg eintragen werden.

3. Unternehmung U 69:
(Mittelatlantik, Kanaren, Freetown, Minenunternehmung vor Takoradi, Kapverden, Las Palmas)

Kdt:	Kl Jost Metzler
LI:	Ol (Ing.) Hellmut Rohweder

05.05.1941	Lorient aus
30.06.1941	Las Palmas ein (Ergänzung aus dem deutschen Versorger CORRIENTES)
30.06.1941	Las Palmas aus
08.07.1941	St. Nazaire ein
Erfolge:	7 Schiffe (33868 BRT +)

Stellungnahme des B.d.U.:
Sehr gut durchgeführte Unternehmung. Die Durchführung der Minenaufgabe und der Feuerüberfall auf den Hilfskreuzer stellen ausgezeichnete Leistungen dar, auf die der Kommandant und seine Besatzung stolz sein können. Der Erfolg der Minenaufgaben ist sehr bald durch Sperrung beider Häfen offensichtlich geworden. Die Versenkung des Dampfers ROBIN MOOR entsprach nicht den erteilten Befehlen.
Gesamt: 36224 BRT

4. Unternehmung U 69:
(Nordatlantik, Biscaya)

Kdt:	Kl Jost Metzler
LI:	Ol (Ing.) Hellmut Rohweder

21.08.1941	St. Nazaire aus
27.08.1941	St. Nazaire ein
Erfolge:	keine

Die 4. Unternehmung mußte am 24.08. 1941 wegen starker Nierenschmerzen und Herzbeschwerden des Kommandanten abgebrochen werden. Der I.WO OlzS Hans-Jürgen Auffermann übernahm U 69 in Vertretung und führte das Boot zurück nach St. Nazaire.

Erfolge Jost Metzler als Kommandant U 69:
11 Schiffe (53684 BRT +)
1 Schiff (4887 BRT =)

Adalbert Schnee

* 31.12.1913
in Berlin
† 04.11.1982
in Hamburg

30.08.1941
Ritterkreuz (83-36)

15.07.1942
105. Eichenlaub (15-13)

08.04.1934
Eintritt in die Reichsmarine
Crew 34

08.04.1934 – 14.06.1934
Infanterieausbildung – 2. Komp./II. Abt. S.St.Div. der Ostsee, Stralsund

15.06.1934 – 26.09.1934
Bordausbildung – SSS GORCH FOCK

26.09.1934
Seekadett

27.09.1934 – 26.06.1935
Bordausbildung – Leichter Kreuzer EMDEN

27.06.1935 – 30.03.1936
Hauptlehrgang für Fähnriche – Marineschule Flensburg-Mürwik bzw.

04.11.1935 – 09.11.1935
Navigationsbelehrungsfahrt – Minensuchboot FRAUENLOB bzw.

10.02.1936 – 15.02.1936
Navigationsbelehrungsfahrt – Tender HECHT

01.07.1935
Fähnrich zur See

31.03.1936 – 19.05.1936
Torpedolehrgang für Fähnriche – Torpedoschule Flensburg-Mürwik

20.05.1936 – 06.06.1936
Fla-Waffenlehrgang für Fähnriche – Küstenartillerieschule Wilhelmshaven

07.06.1936 – 13.06.1936
Sperrlehrgang für Fähnriche – Sperrschule Kiel-Wik

14.06.1936 – 04.07.1936
Nachrichtenlehrgang für Fähnriche – Nachrichtenschule Flensburg-Mürwik

05.07.1936 – 28.07.1936
Infanterielehrgang für Fähnriche – II. Abt. S.St.Div. der Ostsee, Stralsund

29.07.1936 – 10.10.1936
Artillerielehrgang für Fähnriche – S.A.S. Kiel-Wik

11.10.1936 – 31.03.1937
Bordausbildung – Leichter Kreuzer LEIPZIG

01.01.1937
Oberfähnrich zur See

01.04.1937 – 20.05.1937
Divisionsleutnant – Leichter Kreuzer LEIPZIG

01.04.1937
Leutnant zur See (-112-)

21.05.1937 – 29.09.1937
U-Lehrgang – U-Schule

30.09.1937 – 12.06.1938
Wachoffizier – U 23/U-Flottille Weddigen

08.04.1938
Dienstauszeichnung IV. Klasse

13.06.1938 – 02.07.1938
U.T.O.-Zusatzlehrgang – Torpedoschule Flensburg-Mürwik

03.07.1938 – 19.09.1938
Wachoffizier – U 23/U-Flottille Weddigen

20.09.1938 – 17.12.1938
T-Lehrgang – Torpedoschule Flensburg-Mürwik

18.12.1938 - 02.01.1940
Wachoffizier – U 23/U-Flottille Weddigen
Feindfahrten mit U 23/Kdt:
Otto Kretschmer
25.08.1939 – 04.09.1939
09.09.1939 – 21.09.1939
29.09.1939 – 16.10.1939
01.11.1939 – 09.11.1939
05.12.1939 – 15.12.1939

01.04.1939
Oberleutnant zur See (-110-)

21.10.1939
Eisernes Kreuz II. Klasse

27.11.1939
U-Boots-Kriegsabzeichen 1939

20.12.1939
Medaille zur Erinnerung an den 01.10. 1938

03.01.1940 – 30.01.1940
Kommandantenlehrgang – U-Ausbildungsflottille

31.01.1940 – 10.07.1940
Kommandant – U 6/U-Ausbildungsflottille, zugleich

17.06.1940 – 18.07.1940
Kommandanten-Schießlehrgang – 24. U-Flottille (Angaben lt. Personalakte Adalbert Schnee)

19.07.1940 – 15.12.1940
Kommandant – U 60/1. U-Flottille, zugleich

06.11.1940 – 27.11.1940
Kommandant i. V. – U 121/21. U-Flottille (Angaben lt. Personalakte Adalbert Schnee)

15.08.1940
Eisernes Kreuz I. Klasse

16.12.1940 – 24.01.1941
Baubelehrung – U-Boote Ost für U 201

25.01.1941 – 24.08.1942
Kommandant – U 201/1. U-Flottille, zugleich

25.01.1942 – 28.02.1942
zur Dienstleistung kommandiert – 27. U-Flottille/Gotenhafen (Angaben lt. Personalakte Adalbert Schnee)

30.08.1941
Ritterkreuz des Eisernen Kreuzes

01.03.1942
Kapitänleutnant (-87-)
Gemäß Erlaß des Oberbefehlshabers der Kriegsmarine vom 19.03.1943 neues Rangdienstalter vom 01.04.1941 (-10a-)

15.07.1942
105. Eichenlaub zum Ritterkreuz des Eisernen Kreuzes

25.08.1942 – 25.10.1942
z.Vfg. – 1. U-Flottille

26.10.1942 – 02.1944
Geleitzugs-Asto (A I op) – B.d.U.

02.1944 – 23.07.1944
Referent – Skl/O.K.M.

24.07.1944 – 28.09.1944
Baubelehrung – 8. K.L.A./Hamburg für U 2511

29.09.1944 – 14.03.1945
Kommandant – U 2511/31. U-Flottille

01.12.1944
Korvettenkapitän (-163-)

15.03.1945 – 08.05.1945
Kommandant – U 2511/11. U-Flottille

09.05.1945 – 31.08.1945
Internierung und Kriegsgefangenschaft

01.09.1945 – 06.12.1945
4. Komp./I. Ersatzabteilung/Deutsche Minenräum-Block Sperrschule, 7. Division

2. Unternehmung U 6:
(Norwegenfeldzug, Unternehmen »Weserübung«, vor Tindesnes)

Kdt:	OlzS Adalbert Schnee (6. Feindfahrt)
04.04.1940	Wilhelmshaven aus
19.04.1940	Wilhelmshaven ein
Erfolge:	keine

8. Unternehmung U 60:
(Nordatlantik, Nordkanal)

Kdt:	OlzS Adalbert Schnee (7. Feindfahrt)
LI:	L (Ing.) Willi Lechtenbörger

30.07.1940 Kiel aus
18.08.1940 Lorient ein
Erfolge: 1 Schiff (1 787 BRT +)

Stellungnahme des B.d.U.:
Gut durchgeführte zweite Unternehmung des Kommandanten. Sein Verhalten im stark luftüberwachten Gebiet zeigt, daß er die Luftgefahr nicht überschätzt.

9. Unternehmung U 60:
(Nordatlantik, Nordkanal, Hebriden)

Kdt: OlzS Adalbert Schnee (8. Feindfahrt)
LI: L (Ing.) Willi Lechtenbörger

21.08.1940 Lorient aus
06.09.1940 Lorient ein
Erfolge: 1 Schiff (1 401 BRT +)
1 Schiff (15 434 BRT =)

Stellungnahme des B.d.U.:
Gute, für ein kleines Boot besonders erfolgreiche Unternehmung. Die zähe und taktisch richtige Verfolgung des Dampfers am 02. und 03. September bis zum Erfolg verdient Anerkennung.

10. Unternehmung U 60:
(Nordsee, Pentland-Firth)

Kdt: OlzS Adalbert Schnee (9. Feindfahrt)
LI: L (Ing.) Willi Lechtenbörger

16.09.1940 Lorient aus
02.10.1940 Bergen ein
05.10.1940 Bergen aus
08.10.1940 Kiel ein
Erfolge: keine

Stellungnahme des B.d.U.:
Die Unternehmung hat bei sehr schwierigen Verhältnissen im Operationsgebiet zwar keinen Erfolg gehabt, aber die Art ihrer Durchführung verdient Anerkennung. Der Kommandant hat immer wieder versucht anzugreifen, über Wasser zu beobachten, sich vorzusetzen usw.
Wenn auch nichts versenkt worden ist, so hat der Kommandant doch viel für spätere Unternehmungen gelernt.

1. Unternehmung U 201:
(Nordatlantik, südwestlich von Island)

Kdt: OlzS Adalbert Schnee (10. Feindfahrt)
LI: L (Ing.) d. R. Willi Lechtenbörger

22.04.1941 Kiel aus
27.04.1941 Bergen ein
29.04.1941 Bergen aus
18.05.1941 Lorient ein
Erfolge: 3 Schiffe (16 010 BRT +)
1 Schiff (5 969 BRT =)

Stellungnahme des B.d.U.:
Sehr gut durchgeführte Unternehmung. Der Angriff und das Verhalten am Geleitzug verdienen besonders hervorgehoben zu werden.

2. Unternehmung U 201:
(mittlerer Nordatlantik, nördlich der Azoren)

Kdt: OlzS Adalbert Schnee (11. Feindfahrt)
LI: L (Ing.) d. R. Willi Lechtenbörger

08.06.1941 Lorient aus
19.07.1941 Brest ein
Erfolge: keine

Stellungnahme des B.d.U.:
Der Kommandant hat getan, was er tun konnte. Es ist ein großes Pech, daß er fast nichts vom Feinde gesehen hat. Es heißt für ihn zäh zu bleiben; so ein Pech ist kein Dauerzustand.

3. Unternehmung U 201:
(Nordatlantik, südwestlich Irland, westlich Spanien)

Kdt: OlzS Adalbert Schnee (12. Feindfahrt)
LI: L (Ing.) d. R. Willi Lechtenbörger

14.08.1941 Brest aus
25.08.1941 Brest ein
Erfolge: 3 Schiffe (6 016 BRT +)
1 Schiff (1 809 BRT =)
(Nach neuesten Erkenntnissen wurde die CISCAR von U 201 torpediert und durch U 204/Kell versenkt.)

Stellungnahme des B.d.U.:
Sehr gute und sehr erfolgreiche Unternehmung, die beweist, daß man auch an stark gesicherten Zielen durch geschickte Ausnutzung der Schußgelegenheiten und durch entsprechend hohen Einsatz von Torpedos sehr gute Erfolge erzielen kann.

4. Unternehmung U 201:
(mittlerer Nordatlantik, südwestlich Irland)

Kdt:	OlzS Adalbert Schnee (12. Feindfahrt)
LI:	L (Ing.) d. R. Willi Lechtenbörger
14.09.1941	Brest aus
16.09.1941	Brest ein
18.09.1941	Brest aus
30.09.1941	Brest ein
Erfolge:	6 Schiffe (15 193 BRT +)

Stellungnahme des B.d.U.:
Sehr kurze und erfolgreiche Unternehmung. Die ausgezeichnete Durchführung zeigt erneut das Können des Kommandanten.

5. Unternehmung U 201:
(mittlerer Nordatlantik, westlich von Spanien)

Kdt:	OlzS Adalbert Schnee (13. Feindfahrt)
LI:	Ol (Ing.) d. R. Willi Lechtenbörger
29.10.1941	Brest aus
09.12.1941	Brest ein
Erfolge:	keine

Stellungnahme des B.d.U.:
Dem Kommandanten bot sich auf dieser im verkehrslosen Gebiet durchgeführten Unternehmung keine Erfolgschance.

6. Unternehmung U 201:
(Westatlantik, USA-Ostküste)

Kdt:	Kl Adalbert Schnee (14. Feindfahrt)
LI:	Ol (Ing.) d. R. Willi Lechtenbörger
24.03.1942	Brest aus
28.06.1942	Lorient ein
28.06.1942	Lorient aus
21.05.1942	Brest ein
Erfolge:	3 Schiffe (15 313 BRT +) 1 Schiff (7 417 BRT =)

Stellungnahme des B.d.U.:
1.) *Gut durchgeführte Unternehmung.*
2.) *Der Angriff auf den Tanker erfolgte rechtmäßig, da dieser nicht einwandfrei als Neutraler gekennzeichnet war. Nach B-Dienst und Presse handelt es sich um den argentinischen Tanker VIKTORIA (10 000 BRT), der einen nordamerikanischen Hafen erreichte und dort repariert wird.*

7. Unternehmung U 201:
(Mittelatlantik, vor Freetown)

Kdt:	Kl Adalbert Schnee (15. Feindfahrt)
LI:	Ol (Ing.) d. R. Willi Lechtenbörger
27.06.1942	Brest aus
08.08.1942	Brest ein
Erfolge:	6 Schiffe (41 036 BRT +)

Stellungnahme des B.d.U.:
Sehr gut durchgeführte Unternehmung unter einfachen Abwehrverhältnissen mit einem sehr schönen Erfolg. – Nichts zu bemerken.

Funkspruch an U 201 vom 15.07.1942:
Schnee von Adolf Hitler.
In dankbarer Würdigung Ihres heldenhaften Einsatzes im Kampf für die Zukunft unseres Volkes verleihe ich Ihnen als 105. Soldaten der deutschen Wehrmacht das Eichenlaub zum Ritterkreuz des Eisernen Kreuzes.
Herzlichen Glückwunsch B.d.U.

Funkspruch an U 201 vom 15.07.1942:
Mützelburg und Schnee.
Herzlichen Glückwunsch
Eure stolze Flottille

Funkspruch an U 201 vom 16.07.1942:
Kaptlt. Schnee.
Zu der hohen Auszeichnung, die Ihnen durch die Verleihung des Eichenlaubes zu Teil geworden ist, übermittle ich Ihnen meine herzlichsten Glückwünsche in dankbarer Anerkennung der von Ihnen und Ihrer Besatzung bewiesenen Tapferkeit und erzielten hervorragenden Erfolge.
Oberbefehlshaber

Funkspruch an U 201 vom 19.07.1942:
An Mützelburg und Schnee.
Zu der hohen Auszeichnung in herzlichster Mitfreude an großen Erfolgen beste Glückwünsche. Oberbef. d. Gruppe Nord.

1. Unternehmung U 2511:
(Nordatlantik)

Kdt:	KK Adalbert Schnee (16. Feindfahrt)
LI:	KK (Ing.) Gerd Suhren
17.03.1945	Kiel aus
23.03.1945	Horten ein
03.04.1945	Horten aus
08.04.1945	Bergen ein
17.04.1945	Bergen aus
20.04.1945	Bergen ein

03.05.1945 Bergen aus
06.05.1945 Bergen ein
Erfolge: keine

Erfolge Adalbert Schnee als Kommandant U 60:
2 Schiffe (3 188 BRT +)
1 Schiff (15 434 BRT =)

Erfolge Adalbert Schnee als Kommandant U 201:
21 Schiffe (93 568 BRT +)
3 Schiffe (15 195 BRT =)

Gesamt:
23 Schiffe (96 756 BRT +)
4 Schiffe (30 629 BRT =)

ROLF MÜTZELBURG

*** 23.06.1913**
IN KIEL
† 11.09.1942
IM ATLANTIK
(PLANQUADRAT DG 3164)
NACH UNFALL GESTORBEN

17.11.1941
Ritterkreuz (87-37)

15.07.1942
104. Eichenlaub (14-12)

15.08.1932
Eintritt in die Reichsmarine
Crew 32 (eingegliedert)

15.08.1932 – 07.10.1932
Infanterieausbildung – II. Abt. S.St.Div. der Ostsee, Stralsund

08.10.1932 – 05.11.1932
Lehrgang – Marineschule Flensburg-Mürwik, zugleich

26.10.1932 – 03.11.1932
Navigationsbelehrungsfahrt – Dampfer ASTA

04.11.1932
Seekadett

06.11.1932 – 02.01.1934
Bordausbildung – Leichter Kreuzer KÖLN

01.01.1934
Fähnrich zur See

03.01.1934 – 17.03.1934
Infanterielehrgang für Fähnriche – II. Abt. S.St.Div. der Ostsee, Stralsund

18.03.1934 – 12.05.1934
Torpedolehrgang für Fähnriche – Torpedoschule Flensburg-Mürwik

13.05.1934 – 29.05.1934
Nachrichtenlehrgang für Fähnriche – Nachrichtenschule Flensburg-Mürwik

30.05.1934 – 15.06.1934
Fla-Waffenlehrgang für Fähnriche – Küstenartillerieschule Wilhelmshaven

16.06.1934 – 03.07.1934
Sperrlehrgang für Fähnriche – Sperrschule Kiel-Wik

04.07.1934 – 17.04.1935
Hauptlehrgang für Fähnriche – Marineschule Flensburg-Mürwik bzw.

27.08.1934 – 01.09.1934
Navigationsbelehrungsfahrt – Tender WESER bzw.

24.01.1935 – 30.01.1935
Navigationsbelehrungsfahrt – Tender NORDSEE

19.04.1935 – 01.10.1935
Bordausbildung – Panzerschiff DEUTSCHLAND

01.09.1935
Oberfähnrich zur See

02.10.1935 – 07.12.1935
Artillerielehrgang für Fähnriche – S.A.S. Kiel-Wik

08.12.1935 – 15.12.1935
U-Lehrgang für Fähnriche – U-Schule Kiel-Wik

16.12.1935 – 26.01.1936
Bordausbildung – Linienschiff SCHLESWIG-HOLSTEIN

01.01.1936
Leutnant zur See (-23-)

27.01.1936 – 28.03.1936
Sperrlehrgang für Offiziere – Sperrschule Kiel-Wik

29.03.1936 – 20.09.1936
Zugoffizier – Linienschiff SCHLESWIG-HOLSTEIN

15.08.1936
Dienstauszeichnung IV. Klasse

21.09.1936 – 27.09.1936
Stamm der 2. Minensuchflottille – II. Marine-Ersatzabteilung

28.09.1936 – 08.11.1936
I. WO – M-117/2. Minensuchflottille

09.11.1936 – 20.11.1936
Fla-Leiterlehrgang – Küstenartillerieschule Wilhelmshaven

21.11.1936 – 30.09.1937
I. WO – M-117/2. Minensuchflottille

01.10.1937 – 06.02.1938
Adjutant – 2. Minensuchflottille

01.10.1937
Oberleutnant zur See (-18-)

07.02.1938 – 19.02.1938
Lehrgang für Signaloffizier – Nachrichtenschule Flensburg-Mürwik

20.02.1938 – 14.04.1938
Adjutant – M-133/2. Minensuchflottille

15.04.1938 – 27.11.1938
Gruppenoffizier – Marineschule Flensburg-Mürwik, zugleich

14.07.1938 – 18.07.1938
Navigationsbelehrungsfahrt – Tender PAUL BENEKE

28.11.1938 – 31.03.1939
Lehrer – Torpedoschule Flensburg-Mürwik

01.04.1939 – 04.09.1939
Gruppenoffizier – Marineschule Flensburg-Mürwik, zugleich

27.05.1939 – 29.05.1939
Starboot-Segellehrgang – Marinestation Ostsee, zugleich

03.06.1939 – 04.06.1939
Starboot-Segellehrgang – Marinestation Ostsee, zugleich

31.07.1939 – 08.08.1939
Fähnrichs-Gruppenoffizier – Tender NORDSEE

05.09.1939 – 25.10.1939
Kommandant – 12. Minensuchflottille

26.10.1939 – 25.11.1939
U.W.O.-Lehrgang – Nachrichtenschule Flensburg-Mürwik

26.11.1939 – 25.01.1940
U-Lehrgang – U-Schule

01.01.1940
Kapitänleutnant (-5-)

26.01.1940 – 02.03.1940
U.T.O.- Lehrgang – Torpedoschule Flensburg-Mürwik

03.03.1940 – 09.06.1940
Kommandantenschüler – 1. U-Ausbildungsflottille

10.06.1940 – 28.11.1940
Kommandant – U 10/1. U-Bootsschulflottille, ab 01.07.1940, 21. U-Flottille

29.11.1940 – 19.01.1941
Kommandantenschüler (überplanm.) – U 100/7. U-Flottille
5. Feindfahrt U 100/Kdt: Joachim Schepke 02.12.1940 – 01.01.1941

20.01.1941 – 17.02.1941
Baubelehrung – U-Boote Ost für U 203

18.02.1941 – 11.09.1942
Kommandant – U 203/1. U-Flottille

01.07.1941
Eisernes Kreuz II. Klasse

01.07.1941
Eisernes Kreuz I. Klasse

01.07.1941
U-Boots-Kriegsabzeichen 1939

30.07.1941
Nennung im Wehrmachtsbericht

17.11.1941
Ritterkreuz des Eisernen Kreuzes

20.04.1942
Nennung im Wehrmachtsbericht

15.07.1942
104. Eichenlaub zum Ritterkreuz des Eisernen Kreuzes

10.09.1942
Kapitänleutnant Rolf Mützelburg verunglückte um 15:00 Uhr im Planquadrat DH 1448 beim Baden im Atlantik. Beim Kopfsprung vom U-Boot-Turm verlor er beim Überholen des Bootes das Gleichgewicht und stürzte mit dem Kopf auf den Außenbunker. Dabei erlitt Rolf Mützelburg schwere Verletzungen, die am 11.09. 1942 um 08:00 Uhr zum Tode führten. Kapitänleutnant Rolf Mützelburg wurde am 12.09.1942 um 16:12 Uhr, nach Feststellung des Todes durch Dr. Rohrbach von U 462 (Todesursache: Schädelbruch mit Gehirnhautblutung), im Atlantik auf Position 36°14,5' Nord/31°21,2' West beigesetzt.

15.09.1942
Nennung im Wehrmachtsbericht:
Kapitänleutnant Rolf Mützelburg, Kommandant eines Unterseebootes, Träger des Eichenlaubes zum Ritterkreuz des Eisernen Kreuzes, ließ auf der Fahrt gegen den Feind sein Leben. In ihm verliert die Unterseebootwaffe einen hervorragenden Kommandanten und erfolgreichen Kämpfer. Das Boot setzt unter dem Kommando des ältesten Wachoffiziers die Unternehmung fort.

1. Unternehmung U 203:
(Nordatlantik)

Kdt:	Kl Rolf Mützelburg (2. Feindfahrt)
05.06.1941	Kiel aus
07.06.1941	Bergen ein
08.06.1941	Bergen aus
09.06.1941	Bergen ein
11.06.1941	Bergen aus
29.06.1941	St. Nazaire ein
Erfolge:	3 Schiffe (11 325 BRT +)

Stellungnahme des B.d.U.:
Erfolgreiche und insgesamt durchaus erfreuliche erste Unternehmung des Kommandanten und des neuen Bootes.
Im einzelnen ist zu bemerken:
1.) Der Entschluß, am 16.06. die befohlene Wettermeldung nicht abzugeben, war falsch. Da das Boot kurz vor der befohlenen Meldezeit ohnehin gesehen war, hätte der Kommandant erst recht keine Bedenken zu haben brauchen. Außerdem überschätzt der Kommandant die Peilgenauigkeit.
2.) Ein Angriff auf 600 m Entfernung ist noch nicht »beängstigend nahe«.
3.) Der Annahme, daß das Boot am 24.06. beim ersten Angriff 2 Schiffe torpediert hat, wird zugestimmt. Ihr Sinken kann jedoch lediglich als wahrscheinlich angenommen werden. Über ihre Größe liegen so schwache Anhaltspunkte vor, daß eine Tonnageangabe nicht möglich erscheint.
4.) Der Entschluß, auf den auslaufenden Geleitzug am 24.06. zu operieren, war unter den gegebenen Verhältnissen richtig. Es war aber grundfalsch, nach Verschießen der Torpedos von ihm abzulassen, ohne sofort seinen letzten Kurs und Standort anzugeben.
5.) Das Absetzen von diesem nicht gesicherten Geleitzug war auch bei beschränkt tauchklarem Boot ein Fehler. Es hätte für andere Boote Fühlung halten müssen, auch wenn es sich dabei voll hätte einsetzen müssen.

2. Unternehmung U 203:
(Nordatlantik, westliche Biscaya)

Kdt:	Kl Rolf Mützelburg (3. Feindfahrt)
10.07.1941	St. Nazaire aus
31.07.1941	St. Nazaire ein
Erfolge:	3 Schiffe (4305 BRT +)

Stellungnahme des B.d.U.:
Wiederum sehr gut durchgeführte Unternehmung. Die Angriffe des Kommandanten sind zügig und von entschlossenem Angriffsgeist getragen. Ohne diese Anerkennung zu schmälern, muß jedoch festgestellt werden, daß die Annahmen des Kommandanten betreffs des Sinkens eines Teiles der Schiffe und des Treffers auf dem Zerstörer nicht unbedingt sicher sind. Nach Lage der Dinge konnte er jedoch nicht länger beobachten.
Das vom Kommandanten vorgeschlagene Verfahren, betreff Übermittlung eines Geleitzugstandortes an Fühlungsuchende U-Boote hat sich nicht bewährt, da zu leicht durch das kreisende Flugzeug Zerstörer angelockt werden.

3. Unternehmung U 203:
(Nordatlantik, westliche Biscaya)

Kdt:	Kl Rolf Mützelburg (4. Feindfahrt)
20.09.1941	St. Nazaire aus
30.09.1941	Brest ein
Erfolge:	3 Schiffe (7658 BRT +)

Stellungnahme des B.d.U.:
Sehr kurze Unternehmung mit schönem Erfolg. Die Durchführung zeigt erneut den Angriffsgeist und die Entschlossenheit des Kommandanten.

4. Unternehmung U 203:
(Nordatlantik, westlich von Irland, Neufundland)

Kdt:	Kl Rolf Mützelburg (5. Feindfahrt)
18.10.1941	Brest aus
12.11.1941	Brest ein
Erfolge:	2 Schiffe (10456 BRT +)

Stellungnahme des B.d.U.:
Ausgezeichnet durchgeführte Unternehmung. Das überlegte und kaltblütige Verhalten des Kommandanten gegenüber der Sicherung verdient besondere Anerkennung.
Der Entschluß, auf Grund der Horchpeilung einen blinden Fächer zu schießen, wurde mit der Versenkung von 2 Dampfern belohnt.

5. Unternehmung U 203:
(Westatlantik, Neufundlandbank, südlich Nova Scotia)

Kdt:	Kl Rolf Mützelburg (6. Feindfahrt)
25.12.1941	Brest aus
29.01.1942	Brest ein
Erfolge:	3 Schiffe (2341 BRT + einschließlich br APC ROSEMONDE 364 ts +) 2 Schiffe (4767 BRT =)

Stellungnahme des B.d.U.:
Gut durchgeführte Unternehmung.

6. Unternehmung U 203:
(Westatlantik, USA-Ostküste)

Kdt:	Kl Rolf Mützelburg (7. Feindfahrt)
12.03.1942	Brest aus
30.04.1942	Brest ein
Erfolge:	2 Schiffe (14232 BRT +) 2 Schiffe (16164 BRT =)

7. Unternehmung U 203:
(Westatlantik, Karibik, Trinidad)

Kdt:	Kl Rolf Mützelburg (8. Feindfahrt)
03.06.1942	Brest aus
04.06.1942	Lorient ein
04.06.1942	Lorient aus
29.07.1942	Brest ein
Erfolge:	5 Schiffe (32985 BRT +)

Funkspruch an U 203 vom 15.07.1942:
An »Mützelburg« von Adolf Hitler. In dankbarer Würdigung Ihres heldenhaften Einsatzes im Kampf für die Zukunft unseres Volkes verleihe ich Ihnen als 104. Soldaten der deutschen Wehrmacht das Eichenlaub zum Ritterkreuz des Eisernen Kreuzes. Herzlichen Glückwunsch.
Befehlshaber

Funkspruch an U 203 vom 15.07.1942:
An »Mützelburg« und »Schnee«
Herzlichen Glückwunsch. Eure stolze Flottille.

Funkspruch an U 203 vom 16.07.1942:
Von Oberbefehlshaber der Kriegsmarine:
Kaptlt. »Mützelburg«
Zu der hohen Auszeichnung, die Ihnen durch die Verleihung des Eichenlaubes zuteil geworden ist, übermittle ich Ihnen meine herzlichsten Glückwünsche in dankbarer Anerkennung der von Ihnen und Ihrer Besat-

zung bewiesenen Tapferkeit und erzielten Erfolge.

Oberbefehlshaber

Funkspruch an U 203 vom 19.07.1942:
An »Mützelburg« und »Schnee«
Zu der hohen Auszeichnung in herzlicher Mitfreude an großen Erfolgen beste Glückwünsche.

Oberbefehlshaber der Gruppe Nord

8. Unternehmung U 203:
(Mittelatlantik)

Kdt:	Kl Rolf Mützelburg 11.09.1942 verstorben (9. Feindfahrt)
27.08.1942	Brest aus
18.09.1942	Brest ein
Erfolge:	keine

Stellungnahme des B.d.U.:
Zur Durchführung der Unternehmung nichts zu bemerken!

Letzte Unternehmung dieses, durch tragischen Unglücksfall verstorbenen, hervorragenden Kommandanten.

Auszug aus dem K.T.B. des B.d.U. vom 11.09. 1942:
Der Kommandant U 203 – Kapitänleutnant Mützelburg – ist am 11.09. morgens mit schweren inneren Verletzungen und Gehirnerschütterung in See gestorben. Nach der ersten Meldung wurde Zusammentreffen mit Arztboot herbeigeführt. Kommandant verstarb, bevor ärztliche Hilfe zur Stelle war. Mit ihm hat die deutsche U-Boot-Waffe einen ihrer besten Kommandanten verloren.

Erfolge Rolf Mützelburg als Kommandant U 203:
21 Schiffe (83 302 BRT + einschließl. br APC ROSEMONDE 364 ts +)
4 Schiffe (20 931 BRT =)

Ernst Mengersen

* 30.06.1912
in Bremke/Lippe
† 06.11.1995
in Dortmund

18.11.1941
Ritterkreuz (88-38)

01.04.1933
Eintritt in die Reichsmarine
Crew 33

01.04.1933 – 29.06.1933
Infanterieausbildung – 4. Komp./II. Abt. S.St.Div. der Ostsee, Stralsund

30.06.1933 – 23.09.1933
Bordausbildung – SSS GORCH FOCK

23.09.1933
Seekadett

24.09.1933 – 27.06.1934
Bordausbildung – Leichter Kreuzer KARLSRUHE

28.06.1934 – 18.04.1935
Hauptlehrgang für Fähnriche – Marineschule Flensburg-Mürwik bzw.

10.10.1934 – 16.10.1934
Navigationsbelehrungsfahrt – Tender NORDSEE bzw.

31.01.1935 – 06.02.1935
Navigationsbelehrungsfahrt – Tender SAAR

01.07.1934
Fähnrich zur See

19.04.1935 – 20.05.1935
Infanterielehrgang für Fähnriche – 10. Komp./II. Abt. S.St.Div. der Ostsee, Stralsund

21.05.1935 – 08.06.1935
Sperrlehrgang für Fähnriche – Sperrschule Kiel-Wik

09.06.1935 – 29.07.1935
Torpedolehrgang für Fähnriche – Torpedoschule Flensburg-Mürwik

30.07.1935 – 24.08.1935
Nachrichtenlehrgang für Fähnriche – Nachrichtenschule Flensburg-Mürwik

25.08.1935 – 31.08.1935
U-Lehrgang für Fähnriche – U-Schule Kiel-Wik

01.09.1935 – 18.09.1935
Fla-Waffenlehrgang für Fähnriche – Küstenartillerieschule

19.09.1935 – 28.11.1935
Artillerielehrgang für Fähnriche – S.A.S. Kiel-Wik

29.11.1935 – 14.04.1936
Bordausbildung – Linienschiff SCHLESIEN

01.04.1936
Oberfähnrich zur See

15.04.1936 – 27.05.1936
E-Meßlehrgang – S.A.S. Saßnitz und Kiel-Wik

28.05.1936 – 20.09.1936
Bordausbildung – Linienschiff SCHLESIEN

21.09.1936 – 30.09.1936
Bordausbildung – U-Tender SAAR

01.10.1936 – 23.12.1936
F.T.-Lehrgang – Marine-Nachrichtenschule Flensburg-Mürwik

01.10.1936
Leutnant zur See (-4-)

24.12.1936 – 24.01.1937
I. WO und Funkoffizier – U-Tender SAAR

25.01.1937 – 30.01.1937
Horchlehrgang – U-Schule

31.01.1937 – 13.10.1937
I. WO und Funkoffizier – U-Tender SAAR

01.04.1937
Dienstauszeichnung IV. Klasse

14.10.1937 – 27.10.1938
Adjutant, Signal- und Horchoffizier – Panzerschiff ADMIRAL SCHEER

01.06.1938
Oberleutnant zur See (-4-)

28.10.1938 – 02.04.1939
Adjutant – 6. Torpedobootsflottille, zugleich III.WO – Torpedoboot TIGER bzw.

06.02.1939 – 18.02.1939
Signallehrgang für Offiziere – Nachrichtenschule Flensburg-Mürwik

03.04.1939 – 27.05.1939
U.W.O.-Lehrgang – U-Schule

28.05.1939 – 31.05.1939
z.Vfg. – F.d.U.

01.06.1939 – 17.06.1939
Sperrlehrgang für U-Offizier – Sperrschule Kiel-Wik

18.06.1939 – 30.06.1939
z.Vfg. – F.d.U.

01.07.1939 – 15.07.1939
z.Vfg. – Segelstab – Station Ostsee

16.07.1939 – 29.07.1939
II.WO – U 33/U-Flottille Saltzwedel

30.07.1939 – 11.09.1939
z.Vfg. – F.d.U., zugleich

31.07.1939 – 05.09.1939
U.T.O.-Lehrgang – Torpedoschule Flensburg-Mürwik, zugleich

06.09.1939 – 11.09.1939
kommandiert auf – U-Tender ERWIN WASSNER

12.09.1939 – 13.10.1939
I. WO – U 54/U-Flottille Wegener

14.10.1939 – 31.08.1940
z.Vfg. – U-Schule, zugleich

18.10.1939 – 23.11.1939
Kommandantenschüler – U-Ausbildungsflottille, zugleich

24.11.1939 – 02.09.1940
Kommandant – U 18/U-Ausbildungsflottille, ab 01.07.1940, 24. U-Flottille (lt. K.T.B. U 18, Bootsübernahme am 10.12. 1939)

27.01.1940
Eisernes Kreuz II. Klasse

25.02.1940
U-Boots-Kriegsabzeichen 1939

03.09.1940 – 17.09.1940
Baubelehrung – K.L.A.-U-Ost für U 143

18.09.1940 – 02.11.1940
Kommandant – U 143/1. U-Flottille

01.10.1940
Kapitänleutnant (-4-)

23.10.1940
Spanienkreuz in Bronze mit Schwertern

03.11.1940 – 17.11.1940
Kommandant (überplanm.) – U 101/7. U-Flottille

18.11.1940 – 31.12.1940
Kommandant – U 101/7. U-Flottille

03.12.1940
Nennung im Wehrmachtsbericht

10.12.1940
Eisernes Kreuz I. Klasse

18.11.1941
Ritterkreuz des Eisernen Kreuzes

01.01.1942 – 28.01.1942
Baubelehrung – 8.K.L.A./Hamburg für U 607

29.01.1942 – 31.07.1942
Kommandant – U 607/5. U-Flottille

01.08.1942 – 18.04.1943
Kommandant – U 607/7. U-Flottille

19.04.1943 – 31.05.1943
z.Vfg. – 7. U-Flottille

01.06.1943 – 14.06.1943
Leiter der Fahrtausbildung – 27. U-Flottille/Gotenhafen

15.06.1943 – 24.02.1945
Flottillenchef – 20. U-Flottille/Pillau

01.09.1944
Kriegsverdienstkreuz mit Schwertern II. Klasse

01.12.1944
Korvettenkapitän

31.01.1945
Kriegsverdienstkreuz mit Schwertern I. Klasse

25.02.1945 – 31.03.1945
Taktiklehrer im Stab – 25. U-Flottille/Travemünde

01.04.1945 – 08.05.1945
Flottillenchef (vorgesehen) – 15. U-Flottille/Kristiansand-Süd

09.05.1945 – 20.02.1946
Kriegsgefangenschaft

20.02.1946
Entlassung

5. Unternehmung U 18:
(Nordsee, britische Ostküste)

Kdt:	OlzS Ernst Mengersen (1. Feindfahrt)
18.01.1940	Kiel aus
26.01.1940	Wilhelmshaven ein
Erfolge:	1 Schiff (1 000 BRT +)

6. Unternehmung U 18:
(Nordsee, britische Ostküste)

Kdt:	OlzS Ernst Mengersen (2. Feindfahrt)
11.02.1940	Wilhelmshaven aus
24.02.1940	Wilhelmshaven ein
Erfolge:	keine

5. Unternehmung U 101:
(Nordatlantik, westlich von Irland)

Kdt:	Kl Ernst Mengersen (3. Feindfahrt)
24.11.1940	Lorient aus
07.12.1940	Lorient ein
Erfolge:	4 Schiffe (22 483 BRT +) 1 Schiff (4 958 BRT =)

Stellungnahme des B.d.U.:
Sehr erfolgreiche, klar und entschlossen durchgeführte Unternehmung, deren Erfolg um so höher zu bewerten ist, als es die erste Unternehmung des Kommandanten ist.

6. Unternehmung U 101:
(Nordatlantik, südwestlich von Irland)

Kdt:	Kl Ernst Mengersen (4. Feindfahrt)

I. WO: OlzS Egon Reiner Freiherr von Schlippenbach

23.01.1941 Lorient aus
19.02.1941 Lorient ein
Erfolge: 2 Schiffe (10699 BRT +)

Stellungnahme des B.d.U.:
Der Geleitzug am 30. Januar hätte gemeldet werden müssen. Das eigenmächtige Verlassen des Angriffsraumes am 08.02. war falsch. – Sonst nichts zu bemerken.

7. Unternehmung U 101:
(Nordatlantik)
Kdt: Kl Ernst Mengersen (5. Feindfahrt)

24.03.1941 Lorient aus
25.03.1941 Lorient ein
27.03.1941 Lorient aus
02.05.1941 Lorient ein
Erfolge: keine

Stellungnahme des B.d.U.:
Nichts zu bemerken.

8. Unternehmung U 101:
(Mittelatlantik)
Kdt: Kl Ernst Mengersen (6. Feindfahrt)
II.WO: LzS Karl-Heinz Marbach

28.05.1941 Lorient aus
04.07.1941 Lorient ein
Erfolge: 2 Schiffe (11644 BRT +)

Stellungnahme des B.d.U.:
Nichts zu bemerken.

9. Unternehmung U 101:
(Nordatlantik)
Kdt: Kl Ernst Mengersen (7. Feindfahrt)
II.WO: LzS Karl-Heinz Marbach

07.08.1941 Lorient aus
04.09.1941 St. Nazaire ein
Erfolge: keine

Stellungnahme des B.d.U.:
Während der Unternehmung trat nur einmal Feindberührung (Geleitzug 27.08.) ein. Es ist dem Boot auf Grund schwieriger Wetterverhältnisse nicht gelungen, die Fühlung aufrecht zu erhalten.
Es hätte aber auf jeden Fall die Feindberührung sofort melden müssen.

10. Unternehmung U 101:
(Nordatlantik)
Kdt: Kl Ernst Mengersen (8. Feindfahrt)
II.WO: OlzS Karl-Heinz Marbach

04.10.1941 St. Nazaire aus
06.10.1941 St. Nazaire ein
11.10.1941 St. Nazaire aus
16.11.1941 Kiel ein
Erfolge: 1 Zerstörer (1190 ts br DD BROADWATER +)

Stellungnahme des B.d.U.:
1.) *An dem geringen Erfolg dieser Unternehmung trifft dem bewährten Kommandanten kein Verschulden. Bei der Ausnutzung der gebotenen Möglichkeiten war er durch die meistens unklare Maschinenanlage sehr beeinträchtigt. Die während der Unternehmung gefaßten Entschlüsse und angestellten Überlegungen waren gut und richtig.*
2.) *Zu den angeführten besonderen Erfahrungen des Kommandanten wird vermerkt: Die Nachteile, die sich durch die zwingende Maßnahme der Abkommandierung einiger Besatzungsmitglieder nach jeder Unternehmung ergeben, werden in keiner Weise verkannt, jedoch nicht so angesehen, daß der Höhepunkt der Erfolge lediglich nach den ersten Feindunternehmungen liegt. Dadurch, daß jeweils nur 4–5 Soldaten abkommandiert werden, deren Ersatz sich bei der hohen Anzahl alter U-Boot-Fahrer schnellstens einfahren und einleben kann, verbleibt immer ein Bootsstamm, welcher die Leistungsfähigkeit, wie auch den Geist des Bootes gewährleistet. Diesen stets auf gleich bleibender Höhe zu halten, ist ausschließlich Sache des Kommandanten. Wie von alten Kommandanten immer wieder gemeldet wird, befindet sich auch unter den Nachwuchs-U-Boot-Fahrern wertvolles Menschenmaterial.*

1. Unternehmung U 607:
(Nordatlantik, ostwärts der Neufundlandbank)
Kdt: Kl Ernst Mengersen (9. Feindfahrt)

09.07.1942 Kiel aus
10.07.1942 Kristiansand ein
13.07.1942 Kristiansand aus
16.08.1942 St. Nazaire ein
Erfolge: 2 Schiffe (14109 BRT +)

Stellungnahme des B.d.U.:
Erste gut durchgeführte Unternehmung des Bootes. Geleitzugbekämpfung unter ungünstigen Wetter- und schwierigen Abwehrverhältnissen. Der Kommandant hat überlegt, zäh und angriffsfreudig operiert und die ihm gebotenen Chancen voll ausgenutzt.
Der von ihm am 07.08. an der Grenze der Reichweite geschossene 4er-Fächer ist im Hinblick auf die ihm sonst gebotenen Schußgelegenheiten als berechtigt anzusehen.

2. Unternehmung U 607:
(Nordatlantik, ostwärts Neufundland)

Kdt:	Kl Ernst Mengersen (10. Feindfahrt)
08.09.1942	St. Nazaire aus
23.10.1942	St. Nazaire ein
Erfolge:	1 Schiff (4826 BRT +)

Stellungnahme des B.d.U.:
Sehr zähe und geschickt durchgeführte Unternehmung. Am geringen Erfolg trifft den bewährten Kommandanten kein Verschulden. Er hat ausgesprochenes Pech gehabt.

3. Unternehmung U 607:
(Nordatlantik, südostwärts Grönland)

Kdt:	Kl Ernst Mengersen (11. Feindfahrt)
02.01.1943	St. Nazaire aus
09.03.1943	St. Nazaire ein
Erfolge:	1 Schiff (11355 BRT +)
	1 Schiff (8259 BRT =)

Stellungnahme des B.d.U.:
Eine Unternehmung des bewährten Kommandanten, die leider nur einen geringen Erfolg brachte. Der Kommandant hat überlegt und zäh bemüht operiert und alle Möglichkeiten ausgeschöpft. Die Überlegungen des Kommandanten auf Seite 20, 21 und 22 des K.T.B. werden vom B.d.U. geteilt. Die Vermutung von Geräuschbojen zur Täuschung der U-Boote liegt sehr nahe. Dieser Frage wird auch auf Grund gemachter Beobachtungen in anderen Seegebieten weitere Aufmerksamkeit zugewandt. – Sonst nichts zu bemerken.

Anerkannte Erfolge:
1 Tankerwrack 4000 BRT versenkt.
1 Motortanker 11355 BRT versenkt.

Erfolge Ernst Mengersen als Kommandant U 18:
1 Schiff (1000 BRT +)

Erfolge Ernst Mengersen als Kommandant U 101:
9 Schiffe (46016 BRT + einschl. br DD BROADWATER 1190 ts +)
1 Schiff (4958 BRT =)

Erfolge Ernst Mengersen als Kommandant U 607:
4 Schiffe (30290 BRT +)
1 Schiff (8259 BRT =)

Gesamt:
14 Schiffe (77306 BRT + einschl. br DD BROADWATER 1190 ts +)
2 Schiffe (13217 BRT =)

Friedrich Guggenberger

* 06.03.1915
in München
† 13.05.1988
in Erlenbach am Main

10.12.1941
Ritterkreuz (91-39)

08.01.1943
171. Eichenlaub (22-18)

08.04.1934
Eintritt in die Reichsmarine
Crew 34

08.04.1934 – 13.06.1934
Infanterieausbildung – 2. Komp./II. S.St.Abt der Ostsee, Stralsund

14.06.1934 – 26.09.1934
Bordausbildung – SSS GORCH FOCK

26.09.1934
Seekadett

27.09.1934 – 26.06.1935
Bordausbildung – Leichter Kreuzer EMDEN

27.06.1935 – 30.03.1936
Hauptlehrgang für Fähnriche – 2. Fähnrichskomp./Marineschule Flensburg-Mürwik, zugleich

04.11.1935 – 09.11.1935
Navigationsbelehrungsfahrt – Tender FRAUENLOB bzw.

10.02.1936 – 15.02.1936
Navigationsbelehrungsfahrt – Tender HECHT

01.07.1935
Fähnrich zur See

31.03.1936 – 14.04.1936
Fla-Waffenlehrgang für Fähnriche – Küstenartillerieschule Wilhelmshaven

15.04.1936 – 04.05.1936
Nachrichtenlehrgang für Fähnriche – Nachrichtenschule Flensburg-Mürwik

05.05.1936 – 30.05.1936
Infanterielehrgang für Fähnriche – II. S.St. Abt. der Ostsee, Stralsund

31.05.1936 – 28.07.1936
Artillerielehrgang für Fähnriche – S.A.S. Kiel-Wik

29.07.1936 – 22.09.1936
Torpedolehrgang für Fähnriche – Torpedoschule Flensburg-Mürwik

23.09.1936 – 29.09.1936
Sperrlehrgang für Fähnriche – Sperrschule Kiel-Wik

30.09.1936 – 28.04.1938
Ausbildungsoffizier – Leichter Kreuzer EMDEN

01.11.1936
Bulgarischer Verdienstorden IV. Klasse mit Krone

01.01.1937
Oberfähnrich zur See

01.04.1937
Leutnant zur See (-14-)

29.04.1938 – 01.10.1939
Gruppenoffizier – Marineschule Flensburg-Mürwik, zugleich

04.10.1938 – 01.11.1938
Navigationsbelehrungsfahrt – Schulschiff PAUL BENEKE

01.04.1939
Oberleutnant zur See (-13-)

02.10.1939 – 26.11.1939
U-Lehrgang für Offiziere – U-Schule

27.11.1939 – 01.01.1940
U.W.O.- Lehrgang – Marine-Nachrichtenschule Flensburg-Mürwik

02.01.1940 – 02.01.1941
I. WO – U 28/2. U-Flottille, ab 10.11.1940, 24. U-Flottille bzw. Kommandant i.V. – U 28 (16.11.1940 – 02.01.1941)
Feindfahrten U 28/Kdt: Günter Kuhnke
18.02.1940 – 23.03.1940
20.05.1940 – 06.07.1940
11.08.1940 – 17.09.1940
12.10.1940 – 15.11.1940

23.03.1940
Eisernes Kreuz II. Klasse

08.07.1940
U-Boots-Kriegsabzeichen 1939

19.09.1940
Eisernes Kreuz I. Klasse

03.01.1941 – 10.02.1941
Kommandant – U 2 /24. U-Flottille

11.02.1941 – 25.04.1941
Baubelehrung – U-Boote Nordsee, Vegesacker Werft Bremen für U 81

26.04.1941 – 30.11.1941
Kommandant – U 81/1. U-Flottille

01.09.1941
Kapitänleutnant mit Wirkung vom 01.09.1941 und Rangdienstalter vom 01.10.1941 (-13-)

15.11.1941
Nennung im Wehrmachtsbericht

01.12.1941 – 24.12.1942
Kommandant – U 81/29. U-Flottille

10.12.1941
Ritterkreuz des Eisernen Kreuzes

10.03.1942
Italienische Tapferkeitsmedaille in Silber

25.12.1942 – 04.01.1943
z.Vfg. – 29. U-Flottille

05.01.1943 – 22.01.1943
Baubelehrung – 1.Komp./6. K.L.A. Bremen für U 847

08.01.1943
171. Eichenlaub zum Ritterkreuz des Eisernen Kreuzes

23.01.1943 – 04.02.1943
Kommandant – U 847/4. U-Flottille (lt. K.T.B. U 847 fand der Kommandantenwechsel Kl Friedrich Guggenberger – Kl Jost Metzler am 01.02.1943 statt)

05.02.1943 – 14.05.1943
Asto – B.d.U.op/2. Skl/OKM

15.05.1943 – 19.07.1943
Kommandant – U 513/10. U-Flottille

29.05.1943
Italienische Tapferkeitsmedaille in Bronze

19.07.1943
Im Südatlantik vor der brasilianischen Küste südöstlich Sao Francisco do Sul, durch die »Mariner« »P-5« der US-Navy-Squadron VP-74 versenkt.

20.07.1943
Kapitänleutnant Guggenberger wurde mit weiteren 6 Besatzungsmitgliedern von U 513 von dem US-Kreuzer BARNEGATE gerettet. Guggenberger selbst kam ins Marinehospital Bethesda bei Washington. Nach der Wiederherstellung seiner Gesundheit wurde er in die Lager Fort Hunt und Crossville/Tennessee, dann Anfang 1944 ins Lager Papago-Park, Phönix/Arizona, gebracht.

23.12.1944
Flucht aus Papago-Park mit 10 weiteren Offizieren und 14 Unteroffizieren und Soldaten

06.01.1945
Guggenberger wurde 6 km vor der Grenze Mexikos gefaßt.

08.1946
Entlassung

01.02.1956
Eintritt in die Bundesmarine

01.02.1956 – 04.08.1958
Referent für Infrastruktur in der Unterabteilung Organisation (FÜ M) – Bundesministerium der Verteidigung

01.02.1956
Korvettenkapitän

01.02.1957
Fregattenkapitän

05.08.1958 – 25.06.1959
US-Naval War College

01.07.1959 – 16.09.1961
A 3 – Kommando der Flotte

01.09.1961
Kapitän zur See

17.09.1961 – 31.03.1964
Chef des Stabes – Deutscher Militär-Verbindungsstab MC/NATO Washington

01.04.1964 – 30.01.1966
Kommandeur – 2. Geleitbootgeschwader

01.02.1966 – 30.09.1966
Referent M II 1 – FÜ M, Bundesministerium der Verteidigung

01.10.1966 – 27.10.1968
Unterabteilungsleiter II (Führung) – FÜ M, Bundesministerium der Verteidigung

29.11.1966
Flottillenadmiral

31.10.1968
Konteradmiral

04.11.1968 – 07.10.1972
stellv. Chef des Stabes Operation und Planung im NATO-Kommando AFNORTH

31.10.1972
Ruhestand

1. Unternehmung U 81:
(Nordmeer, Kola-Küste)

Kdt:	OlzS Friedrich Guggenberger (5. Feindfahrt)
II.WO:	LzS Johann-Otto Krieg
17.07.1941	Drontheim aus
07.08.1941	Kirkenes ein
09.08.1941	Kirkenes aus
13.08.1941	Drontheim ein
Erfolge:	keine

Stellungnahme des B.d.U.:
Das Boot war einsatzmäßig nicht dem B.d.U. unterstellt.
Der Kommandant bewies auf seiner ersten Unternehmung Entschlossenheit und Wagemut. Der sehr gut durchgeführten Unternehmung blieb leider der Erfolg versagt.

Stellungnahme des Admiral Norwegen:
Zum K.T.B. U 81:

a) *Das vorgelegte Kriegstagebuch von U 81 zeugt von besonderer Verantwortungsfreudigkeit und erfrischendem Wagemut des Kommandanten.*
Das Einlaufen in die Motowski-Bucht war bei der vorhergehenden Besprechung in Kirkenes von mir nicht verlangt, aber, wenn unter den angetroffenen Verhältnissen zu verantworten, als erwünscht bezeichnet worden.
Die Durchführung dieses Unternehmens durch den Kommandanten Oberleutnant z.S. Guggenberger findet meine besondere Anerkennung.
b) *Zum 27.07.41, zu 3. Minenlage:*
Die im Operationsgebiet erkundete Minenlage vor Kola-Bucht im Motowski-Golf wird von U 81 als durch den von ihm beobachteten Dampferverkehr und die von Bewachern gesteuerten Kurse als bestätigt angesehen.
c) *Wiederholte Aufklärungsmeldungen der Luftwaffe haben Zerstörer im Operationsgebiet gemeldet. Tatsächlich haben U 81 und U 652 in der ganzen Berichtszeit keinen Zerstörer beobachtet. Die Kritik an der Luftbeobachtung vom 25.07. 41 erscheint nicht unberechtigt. In Umfang und Form geht sie aber über das Ziel hinaus und ist daher zu beanstanden. Die größeren Bewacher werden von der Luftwaffe, häufig, als Zerstörer angesprochen.*
d) *Die Annahme, daß innerhalb der Verbindungslinie Vori-Kobillinski-Insel Minen liegen (s. 31.07. 2400 Uhr), kann erst später nachgeprüft werden.*
e) *Das Einlaufen von U 81 in den Motowski-Golf mit Einblick in die Eina-Bucht und das Eindringen in die Mündung der Liza-Bucht bedeutet die wiederholt von Gebirgskorps geforderte Unterstützung durch die Marine, um den russischen Dampferverkehr und Nachschub zu stören bzw. zu unterbrechen.*
f) *Die U-Boot-Abwehr war gering und ohne Einwirkung auf die Tätigkeit von U 81. Wasserbombeneinwirkung wurde nicht festgestellt.*
g) *Trotz der ungünstigen Jahreszeit – kein Sonnenuntergang und glatte See – muß der Ansatz von U 81 auf der wichtigen und schwierigen Position vor der Kola-Bucht und dem Motowski-Golf als Erfolg gewertet werden. Der Mangel an Schuß-*

möglichkeiten auf lohnende Ziele ist kein Verschulden des Kommandanten, der alles versucht hat, um zum Erfolg zu kommen.

2. Unternehmung U 81:
(Nordatlantik, südwestlich von Island)

Kdt:	Kl Friedrich Guggenberger (6. Feindfahrt)
II.WO:	LzS Johann-Otto Krieg
27.08.1941	Drontheim aus
19.09.1941	Brest ein
Erfolge:	2 Schiffe (8843 BRT +) 1 Schiff (7465 BRT =)

Stellungnahme des B.d.U.:
Erfolgreiche, sehr gut durchgeführte Unternehmung.

3. Unternehmung U 81:
(Gibraltar-Durchbruch am 12.11.1941, östliches Mittelmeer)

Kdt:	Kl Friedrich Guggenberger (7. Feindfahrt)
II.WO:	LzS Johann-Otto Krieg
29.10.1941	Brest aus
31.10.1941	Brest ein
04.11.1941	Brest aus
10.12.1941	La Spezia ein
Erfolge:	1 Flugzeugträger (22600 BRT + br CV ARK ROYAL)

Stellungnahme des B.d.U.:
Ausgezeichnet durchgeführte Unternehmung. Ruhe, Sicherheit, überlegtes Handeln, wie auch Können und unbedingte Einsatzbereitschaft zeichnen den jungen Kommandanten besonders aus.
Die Versenkung des Flugzeugträgers ARK ROYAL ist ein Erfolg, der höchste Anerkennung verdient.

4. Unternehmung U 81:
(östliches Mittelmeer)

Kdt:	Kl Friedrich Guggenberger (8. Feindfahrt)
II.WO:	LzS Johann-Otto Krieg
27.01.1942	La Spezia aus
04.03.1942	La Spezia ein
Erfolge:	keine

Stellungnahme des F.d.U. Italien:

1.) *Die Unternehmung ist gut und zügig durchgeführt worden. Es ist für diesen Kriegsschauplatz charakteristisch, daß die Fälle, wo das Boot Schußgelegenheiten hat, selten sind. Um so mehr ist es erforderlich, keinen Weg unversucht zu lassen, um den Gegner vor die Rohre zu bekommen. Augenbeobachtungen auch bei Tage aufgetaucht und Horchen auch bei Nacht – gerade bei Nacht, da man dann nicht so weit sehen kann, – sind Notwendigkeiten, wenn man das Kriegsglück nicht nur dem Zufall überlassen will. Der Kommandant hat dies alles getan; sein Wille, mit dem Feind in Berührung zu kommen hat auch dieser Unternehmung das Gepräge gegeben. Trotzdem ist es ihm nur selten gelungen, die Feindberührung herzustellen. Bei einer dieser Schußgelegenheiten ist er dann durch zu sparsamen Torpedoeinsatz um einen wahrscheinlichen Erfolg gekommen. Es muß immer sicher festgestellt werden, daß Sparsamkeit der Torpedos allgemein falsch ist; ganz besonders aber im Mittelmeer. Dies müssen auch erfahrene Kommandanten sich immer wieder ins Gedächtnis zurückrufen. (Das Schießen von Fächern darf allerdings nicht die Begleiterscheinung haben, daß man glaubt, auf um so größere Entfernung schießen zu können und die Genauigkeit der Schußunterlagen vernachlässigen zu dürfen).*
2.) *Der Angriff auf den Kriegsschiffsverband am 16.02. ist ein verdienter Erfolg des Kommandanten, der nah an den feindlichen Stützpunkt herangegangen ist, um hier endlich Ziele zu finden. Die Durchführung des Angriffs zeigt schnelle und klare Entschlußkraft. Es war richtig, daß der Kommandant mit dem in der Fahrt herabgesetzten Boot nach dem Schuß abgelaufen und nicht zur Beobachtung der Trefferwirkung nachgestoßen ist. Daß dadurch die Treffer nur gehört worden sind und eine weitere Beobachtung nicht möglich war, ist zwar schade; das Verhalten des Kommandanten trifft aber kein Vorwurf.*

5. Unternehmung U 81:
(östliches Mittelmeer)

Kdt:	Kl Friedrich Guggenberger (9. Feindfahrt)
II.WO:	OlzS Johann-Otto Krieg

04.04.1942	La Spezia aus
25.04.1942	Salamis ein
Erfolge:	2 Schiffe (7 168 BRT +)
	5 Segler (514 BRT +)

Stellungnahme des B.d.U.:
Der Stellungnahme des F.d.U. Italien wird zugestimmt.

6. Unternehmung U 81:

(östliches Mittelmeer)

Kdt:	Kl Friedrich Guggenberger (10. Feindfahrt)
II.WO:	OlzS Johann-Otto Krieg
06.05.1942	Salamis aus
03.06.1942	Salamis ein
Erfolge:	keine

Stellungnahme des F.d.U. Italien:

1.) *Es wird anerkannt, daß mit stets gleichbleibender Angriffsfreude alles versucht wurde, um an den Feind zu kommen.*
2.) *Den Fehlschußbegründungen wird beigetreten.*
3.) *Die Darstellung des K.T.B. allein gibt kein ausreichendes Bild vom Angriff auf den Geleitzug am 15.05. Die Gefechtsskizze muß Kurs und ungefähre Formation des Geleitzuges sowie die eigenen Kurse aufweisen.*
4.) *Das Auftauchen mitten im Geleitzug am 22.05. zeigt, daß es nicht ratsam ist, sich bei längerer Unterwasserfahrt nur auf das Horchgerät zu verlassen.*
5.) *Die Hilfsleistung für U 652 ist sehr anzuerkennen. Der Schleppversuch ist zwar ein Zeichen großer Verantwortungsfreudigkeit, war aber im Gebiet starker feindlicher Luftüberwachung recht gewagt.*
6.) *Den allgemeinen Erfahrungen wird zugestimmt. Die U.K.-Geräte der Boote sind inzwischen abgegeben, da sie an anderer Stelle dringender gebraucht werden.*
7.) *Die Erziehung der Besatzung zu Härte und Ausdauer durch den Kommandanten ist vorbildlich.*

7. Unternehmung U 81:

(östliches Mittelmeer)

Kdt:	Kl Friedrich Guggenberger (11. Feindfahrt)
II.WO:	OlzS Johann-Otto Krieg
06.06.1942	Salamis aus
24.06.1942	La Spezia ein
Erfolge:	1 Schiff (5 917 BRT $+)

Stellungnahme des F.d.U. Italien:

1.) *Das Boot hat mit zwei geringen Unterbrechungen fast 10 Wochen am Feind gestanden. Die vom Kommandanten erwähnte Tatsache, daß die »Grenze der Leistungsfähigkeit noch nicht erreicht« sei, stellt seiner Erziehung der Besatzung zu Härte und Ausdauer ein vorzügliches Zeugnis aus.*
2.) *Trotz zahlreicher Schäden, die zum Teil eine Auswirkung des langen Einsatzes waren, ist der Kommandant unbeirrt einsatz- und verantwortungsfreudig im Operationsgebiet geblieben. Die durchgeführten Angriffe, von denen zumal der auf den Hilfskreuzer am 18.06. Anerkennung verdient, zeigen vorzügliches taktisches Verständnis und Beherrschung des Bootes in allen Lagen.*
3.) *Es ist bedauerlich, daß Versager in der Feuerleitung und Schäden an der Torpedoarmierung das Boot wiederholt um verdiente Erfolge gebracht haben.*
4.) *Zu den Entschlüssen des Kommandanten am Geleitzug am 10.06. und den zwischen U 81 und den F.d.U. am 10. und 11.06. gewechselten Funksprüchen wird bemerkt:*
   a) *Das taktische Verhalten des Kommandanten findet unter den obwaltenden Verhältnissen volle Billigung.*
   b) *Die von ihm am 10.06. um 0424 Uhr erstattete Meldung »setze Nord ab« hätte seiner Absicht entsprechend unmißverständlich lauten müssen »hole nach Nord aus«. Denn mit »Absetzen« wird das Aufgeben der Operation, sei es vorübergehend oder dauernd, bezeichnet. Im vorliegenden Falle bildet sich beim F.d.U. die Auffassung, daß besondere Gründe – gedacht wurde an Beschädigungen des Bootes, die der Kommandant vielleicht in Kürze beheben zu können glaubte – die Veranlassung des »Absetzens« seien. Da nach 6 Stunden keine weitere Nachricht von U 81 eingegangen war, erhielt das Boot den Befehl: »Falls keine Fühlung am Geleit sicheren Angriffsraum wieder besetzen, wenn Lage erlaubt melden warum Operationsgebiet aufgegeben und abgesetzt.« Eine Mißbilligung des Verhaltens des Kommandanten war weder beabsichtigt, noch kann sie in dem Funkspruch erblickt werden. Eine Meldung des Bootes ging*

nicht ein. Der Kommandant hat aus dem F.T. des F.d.U. vom 11.06. »Absetzen von Schlippenbach (U 453) und vorübergehenden Absetzen Guggenberger vom Geleit, aus hier vorhandenen Unterlagen nicht erklärlich. Sonst ist mit Schwung, Schneid und gutem Erfolg verfahren worden. So weiter...« den Vorwurf mangelnden Angriffswillens herausgelesen. Dieser Vorwurf hat dem F.d.U. dem besonders bewährten Kommandanten gegenüber völlig fern gelegen. Dem Funkspruch lag vielmehr die unter

b) erwähnte Auffassung zu Grunde, im übrigen war ein Lob, für alle Boote, einschließlich Guggenberger und Schlippenbach beabsichtigt. Wenn dieser Funkspruch mißverstanden wurde, muß er als fehlerhaft aufgefaßt bezeichnet werden.

c) Die von U 81 am 11.06. um 1538 Uhr abgegebene Antwort war unmilitärisch. Der Kommandant ist dafür zur Rechenschaft gezogen worden. Die Angelegenheit ist damit erledigt.

5.) Die Beleuchtung des großen Geleitzuges durch Leuchtbomben von Flugzeugen aus war zum Fühlunghalten der Luftwaffe unerläßlich. Der Bekämpfung des Geleites durch Flugzeuge gebührten in der fraglichen Nacht der Vorrang. Mit Rücksicht auf den Angriff der U-Boote und Schnellboote wurde in der nächsten Nacht mit der Luftwaffe eine Einigung dahin erzielt, daß Leuchtbomben nur bis einige Stunden nach Dunkelheit eingesetzt wurden. Diese Maßnahme hat sich nach Meldung des Kommandanten bewährt.

a) Eine engere Zusammenarbeit mit der Luftwaffe ist Gegenstand ständiger Überlegungen und häufiger Besprechungen. Die Schwierigkeiten bestehen darin, daß z. T. italienische Aufklärung fliegt und zum Bedauern die deutschen Aufklärungsstreitkräfte zahlenmäßig so schwach sind, daß eine lückenlose oder auch nur regelmäßige Aufklärung selten geflogen werden kann. Zudem führt die Aufklärung teilweise in Gebiete, in denen englische Jäger Sperre fliegen.

6.) Der Vorschlag der »zeitlichen und räumlichen Massierung« ist – wie der Kommandant mündlich ergänzte – für das Operationsgebiet nicht gedacht gewesen. Seine Durchführung ist mit schwerem Entschlußwillen verbunden. Bei der Kürze der Geleitwege des Gegners kommt ein Ansatz von U-Booten aus abgesetzten Wartestellungen oder gar Einsatzhäfen immer zu spät. Es wird schon seit längerem versucht, während der günstigen Neumondphase möglichst stark im Operationsgebiet zu sein. Die Hauptschwierigkeit liegt hierbei in der Steuerung der Reparaturzeiten. Der italienische Werftbetrieb verfolgt weder eine stoßweise Belastung noch Zeiten zu geringen Arbeitsanfalls. Vorschläge der Kommandanten – wie die von U 81 – werden gleichwohl vom F.d.U. begrüßt, auch wenn sie sich z. Zt. oder überhaupt nicht verwirklichen lassen.

7.) Die zuverlässige Fla-Bewaffnung der Boote war eine besondere Aufgabe des F.d.U. Sie ist inzwischen mit 1–2 cm, 4–1,3 cm in druckfesten Behältern und 4 MGs bis an die Grenze des Möglichen gesteigert. Ein Teil der Boote ist mit dieser Bewaffnung ausgerüstet, die übrigen Boote erhalten sie bei nächster Instandsetzungszeit.

8. Unternehmung U 81:

(westliches Mittelmeer, vor Algier)

Kdt:	Kl Friedrich Guggenberger (12. Feindfahrt)
05.10.1942	La Spezia aus
16.11.1942	La Spezia ein
Erfolge:	2 Schiffe (8499 BRT +)

Stellungnahme des F.d.U. Italien:

1.) Wie die vorhergegangenen Unternehmungen stellt auch die 8. Feindfahrt der Unternehmungsfreudigkeit, dem Können und der Ausdauer des Bootes und seines Kommandanten das beste Zeugnis aus.

2.) Den unter dem 16.10. niedergelegten Überlegungen des Kommandanten für die Flugzeugabwehr wird voll zugestimmt. Sie decken sich mit den bisherigen Erfahrungen.

3.) Die Angriffe sind mit großem Schneid und Geschick gefahren worden, das Treffergebnis ist gut. Viererfächer am 10.11. gegen 500-t-Bewacher auf 1500 m mußte unterbleiben, wenn man sich die Aufgabe vor Augen hält, zu der die Boote eingesetzt waren. Dagegen wird der Schuß auf den Flottenverband während des

Rückmarsches trotz seiner äußerst geringen Trefferaussichten gebilligt.

4.) *Dem Boot werden 3 Dampfer mit 15 000 BRT als versenkt und 1 Geleitfahrzeug als torpediert anerkannt.*

9. Unternehmung U 81:

(westliches Mittelmeer)

Kdt: Kl Friedrich Guggenberger (13. Feindfahrt)

24.11.1942 La Spezia aus
21.12.1942 Pola ein
Erfolge: keine

Stellungnahme des F.d.U. Italien:

1.) *Die Unternehmung hat das Boot in ein Gebiet stärkster Überwachung geführt. Es wir anerkannt, daß der Kommandant alles unternommen hat, um an den Feind zu kommen. Durch das erzwungene ständige Fahren unter Wasser gehörte aber viel Glück dazu.*

2.) *Zu der Lage am 17.12. um 1020 Uhr ist zu sagen:*
Es ist ein immer wiederkehrender Fehler, daß die W.O.s »Alarm« befehlen in Lagen, in denen ein Tauchen vor dem anfliegenden Flugzeug zu spät ist. Die ohnehin ernste Situation wird dann kritisch, da das Boot weder rechtzeitig unter Wasser kommt noch eine Abwehr durchführen kann. Das Zurückmelden des »Alarms« ist schwierig, zeitraubend und gefährlich. Ständige Belehrung und Erziehung muß die Grundsätze des Verhaltens gegen Flugzeuge jedem Mann der Brückenwache einhämmern.

3.) *Die im Anhang aufgeführten allgemeinen Bemerkungen sind gut durchdacht und liefern wertvolle Anregungen des besonders tüchtigen und umsichtigen Kommandanten. Die Anregungen werden gesondert behandelt.*

Stellungnahme des B.d.U.:

Der Stellungnahme des F.d.U. Italien wird zugestimmt. Der vom Kommandanten angeregte Druckkörperbelastungsanzeiger bedeutet für Frontboote keine Erhöhung des Gefechtswertes, bildet auch vom abwehrtaktischen Gesichtspunkt keinen erkennbaren Vorteil. Die Anregung ist nur für Erprobungen und Versuchszwecke von Wert.

4. Unternehmung U 513:

(Südatlantik, brasilianische Gewässer, südlich von Santos)

Kdt: Kl Friedrich Guggenberger (14. Feindfahrt)

18.05.1943 Lorient aus
19.07.1943 Verlust U 513
Erfolge: 4 Schiffe (17 150 BRT +)
1 Schiff (6 003 BRT =)

Erfolge Friedrich Guggenberger als Kommandant U 81:
13 Schiffe (53541 BRT + einschließl. br CV ARK ROYAL +)
1 Schiff (7 465 BRT =)

Erfolge Friedrich Guggenberger als Kommandant U 513:
4 Schiffe (17 150 BRT +)
1 Schiff (6 003 BRT =)

Gesamt:
17 Schiffe (70 691 BRT + einschließl. br CV ARK ROYAL +)
2 Schiffe (13 468 BRT =)

Klaus Scholtz

* 22.03.1908
in Magdeburg
† 01.05.1987
in Bad Schwartau

26.12.1941
Ritterkreuz (92-40)

10.09.1942
123. Eichenlaub (16-14)

05.04.1927
Eintritt in die Reichsmarine
Crew 27

05.04.1927 – 03.07.1927
Infanterieausbildung – 8. Komp./II. Abt. S.St.Div. der Ostsee, Stralsund

04.07.1927 – 31.10.1927
Bordausbildung – SSS NIOBE

01.11.1927 – 17.03.1929
Bordausbildung – Leichter Kreuzer BERLIN

01.11.1927
Seekadett

18.03.1929 – 29.03.1930
Hauptlehrgang für Fähnriche – Marineschule Flensburg-Mürwik

18.03.1929
Fähnrich zur See

30.03.1930 – 30.01.1931
Waffenlehrgänge für Fähnriche – Nachrichten- und Torpedoschule Flensburg-Mürwik sowie S.A.S. und Sperrschule Kiel-Wik

31.01.1931 – 01.10.1931
Bordausbildung – Linienschiff SCHLESWIG-HOLSTEIN

01.10.1931
Leutnant zur See (-23-)

02.10.1931 – 28.09.1932
Wachoffizier – Torpedoboot G-11/1. Torpedobootshalbflottille

29.09.1932 – 24.09.1934
Kompanieoffizier – V. Marine-Artillerieabteilung

01.10.1933
Oberleutnant zur See (-3-)

25.09.1934 – 05.07.1936
Adjutant und WO – Torpedoboot G-8/ 1. Torpedobootsflottille

06.07.1936 – 30.03.1937
Lehr- und Gruppenoffizier – Marineschule Flensburg-Mürwik

01.10.1936
Kapitänleutnant (-19-)

31.03.1937 – 02.06.1937
Lehrgruppenführer für Fähnriche – S.A.S. Kiel-Wik

03.06.1937 – 03.04.1939
Kommandant – Torpedoboot JAGUAR, eingesetzt als Artillerieschulboot bei der S.A.S. Kiel-Wik

04.04.1939 – 31.03.1940
Kompaniechef für Offiziersanwärter – 7. S.St.Abt. Stralsund

01.04.1940 – 29.06.1940
U-Lehrgang – 1. U.L.D. in Neustadt und Pillau

30.06.1940 – 29.07.1940
U.T.O.-Lehrgang – Torpedoschule Flensburg-Mürwik

30.07.1940 – 21.10.1940
Baubelehrung – Deschimag AG Weser, Bremen für U 108

22.10.1940 – 14.10.1942
Kommandant – U 108/2. U-Flottille (Kommandantenwechsel lt. K.T.B. U 108 am 21.10.1941)

06.07.1941
Nennung im Wehrmachtsbericht

01.11.1941
Korvettenkapitän (-1-)

26.12.1941
Ritterkreuz des Eisernen Kreuzes

10.09.1942
123. Eichenlaub zum Ritterkreuz des Eisernen Kreuzes

15.10.1942 – 25.08.1944
Flottillenchef – 12. U-Flottille/Bordeaux

01.07.1944
Fregattenkapitän (-5-)

26.08.1944 – 11.09.1944
Kommandeur – III./Marine-Regiment BADERMANN

11.09.1944
US-Kriegsgefangenschaft in Beaugancie/Loire

17.09.1944 – 20.04.1946
Kriegsgefangenschaft in den USA

20.04.1946
Entlassung

01.09.1953
Eintritt Bundesgrenzschutz (See)

01.09.1953
Stabskapitän (BGS)

01.1954 – 10.1954
Leiter der Schul- und Reparaturgruppe – Seegrenzschutz Cuxhaven

10.1954 – 30.06.1956
Chef – Seegrenzschutzverband I/Neustadt i. H.

01.07.1955
Oberstabskapitän (BGS)

01.07.1956
Übernahme in die Bundeswehr

01.07.1956 – 15.11.1959
Kommandeur – Marine-Stützpunktkommando Kiel

20.08.1959
Kapitän zur See

16.11.1959 – 16.10.1960
A 3 – Stab, Befehlshaber der Seestreitkräfte der Ostsee

17.10.1950 – 30.06.1961
z.b.V. des Marine-Abschnittskommando Ostsee

01.07.1961 – 19.03.1962
Kommandeur – Marine-Stützpunktkommando Cuxhaven

20.03.1962 – 30.03.1966
Standortkommandeur – Standortkommandantur Wilhelmshaven

31.03.1966
Ruhestand

1. Unternehmung U 108:
(Nordatlantik, südwestlich von Island)

Kdt:		Kl Klaus Scholtz (1. Feindfahrt)
15.02.1941		Wilhelmshaven aus
15.02.1941		Helgoland ein
16.02.1941		Helgoland aus
12.03.1941		Lorient ein
Erfolge:		2 Schiffe (8078 BRT +)

<u>*Stellungnahme des B.d.U.:*</u>
1.) Der Kommandant hat sich in anerkennenswerter Weise bemüht, die Gelegenheiten auszunutzen, die sich ihm boten. Wegen des vielen schlechten Wetters waren diese Gelegenheiten selten.
2.) Die Neutralitätsabzeichen des am 01. März gesichteten beleuchteten Dampfers hätten eindeutig ausgemacht werden müssen. Es ist nicht ersichtlich, weshalb kein Versuch zur einwandfreien Feststellung seiner Nationalität, Beladung und Bestimmung gemacht werden konnte.

2. Unternehmung U 108:
(Nordatlantik, Dänemark-Straße)

Kdt:	Kl Klaus Scholtz (2. Feindfahrt)
03.04.1941	Lorient aus
02.05.1941	Lorient ein
Erfolge:	1 Schiff (16444 BRT + br ACL RAJPUTANA +)

<u>*Stellungnahme des B.d.U.:*</u>
Der Kommandant hat die ihm gestellte Aufgabe, die in der Dänemarkstraße festgestellten feindlichen Kriegsschiffe anzugreifen, gelöst. Die zähe Art, in der er den Hilfskreuzer RAJ-

PUTANA verfolgt hat, verdient volle Anerkennung. Dieser Zähigkeit allein ist dieser Erfolg zu verdanken. Bezüglich des Haushaltens mit seinem Brennstoffvorrat hätte er wahrscheinlich geschickter verfahren können. Sein schießtechnisches Können bedarf weiterer Beobachtung.

3. Unternehmung U 108:
(Nordatlantik, südwestlich Irland, östlich Neufundland)

Kdt:	Kl Klaus Scholtz (3. Feindfahrt)
25.05.1941	Lorient aus
07.07.1941	Lorient ein
Erfolge:	7 Schiffe (26931 BRT +)

Stellungnahme des B.d.U.:
Sehr gute Unternehmung mit schönem Erfolg. Schießleistungen des Kommandanten einwandfrei.

4. Unternehmung U 108:
(Mittelatlantik, westlich der Azoren, St. Paul, Freetown)

Kdt:	Kl Klaus Scholtz (4. Feindfahrt)
19.08.1941	Lorient aus
21.10.1941	Lorient ein
Erfolge:	keine

Stellungnahme des B.d.U.:
Die in verkehrsarmen Gebieten durchgeführte Unternehmung hatte nur geringe Erfolgsmöglichkeiten. Sonst nichts zu bemerken.

5. Unternehmung U 108:
(Atlantik, westlich von Gibraltar)

Kdt:	Kl Klaus Scholtz (5. Feindfahrt)
09.12.1941	Lorient aus
25.12.1941	Lorient ein
Erfolge:	2 Schiffe (7620 BRT +)

Stellungnahme des B.d.U.:
1.) *Ausgezeichnete Unternehmung. Durch bedauerliche TWL-Versager wurde der Erfolg der klar und zähe durchgeführten Geleitzugsoperation sehr geschmälert.*
2.) *Im K.T.B. fehlen die Angaben vom 23.12. bis zum Einlaufen.*

6. Unternehmung U 108:
(Westatlantik, USA-Ostküste)

Kdt:	Kl Klaus Scholtz (6. Feindfahrt)
08.01.1942	Lorient aus
11.01.1942	Lorient ein
12.01.1942	Lorient aus
04.03.1942	Lorient ein
Erfolge:	5 Schiffe (20082 BRT +)

Stellungnahme des B.d.U.:
Gut durchgeführte Unternehmung.

7. Unternehmung U 108:
(Westatlantik, Karibik, Bahamas, Große Antillen)

Kdt:	Kl Klaus Scholtz (7. Feindfahrt)
30.03.1942	Lorient aus
01.06.1942	Lorient ein
Erfolge:	5 Schiffe (31340 BRT +)

Stellungnahme des B.d.U.:
1.) *Gut durchgeführte Unternehmung mit schönem Erfolg.*
2.) *Schade, daß der Angriff auf die beiden Dampfer am 09.04. trotz günstiger Schußposition zu keinem Erfolge führte. Abgesehen davon, daß es immer richtiger ist, sofort alle Rohre klarmachen zu lassen, hätte der Kommandant sich beim 2. Schuß, nach dem Feststellen, daß die Seite so langsam nachläuft, sofort zum Sehrohrschuß entschließen müssen. Ein so geschossener Fächer aus noch günstiger Lage hätte sehr wahrscheinlich zum Erfolge geführt.*
3.) *Der Kommandant neigt dazu, auch aus großer Entfernung nur Einzelschüsse zu schießen. Dieses ist falsch und bedingt meistens einen größeren Torpedoverbrauch, als ein sofort geschossener Fächer, da die Trefferaussichten mit Einzelschüssen sehr gering sind.*

8. Unternehmung U 108:
(Mittelatlantik, Westatlantik, südostwärts Trinidad)

Kdt:	Kl Klaus Scholtz (8. Feindfahrt)
13.07.1942	Lorient aus
10.09.1942	Lorient ein
Erfolge:	3 Schiffe (17496 BRT +)

Stellungnahme des B.d.U.:
Sehr gut durchgeführte Unternehmung. Die geschickt und überlegte Geleitzugsoperation wird besonders hervorgehoben.

Funkspruch an U 108 vom 10.09.1942/1819 Uhr:
An Korv.Kapt. Scholtz:
In dankbarer Würdigung Ihres heldenhaften Einsatzes im Kampf für die Zukunft unseres Volkes verleihe ich Ihnen als 123. Soldaten der deutschen Wehrmacht das Eichenlaub zum Ritterkreuz des Eisernen Kreuzes.
Adolf Hitler

Herzlichen Glückwunsch.
B.d.U.

Erfolge Klaus Scholtz als Kommandant U 108:
25 Schiffe (127991 BRT + einschließl.
br ACL RAJPUTANA
16444 BRT +)

Gerhard Bigalk

*** 26.11.1908**
in Berlin-Niederschönhausen/Kreis Niederbarnim
† 17.07.1942
im Nordatlantik, nordwestlich Kap Ortegal/Spanien

26.12.1941
Ritterkreuz (93-41)

08.04.1934
Eintritt in die Reichsmarine
Crew 33 (eingegliedert)

08.04.1934 – 12.06.1934
Infanterieausbildung – 2. Komp./II. S.St.Abt. der Ostsee, Stralsund

13.06.1934 – 11.07.1934
Artillerielehrgang für Fähnriche – S.A.S. Kiel-Wik

01.07.1934
Fähnrich zur See

12.07.1934 – 18.04.1935
Hauptlehrgang für Fähnriche – Marineschule Flensburg-Mürwik bzw.

10.10.1934 – 12.10.1934
Navigationsbelehrungsfahrt – Linienschiff SCHLESWIG HOLSTEIN bzw.

29.10.1934 – 31.10.1934
Belehrungsfahrt – Linienschiff SCHLESWIG-HOLSTEIN, bzw.

07.02.1935 – 13.02.1935
Navigationsbelehrungsfahrt – Tender SAAR

19.04.1935 – 12.05.1935
Sperrlehrgang für Fähnriche – Sperrschule Kiel-Wik

13.05.1935 – 14.06.1935
Zugführerlehrgang – 10. Komp./II. S.St.Abt. der Ostsee, Stralsund

15.06.1935 – 30.06.1935
Fla-Waffenlehrgang für Fähnriche – Küstenartillerieschule Wilhelmshaven

01.07.1935 – 06.07.1935
U-Abwehrlehrgang für Fähnriche – U-Abwehrschule Kiel

07.07.1935 – 29.07.1935
Nachrichtenlehrgang für Fähnriche – Nachrichtenschule Flensburg-Mürwik

30.07.1935 – 18.09.1935
Torpedolehrgang für Fähnriche – Torpedoschule Flensburg-Mürwik

19.09.1935 – 30.09.1935
z.Vfg. – Marineschule Flensburg-Mürwik (Urlaub)

01.10.1935 – 24.09.1936
Beobachterausbildung (See) – Fliegerschule (See) Parow, zugleich

07.09.1936 – 19.09.1936
2. Z.H.B.-Lehrgang 1936 an der S.A.S. Kiel-Wik (Zielhilfsbeobachter)

01.04.1936
Oberfähnrich zur See

25.09.1936 – 30.09.1936
Küsten-Mehrzweckstaffel List

01.10.1936 – 19.12.1936
Torpedolehrgang für Offiziere – Torpedoschule Flensburg-Mürwik

01.10.1936
Leutnant zur See (-28-)

01.11.1936
Laut Rangliste vom 01.11.1936 zur Luftwaffe kommandiert

02.11.1936
Beobachterabzeichen

20.12.1936 – 10.02.1937
Beobachter und Zugoffizier – Küsten-Mehrzweckstaffel 3./106, List

14.02.1937 – 23.08.1937
Einsatz in Spanien bei Legion Condor – Aufklärungskette 88

24.08.1937 – 16.08.1938
Adjutant – Kommando der Fliegerschulen und Ersatzabteilungen (See)

08.04.1938
Dienstauszeichnung IV. Klasse

01.06.1938
Oberleutnant zur See (-27-)

01.09.1938 – 31.10.1939
Beobachter – Küsten-Mehrzweckstaffel 3./106, Borkum, zugleich

27.02.1939 – 04.03.1939
Torpedolehrgang für Offiziere – Torpedoschule Flensburg-Mürwik

21.01.1939
Oberleutnant zur See, neues Rangdienstalter vom 01.10.1937 (-61a-)

01.06.1939
Kapitänleutnant (-28-)

01.06.1939
Cruz roja medalla de la campane

01.06.1939
Spanienkreuz in Silber mit Schwertern

01.11.1939
Rückversetzung zur Kriegsmarine

01.11.1939 – 12.03.1940
z.Vfg. – B.d.U., zugleich

01.11.1939 – 25.11.1939
U.W.O.-Lehrgang – Nachrichtenschule Flensburg-Mürwik, zugleich

26.11.1939 – 24.01.1940
U-Lehrgang für U-Wachoffiziere – U-Schule, zugleich

26.01.1940 – 29.02.1940
U.T.O.-Lehrgang – Torpedoschule Flensburg-Mürwik, zugleich

04.03.1940 – 12.03.1940
U.W.O.-Lehrgang – S.A.S. Kiel-Wik

01.12.1939
Medaille zur Erinnerung an den 01.10.1938

13.03.1940 – 01.06.1940
Kommandantenschüler – 1. U-Ausbildungsflottille

02.06.1940 – 08.1940
Kommandant – U 14/24. U-Flottille

08.1940 – 01.11.1940
Kommandantenlehrgang – 24. U-Flottille

02.11.1940 – 18.12.1940
7. U-Flottille (überplanm.)

30.11.1940
Eisernes Kreuz II. Klasse

19.12.1940 – 30.01.1941
Baubelehrung – U-Boote für U 751/6. S.St.Abt.

31.01.1941 – 17.07.1942
Kommandant – U 751/7. U-Flottille

07.07.1941
U-Boots-Kriegsabzeichen 1939

22.12.1941
Nennung im Wehrmachtsbericht

23.12.1941
Nennung im Wehrmachtsbericht

24.12.1941
Nennung im Wehrmachtsbericht

26.12.1941
Eisernes Kreuz I. Klasse

26.12.1941
Ritterkreuz des Eisernen Kreuzes

17.07.1942
Im Atlantik nordwestlich von Kap Ortegal durch die »Whitley« H der britischen 502. Squadron auf Position: 45°14'Nord/ 12°22'West versenkt. – Totalverlust.

05.04.1945
Korvettenkapitän mit Wirkung vom 01.07.1942

1. Unternehmung U 751:
(Nordatlantik)

Kdt:	Kl Gerhard Bigalk (1. Feindfahrt)
I. WO:	OlzS Reinhart Reche
03.06.1941	Kiel aus
05.07.1941	St. Nazaire ein
Erfolge:	1 Schiff (5370 BRT +)

Stellungnahme des B.d.U.:
Zur Unternehmung nichts zu bemerken. Das Boot hat wenig gesehen und das, was möglich war, mitgebracht.
Es bleibt zu hoffen, daß es das nächste Mal mehr Glück hat.

2. Unternehmung U 751:
(Nordatlantik, südwestlich von Island, westlich des Nordkanals)

Kdt:	Kl Gerhard Bigalk (2. Feindfahrt)
I. WO:	OlzS Reinhart Reche
02.08.1941	St. Nazaire aus
08.09.1941	St. Nazaire ein
Erfolge:	keine

Stellungnahme des B.d.U.:
1.) *Es ist bedauerlich, daß das Boot durch einen ihm nicht zur Last fallenden technischen Versager um einen Erfolg gebracht wurde.*
2.) *Abreißen der Fühlung muß sofort gemeldet werden, nicht erst nach Stunden.*
3.) *Zur Durchführung sonst nichts zu bemerken.*

3. Unternehmung U 751:
(Nordatlantik, südostwärts Kap Farewell, mittlerer Nordatlantik)

Kdt:	Kl Gerhard Bigalk (3. Feindfahrt)
11.10.1941	St. Nazaire aus
08.11.1941	St. Nazaire ein
Erfolge:	keine

Stellungnahme des B.d.U.:
1.) *Die vorhandenen Erfolgsmöglichkeiten am Geleitzug wurden durch die See- und Luftsicherung vereitelt.*
2.) *Beim Vorsetzen zum Angriff auf den Geleitzug ist nach Möglichkeit nicht mit anderen Booten in Sichtweite auf einer Seite aufzudampfen. Die Gefahr, daß dabei alle Boote durch ein Sicherungsfahrzeug abgedrängt bzw. unter Wasser gedrückt werden, ist sehr groß, wie am 29.10. auch bewiesen wurde.*

4. Unternehmung U 751:
(Nordatlantik, westlich von Spanien)

Kdt:	Kl Gerhard Bigalk (4. Feindfahrt)
16.12.1941	St. Nazaire aus
17.12.1941	St. Nazaire ein
19.12.1941	St. Nazaire aus
26.12.1941	St. Nazaire ein
Erfolge:	1 Schiff (11000 BRT + br CVE AUDACITY +)

Stellungnahme des B.d.U.:
Der Kommandant hat die große Chance zähe und überlegt ausgenutzt, wodurch ein sehr schöner Erfolg erzielt wurde. Dieser ist besonders erfreulich und wertvoll, da die Flugzeuge des Trägers das Operieren auf den Gibraltar-Geleitzug außerordentlich erschwerten und sich auch für zukünftige Operationen auswirken wird.
Bei dem Flugzeugträger handelt es sich um UNICORN mit einer Tragfähigkeit von 27 Flugzeugen.

Der Stellungnahme wurde später folgende handschriftliche Notiz beigefügt:
Nach neueren Unterlagen war es nicht UNICORN, sondern Geleitflugzeugträger AUDACITY.

5. Unternehmung U 751:
(Nordatlantik, zwischen Neufundland und Nova Scotia)

Kdt:	Kl Gerhard Bigalk (5. Feindfahrt)

14.01.1942 St. Nazaire aus
23.02.1942 St. Nazaire ein
Erfolge: 2 Schiffe (11487 BRT +)
1 Schiff (8096 BRT =)

Stellungnahme des B.d.U.:
1.) *Gut durchgeführte Unternehmung, deren Erfolg durch personelle, wie auch materielle Versager beeinträchtigt wurde.*
2.) *Die Kommandierung des U-TWL's zu einem Wiederholungslehrgang ist Sache des Bootes. Die Frage ist mit der Flottille zu klären. Die Versager beweisen aber auch, daß auf See nicht oft genug geübt werden kann. Dabei immer wieder alle Möglichkeiten durchexerzieren.*

6. Unternehmung U 751:
(Westatlantik, Kap Hatteras, Florida-Straße, Große Antillen, Kuba, Yukatan, Ostkaribik)
Kdt: Kl Gerhard Bigalk
(6. Feindfahrt)

15.04.1942 St. Nazaire aus
15.06.1942 St. Nazaire ein
Erfolge: 2 Schiffe (4554 BRT +)

Stellungnahme des B.d.U.:
Pech und Torpedoversager haben dem Kommandanten einen größeren Erfolg vereitelt. Sonst nichts zu bemerken!

7. Unternehmung U 751:
(Nordatlantik, nordwestlich von Kap Ortegal)
Kdt: Kl Gerhard Bigalk
(7. Feindfahrt)

14.07.1942 St. Nazaire aus
17.07.1942 Verlust U 751
Erfolge: keine

Erfolge Gerhard Bigalk als Kommandant U 751:
6 Schiffe (32411 BRT + einschließl. br CVE AUDACITY +)
1 Schiff (8096 BRT =)

EITEL-FRIEDRICH KENTRAT

* 11.09.1906 in Stahlheim/Kreis Metz
† 09.01.1974 in Bad Schwartau

31.12.1941
Ritterkreuz (98-42)

01.10.1925
Eintritt in die Reichsmarine
Crew 28 (eingegliedert)

01.10.1925 – 30.03.1927
Eintritt als Freiwilliger zur Ausbildung – Küstenwehrabteilung II

31.03.1927 – 23.10.1927
Bordausbildung – SSS NIOBE

01.10.1927
Obermatrose

24.10.1927 – 30.09.1928
Lehrgang – Marineschule Kiel-Friedrichsort

01.10.1928 – 15.10.1928
Bordausbildung – SSS NIOBE

16.10.1928 – 03.01.1930
Bordausbildung – Leichter Kreuzer EMDEN

01.01.1930
Fähnrich zur See

04.01.1930 – 30.09.1932
Lehrgänge für Fähnriche – Marineschule Flensburg-Mürwik, zugleich

01.07.1930 – 04.07.1930
Navigationsbelehrungsfahrt – Vermessungsschiff METEOR, zugleich

13.10.1930 – 18.10.1930
Navigationsbelehrungsfahrt – Vermessungsschiff METEOR bzw.

01.10.1931 – 30.09.1932
Bordausbildung – Linienschiff HESSEN

01.10.1932 – 28.09.1933
Bordausbildung, dann Divisionsleutnant – Linienschiff HESSEN

01.10.1932
Leutnant zur See (-12-)

29.09.1933 – 03.10.1935
n.v.

01.09.1934
Oberleutnant zur See (-17-)

04.10.1935 – 01.12.1935
Adjutant – Panzerschiff DEUTSCHLAND

02.12.1935 – 07.12.1935
n.v.

08.12.1935 – 17.09.1937
Signaloffizier – Panzerschiff DEUTSCHLAND

02.10.1936
Dienstauszeichnung IV. Klasse

01.06.1937
Kapitänleutnant (-9-)

18.09.1937 – 22.05.1938
Adjutant, R.O., D.O. – Linienschiff SCHLESIEN

01.10.1937
Dienstauszeichnung III. Klasse

23.05.1938 – 04.09.1939
Kompaniechef – I. S.St.Abt.

05.09.1939 – 10.09.1939
Baubelehrung – KMD/Hamburg für HSK 5 PINGUIN

11.09.1939 – 01.10.1939
Wachoffizier – Schlachtschiff SCHARNHORST

02.10.1939 – 26.11.1939
U-Lehrgang – U-Schule

27.11.1939 – 01.01.1940
Nachrichtenlehrgang für U-Offiziere – Nachrichtenschule Flensburg-Mürwik

02.01.1940 – 14.03.1940
I. WO – U 25/2. U-Flottille
Feindfahrt U 25/Kdt: Viktor Schütze
13.01.1940 – 19.02.1940

15.03.1940 – 04.05.1940
Kommandantenschüler – 1. U-Ausbildungsflottille

05.05.1940 – 12.09.1940
Kommandant – U 8/1. U-Flottille, ab 01.07.1940, 24. U-Flottille bzw. am 05.06.1940 von Bord nach Detonation eines Lot (04.06.) schwer verletzt im Krankenhaus Esbjerg, später Genesungsurlaub. Die Feindfahrt U 8 wurde vom WO LzS Heinz Stein in Vertretung fortgesetzt. Am 09.06.1940 übernahm OlzS Walter Kell das Boot in Kiel.

13.09.1940 – 30.10.1940
Baubelehrung – U-Nordsee, Vegesacker Werft Bremen für U 74

31.10.1940 – 30.11.1941
Kommandant – U 74/7. U-Flottille

13.04.1941
Eisernes Kreuz II. Klasse

13.04.1941
Eisernes Kreuz I. Klasse

13.04.1941
U-Boots-Kriegsabzeichen 1939

01.12.1941 – 22.03.1942
Kommandant – U 74/29. U-Flottille (lt. K.T.B. U 74 Übergabe des Bootes an OlzS Karl Friederich am 25.03.1942)

31.12.1941
Ritterkreuz des Eisernen Kreuzes

23.03.1942 – 20.07.1942
Referent – 2. A.d.U.

21.07.1942 – 10.09.1942
Baubelehrung – U-Boote Nord/6. K.L.A. Bremen für U 196

11.09.1942 – 31.03.1943
Kommandant – U 19 /4. U-Flottille

01.01.1943
Korvettenkapitän

01.04.1943 – 21.09.1944
Kommandant – U 196/12. U-Flottille

20.09.1944
U-Boots-Frontspange in Bronze

22.09.1944 – 27.03.1945
zur Etappe nach Tokio/Japan kommandiert

28.03.1945 – 28.06.1945
Leiter – Marinestützpunkt Kobe und Gehilfe des deutschen Marineattachés in Tokio

29.06.1945 – 02.09.1945
Marineattaché-Abteilung Hakone-Karuizawa

02.09.1945 – 01.10.1947
Kriegsgefangenschaft

01.10.1947
Entlassung (Rückkehr nach Europa an Bord des US-Schiffes GENERAL BLACK)

1. Unternehmung U 8:

(Nordsee)

Kdt:	Kl Eitel-Friedrich Kentrat (1. Feindfahrt/05.06.1940 Kommandant schwer verletzt von Bord, mit Vorpostenboot »Vp 101« in das Lazarett Esbjerg gebracht. Der Wachoffizier LzS Heinz Stein war Kdt i.V. von 04.06. – 09.06. 1940)
19.05.1940	Kiel aus
06.06.1940	Helgoland ein
06.06.1940	Helgoland aus
07.06.1940	Kiel ein
Erfolge:	Keine

<u>*Stellungnahme des B.d.U.:*</u>
Gut angesetzte, durch Störungen beeinträchtigte Unternehmung, Vom W.O. verständig zu Ende geführt.

1. Unternehmung U 74:

(Nordatlantik, nordwestlich des Nordkanals, westlich Irlands)

Kdt:	Kl Eitel-Friedrich Kentrat (2. Feindfahrt)
22.02.1941	Kiel aus
23.02.1941	Helgoland ein
24.02.1941	Helgoland aus
27.02.1941	Bergen ein
05.03.1941	Bergen aus
11.04.1941	St. Nazaire ein
Erfolge:	1 Schiff (4274 BRT +) 3 Schiffe (17223 BRT =)

<u>*Stellungnahme des B.d.U.:*</u>
1.) Insgesamt ist die Unternehmung befriedigend. Sie hat dem Kommandanten viele Gelegenheiten zum Sammeln von Erfahrungen geboten.
2.) Das Fahren lassen des kleinen Dampfers, der am 11. März von U 74 angegriffen worden ist, wird durch das K.T.B. nicht hinreichend erklärt. Man soll eine Sache zu Ende fahren, wenn man sie angefangen hat. Der Kommandant hätte zum Mindesten nach Hellwerden den Dampfer getaucht beobachten können, bevor er den Entschluß faßte, ihn laufen zu lassen. Die drei Einzelschüsse am 12. März aus stumpfer Lage sind so unsicher, daß man derartige Schüsse nicht schießen soll.
3.) Das Boot erhielt am 14. März Befehl, als Wetterboot AL 60 zu besetzen. Es ist diesem klaren Befehl nur sehr zögernd nachgekommen, denn am 16. März, 0400 Uhr, hatte es erst 135 sm auf dieses Gebiet hin zurückgelegt.
4.) Nach Angaben des K.T.B. erscheint das Sinken der beiden am 03. April etwa 0500 Uhr aus einem Geleitzug torpedierten Dampfer nicht sicher. Die Schätzungen der Dampfer erscheinen sehr groß. Die Gefahr der Überschätzung ist bei Nacht besonders groß.
5.) Die Nichtabgabe der von U 69 geforderten Peilzeichen am 02. April war falsch. Besteckunterschiede berücksichtigen.

2. Unternehmung U 74:
(Nordatlantik, südöstlich Kap Farewell, westliche Biscaya)

Kdt:	Kl Eitel-Friedrich Kentrat (3. Feindfahrt)
08.05.1941	St. Nazaire aus
30.05.1941	Lorient ein
Erfolge:	keine

Stellungnahme des B.d.U.:
Die Unternehmung mußte wegen Wabo-Schäden frühzeitig abgebrochen werden. Die Schäden traten ein bei einem zunächst über Wasser angesetzten Angriff auf einen langsamen Tanker, bei dem das Boot von Bewachern gesehen wurde. Es hat bewußt nicht unbemerkt angegriffen, wurde dadurch im Angriff gestört, hat nichts erreicht und selbst schwere Schäden davongetragen. Hätte sich der Kommandant mehr Zeit gelassen, hätte er sich vorgesetzt, und dann unbemerkt und getaucht angegriffen, so wären die Erfolgsaussichten größer gewesen und er wäre der Verfolgung, die er jetzt geradezu herausgefordert hat, möglicherweise entkommen. Er hat sich nicht Ubootsmäßig verhalten und an der falschen Stelle gewagt. Sein Verhalten und sein Einsatz in der Hilfsaktion für BISMARCK trotz des beschädigten Bootes ist anzuerkennen.

3. Unternehmung U 74:
(mittlerer Nordatlantik, westlich von Spanien)

Kdt:	Kl Eitel-Friedrich Kentrat (4. Feindfahrt)
05.07.1941	Lorient aus
12.08.1941	St. Nazaire ein
Erfolge:	1 Schiff (4922 BRT +)

Stellungnahme des B.d.U.:
Nichts zu bemerken.
Versenkt: 8000 BRT.

4. Unternehmung U 74:
(Nordatlantik, südostwärts Kap Farewell)

Kdt:	Kl Eitel-Friedrich Kentrat (5. Feindfahrt)
08.09.1941	St. Nazaire aus
26.09.1941	St. Nazaire ein
Erfolge:	2 Schiffe (7891 BRT + einschließl. ca. PE LEVIS +)

Stellungnahme des B.d.U.:
Kurze, gut durchgeführte Unternehmung mit schönem Erfolg.
Der Versuch des Kommandanten, nach Abreißen der Funkverbindung mit der Heimat die Führung der Gruppe »Brandenburg« zu übernehmen war richtig. Er führte zu keinem Erfolg, da auch bei den Booten der eigenen Gruppe schlechte Empfangsverhältnisse vorlagen. Der Kommandant hätte aber auch am 19. laufend Fühlunghaltermeldungen geben müssen.
Die Kritik an anderen Booten übersteigt das zulässige Maß bei weitem und gehört, vor allem ohne Klärung der Verhältnisse, nicht in das Kriegstagebuch.

5. Unternehmung U 74:
(Nordatlantik, Neufundland)

Kdt:	Kl Eitel-Friedrich Kentrat (6. Feindfahrt)
22.10.1941	St. Nazaire aus
12.11.1941	St. Nazaire ein
Erfolge:	1 Schiff (8532 BRT +)

Stellungnahme des B.d.U.:
Schade, daß dem Kommandanten trotz guten, tagelangen Dranbleibens und Fühlunghaltens am Geleitzug kein Erfolg beschieden war. Das Kriegsglück war diesmal gegen ihn. Sonst nichts zu bemerken.

6. Unternehmung U 74:
(Gibraltar-Durchbruch 16.12.1941, westliches Mittelmeer, vor Küste Ägyptens und Cyrenaika)

Kdt:	Kl Eitel-Friedrich Kentrat (7. Feindfahrt)
09.12.1941	St. Nazaire aus
20.12.1941	Messina ein
21.12.1941	Messina aus
24.12.1941	Messina ein
27.12.1941	Messina aus
08.01.1942	La Spezia ein
Erfolge:	keine

Stellungnahme des B.d.U.:
Dem Kommandanten bot sich auf dieser Unternehmung keine Erfolgschance.
Zur Durchführung nichts zu bemerken.

Funkspruch an U 74 vom 03.01.1942/0226 Uhr:
An Kommandant U 74:
Zur Verleihung des Ritterkreuzes zum Eisernen Kreuz übermittle ich Ihnen in dankbarer

Anerkennung der von Ihnen und Ihrer Besatzung erzielten großen Erfolge meine herzlichsten Glückwünsche.

Oberbefehlshaber

Zusatz B.d.U.:
Herzlichen Glückwunsch. Weiterhin Glück und Erfolg.

1. Unternehmung U 196:

(Südatlantik, Indischer Ozean, Durban, East London, Port Elizabeth, Seychellen, Komoren)

Kdt:	KK Eitel-Friedrich Kentrat (8. Feindfahrt)
13.03.1943	Kiel aus
14.03.1943	Kristiansand ein
15.03.1943	Kristiansand aus
23.10.1943	Bordeaux ein
Erfolge:	2 Schiffe (12285 BRT +)

Stellungnahme des B.d.U.:
Die erste Unternehmung des bewährten Kommandanten mit neuem Boot war sehr lang, jedoch wenig von Glück begünstigt. Der Geleitzugangriff am 03.08. brachte endlich lohnende Angriffsmöglichkeiten und verdienten Erfolg. Die lange Dauer der Unternehmung bedeutete für Boot und Besatzung besondere Anspannung und Belastung, die erfolgreiche Durchführung verdient besondere Anerkennung.
Auf die Notmeldung von Bartels (U 197) am 20.08. wäre die richtige und naheliegendste Maßnahme gewesen, mit Höchstfahrt zu dem beschädigten Boot zu gehen. Die beiden beteiligten Boote haben diesen von der Führung als selbstverständlich angesehenen Entschluß erst nach Hinweis von der Führung, U 196 sogar erst nach wiederholtem, ausdrücklichen Befehl gefaßt. Dies muß mißbilligt werden.
Dem Kommandanten von U 181 (Lüth) trifft bezüglich seiner Maßnahmen und Entschlüsse am 20.08. im übrigen kein Vorwurf. Unterschiede in der Auffassung und mangelhafte Verständigungsmöglichkeit haben die unerfreuliche Situation herbeigeführt, deren ins einzelne gehende Darstellung im K.T.B. nicht notwendig war.
Anerkannter Erfolg:
3 Frachter 26000 BRT versenkt.

2. Unternehmung U 196:

(Südatlantik, Indischer Ozean, Lakkadiven, Malaya)

Kdt:	KK Eitel-Friedrich Kentrat (9. Feindfahrt)
11.03.1944	Kiel aus
13.03.1944	La Pallice ein
16.03.1944	La Pallice aus
10.08.1944	Penang ein
Erfolge:	1 Schiff (5454 BRT +)

Erfolge Eitel-Friedrich Kentrat als Kommandant U 74:
5 Schiffe (25619 BRT + einschließl. ca PE LEVIS + 925 ts)
3 Schiffe (17223 BRT =)

Erfolge Eitel-Friedrich Kentrat als Kommandant U 196:
3 Schiffe (17739 BRT +)

Gesamt:
8 Schiffe (43358 BRT +)
3 Schiffe (17223 BRT =)

Robert Gysae

* 04.01.1911
in Berlin-Charlottenburg
† 26.04.1989
in Wilhelmshaven

31.12.1941
Ritterkreuz (99-43)

31.05.1943
250. Eichenlaub (31-24)

08.04.1931
Eintritt in die Reichsmarine
Crew 31

08.04.1931 – 29.06.1931
Infanterieausbildung – II. Abt. S.St.Div. der Ostsee, Stralsund

30.06.1931 – 16.10.1931
Bordausbildung – SSS NIOBE

17.10.1931 – 04.01.1933
Bordausbildung – Leichter Kreuzer KARLSRUHE

01.04.1932
Seekadett

01.01.1933
Fähnrich zur See

05.01.1933 – 29.03.1933
Infanterielehrgang für Fähnriche – II. Abt. S.St.Div. der Ostsee, Stralsund

30.03.1933 – 28.03.1934
Hauptlehrgang für Fähnriche – Marineschule Flensburg-Mürwik

29.03.1934 – 25.04.1934
Sperrlehrgang für Fähnriche – Sperrschule Kiel-Wik

26.04.1934 – 30.06.1934
Artillerielehrgang für Fähnriche – S.A.S. Kiel-Wik

01.07.1934 – 22.08.1934
Torpedolehrgang für Fähnriche – Torpedoschule Flensburg-Mürwik

23.08.1934 – 07.09.1934
Fla-Waffenlehrgang für Fähnriche – Küstenartillerieschule Wilhelmshaven

08.09.1934 – 24.09.1934
Nachrichtenlehrgang für Fähnriche – Nachrichtenschule Flensburg-Mürwik

25.09.1934 – 01.10.1934
U-Abwehrlehrgang für Fähnriche – U-Abwehrschule Kiel

02.10.1934 – 11.11.1934
Bordausbildung – Linienschiff HESSEN

12.11.1934 – 18.06.1935
Bordausbildung – Panzerschiff ADMIRAL SCHEER

01.01.1935
Oberfähnrich zur See

01.04.1935
Leutnant zur See (-21-)

19.06.1935 – 25.09.1935
Artillerielehrgang für Offiziere – S.A.S. Kiel-Wik

26.09.1935 – 01.12.1935
WO und AO – Torpedoboote ALBATROS und LEOPARD/2. Torpedobootsflottille

02.12.1935 – 07.12.1935
Unterrichtung für Signaloffiziere – Nachrichtenschule Flensburg-Mürwik

08.12.1935 – 05.09.1937
II.WO – Torpedoboote ALBATROS und LEOPARD/2. Torpedobootsflottille

02.10.1936
Dienstauszeichnung IV. Klasse

01.01.1937
Oberleutnant zur See (-17-)

06.09.1937 – 06.02.1938
Flaggleutnant bei Admiral Carls – Stab, Flottenkommando

07.02.1938 – 19.02.1938
Lehrgang für Signaloffiziere – Nachrichtenschule Flensburg-Mürwik

20.02.1938 – 24.10.1938
Flaggleutnant bei Admiral Carls – Stab, Flottenkommando

25.10.1938 – 24.10.1939
Kommandant – Torpedoboot T-107, ex G-7

25.10.1939 – 31.03.1940
Flottillenchef – Torpedobootsschulflottille

01.10.1939
Kapitänleutnant (-44-)

20.12.1939
Medaille zur Erinnerung an den 01.10. 1938

01.04.1940 – 15.09.1940
z.Vfg. – B.d.U. bzw. U-Lehrgänge

31.05.1940
Eisernes Kreuz II. Klasse

16.09.1940 – 11.10.1940
Baubelehrung – U-Boote Ostsee für U 98

12.10.1940 – 23.03.1942
Kommandant – U 98/7. U-Flottille (lt. K.T.B. U 98 fand der Kommandantenwechsel Kl Robert Gysae – Kl Wilhelm Schulze am 25.03.1942 statt)

11.03.1941
Italienisches Ritterkreuz des Ordens der Krone

15.04.1941
Eisernes Kreuz I. Klasse

23.05.1941
Nennung im Wehrmachtsbericht

31.05.1941
U-Boots-Kriegsabzeichen 1939

23.11.1941
Ritterkreuz des Eisernen Kreuzes

24.03.1942 – 30.09.1942
Kommandant – U 177/4. U-Flottille, Stettin (lt. K.T.B. U 177 übernahm Gysae am 08.04.1942 das Boot als Kommandant)

01.10.1942 – 31.10.1942
Kommandant – U 177/10. U-Flottille, Lorient

01.11.1942 – 16.10.1943
Kommandant – U 177/12. U-Flottille, Bordeaux

25.05.1943
Italienisches Kriegskreuz mit Schwertern

31.05.1943
250. Eichenlaub zum Ritterkreuz des Eisernen Kreuzes

01.07.1943
Korvettenkapitän (Verbesserung 01.06. 1943 -7a-)

25.06.1943
Verwundetenabzeichen in Schwarz

17.10.1943 – 04.01.1944
z.Vfg. – 12. U-Flottille

05.01.1944 – 21.04.1945
Flottillenchef – 25. U-Flottille, Libau, Gotenhafen, Travemünde

01.09.1944
Kriegsverdienstkreuz II. Klasse mit Schwertern

01.10.1944
U-Boots-Frontspange in Bronze

04.1945 – 08.05.1945
Kommandeur – Marine-Panzerregiment 1

08.05.1945 – 31.05.1945
Kriegsgefangenschaft in Eiderstädt

01.06.1945 – 12.1947
Leiter der Personalabteilung – Deutscher Minenräumdienst Ostsee (GM/SA), Kiel-Friedrichsort

12.1947
Entlassung

01.07.1956
Eintritt in die Bundesmarine

01.07.1956 – 31.01.1960
Protokoll- und Attachéreferat des Führungsstabes der Bundeswehr

07.12.1956
Fregattenkapitän

01.02.1960 – 30.09.1960
Kommandeur – 4. Marineausbildungsbataillon sowie Standortältester in Brake

01.10.1960 – 31.10.1964
Marineattaché bei der Deutschen Botschaft in Washington

20.09.1960
Kapitän zur See

01.11.1964 – 31.01.1967
Referent – Unterabteilung Führung des Führungsstabes der Marine im Bundesministerium der Verteidigung

01.02.1967 – 31.03.1970
Kommandeur (ab 01.04.1967) – Marinedivision Nordsee

13.04.1967
Flottillenadmiral

31.03.1970
Ruhestand

Weitere Verleihungen mit nicht bekanntem Verleihungsdatum:
U-Boots-Kriegsabzeichen mit Brillanten
Spanienkreuz in Bronze mit Schwertern
Legion of Merit (USA)
Verdienstkreuz I. Klasse des Verdienstordens der BRD

1 . Unternehmung U 98:
(Nordatlantik, westlich von Irland)

Kdt:	Kl Robert Gysae (1. Feindfahrt)
12.03.1941	Kiel aus
14.04.1941	Lorient ein
Erfolge:	4 Schiffe (15588 BRT +)

Stellungnahme des B.d.U.:
1.) *Diese klar und überlegt durchgeführte Unternehmung ist ein guter Anfang für den jungen Kommandanten und sein junges Boot. Der Erfolg ist vollauf befriedigend. Die Art, wie der Kommandant seine Aufgabe erfaßt hat, ist richtig.*
2.) *In mehreren Fällen hat der Kommandant sich sehr stark auf Sehrohrbeobachtungen des I.WO verlassen. Er muß anstreben, so weit wie es nur geht, seine Entschlüsse und Maßnahmen auf die eigene Augenbeobachtung aufzubauen.*

2 . Unternehmung U 98:
(Nordatlantik, südöstlich Kap Farewell, Grönland)

Kdt:	Kl Robert Gysae (2. Feindfahrt)
01.05.1941	Lorient aus
02.05.1941	Lorient ein
05.05.1941	Lorient aus
29.05.1941	St. Nazaire ein
Erfolge:	3 Schiffe (23307 BRT +)

Stellungnahme des B.d.U.:
Ausgezeichnet und überlegt durchgeführte Unternehmung.
Der Kommandant hat seinen schönen Erfolg seinem entschlossenen, zähen und auf richtigen Überlegungen aufgebautem Verhalten zu verdanken. Das Beobachten des Sinkens der Schiffe ist hervorzuheben.

3 . Unternehmung U 98:
(Mittelatlantik, westlich von Spanien, Nordatlantik, Biscaya)

Kdt:	Kl Robert Gysae (3. Feindfahrt)
23.06.1941	St. Nazaire aus
23.07.1941	St. Nazaire ein
Erfolge:	2 Schiffe (10842 BRT +)

Stellungnahme des B.d.U.:
Der Kommandant hat aus dieser Unternehmung das herausgeholt, was in ihr drin steckte. Seine klaren und einfachen Überlegungen zeigen ein gutes taktisches Verständnis.
Die Durchführung ist von Anfang bis Ende erfreulich.

4 . Unternehmung U 98:
(Nordatlantik, nordwestlich der Hebriden)

Kdt:	Kl Robert Gysae (4. Feindfahrt)
Kdt-Schüler:	Kl Gunter Jahn
31.08.1941	St. Nazaire aus
26.09.1941	St. Nazaire ein
Erfolge:	1 Schiff (4392 BRT +)

Stellungnahme des B.d.U.:
Gut durchgeführte Unternehmung, deren Erfolg durch starken Nebel sehr beeinträch-

tigt wurde. Zu den Überlegungen des Kommandanten wird vermerkt.

1.) 01.09. Eines Ansatzbefehles zum Operieren auf ein gemeldetes Ziel bedarf es nicht. Der Kommandant ist in seinen Entschlüssen selbständig und muß je nach Lage und Erfolgsmöglichkeit handeln.

2.) 03.09. Die Angriffserlaubnis ist jetzt grundsätzlich gegeben, sofern vom B.d.U. vorher nicht anders befohlen wird.

5 . Unternehmung U 98:

(Nordatlantik, westlich von Spanien)

Kdt: Kl Robert Gysae (5. Feindfahrt)

29.10.1941	St. Nazaire aus
29.11.1941	St. Nazaire ein
Erfolge:	keine

Stellungnahme des B.d.U.:
Zur Durchführung nichts zu bemerken. Dem Kommandanten trifft an der Erfolglosigkeit der Unternehmung kein Verschulden.

6 . Unternehmung U 98:

(Westatlantik, Neufundlandbank, Nova Scotia)

Kdt:	Kl Robert Gysae (6. Feindfahrt)
18.01.1942	St. Nazaire aus
27.02.1942	St. Nazaire ein
Erfolge:	1 Schiff (5298 BRT +)

Stellungnahme des B.d.U.:
Die Absicht des B.d.U. dem erfahrenen Kommandanten durch freies Manöver die Chance zu geben, möglichst unmittelbar an der verkehrsreichen nordamerikanischen Küste zu operieren, scheiterte am Brennstoffverbrauch des Bootes. Im Verhältnis zu anderen Booten mit gleichen Motoren erscheint der tägliche Verbrauch zu hoch. Das Operieren in so weit entfernten Gebieten ist für die Boote des Typ VII c nur möglich, wenn vom Kommandanten alle Brennstoff sparenden Maßnahmen ergriffen werden. Dazu gehören: Marschfahrt mit diesel-elektrischer Schaltung. Unterwassermarsch bei starkem Gegenwind und schwerem Wetter. Berücksichtigung des geringeren Verbrauchs für den Rückmarsch im Verhältnis zum Ausmarsch wegen vorherrschender West-Wetterlage.
Sonst zur Durchführung nichts zu bemerken.

1. Unternehmung U 177:

(Südatlantik, Indischer Ozean, Kapstadt, Durban)

Kdt:	Kl Robert Gysae (7. Feindfahrt)
LI:	Kl (Ing.) Gerhard Bielig
17.09.1942	Kiel aus
19.09.1942	Kristiansand ein
19.09.1942	Kristiansand aus
22.01.1943	Bordeaux ein
Erfolge:	8 Schiffe (49371 BRT +) 1 Schiff (2588 BRT =)

Stellungnahme des B.d.U.:
Eine Unternehmung mit neuem Boot (IX D2) und junger Besatzung, die der bewährte Kommandant mit Umsicht und Geschick zu einem erfreulichen Erfolg führte.

Im einzelnen:
Zum 23.09.: Die mündliche Berichterstattung des Kommandanten ergab: Das Überbordfallen des H. geschah unbemerkt im Augenblick schwerster Gefährdung des Bootes durch eine überlaufende See. Der Kommandant und die Besatzung waren vollauf konzentriert auf Wiederherstellung der Manövrierfähigkeit des Bootes, das wegen klemmender Entlüftung 8 eine bedrohliche vordere Tiefentauchung angenommen hatte, wodurch ein Drehen gegen die See auf Fahrtaufnahme verhindert wurde.
Die Wetter- und Sichtverhältnisse unter gleichzeitiger Berücksichtigung des Zeitablaufs von der Feststellung des Überbordfallens bis zur Wiederherstellung der Manövrierfähigkeit ließen einen Rettungsversuch nur als Formsache ohne jegliche Aussicht auf Erfolg erscheinen. Der Auffassung des Kommandanten wird als überlegt und verantwortungsbewußt zugestimmt.

Zum 02.11.: Schüsse »von hinten in die Schraube« sind bisher immer 100% Mißerfolge gewesen.

Zum 12.12./2151 Uhr: Die Begründung »also unterschossen« leuchtet nicht ein, da die sachlichen Feststellungen nicht ausreichen, um solche Behauptung zu rechtfertigen.

Funkspruch an U 177 vom 01.06.1943/1220 Uhr:
Über Verleihung des Eichenlaubes zum Ritterkreuz des Eisernen Kreuzes an den Kommandanten Kptlt. Gysae als 250. Soldaten.

2. Unternehmung U 177:
(Südatlantik, Indischer Ozean, Kapstadt, Mauritius, Südafrika, Madagaskar)

Kdt:	KL / KK Robert Gysae (8. Feindfahrt)
LI:	Kl (Ing.) Gerhard Bielig
01.04.1943	Bordeaux aus
01.10.1943	Bordeaux ein
Erfolge:	6 Schiffe (38017 BRT +)

Stellungnahme des B.d.U.:
Der Kommandant hat auf dieser 6 Monate dauernden Unternehmung alle Chancen mit bewährtem Können und zäher Einsatzbereitschaft wahrgenommen und im südafrikanischen Seegebiet und Indischen Ozean einen erfreulichen Versenkungserfolg von 7 Schiffen erzielt. Die Leistung der Besatzung ist besonders im Hinblick auf die lange Dauer der Unternehmung anzuerkennen.
Die Erfahrungen der »Bachstelze« werden durch Führungsmaßnahmen besonders ausgewertet.

Anerkannte Erfolge:

1 Frachter	*6000 BRT versenkt*
1 Tanker	*10000 BRT versenkt*
1 Frachter	*8000 BRT versenkt*
JASPAR PARK	*7000 BRT versenkt*
WILLIAM OGEN	*7000 BRT versenkt*
CORNISH CITY	*5000 BRT versenkt*
TA EFTHALIA MARI	*4195 BRT versenkt*
7 Schiffe	*47195 BRT versenkt*

Erfolge Robert Gysae als Kommandant U 98:
11 Schiffe (59427 BRT +)

Erfolge Robert Gysae als Kommandant U 177:
14 Schiffe (87388 BRT +)
1 Schiff (2588 BRT =)

Gesamt :
25 Schiffe (146815 BRT +)
1 Schiff (2588 BRT =)

Reinhard Hardegen

* 18.03.1913
in Bremen

23.01.1942
Ritterkreuz (101-44)

23.04.1942
89. Eichenlaub (13-11)

01.04.1933
Eintritt in die Reichsmarine
Crew 33

01.04.1933 – 30.06.1933
Infanterieausbildung – 4. Komp./II. Abt. S.St.Div. der Ostsee, Stralsund

01.07.1933 – 30.09.1933
Bordausbildung – SSS GORCH FOCK

01.10.1933 – 27.06.1934
Bordausbildung – Leichter Kreuzer KARLSRUHE

01.10.1933
Seekadett

28.06.1934 – 18.04.1935
Hauptlehrgang für Fähnriche – Marineschule Flensburg-Mürwik

01.07.1934
Fähnrich zur See

19.04.1935 – 30.09.1935
Waffenlehrgänge für Fähnriche – an verschiedenen Marineschulen

01.10.1935 – 30.09.1936
Seefliegerausbildung (Ausbildung als Beobachter, später zum Flugzeugführer) – Fliegerschulen (See) Warnemünde und Parow

01.04.1936
Oberfähnrich zur See

01.10.1936 – 31.03.1937
Küstenfliegerstaffel 1./126, List / Sylt

01.10.1936
Leutnant zur See (-26-)

02.11.1936
Flugzeugführer und Beobachterabzeichen

01.04.1937 – 30.09.1937
Bordfliegerstaffel 5./196, Kiel-Holtenau

01.04.1937
Dienstauszeichnung IV. Klasse

01.10.1937 – 31.10.1939
Nachrichtenoffizier und Kompaniechef – Seefliegerhorst Kamp

01.04.1938
Oberleutnant zur See (-25-)

01.11.1939 – 31.03.1940
U-Lehrgänge – an verschiedenen U-Schulen

01.04.1940 – 30.06.1940
Torpedo-Erprobungskommando Kiel

01.07.1940 – 18.08.1940
Kommandantenschüler – 25. U-Flottille/ Danzig

19.08.1940 – 01.12.1940
Kommandantenschüler und I. WO – U 124/ 2. U-Flottille
Feindfahrten U 124/
Kdt: Georg Wilhelm Schulz
19.08.1940 – 16.09.1940
05.10.1940 – 13.11.1940

18.09.1940
Eisernes Kreuz II. Klasse

18.11.1940
U-Boot-Kriegsabzeichen 1939

01.12.1940
Kapitänleutnant (-6-)

02.12.1940 – 04.04.1941
Kommandant – U 147/1. U-Flottille

05.04.1941 – 15.05.1941
z.Vfg. – 1. U-Flottille

16.05.1941 – 31.07.1942
Kommandant – U 123/2. U-Flottille (lt. K.T.B. U 123 übernahm Kl Reinhard Hardegen das Boot am 19.05.1941)

23.08.1941
Eisernes Kreuz I. Klasse

23.01.1942
Ritterkreuz des Eisernen Kreuzes

24.01.1942
Nennung im Wehrmachtsbericht

14.04.1942
Nennung im Wehrmachtsbericht

23.04.1942
89. Eichenlaub zum Ritterkreuz des Eisernen Kreuzes

07.05.1942
U-Boots-Kriegsabzeichen 1939 mit Brillanten

01.08.1942 – 28.02.1943
Ausbildungsoffizier – 27. U-Flottille/Gotenhafen

01.03.1943 – 04.10.1944
Leiter der U-Boot-Ausbildung – Torpedoschule Flensburg-Mürwik

01.03.1944
Korvettenkapitän (-1-)

20.04.1944
Kriegsverdienstkreuz II. Klasse mit Schwertern

05.10.1944 – 11.02.1945
Referent – Torpedowaffenamt/OKM

12.02.1945 – 08.05.1945
Bataillonskommandeur – I./Marine-Infanterieregiment 6/2. Marine-Infanteriedivision

08.05.1945 – 09.11.1946
Kriegsgefangenschaft

09.11.1946
Entlassung

1. Unternehmung U 147:
(Nordatlantik, Shetlands, Orkneys, Färöer-Bank)

Kdt:	Kl Reinhard Hardegen (3. Feindfahrt)
09.02.1941	Kiel aus
09.02.1941	Brunsbüttel ein
10.02.1941	Brunsbüttel aus
10.02.1941	Cuxhaven ein
11.02.1941	Cuxhaven aus
11.02.1941	Helgoland ein
13.02.1941	Helgoland aus
16.02.1941	Bergen ein
22.02.1941	Bergen aus
10.03.1941	Helgoland ein
11.03.1941	Helgoland aus
12.03.1941	Kiel ein
Erfolge:	1 Schiff (4811 BRT +)

Stellungnahme des B.d.U.:
1.) *Gut durchgeführte Unternehmung, der ein großer Erfolg beschieden gewesen wäre, wenn die Torpedos getroffen hätten. Auch nach den letzten Erfahrungen anderer Boote ist nicht daran zu zweifeln, daß von den Fehlschüssen oder scheinbar geklärten Schüssen mehrere Versager gewesen sind.*
2.) *Die Lehre, die der Kommandant aus seinen Erfahrungen am 03. März sieht: Nie unter Wasser schießen ist falsch. Man muß auch unter Wasser schießen können und man darf Angriffsgelegenheiten bei Tag nicht vorbeilassen, wenn es nicht sicher ist, daß man nicht abgedrängt wird oder die Fühlung verliert bis die Nacht einbricht.*
3.) *Es hat den Anschein, daß der Kommandant dazu neigt, die Entfernung zu unterschätzen. Eine strenge Selbstkontrolle ist hier angebracht.*

5. Unternehmung U 123:
(Mittelatlantik, Kapverden, Freetown, Gibraltar, Azoren)

Kdt:	Kl Reinhard Hardegen (4. Feindfahrt)
I. WO:	OlzS Herbert Schneider
II.WO:	LzS Horst von Schroeter
08.06.1941	Lorient aus
12.06.1941	Lorient ein
15.06.1941	Lorient aus
23.08.1941	Lorient ein
Erfolge:	5 Schiffe (21507 BRT +)

Stellungnahme des B.d.U.:
Gut durchgeführte, erfolgreiche und erfreuliche Unternehmung.

6. Unternehmung U 123:
(Nordatlantik, südostwärts Grönland, Belle-Isle-Straße, Neufundland)

Kdt:	Kl Reinhard Hardegen (5. Feindfahrt)
I. WO:	OlzS Herbert Schneider
II.WO:	LzS Horst von Schroeter
14.10.1941	Lorient aus
22.11.1941	Lorient ein
Erfolge:	1 Schiff (13984 BRT = br ACL AURANIA =)

Stellungnahme des B.d.U.:
1.) *Die Versenkung des schnellen Hilfskreuzers aus Geleit ist ein sehr erfreulicher Erfolg.*
2.) *Bei der Geleitoperation am 02./03. November wäre es richtiger gewesen, nachdem andere Boote dran waren, sofort selbst anzugreifen.*
3.) *Sonst gut überlegte und durchgeführte Unternehmung.*

7. Unternehmung U 123:
(Westatlantik, USA-Ostküste, Kap Hatteras, New York)

Kdt:	Kl Reinhard Hardegen (6. Feindfahrt)
II.WO:	LzS Horst von Schroeter
23.12.1941	Lorient aus
09.02.1942	Lorient ein
Erfolge:	8 Schiffe (52079 BRT +) 1 Schiff (8206 BRT =)

Stellungnahme des B.d.U.:
Sehr gut durchdachte und durchgeführte Unternehmung mit einem ausgezeichneten Erfolg.
Der Kommandant hat das erste Auftreten an der nordamerikanischen Küste durch seinen Schneid und seine Zähigkeit voll ausgenutzt.

Eingang Funkspruch am 24.01.1942/1740 Uhr über Verleihung des Ritterkreuzes an Kommandanten U 123.

8. Unternehmung U 123:

(Westatlantik, USA-Ostküste, Kap Hatteras, New York, Florida, Key West)

Kdt:	Kl Reinhard Hardegen (7. Feindfahrt)
I. WO:	OlzS Horst von Schroeter
02.03.1942	Lorient aus
02.05.1942	Lorient ein
Erfolge:	8 Schiffe (39917 BRT +) 3 Schiffe (24310 BRT =)

Stellungnahme des B.d.U.:
Vorzüglich durchgeführte Unternehmung. Unter vollstem Einsatz des Bootes hat der Kommandant mit vorbildlichem Angriffsgeist einen hervorragenden Erfolg erzielt, der bisher – ohne Torpedoergänzung – einmalig ist.

Funkspruch an U 123 vom 23.04.1942/1700 Uhr:
Hardegen.
In dankbarer Würdigung Ihres heldenhaften Einsatzes im Kampf für die Zukunft unseres Volkes verleihe ich Ihnen als 89. Soldaten der deutschen Wehrmacht das Eichenlaub zum Ritterkreuz des Eisernen Kreuzes.
Adolf Hitler

Zusatz:
Hardegen
Zu dem schnellen, großen Erfolg und der dafür vom Führer verliehenen hohen Auszeichnung meinen herzlichen Glückwunsch.
B.d.U.

9. Unternehmung U 123:

(Überführungsfahrt nach Deutschland)

Kdt:	Kl Reinhard Hardegen (8. Feindfahrt)
I. WO:	OlzS Horst von Schroeter
16.05.1942	Lorient aus
24.05.1942	Bergen ein
25.05.1942	Bergen aus
26.05.1942	Kristiansand ein
26.05.1942	Kristiansand aus
27.05.1942	Aarhus ein
28.05.1942	Aarhus aus
29.05.1942	Kiel ein
03.06.1942	Kiel aus
05.06.1942	Stettin ein
Erfolge:	keine

Stellungnahme des B.d.U.:
Überführungsfahrt in die Heimat.
Zur Durchführung nichts zu bemerken.

Erfolge Reinhard Hardegen als Kommandant U 147:
1 Schiff (4811 BRT +)

Erfolge Reinhard Hardegen als Kommandant U 123:
21 Schiffe (113503 BRT +)
5 Schiffe (46500 BRT = einschließl. br ACL AURANIA =)

Gesamt:
22 Schiffe (118314 BRT +)
5 Schiffe (46500 BRT = einschließl. br ACL AURANIA =)

HANS DIEDRICH FREIHERR VON TIESENHAUSEN

* 22.02.1913
IN RIGA/LETTLAND
† 17.08.2000
IN WEST VANCOUVER/KANADA

27.01.1942
Ritterkreuz (102-45)
Crew 34

08.04.1934 – 14.06.1934
Infanterieausbildung – 2. Komp./II. S.St.Abt. der Ostsee, Stralsund

15.06.1934 – 26.09.1934
Bordausbildung – SSS GORCH FOCK

26.09.1934
Seekadett

27.09.1934 – 26.06.1935
Bordausbildung – Leichter Kreuzer KARLSRUHE

27.06.1935 – 30.03.1936
Hauptlehrgang für Fähnriche – Marineschule Flensburg-Mürwik bzw.

26.08.1935 – 31.08.1935
Navigationsbelehrungsfahrt – Schulschiff POSEIDON bzw.

24.02.1936 – 29.02.1936
Navigationsbelehrungsfahrt – Tender HECHT

01.07.1935
Fähnrich zur See

31.03.1936 – 19.05.1936
Torpedolehrgang für Fähnriche – Torpedoschule Flensburg-Mürwik

20.05.1936 – 06.06.1936
Fla-Waffenlehrgang für Fähnriche – Küstenartillerieschule Wilhelmshaven

07.06.1936 – 13.06.1936
Sperrlehrgang für Fähnriche – Sperrschule Kiel-Wik

14.06.1936 – 04.07.1936
Nachrichtenlehrgang für Fähnriche – Nachrichtenschule Flensburg-Mürwik

05.07.1936 – 28.07.1936
Infanterielehrgang für Fähnriche – 3. Komp./II. S.St.Abt. der Ostsee, Stralsund

29.07.1936 – 10.10.1936
Artillerielehrgang für Fähnriche – S.A.S. Kiel-Wik

11.10.1936 – 15.02.1937
Bordausbildung – Leichter Kreuzer NÜRNBERG

01.01.1937
Oberfähnrich zur See

16.02.1937 – 04.05.1937
Fla-Leiter-Lehrgang – Küstenartillerieschule Wilhelmshaven

01.04.1937
Leutnant zur See (-79-)

05.05.1937 – 30.03.1938
Adjutant – Leichter Kreuzer NÜRNBERG

31.03.1938 – 26.06.1938
Zugführer, Fla-Kompanie – 5. Marine-Artillerieabteilung

08.04.1938
Dienstauszeichnung IV. Klasse

27.06.1938 – 03.09.1939
Adjutant - 5. Marine-Artillerieabteilung

01.04.1939
Oberleutnant zur See (-78-)

04.09.1939 – 01.10.1939
Adjutant – 5. Marine-Artillerieabteilung bzw. Marine-Flakregiment Pillau

02.10.1939 – 26.11.1939
U-Lehrgang – U-Schule

27.11.1939 – 27.12.1939
U.W.O.-Nachrichtenlehrgang – Nachrichtenschule Flensburg-Mürwik

28.12.1939 – 05.05.1940
WO – U 23/1. U-Flottille
Feindfahrten U 23/Kdt: Otto Kretschmer
08.01.1940 – 15.01.1940
18.01.1940 – 29.01.1940
09.02.1940 – 28.02.1940
Feindfahrten U 23/Kdt: Heinz Beduhn
09.04.1940 – 03.05.1940

30.01.1940
Eisernes Kreuz II. Klasse

26.02.1940
U-Boots-Kriegsabzeichen 1939

06.05.1940 – 01.06.1940
U.T.O.-Lehrgang – Torpedoschule Flensburg-Mürwik

02.06.1940 – 24.06.1940
z.Vfg. als I.WO – 1. U-Flottille

25.06.1940 – 29.07.1940
Baubelehrung – U-Boote Ostsee für U 93

25.06.1940
Medaille zur Erinnerung an die Heimkehr des Memellandes

30.07.1940 – 04.01.1941
I.WO – U 93/7. U-Flottille
Feindfahrten U 93/Kdt: Claus Korth
05.10.1940 – 25.10.1940
07.11.1940 – 29.11.1940

06.09.1940
Medaille zur Erinnerung an den 01.10. 1938

05.01.1941 – 17.02.1941
Kommandanten-Schießlehrgang – 24. U-Flottille/Memel

18.02.1941 – 30.03.1941
Baubelehrung – U-Boote Nordseewerke Emden

31.03.1941 – 14.10.1941
Kommandant – U 331/1. U-Flottille

15.10.1941 – 14.04.1942
Kommandant – U 331/23. U-Flottille

26.11.1941
Nennung im Wehrmachtsbericht

11.1941
Italienische Tapferkeitsmedaille in Bronze

07.12.1941
Eisernes Kreuz I. Klasse

01.01.1942
Kapitänleutnant (-5-)

27.01.1942
Ritterkreuz des Eisernen Kreuzes

27.01.1942
Nennung im Wehrmachtsbericht

25.03.1942
Italienische Tapferkeitsmedaille in Silber

15.04.1942 – 17.11.1942
Kommandant – U 331/29. U-Flottille

17.11.1942
Im Mittelmeer nordwestlich Algier durch die »Hudson« Z, L und C der britischen 500. Squadron sowie zwei »Martlet« der 893. FAA Squadron und einer »Albacore« der 820. FAA Squadron vom Flugzeugträger FORMIDABLE auf Position 37°05' Nord/02°27' Ost versenkt.
Hans Diedrich Freiherr von Tiesenhausen und 15 Besatzungsmitglieder von U 331 gerieten in Gefangenschaft.

07.11.1942 – Ende 1947
Kriegsgefangenschaft

1. Unternehmung U 331:
(Nordatlantik, nordwestlich des Nordkanals, westlich von Gibraltar, Azoren)

Kdt:	OlzS Hans Diedrich Freiherr von Tiesenhausen (7. Feindfahrt)
I. WO:	OlzS Wilhelm Franken
02.07.1941	Kiel aus
31.07.1941	Cadiz ein (Ergänzung aus dem deutschen Versorger THALIA)
01.08.1941	Cadiz aus
01.08.1941	Cadiz ein (Ergänzung aus dem deutschen Versorger THALIA)
02.08.1941	Cadiz aus
19.08.1941	Lorient ein
Erfolge:	keine

Stellungnahme des B.d.U.:
Auf dieser ersten Unternehmung des Bootes ist der junge Kommandant sehr bald vor schwierige Aufgaben an stark gesicherten Geleitzügen gestellt worden. Wenn ihm dabei dies Mal ein Erfolg noch versagt geblieben ist, so hat er doch Gelegenheit gehabt, wertvollste Erfahrungen zu sammeln. Der Kern dieser Erfahrung auf taktischem Gebiet ist: dicht und zäh dranbleiben am einmal gesichteten Feind. Nicht zu weit vorlaufen. Auf mehr vorliche Schußpositionen operieren. Wenn man mit unsicheren Unterlagen oder aus ungünstigen Lagen oder auf große Entfernungen schießen muß, ausreichend viele Torpedos einsetzen. Die Annahme, daß das Flugzeug am 11.08. dem Boot die Richtung anzeigen wollte, in der der Geleitzug steht, war ein Irrtum. Das Flugzeug hatte diese Absicht nicht gehabt. Dies Verfahren ist inzwischen wegen der Gefahr von Mißverständnissen fallen gelassen worden.

Auszug aus dem K.T.B. des B.d.U. vom 21.08.1941:
Die Kommandanten U 371 und U 331 zur Berichterstattung.
Kaptlt. Driver, Kommandant U 371, hat auf die in der letzten Zeit nach Norden bzw. nach Süden gehenden Gibraltargeleitzüge operiert und daraus 2 Schiffe mit 14500 BRT versenkt. OlzS v. Tiesenhausen, Kommandant U 331, hat mit seinem Boot während dieser ersten Unternehmung keinen Erfolg gehabt.

2. Unternehmung U 331:
(Gibraltar-Durchbruch 29.09.1941, östliches Mittelmeer)

Kdt:	OlzS Hans Diedrich Freiherr von Tiesenhausen (8. Feindfahrt)
I. WO:	OlzS Wilhelm Franken
24.09.1941	Lorient aus
11.10.1941	Salamis ein
Erfolge:	keine

Stellungnahme des B.d.U.:
Entschlossen durchgeführte Unternehmung. Auf Grund der kleinen Ziele mit geringem Tiefgang hat der Torpedoeinsatz von vornherein nur geringe Aussicht auf Erfolg gehabt. Um aber überhaupt Erfolge zu erringen, blieb nur der Artillerieeinsatz. Der Angriff am 10.10. beweist aber erneut die dabei auftretende Gefährdung von Boot und Besatzung, die in gar keinen Verhältnis zum Erfolge steht.

3. Unternehmung U 331:
(Mittelmeer, vor Tobruk und Bardia)

Kdt:	OlzS Hans Diedrich Freiherr von Tiesenhausen (9. Feindfahrt)
I. WO:	OlzS Wilhelm Franken
12.11.1941	Salamis aus
03.12.1941	Salamis ein
Erfolge:	1 Schlachtschiff (31100 ts br BB BARHAM +)

Stellungnahme des B.d.U.:
1.) *Der Kommandant hat die große Chance, auf einen Schlachtschiffverband zum Schuß zu kommen, ruhig und überlegt genutzt und einen ausgezeichneten Erfolg erzielt.*
2.) *Durch das falsche Zudrehen des Manometerhahnes war das Boot stark gefährdet. Der Vorfall beweist, daß durch Bedienungsfehler eines einzigen Mannes größte Gefahrensituationen entstehen können.*

4. Unternehmung U 331:
(östliches Mittelmeer)

Kdt:	Kl Hans Diedrich Freiherr von Tiesenhausen (10. Feindfahrt)
14.01.1942	Salamis aus
21.02.1942	Salamis ein
25.02.1942	Salamis aus
25.02.1942	Patras ein
25.02.1942	Patras aus
28.02.1942	La Spezia ein
Erfolge:	Keine

Stellungnahme des F.d.U. Italien:
Nur mäßig durchgeführte Unternehmung, die ohne Erfolg blieb. Es ist dem Kommandanten trotz vieler Horchpeilungen und einigen Sichtungen von Fahrzeugen in keinen Fall gelungen, zum Angriff zu kommen, obgleich andere Boote im gleichen Gebiet und unter denselben Verhältnissen operierten und geschossen haben.

Stellungnahme des B.d.U.:
1.) *Der Stellungnahme des F.d.U. Italien wird zugestimmt.*
2.) *Das Flottmachen des Bootes nach dem Festkommen an feindlicher Küste wurde überlegt und ruhig durchgeführt.*

Funkspruch an U 331 vom 27.01.1942:
Herzlichen Glückwunsch zur BARHAM.
– B.d.U. –

Funkspruch an U 331 vom 28.01.1942/0010 Uhr:
Tiesenhausen! 3 Hurras unserem ersten Ritterkreuzträgers und seiner siegreichen Besatzung.
23. U-Flottille

Funkspruch an U 331 vom 28.01.1942/0231 Uhr:
Tiesenhausen. Der Führer hat Ihnen für die nunmehr vom Engländer bestätigte Versenkung der BARHAM das Ritterkreuz verliehen. Herzliche Glückwünsche.
F.d.U.

Zusatz vom B.d.U.: Herzliche Glückwünsche zum Ritterkreuz.

Funkspruch an U 331 vom 29.01.1942/0035 Uhr:
Tiesenhausen. Alle Dienststellen Gr.Kdo. Süd beglückwünschen Sie herzlich zum großen Erfolg der Versenkung der BARHAM.
Mar.Gr.Süd

Funkspruch an U 331 vom 29.01.1942/0117 Uhr:
Tiesenhausen. Herzlichsten Glückwunsch zum Ritterkreuz. Verbinde meinen persönlichen Glückwunsch zu der nun bestätigten Vernichtung des Schlachtschiffes BARHAM. Einen Soldatengruß Ihrer braven Besatzung, die mit Recht stolz auf ihr Boot sein kann.
Marschall, Adm. u. stellv.
Ob.Befehlshaber der Mar.Gr. Süd

5. Unternehmung U 331:

(östliches Mittelmeer, Minenunternehmung vor Beirut)

Kdt:	Kl Hans Diedrich Freiherr von Tiesenhausen (11. Feindfahrt)
04.04.1942	La Spezia aus
19.04.1942	Salamis ein
Erfolge:	3 Segler (ca. 600 BRT +)

Stellungnahme des F.d.U. Italien:
Die Minenunternehmung ist gut durchgeführt worden. Bei dem anschließenden Torpedoeinsatz waren die Schießleistungen schlecht. Am 16.04. gegen 0030 Uhr wurde ein nicht gesicherter, geraden Kurs steuernder Dampfer angegriffen. Beim ersten Anlauf wurde nach genauem Ausdampfen aus einer Entfernung von 800 m unbemerkt geschossen. Infolge Torpedoversagers wurde kein Treffer erzielt. Ein erneuter Angriff mußte abgebrochen werden, weil beim Anlauf die Lage zu groß wurde. Danach entschloß sich der Kommandant, nachdem er das Fahrzeug nochmals ausgedampft hatte, zu einem Dreierfächer. Dieser wurde aus einer Entfernung von geschätzt 2000 m geschossen und brachte keinen Erfolg. Fehlschuß. Fächer dürfen nicht dazu verführen, aus zu großen Entfernungen zu schießen. In diesem Falle (gerader Kurs, ungesichert) lag auch kein Grund dafür vor, denn das Boot hatte den ersten Anlauf aus 800 m unbemerkt geschossen und hätte bei diesem Anlauf auch näher herangehen können.
Der Einsatz des Dreierfächers auf dieses Ziel war nicht gerechtfertigt. Einzeln fahrende ungesicherte Dampfer in einem Gebiet ohne Abwehr müssen durch Einzelschuß versenkt werden können. Da nach dem Einzelschuß Rohr II nicht sofort wieder über Wasser (Seegang 2) nachgeladen wurde, bestand nach dem Fehlfächer nicht die Möglichkeit (Küstennähe, Helligkeit), zu einem weiteren Torpedoangriff. Der Dampfer hätte aber auf keinen Fall entkommen dürfen. Einsatz der Kanone hätte noch Erfolg versprochen.
Erfolg
1.) Planmäßig durchgeführte Minenaufgabe.
2.) Torpedierung eines an der Mole liegenden Dampfers.
3.) Drei kleinere Segler versenkt.

Stellungnahme des B.d.U.:
Der Stellungnahme des F.d.U. Italien wird zugestimmt.
Wegen der Verletzung eines kleinen Fingers den Rückmarsch anzutreten, ist unverständlich. Der Kommandant hätte die Erfolgschancen in dem wenig gesicherten Gebiet bis zur letzten Granate ausnutzen müssen.

6. Unternehmung U 331:

(östliches Mittelmeer)

Kdt:	Kl Hans Diedrich Freiherr von Tiesenhausen (12. Feindfahrt)
09.05.1942	Salamis aus
21.05.1942	Messina ein
Erfolge:	keine

7. Unternehmung U 331:
(östliches Mittelmeer)

Kdt:	Kl Hans Diedrich Freiherr von Tiesenhausen (13. Feindfahrt)
25.05.1942	Messina aus
13.06.1942	Messina ein
13.06.1942	Messina aus
15.06.1942	La Spezia ein
Erfolge:	keine

Stellungnahme des F.d.U. Italien:

1.) Nach einem Alarm ist das Boot fast regelmäßig lange unter Wasser geblieben. Möglicherweise ist dadurch am 29.05. eine Schußgelegenheit entgangen. Ebenso besteht der Eindruck, daß am 04.06. nach dem Schuß auf den Bewacher der Versuch erneut Fühlung zu gewinnen, sich gelohnt hätte.

2.) Einen Dreierfächer auf die 60 cm tiefgehende Panzerfähre auf 1 500 m als Oberflächenläufer zu schießen, war falsch. Ein Erfolg konnte nicht erwartet werden. Die Weisung, bei den besonderen Verhältnissen des Mittelmeeres nicht mit Torpedos zu sparen, ist nicht einer Aufforderung zu bedenklosem Einsatz des wertvollen Torpedomaterials gleichzusetzen.

3.) Die Unternehmung war durch den Zwang der engen Aufstellung vor Tobruk und die Vollmondperiode recht schwierig.

8. Unternehmung U 331:
(östliches Mittelmeer)

Kdt:	Kl Hans Diedrich Freiherr von Tiesenhausen (13. Feindfahrt)
05.08.1942	La Spezia aus
10.08.1942	La Spezia ein
12.08.1942	La Spezia aus
19.09.1942	La Spezia ein
Erfolge:	keine

Stellungnahme des F.d.U. Italien:

1.) Die Flugabwehr vermehrt durch den Einbau der Bredagewehre hat sich bewährt.

2.) Die Behinderung durch eigene Flugzeuge, über die auch U 73 geklagt hat, ist z. Zt. dem O.B.S. mitgeteilt worden. Die Luftwaffenverbände sind von ihm erneut auf das bestehende Angriffsverbot für Flugzeuge gegen U-Boote im westlichen Mittelmeer zumal bei Geleitzugoperationen hingewiesen worden.
Ein Auszug aus dem K.T.B. U 331 wird dem O.B.S. vorgelegt werden.

3.) Die rechtzeitige Anmeldung der Schwedendampfer ist vom italienischen Marinekommando verabsäumt worden.

4.) Klagen über schlechte Munition der M.G./30 sind von den Booten wiederholt erhoben worden.

9. Unternehmung U 331:
(westliches Mittelmeer, nordwestlich von Algier)

Kdt:	Kl Hans Diedrich Freiherr von Tiesenhausen (14. Feindfahrt)
07.11.1942	La Spezia aus
17.11.1942	Verlust U 331
Erfolge:	1 Schiff (9 135 BRT +)

Erfolge Hans Diedrich Freiherr von Tiesenhausen als Kommandant U 331:
2 Schiffe (40 235 BRT + einschließl. br BB BARHAM 31 100 ts +)
3 Segler (ca. 600 BRT +)

NIKOLAI CLAUSEN

* 02.06.1911
IN FLENSBURG
† 16.05.1943
WESTLICH MADEIRA/
MITTELATLANTIK

13.03.1942
Ritterkreuz (103-46)

15.10.1929
Eintritt in die Reichsmarine
Crew 33 (eingegliedert)

15.10.1929 – 26.09.1930
1. Komp./I. Marine-Artillerieabteilung

27.09.1930 – 27.09.1932
Hilfssignalgast und BÜ – T-185 und G-10/ 1. Torpedobootshalbflottille

01.10.1931
Obermatrose

28.09.1932 – 29.03.1933
1. Komp./Marineschule Kiel-Friedrichsort

30.03.1933 – 15.06.1933
Unteroffiziersanwärter – Segelschulboot ORION

16.06.1933 – 27.09.1933
Lehrgruppe B – S.A.S. Kiel-Wik

28.09.1933 – 30.09.1933
1. Komp./Torpedo- und Nachrichtenschule Flensburg-Mürwik

01.10.1933 – 08.07.1934
Ausbildungs-Unteroffizier – SSS GORCH FOCK

01.10.1933
Matrosengefreiter

01.11.1933
Bootsmannsmaat

09.07.1934 – 21.09.1934
1. Komp./I. S.St.Abt. der Ostsee, Stralsund

22.09.1934 – 26.09.1934
Stamm-Unteroffizier – SSS GORCH FOCK

27.09.1934 – 28.06.1935
3. Steuermannskompanie – Marineschule Flensburg-Mürwik

29.06.1935 – 09.08.1935
3. Komp./S.St.Abt. der Ostsee, Stralsund

10.08.1935 – 27.09.1935
Hilfs-Oberbootsmann – SSS GORCH FOCK

01.09.1935
Obersteuermannsmaat

28.09.1935 – 15.11.1935
Kommandant – R-3 – U-Schule/U-Abwehrverband

16.11.1935 – 20.01.1936
1. Komp./U-Schule

21.01.1936 – 24.02.1936
2. Komp./U-Schule

25.02.1936 – 21.03.1936
Fla-Waffenlehrgang – 4. Komp./Küstenartillerieschule Wilhelmshaven

22.03.1936 – 20.04.1936
2. Komp./U-Schule

21.04.1936 – 08.03.1937
Obersteuermann – U 26/U-Flottille Saltzwedel

09.03.1937 – 18.05.1937
Lehrgang – 2. Komp./Marineschule Flensburg-Mürwik

01.05.1937
Fähnrich zur See

19.05.1937 – 01.06.1937
Panzerschiff ADMIRAL GRAF SPEE

02.06.1937 – 25.07.1937
Artillerielehrgang für Fähnriche, Lehrgruppe F – S.A.S. Kiel-Wik

26.07.1937 – 27.03.1938
Divisionsleutnant – Panzerschiff ADMIRAL GRAF SPEE

01.10.1937
Oberfähnrich zur See

01.01.1938
Leutnant zur See (-4-)

28.03.1938 – 31.03.1939
Zugoffizier – 1. M.L.A.

01.04.1939 – 18.06.1939
Kommandant – Tender FRAUENLOB

01.04.1939
Oberleutnant zur See (-178-)

19.06.1939 – 04.09.1939
A./B.-Lehrgang – S.A.S. Kiel-Wik

05.09.1939 – 28.11.1939
Kommandant – M-134/4. Minensuchflottille

29.11.1939 – 02.07.1940
I. WO – U 37/2. U-Flottille
Feindfahrten U 37/Kdt: Werner Hartmann

28.01.1940 – 27.02.1940
30.03.1940 – 18.04.1940
Feindfahrten U 37/Kdt: Victor Oehrn
15.05.1940 – 09.06.1940

28.02.1940
Eisernes Kreuz II. Klasse

18.04.1940
U-Boots-Kriegsabzeichen 1939

10.06.1940
Eisernes Kreuz I. Klasse

03.07.1940 – 14.08.1940
Kommandantenschüler – 24.U-Flottille

15.08.1940 – 03.09.1940
Baubelehrung – U-Boote Ostsee, Deutsche Werke Kiel für U 142

04.09.1940 – 13.10.1940
Kommandant – U 142/1. U-Flottille (das K.T.B. U 142 gibt den Kommandantenwechsel OlzS Nikolai Clausen – OlzS Paul-Hugo Kettner am 12.10.1940 an)

14.10.1940 – 25.10.1940
z.Vfg. – 2. U-Flottille (bereits als Kommandant U 37 vorgesehen)

26.10.1940 – 01.05.1941
Kommandant – U 37/2. U-Flottille

01.01.1941
Kapitänleutnant (-15-)

02.05.1941 – 20.05.1941
Baubelehrung – U-Boote Nord Deschimag AG Weser Bremen für U 129

21.05.1941 – 30.06.1941
Kommandant – U 129/4. U-Flottille

01.07.1941 – 13.05.1942
Kommandant – U 129/2. U-Flottille

15.10.1941
Dienstauszeichnung III. Klasse

12.03.1942
Nennung im Wehrmachtsbericht

13.03.1942
Ritterkreuz des Eisernen Kreuzes

14.05.1942 – 26.05.1942
z.Vfg. – 2. U-Flottille

27.05.1942 – 29.06.1942
Baubelehrung – 1.Komp./6.K.L.A. Bremen für U 182

30.06.1942 – 30.11.1942
Kommandant – U 182/4. U-Flottille

01.12.1942 – 16.05.1943
Kommandant – U 182/12. U-Flottille

16.05.1943
Westlich Madeira durch Wasserbomben des US-Zerstörers MACKENZIE auf Position 33°55' Nord/20°35' West versenkt. – Totalverlust.

05.04.1945
Korvettenkapitän mit Rangdienstalter vom 01.05.1943

8. Unternehmung U 37:
(Mittelatlantik, westlich Spanisch-Marokko)

Kdt:	Kl Nikolai Clausen (4. Feindfahrt)
28.11.1940	Lorient aus
07.01.1941	Lorient ein
Erfolge:	7 Schiffe (11 201 BRT +)

Stellungnahme des B.d.U.:
1.) Die Unternehmung wurde auf Grund der scheinbaren Erfahrungen von U 65, der

innerhalb 4 Wochen im Süden nichts versenkt hatte, früher abgebrochen als ursprünglich beabsichtigt.

2.) Soweit sie zur Durchführung gekommen ist, zeigt sie den zähen Willen des Kommandanten zum Erfolg zu kommen. Im Hinblick auf die Gebiete, die das Boot erreicht hat, und im Hinblick darauf, daß es die erste Unternehmung des Kommandanten war, ist ihr Erfolg vollauf befriedigend; ihre Durchführung war gut.

9. Unternehmung U 37:

(Nordatlantik, südwestlich Kap Vincent)

Kdt:	Kl Nikolai Clausen (5. Feindfahrt)
I. WO:	OlzS Ulrich Folkers
Kdt-Schüler:	Kl Ulrich Heyse

30.01.1941	Lorient aus
30.01.1941	Lorient ein
03.02.1941	Lorient aus
18.02.1941	Lorient ein
Erfolge:	3 Schiffe (4781 BRT +)

Stellungnahme des B.d.U.:

Das zähe Fühlunghalten des Kommandanten unter wiederholten Angriffen ist eine ausgezeichnete Leistung. Die ungeklärten Fehlschüsse sind besorgniserregend und werden weiter verfolgt.

10. Unternehmung U 37:

(Nordatlantik, nordwestlich vom Nordkanal)

Kdt:	Kl Nikolai Clausen (6. Feindfahrt)
I. WO:	OlzS Ulrich Folkers
Kdt-Schüler:	KK Ernst Kals

27.02.1941	Lorient aus
21.03.1941	Helgoland ein
22.03.1941	Helgoland aus
22.03.1941	Kiel ein
Erfolge:	2 Schiffe (3141 BRT +)

Stellungnahme des B.d.U.:

1.) Zur Durchführung der Unternehmung nichts zu bemerken. Die zeitweise sehr schwierigen Sichtverhältnisse (Nebelbänke) haben dem Boot mehrere Angriffsgelegenheiten gekostet. Es ist richtig, daß der Kommandant auch unter Gefahr gesehen zu werden, versucht hat zum Schuß zu kommen.

2.) Es kann Verhältnisse geben, bei denen ein Boot am Geleitzug gerammt wird. Immer wieder Rundblicke nehmen. Auswanderung beobachten, lernen durch das Sehrohr den Überblick zu behalten, verringert diese Gefahr.

1. Unternehmung U 129:

(Nordatlantik, südwestlich von Island)

Kdt:	Kl Nikolai Clausen (7. Feindfahrt)

23.07.1941	Kiel aus
24.07.1941	Horten ein
03.08.1941	Horten aus
04.08.1941	Kristiansand ein
04.08.1941	Kristiansand aus
30.08.1941	Lorient ein
Erfolge:	keine

Stellungnahme des B.d.U.:

Wegen Diphterieverdachtes bei einem Besatzungsangehörigen und der daraus sich ergebenden Gefahr der Ansteckung der gesamten Besatzung frühzeitig abgebrochene Unternehmung. Der Entschluß des Kommandanten, diesen Krankheitsfall aus einer Gruppenaufstellung heraus erst zu melden, nachdem das Boot vom Feind bemerkt war, ist richtig. Die Begründung des Rückmarsches wegen Gefahr der Ansteckung und damit des Ausfalls eines Teiles der ganzen Besatzung, wird gebilligt. Allgemein muß jedoch die militärische Notwendigkeit des Einsatzes und des Verbleibens am Feind der Sorge um den einzelnen Mann, durch den die Verwendungsmöglichkeit des Bootes nicht entscheidend beeinträchtigt wird, im Kriege vorangehen.

Vermerk – zur Stellungnahme des B.d.U.:

Nach Rücksprache der beiderseitigen Sachbearbeiter ist in der Stellungnahme des B.d.U. kein Vorwurf gegen den Kommandanten zu erblicken. Es sollte vielmehr darin nur die grundsätzliche Auffassung des B.d.U. zum Ausdruck gebracht werden.

2. Unternehmung U 129:

(Biscaya, Kap Finisterre, spanische Westküste)

Kdt:	Kl Nikolai Clausen (8. Feindfahrt)

27.09.1941	Lorient aus
28.09.1941	Gironde ein
29.09.1941	Gironde aus

06.10.1941	El Ferrol ein (Abgabe der deutschen Schiffbrüchigen der KOTA PINANG an Versorger MAX ALBRECHT)
06.10.1941	El Ferrol aus
08.10.1941	Lorient ein
Erfolge:	keine

Stellungnahme des B.d.U.:
1.) *Dem Kommandanten war es unter den gegebenen Verhältnissen nicht möglich, die Versenkung des KONRAD zu verhindern.*
2.) *Sein braver Entschluß, die gesamte Besatzung aufzunehmen, wurde durch die Rettung von 119 Seeleuten belohnt. Die dafür angestellten Maßnahmen waren gut und richtig.*
3.) *Am 08.10. handelte es sich um eigene M-Boote.*

3. Unternehmung U 129:
(Südatlantik, Kapverden)

Kdt:	Kl Nikolai Clausen (9. Feindfahrt)
II. WO:	OlzS Siegfried Lüdden
21.10.1941	Lorient aus
23.10.1941	Lorient ein
27.10.1941	Lorient aus
27.12.1941	St. Nazaire ein
27.12.1941	St. Nazaire aus
28.12.1941	Lorient ein
Erfolge:	keine

Stellungnahme des B.d.U.:
Der bewährte Kommandant mußte zum 2. Male eine Unternehmung wegen Übernahme deutscher Schiffbrüchiger abbrechen, ohne eine Erfolgschance gehabt zu haben. Die auch diesmal getroffenen Maßnahmen bei der Rettungsaktion verdienen Anerkennung.

4. Unternehmung U 129:
(Mittelatlantik, Westatlantik, Karibik, Guayana-Küste)

Kdt:	Kl Nikolai Clausen (10. Feindfahrt)
I. WO:	OlzS Siegfried Lüdden
25.01.1942	Lorient aus
05.04.1942	Lorient ein
Erfolge:	7 Schiffe (25619 BRT +)

Stellungnahme des B.d.U.:
Sehr gut durchgeführte Unternehmung mit schönem Erfolg.

Funkspruch an U 129 vom 13.03.1942:
An U 129 für Kommandant:
Zum Ritterkreuz herzlichen Glückwunsch. Ihnen und Ihrer Besatzung Dank und Anerkennung.
Oberbefehlshaber

Herzlichen Glückwunsch - B.d.U. -

1. Unternehmung U 182:
(Südatlantik, Freetown, südostwärts Kapstadt, Madagaskar, Indischer Ozean)

Kdt:	Kl Nikolai Clausen (11. Feindfahrt)
09.12.1942	Horten aus
16.05.1943	Verlust U 182
Erfolge:	5 Schiffe (30071 BRT +)

Erfolge Nikolai Clausen als Kommandant U 37:
12 Schiffe (19123 BRT +)

Erfolge Nikolai Clausen als Kommandant U 129:
7 Schiffe (25619 BRT +)

Erfolge Nikolai Clausen als Kommandant U 182:
5 Schiffe (30071 BRT +)

Gesamt:
24 Schiffe (74813 BRT +)

Ernst Bauer

* 03.02.1914 in Fürth/Bayern
† 12.03.1988 in Westerland/Sylt

16.03.1942
Ritterkreuz (104-47)

01.04.1933
Eintritt in die Reichsmarine
Crew 33

01.04.1933 – 29.06.1933
Infanterieausbildung – II. Abt. S.St.Div. der Ostsee, Stralsund

30.06.1933 – 23.09.1933
Bordausbildung – SSS GORCH FOCK

23.09.1933
Seekadett

24.09.1933 – 27.06.1934
Bordausbildung – Leichter Kreuzer KARLSRUHE

28.06.1934 – 11.07.1934
z.Vfg. – Marineschule Flensburg-Mürwik (Urlaub)

01.07.1934
Fähnrich zur See

12.07.1934 – 18.04.1935
Hauptlehrgang für Fähnriche – Marineschule Flensburg-Mürwik bzw.

24.10.1934 – 30.10.1934
Navigationsbelehrungsfahrt – Tender NORDSEE bzw.

07.02.1935 – 13.02.1935
Navigationsbelehrungsfahrt – Tender NORDSEE

19.04.1935 – 20.05.1935
Infanterielehrgang für Fähnriche – II. Abt. S.St.Div. der Ostsee, Stralsund

21.05.1935 – 08.06.1935
Sperrlehrgang für Fähnriche – Sperrschule Kiel-Wik

09.06.1935 – 29.07.1935
Torpedolehrgang für Fähnriche – Torpedoschule Flensburg-Mürwik

30.07.1935 – 24.08.1935
Nachrichtenlehrgang für Fähnriche – Nachrichtenschule Flensburg-Mürwik

25.08.1935 – 31.08.1935
U-Abwehrlehrgang für Fähnriche – U-Abwehrschule Kiel-Wik

01.09.1935 – 18.09.1935
Fla-Waffenlehrgang für Fähnriche – Küstenartillerieschule

19.09.1935 – 07.12.1935
Artillerielehrgang für Fähnriche – S.A.S. Kiel-Wik

08.12.1935 – 30.09.1936
Bordausbildung – Leichter Kreuzer KÖNIGSBERG, zugleich

20.01.1936 – 24.01.1936
Luftschutzlehrgang, zugleich

14.04.1936 – 27.05.1936
E-Meß-Lehrgang

01.04.1936
Oberfähnrich zur See

01.10.1936 – 17.05.1937
Divisionsleutnant – Leichter Kreuzer KÖNIGSBERG

01.10.1936
Leutnant zur See (-51-)

18.05.1937 – 13.07.1937
S.A.S. Kiel-Wik

14.07.1937 – 04.10.1937
Signaloffizier – Leichter Kreuzer KÖNIGSBERG

05.10.1937 – 18.12.1937
T/B-Lehrgang – Torpedoschule Flensburg-Mürwik

19.12.1937 – 04.01.1938
z.Vfg. – Torpedoschule Flensburg-Mürwik

05.01.1938 – 29.01.1938
U.T.O.-Zusatzlehrgang – Torpedoschule Flensburg-Mürwik

30.01.1938 – 08.05.1938
U-Schüler – U-Schule, zugleich

21.04.1938 – 07.05.1938
kommandiert – auf Leichten Kreuzer KÖNIGSBERG

09.05.1938 – 17.07.1938
z.Vfg. – F.d.U. bzw. Wachoffizier auf U 10

01.06.1938
Oberleutnant zur See (-50-)

18.07.1938 – 03.08.1938
Baubelehrung – Deschimag AG Weser Bremen

04.08.1938 – 15.11.1939
I. WO – U 37/U-Flottille Hundius
Feindfahrten U 37/Kdt: Heinrich Schuch
19.08.1939 – 15.09.1939
Feindfahrten U 37/
Kdt: Werner Hartmann
05.10.1939 – 08.11.1939

08.11.1939
Eisernes Kreuz II. Klasse

16.11.1939 – 14.01.1940
Kommandantenlehrgang – U-Ausbildungsflottille

15.01.1940 – 19.04.1940
Baubelehrung – U-Boote Ostsee, Flender-Werke Lübeck

20.04.1940 – 25.11.1940
Kommandant – U 120/U-Schulflottille, ab 01.07.1940, 21. U-Flottille

26.11.1940 – 02.02.1941
z.Vfg. – 21. U-Flottille

03.02.1941 – 21.03.1941
Baubelehrung – U-Boote Nord, Deschimag AG Weser Bremen für U 126

01.03.1941
Kapitänleutnant (-6-)

22.03.1941 – 28.02.1943
Kommandant – U 126/2. U-Flottille

30.07.1941
Nennung im Wehrmachtsbericht

01.08.1941
Eisernes Kreuz I. Klasse

15.03.1942
Nennung im Wehrmachtsbericht

16.03.1942
Ritterkreuz des Eisernen Kreuzes

01.03.1943 – 09.10.1944
Ausbildungsoffizier – 27. U-Flottille/Gotenhafen

20.04.1944
Kriegsverdienstkreuz II. Klasse mit Schwertern

10.10.1944 – 09.04.1945
Flottillenchef – 27. U-Flottille

01.04.1945
Kriegsverdienstkreuz I. Klasse mit Schwertern

05.04.1945
Korvettenkapitän mit Wirkung vom 01.04.1945 und Rangdienstalter vom 20.04.1945

10.04.1945 – 08.05.1945
Flottillenchef – 26. U-Flottille/Warnemünde

08.05.1945 – 31.12.1945
Kriegsgefangenschaft (bis Oktober 1945 im Lazarett Mürwik)

31.12.1945
Entlassung

01.12.1955
Eintritt in die Bundesmarine

01.12.1955 – 06.1956
im Führungsstab der Bundeswehr im Bundesministerium der Verteidigung

01.04.1956
Fregattenkapitän

06.1956 – 02.1957
10. Lehrgang am NATO Defense College, Paris

02.1957 – 06.1957
im Führungsstab der Bundeswehr im Bundesministerium der Verteidigung

06.1957 – 11.1960
Referent für zivile Notplanung – NATO-Botschaft der BRD, Paris

11.1960 – 11.1963
Referent für Material-Bedarfsdeckung – Führungsstab der Marine im Bundesministerium der Verteidigung

11.1963 – 04.1965
A 4 – Befehlshaber der Seestreitkräfte der Nordsee

04.1965 – 30.09.1967
Kommandeur – Marine-Stützpunktkommando Kiel

11.11.1965
Kapitän zur See

01.10.1967 – 31.03.1972
Kommandeur – Marine-Versorgungsschule List/Sylt

10.11.1971
Bundesverdienstkreuz I. Klasse

31.03.1972
Ruhestand

1. Unternehmung U 126:
(mittlerer Nordatlantik, zwischen Gibraltar und Azoren)

Kdt:	Kl Ernst Bauer (3. Feindfahrt)
05.07.1941	Kiel aus
06.07.1941	Kristiansand ein
07.07.1941	Kristiansand aus
24.08.1941	Lorient ein
Erfolge:	4 Schiffe (5500 BRT +) 1 Schiff (8293 BRT =)

Stellungnahme des B.d.U.:
Die Unternehmung zeigt Angriffsgeist und Initiative des Kommandanten, der bestrebt war, alles zu versuchen, um jede sich bietende Gelegenheit auszunutzen. Die Durchführung und der Erfolg der Unternehmung sind gut. Die Versenkung des SÜD am 14.08. gab einen Anhalt für den Verbleib des Geleitzugs und hätte unbedingt gemeldet werden müssen.

2. Unternehmung U 126:
(Mittelatlantik, Freetown, Guinea-Küste, nördlich Ascension, Südatlantik)

Kdt:	Kl Ernst Bauer (4. Feindfahrt)
24.09.1941	Lorient aus
13.12.1941	Lorient ein
Erfolge:	4 Schiffe (23866 BRT +)

Stellungnahme des B.d.U.:
1.) *Frisch und mit Angriffsgeist durchgeführte Unternehmung mit schönem Erfolg. Der Kommandant hat Erfahrungen sammeln können, die ihm auf den nächsten Unternehmungen von großem Wert sein werden.*
2.) *Die getroffenen Maßnahmen bei der Rettung einer deutschen Schiffsbesatzung waren gut und richtig.*

3. Unternehmung U 126:
(Westatlantik, Kuba, Karibik, Bahamas, Florida)

Kdt:	Kl Ernst Bauer (5. Feindfahrt)
02.02.1942	Lorient aus
29.03.1942	Lorient ein
Erfolge:	7 Schiffe (32954 BRT +) 2 Schiffe (16016 BRT =)

Stellungnahme des B.d.U.:
Der Kommandant hat sich die ihm gebotenen Erfolgschancen ausgezeichnet ausgenutzt und einen sehr schönen Erfolg erzielt.

4. Unternehmung U 126:
(Westatlantik, nordbrasilianische Küste, Karibik)

Kdt:	Kl Ernst Bauer (6. Feindfahrt)
25.04.1942	Lorient aus
25.07.1942	Lorient ein
Erfolge:	7 Schiffe (41803 BRT +) 1 Schiff (7104 BRT =)

Stellungnahme des B.d.U.:
Gut durchgeführte Unternehmung.
Der am 13./14.05. angesetzte Geleitzugsangriff wurde durch Zuzacken des Gegners und einen bemerkten Oberflächenläufer vereitelt. Pech!

5. Unternehmung U 126:
(Mittelatlantik, Kongo-Mündung, Golf von Guinea, Kapverden)

Kdt:	Kl Ernst Bauer (7. Feindfahrt)
19.09.1942	Lorient aus
07.01.1943	Lorient ein
Erfolge:	3 Schiffe (14535 BRT +)

Stellungnahme des B.d.U.:
Eine sehr lange Unternehmung, die durch Tropenverhältnisse, Verkehrsleere und eine Häufung von Enttäuschungen durch Neutrale besonders belastend war. – Der Kommandant hat mit Zähigkeit gegen die Widrigkeiten gekämpft, die gebotenen und erreichbaren Erfolgsmöglichkeiten ausgeschöpft. Außer den 3 Versenkungen blieb ihm leider ein größerer Erfolg ohne Schuld versagt.
Die höchste Gefährdung des Bootes bei der Waboverfolgung am 12.10. (durch das Volllaufen der beschädigten Oberdeckstuben), wurde durch entschlossenes und anerkennenswert tüchtiges Verhalten der Bootsführung und Besatzung abgewendet.
Aus Gesundheitsrücksichten mußte der bewährte Kommandant das Kommando abgeben.

Erfolge Ernst Bauer als Kommandant U 126:
25 Schiffe (118658 BRT +)
4 Schiffe (31413 BRT =)

JOHANN MOHR

* 12.06.1916
IN HANNOVER
† 02.04.1943
IM ATLANTIK WESTLICH VON PORTO

27.03.1942
Ritterkreuz (107-48)

13.01.1943
177. Eichenlaub (23-19)

08.04.1934
Eintritt in die Reichsmarine
Crew 34

08.04.1934 – 14.06.1934
Infanterieausbildung – 4. Komp./II. Abt. S.St.Div. der Ostsee, Stralsund

15.06.1934 – 26.09.1934
Bordausbildung – SSS GORCH FOCK

26.09.1934
Seekadett

27.09.1934 – 26.06.1935
Bordausbildung – Leichter Kreuzer KARLSRUHE

27.06.1935 – 30.03.1936
Hauptlehrgang für Fähnriche – Marineschule Flensburg-Mürwik bzw.

04.11.1935 – 09.11.1935
Navigationsbelehrungsfahrt – Tender FRAUENLOB bzw.

10.02.1936 – 15.02.1936
Navigationsbelehrungsfahrt – Dampfer HECHT

01.07.1935
Fähnrich zur See

31.03.1936 – 19.05.1936
Torpedolehrgang für Fähnriche – Torpedoschule Flensburg-Mürwik

20.05.1936 – 06.06.1936
Fla-Waffenlehrgang für Fähnriche – Küstenartillerieschule Wilhelmshaven

07.06.1936 – 13.06.1936
Sperrlehrgang für Fähnriche – Sperrschule Kiel-Wik

14.06.1936 – 04.07.1936
Nachrichtenlehrgang für Fähnriche – Nachrichtenschule Flensburg-Mürwik

05.07.1936 – 28.07.1936
Infanterielehrgang für Fähnriche – II. Abt. S.St.Div. der Ostsee, Stralsund

29.07.1936 – 19.09.1936
Artillerielehrgang für Fähnriche – S.A.S. Kiel-Wik

20.09.1936 – 20.06.1937
Bordausbildung – Panzerschiff DEUTSCHLAND

01.01.1937
Oberfähnrich zur See

01.04.1937
Leutnant zur See (-26-)

21.06.1937 – 19.09.1937
A/B-Lehrgang – S.A.S. Kiel-Wik

20.09.1937 – 05.02.1938
Panzerschiff DEUTSCHLAND

06.02.1938 – 31.03.1940
Flaggleutnant – beim Befehlshaber der Panzerschiffe

01.04.1939
Oberleutnant zur See (-26-)

06.06.1939
Spanienkreuz in Bronze

26.10.1939
Medaille zu Erinnerung an die Heimkehr des Memellandes

29.11.1939
Eisernes Kreuz II. Klasse

01.04.1940 – 30.06.1940
z.Vfg. – B.d.U. bzw. U.W.O.- Lehrgang – 1. U.L.D.

01.07.1940 – 11.08.1940
U-Lehrgang – Torpedoschule Flensburg-Mürwik

12.08.1940 – 19.08.1940
U-Lehrgang – U-Abwehrschule

20.08.1940 – 01.09.1940
U-Lehrgang – Sperrschule Kiel-Wik

02.09.1940 – 27.09.1940
U-Lehrgang – Nachrichtenschule Flensburg-Mürwik

28.09.1940 – 08.06.1941
II. und I. WO – U 124/2. U-Flottille
Feindfahrten U 124/
Kdt: Wilhelm Schulz
05.10.1940 – 13.11.1940
16.12.1940 – 22.01.1941
23.02.1941 – 01.05.1941

04.05.1941
Eisernes Kreuz I. Klasse

04.05.1941
U-Boots-Kriegsabzeichen 1939

09.06.1941 – 02.07.1941
Kommandanten-Lehrgang – 24. U-Flottille

03.07.1941 – 20.07.1941
z.Vfg. – 1. U.A.A.

21.07.1941 – 07.09.1941
z.Vfg. – 2. U.A.A.

01.09.1941
Kapitänleutnant mit Wirkung vom 01.09.1941 und Rangdienstalter vom 01.11.1940 (-3a-)

08.09.1941 – 02.04.1943
Kommandant – U 124/2. U-Flottille

26.11.1941
Nennung im Wehrmachtsbericht

24.03.1942
Nennung im Wehrmachtsbericht

27.03.1942
Ritterkreuz des Eisernen Kreuzes

18.06.1942
Nennung im Wehrmachtsbericht

13.01.1943
177. Eichenlaub zum Ritterkreuz des Eisernen Kreuzes

01.04.1943
Korvettenkapitän

02.04.1943
Im Atlantik westlich von Porto am Konvoi OS.45 nach Radarortung durch Wasserbomben der britischen Sloop BLACK SWAN und der Korvette STONECROP auf Position 41°02' Nord/15°39' West vernichtet. – Totalverlust.

6. Unternehmung U 124:
(Nordatlantik, südwestlich von Irland)

Kdt:	Kl Johann Mohr (4. Feindfahrt)
I. WO:	OlzS Werner Henke
16.09.1941	Lorient aus
01.10.1941	Lorient ein
Erfolge:	6 Schiffe (11 659 BRT +)

Stellungnahme des B.d.U.:
Kurze, sehr erfolgreiche Unternehmung. Die ausgezeichnete Durchführung verdient besondere Anerkennung, zumal es sich um die erste Unternehmung des Kommandanten handelt.
Für die am 25.09. zum Ausdruck gebrachten Bedenken betreffs Senden von Peilzeichen bestehen vorerst noch keine Anhaltspunkte, daß Boote dadurch abgedrängt werden. Selbst auf diese Gefahr hin muß aber der Fühlunghalter Peilzeichen senden, um andere Boote heranzuführen.
Die erste Anwendung der S-Anlage vom U-Boot aus hat zu vollem Erfolg geführt. Statt der S-Anlage ist z. Zt. Dete-Anlage für Einbau vorgesehen, die den Vorteil hat, vom Gegner weniger bemerkbar und über Wasser benutzbar zu sein. Die Leistungen der Dete-Anlage bleiben allerdings abzuwarten.

7. Unternehmung U 124:
(Mittelatlantik, Kapverden, Ascension, St. Helena)

Kdt:	Kl Johann Mohr (5. Feindfahrt)
30.10.1941	Lorient aus
28.12.1941	St. Nazaire ein (Abgabe der Schiffsbrüchigen von HSK ATLANTIS)
28.12.1941	St. Nazaire aus
29.12.1941	Lorient ein
Erfolge:	2 Schiffe (11 125 BRT + einschließl. br CL DUNEDIN + 4850 ts)

Stellungnahme des B.d.U.:
1.) Die Unternehmung mußte wegen des Zurückbringens deutscher Schiffbrüchiger frühzeitig abgebrochen werden.
2.) Die Versenkung des Kreuzers DUNEDIN ist ein sehr erfreulicher Erfolg.
3.) Das Ausnutzen der Erfolgschance auf dem Marsch zum Treffpunkt war durchaus richtig.
4.) Betreffs der Schaltung wäre es auf Grund der zu erwartenden Funksprüche vom Führerboot der Rettungsaktion notwendig gewesen, die befohlene Afrika-Schaltung besetzt zu halten.

8. Unternehmung U 124:
(Westatlantik, USA-Ostküste, Kap Lookout, Kap Hatteras)

Kdt:	Kl Johann Mohr (6. Feindfahrt)
21.02.1942	Lorient aus
10.04.1942	Lorient ein
Erfolge:	7 Schiffe (42 047 BRT +) 3 Schiffe (26 167 BRT =)

Stellungnahme des B.d.U.:
Ausgezeichnet durchgeführte Unternehmung. Der Kommandant hat auf seinen bisherigen Unternehmungen Können, überlegtes Handeln und vorbildlichen Angriffsgeist bewiesen. Besonders hervorgehoben wird das auf dieser Unternehmung erfolgte Operieren auf Wassertiefen von 20-40 m.
Diesem Entschluß verdankt der Kommandant seine in kürzester Zeit errungenen, großen Erfolge.

Funkspruch an U 124 vom 28.03.1942/0935 Uhr:
An Mohr:
Herzlichen Glückwunsch zum Ritterkreuz.
B.d.U.

Funkspruch an U 124 vom 28.03.1942/1616 Uhr:
Herzlichen Glückwunsch zur Verleihung des Ritterkreuzes. Ihnen und Ihrer Besatzung Dank und Anerkennung für die hervorragenden Leistungen.
Oberbefehlshaber

9. Unternehmung U 124:
(Nordatlantik, Neufundland)

Kdt:	Kl Johann Mohr (7. Feindfahrt)
04.05.1942	Lorient aus
26.06.1942	Lorient ein

Erfolge: 7 Schiffe (32 429 BRT + einschließl. fr PE MIMOSE + 925 ts)

Stellungnahme des B.d.U.:
Der Kommandant bewies bei den ausgezeichnet durchgeführten Geleitzugs-Operationen erneut sein großes Können. Zähigkeit im Operieren, Geschicklichkeit beim Fühlunghalten und Vorsetzen sowie Entschlossenheit beim Angriff sind Eigenschaften des Kommandanten, die diesen sehr schönen Erfolg ermöglichten.

10. Unternehmung U 124:
(Westatlantik, ostwärts der Karibik)

Kdt: Kl Johann Mohr (8. Feindfahrt)

25.11.1942 Lorient aus
13.02.1943 Lorient ein
Erfolge: 5 Schiffe (28 282 BRT +)

Stellungnahme des B.d.U.:
Überlegt, entschlossen und mit glücklicher Hand durchgeführte Unternehmung des bewährten Kommandanten. Die Beeinträchtigung durch die Brennstoff- und Pumpenschwierigkeiten waren ärgerlich, konnten den erfreulichen Erfolg des Bootes aber nicht verringern.
Nichts zu bemerken.
Anerkannter Erfolg:
8 Schiffe mit 46 000 BRT versenkt.

Funkspruch an U 124 vom 14.01.1943/0140 Uhr:
An Kommandant U 124:
In dankbarer Würdigung Ihres heldenhaften Einsatzes im Kampf für die Zukunft unseres Volkes verleihe ich Ihnen als 177. Soldaten der deutschen Wehrmacht das Eichenlaub zum Ritterkreuz des Eisernen Kreuzes.
Adolf Hitler
Zusatz: Herzlichen Glückwunsch!
Befehlshaber

Funkspruch an U 124 vom 14.01.1943/1220 Uhr:
Dem Eichenlaubträger besonders herzlichen Glückwunsch.
Flottillenchef

Funkspruch an U 124 vom 14.01.1943/1645 Uhr:
An Kapitänleutnant Mohr:
Zur Verleihung des Eichenlaubes übermittle ich Ihnen meine herzlichsten Glückwünsche in dankbarer Anerkennung der von Ihnen und Ihrer tapferen Besatzung erzielten hervorragenden Leistungen und der stets erwiesenen hohen Einsatzbereitschaft.
Ihr Oberbefehlshaber

Funkspruch an U 124 vom 15.01.1943/1930 Uhr:
An Mohr:
Zur hohen Auszeichnung durch Eichenlaub meine herzlichsten Glückwünsche.
Oberbefehlshaber Marine-Gruppe Nord

11. Unternehmung U 124:
(Nordatlantik, westlich von Spanien)

Kdt: Kl Johann Mohr (9. Feindfahrt)

27.03.1943 Lorient aus
02.04.1943 Verlust U 124
Erfolge: 2 Schiffe (9 547 BRT +)

Erfolge Johann Mohr als Kommandant U 124:
29 Schiffe (135 089 BRT + einschließl. br CL DUNEDIN + 4 850 ts einschließl. fr PE MIMOSE + 925 ts)

Otto Ites

*** 05.02.1918**
in Norden/Ostfriesland
† 02.02.1982
in Norden/Ostfriesland

28.03.1942
Ritterkreuz (108-49)

03.04.1936
Eintritt in die Kriegsmarine
Crew 36

03.04.1936 – 13.06.1936
Infanterieausbildung – 2. Komp./II. Abt. S.St.Div. der Ostsee, Stralsund

14.06.1936 – 28.04.1937
Bordausbildung – Linienschiff SCHLESIEN

10.09.1936
Seekadett

29.04.1937 – 27.11.1937
Hauptlehrgang für Fähnriche – 4. Fähnrichskomp./Marineschule Flensburg-Mürwik, zugleich

04.10.1937 – 13.10.1937
Navigationsbelehrungsfahrt – Tender PAUL BEHNCKE

01.05.1937
Fähnrich zur See

28.11.1937 – 13.01.1938
Artillerielehrgang für Fähnriche – S.A.S. Kiel-Wik

14.01.1938 – 25.01.1938
Nachrichtenlehrgang für Fähnriche – Nachrichtenschule Flensburg-Mürwik

26.01.1938 – 22.02.1938
Infanterielehrgang für Fähnriche – 4. Komp./7. S.St.Abt. Stralsund

23.02.1938 – 29.03.1938
Torpedolehrgang für Fähnriche – 2. Fähnrichskomp./Torpedoschule Flensburg-Mürwik

30.03.1938 – 02.04.1938
Sperrlehrgang für Fähnriche – Sperrschule Kiel-Wik

03.04.1938 – 30.06.1938
Bordausbildung – Torpedoboote KONDOR und ALBATROSS/4. Torpedobootsflottille

01.07.1938 – 02.10.1938
Torpedoboot ALBATROSS/6.Torpedobootsflottille

01.07.1938
Oberfähnrich zur See

01.10.1938
Leutnant zur See (-128-)

03.10.1938 – 28.11.1938
z.Vfg. – F.d.U. bzw. U-Lehrgang – U-Schule

29.11.1938 – 14.01.1939
U-Lehrgang – Nachrichtenschule Flensburg-Mürwik

15.01.1939 – 26.03.1939
U.T.O.-Lehrgang – Torpedoschule Flensburg-Mürwik

27.03.1939 – 02.04.1939
Unterrichtung für U-Offiziere – Sperrschule Kiel-Wik

03.04.1939 – 21.04.1939
II.WO – U 51/U-Flottille Wegener

22.04.1939 – 09.11.1940
II.WO – U 48/U-Flottille Wegener, ab 01.01.1940, 7. U-Flottille
Feindfahrten U 48/Kdt: Herbert Schultze
19.08.1939 – 17.09.1939
04.10.1939 – 25.10.1939
20.11.1939 – 20.12.1939
24.01.1940 – 26.02.1940
03.04.1940 – 20.04.1940

Feindfahrten U 48/
Kdt: Hans-Rudolf Rösing
26.05.1940 – 29.06.1940
07.08.1940 – 28.08.1940
Feindfahrten U 48/
Kdt: Heinrich Bleichrodt
08.09.1940 – 25.09.1940
05.10.1940 – 27.10.1940

27.10.1939
Eisernes Kreuz II. Klasse

21.12.1939
U-Boots-Kriegsabzeichen 1939

25.02.1940
Eisernes Kreuz I. Klasse

01.10.1940
Oberleutnant zur See (-91-)

10.11.1940 – 13.03.1941
I.WO – U 48/7. U-Flottille
Feindfahrten U 48/Kdt: Herbert Schultze
20.01.1941 – 27.02.1941

14.03.1941 – 30.03.1941
Kommandanten-Schießlehrgang – 24. U-Flottille

31.03.1941 – 06.04.1941
z.Vfg. – 22. U-Flottille

07.04.1941 – 26.08.1941
Kommandant – U 146/22. U-Flottille, ab 22.06.1941, 3. U-Flottille (lt. K.T.B. U 146 wurde OlzS Otto Ites am 01.04.1941 als Kommandant auf das Boot kommandiert und am 22.08.1941 wieder abkommandiert)

27.08.1941 – 28.08.1942
Kommandant – U 94/7. U-Flottille (lt. K.T.B. U 94 war OlzS Otto Ites ab 29.08.1941 Kommandant des Bootes)

28.03.1942
Ritterkreuz des Eisernen Kreuzes

30.03.1942
Nennung im Wehrmachtsbericht

18.06.1942
Nennung im Wehrmachtsbericht

28.08.1942
Im Karibischen Meer östlich von Kingston, südwestlich Haiti, durch ein »Catalina«-Flugboot der US-Navy-Squadron VP-92 schwer gebombt. Die heraneilende kanadische Korvette OAKVILLE versenkte U 94 durch drei Rammstöße auf Position 17°40'Nord/74°30'West.
19 Mann der Besatzung gefallen. Otto Ites und 25 Besatzungsangehörige von U 94 gerieten in Gefangenschaft.

01.04.1943
Kapitänleutnant (-42-)

28.08.1942 – 01.05.1946
Kriegsgefangenschaft (Camp Crossville/Tennessee)

01.05.1946
Entlassung

04.01.1956
Eintritt in die Bundesmarine

04.01.1956 – 31.03.1957
Prüfoffizier – Freiwilligenannahmestellen Köln und Wilhelmshaven

04.01.1956
Korvettenkapitän

01.04.1957 – 30.04.1958
Personaloffizier – 5. S.St.Abt.

01.05.1958 – 15.10.1960
Hilfsreferent im Referat für Offiziers- und Unteroffiziersausbildung – Führungsstab der Marine/Bundesministerium der Verteidigung

25.08.1959
Fregattenkapitän

16.10.1960 – 13.11.1960
zur Einweisung – 3. Zerstörergeschwader

14.11.1960 – 30.09.1962
Kommandant – Zerstörer Z-2

01.10.1962 – 31.03.1964
Hilfsreferent im Referat für Personales Grundsatzwesen der Bundeswehr – Führungsstab B/Bundesministerium der Verteidigung

01.04.1964 – 30.09.1968
Referent für Offizier- und Unteroffizierausbildung der Marine – Führungsstab der Marine/Bundesministerium der Verteidigung

17.12.1964
Kapitän zur See

01.10.1968 – 31.03.1971
Kommandeur der Marine-Ortungsschule, zugleich Standortältester in Bremerhaven

01.04.1971 – 31.03.1975
Stellv. Amtschef und Chef des Stabes – Marineamt Wilhelmshaven

02.04.1971
Flottillenadmiral

01.04.1975 – 30.09.1977
Amtschef – Marineamt

01.04.1975
Konteradmiral

30.09.1977
Ruhestand

1. Unternehmung U 146:
(Nordatlantik, nordwestlich der Hebriden)

Kdt:	OlzS Otto Ites (11. Feindfahrt)
17.06.1941	Kiel aus
10.07.1941	Bergen ein
11.07.1941	Bergen aus
12.07.1941	Kristiansand ein
12.07.1941	Kristiansand aus
14.07.1941	Kiel ein
Erfolge:	1 Schiff (3496 BRT +)

Stellungnahme des B.d.U.:
Nichts zu bemerken.

2. Unternehmung U 146:
(Ostsee)

Kdt:	OlzS Otto Ites (12. Feindfahrt)
26.07.1941	Kiel aus
27.07.1941	Helsingör ein
09.08.1941	Helsingör aus
11.08.1941	Kiel ein
Erfolge:	keine

6. Unternehmung U 94:
(Nordatlantik)

Kdt:	OlzS Otto Ites (13. Feindfahrt)
02.09.1941	St. Nazaire aus
09.10.1941	Bergen ein
11.10.1941	Bergen aus
11.10.1941	Stavanger ein
12.10.1941	Stavanger aus
12.10.1941	Kristiansand ein
13.10.1941	Kristiansand aus
15.10.1941	Kiel ein
Erfolge:	4 Schiffe (29319 BRT +)

7. Unternehmung U 94:
(Nordatlantik)

Kdt:	OlzS Otto Ites (14. Feindfahrt)
12.01.1942	Kiel aus
30.01.1942	St. Nazaire ein
Erfolge:	keine

Stellungnahme des B.d.U.:
Zwecks Ergänzung in Westfrankreich wegen Ansatz des Bootes im Westen wurde Unternehmung abgebrochen. – Zur Durchführung nichts zu bemerken.

8. Unternehmung U 94:
(Westatlantik, Neufundland, St.-Lorenz-Strom, Halifax)

Kdt:	OlzS Otto Ites (15. Feindfahrt)
12.02.1942	St. Nazaire aus
02.04.1942	St. Nazaire ein
Erfolge:	3 Schiffe (13787 BRT +) 1 Schiff (8022 BRT =)

Stellungnahme des B.d.U.:
Ausgezeichnet durchgeführte, erfolgreiche Unternehmung des jungen Kommandanten, der erneut sein Können und seine Einsatzbereitschaft unter Beweis stellte.

Funkspruch an U 94 vom 29.03.1942/1700 Uhr:
An U 94 für Kommandant.
Zur Verleihung des Ritterkreuzes übermittle ich Ihnen zugleich in dankbarer Anerkennung der hervorragenden Leistungen Ihrer Besatzung meine herzlichen Glückwünsche.
Oberbefehlshaber

Funkspruch an U 94 vom 30.03.1942/0945 Uhr:
An Ites. Herzlichen Glückwunsch.
B.d.U.

9. Unternehmung U 94:
(Nordatlantik, Neufundland)

Kdt:	OlzS Otto Ites (16. Feindfahrt)

04.05.1942 St. Nazaire aus
23.06.1942 St. Nazaire ein
Erfolge: 7 Schiffe (30 280 BRT +)

Stellungnahme des B.d.U.:
Ausgezeichnet durchgeführte Unternehmung. Der schöne, ausschließlich bei Geleitzugsoperationen errungene Erfolg beweist das Können und den Angriffsgeist des Kommandanten und seiner Besatzung.

10. Unternehmung U 94:
(Westatlantik, Karibik, Kuba, Florida)
Kdt: OlzS Otto Ites (17. Feindfahrt)

03.08.1942 St. Nazaire aus
28.08.1942 Verlust U 94
Erfolge: keine

Erfolge Otto Ites als Kommandant U 146:
1 Schiff (3 496 BRT +)

Erfolge Otto Ites als Kommandant U 94:
14 Schiffe (73 386 BRT +)
1 Schiff (8 022 BRT =)

Gesamt:
15 Schiffe (76 882 BRT +)
1 Schiff (8 022 BRT =)

Richard Zapp

* 03.04.1904 in Germershein/Pfalz
† 17.07.1964 in Kiel

23.04.1942
Ritterkreuz (109-50)

01.05.1923
Eintritt in die Reichsmarine
Crew 26 (eingegliedert)

01.05.1923 – 30.04.1924
II. Abt. S.St.Div. der Nordsee

01.05.1924 – 01.10.1924
Bordausbildung – SSS NIOBE

02.10.1924 – 31.03.1925
II. Abt. S.St.Div. der Nordsee

01.04.1925 – 30.09.1925
SSS NIOBE

01.10.1925 – 10.07.1926
I. Abt. S.St.Div. der Ostsee, Stralsund

01.10.1925
Obermatrose

11.07.1926 – 17.10.1926
SSS NIOBE

12.10.1926
Seekadett

18.10.1926 – 24.03.1928
Leichter Kreuzer EMDEN (Weltreise)

01.04.1927
Gefreiter

25.03.1928 – 22.03.1929
Hauptlehrgang für Fähnriche – Marineschule Flensburg-Mürwik bzw.

25.06.1928 – 02.07.1928
Navigationsbelehrungsfahrt – Tender NORDSEE bzw.

01.10.1928 – 07.10.1928
Navigationsbelehrungsfahrt – Vermessungsschiff METEOR

01.04.1928
Fähnrich zur See

01.07.1928
Obermaat

23.03.1929 – 11.05.1929
Nachrichtenlehrgang für Fähnriche – Nachrichtenschule Flensburg-Mürwik

12.05.1929 – 08.06.1929
Sperrlehrgang für Fähnriche – Sperrversuchskommando

09.06.1929 – 04.08.1929
Torpedolehrgang für Fähnriche – Torpedoschule

05.08.1929 – 27.10.1929
Infanterielehrgang für Fähnriche – 4. Komp./II. Abt. S.St.Div. der Ostsee, Stralsund

28.10.1929 – 02.02.1930
Artillerielehrgang für Fähnriche – S.A.S. Kiel-Wik

03.02.1930 – 05.01.1931
Linienschiff HESSEN (Mittelmeer, Nord- und Ostseefahrten)

01.06.1930
Oberfähnrich zur See

01.10.1930
Leutnant zur See (-59-)

06.01.1931 – 16.01.1931
Gasschutzlehrgang – Sperrabteilung

17.01.1931 – 09.04.1931
Divisionsleutnant – Linienschiff HESSEN

10.04.1931 – 30.09.1931
II.WO – M-145/1. Minensuchhalbflottille

01.10.1931 – 29.09.1933
Kompanie- und Rekrutenoffizier – I. Marine-Artillerieabteilung bzw.

30.03.1932 – 28.05.1932
Flakleiterlehrgang – Küstenartillerieschule

01.05.1933
Oberleutnant zur See (-1-)

30.09.1933 – 23.09.1934
Kommandant – UZ-28, R-2, R-8, R-9 und R-14/1. Räumboothalbflottille, ab 30.01. 1934 – Sperrlehrgang – Sperrschule Kiel-Wik

24.09.1934 – 06.09.1938
I. WO – T-151, später Kommandant – T-158 und M-122/1. Minensuchflottille

01.04.1936
Kapitänleutnant (-23-)

02.10.1936
Dienstauszeichnung IV. Klasse

02.10.1936
Dienstauszeichnung III. Klasse

07.09.1938 – 24.10.1938
Kommandant – M-1/1. Minensuchflottille

25.10.1938 – 24.08.1939
Kompaniechef – I. Marine-Artillerieabteilung

25.08.1939 – 31.03.1940
Kommandeur – Marine-Flakabteilung 251

01.04.1940 – 30.06.1940
z.Vfg. – B.d.U. bzw. U-Lehrgang und U-Schüler – U-Schule Neustadt, 1. U.L.D.

01.07.1940 – 31.07.1940
U.T.O.-Lehrgang – Torpedoschule Flensburg

01.08.1940 – 22.09.1940
Kommandantenschüler – 24. U-Flottille

23.09.1940 – 09.10.1940
Kommandantenschüler – 2. U-Flottille

10.10.1940 – 17.11.1940
Kommandantenschüler – U 46/
7. U-Flottille
Feindfahrt U 46/Kdt: Engelbert Endrass
13.10.1940 – 29.10.1940

18.11.1940 – 01.01.1941
Baubelehrung – U-Boote Nordsee, Bremen

02.01.1941 – 21.06.1942
Kommandant – U 66/2. U-Flottille

01.04.1941
Korvettenkapitän (-18-)

14.05.1941
U-Boots-Kriegsabzeichen 1939

06.08.1941
Eisernes Kreuz II. Klasse

06.08.1941
Eisernes Kreuz I. Klasse

27.01.1942
Nennung im Wehrmachtsbericht

23.04.1942
Ritterkreuz des Eisernen Kreuzes

07.05.1942
Nennung im Wehrmachtsbericht

22.06.1942 – 08.05.1945
Flottillenchef – 3. U-Flottille/La Rochelle, zugleich ab Oktober 1944 Kommandeur – Marine-Regiment »Zapp« in La Rochelle

30.01.1944
Kriegsverdienstkreuz II. Klasse mit Schwertern

30.01.1945
Fregattenkapitän

09.05.1945 – 05.07.1947
französische Kriegsgefangenschaft: Sommer 1945 Lager Ile de Ré, Anfang 1946 Lager Mulsanne, ab 17.06.1947 Lager Saint Denis bei Paris, ab 05.07.1947 Entlassung Lager Tuttlingen/Württemberg (Dépot 401)

1. Unternehmung U 66:
(Nordatlantik, südostwärts Kap Farewell, westliche Biscaya)

Kdt:	KK Richard Zapp (2. Feindfahrt)
I. WO:	OlzS Albrecht Achilles
13.05.1941	Kiel aus
11.06.1941	Lorient ein
Erfolge:	keine

Stellungnahme des B.d.U.:
1.) *Vorzeitig wegen Schäden an Mündungsklappen abgebrochene Unternehmung. Das Ausmaß der Schäden ist vom Kommandanten auf Grund falscher Unterrichtung überschätzt worden.*
2.) *Die Verfolgung der 2 gesichteten Dampfer hat den Kommandanten auf Grund der schwierigen Wetterlage vor eine, angesichts seiner geringen U-Boot-Erfahrung, besonders schwierige Lage gestellt. Das Alarmtauchen am 02.06. war daher wahrscheinlich falsch. Man hätte versuchen müssen, im Nebel an der Sichtgrenze zu bleiben.*
3.) *Die hier gewonnene Erfahrung wird dem Kommandanten in späteren Fällen nützlich sein.*

2. Unternehmung U 66:
(Mittelatlantik, Kapverden, Freetown)

Kdt:	KK Richard Zapp (3. Feindfahrt)
I. WO:	OlzS Albrecht Achilles
23.06.1941	Lorient aus
05.08.1941	Lorient ein
Erfolge:	4 Schiffe (19078 BRT +)

Stellungnahme des B.d.U.:
Eine im ganzen erfolgreiche Unternehmung; der Kommandant hat jedoch mehrere Verstöße gegen Grundregeln des U-Boot-Krieges begangen:
1.) *Er hat mit seinem Brennstoff schlecht gewirtschaftet und ist z. T. dort hohe Fahrt gelaufen, wo dazu keinerlei Veranlassung bestand.*
2.) *Er ist nicht so dicht vor Freetown gegangen, wie es ihm die Abwehr gestattete; er hat also nicht versucht, in das Gebiet der größten Verkehrsbündelung zu gelangen, trotzdem er überhaupt keine Abwehr beobachtet hatte.*
3.) *Es erscheint sehr wenig erfolgversprechend, einen bewaffneten Dampfer mit 2 cm auf 1000 m anzugreifen, zumal auch das Überraschungsmoment fehlte.*

3. Unternehmung U 66:
(Mittelatlantik, Kapverden)

Kdt:	KK Richard Zapp (4. Feindfahrt)
I. WO:	OlzS Albrecht Achilles
28.08.1941	Lorient aus
09.11.1941	Lorient ein
Erfolge:	1 Schiff (7052 BRT +)

Stellungnahme des B.d.U.:
1.) *Die Unternehmung in verkehrslosen Gebieten hatte keine größeren Erfolgschancen.*
2.) *Bei dem am 27.09. versenkten Tanker (geschätzte Tonnage 12000 BRT) handelte es sich um J.C. WHITE 7052 BRT.*

4. Unternehmung U 66:
(Westatlantik, USA-Ostküste)

Kdt:	KK Richard Zapp (5. Feindfahrt)
LI: (z. Einw.)	L (Ing.) Georg Olschewski
25.12.1941	Lorient aus
10.02.1942	Lorient ein
Erfolge:	5 Schiffe (33455 BRT +)

Stellungnahme des B.d.U.:
Gut durchgeführte, sehr erfolgreiche Unternehmung.

5. Unternehmung U 66:
(Westatlantik, Karibik)

Kdt:	KK Richard Zapp (6. Feindfahrt)
LI:	OI (Ing.) Georg Olschewski
21.03.1942	Lorient aus
27.05.1942	Lorient ein
Erfolge:	6 Schiffe (43956 BRT +) 1 Schiff (12502 BRT =)

Stellungnahme des B.d.U.:
1.) *Der Kommandant hat auf dieser Unternehmung die zahlreichen Erfolgschancen gut ausgenutzt und einen sehr schönen Erfolg erzielt.*
2.) *Bei Einzelfahrern hätte der Versuch gemacht werden müssen, nach der Torpedierung die Artillerie zum Ansatz zu bringen, um die Fangschußtorpedos zu sparen.*
3.) *Die späte Abgabe der Lagemeldung war falsch und wirkte sich für andere Boote im gleichen Seegebiet nachteilig aus. Daß starker Verkehr war, hat schon vor dem 03.05. festgestanden.*

Funkspruch an U 66 vom 24.04.1942:
An Zapp:
Der Führer hat Ihnen das Ritterkreuz des Eisernen Kreuzes verliehen. Herzlichen Glückwunsch.

B.d.U.

Erfolge Richard Zapp als Kommandant U 66:
16 Schiffe (103541 BRT +)
1 Schiff (12502 BRT =)

Werner Winter

*** 26.03.1912**
in Hamburg
† 09.09.1972
in Kiel

05.06.1942
Ritterkreuz (110-51)

09.04.1930
Eintritt in die Reichsmarine
Crew 30

09.04.1930 – 30.06.1930
Infanterieausbildung – II. Abt. S.St.Div. der Ostsee, Stralsund

01.07.1930 – 09.10.1930
Bordausbildung – SSS NIOBE

09.10.1930
Seekadett

10.10.1930 – 04.01.1932
Bordausbildung – Leichter Kreuzer EMDEN

01.01.1932
Fähnrich zur See

05.01.1932 – 31.03.1932
Infanterielehrgang für Fähnriche – II. Abt. S.St.Div. der Ostsee, Stralsund

01.04.1932 – 27.03.1933
Hauptlehrgang für Fähnriche – Marineschule Flensburg-Mürwik bzw.

04.07.1932 – 08.07.1932
Navigationsbelehrungsfahrt – Vermessungsschiff METEOR bzw.

23.07.1932 – 05.08.1932
Navigationsbelehrungsfahrt – Torpedoboot SEEADLER bzw.

04.10.1932 – 08.10.1932
Navigationsbelehrungsfahrt – Vermessungsschiff METEOR

28.03.1933 – 22.04.1933
Sperrlehrgang für Fähnriche – Sperrabteilung. Kiel-Wik

23.04.1933 – 28.06.1933
Artillerielehrgang für Fähnriche – S.A.S. Kiel-Wik

29.06.1933 – 18.08.1933
Torpedolehrgang für Fähnriche – Torpedoschule Flensburg-Mürwik

19.08.1933 – 31.08.1933
Fla-Waffenlehrgang für Fähnriche – Küstenartillerieschule

01.09.1933 – 24.09.1933
Nachrichtenlehrgang für Fähnriche – Nachrichtenschule Flensburg-Mürwik

25.09.1933 – 01.10.1933
U-Abwehrlehrgang für Fähnriche – U-Abwehrschule

02.10.1933 – 03.03.1934
Bordausbildung – Linienschiff SCHLESIEN

04.03.1934 – 10.03.1934
Luftschutzlehrgang – M.N.O. Warnemünde

11.03.1934 – 27.09.1934
Bordausbildung – Linienschiff SCHLESIEN

01.04.1934
Oberfähnrich zur See

28.09.1934 – 30.06.1935
Divisionsleutnant – Leichter Kreuzer EMDEN

01.10.1934
Leutnant zur See (-21-)

01.07.1935 – 20.10.1935
U-Abwehrschule

21.10.1935 – 18.01.1936
z.Vfg. – U-Flottille Weddigen, zugleich

30.09.1935 – 25.12.1935
T/B-Lehrgang – Torpedo- und Nachrichtenschule

19.01.1936 – 30.09.1937
WO – U 17/U-Flottille Weddigen

01.06.1936
Oberleutnant zur See (-18-)

02.10.1936
Dienstauszeichnung IV. Klasse

01.10.1937 – 03.10.1939
Kommandant – U 22/U-Flottille Lohs

08.1938
Ritterkreuz des ungarischen Verdienstordens

18.09.1939
Eisernes Kreuz II. Klasse

01.06.1939
Kapitänleutnant (-12-)

20.12.1939
Medaille zur Erinnerung an den 01.10.1938

04.10.1939 – 08.11.1939
z.Vfg. – Marinestation Ostsee

09.11.1939 – 09.05.1941
5.Asto – Stab, B.d.U.op

10.05.1941 – 12.08.1941
z.Vfg. – B.d.U.

13.08.1941 – 14.07.1942
Kommandant – U 103/2. U-Flottille (lt. K.T.B. U 103 fand der Kommandantenwechsel KK Viktor Schütze – Kl Werner Winter am 15.07.1941 statt)

10.11.1941
Eisernes Kreuz I. Klasse

01.06.1942
Nennung im Wehrmachtsbericht

05.06.1942
Ritterkreuz des Eisernen Kreuzes

15.07.1942 – 05.09.1944
Flottillenchef – 1. U-Flottille/Brest

30.01.1944
Kriegsverdienstkreuz II. Klasse mit Schwertern

21.02.1944
Korvettenkapitän mit Wirkung vom 01.03.1943 und Rangdienstalter vom 01.06.1943 (-11-)

06.09.1944 – 18.09.1944
kommandiert - zum Stab, Seekommandant Brest

18.09.1944 – 21.11.1947
Kriegsgefangenschaft

21.11.1947
Entlassung

01.04.1957
Eintritt in die Bundesmarine

01.04.1957 – 15.12.1957
Eignungsprüfung, dann Schiffsstammregiment Glückstadt

01.08.1957
Fregattenkapitän

16.12.1957 – 31.10.1960
Standortkommandant – Standortkommandantur Kiel

01.11.1960 – 31.07.1961
Ausbildung und Belehrung (Einweisung)

01.08.1961 – 30.09.1962
Kommandant – Zerstörer Z 1

01.10.1962 – 30.09.1963
Leiter – Seetaktische Lehrgruppe Wilhelmshaven

01.10.1963 – 31.03.1964
zur Einweisung – Marine-Fernmeldeabschnitt 7

01.04.1964 – 31.03.1965
Abteilungsleiter – Marine-Fernmeldeabschnitt 7

01.04.1965 – 30.03.1970
Kommandeur – Marine-Fernmeldeabschnitt 7

01.06.1965
Kapitän zur See

31.03.1970
Ruhestand

1. Unternehmung U 22:
(Ostsee, Danziger Bucht)

Kdt:	Kl Werner Winter (1. Feindfahrt)
26.08.1939	Memel aus
03.09.1939	Memel ein
03.09.1939	Memel aus
09.09.1939	Kiel ein
Erfolge:	keine

Auszug aus dem K.T.B. des F.d.U. Ost vom 09.09.1939:
Berichterstattung Kommandant U 22 über Vernichtung eines polnischen U-Bootes am 07.09. – Es ist nicht einwandfrei festgestellt, ob es sich um ein großes oder mittleres U-Boot gehandelt hat.

2. Unternehmung U 22:
(Nordsee)

Kdt:	Kl Werner Winter (2. Feindfahrt)
27.09.1939	Kiel aus
30.09.1939	Wilhelmshaven ein
02.10.1939	Wilhelmshaven aus
03.10.1939	Kiel ein
Erfolge:	keine

Auszug aus dem K.T.B. des F.d.U. West vom 29.09.1939:
Funkspruch von U 22, daß Boot nachts in Qu. AN 6277 drei Torpedos auf englisches U-Boot verschossen hat. Treffer. Boot erbittet wegen Erkrankung Kommandant Rückmarscherlaubnis und erhält Befehl, Wilhelmshaven einzulaufen.
Da der Kommandant erneut erkrankt ist, muß ich seine Ablösung nach Einlaufen des Bootes in Wilhelmshaven an Hand der Sachlage erwägen.

Auszug aus dem K.T.B. des F.d.U. West vom 02.10.1939:
Der Kommandant U 22 ist gesundheitlich für seine Dienststellung z. Zt. nicht mehr geeignet und muß in Kiel sofort abgelöst werden. Dies ist wie bei Kommandant U 17 auf eine vierjährige ununterbrochene Fahrzeit auf kleinen Booten zurückzuführen. Da mehrere der anderen Kommandanten ebenfalls aus obigen Gründen bald abgelöst werden müssen (gleiche Verhältnisse bei 1. und 3. U-Flottille), diese gut ausgebildeten Kommandanten andererseits später für große Boote unbedingt weiter gebraucht werden, arbeite ich einen

neuen Plan für die K-Besatzungen aus. Der Nachteil zeitweiligen operativen Ausfalls kleinerer Boote muß dabei im Gesamtinteresse in Kauf genommen werden und wird sich bei Einsatz der 5. U-Flottille ab Mitte Oktober zum Teil ausgleichen. Da die neuen Kommandanten für die kleinen Boote gut eingefahrene W.O.'s sind, die schon eine Grundlage in der Schießausbildung haben, wird der Ausfall eines Bootes zeitlich auf 1–2 Monate begrenzt bleiben. Es rächt sich jetzt schon bitter, daß trotz jahrelangen Kampfes der U-Boot-Waffe die notwendigen Offizierszahlen nicht zur Verfügung gestellt werden konnten.

5. Unternehmung U 103:
(Mittelatlantik, Kapverden, Freetown, Gibraltar)

Kdt: Kl Werner Winter (3. Feindfahrt)
I. WO: Kl Friedrich Markworth
LI: Kl (Ing.) Gerhard Bielig

10.09.1941 Lorient aus
09.11.1941 Lorient ein
Erfolge: 2 Schiffe (10594 BRT +)

Stellungnahme des B.d.U.:
Sehr erfreuliches Ergebnis des Kommandanten, der bald nach Kriegsausbruch von einem kleinen Boot aussteigen mußte.

6. Unternehmung U 103:
(Westatlantik, USA-Ostküste)

Kdt: Kl Werner Winter (4. Feindfahrt)

03.01.1942 Lorient aus
01.03.1942 Lorient ein
Erfolge: 4 Schiffe (26539 BRT +)

Stellungnahme des B.d.U.:
Gut und überlegt durchgeführte Unternehmung mit schönem Erfolg.

7. Unternehmung U 103:
(Westatlantik, Kap Hatteras, Florida-Straße, Große Antillen, Kuba, Yucatan)

Kdt: Kl Werner Winter (5. Feindfahrt)

15.04.1942 Lorient aus
22.06.1942 Lorient ein
Erfolge: 9 Schiffe (42168 BRT +)

Stellungnahme des B.d.U.:
Der Kommandant hat die zahlreichen Erfolgschancen gut ausgenutzt und einen sehr schönen Erfolg erzielt.

Funkspruch an U 103 vom 06.06.1942:
An Kapitänleutnant Winter
Der Führer hat Ihnen das Ritterkreuz zum Eisernen Kreuz verliehen. – Herzlichen Glückwunsch.

B.d.U.

Funkspruch an U 103 vom 08.06.1942:
An U 103:
Zur Verleihung Ritterkreuz des Eisernen Kreuzes übermittle ich dem Kommandanten und zugleich der Besatzung meine herzlichen Glückwünsche.

Oberbefehlshaber

Erfolge Werner Winter als Kommandant U 103:
15 Schiffe (79301 BRT +)

Peter-Erich Cremer

*** 25.03.1911**
in Metz
+ 05.07.1992
in Reinbek bei Hamburg

05.06.1942
Ritterkreuz (111-52)

15.08.1932
Eintritt in die Reichsmarine
Crew 32 (eingegliedert)

15.08.1932 – 07.10.1932
Infanterieausbildung – II. Abt. S.St.Div. der Ostsee, Stralsund

08.10.1932 – 05.11.1932
Lehrgang – Marineschule Flensburg-Mürwik, zugleich

26.10.1932 – 03.11.1932
als Seeoffiziersanwärter – Dampfer EDITH

06.11.1932 – 02.01.1934
Bordausbildung – Leichter Kreuzer KÖLN

01.01.1934
Fähnrich zur See

03.01.1934 – 17.03.1934
Infanterielehrgang für Fähnriche – II. Abt. S.St.Div. der Ostsee, Stralsund

18.03.1934 – 12.05.1934
Torpedolehrgang für Fähnriche – Torpedoschule Flensburg-Mürwik

13.05.1934 – 29.05.1934
Nachrichtenlehrgang für Fähnriche – Nachrichtenschule Flensburg-Mürwik

30.05.1934 – 15.06.1934
Fla-Waffenlehrgang für Fähnriche – Küstenartillerieschule Wilhelmshaven

16.06.1934 – 03.07.1934
Sperrlehrgang für Fähnriche – Sperrschule Kiel-Wik

04.07.1934 – 18.04.1935
Hauptlehrgang für Fähnriche – Marineschule Flensburg-Mürwik (04.07.1934 – 11.04.1934 Urlaub) bzw.

20.08.1934 – 25.08.1934
Navigationsbelehrungsfahrt – Tender WESER bzw.

18.01.1935 – 23.01.1935
Navigationsbelehrungsfahrt – Tender SAAR

19.04.1935 – 28.07.1935
Bordausbildung – Panzerschiff DEUTSCHLAND

29.07.1935 – 07.09.1935
E-Meß-Lehrgang – S.A.S. Kiel-Wik

01.09.1935
Oberfähnrich zur See

08.09.1935 – 01.10.1935
Bordausbildung – Panzerschiff DEUTSCHLAND

02.10.1935 – 07.12.1935
Artillerielehrgang für Fähnriche – S.A.S. Kiel-Wik

08.12.1935 – 15.12.1935
U-Abwehrlehrgang für Fähnriche – U-Abwehrschule Kiel-Wik

16.12.1935 – 27.04.1936
Bordausbildung – Panzerschiff DEUTSCHLAND

01.01.1936
Leutnant zur See (-34-)

28.04.1936 – 01.05.1936
Fla-Lehrgang – Küstenartillerieschule

02.05.1936 – 23.07.1936
Leutnant zur See – Panzerschiff DEUTSCHLAND

24.07.1936 – 18.09.1936
Flakleiterlehrgang – Küstenartillerieschule

19.09.1936 – 01.10.1937
Kompanieoffizier – VI. Marine-Artillerieabteilung, Borkum, zugleich

22.02.1937 – 27.02.1937
Unterweser Ra Horst-Lehrkompanie, Nordholz

01.10.1937
Oberleutnant zur See (-29-)

02.10.1937 – 28.10.1939
Adjutant – VI. Marine-Artillerieabteilung, Borkum, zugleich

14.02.1938 – 28.05.1938
A/B-Lehrgang – S.A.S. Kiel-Wik

29.10.1939 – 21.08.1940
II.WO – Zerstörer THEODOR RIEDEL

01.02.1940
Kapitänleutnant (-6-)

11.02.1940
Eisernes Kreuz II. Klasse

22.08.1940 – 09.11.1940
z.Vfg. – B.d.U. bzw.

22.08.1940 – 30.09.1940
U-Lehrgang – 1.U.L.D. bzw.

01.10.1940 – 02.11.1940
U-Lehrgang – Torpedoschule Flensburg-Mürwik bzw.

03.11.1940 – 09.11.1940
U-Lehrgang – Sperrschule Kiel-Wik

19.10.1940
Zerstörerkriegsabzeichen

10.11.1940 – 05.01.1941
Kommandantenlehrgang – 24. U-Flottille

06.01.1941 – 28.01.1941
Baubelehrung – U-Boote Ost, Deutsche Werke Kiel für U 152

29.01.1941 – 21.07.1941
Kommandant – U 152/24. U-Flottille

22.07.1941 – 24.08.1941
Baubelehrung – K.L.A.-U-Nordsee für U 333

25.08.1941 – 31.12.1941
Kommandant – U 333/5. U-Flottille

01.01.1942 – 23.10.1942
Kommandant – U 333/3. U-Flottille (am 09.10.1942 übernahm Kl Lorenz Kasch i. V. auf See U 333 und führte die Feindfahrt zu Ende)

10.02.1942
Eisernes Kreuz I. Klasse

11.05.1942
Nennung im Wehrmachtsbericht

26.05.1942
U-Boots-Kriegsabzeichen 1939

05.06.1942
Ritterkreuz des Eisernen Kreuzes

23.10.1942 – 21.11.1942
Lazarett La Rochelle

11.11.1942
Verwundetenabzeichen in Schwarz

22.11.1942 – 07.02.1943
Lazarett Garmisch-Partenkirchen

08.02.1943 – 17.05.1943
2. Asto (m.W.d.G.b.) – B.d.U.op

18.05.1943 – 19.07.1944
Kommandant – U 333/3. U-Flottille

20.07.1944 – 02.10.1944
z.Vfg. – 1. U.A.A.

01.08.1944
Korvettenkapitän (-3-)

27.09.1944
U-Boots-Frontspange in Bronze

03.10.1944 – 14.11.1944
Baubelehrung – 8. K.L.A./Hamburg für U 2519

15.11.1944 – 02.1945
Kommandant – U 2519/31. U-Flottille

02.1945 – 04.1945
Kommandeur – Marine-Panzer-Vernichtungsbataillon

25.04.1945
Nennung im Wehrmachtsbericht

05.1945
Kommandeur – Wachbataillon Dönitz

05.1945 – 06.1945
Kriegsgefangenschaft

06.1945
Entlassung

1. Unternehmung U 333:
(Westatlantik, Neufundland, Nova Scotia)

Kdt:	Kl Peter-Erich Cremer (1. Feindfahrt)
27.12.1941	Kiel aus
09.02.1942	La Pallice ein
Erfolge:	3 Schiffe (13277 BRT + einschließl. dt. Blockadebrecher SPREEWALD + 5083 BRT)

Stellungnahme des B.d.U.:

1.) Erste Unternehmung des Kommandanten mit einem neuen Boot. Die gebotenen Erfolgschancen wurden gut ausgenutzt und ein schöner Erfolg erzielt. Schade, daß das schlechte Wetter weitere günstige Gelegenheiten vereitelte.

2.) Nicht immer gleich U-Bootsfallen annehmen. Beleuchteter Dampfer mit abgeblendetem Zerstörer berechtigt keineswegs zu dieser Annahme.

3.) Aufgetauchtes Marschieren in der Nordsee am 29.12. widersprach klaren Befehlen.

4.) Die Versenkung des Dampfers am 31.01. wird gesondert behandelt. Die Beobachtungen von Überlegungen des Kommandanten konnten die Versenkung im Weg »Anton« nicht rechtfertigen.

2. Unternehmung U 333:
(Westatlantik, USA-Ostküste)

Kdt:	Kl Peter-Erich Cremer (2. Feindfahrt)
30.03.1942	La Pallice aus
26.05.1942	La Pallice ein
Erfolge:	3 Schiffe (13596 BRT +) 1 Schiff (8327 BRT =)

Stellungnahme des B.d.U.:

Hervorragend durchgeführte Unternehmung. Trotz schwerer Beschädigungen durch Fliegerbomben und Rammen entschloß sich der Kommandant, nachdem im freien Seeraum kein Verkehr angetroffen wurde, mit nur bedingt tauchklarem Boot unmittelbar unter der Küste bis auf 8 m Wasser zu operieren. Der hier mit vollstem Einsatz von Boot und Besatzung errungene Erfolg beweist den Angriffsgeist, Zähigkeit und Können des Kommandanten. Die bei der schweren Waboverfolgung auf flachem Wasser getroffenen Maßnahmen waren richtig.

3. Unternehmung U 333:
(mittlerer Nordatlantik)

Kdt:	Kl Peter-Erich Cremer (3. Feindfahrt)
11.08.1942	La Pallice aus
24.08.1942	La Pallice ein
Erfolge:	keine

Stellungnahme des B.d.U.:

Wegen maschineller Störungen bzw. Waboschäden vorzeitig abgebrochene Unternehmung des Bootes. Fahrtbeschränkung verhinderte ein erfolgversprechendes Operieren auf den Geleitzug am 19.08.
Nichts zu bemerken.

4. Unternehmung U 333:
(Nordatlantik, westlich von Lissabon, Mittelatlantik, vor Freetown)
Kdt: Kl Peter-Erich Cremer (4. Feindfahrt)

01.09.1942	La Pallice aus
23.10.1942	La Pallice ein
Erfolge:	1 Korvette (925 BRT = br PE CROCUS =)

Stellungnahme des B.d.U.:

Der Kommandant hat auch auf dieser Unternehmung sein in jeder Lage entschlossenes und umsichtiges Handeln sowie höchste Einsatzbereitschaft bewiesen.
Die am 06.10. ergriffenen Maßnahmen verdienen volle Anerkennung und haben den Verlust des Bootes verhindert.
Mit ihrem Kommandanten hat sich die gesamte Besatzung im Augenblick größter Gefahr ausgezeichnet bewährt.

7. Unternehmung U 333:
(Mittelatlantik, Kanaren, Freetown)

Kdt:	Kl Peter-Erich Cremer (5. Feindfahrt)
02.06.1943	La Pallice aus
31.08.1943	La Pallice ein
Erfolge:	keine

Stellungnahme des B.d.U.:

Die während der langen Dauer der Unternehmung gebotenen Angriffsmöglichkeiten am 17.06. und am 29.06. führten einmal wegen zu hoher Gegnerfahrt, zum anderen Mal wegen zu starker Dünung nicht zum Erfolg. Die Abwehr des Flugzeuges am 13.07. war bei den Munitionsversagern der MG/C 38 besonders glücklich, der Einsatz der 8,8 cm sehr geschickt.

Der Ausfall der Verdichter erschwerte die Bewegungsfreiheit, der Kommandant wurde aber durch die geschickte Handhabung des Bootes (Auftauchen!) ausgeglichen, so daß keine kritischen Situationen eintraten. – Die Fortsetzung der Unternehmung auch ohne Verdichter wird besonders anerkannt.
Die lange und erfolglose Fahrt wurde für den bewährten Kommandanten aber ohne sein Zutun eine Enttäuschung.

8. Unternehmung U 333:

(mittlerer Nordatlantik, westlich Lissabon und Gibraltar)

Kdt:	Kl Peter-Erich Cremer (6. Feindfahrt)
14.10.1943	La Pallice aus
15.10.1943	La Pallice ein
21.10.1943	La Pallice aus
01.12.1943	La Pallice ein
Erfolge:	keine

Stellungnahme des B.d.U.:
Das Boot operierte in Gruppe »Schill« vom 28.10. bis 18.11. und traf dabei am 31.10. und am 17.11. auf das erwartete Geleit. Durch starke Abwehr wurde beide Male ein erfolgreicher Angriff vereitelt. Die Versenkung eines Zerstörers am 31.10. blieb der einzige Trosterfolg. Die beispielhafte Härte und das Können des Kommandanten und der Besatzung haben das Boot nach schwersten Ausfällen und Beschädigungen durch Bomben glücklich den Stützpunkt erreichen lassen.
Anerkannter Erfolg: 1 Zerstörer versenkt.

9. Unternehmung U 333:

(Nordatlantik, südlich Irland, Nordkanal, North Minch)

Kdt:	Kl Peter-Erich Cremer (7. Feindfahrt)
10.02.1944	La Pallice aus
12.02.1944	La Pallice ein
14.02.1944	La Pallice aus
20.04.1944	La Pallice ein
Erfolge:	keine

Stellungnahme des B.d.U.:
Der bewährte Kommandant hat mit gleichbleibendem Angriffsgeist in einem sehr schwierigen, mit starker Abwehr besetzten Gebiet operiert. Bewachungs- und Suchgruppen, die unaufhörlich Wabos warfen, hielten das Boot lange Zeiten unter Wasser, so daß Angriffsmöglichkeiten ausblieben. Zudem erwies sich das Gebiet als verkehrsarm.
Der Ansicht des Kommandanten, in zwei aufeinander folgenden Neumondperioden, von denen die erste der Aufklärung, die zweite dem Schlagen dienen soll, in diesem Seegebiet zu operieren, wird zugestimmt. Den erschwerten Bedingungen der Unternehmung haben Kommandant und Besatzung mit eiserner Energie standgehalten, was Anerkennung verdient. Ein schöner Erfolg wäre dem Boot zu wünschen gewesen.

10. Unternehmung U 333:

(Kanal, Biscaya)

Kdt:	Kl Peter-Erich Cremer (8. Feindfahrt)
06.06.1944	La Pallice aus
13.06.1944	Lorient ein
Erfolge:	keine

Stellungnahme des B.d.U.:
Kurzunternehmung in Wartestellung vor Biscayaküste. Abwehr der Flugzeugangriffe am 07., 10., 11. und 12.06. war geschickt und erfolgreich.
»Fliege«- und »Aphrodite«-Erfahrungen wertvoll.
Anerkannter Erfolg:
1 Flugzeug abgeschossen.

Erfolge Peter-Erich Cremer als Kommandant U 333:
6 Schiffe (26873 BRT + einschließl. dt. Blockadebrecher SPREEWALD + 5083 BRT)
2 Schiffe (9252 BRT = einschließl. br Korvette CROCUS = 925 ts =)

Karl-Friedrich Merten

* 15.08.1905
in Posen/Prov. Posen/ Preussen
† 02.05.1993
in Waldshut-Tiengen

13.06.1942
Ritterkreuz (112-53)

16.11.1942
147. Eichenlaub (20-17)

01.04.1926
Eintritt in die Reichsmarine
Crew 26

01.04.1926 – 11.07.1926
Infanterieausbildung – 5. Komp./II. Abt. S.St.Div. der Ostsee, Stralsund

12.07.1926 – 17.10.1926
Bordausbildung – SSS NIOBE

12.10.1926
Seekadett

18.10.1926 – 24.03.1928
Bordausbildung – Leichter Kreuzer EMDEN (Weltreise)

25.03.1928 – 22.03.1929
Hauptlehrgang für Fähnriche – Marineschule Flensburg-Mürwik bzw.

09.07.1928 – 13.07.1928
Navigationsbelehrungsfahrt – Tender NORDSEE bzw.

08.10.1928 – 13.10.1928
Navigationsbelehrungsfahrt – Vermessungsschiff METEOR

01.04.1928
Fähnrich zur See

23.03.1929 – 01.06.1929
Torpedolehrgang für Fähnriche – Torpedoschule Flensburg-Mürwik

02.06.1929 – 06.07.1929
Nachrichtenlehrgang für Fähnriche – Nachrichtenschule Flensburg-Mürwik

07.07.1929 – 04.08.1929
Sperrlehrgang für Fähnriche – Sperrversuchskommando Kiel

05.08.1929 – 27.10.1929
Infanterielehrgang für Fähnriche – 8. Komp./ II. Abt. S.St.Div. der Ostsee, Stralsund

28.10.1929 – 02.02.1930
Artillerielehrgang für Fähnriche – S.A.S. Kiel-Wik

03.02.1930 – 24.02.1930
Bordausbildung – Linienschiff ELSASS

25.02.1930 – 22.09.1930
Bordausbildung – Linienschiff SCHLESWIG-HOLSTEIN

01.06.1930
Oberfähnrich zur See

23.09.1930 – 05.01.1931
Feuerleitoffizier – Leichter Kreuzer KÖNIGSBERG

01.10.1930
Leutnant zur See (-47-)

06.01.1931 – 16.01.1931
Gasschutzlehrgang – Sperrschule

17.01.1931 – 23.09.1931
Feuerleitoffizier – Leichter Kreuzer KÖNIGSBERG

24.09.1931 – 29.09.1933
Feuerleit-Lehrer – S.A.S. Kiel-Wik bzw.

16.02.1932 – 12.05.1932
Fla-Waffenlehrgang – S.A.S. Wilhelmshaven-Schilling bzw.

11.10.1932 – 14.12.1932
Flakleiterlehrgang – Küstenartillerieschule, Flak-Schule Wilhelmshaven-Wangerooge und Tender FUCHS bzw.

15.12.1932 – 25.03.1933
II. Artillerieoffizier – Artillerieschulschiff BREMSE

01.04.1933
Oberleutnant zur See (-16-)

30.09.1933 – 26.02.1934
Artilleriereferent – beim F.d.M, zugleich II. WO – Minensuchboot T-156 (Führerboot), 2. Minensuchhalbflottille bzw.

06.01.1934 – 29.01.1934
Flaggleutnant – beim B.d.A./Flottentender HELA

27.02.1934 – 28.03.1934
Fla-Waffenlehrgang – Küstenartillerieschule Wilhelmshaven (Kommandierung nicht angetreten)

29.03.1934 – 30.09.1934
II. WO – Minensuchboot T-156/2. Minensuchhalbflottille bzw.

08.07.1934 – 02.08.1934
Leichter Kreuzer KÖNIGSBERG

01.10.1934 – 12.08.1935
Artilleriereferent und I. WO – Minensuchboot T-157/2. Minensuchhalbflottille, von 02/35-06/35 stellv. Kommandant T-157

13.08.1935 – 31.08.1935
Lehrgang (Starbootsegler) – S.A.S. Kiel-Wik

01.09.1935 – 20.09.1935
I. WO – T-157/2. Minensuchhalbflottille

21.09.1935 – 07.03.1937
II. AO, WO und DO – Leichter Kreuzer KARLSRUHE

01.04.1936
Kapitänleutnant (-37-)

02.10.1936
Dienstauszeichnung IV. Klasse

21.12.1936
Olympia-Ehrenzeichen II. Klasse

08.03.1937 – 20.05.1937
Fla-AO und DO – Leichter Kreuzer LEIPZIG

21.05.1937 – 11.06.1937
Leichter Kreuzer KARLSRUHE

12.06.1937 – 04.07.1937
z.Vfg. – Marinestation der Ostsee

05.07.1937 – 20.07.1937
Leichter Kreuzer KARLSRUHE

21.07.1937 – 29.09.1937
Leiter Starbootsegellehrgang – I. S.St.Abt. der Ostsee

30.09.1937 – 12.02.1939
Kommandant – Geleitboot F-7, 1. Geleitflottille bzw.

13.02.1938 – 09.03.1938
Teilnahme an Genua-Woche bzw.

05.05.1938 – 13.05.1938
Teilnahme an den Alster-Frühjahrs-Segelfahrten in Hamburg bzw.

06.07.1938 – 22.07.1938
Teilnahme an Pokalsegelwettfahrt

01.04.1938
Dienstauszeichnung III. Klasse

20.04.1938
Spanienkreuz in Bronze

13.02.1939 – 30.05.1939
A/A-Lehrgang – S.A.S. Kiel-Wik

31.05.1939 – 19.06.1939
z.Vfg. – Kommandierender Admiral der Marinestation der Ostsee

20.06.1939 – 28.04.1940
Ausbildungsoffizier der Kadettencrews 09/39 und 12/39 – Linienschiff SCHLESWIG-HOLSTEIN

02.10.1939
Eisernes Kreuz II. Klasse

20.12.1939
Medaille zur Erinnerung an den 01.10.1938

29.04.1940 – 29.09.1940
z.Vfg. – B.d.U. bzw.

29.04.1940 – 02.06.1940
U-Lehrgang – Torpedoschule Flensburg-Mürwik

03.06.1940 – 30.06.1940
U-Lehrgang – Nachrichtenschule Flensburg-Mürwik

01.07.1940 – 29.09.1940
U-Ausbildung – 1. U.L.D. bzw.

28.07.1940 – 27.09.1940
Ua-Lehrgang für U-Offiziere

30.09.1940 – 29.11.1940
Kommandantenlehrgang – 24. U-Flottille

30.11.1940 – 23.01.1941
Kommandantenschüler – U 38/ 2. U-Flottille
Feindfahrt U 38/Kdt: Heinrich Liebe 18.12.1940 – 22.01.1941

24.01.1941 – 10.02.1941
Baubelehrung – U-Boote Nord, Deschimag AG Weser für U 68

11.02.1941 – 18.01.1943
Kommandant – U 68/2. U-Flottille (lt. K.T.B. U 68 war Karl-Friedrich Merten bis 20.01.1943 Kommandant des Bootes)

01.04.1941
Korvettenkapitän mit Wirkung vom 01.03.1940 und Rangdienstalter vom 01.03.1940 (-3a-)

02.08.1941
U-Boots-Kriegsabzeichen 1939

30.12.1941
Eisernes Kreuz I. Klasse

08.04.1942
Nennung im Wehrmachtsbericht

13.06.1942
Ritterkreuz des Eisernen Kreuzes

09.10.1942
Flottenkriegsabzeichen

16.11.1942
147. Eichenlaub zum Ritterkreuz des Eisernen Kreuzes

19.01.1943 – 28.02.1943
stellv. Flottillenchef – 26. U-Flottille/Pillau

30.01.1943
U-Boots-Kriegsabzeichen 1939 mit Brillanten

01.03.1943 – 09.05.1944
Flottillenchef – 24. U-Flottille/Memel

01.01.1944
Fregattenkapitän (-5-)

30.01.1944
Kriegsverdienstkreuz II. Klasse mit Schwertern

10.05.1944 – 19.06.1944
Führer der Unterseeboote Mitte (F.d.U. Mitte), Kiel

20.06.1944 – 13.03.1945
Flottillenchef – 24. U-Flottille

29.10.1944
Kriegsverdienstkreuz I. Klasse mit Schwertern

11.03.1945 – 23.04.1945
z.Vfg. – MOK Ost bzw. Kommandeur in Ausbildungsformationen und Referent in höheren Stäben, zugleich z.b.V. im Führerhauptquartier Berlin

15.04.1945
Kapitän zur See

24.04.1945 – 24.06.1945
U-Boot-Referent, A 2 – MOK West (Sonderaufgaben im Alpengebiet, am 23.04. 1945 von Berlin zur »Alpenfestung«) bzw.

08.05.1945 – 24.06.1945
Bataillonskommandeur – 2. Marine-Infanteriedivision (Kommando nicht angetreten)

25.06.1945 – 29.06.1945
US-Kriegsgefangenschaft in Biessenhofen/ Bayern

29.06.1945
Entlassung

05.10.1948 – 08.03.1949
Untersuchungshaft in Paris/Frankreich – FRIMAIRE-Fall vom 15.06.1942

10.09.1949
Aufhebung der Anklage

1. Unternehmung U 68:
(mittlerer Nordatlantik)

Kdt:	KK Karl-Friedrich Merten (2. Feindfahrt)
I. WO:	OlzS August Maus
30.06.1941	Kiel aus
01.08.1941	Lorient ein
Erfolge:	keine

Stellungnahme des B.d.U.:
Erste Unternehmung des Kommandant und Boot. Zur Durchführung nichts Besonderes zu bemerken. Die Erfahrung, die der Kommandant auf dieser Fahrt gesammelt hat, wird ihm von größten Nutzen sein.

2. Unternehmung U 68:
(Mittel- u. Südatlantik, Ascension, St. Helena, Kapverden)

Kdt:	KK Karl-Friedrich Merten (3. Feindfahrt)
I. WO:	OlzS/Kl August Maus
11.09.1941	Lorient aus
25.12.1941	Lorient ein
Erfolge:	4 Schiffe (23697 BRT +)

Stellungnahme des B.d.U.:
1.) *Gut durchgeführte Unternehmung mit schönem Erfolg.*
2.) *Der Treffpunkt in der Tarafal-Bucht war vom B.d.U. in der Annahme befohlen worden, daß dieses Gebiet unbewohnt ist. Nach gegenteiliger Feststellung durch die Boote hätte nach Verabredung ein anderer Treffpunkt ausgesucht werden müssen. Das Ankern unmittelbar vor der bewohnten Küste war unbedacht und falsch. Durch dieses Verhalten kamen alle Boote in Gefahrsituation.*
3.) *Zur Schlußbetrachtung des Kommandanten:*
   a) *Es ist auch vom B.d.U. bedauert worden, daß mit Rücksicht auf Schiff 16 u. a. die Operationsgebiete der U-Boote nicht frei gewählt werden konnten.*
   b) *Die B-Meldungen betrafen überwiegend das für U-Boote nicht zugängliche Gebiet.*
   Die Boote werden im übrigen durch B.d.U. unterrichtet, soweit es zweckmäßig erscheint.

3. Unternehmung U 68:
(Mittelatlantik, westafrikanische Küste)

Kdt:	KK Karl-Friedrich Merten (4. Feindfahrt)
11.02.1942	Lorient aus
13.04.1942	Lorient ein
Erfolge:	7 Schiffe (39350 BRT +)

Stellungnahme des B.d.U.:
Gut und überlegt durchgeführte Unternehmung mit schönem Erfolg.

4. Unternehmung U 68:
(Westatlantik, Karibik)

Kdt:	KK Karl-Friedrich Merten (5. Feindfahrt)
14.05.1942	Lorient aus
17.05.1942	El Ferrol ein (Reparatur und Ergänzung durch deutschen Versorger MAX ALBRECHT)
17.05.1942	El Ferrol aus
10.07.1942	Lorient ein
Erfolge:	7 Schiffe (50898 BRT +)

Stellungnahme des B.d.U.:
Gut durchgeführte Unternehmung. Der Kommandant hat die gebotenen Erfolgschancen geschickt und überlegt ausgenutzt und einen sehr schönen Erfolg erzielt.

Funkspruch an U 68 vom 11.06.1942/0925 Uhr:
An U 68: Zur Verleihung des Ritterkreuzes an Kommandant herzlichen Glückwunsch mit Dank und Anerkennung für hervorragende Leistung an gesamte Besatzung.
Ob. d. M.

Funkspruch an U 68 vom 11.06.1942/1948 Uhr:
»Merten« – Herzlichen Glückwunsch zur Verleihung des Ritterkreuzes.
B.d.U.

5. Unternehmung U 68:
(Mittel- u. Südatlantik, Ascension, Südafrika, Kapstadt)

Kdt:	KK Karl-Friedrich Merten (6. Feindfahrt)
20.08.1942	Lorient aus
06.12.1942	Lorient ein
Erfolge:	9 Schiffe (56329 BRT +)

Stellungnahme des B.d.U.:
Das überraschende Auftreten vor Kapstadt bot eine Fülle von Erfolgschancen, die zeitweilig durch Wetterlage beschränkt wurden. Abwehrverhältnisse müssen als leicht angesehen werden. Der Kommandant hat überlegt und mit Geschick operiert und einen schönen Erfolg davongetragen.

Funkspruch an U 68 vom 17.11.1942/1000 Uhr:
An Merten:
In dankbarer Würdigung Ihres heldenhaften Einsatzes für die Zukunft unseres Volkes verleihe ich Ihnen als 147. Soldaten der deutschen Wehrmacht das Eichenlaub zum Ritterkreuz des Eisernen Kreuzes.
Adolf Hitler

Erfolge Karl-Friedrich Merten als Kommandant U 68:
27 Schiffe (170274 BRT +)

Hans Werner Kraus

* 01.07.1915
in Beulwitz/Saale
† 25.05.1990
in Wangen/Allgäu

19.06.1942
Ritterkreuz (114-54)

08.04.1934
Eintritt in die Reichsmarine
Crew 34

08.04.1934 – 14.06.1934
Infanterieausbildung – 2. Komp./II. Abt. S.St.Abt der Ostsee, Stralsund

15.06.1934 – 26.09.1934
Bordausbildung – SSS GORCH FOCK

26.09.1934
Seekadett

27.09.1934 – 26.06.1935
Bordausbildung – Leichter Kreuzer KARLSRUHE

27.06.1935 – 30.03.1936
Hauptlehrgang für Fähnriche – 2. Komp./ Marineschule Flensburg-Mürwik bzw.

26.08.1935 – 31.08.1935
Navigationsbelehrungsfahrt – Schiff POSEIDON bzw.

24.02.1936 – 29.02.1936
Navigationsbelehrungsfahrt – Tender HECHT

01.07.1935
Fähnrich zur See

31.03.1936 – 19.05.1936
Torpedolehrgang für Fähnriche – Torpedoschule Flensburg-Mürwik

20.05.1936 – 06.06.1936
Fla-Waffenlehrgang für Fähnriche – Küstenartillerieschule Wilhelmshaven

07.06.1936 – 13.06.1936
Sperrlehrgang für Fähnriche – Sperrschule Kiel-Wik

14.06.1936 – 04.07.1936
Nachrichtenlehrgang für Fähnriche – Nachrichtenschule Flensburg-Mürwik

05.07.1936 – 28.07.1936
Infanterielehrgang für Fähnriche – 3. Komp./ II. S.St.Abt. der Ostsee, Stralsund

29.07.1936 – 28.09.1936
Artillerielehrgang für Fähnriche (Lehrgruppe F) – S.A.S. Kiel-Wik

29.09.1936 – 31.01.1937
Bordausbildung – Leichter Kreuzer KÖNIGSBERG

01.01.1937
Oberfähnrich zur See

01.02.1937 – 06.02.1937
Signallehrgang für Offiziere – Nachrichtenschule Flensburg-Mürwik

07.02.1937 – 13.03.1937
Leichter Kreuzer KÖNIGSBERG

14.03.1937 – 17.04.1937
Fla-Leiterlehrgang – Küstenartillerieschule Wilhelmshaven

01.04.1937
Leutnant zur See (-54-)

18.04.1937 – 11.07.1937
Leichter Kreuzer KÖNIGSBERG

12.07.1937 – 09.09.1937
Fla-Leiterlehrgang B – Küstenartillerieschule Wilhelmshaven

10.09.1937 – 16.09.1937
Unterrichtung für Signaloffiziere – Nachrichtenschule Flensburg-Mürwik

17.09.1937 – 27.09.1937
Schiedsrichter Wehrmachtsmanöver – Kommandantur Pillau

28.09.1937 – 13.03.1938
Fla-Waffenoffizier – Leichter Kreuzer KÖNIGSBERG

14.03.1938 – 01.10.1939
Kompanieoffizier – 5. Komp./Küstenartillerieschule Wilhelmshaven

08.04.1938
Dienstauszeichnung IV. Klasse

01.04.1939
Oberleutnant zur See (-54-)

02.10.1939 – 26.11.1939
z.Vfg. – B.d.U. bzw. U-Schülerlehrgang – U-Schule

27.11.1939 – 01.01.1940
U.W.O. Nachrichtenlehrgang – Nachrichtenschule Flensburg-Mürwik

02.01.1940 – 09.11.1940
I.WO – U 47/7.U-Flottille
Feindfahrten U 47/Kdt: Günther Prien
11.03.1940 – 29.03.1940
03.04.1940 – 26.04.1940
03.06.1940 – 06.07.1940
27.08.1940 – 25.09.1940
14.10.1940 – 23.10.1940

29.04.1940
U-Boots-Kriegsabzeichen 1939

08.07.1940
Eisernes Kreuz II. Klasse

28.09.1940
Eisernes Kreuz I. Klasse

10.11.1940 – 05.01.1941
Kommandantenlehrgang – 24. U-Flottille

06.01.1941 – 07.02.1941
Baubelehrung – U-Boote Ostsee, Flenderwerke Lübeck

08.02.1941 – 31.12.1941
Kommandant – U 83/1. U-Flottille

01.11.1941
Kapitänleutnant (-6-)

01.01.1942 – 30.04.1942
Kommandant – U 83/23. U-Flottille

18.03.1942
Italienische Tapferkeitsmedaille in Bronze

22.03.1942
Nennung im Wehrmachtsbericht

01.05.1942 – 19.10.1942
Kommandant – U 83/29. U-Flottille (lt. K.T.B. U 83 fand die Übergabe des Bootes bereits am 21.09.1942 statt).

19.06.1942
Ritterkreuz des Eisernen Kreuzes

20.10.1942 – 01.11.1942
z.Vfg. – 29. U-Flottille

02.11.1942 – 27.11.1942
Baubelehrung – 1. Komp./6. K.L.A., Bremen für U 199

28.11.1942 – 30.04.1943
Kommandant – U 199/4. U-Flottille

01.05.1943 – 31.07.1943
Kommandant – U 199/12. U-Flottille

31.07.1943
Im Südatlantik östlich Rio de Janeiro durch die »Mariner« V der US-Navy-Squadron VP-74, eine »Catalina« und eine »Hudson« des 7. Luftwaffenkorps (FAB) der brasilianischen Luftwaffe auf Position 23°54'Süd/42°54'West versenkt. Hans-Werner Kraus und weitere 11 Überlebende von U 199 wurden von dem US-Patrouillenschiff BARNEGAT gerettet.

31.07.1943 – 22.05.1946
Brasilianische Kriegsgefangenschaft (Pernambuco), später US-Kriegsgefangenschaft Crossville/Tennessee, dann Papago-Park/Arizona. 23.11.1944 Ausbruch, am 02.01.1945 bei Casa Grande wegen Erkrankung seines II.WO Flucht aufgegeben.

22.05.1946
Entlassung

1. Unternehmung U 83:
(Nordatlantik, Nordkanal, südwestlich Irlands)

Kdt:	OlzS Hans-Werner Kraus (6. Feindfahrt)
26.07.1941	Kiel aus
28.07.1941	Kristiansand ein

29.07.1941	Kristiansand aus
09.09.1941	Brest ein
Erfolge:	keine

Stellungnahme des B.d.U.:
Daß der Kommandant nichts gesehen hat, fällt ihm nicht zur Last.
Nichts zu bemerken.

2. Unternehmung U 83:
(Nordatlantik, westlich Gibraltar, Kap Spartel)

Kdt:	OlzS Hans-Werner Kraus (7. Feindfahrt)
28.09.1941	Brest aus
31.10.1941	Brest ein
Erfolge:	1 Schiff (2 044 BRT +) 1 Schiff (6 746 BRT =)

Stellungnahme des B.d.U.:
1.) *Ausgeprägter Angriffsgeist und Erfolgswille zeichneten den Kommandanten auf dieser sehr gut durchgeführten Unternehmung aus.*
2.) *Beim Angriff auf den Flugzeugträger EAGLE wurde der Zerstörer COSSACK getroffen. Dieser setzte sich an der afrikanischen Küste auf und ist beim späteren Abschleppen gesunken.*
3.) *Von einem Schleppen von Rettungsbooten, wie auch Anbordnahme von Schiffbrüchigen, insbesondere während des Operierens auf einen Geleitzug, ist abzusehen.*

3. Unternehmung U 83:
(Gibraltar-Durchbruch 18.12.1941, östliches Mittelmeer)

Kdt:	Kl Hans-Werner Kraus (8. Feindfahrt)
11.12.1941	Brest aus
23.12.1941	Messina ein
25.12.1941	Messina aus
30.12.1941	Salamis ein
Erfolge:	keine

Stellungnahme des B.d.U.:
Überlegt durchgeführte Unternehmung, der wegen fehlenden Verkehrs ein Erfolg versagt blieb.

4. Unternehmung U 83:
(östliches Mittelmeer)

Kdt:	Kl Hans-Werner Kraus (9. Feindfahrt)
12.02.1942	Salamis aus
24.02.1942	Salamis ein
Erfolge:	keine

Stellungnahme des F.d.U. Italien:
Gut durchgeführte Unternehmung, zu der im einzelnen nichts zu bemerken ist; Schußgelegenheiten, die sich dem Kommandanten boten, hat er geschickt ausgenutzt.
Es wurden ein Dampfer und eine Korvette versenkt, ein Dampfer und ein Zerstörer torpediert, weitere Einzelheiten nicht beobachtet.

Stellungnahme des B.d.U.:
Der Stellungnahme des F.d.U. Italien wird zugestimmt. Besonders hervorgehoben wird der auf bisher allen Unternehmungen bewiesene Angriffsgeist des Kommandanten.

5. Unternehmung U 83:
(östliches Mittelmeer)

Kdt:	Kl Hans-Werner Kraus (10. Feindfahrt)
10.03.1942	Salamis aus
21.03.1942	Salamis ein
Erfolge:	1 Schiff (2 590 BRT =)

Stellungnahme des F.d.U. Italien:
Gut durchgeführte erfolgreiche Unternehmung. Das Aufgeben der Fühlung am 19.03. war, trotzdem andere Boote Fühlung hatten, ein Fehler. Auch Übermüdung der Brückenwache rechtfertigt das Verhalten nicht.

Erfolg:
1.) *Einen Dampfer (geschätzt 12-15 000 BRT) torpediert. Das Sinken dieses Fahrzeuges ist sehr wahrscheinlich.*
2.) *Einen 6–8 000 BRT-Tanker versenkt.*

Bemerkung:
Fünf Tage nach der Torpedierung des Dampfers wurde von U 562 etwa 15 sm südwestlich der Torpedierungsstelle ein leeres Rettungsboot des Dampfers CRISTA (2 590 BRT) gesichtet. Es ist möglich, daß es ein Boot des von Kraus angegriffenen Dampfers war.

6. Unternehmung U 83:
(Verlegungsfahrt, östliches Mittelmeer)

Kdt:	Kl Hans-Werner Kraus (11. Feindfahrt)
24.03.1942	Salamis aus
24.03.1942	Patras ein
24.03.1942	Patras aus

26.03.1942	Messina ein
26.03.1942	Messina aus
28.03.1942	La Spezia ein
04.05.1942	La Spezia aus
06.05.1942	Messina ein
07.05.1942	Messina aus
30.05.1942	Salamis ein
Erfolge:	keine

Stellungnahme des F.d.U. Italien:

1.) *Eine mit gewohntem Schneid durchgeführte Unternehmung, bei der stets alles versucht wurde, zu Schuß zu kommen. Es ist schade, daß diesem nie erlahmenden Eifer kein größerer Erfolg beschieden war.*

2.) *Die Angriffe wurden durch die feindliche Sicherung auf nahe Entfernung herangetragen und beweisen zähen Angriffswillen und hohe Einsatzfreudigkeit. Um so mehr ist es zu bedauern, daß durch vermeidbare Fehler sichere Erfolge, für die durch den guten taktischen Ansatz die Vorbedingungen gegeben waren, vereitelt wurden. Auch Bedienungsfehler fallen letzten Endes dem Kommandanten zur Last.*

3.) *Die Sonderaufgabe ist vom Kommandanten mit viel Umsicht angefaßt worden und hat ihren Wert gehabt.*

4.) *Der Kommandant bringt unter dem 15.05. ein überzeugendes Beispiel für den Nachteil der Abgabe einer Fühlunghaltermeldung durch Kurzsignal. Seiner Auffassung wird voll zugestimmt.*

Stellungnahme des B.d.U.:

Der Kommandant hatte auf dieser Unternehmung wenig Glück. Sonst nichts zu bemerken.

7. Unternehmung U 83:

(östliches Mittelmeer)

Kdt:	Kl Hans-Werner Kraus (12. Feindfahrt)
04.06.1942	Salamis aus
18.06.1942	Messina ein
18.06.1942	Messina aus
20.06.1942	La Spezia ein
Erfolge:	4 Segler (587 BRT +)

Stellungnahme des F.d.U. Italien:

1.) *Eine vom frischen Wagemut erfüllt mit Zähigkeit und Härte vorbildlich durchgeführte Feindfahrt. Trotz der in den ersten Seetagen gehäuft auftretenden Erkrankungen und Havarien behält der Kommandant unbeirrt sein Ziel im Auge, keine Gelegenheit, dem Feinde zu schaden, ungenützt zu lassen. Der Erfolg blieb auch nicht aus.*

2.) *Das Operieren in nächster Nähe der Küste und zumal die Vernichtung des Munitionsschiffes unmittelbar vor der Einfahrt nach Tripoli verdienen Anerkennung. Die auf 7000 m erzielten Artillerietreffer stellen eine gute Leistung dar.*

3.) *Der Kommandant führt mehrere Fehlschüsse auf Unterschießen zurück und äußert dabei den Verdacht schlechter Tiefenhaltung des Torpedos. Diese Klage wird immer wieder vorgebracht, ohne daß naturgemäß der Nachweis geführt werden kann.*

4.) *Der günstigen Beurteilung des von der Luftwaffe entliehenen M.G./15 wird zugestimmt. Alle Boote sind inzwischen mit 2 Gewehren dieser Art ausgerüstet.*

8. Unternehmung U 83:

(östliches Mittelmeer, vor Port Said, Verlegungsfahrt)

Kdt:	Kl Hans-Werner Kraus (13. Feindfahrt)
06.08.1942	La Spezia aus
08.08.1942	Messina ein
08.08.1942	Messina aus
20.08.1942	Salamis ein
31.08.1942	Salamis aus
31.08.1942	Patras ein
31.08.1942	Patras aus
04.09.1942	La Spezia ein
Erfolge:	1 Schiff (5875 BRT +)

Stellungnahme des F.d.U. Italien:

1.) *Eine vom Kommandanten mit gewohnter Energie und Schneid durchgeführte Unternehmung, mit entsprechend gutem Erfolg.*

2.) *Besonders anerkannt wird das umsichtige Handeln des Kommandanten und die gute Haltung der Besatzung nach schwerster Bombenbeschädigung.*

3.) *Der am 15.08. ausgefallene Angriff ist bedauerlich und zeigt, daß bei Ausfall des G.H.G. oder schlechten Horchverhältnissen laufender Sehrohrgebrauch beim Getauchtfahren erforderlich ist. Im vorliegenden Falle lagen insofern Son-*

derverhältnisse vor, als die sehr starke Hitze zum häufigeren Aufsuchen größerer Tiefen zwang.

4.) *Der Angriff auf den Hilfskreuzer ist vorzüglich angelegt und mit Umsicht und Kaltblütigkeit durchgeführt. Das Umstellen der Torpedos auf eine größere Tiefe wäre zweckmäßig gewesen, da bei 2 m Tiefeneinstellung die Sprengwirkung der Torpedos zu einem Teil verpufft.*

5.) *Dem Punkt 2 im »Nachtrag« des Kommandanten wird nachdrücklichst zugestimmt. Wie der Kommandant mündlich meldete, hätte er auch so verfahren, wenn er auf der Brücke gewesen wäre.*

6.) *Der mitgegebene Bootskompaß hat sich bei Ausfall der fest eingebauten Kompasse bewährt. Hierüber wird an anderer Stelle und bei Vorliegen weiterer Erfahrungen ausführlich berichtet werden.*

7.) *Anerkannt wird: 1 Hilfskreuzer, 15000 Tonnen versenkt.*

1. Unternehmung U 199:
(Südatlantik, brasilianische Küste, Rio de Janeiro, Santos)

Kdt:	Kl Hans-Werner Kraus (14. Feindfahrt)
13.05.1943	Kiel aus
31.07.1943	Verlust U 199
Erfolge:	1 Schiff (4161 BRT +)

Erfolge Hans-Werner Kraus als Kommandant U 83:
2 Schiffe und 4 Segler (8506 BRT +)
2 Schiffe (9336 BRT =)

Erfolge Hans-Werner Kraus als Kommandant U 199:
1 Schiff (4161 BRT +)

Gesamt:
3 Schiffe und 4 Segler (12667 BRT +)
2 Schiffe (9336 BRT =)

ERWIN ROSTIN

* 28.10.1907
IN GÜSTROW/MECKLENBURG
† 30.06.1942
IM WESTATLANTIK WESTLICH DER BERMUDAS

28.06.1942
Ritterkreuz (115-55)

04.10.1933
Eintritt in die Reichsmarine
Crew 32 (eingegliedert)

04.10.1933 – 02.01.1934
Infanterieausbildung – 6. Komp./II. S.St.Abt. der Ostsee, Stralsund

03.01.1934 – 31.01.1934
Artillerielehrgang für Fähnriche – S.A.S. Kiel-Wik

01.01.1934
Fähnrich zur See

01.02.1934 – 18.03.1934
Infanterielehrgang für Fähnriche – II. Abt. S.St.Div. der Ostsee, Stralsund

19.03.1934 – 09.04.1934
Nachrichtenlehrgang für Fähnriche – Nachrichtenschule Flensburg-Mürwik

10.04.1934 – 25.04.1934
Fla-Waffenlehrgang für Fähnriche – Küstenartillerieschule Wilhelmshaven

26.04.1934 – 12.05.1934
Sperrlehrgang für Fähnriche – Sperrschule Kiel-Wik

13.05.1934 – 03.07.1934
Torpedolehrgang für Fähnriche – Torpedoschule Flensburg-Mürwik

04.07.1934 – 17.04.1935
Hauptlehrgang für Fähnriche – Marineschule Flensburg-Mürwik bzw.

27.08.1934 – 01.09.1934
Navigationsbelehrungsfahrt – Leichter Kreuzer LEIPZIG bzw.

24.01.1935 – 30.01.1935
Navigationsbelehrungsfahrt – Tender SAAR

19.04.1935 – 24.05.1935
Bordausbildung – Linienschiff SCHLESIEN

25.05.1935 – 28.07.1935
Artillerielehrgang für Fähnriche – S.A.S. Kiel-Wik

29.07.1935 – 03.08.1935
U-Abwehrlehrgang für Fähnriche – U-Schule Kiel-Wik

04.08.1935 – 20.09.1936
Divisionsleutnant – Linienschiff SCHLESIEN

02.09.1935
Oberfähnrich zur See

01.01.1936
Leutnant zur See (-59-)

21.09.1936 – 02.06.1937
Kompanieoffizier – II. M.L.A.

03.06.1937 – 02.07.1937
Kommandant – Vorpostenbootflottille

03.07.1937 – 02.12.1937
Kommandant – im Schulverband der Sperrschule

01.10.1937
Oberleutnant zur See (-54-)

03.12.1937 – 17.12.1937
Gasschutzlehrgang – Gasschutzschule

18.12.1937 – 09.01.1939
Kommandant – im Schulverband der Sperrschule

10.01.1939 – 24.03.1939
Sperrlehrgang für Offiziere – Sperrschule Kiel-Wik

25.03.1939 – 31.03.1939
Kommandant – im Schulverband der Sperrschule

01.04.1939 – 21.08.1939
Offizierslehrer und Adjutant – Schulflottille, beim Befehlshaber der Sicherung der Ostsee

22.08.1939 – 25.08.1939
Kommandant – im Schulverband der Sperrschule

26.08.1939 – 31.03.1940
Kommandant – 7. Minensuchflottille

10.10.1939
Eisernes Kreuz II. Klasse

20.12.1939
Medaille zur Erinnerung an den 01.10.1938

01.04.1940 – 15.08.1940
Kommandant – M-98/6., später 4. Minensuchflottille

01.04.1940
Kapitänleutnant (-10-)

16.08.1940 – 30.03.1941
Kommandant – M-21/2. Minensuchflottille

21.11.1940
Eisernes Kreuz I. Klasse

03.01.1941
Kriegsabzeichen für Minensuch-, U-Jagd- und Sicherungsverbände

31.03.1941 – 30.05.1941
U-Lehrgang – 1. U.L.D.

31.05.1941 – 29.06.1941
U.T.O.-Lehrgang – Torpedoschule Flensburg-Mürwik

30.06.1941 – 18.08.1941
Kommandantenlehrgang – 24. U-Flottille

19.08.1941 – 24.09.1941
Baubelehrung – 1. Komp./K.L.A.-U-Nord, Bremen für U 158

25.09.1941 – 31.01.1942
Kommandant – U 158/4. U-Flottille

01.02.1942 – 30.06.1942
Kommandant – U 158/10. U-Flottille

18.03.1942
Nennung im Wehrmachtsbericht

25.06.1942
Nennung im Wehrmachtsbericht

28.06.1942
Ritterkreuz des Eisernen Kreuzes

30.06.1942
Im Westatlantik westlich der Bermudas durch ein »Mariner«-Flugboot der US-Navy Squadron VP-74 auf Position 32°50' Nord/67°28'West versenkt. – Totalverlust.

01.07.1942
U-Boots-Kriegsabzeichen 1939

21.03.1944
Korvettenkapitän mit Wirkung vom 01.07.1942

1. Unternehmung U 158:
(Westatlantik, USA-Ostküste, Neufundland bis Florida)

Kdt:	Kl Erwin Rostin (1. Feindfahrt)
02.02.1942	Wilhelmshaven aus
02.02.1942	Helgoland ein
07.02.1942	Helgoland aus
31.03.1942	Lorient ein
Erfolge:	5 Schiffe (38785 BRT +)
	2 Schiffe (15264 BRT =)

<u>*Stellungnahme des B.d.U.:*</u>
Erste Unternehmung des Kommandanten mit einem neuen Boot.
Der Geleitzugangriff, wie auch das Operieren auf geringen Wassertiefen an der amerikanischen Küste beweist den Schneid und Angriffsgeist des Kommandanten.
Ohne zu viel beim Gegner vorauszusetzen, hat er alle Erfolgschancen energisch und überlegt angepackt und einen sehr schönen Erfolg erzielt.

2. Unternehmung U 158:
(Westatlantik, Karibik, Kuba, Golf von Mexiko, Bermudas)

Kdt:	Kl Erwin Rostin (2. Feindfahrt)
04.05.1942	Lorient aus
29.06.1942	Übermittlung der Glückwünsche zum Ritterkreuz vom Ob. d. M. und B.d.U. an Kapitänleutnant Rostin.
30.06.1942	Verlust U 158
Erfolge:	12 Schiffe (62064 BRT +)

Erfolge Erwin Rostin als Kommandant U 158:
17 Schiffe (100849 BRT +)
2 Schiffe (15264 BRT =)

Heinz-Otto Schultze

* 13.09.1915
in Kiel
+ 25.11.1943
im Südatlantik westlich
der Kongo-Mündung

09.07.1942
Ritterkreuz (116-56)

08.04.1934
Eintritt in die Reichsmarine
Crew 34

08.04.1934 – 14.06.1934
Infanterieausbildung – 4. Komp./II. S.St.Abt. der Ostsee, Stralsund

15.06.1934 – 26.09.1934
Bordausbildung – SSS GORCH FOCK

26.09.1934
Seekadett

27.09.1934 – 26.06.1935
Bordausbildung – Leichter Kreuzer KARLSRUHE

27.06.1935 – 30.03.1936
Hauptlehrgang für Fähnriche – 1. Komp./ Marineschule Flensburg-Mürwik bzw.

16.10.1935 – 22.10.1935
Navigationsbelehrungsfahrt – Tender NORDSEE bzw.

03.02.1936 – 08.02.1936
Navigationsbelehrungsfahrt – Tender HECHT

01.07.1935
Fähnrich zur See

31.03.1936 – 02.06.1936
Artillerielehrgang für Fähnriche (Lehrgruppe F) – S.A.S. Kiel-Wik

03.06.1936 – 21.07.1936
Torpedolehrgang für Fähnriche – Torpedoschule Flensburg-Mürwik

22.07.1936 – 11.08.1936
Nachrichtenlehrgang für Fähnriche – Nachrichtenschule Flensburg-Mürwik

12.08.1936 – 01.09.1936
Sperrlehrgang für Fähnriche – Sperrschule Kiel-Wik

02.09.1936 – 29.09.1936
Infanterielehrgang für Fähnriche – 3. Komp./II. S.St.Abt. der Ostsee, Stralsund

30.09.1936 – 18.05.1937
Divisionsfeldwebel – Linienschiff SCHLESWIG-HOLSTEIN

01.01.1937
Oberfähnrich zur See

01.04.1937
Leutnant zur See (-49-)

19.05.1937 – 19.08.1937
U-Schüler – U-Schule

20.08.1937 – 04.10.1937
z.Vfg.- Schiedsrichterstab Wehrmacht – Marineschule Flensburg-Mürwik

05.10.1937 – 31.10.1937
T/B- und U.T.O.-Lehrgang – Torpedoschule Flensburg-Mürwik

01.11.1937 – 18.12.1937
z.Vfg. – U-Schule

19.12.1937 – 04.01.1938
Zugführer Fähnrichskompanie – Torpedoschule Flensburg-Mürwik

05.01.1938 – 29.03.1938
U.T.O.-Zusatzlehrgang – Torpedoschule Flensburg-Mürwik

30.03.1938 – 09.10.1938
II.WO – U 31/U-Flottille Saltzwedel

10.10.1938 – 05.11.1938
Artillerielehrgang für U-Offiziere – S.A.S. Kiel-Wik

06.11.1938 – 07.01.1940
I. WO – U 31/U-Flottille Saltzwedel
Feindfahrten U 31/
Kdt: Johannes Habekost
27.08.1939 – 02.09.1939
09.09.1939 – 02.10.1939
21.10.1939 – 31.10.1939
19.11.1939 – 11.12.1939

01.04.1939
Oberleutnant zur See (-50-)

01.09.1939
Dienstauszeichnung IV. Klasse

16.09.1939
Medaille zur Erinnerung an den 01.10. 1938

02.10.1939
Eisernes Kreuz II. Klasse

08.01.1940 – 07.06.1940
Kommandantenschüler – 1. U-Ausbildungsflottille, zugleich

13.02.1940 – 17.02.1940
zur Unterrichtung – U-Abwehrschule

08.06.1940 – 28.07.1940
Kommandant – U 4/U-Schulflottille, ab 01.07.1940, 21.U-Flottille

29.07.1940 – 20.08.1940
Baubelehrung – Deutsche Werke Kiel, für U 141

21.08.1940 – 23.10.1940
Kommandant – U 141/1. U-Flottille

24.10.1940 – 30.03.1941
Kommandant – U 141/21. U-Flottille

31.03.1941 – 25.04.1941
Baubelehrung – Schichau-Werft Danzig für U 432

26.04.1941 – 15.01.1943
Kommandant – U 432/3. U-Flottille

13.09.1941
U-Boots-Kriegsabzeichen 1939 (Angabe lt. Personalakte)

23.09.1941
Eisernes Kreuz I. Klasse

01.11.1941
Kapitänleutnant (-3-)

09.07.1942
Ritterkreuz des Eisernen Kreuzes

16.01.1943 – 15.02.1943
z.Vfg. – 3. U-Flottille

16.02.1943 – 10.03.1943
Baubelehrung – 1. Komp./6. K.L.A., Deschimag AG Bremen für U 849

11.03.1943 – 30.09.1943
Kommandant – U 849/4. U-Flottille

01.10.1943 – 25.11.1943
Kommandant – U 849/12. U-Flottille

25.11.1943
Im Südatlantik westlich der Kongomündung von der von Ascension gestarteten »Liberator« B-6 der US-Navy-Squadron VB-107 auf Position 06°30'Süd/05°40' West vernichtet. – Totalverlust.

1. Unternehmung U 432:
(Nordatlantik, südwestlich von Island)

Kdt:	OlzS Heinz-Otto Schultze (5. Feindfahrt)
30.07.1941	Kiel aus
31.07.1941	Horten ein
09.08.1941	Horten aus
12.08.1941	Drontheim ein
25.08.1941	Drontheim aus
19.09.1941	Brest ein
Erfolge:	4 Schiffe (10774 BRT +)

Stellungnahme des B.d.U.:
Der Kommandant hat auf seiner ersten Unternehmung durch seinen guten und zähe durchgeführten Geleitzugangriff einen schönen Erfolg errungen.

2. Unternehmung U 432:
(Nordatlantik, südostwärts Kap Farewell, mittlerer Nordatlantik)

Kdt:	OlzS Heinz-Otto Schultze (6. Feindfahrt)
11.10.1941	Brest aus
02.11.1941	St. Nazaire ein
Erfolge:	3 Schiffe (16596 BRT +)

Stellungnahme des B.d.U.:
Erfolgreiche, ausgezeichnet durchgeführte Unternehmung, auf welcher der Kommandant erneut seinen Angriffsgeist bewies.

3. Unternehmung U 432:
(Atlantik, westlich von Gibraltar)

Kdt:	Kl Heinz-Otto Schultze (7. Feindfahrt)
10.12.1941	St. Nazaire aus
23.12.1941	La Pallice ein
Erfolge:	keine

Stellungnahme des B.d.U.:
Nichts zu bemerken.

4. Unternehmung U 432:
(Westatlantik, USA-Ostküste)

Kdt:	Kl Heinz-Otto Schultze (8. Feindfahrt)
21.01.1942	La Pallice aus
16.03.1942	La Pallice ein
Erfolge:	5 Schiffe (25107 BRT +)

Stellungnahme des B.d.U.:
1.) Gut durchgeführte Unternehmung.
2.) Die warnungslose Versenkung des brasilianischen Dampfers erfolgte entgegen dem bestehenden Befehl und wird mißbilligt. Der Kommandant hat die gegebenen Befehle auf das peinlichste zu befolgen und muß sich hierbei an die Tatsachen halten (aufgeblendet und Neutralitätsabzeichen) und darf keine Kombination anstellen, für die keine klaren Unterlagen vorhanden sind.

5. Unternehmung U 432:
(Westatlantik, USA-Ostküste)

Kdt:	Kl Heinz-Otto Schultze (9. Feindfahrt)
30.04.1942	La Pallice aus
02.07.1942	La Pallice ein
Erfolge:	5 Schiffe (6110 BRT +) 2 Schiffe (15666 BRT =)

Stellungnahme des B.d.U.:
Die gut und überlegt durchgeführte Unternehmung wurde betreffs des Erfolges durch Nebel stark beeinträchtigt.

6. Unternehmung U 432:
(Nordatlantik)

Kdt:	Kl Heinz-Otto Schultze (10. Feindfahrt)
15.08.1942	La Pallice aus
04.10.1942	La Pallice ein
Erfolge:	1 Schiff (5868 BRT)

7. Unternehmung U 432:
(Mittelatlantik, vor Marokko)

Kdt:	Kl Heinz-Otto Schultze (11. Feindfahrt)
30.11.1942	La Pallice aus
05.01.1943	La Pallice ein
Erfolge:	1 Schiff (210 ts fr APC POITOU +)

Stellungnahme des B.d.U.:
Die Erkundung von Medhia, Casablanca und Fedala hätte eingehender erfolgen können, da genügend Zeit zur Verfügung stand und das Boot wahrscheinlich nicht bemerkt war und auch keine Abwehr erfahren hatte.
Der Mißerfolg am 19.12. ist besonders bedauerlich, da es die einzige Chance war, die dem bewährten Kommandanten während dieser Unternehmung geboten war.
Sonst nichts zu bemerken.

1. Unternehmung U 849:
(Mittel- und Südatlantik, westlich der Kongomündung)

Kdt:	Kl Heinz-Otto Schultze (12. Feindfahrt)
02.10.1943	Kiel aus
25.11.1943	Verlust U 849
Erfolge:	keine

Erfolge Heinz-Otto Schultze als Kommandant U 432:
19 Schiffe (64665 BRT + einschließl. fr APC POITOU 210 ts +)

Georg Lassen

*** 12.05.1915**
in Berlin

10.08.1942
Ritterkreuz (119-57)

07.03.1943
208. Eichenlaub (24-20)

05.04.1935
Eintritt in die Reichsmarine
Crew 35

05.04.1935 – 17.06.1935
Infanterieausbildung – 10. Komp./II. S.St. Abt. der Ostsee, Stralsund

18.06.1935 – 25.09.1935
Bordausbildung – SSS GORCH FOCK

25.09.1935
Seekadett

26.09.1935 – 19.06.1936
Bordausbildung – Leichter Kreuzer KARLSRUHE

20.06.1936 – 31.03.1937
Hauptlehrgang für Fähnriche – Marineschule Flensburg-Mürwik bzw.

07.09.1936 – 12.09.1936
Navigationsbelehrungsfahrt – Dampfer HECHT bzw.

14.12.1936 – 16.12.1936
Navigationsbelehrungsfahrt – Dampfer HECHT

01.07.1936
Fähnrich zur See

01.04.1937 – 19.05.1937
Torpedolehrgang für Fähnriche – Torpedoschule Flensburg-Mürwik

20.05.1937 – 07.06.1937
Fla-Waffenlehrgang für Fähnriche – Küstenartillerieschule Wilhelmshaven

08.06.1937 – 12.06.1937
Sperrlehrgang für Fähnriche – Sperrschule Kiel-Wik

13.06.1937 – 03.07.1937
Nachrichtenlehrgang für Fähnriche – Nachrichtenschule Flensburg-Mürwik

04.07.1937 – 01.10.1937
Infanterielehrgang für Fähnriche – II. S.St. Abt. der Ostsee, Stralsund

02.10.1937 – 03.01.1938
Bordausbildung – Leichter Kreuzer LEIPZIG

01.01.1938
Oberfähnrich zur See

04.01.1938 – 22.01.1938
Horchlehrgang – U-Schule Neustadt

23.01.1938 – 03.04.1938
Bordausbildung – Leichter Kreuzer LEIPZIG

01.04.1938
Leutnant zur See (-164-)

04.04.1938 – 20.05.1938
E-Meßlehrgang – E-Meßschule Saßnitz

21.05.1938 – 22.11.1938
Signaloffizier und Adjutant – Leichter Kreuzer LEIPZIG

23.11.1938 – 25.12.1938
Fla-E-Meßausbildung – Lehrgruppe Flak-Ausbildung, Flugabwehr und Küstenartillerieschule Helgoland

26.12.1938 – 02.04.1939
Signaloffizier und Adjutant – Leichter Kreuzer LEIPZIG

03.04.1939 – 13.05.1939
U-Lehrgang für U-Offiziere – Nachrichtenschule Flensburg-Mürwik

05.04.1939
Dienstauszeichnung IV. Klasse

14.05.1939 – 16.08.1939
z.Vfg. – F.d.U. bzw.

15.05.1939 – 09.07.1939
U-Lehrgang für U-Offiziere – U-Schule, bzw.

10.07.1939 – 30.07.1939
U-Lehrgang für U-Offiziere – S.A.S. Kiel-Wik, bzw.

31.07.1939 – 16.08.1939
U.T.O.- Lehrgang – Torpedoschule Flensburg-Mürwik

17.08.1939 – 02.01.1941
I. WO – U 29/2. U-Flottille
Feindfahrten U 29/Kdt: Otto Schuhart
19.08.1939 – 26.09.1939
14.11.1939 – 16.12.1939
06.02.1940 – 12.03.1940
17.04.1940 – 04.05.1940
27.05.1940 – 11.07.1940
02.09.1940 – 01.10.1940
26.10.1940 – 03.12.1940

26.09.1939
Eisernes Kreuz II. Klasse

01.10.1939
Oberleutnant zur See (-157-)

26.10.1939
Medaille zur Erinnerung an die Heimkehr des Memellandes

20.12.1939
Medaille zur Erinnerung an den 01.10.1938

18.07.1940
Eisernes Kreuz I. Klasse

18.07.1940
U-Boots-Kriegsabzeichen 1939

03.01.1941 – 14.09.1941
Kommandant – U 29/24. U-Flottille

15.09.1941 – 15.10.1941
Baubelehrung – 1. Komp./6. K.L.A. Bremen für U 160

16.10.1941 – 28.02.1942
Kommandant – U 160/4. U-Flottille

01.03.1942 – 14.06.1943
Kommandant – U 160/10. U-Flottille (das K.T.B. U 160 gibt den Kommandantenwechsel Kl Georg Lassen – OlzS Gerd Pommer-Esche für den 09.06.1943 an)

14.04.1942
Nennung im Wehrmachtsbericht

10.08.1942
Ritterkreuz zum Eisernen Kreuz

01.09.1942
Kapitänleutnant mit Wirkung vom 01.09.1942 und Rangdienstalter vom 01.03.1942 (-4a-)

07.03.1943
208. Eichenlaub zum Ritterkreuz des Eisernen Kreuzes

15.06.1943 – 08.05.1945
Taktiklehrer und Chef der Offizierskompanie – 1. U.L.D./Pillau

22.10.1944
U-Boots-Frontspange in Bronze

01.04.1945
Korvettenkapitän

09.05.1945 – 31.08.1945
Kommandeur – Arbeitsbataillon »Lassen«, Flensburg

31.08.1945
Entlassung

1. Unternehmung U 160:
(Westatlantik, USA-Ostküste, Kap Hatteras, Kap Lookout, Norfolk)

Kdt:	OlzS Georg Lassen (8. Feindfahrt)
24.02.1942	Wilhelmshaven aus
24.02.1942	Helgoland ein
01.03.1942	Helgoland aus
28.04.1942	Lorient ein
Erfolge:	5 Schiffe (36 730 BRT +) 1 Schiff (6 837 BRT =)

Stellungnahme des B.d.U.:
Sehr gut durchgeführte, erste Unternehmung des Kommandanten mit einem neuen Boot. Durch überlegtes und bestimmtes Handeln wurde ein sehr schöner Erfolg erzielt.

2. Unternehmung U 160:
(Westatlantik, Karibik, südostwärts Trinidad)

Kdt:	OlzS Georg Lassen (9. Feindfahrt)
20.06.1942	Lorient aus
24.08.1942	Lorient ein

Erfolge: 6 Schiffe (29281 BRT +)
1 Schiff (6161 BRT =)

Stellungnahme des B.d.U.:
Gut durchgeführte Unternehmung mit sehr schönem Erfolg.
1.) Bei unsicheren Schußunterlagen nicht Einzel-, sondern gleich Fächer- bzw. Mehrfachschuß schießen.
2.) Reiner Achterstich bei Lage 180 auch bei breitem Heck des Schiffes ist zwecklos. Sonst nichts zu bemerken.

Funkspruch an U 160 vom 13.08.1942/1308 und 1742 Uhr:
Anläßlich der Verleihung des Ritterkreuzes an Kommandant Glückwunsch von Befehlshaber und Flottille.

3. Unternehmung U 160:
(Westatlantik, Karibik, Trinidad)
Kdt: Kl Georg Lassen (10. Feindfahrt)

23.09.1942 Lorient aus
09.12.1942 Lorient ein
Erfolge: 8 Schiffe (44865 BRT +)
1 Schiff (6197 BRT =)

Stellungnahme des B.d.U.:
Eine Unternehmung, die sich den bisherigen Leistungen und Erfolgen des Kommandanten würdig anreiht. Sonst nichts zu bemerken.

4. Unternehmung U 160:
(Südatlantik, Südafrika, Indischer Ozean)
Kdt: Kl Georg Lassen (11. Feindfahrt)

06.01.1943 Lorient aus
10.05.1943 Bordeaux ein
Erfolge: 7 Schiffe (45203 BRT +)
2 Schiffe (15224 BRT =)

Stellungnahme des B.d.U.:
Eine vorzüglich durchgeführte Unternehmung des bewährten Kommandanten, die von taktischem Können, richtiger Überlegung, Zähigkeit, Energie und Angriffsschwung getragen war. Der verhältnismäßig ungeschulten und nicht sehr schweren Abwehr gegenüber im südafrikanischen Raum sowie der Gesamtlage dort ist der Kommandant mit sehr gutem Anpassungsvermögen auch auf Grund seiner früheren Erfahrungen bemerkenswert gut gerecht geworden.
Anerkannte Erfolge:

1 Dampfer	*6800 BRT*	*versenkt*
1 Tanker	*8000 BRT*	*versenkt*
1 Frachter	*6000 BRT*	*versenkt*
1 Frachter	*7000 BRT*	*versenkt*
1 Frachter	*5000 BRT*	*versenkt*
1 Frachter	*6000 BRT*	*versenkt*
1 Frachter	*8000 BRT*	*versenkt*
1 Frachter	*8000 BRT*	*versenkt*
1 Frachter	*6000 BRT*	*versenkt*
1 Frachter	*6000 BRT*	*versenkt*

Insgesamt 10 Schiffe = 66800 BRT versenkt.

Funkspruch an U 160 vom 09.03.1943/2321 Uhr:
An »Lassen«
In dankbarer Würdigung Ihres heldenhaften Einsatzes im Kampf für die Zukunft unseres Volkes verleihe ich Ihnen als 208. Soldaten der deutschen Wehrmacht das Eichenlaub zum Ritterkreuz des Eisernen Kreuzes.
Adolf Hitler

Zur Verleihung des Eichenlaubes herzliche Glückwünsche.
Ihr Ob. d. M. und B.d.U.

Zur Verleihung des Eichenlaubes übermittle ich Ihnen und Ihrer tapferen Besatzung in dankbarem Gedenken Ihrer hervorragenden Leistungen herzliche Glückwünsche.
Raeder, Großadmiral.

Funkspruch an U 160 vom 11.03.1943/2243 Uhr:
An U 160, Kptlt. »Lassen«
Zur Verleihung des Eichenlaubes zum Ritterkreuz herzlichste Glückwünsche.
Kom. Adm. U-Boote

Erfolge Georg Lassen als Kommandant U 160:
26 Schiffe (156079 BRT +)
5 Schiffe (34419 BRT =)

HELMUT ROSENBAUM

* 11.05.1913
IN DÖBELN, KREIS LEIPZIG
† 10.05.1944
DURCH FLUGZEUGABSTURZ BEI CONSTANZA/RUMÄNIEN

12.08.1942
Ritterkreuz (120-58)

15.08.1932
Eintritt in die Reichsmarine
Crew 32 (eingegliedert)

15.08.1932 – 07.10.1932
Infanterieausbildung – II. S.St.Abt. der Ostsee, Stralsund

08.10.1932 – 05.11.1932
Zwischenlehrgang – Marineschule Flensburg-Mürwik, zugleich

04.11.1932
Seekadett

14.10.1932 – 21.10.1932
Bordausbildung – Dampfer EDITH

06.11.1932 – 02.01.1934
Bordausbildung – Leichter Kreuzer KÖLN

01.01.1934
Fähnrich zur See

03.01.1934 – 18.03.1934
Infanterielehrgang für Fähnriche – II. Abt. S.St.Div. der Ostsee, Stralsund

19.03.1934 – 12.05.1934
Torpedolehrgang für Fähnriche – Torpedoschule Flensburg-Mürwik

13.05.1934 – 29.05.1934
Nachrichtenlehrgang für Fähnriche – Nachrichtenschule Flensburg-Mürwik

30.05.1934 – 15.06.1934
Fla-Waffenlehrgang für Fähnriche – Küstenartillerieschule Wilhelmshaven

16.06.1934 – 03.07.1934
Sperrlehrgang für Fähnriche – Sperrschule Kiel-Wik

04.07.1934 – 18.04.1935
Hauptlehrgang für Fähnriche – Marineschule Flensburg-Mürwik bzw.

27.08.1934 – 01.09.1934
Navigationsbelehrungsfahrt – Tender WESER bzw.

25.01.1935 – 30.01.1935
Navigationsbelehrungsfahrt – Tender NORDSEE

19.04.1935 – 26.09.1935
Bordausbildung – Leichter Kreuzer KÖNIGSBERG

01.09.1935
Oberfähnrich zur See

27.09.1935 – 03.12.1935
Artillerielehrgang für Fähnriche – S.A.S. Kiel-Wik

04.12.1935 – 14.12.1935
U-Abwehrlehrgang für Fähnriche – U-Abwehrschule

15.12.1935 – 26.01.1936
Leichter Kreuzer NÜRNBERG

01.01.1936
Leutnant zur See (-33-)

27.01.1936 – 28.03.1936
Sperrlehrgang für Offiziere – Sperrschule Kiel-Wik

29.03.1936 – 11.10.1936
Leichter Kreuzer NÜRNBERG

15.08.1936
Dienstauszeichnung IV. Klasse

12.10.1936 – 05.01.1937
T/B-Lehrgang – Torpedoschule Flensburg-Mürwik

06.01.1937 – 31.01.1937
U.T.O.-Lehrgang – Torpedoschule Flensburg-Mürwik

01.02.1937 – 02.04.1937
U-Schüler – U-Schule

03.04.1937 – 30.09.1937
WO – U 35 und U 27/U-Flottille Saltzwedel

01.10.1937 – 02.03.1938
II. Abt. S.St.Div. der Ostsee, Stralsund

01.10.1937
Oberleutnant zur See (-28-)

03.03.1938 – 14.06.1938
Flaggleutnant – F.d.U.

15.06.1938 – 09.10.1938
I. WO – U 31/U-Flottille Saltzwedel

10.10.1938 – 05.11.1938
U-Lehrgang für U-Offiziere – S.A.S. Kiel-Wik

06.11.1938 – 16.03.1939
I. WO – U 26/U-Flottille Saltzwedel

17.03.1939 – 05.08.1940
Kommandant – U 2/U-Schulflottille, ab 01.07.1940, 21.U-Flottille

01.02.1940
Kapitänleutnant (-5-)

15.04.1940
Eisernes Kreuz II. Klasse

06.08.1940 – 29.09.1940
Baubelehrung – U-Boote Nord für U 73

30.09.1940 – 31.01.1942
Kommandant – U 73/7. U-Flottille

04.03.1941
U-Boots-Kriegsabzeichen 1939

04.04.1941
Nennung im Wehrmachtsbericht

25.04.1941
Eisernes Kreuz I. Klasse

01.02.1942 – 30.09.1942
Kommandant – U 73/29. U-Flottille (lt. K.T.B. U 73 vollzog sich der Kommandantenwechsel Kl Helmut Rosenbaum – OlzS Horst Deckert am 10.09.1942)

12.08.1942
Nennung im Wehrmachtsbericht

12.08.1942
Ritterkreuz des Eisernen Kreuzes

17.09.1942
Italienische Tapferkeitsmedaille in Silber

01.10.1942 – 10.05.1944
Flottillenchef – 30. U-Flottille/Constanza, zugleich Asto im Stab Admiral Schwarzes Meer

10.05.1944
bei Constanza durch Flugzeugabsturz tödlich verunglückt

03.08.1944
Korvettenkapitän mit Wirkung vom 01.05.1944

1. Unternehmung U 2:
(vor Südnorwegen)

Kdt:	Kl Helmut Rosenbaum (1. Feindfahrt)
15.03.1940	Kiel aus
29.03.1940	Wilhelmshaven ein
Erfolge:	keine

2. Unternehmung U 2:
(vor Tindesnes)

Kdt:	Kl Helmut Rosenbaum (2. Feindfahrt)
04.04.1940	Wilhelmshaven aus
15.04.1940	Wilhelmshaven ein
Erfolge:	keine

1. Unternehmung U 73:
(Nordatlantik, westlich von Irland)

Kdt:	Kl Helmut Rosenbaum (3. Feindfahrt)
04.02.1941	Kiel aus
05.02.1941	Helgoland aus
08.02.1941	Helgoland aus
02.03.1941	Lorient ein
Erfolge:	1 Schiff (4260 BRT +)

Stellungnahme des B.d.U:
Die Unternehmung hat dem jungen Kommandanten mit dem neuen Boot zahlreiche Erfahrungen vermittelt. Der abschließenden Betrachtung des Kommandanten über das Ergebnis der Fahrt wird zugestimmt.

2. Unternehmung U 73:
(Nordatlantik, süd- und südwestlich von Island)

Kdt:	Kl Helmut Rosenbaum (4. Feindfahrt)
25.03.1941	Lorient aus
24.04.1941	Lorient ein
Erfolge:	5 Schiffe (30911 BRT +)

Auszug aus dem K.T.B. des B.d.U. vom 24./25.04.1941:
Der Kommandant U 73 kommt zur Berichterstattung; eine gut und straff durchgeführte, erfolgreiche Unternehmung.

3. Unternehmung U 73:
(Nordatlantik, westliche Biscaya, ostwärts der Azoren, südlich von Island)

Kdt:	Kl Helmut Rosenbaum (5. Feindfahrt)
20.05.1941	Lorient aus
24.06.1941	St. Nazaire ein
Erfolge:	keine

Stellungnahme des B.d.U.:
Der Kommandant hat diesmal kein Glück gehabt und keinen Erfolg verzeichnen können. Vielleicht hätte er wenigstens etwas erreicht, wenn er zäher an den von ihm gesichteten Dampfern drangeblieben wäre. So hat er zum Beispiel am 10.06. den unbeladenen 2000-BRT-Dampfer laufen lassen, nachdem der erste Angriff fehlgeschlagen war, in der Annahme, daß die weitere Verfolgung auf Grund der Wetterlage zu wenig aussichtsreich war. Nach K.T.B. hat sich die Wetterlage aber sehr schnell gebessert.

4. Unternehmung U 73:
(Nordatlantik, südwestlich von Island)

Kdt:	Kl Helmut Rosenbaum (6. Feindfahrt)
29.07.1941	St. Nazaire aus
02.08.1941	St. Nazaire ein
07.08.1941	St. Nazaire aus
07.09.1941	St. Nazaire ein
Erfolge:	keine

Stellungnahme des B.d.U.:
Im gegenwärtigen Stadium des Krieges muß man es als Regel ansehen, daß ein Boot während der ganzen Dauer der Unternehmung nur sehr selten etwas sieht. Um so mehr kommt es dabei darauf an, die ganz wenigen und sehr seltenen Chancen auch wirklich voll auszunutzen; Grundsatz muß sein: Wenn man überhaupt Aussicht hat, mit Erfolg zu schießen, so soll man nicht länger zögern und nicht länger auf bessere Schußpositionen manövrieren, sondern schießen.
Die Möglichkeit, daß die vorhandene Schußposition wieder verloren geht, ist ebenso groß, wie die, daß sie noch besser wird. Bei dieser Unternehmung ist die einzige Schußgelegenheit durch Warten und den Wunsch, sie noch zu verbessern, tatsächlich wieder verlorengegangen. Die Kritik des Kommandanten ist verschiedentlich, besonders am 12. und 13.08., sachlich und in der Form verfehlt.

5. Unternehmung U 73:
(Nordatlantik, mittlerer Nordatlantik)

Kdt:	Kl Helmut Rosenbaum (7. Feindfahrt)
11.10.1941	St. Nazaire aus
11.11.1941	St. Nazaire ein
Erfolge:	keine

Stellungnahme des B.d.U.:
1.) Der Maschinenzustand beeinträchtigte Unternehmung.
2.) Wenn mehrere Boote am Geleitzug sind, nach Möglichkeit verteilen und nicht im Rudel zusammenbleiben. Es besteht sonst die Gefahr, daß, wie hier, alle Boote auf einmal durch einen Zerstörer unter Wasser gedrückt werden.

6. Unternehmung U 73:
(Gibraltar-Durchbruch 14.01.1942, Mittelmeer, vor Tobruk)

Kdt:	Kl Helmut Rosenbaum (8. Feindfahrt)
04.01.1942	St. Nazaire aus
26.01.1942	Salamis ein
31.01.1942	Salamis aus
12.02.1942	La Spezia ein
Erfolge:	keine

Stellungnahme des B.d.U.:
Gut und überlegt durchgeführte Unternehmung in dem für den Kommandanten neuen Operationsgebiet.

7. Unternehmung U 73:
(östliches Mittelmeer)

Kdt:	Kl Helmut Rosenbaum (9. Feindfahrt)

16.03.1942	La Spezia aus
19.03.1942	Messina ein
19.03.1942	Messina aus
25.03.1942	Messina ein
25.03.1942	Messina aus
27.03.1942	La Spezia ein
Erfolge:	keine

Stellungnahme des F.d.U. Italien:
Zur Unternehmung ist zu bemerken:

1.) *Entschluß, auf den Geleitzug zu operieren, ist zu spät gefaßt worden. (Jeder feindliche Geleitzug ist wichtig).*
2.) *Das Nachstoßen über das befohlene Ansteuerungsquadrat hinaus war zwecklos und falsch, weil von der Führung übersehen werden konnte, daß das Boot keine Fühlung mehr finden würde.*
3.) *Die Führung des durch Fliegerangriff sehr schwer beschädigten Bootes war gut. Unternehmung blieb ohne Erfolg.*

8. Unternehmung U 73:

(westliches Mittelmeer)

Kdt:	Kl Helmut Rosenbaum (10. Feindfahrt)
04.08.1942	La Spezia aus
05.09.1942	La Spezia ein
Erfolge:	1 Flugzeugträger (22 600 BRT + br CV EAGLE +)

Stellungnahme des F.d.U. Italien:

1.) *Der Angriff auf den Flugzeugträger »Eagle« ist als vorbildlich für einen schneidig und überlegt durchgeführten Anlauf zu bezeichnen. Ebenso ruhig und sicher sind auch die Torpedos geschossen worden. Der Kommandant hat sein Boot einsatzfreudig, das Ziel unbeirrt vor Augen, zu einem stolzen Erfolg geführt. Das gute Arbeiten der ganzen Besatzung verdient um so mehr Anerkennung, als sie nach langer Werftliegezeit, zu einem ansehnlichen Teil neu aufgefüllt, anfänglich epidemisch auftretende Erkrankungen überwindend, erst in See zusammenwuchs.*
2.) *Der Kommandant spricht unter dem 12.08./2400 Uhr von »sich jagenden Ansatzbefehlen« der Führung. Diese Bemerkung ist militärisch und sachlich zu beanstanden.*
3.) *Der Ablauf der Ereignisse – auch nach dem K.T.B. U 73 war folgender:*
   a) *Nach Eingang der Sicht- und Erfolgsmeldung von U 73 wurden die Westboote zur Standortmeldung aufgefordert, gleichzeitig wurde ihnen der Standort des Gegners übermittelt. Ein Ansatzbefehl durch den F.d.U. zum Nachstoßen unterblieb in der sicheren Erwartung, daß die Boote das von selbst tun würden. Die von den Booten gemeldeten Standorte bestätigten die Richtigkeit dieser Auffassung. Bei dem »Nachstoßen« wurde nicht damit gerechnet, daß die Boote den Verband einholen würden. Sie sollten etwaige Havaristen erledigen.*
   b) *F.d.U. befiehlt als Grenze nach Osten mit Rücksicht auf deutsch-italienische Operationen von Überwasserstreitkräften 09°30′ Ost.*
   c) *Am 12.08./1314 Uhr werden die Boote angehalten, um sie bei der vermuteten rückläufigen Bewegung der Feindstreitkräfte in der Hand zu haben. U 73 wird das Quadrat CJ 7570 zugewiesen.*
   d) *Aus der Fülle der sich zum Teil widersprechenden Meldungen der Luftwaffe stellen sich dem F.d.U. lohnende Ziele im Quadrat 7459 dar. U 73 muß in der Nähe stehen bzw. hat von der befohlenen Position Quadrat 7570 nur einen Marsch von 50 sm. Es wird mit Funkspruch 1518 angesetzt (1. Ansatzbefehl).*
   e) *Befehl vom F.d.U. 2034 Uhr. Falls bis 2200 Uhr keine Havaristen gefaßt, Wartestellung Quadrat 7580.*
   f) *2347 Uhr Eingang Funkspruch vom F.d.U. über Rückläufer mit Befehl »Auf Verband operieren« (2. Ansatzbefehl) hat U 73, wie die wiederholten Feindberührungen zeigen, richtig gestanden.*
4.) *Der Vorschlag zur Verständigung zwischen U-Boot und Achsenflugzeug (Ziffer 5 derZusammenfassung) ist zweckmäßig und wird weiter verfolgt.*

Erfolge Helmut Rosenbaum als Kommandant U 73:
7 Schiffe (57 771 BRT + einschließl. br
CV EAGLE +)

Adolf Cornelius Piening

* 16.09.1910
in Süderende (Föhr)/
Kreis Tondern
† 15.05.1984
in Kiel

13.08.1942
Ritterkreuz (121-59)

01.04.1930
Eintritt in die Reichsmarine
Crew 30

01.04.1930 – 30.06.1930
Infanterieausbildung – II. Abt. S.St.Div. der Ostsee, Stralsund

01.07.1930 – 09.10.1930
Bordausbildung – SSS NIOBE

09.10.1930
Seekadett

10.10.1930 – 04.01.1932
Bordausbildung – Leichter Kreuzer EMDEN

01.01.1932
Fähnrich zur See

05.01.1932 – 31.03.1932
Infanterielehrgang für Fähnriche – 4. Komp./ II. Abt. S.St.Div. der Ostsee, Stralsund

01.04.1932 – 28.03.1933
Hauptlehrgang für Fähnriche – Marineschule Flensburg-Mürwik bzw.

04.07.1932 – 08.07.1932
Navigationsbelehrungsfahrt – Vermessungsschiff METEOR bzw.

23.07.1932 – 05.08.1932
Belehrungsfahrt – Segelschiff SEEADLER bzw.

04.10.1932 – 08.10.1932
Navigationsbelehrungsfahrt – Vermessungsschiff METEOR

29.03.1933 – 22.04.1933
Sperrlehrgang für Fähnriche – Sperrschule Kiel-Wik

23.04.1933 – 28.06.1933
Artillerielehrgang für Fähnriche – S.A.S. Kiel-Wik

29.06.1933 – 18.08.1933
Torpedolehrgang für Fähnriche – Torpedoschule Flensburg-Mürwik

19.08.1933 – 31.08.1933
Fla-Waffenlehrgang für Fähnriche – Küstenartillerieschule

01.09.1933 – 24.09.1933
Nachrichtenlehrgang für Fähnriche – Nachrichtenschule Flensburg-Mürwik

25.09.1933 – 01.10.1933
U-Abwehrlehrgang für Fähnriche – Torpedo- und Nachrichtenschule Flensburg-Mürwik

02.10.1933 – 04.03.1934
Bordausbildung – Panzerschiff DEUTSCHLAND

05.03.1934 – 10.03.1934
Luftschutzlehrgang für Fähnriche – M.N.O. Warnemünde

11.03.1934 – 19.07.1934
Bordausbildung – Panzerschiff DEUTSCHLAND

01.04.1934
Oberfähnrich zur See

20.07.1934 – 18.08.1934
Fla-Waffenlehrgang – Küstenartillerieschule

19.08.1934 – 04.03.1935
Leutnant zur See – Panzerschiff DEUTSCHLAND

01.10.1934
Leutnant zur See (-9-)

05.03.1935 – 28.03.1935
Sperrlehrgang für Offiziere – Sperrschule Kiel-Wik

29.03.1935 – 24.09.1935
I.WO – MT-2/Schulflottille der Sperrschule

25.09.1935 – 01.12.1935
II. WO – Torpedoboot TIGER/3. Torpedobootshalbflottille

02.12.1935 – 07.12.1935
Signallehrgang für Offiziere – Nachrichtenschule Flensburg-Mürwik

08.12.1935 – 31.01.1937
II.WO und Adjutant – Torpedoboot TIGER/ 3. Torpedobootsflottille

01.06.1936
Oberleutnant zur See (-7-)

02.10.1936
Dienstauszeichnung IV. Klasse

01.02.1937 – 06.02.1937
Signallehrgang für Offiziere – Nachrichtenschule Flensburg-Mürwik

07.02.1937 – 29.03.1937
II.WO – Torpedoboot TIGER/3. Torpedobootsflottille

30.03.1937 – 02.12.1937
Flaggleutnant – B.d.P.

03.12.1937 – 17.12.1937
Gasschutzlehrgang

18.12.1937 – 02.01.1938
Flaggleutnant – B.d.P.

03.01.1938 – 19.03.1939
Kommandant – Minensuchboot M-72/2. Minensuchflottille

20.03.1939 – 30.10.1940
Kommandant – Minensuchboot M-2/2. Minensuchflottille

01.04.1939
Kapitänleutnant (-10-)

06.06.1939
Spanienkreuz in Bronze mit Schwertern

22.11.1939
Eisernes Kreuz II. Klasse

27.06.1940
Eisernes Kreuz I. Klasse

31.10.1940
z.Vfg. B.d.U.

31.10.1940 – 23.11.1940
U-Lehrgang – S.A.S.

24.11.1940 – 05.01.1941
U.T.O.-Lehrgang – Torpedoschule Flensburg-Mürwik

06.01.1941 – 26.01.1941
U.W.O.-Lehrgang – Nachrichtenschule Flensburg-Mürwik

27.01.1941 – 30.03.1941
U-Lehrgang – 1. U.L.D.

31.03.1941 – 14.05.1941
Kommandantenlehrgang – 24. U-Flottille

15.05.1941 – 14.07.1941
Kommandantenschüler (überplanm.) – U 48/7. U-Flottille
Feindfahrt U 48/Kdt: Herbert Schultze
22.05.1941 – 21.06.1941

15.07.1941 – 22.08.1941
Baubelehrung – K.L.A.-U-Nord, Bremen für U 155

23.08.1941 – 31.01.1942
Kommandant – U 155/4. U-Flottille

01.02.1942 – 02.1944
Kommandant – U 155/10. U-Flottille

28.03.1942
U-Boots-Kriegsabzeichen 1939

13.08.1942
Ritterkreuz des Eisernen Kreuzes

01.04.1943
Korvettenkapitän (-27-)

02.1944 – 09.03.1944
z.Vfg. – 10. U-Flottille

10.03.1944 – 08.05.1945
Flottillenchef – 7. U-Flottille/St. Nazaire

08.05.1945 – 01.1948
Kriegsgefangenschaft

01.1948
Entlassung

23.04.1956
Eintritt in die Bundesmarine

23.04.1956 – 31.03.1959
im Führungsstab der Marine – im Bundesverteidigungsministerium

23.04.1956
Fregattenkapitän

01.04.1959 – 30.04.1960
Kommandeur – 1. Geleitgeschwader

01.04.1960
Kapitän zur See

01.05.1960 – 31.03.1962
Planungsoffizier – Stab COMNAVNORCENT

01.04.1962 – 30.09.1963
Leiter der Operationsabteilung – Stab COMNAVBALTAP

01.10.1963 – 30.09.1965
Kommandeur – Kommando der Amphibischen Streitkräfte

01.10.1965 – 31.03.1966
Leiter der Studiengruppe – Führungsakademie der Bundeswehr

01.04.1966 – 30.03.1969
Leiter der Deutschen Delegation bei der Military Agency for Standardization, London

31.03.1969
Ruhestand

1. Unternehmung U 155:
(Westatlantik, USA-Ostküste, Kap Hatteras)

Kdt:	Kl Adolf Cornelius Piening (2. Feindfahrt)
07.02.1942	Kiel aus
08.02.1942	Helgoland ein
09.02.1942	Helgoland aus
27.03.1942	Lorient ein
Erfolge:	3 Schiffe (17657 BRT +)

Stellungnahme des B.d.U.:
Der Kommandant handelte auf seiner ersten Unternehmung mit einem neuen Boot geschickt und überlegt. Sein erzielter Anfangserfolg ist erfreulich.

2. Unternehmung U 155:
(Westatlantik, Karibik, Trinidad, Grenada, St.Vincent)

Kdt:	Kl Adolf Cornelius Piening (3. Feindfahrt)
20.04.1942	Lorient aus
14.06.1942	Lorient ein
Erfolge:	7 Schiffe (32400 BRT +)

Stellungnahme des B.d.U.:
Der Kommandant hat die zahlreichen Erfolgschancen gut ausgenutzt und einen schönen Erfolg erzielt.

3. Unternehmung U 155:
(Westatlantik, südostwärts Trinidad, Guayana-Küste)

Kdt:	Kl Adolf Cornelius Piening (4. Feindfahrt)
09.07.1942	Lorient aus
15.09.1942	Lorient ein
Erfolge:	10 Schiffe (43518 BRT +)

Stellungnahme des B.d.U.:
Der Kommandant hat die sehr günstigen Verhältnisse im Operationsgebiet gut und überlegt ausgenutzt und einen sehr schönen Erfolg erzielt.

Funkspruch an U 155 vom 13.08.1942/2235 Uhr:
»Piening«: Zur Verleihung des Ritterkreuzes übermittle ich Ihnen in dankbarer Anerkennung der von Ihnen und Ihrer Besatzung erzielten hervorragenden Leistungen meine herzlichen Glückwünsche.
Oberbefehlshaber

Herzlichen Glückwunsch,
Befehlshaber (B.d.U.)

4. Unternehmung U 155:
(Mittelatlantik, westlich Gibraltar und Marokko)

Kdt:	Kl Adolf Cornelius Piening (5. Feindfahrt)
07.11.1942	Lorient aus
30.12.1942	Lorient ein
Erfolge:	4 Schiffe (33520 BRT + einschließl. br CVE AVENGER + 13785 ts) 1 Schiff (6736 BRT =)

Stellungnahme des B.d.U.:
Die Operation westlich Gibraltar litt wegen starker feindlicher Luftüberwachung unter eingeschränkter Bewegungsfreiheit. Ein erfreulicher Erfolg ist trotzdem anzunehmen. Im weiteren Verlauf der Unternehmung (Gruppe Westwall) ergab sich nur eine Erfolgsmöglichkeit, die ausgeschöpft wurde.
Sonst nichts zu bemerken!

5. Unternehmung U 155:

(Westatlantik, Karibik, Golf von Mexiko)

Kdt:	Kl/KK Adolf Cornelius Piening (6. Feindfahrt)
08.02.1943	Lorient aus
30.04.1943	Lorient ein
Erfolge:	2 Schiffe (7973 BRT +)

Stellungnahme des B.d.U.:

1.) Zu Geleitsichtung am 11.02.: Geleit war kein »Lockgeleit«, sondern bestand aus Landungsbooten oder ähnlichen kleinen Fahrzeugen.

2.) Zu »Lagebetrachtung im Golf von Mexiko ...«: Es ist unnötig, daß das unbemerkte, auf Sehrohrtiefe steuernde Boot bei Überflügen von Flugzeugen auf Tiefe geht.

Gut durchgeführte Unternehmung.

Anerkannte Erfolge:

1 Dampfer 3000 BRT versenkt.

1 Tanker 10000 BRT versenkt.

6. Unternehmung U 155:

(Biscaya)

Kdt:	KK Adolf Cornelius Piening (7. Feindfahrt)
10.06.1943	Lorient aus
11.06.1943	Lorient ein
12.06.1943	Lorient aus
16.06.1943	Lorient ein
Erfolge:	keine

Stellungnahme des B.d.U.:

Der Ausmarsch des Bootes mußte einmal wegen unklarer Abgasklappe nach Werftliegezeit, das zweite Mal wegen Schwerverletzten nach Flugzeugtiefangriffen abgebrochen werden. Die Erfahrungen und Erkenntnisse des Kommandanten nach Flugzeugangriff am 14.06.43 werden durch Führungsmaßnahmen berücksichtigt.

7. Unternehmung U 155:

(mittlerer Atlantik)

Kdt:	KK Adolf Cornelius Piening (8. Feindfahrt)
30.06.1943	Lorient aus
11.08.1943	Lorient ein
Erfolge:	keine

Stellungnahme des B.d.U.:

Das Boot mußte wegen Fehlens anderer Versorgungsmöglichkeiten »ausgeschlachtet« werden und Rückmarsch antreten. Diese Enttäuschung konnte dem bewährten Kommandanten leider nicht erspart werden. Es ergaben sich daher und während des Marsches keine Erfolgsmöglichkeiten. Die Durchführung der Versorgungsaufgabe verlief reibungslos. Der Rückmarsch mit »Trotha« (U 306) in Rotte wurde gut überlegt und geschickt durchgeführt.

Zu den Bemerkungen S. 20 und 22: Das Kurzsignalheft wird laufend auf entsprechende Bedürfnisse nach Ausdrucksmöglichkeiten überprüft. Vorschläge aus der Front für neue Gruppen etc. sind immer erwünscht und werden bei Zweckmäßigkeit berücksichtigt.

Zur Häufigkeit überflüssigen Funkens und zur Frage der Ein- und Auslaufroutinemeldungen wurde in der mündlichen Berichterstattung eingehend Stellung genommen.

8. Unternehmung U 155:

(Mittelatlantik, westlich der Azoren, brasilianische Küste)

Kdt:	KK Adolf Cornelius Piening (9. Feindfahrt)
18.09.1943	Lorient aus
19.09.1943	Brest ein
21.09.1943	Brest aus
01.01.1944	Lorient ein
Erfolge:	1 Schiff (5393 BRT +)

Stellungnahme des B.d.U.:

Das Boot war zur Einzelunternehmung an der brasilianischen Küste angesetzt.

Zum 24.10.: Der Einsatz des T 5 in zeitlich so engem Zusammenhang mit unklaren Torpedos kann leicht zur Ablenkung des T 5 und damit zu Fehlschüssen führen. Eine solche Maßnahme soll nur unter besonderen Umständen (Zeitknappheit, Notwendigkeit schneller Ausnutzung gebotener einmaliger Erfolgschancen) angewendet werden.

Auch der Einzelschuß T 5 auf große Entfernung aus bereits achterlicher Lage besitzt wegen der geringen Vt nur wenig Erfolgsaussichten.

Sonst nichts zu bemerken.

Anerkannter Erfolg:

Motorschiff SIRANGER 5393 BRT versenkt.

Erfolge Adolf Cornelius Piening als Kommandant U 155:

27 Schiffe (140461 BRT + einschließl. br CVE AVENGER + 13785 ts)

1 Schiff (6736 BRT =)

Heinrich Schonder

* 23.07.1910
in Erfurt
† 24.06.1943
im Nordatlantik südwestlich Island

19.08.1942
Ritterkreuz (122-60)

05.04.1935
Eintritt in die Reichsmarine
Crew 34 (eingegliedert), ehemaliger H.S.O.

05.04.1935 – 08.06.1935
Infanterieausbildung – 10. Komp./II. Abt. S.St.Div. der Ostsee, Stralsund

09.06.1935 – 10.07.1935
Artillerie-Zwischenlehrgang, Lehrgruppe B – S.A.S. Kiel-Wik

01.07.1935
Fähnrich zur See

11.07.1935 – 30.03.1936
Hauptlehrgang für Fähnriche – 1. Fähnrichskomp./Marineschule Flensburg-Mürwik bzw.

11.11.1935 – 16.11.1935
Navigationsbelehrungsfahrt – Linienschiff SCHLESWIG-HOLSTEIN bzw.

07.01.1936 – 11.01.1936
Navigationsbelehrungsfahrt – Dampfer HECHT

31.03.1936 – 28.05.1936
Artillerielehrgang für Fähnriche (Lehrgruppe F) – S.A.S. Kiel-Wik

29.05.1936 – 04.07.1936
n.v.

05.07.1936 – 28.07.1936
Infanterielehrgang für Fähnriche – 3. Komp./ II. Abt. S.St.Div. der Ostsee, Stralsund

29.07.1936 – 22.09.1936
Torpedolehrgang für Fähnriche – Torpedoschule Flensburg-Mürwik

23.09.1936 – 29.09.1936
Sperrlehrgang für Fähnriche – Sperrschule Flensburg-Mürwik

30.09.1936 – 09.02.1937
Bordausbildung – Torpedoboot FALKE/ 4. Torpedobootsflottille

01.01.1937
Oberfähnrich zur See

10.02.1937 – 14.04.1937
n.v.

01.04.1937
Leutnant zur See (-17a-)

15.04.1937 – 04.05.1937
Nachrichtenlehrgang für Offiziere – Nachrichtenschule Flensburg-Mürwik

05.05.1937 – 04.10.1937
III.WO – Torpedoboot FALKE/4. Torpedobootsflottille

05.10.1937 – 18.12.1937
T/B-Lehrgang – Torpedoschule Flensburg-Mürwik

19.12.1937 – 04.01.1938
z.Vfg. – Torpedoschule Flensburg-Mürwik

05.01.1938 – 29.01.1938
U.T.O.-Lehrgang – Torpedoschule Flensburg-Mürwik

30.01.1938 – 08.05.1938
Lehrgang für U-Wachoffiziere – U-Schule Neustadt

09.05.1938 – 15.06.1938
z.Vfg. – F.d.U.

16.06.1938 – 05.08.1938
Baubelehrung – Marinearsenal Germaniawerft Kiel

06.08.1938 – 09.10.1938
WO – U 51/U-Flottille Wegener

10.10.1938 – 05.11.1938
Artillerielehrgang für U-Offiziere – S.A.S. Kiel-Wik

06.11.1938 – 08.1939
I.WO – U 51/U-Flottille Wegener

01.04.1939
Oberleutnant zur See (-17-)

05.04.1939
Dienstauszeichnung IV. Klasse

08.1939 – 06.01.1940
I.WO – U 53/U-Flottille Wegener, ab 01.01.1940, 7. U-Flottille, zugleich Kommandant i.V. – U 53 (12.1939 – 06.01. 1940)
Feindfahrten U 53/
Kdt: Ernst-Günther Heinicke
29.08.1939 – 30.09.1939
21.10.1939 – 30.11.1939

01.10.1939
Eisernes Kreuz II. Klasse

01.12.1939
U-Boots-Kriegsabzeichen 1939

07.01.1940 – 30.04.1940
WO – U 9/1. U-Flottille
Feindfahrten U 9/Kdt: Wolfgang Lüth
16.01.1940 – 22.01.1940
05.02.1940 – 17.02.1940
14.03.1940 – 20.03.1940
04.04.1940 – 24.04.1940

01.05.1940 – 09.06.1940
Kommandantenschüler – U-Ausbildungsflottille

10.06.1940 – 30.06.1940
z.Vfg. – 1. U-Flottille

01.07.1940 – 24.11.1940
Kommandant – U 58/1. U-Flottille (lt. K.T.B. U 58 fand der Kommandantenwechsel OlzS Heinrich Schonder – Kl Hans-Joachim Rahmlow am 31.10.1940 statt)

23.07.1940
Eisernes Kreuz I. Klasse

25.11.1940 – 17.01.1941
Baubelehrung – U-Boote Nordsee für U 77

18.01.1941 – 31.12.1941
Kommandant – U 77/7. U-Flottille

01.09.1941
Kapitänleutnant (-14-)

01.01.1942 – 30.04.1942
Kommandant – U 77/23. U-Flottille

25.03.1942
Italienische Tapferkeitsmedaille in Bronze

01.05.1942 – 07.09.1942
Kommandant – U 77/29. U-Flottille (das K.T.B. U 77 gibt den Kommandantenwechsel Kl Heinrich Schonder – OlzS Otto Hartmann für den 02.09.1942 an)

19.08.1942
Ritterkreuz des Eisernen Kreuzes

08.09.1942 – 23.11.1942
z.Vfg. – 29. U-Flottille

24.11.1942 – 21.12.1942

Baubelehrung – 1. Komp./6. K.L.A. Bremen für U 200

22.12.1942 – 31.05.1943
Kommandant – U 200/4. U-Flottille

01.06.1943 – 24.06.1943

Kommandant – U 200/12. U-Flottille

24.06.1943
Im Nordatlantik südwestlich von Island durch die »Liberator« H der britischen 120. Squadron durch zwei Wasserbomben versenkt, auf Position: 58°15'Nord/ 25°25'West. – Totalverlust.

01.06.1943
Korvettenkapitän (posthum)

8. Unternehmung U 58:
(Nordatlantik, North-Minch, Nordkanal)

Kdt:	OlzS Heinrich Schonder (7. Feindfahrt)
06.07.1940	Kiel aus
22.07.1940	Lorient ein
Erfolge:	1 Schiff (1591 BRT +)
	1 Schiff (6998 BRT =)

Siehe Stellungnahme des B.d.U. bei 9. Unternehmung U 58!

9. Unternehmung U 58:

(Nordatlantik, Nordkanal)

Kdt:	OlzS Heinrich Schonder (8. Feindfahrt)
29.07.1940	Lorient aus
12.08.1940	Lorient ein
Erfolge:	1 Schiff (4360 BRT +)

Stellungnahme des B.d.U. zur 8. und 9. Unternehmung U 58 (06.07. – 12.08.1940):

1.) *Das Verhalten gegenüber dem feindlichen U-Boot am 11./12.07. vor der norwegischen Küste war in Anbetracht des zu erwartenden Erfolges in diesem Falle richtig, der Versuch, den Gegner zu vernichten ist mit Zähigkeit durchgeführt worden. Andererseits ist es grundsätzlich richtig, den Zufälligkeiten eines U-Boot-Duells auszuweichen, wenn man davon überzeugt ist, daß man vom Gegner bemerkt ist.*

2.) *Am 06.08. vormittags sind gute Erfolgsgelegenheiten ungenutzt geblieben, vor allem in stark überwachten Seegebieten muß jede Schußgelegenheit ausgenutzt werden.*

3.) *Die starke Luftüberwachung und die geringe Eigengeschwindigkeit haben das Boot sehr behindert, sie gestatten diesem U-Boot-Typ nicht, sich vorzusetzen. Zusammenfassend: 2 gute Unternehmungen eines tatkräftigen, taktisch gut handelnden Kommandanten, der neben dem Ansatz seines Bootes auch gut und richtig mitdenkt, wie der Funkspruch vom 09.08. unterstreicht, in dem er im Gegensatz zu einem nördlich von ihm stehenden Boot (U 38) starken Verkehr vor dem Nordkanal meldet, um dem B.d.U. ein klareres Bild der Lage zu geben.*

10. Unternehmung U 58:

(Nordatlantik, Nordkanal, Hebriden)

Kdt:	OlzS Heinrich Schonder (9. Feindfahrt)
02.09.1940	Lorient aus
20.09.1940	Lorient ein
Erfolge:	keine

Stellungnahme des B.d.U.:

1.) *Die Begegnung mit dem feindlichen U-Boot stellte den Kommandanten bei den herrschenden Wetterverhältnissen vor eine sehr schwierige Lage. Er allein wird beurteilen können, ob er im Wiederholungsfalle nicht doch einen Weg finden würde unter gleichen Verhältnissen trotzdem zum Angriff zu kommen.*

2.) *Der Doppelschuß am 08.09. mit gleicher Tiefeneinstellung war falsch. Man hätte verschiedene Tiefen nehmen müssen, wenn Zweifel bezüglich der Tiefensteuerung bestanden. Es war nicht richtig im Hinblick auf den Kanada-Geleitzug, der erwartet wurde, Torpedos zu sparen und den Dampfer laufen zu lassen.*

11. Unternehmung U 58:

(Nordatlantik, Nordsee)

Kdt:	OlzS Heinrich Schonder (10. Feindfahrt)
02.10.1940	Lorient aus
12.10.1940	Bergen ein
14.10.1940	Bergen aus
17.10.1940	Helgoland ein
17.10.1940	Helgoland aus
18.10.1940	Kiel ein
Erfolge:	1 Schiff (4956 BRT +)

Stellungnahme des B.d.U.:

1.) *Der Kommandant ist verantwortlich für die Kriegsbereitschaft seines Bootes. Bei dem in seinem Kriegstagebuch geschilderten Zustand seiner Maschinenanlage war das Boot nicht klar für eine Feindunternehmung. Er hätte das rechtzeitig übersehen und melden müssen.*

2.) *Die Begründung des Fehlschusses beim 3. Schuß auf den Dampfer am 08. Oktober ist nicht überzeugend.*

3.) *Eine nicht voll befriedigende Unternehmung.*

1. Unternehmung U 77:

(Nordatlantik)

Kdt:	OlzS Heinrich Schonder (11. Feindfahrt)
29.05.1941	Kiel aus
07.07.1941	St. Nazaire ein
Erfolge:	3 Schiffe (11725 BRT +)

Stellungnahme des B.d.U.:

Der Kommandant hat nach Lage der Dinge alles getan, was er tun konnte. Der Erfolg ist zwar nicht groß, es steckte aber in dieser Unternehmung kaum mehr drin.
Unternehmung: vom 29.05. – 07.07.1941
Versenkungsziffer: 13701 BRT

2. Unternehmung U 77:
(Nordatlantik, südwestlich Island, westlich des Nordkanals)

Kdt:	Kl Heinrich Schonder (12. Feindfahrt)
02.08.1941	St. Nazaire aus
10.09.1941	St. Nazaire ein
Erfolge:	keine

<u>Stellungnahme des B.d.U.:</u>
Der Angriff auf den Havaristen am 05.–06. August hätte vielleicht bei stärkerer Beachtung der Gefahr des Gehorchtwerdens zum Erfolg führen können.
Sonst hat das Boot nichts gesehen. Es teilt damit das Schicksal mehrerer anderer Boote im gleichen Gebiet. Das Wetter hat dabei eine erhebliche Rolle gespielt.

3. Unternehmung U 77:
(Nordatlantik, südostwärts Kap Farewell, ostwärts Neufundland)

Kdt:	Kl Heinrich Schonder (13. Feindfahrt)
11.10.1941	St. Nazaire aus
08.11.1941	Vigo ein (Ergänzung aus deutschem Versorger BESSEL)
08.11.1941	Vigo aus
13.11.1941	Lorient ein
Erfolge:	keine

<u>Stellungnahme des B.d.U.:</u>
1.) Der Versager mit dem Quadratkartenschlüssel ist bedauerlich.
2.) Peilzeichensenden auch dann, wenn ein Boot nicht mehr unmittelbar Fühlung hat, ist inzwischen befohlen.
3.) Sonst nichts zu bemerken.

4. Unternehmung U 77:
(Gibraltar-Durchbruch 16.12.1941, westliches Mittelmeer)

Kdt:	Kl Heinrich Schonder (14. Feindfahrt)
10.12.1941	Lorient aus
19.12.1941	Messina ein
21.12.1941	Messina aus
14.01.1941	Salamis aus
Erfolge:	1 Schiff (4972 BRT +) 1 Zerstörer (1690 ts = br DD KIMBERLEY =)

<u>Stellungnahme des B.d.U.:</u>
Gut durchgeführte Unternehmung.

5. Unternehmung U 77:
(östliches Mittelmeer)

Kdt:	Kl Heinrich Schonder (15. Feindfahrt)
28.03.1942	Salamis aus
03.04.1942	Salamis ein
07.04.1942	Salamis aus
07.04.1942	Patras ein
08.04.1942	Patras aus
11.04.1942	La Spezia ein
Erfolge:	keine

<u>Stellungnahme des F.d.U. Italien:</u>
Das Boot war nur einen Tag im Operationsgebiet und mußte dann wegen Fliegerbombenschäden den Rückmarsch antreten. – Zur Unternehmung ist nichts zu bemerken.

6. Unternehmung U 77:
(östliches Mittelmeer)

Kdt:	Kl Heinrich Schonder (16. Feindfahrt)
06.06.1942	La Spezia aus
07.06.1942	Messina ein
08.06.1942	Messina aus
17.06.1942	Salamis ein
23.06.1942	Salamis aus
09.07.1942	Salamis ein
Erfolge:	1 Zerstörer (1050 ts + br DE GROVE +)

7. Unternehmung U 77:
(östliches Mittelmeer, Palästina-Küste)

Kdt:	Kl Heinrich Schonder (17. Feindfahrt)
16.07.1942	Salamis aus
21.08.1942	Salamis ein
23.08.1942	Musterung durch den F.d.U. Italien und Verleihung des Ritterkreuzes an den Kommandanten
25.08.1942	Salamis aus
25.08.1942	Patras ein
26.08.1942	Patras aus
30.08.1942	Pola ein
Erfolge:	8 Segler (ca. 660 BRT +) 1 Segler (155 BRT =)

Stellungnahme des F.d.U. Italien:

1.) *Alle sich bietenden Gelegenheiten zu Angriffen wurden mit gewohnter Tatkraft ergriffen.*
2.) *Das Boot stand seit Anfang Juni im Einsatz mit 2 kurzen Unterbrechungen zur Ergänzung in Salamis. Die Ausdauer und Zähigkeit, mit der die letzte Unternehmung trotz widriger Umstände und starker klimatischer Erschwerungen bis zum Aufbrauch der Kampfkraft durchgeführt wurde, wird besonders anerkannt.*
3.) *Die Beobachtung des sehr zuverlässigen Kommandanten über den blasenlosen englischen Torpedo am 18.07. verdient Beachtung.*
4.) *Zu den Pistolenversagern wird bemerkt:*
   a) *Ein Untersuchungsergebnis der von U 77 zurückgebrachten Pistole ist bisher noch nicht bekannt.*
   b) *Die Torpedoinspektion kommt in ihrem Schreiben »G 5199 T« vom 08.04. zu der Feststellung: »Ein Aufschlag ohne Detonation wird, wenn überhaupt, als kratzendes Geräusch wahrgenommen.« Weiter wird gesagt, daß beim Ausbleiben des dumpfen Detonationsgeräusches nicht mit Sicherheit ein Pistolenversager anzunehmen ist, da bei gewissen Voraussetzungen der Luftschall ausbleiben kann. Auf U 77 sind am 30.07. auf 1 000 m drei metallische Schläge und am 09.08. auf 1 700 m ein Aufschlaggeräusch gehört worden. Volldetonationen der Torpedos waren nach Auffassung des Kommandanten mit Sicherheit gehört worden.*
   c) *Auffallend ist die starke Wirkung auf den Zerstörer am 30.07. bei nicht detonierten Torpedotreffern.*
5.) *Der Versager beim Losmachen des zweiten Fächers am 09.08. ist sehr bedauerlich. Zu schnelles Umschalten, solange noch der Zeitschalter läuft und damit der Abfeuerstromkreis geschlossen ist, ist eine häufige Fehlerquelle.*
6.) *Als versenkt werden anerkannt:*
   8 Transportsegler

Funkspruchеingang an U 77 vom 21.07.1942:
Der Führer hat dem Kommandanten U 77 (Schonder) das Ritterkreuz verliehen.

F.d.U.

1. Unternehmung U 200:
(Nordatlantik, südwestlich von Island)

Kdt: KK Heinrich Schonder (18. Feindfahrt)

12.06.1943 Kiel aus
24.06.1943 Verlust U 200
Erfolge: keine

Erfolge Heinrich Schonder als Kommandant U 58:
3 Schiffe (10907 BRT +)
1 Schiff (6998 BRT =)

Erfolge Heinrich Schonder als Kommandant U 77:
5 Schiffe (17747 BRT + einschließl. br DE GROVE +)
8 Segler (ca. 660 BRT +)
1 Segler (155 BRT =)
1 Zerstörer (1690 BRT = br DD KIMBERLEY =)

Gesamt:
8 Schiffe (28654 BRT + einschließl. br DE GROVE +)
8 Segler (ca. 660 BRT +)
1 Schiff (6998 BRT =)
1 Segler (155 BRT =)
1 Zerstörer (1690 BRT = br DD KIMBERLEY =)

Karl Thurmann

* 04.09.1909 in Mülheim/Ruhr † seit 20.01.1943 im mittleren Nordatlantik verschollen

24.08.1942
Ritterkreuz (123-61)

01.04.1928
Eintritt in die Reichsmarine
Crew 28

01.04.1928 – 30.06.1928
Infanterieausbildung – II. Abt. S.St.Div. der Ostsee, Stralsund

01.07.1928 – 15.10.1928
Bordausbildung – SSS NIOBE

01.10.1928
Seekadett

16.10.1928 – 19.12.1929
Bordausbildung – Leichter Kreuzer EMDEN

20.12.1929 – 03.04.1930
Infanterielehrgang für Fähnriche – 4. Komp./II. S.St.Abt. der Ostsee, Stralsund

01.01.1930
Fähnrich zur See

04.04.1930 – 30.03.1931
Hauptlehrgang für Fähnriche – Marineschule Flensburg-Mürwik bzw.

24.06.1930 – 27.06.1930
Navigationsbelehrungsfahrt – Vermessungsschiff METEOR bzw.

29.09.1930 – 04.10.1930
Navigationsbelehrungsfahrt – Vermessungsschiff METEOR

31.03.1931 – 31.05.1931
Torpedolehrgang für Fähnriche – Torpedoschule Flensburg-Mürwik

01.06.1931 – 06.08.1931
Artillerielehrgang für Fähnriche – S.A.S. Kiel-Wik

07.08.1931 – 03.09.1931
Sperrlehrgang für Fähnriche – Sperrversuchskommando

04.09.1931 – 30.09.1931
Nachrichtenlehrgang für Fähnriche – Nachrichtenschule Flensburg-Mürwik

01.10.1931 – 06.12.1931
Bordausbildung – Leichter Kreuzer KÖLN

07.12.1931 – 31.03.1933
Bordausbildung – Leichter Kreuzer EMDEN

01.04.1932
Oberfähnrich zur See

01.10.1932
Leutnant zur See (-23-)

01.04.1933 – 23.09.1934
Panzerschiff DEUTSCHLAND

01.09.1934
Oberleutnant zur See (-27-)

24.09.1934 – 20.09.1936
Kompanieoffizier – II. Marine-Artillerieabteilung, Wilhelmshaven bzw.

03.10.1934 – 29.11.1934
Lehrgang – Küstenartillerieschule Swinemünde bzw.

22.06.1936 – 20.09.1936
A/B-Lehrgang – S.A.S. Kiel-Wik

21.09.1936 – 30.10.1938
Rollenoffizier und II. AO – Leichter Kreuzer KÖLN

02.10.1936
Dienstauszeichnung IV. Klasse

01.06.1937
Kapitänleutnant (-18-)

31.10.1938 – 31.03.1940
Kompanieführer – II. Marine-Artillerieabteilung bzw. seit August 1939 Abteilungskommandeur – Marine-Artillerieabteilung 122, zugleich

16.12.1938 – 20.12.1938
Stabsoffizierslehrgang – Küstenartillerieschule Swinemünde, zugleich

27.01.1939 – 04.02.1939
politischer Schullehrgang – Bad Tölz

01.04.1940 – 29.06.1940
U-Lehrgang – U-Schule Neustadt

30.06.1940 – 31.07.1940
U.T.O.- Lehrgang – Torpedoschule Flensburg-Mürwik

01.08.1940 – 23.09.1940
Kommandantenschüler – 24. U-Flottille

24.09.1940 – 25.10.1940
z.Vfg. – 2. U-Flottille

26.10.1940 – 05.12.1940
Kommandantenschüler – U 29/2. U-Flottille
Feindfahrt U 29/Kdt: Otto Schuhart
26.10.1940 – 03.12.1940

06.12.1940 – 22.12.1940
Baubelehrung – U-Boote Nord, KMD/Hamburg

23.12.1940 – 30.11.1942
Kommandant – U 553/7. U-Flottille

21.07.1941
Eisernes Kreuz II. Klasse

23.10.1941
Eisernes Kreuz I. Klasse

23.10.1941
U-Boots-Kriegsabzeichen 1939

22.05.1942
Nennung im Wehrmachtsbericht

01.08.1942
Korvettenkapitän (-3-)

24.08.1942
Ritterkreuz des Eisernen Kreuzes

01.12.1942 – 28.01.1943
Kommandant – U 553/3. U-Flottille

19.01.1943
U 553 meldete durch Funkspruch, daß das Sehrohr an mehreren Stellen fingerdick leckte und daß das Boot nur bis etwa 100 Meter tauchklar sei. Desweiteren wurde ein Treffen mit U 465/Wolf vereinbart.

20.01.1943
U 553 traf im Planquadrat BE 6113 auf das Kameradenboot U 465 und übergab diesem ein nautisches Jahrbuch. Danach trennten sich beide Boote, seitdem ist U 553 verschollen.

28.01.1943
U 553 wurde für vermißt erklärt und der 28.01.1943 als amtlicher Todestag angenommen.

1. Unternehmung U 553:
(Nordatlantik)

Kdt:	Kl Karl Thurmann (2. Feindfahrt)
13.04.1941	Kiel aus
13.04.1941	Brunsbüttel ein
14.04.1941	Brunsbüttel aus
17.04.1941	Bergen ein
19.04.1941	Bergen aus
02.05.1941	St. Nazaire ein
Erfolge:	keine

Stellungnahme des B.d.U.:
Unternehmung wegen Maschinenstörung vorzeitig abgebrochen.
Zur Durchführung nichts zu bemerken.
Zum 22.04.: Stern E.S. ist kein geeignetes E.S.-Mittel im Operationsgebiet.

2. Unternehmung U 553:
(Nordatlantik)

Kdt:	Kl Karl Thurmann (3. Feindfahrt)
07.06.1941	St. Nazaire aus
19.07.1941	St. Nazaire ein
Erfolge:	2 Schiffe (7 945 BRT +)

Stellungnahme des B.d.U.:
1.) *Zur Durchführung der Unternehmung nichts zu bemerken.*
2.) *Der Annahme des Kommandanten am 17.06. in CD 5634 einen eigenen Heimkehrer vor sich gehabt zu haben, kann nur insofern zugestimmt werden, als dies Schiff innerhalb des Heimkehrerweges*

stand. Die übrigen Überlegungen des Kommandanten fußen zu stark auf Vermutungen und Annahmen. Es wäre richtig gewesen, dran zu bleiben, um festzustellen, wohin das Schiff geht und es anzugreifen, sobald es den Prisenweg verläßt.

3. Unternehmung U 553:
(Nordatlantik, südwestlich von Island, westlich des Nordkanals)

Kdt:	Kl Karl Thurmann (4. Feindfahrt)
07.08.1941	St. Nazaire aus
16.09.1941	St. Nazaire ein
Erfolge:	keine

Stellungnahme des B.d.U.:
Das Boot hat nichts gesehen und keine Erfolgsaussichten gehabt.
Nichts zu bemerken.

4. Unternehmung U 553:
(Nordatlantik, südostwärts Kap Farewell)

Kdt:	Kl Karl Thurmann (5. Feindfahrt)
07.10.1941	St. Nazaire aus
22.10.1941	St. Nazaire ein
Erfolge:	3 Schiffe (9159 BRT +)

Stellungnahme des B.d.U.:
1.) *Kurze, ausgezeichnet durchgeführte Unternehmung mit schönem Erfolg. Letzterer wurde durch personelle, wie auch materielle Versager noch stark beeinträchtigt.*
2.) *Besonders hervorgehoben wird der Geleitzugsangriff. Angriffe, Nachstoßen, sowie die klaren und übersichtlichen Fühlungshaltermeldungen sind vorbildlich.*
3.) *Der Vermutung des Kommandanten über die Ursache der aufgetretenen Torpedoversager wird nachgegangen.*

5. Unternehmung U 553:
(Westatlantik, Neufundlandbank, südlich Nova Scotia)

Kdt:	Kl Karl Thurmann (6. Feindfahrt)
01.01.1942	St. Nazaire aus
03.02.1942	St. Nazaire ein
Erfolge:	1 Schiff (8260 BRT +)
	1 Schiff (8106 BRT =)

Stellungnahme des B.d.U.:
Gut durchgeführte Unternehmung. Der Erfolg wurde durch z. T. ungeklärte Fehlschüsse, wie auch einwandfreie Torpedoversager beeinträchtigt.
Betreffs Fühlunghaltens am Tanker mit verschossenen Rohren und noch hohem Brennstoffbestand hat der Kommandant bereits selbst vermerkt, daß er nicht richtig gehandelt hat. Das Heranführen in der Nähe befindlicher Boote, auch an Einzelfahrer, ist auf jeden Fall anzustreben.
Das Tieftauchen am 07.01. (A + 110 m) wurde auf viel zu großer Tiefe durchgeführt. Gemäß »Dauernder Befehl Nr. 16« soll das Prüfungstieftauchen keineswegs auf größeren Tauchtiefen als A + 40 m durchgeführt werden.
Zu den Erfahrungen wird vermerkt:
Zu 1.): Sparsamste Marschfahrt ist mit dieselelektrischer Schaltung. (Siehe »Besondere Kriegserfahrungen« Abschnitt Maschine Nr. 27).
Zu 3.): Über das Kreuzen bei Gegenwind liegen noch keine praktischen Erfahrungen vor.
Zu 4.): Bei ganz schlechtem Wetter ist es am günstigsten, getaucht zu fahren.
Zu 6.): Die gemachten Vorschläge betreffs Erhöhung des Brennstoffbestandes werden geprüft.
Zu 7.): Proviantausrüstung für 10 Wochen ist auf den Booten des Typs VII erprobt und macht ebenfalls keine Schwierigkeiten.

6. Unternehmung U 553:
(Westatlantik, Hebriden, Färöer)

Kdt:	Kl Karl Thurmann (7. Feindfahrt)
24.02.1942	St. Nazaire aus
01.04.1942	St. Nazaire ein
Erfolge:	keine

Stellungnahme des B.d.U.:
Im verkehrslosen Gebiet boten sich dem Kommandanten keine Erfolgschancen.
Nichts zu bemerken.

7. Unternehmung U 553:
(Westatlantik, USA-Ostküste)

Kdt:	Kl Karl Thurmann (8. Feindfahrt)
19.04.1942	St. Nazaire aus
24.06.1942	St. Nazaire ein
Erfolge:	3 Schiffe (16995 BRT +)

<u>*Stellungnahme des B.d.U.:*</u>
Gut und zähe durchgeführte Unternehmung. Der Entschluß des Kommandanten, in den St.-Lawrence-Strom einzudringen, wird hervorgehoben. Er ist mit dem Erfolg von 3 Schiffen belohnt worden.

8. Unternehmung U 553:
(Nord- und Westatlantik, Karibik, Große Antillen)

Kdt:	KK Karl Thurmann (9. Feindfahrt)
19.07.1942	St. Nazaire aus
17.09.1942	St. Nazaire ein
Erfolge:	3 Schiffe (16980 BRT +) 1 Schiff (7167 BRT =)

<u>*Stellungnahme des B.d.U.:*</u>
Ausgezeichnete Unternehmung. Die geschickte und überlegte Durchführung brachte dem Kommandanten einen sehr schönen Erfolg. Besonders hervorgehoben werden die vorbildlichen Geleitzugsangriffe am 18. August.

<u>*Funkspruch an Korvettenkapitän Thurmann vom 25.08.42:*</u>
Zur Verleihung des Ritterkreuzes übermittle ich Ihnen zugleich in dankbarer Anerkennung der hervorragenden Leistungen Ihrer Besatzung meine herzlichen Glückwünsche.
Oberbefehlshaber

Herzliche Glückwünsche.
Befehlshaber

9. Unternehmung U 553:
(Nordatlantik, westlich von Irland)

Kdt:	KK Karl Thurmann (10. Feindfahrt)
23.11.1942	St. Nazaire aus
18.12.1942	La Pallice ein
Erfolge:	1 Schiff (5273 BRT +)

<u>*Stellungnahme des B.d.U.:*</u>
Durch Fehlkonstruktion des neuen Turmaufbaus, der die Tiefensteuerung auf Sehrohrtiefe schon bei geringem Seegang unkontrollierbar machte, konnte von dem bewährten Kommandanten eine ausgezeichnete Angriffschance nicht ausgenutzt werden. – Der Nachtangriff bei schwerem Nordwest brachte einen verdienten Erfolg unter härtesten Einsatz.
Das Boot mußte wegen der Notwendigkeit, die wertvollen Erfahrungen in kürzester Zeit auszuwerten, vom Einsatz zurückgerufen werden.

10. Unternehmung U 553:
(mittlerer Nordatlantik)

Kdt:	KK Karl Thurmann (11. Feindfahrt)
16.01.1943	La Pallice aus
28.01.1943	amtlicher Verlust U 553
Erfolge:	keine

Erfolge Karl Thurmann als Kommandant U 553:
13 Schiffe (64612 BRT +)
2 Schiffe (15273 BRT =)

Ernst Kals

* 02.08.1905
in Glauchau/Sachsen
† 08.11.1979
in Emden

01.09.1942
Ritterkreuz (124-62)

31.03.1924
Eintritt in die Reichsmarine
Crew 24

31.03.1924 – 03.04.1924
Einstellung (Freiwilliger) als Seeoffiziersanwärter

04.04.1924 – 27.09.1924
Infanterieausbildung (Rekrut) – I. Abt.S.St. Div. der Nordsee

28.09.1924 – 31.03.1925
Bordausbildung – Linienschiff BRAUNSCHWEIG

01.04.1925 – 11.07.1925
Bordausbildung – SSS NIOBE

01.04.1925
Seekadett

12.07.1925 – 30.03.1926
Bordausbildung – Leichter Kreuzer BERLIN

31.03.1926 – 23.03.1927
Hauptlehrgang für Fähnriche – Marineschule Flensburg-Mürwik

01.04.1926
Fähnrich zur See

24.03.1927 – 28.05.1927
Torpedolehrgang für Fähnriche – Torpedoschule Flensburg-Mürwik

29.05.1927 – 03.07.1927
Nachrichtenlehrgang für Fähnriche – Nachrichtenschule Flensburg-Mürwik

04.07.1927 – 31.07.1927
Sperrlehrgang für Fähnriche – Sperrversuchskommando

01.08.1927 – 26.09.1927
Infanterielehrgang für Fähnriche – II. Abt. S.St.Div. der Ostsee, Stralsund

27.09.1927 – 08.01.1928
Artillerielehrgang für Fähnriche – S.A.S. Kiel-Wik

09.01.1928 – 25.09.1929
Linienschiff SCHLESIEN

01.05.1928
Oberfähnrich zur See

01.10.1928
Leutnant zur See (-29-)

26.09.1929 – 29.09.1931
Zugführer – IV. Marine-Artillerieabteilung, Cuxhaven, zugleich

07.07.1930 – 25.07.1930
Fla-Waffenlehrgang für Offiziere – Küstenartillerieschule Wilhelmshaven, zugleich

07.07.1931 – 29.09.1931
A/B- Lehrgang – S.A.S. Kiel-Wik

01.07.1930
Oberleutnant zur See (-29-)

30.09.1931 – 25.09.1933
II. WO – Torpedoboot LUCHS/3. Torpedobootshalbflottille

26.09.1933 – 26.09.1934
Adjutant – VI. Marine-Artillerieabteilung

27.09.1934 – 22.03.1935
Adjutant – Leichter Kreuzer KÖLN

23.03.1935 – 06.04.1935
Artillerielehrgang – S.A.S. Kiel-Wik

01.04.1935
Kapitänleutnant (-36-)

07.04.1934 – 26.09.1935
Adjutant – Leichter Kreuzer KÖLN

27.09.1935 – 23.07.1936
II. AO – Leichter Kreuzer EMDEN

24.07.1936 – 18.09.1936
Fla-Leiterlehrgang – Küstenartillerieschule Wilhelmshaven

19.09.1936 – 13.10.1937
VI. Marine-Artillerieabteilung, zugleich

22.02.1937 – 27.02.1937
Unterricht – Fla-Horch-Lehrkompanie, Nordholz, zugleich

28.06.1937 – 18.09.1937
A/A.-Lehrgang – S.A.S. Kiel-Wik

14.10.1937 – 31.03.1939
III. AO, WO und DO – Panzerschiff ADMIRAL SCHEER

01.04.1939 – 08.01.1940
I. AO und Fähnrichsoffizier – Leichter Kreuzer LEIPZIG

18.12.1939
Eisernes Kreuz II. Klasse

01.08.1939
Korvettenkapitän (-5-)

09.01.1940 – 09.08.1940
Lehrer – S.A.S. Kiel-Wik

10.08.1940 – 14.10.1940
Marine-Verbindungsoffizier – AOK 16

15.10.1940 – 05.01.1941
z.Vfg. – B.d.U. bzw.

15.10.1940 – 21.12.1940
Ua-Lehrgang für U-Offiziere – 1. U.L.D. bzw.

22.12.1940 – 05.01.1940
1. U.L.D.

06.01.1941 – 08.02.1941
U-Lehrgang – Torpedoschule Flensburg-Mürwik

09.02.1941 – 30.03.1941
Kommandantenschüler – U 37/
2. U-Flottille
Feindfahrt U 37/Kdt: Nikolai Clausen
27.02.1941 – 22.03.1941

31.03.1941 – 28.04.1941
Kommandanten-Schießlehrgang – 24. U-Flottille

29.04.1941 – 10.06.1941
Baubelehrung – U-Boote Nordsee, Deschimag AG Weser, Bremen

11.06.1941 – 31.08.1941
Kommandant – U 130/4. U-Flottille

01.09.1941 – 01.01.1943
Kommandant – U 130/2. U-Flottille

18.12.1941
Eisernes Kreuz I. Klasse

18.12.1941
U-Boots-Kriegsabzeichen 1939

30.01.1942
Nennung im Wehrmachtsbericht

01.09.1942
Ritterkreuz des Eisernen Kreuzes

02.01.1943 – 08.05.1945
Flottillenchef – 2. U-Flottille/Lorient, zugleich

01.08.1944 – 08.05.1945
Chef des U-Boot-Stützpunktes Lorient und Chef des Sicherungsverbandes Lorient, zugleich

11.1944 – 08.05.1945
Chef des Stabes beim Seekommandanten Lorient. (Im November 1944 beim Besuch einer vorderen Stellung durch eine Landmine schwer verwundet.)

01.06.1943
Fregattenkapitän (-2-)

30.01.1944
Kriegsverdienstkreuz II. Klasse mit Schwertern

01.09.1944
Kapitän zur See (-3-)

10.05.1945 – 20.01.1948
französische Kriegsgefangenschaft

20.01.1948
Entlassung

1. Unternehmung U 130:
(Nordatlantik)

Kdt:	KK Ernst Kals (2. Feindfahrt)
01.12.1941	Kiel aus
16.12.1941	Lorient ein
Erfolge:	3 Schiffe (14971 BRT +)

<u>Stellungnahme des B.d.U.:</u>
Der Kommandant hat auf seiner 1. Unternehmung mit dem neuen Boot in der kurzen Zeit der Überführung nach Westfrankreich einen schönen Anfangserfolg erzielt.

2. Unternehmung U 130:
(Westatlantik, USA-Ostküste, Nova-Scotia, Long Island, Chesapeake-Bay)

Kdt:	KK Ernst Kals (3. Feindfahrt)
27.12.1941	Lorient aus
25.02.1942	Lorient ein
Erfolge:	5 Schiffe (31 658 BRT +)

<u>Stellungnahme des B.d.U.:</u>
1.) *Sehr gut und überlegt durchgeführte, erfolgreiche Unternehmung.*
2.) *Die Vorschläge des Kommandanten sind veranlaßt, bzw. werden geprüft.*
Das Nah-S-Gerät wird nicht mehr eingebaut.
Bereits vorhandene Geräte werden verbessert.
3.) *Der Kommandant hat nicht nur selbst schöne Erfolge erzielt, sondern sich auch mit besonderem Verständnis in den Dienst anderer Boote gestellt.*

3. Unternehmung U 130:
(Westatlantik, Karibik, Trinidad, Curaçao, Venezuela)

Kdt:	KK Ernst Kals (4. Feindfahrt)
24.03.1942	Lorient aus
06.06.1942	Lorient ein
Erfolge:	2 Schiffe (13 091 BRT +)

<u>Stellungnahme des B.d.U.:</u>
1.) *Der Kommandant hat auf dieser Unternehmung in der Wahl seines Operationsgebietes, wie auch bei Angriffen auf gesichtete Ziele Pech gehabt.*
2.) *Eine von einem anderen Boot sehr verspätete Lagemeldung wirkte sich nachteilig aus, da dieses verkehrsreiche Gebiet in unmittelbarer Nähe lag und auch für U 130 erfolgsversprechend war.*
3.) *Dem Kommandanten ist wegen des geringen Erfolges kein Vorwurf zu machen.*

4. Unternehmung U 130:
(Mittelatlantik, Freetown)

Kdt:	KK Ernst Kals (5. Feindfahrt)
04.07.1942	Lorient aus
12.09.1942	Lorient ein
Erfolge:	7 Schiffe (51 528 BRT +)

<u>Stellungnahme des B.d.U.:</u>
Unter leichten Verhältnissen in verkehrsreichem Operationsgebiet durchgeführte Unternehmung.
Der Kommandant hat alle Möglichkeiten gut ausgenutzt und einen sehr schönen Erfolg erzielt.

<u>Funkspruch am 03.09.1942 an U 130:</u>
An Kals: Zur Verleihung des Ritterkreuzes übermittle ich Ihnen zugleich in dankbarer Anerkennung der hervorragenden Leistungen Ihrer Besatzung meine herzlichen Glückwünsche.
Ob. d. M.

Herzliche Glückwünsche.
B.d.U.

5. Unternehmung U 130:
(Mittelatlantik, Marokko, nordwestafrikanische Küste)

Kdt:	KK Ernst Kals (6. Feindfahrt)
29.10.1942	Lorient aus
30.12.1942	Lorient ein
Erfolge:	3 Schiffe (34 407 BRT +)

<u>Stellungnahme des B.d.U.:</u>
Der Angriff auf Fedala-Reede wurde entschlossen, überlegt und ruhig durchgeführt und brachte einen schönen, voll verdienten Erfolg. – Die Operation in Gruppe »Westwall« ergab keine Erfolgsmöglichkeiten.
Sonst nichts zu bemerken.

Erfolge Ernst Kals als Kommandant U 130:
20 Schiffe (145 655 BRT +)

Werner Hartenstein

* 27.02.1908
in Plauen/Vogtland
† 08.03.1943
im Westatlantik
östlich Barbados

17.09.1942
Ritterkreuz (125-63)

01.04.1928
Eintritt in die Reichsmarine
Crew 28

01.04.1928 – 30.06.1928
Infanterieausbildung – II. Abt. S.St.Div. der Ostsee, Stralsund

01.07.1928 – 15.10.1928
Bordausbildung – SSS NIOBE

11.10.1928
Seekadett

16.10.1928 – 03.01.1930
Bordausbildung – Leichter Kreuzer EMDEN

01.01.1930
Fähnrich zur See

04.01.1930 – 03.04.1930
z.Vfg. – II. Abt. S.St.Div. der Ostsee, Stralsund

04.04.1930 – 30.03.1931
Hauptlehrgang für Fähnriche – Marineschule Flensburg-Mürwik bzw.

24.06.1930 – 27.06.1930
Navigationsbelehrungsfahrt – Vermessungsschiff METEOR bzw.

29.09.1930 – 04.10.1930
Navigationsbelehrungsfahrt – Vermessungsschiff METEOR

31.03.1931 – 31.05.1931
Torpedolehrgang für Fähnriche – Torpedoschule Flensburg-Mürwik

01.06.1931 – 06.08.1931
Artillerielehrgang für Fähnriche – S.A.S. Kiel-Wik

07.08.1931 – 03.09.1931
Sperrlehrgang für Fähnriche – Sperrversuchskommando

04.09.1931 – 30.09.1931
Nachrichtenlehrgang für Fähnriche – Nachrichtenschule Flensburg-Mürwik

01.10.1931 – 24.10.1932
Bordausbildung – Leichter Kreuzer KÖLN

01.04.1932
Oberfähnrich zur See

01.10.1932
Leutnant zur See (-9-)

25.10.1932 – 15.11.1932
Fla-Waffenlehrgang – Küstenartillerieschule Wilhelmshaven

16.11.1932 – 13.02.1934
Leutnant zur See – Leichter Kreuzer KÖLN

14.02.1934 – 12.05.1934
A/B-Lehrgang – S.A.S. Kiel-Wik

13.05.1934 – 23.09.1934
Divisionsleutnant – Leichter Kreuzer KÖLN

01.09.1934
Oberleutnant zur See (-14-)

24.09.1934 – 29.09.1935
Kompanieoffizier – II. Marine-Artillerieabteilung, zugleich

02.10.1934 – 30.11.1934
Fla-Leiterlehrgang – Küstenartillerieschule Wilhelmshaven

30.09.1935 – 02.06.1936
Lehrer – Küstenartillerieschule Wilhelmshaven

03.06.1936 – 29.09.1936
Lehrer – S.A.S. Kiel-Wik

30.09.1936 – 13.11.1938
I. WO – Torpedoboot GREIF/4. Torpedobootsflottille

01.06.1937
Kapitänleutnant (-6-)

14.11.1938 – 19.11.1938
Sportlehrgang – Marineschule Flensburg-Mürwik

20.11.1938 – 10.1939
Kommandant – Torpedoboot SEEADLER/ 6. Torpedobootsflottille

06.06.1939
Spanienkreuz in Bronze

10.1939 – 16.02.1941
Kommandant – Torpedoboot JAGUAR/ 6. Torpedobootsflottille bzw.

05.1940 – 16.02.1941
Chef i.V. (m.d.W.d.G.b.) – 6. Torpedobootsflottille

26.10.1939
Medaille zur Erinnerung an die Heimkehr des Memellandes

16.11.1939
Eisernes Kreuz II. Klasse

27.04.1940
Eisernes Kreuz I. Klasse

06.11.1940
Medaille zur Erinnerung an den 01.10. 1938

24.12.1940
Zerstörerkriegsabzeichen

17.02.1941 – 30.03.1941
Kommandant – Torpedoboot JAGUAR/ 5. Torpedobootsflottille

31.03.1941 – 02.06.1941
U-Lehrgang – 1. U.L.D.

03.06.1941 – 29.06.1941
U.T.O.-Lehrgang – Torpedoschule Flensburg-Mürwik

30.06.1941 – 11.08.1941
Kommandanten-Schießlehrgang – 24. U-Flottille

12.08.1941 – 03.09.1941
Baubelehrung – K.L.A.-U-Nord, Bremen für U 156

04.09.1941 – 31.12.1941
Kommandant – U 156/4. U-Flottille

01.01.1942 – 08.03.1943
Kommandant – U 156/2. U-Flottille

02.02.1942
Deutsches Kreuz in Gold

17.03.1942
U-Boots-Kriegsabzeichen 1939

01.06.1942
Korvettenkapitän (-6-)

06.06.1942
Nennung im Wehrmachtsbericht

17.09.1942
Ritterkreuz des Eisernen Kreuzes

08.03.1943
Im Westatlantik östlich von Barbados durch die »Catalina« P-1(Lt. E. Dryden) der US-Navy-Squadron VP-53 auf Position 12°38'Nord/54°39'West versenkt.

1. Unternehmung U 156:
(Nordatlantik, Auslegen von Wetterbojen)

Kdt:	Kl Werner Hartenstein (1. Feindfahrt)
24.12.1941	Kiel aus
10.01.1942	Lorient ein
Erfolge:	keine

Stellungnahme des B.d.U.:
Überführungsfahrt nach Westfrankreich. Zur Durchführung nichts zu bemerken.

2. Unternehmung U 156:
(Westatlantik, Karibik, Aruba, Martinique)

Kdt:	Kl Werner Hartenstein (2. Feindfahrt)
19.01.1942	Lorient aus
17.03.1942	Lorient ein
Erfolge:	5 Schiffe (22723 BRT +) 2 Schiffe (10769 BRT =)

Stellungnahme des B.d.U.:
1.) *Sehr gut durchgeführte, erste Unternehmung des Kommandanten mit einem neuen Boot. Schneid, Angriffsgeist und überlegtes Handeln des Kommandanten*

brachten dem Boot einen schönen Anfangserfolg, der leider durch ungeklärte Fehlschüsse stark beeinträchtigt wurde.

2.) *Es ist bedauerlich, daß der Artillerieeinsatz gegen die Ölraffinerien von Curaçao wegen eines Versagers (Schießen mit aufgesetztem Mundpfropfen) vereitelt wurde. Die späteren Maßnahmen zum erneuten Einsatz des Geschützes wurden anerkannt.*

3.) *Die vom Kommandanten gemachten Vorschläge werden geprüft.*

3. Unternehmung U 156:
(Westatlantik, Karibik, Panama-Kanal)

Kdt:	KK Werner Hartenstein (3. Feindfahrt)
22.04.1942	Lorient aus
07.07.1942	Lorient ein
Erfolge:	12 Schiffe (44102 BRT +) 1 Schiff (8042 BRT =) 1 Zerstörer (1190 ts = am DD BLAKELY =)

Stellungnahme des B.d.U.:
Der Kommandant hat die sehr zahlreichen Erfolgschancen gut ausgenutzt und einen sehr schönen Erfolg erzielt. Besonders hervorgehoben wird die mit Zähigkeit durchgeführte Sonderaufgabe vor Martinique.

4. Unternehmung U 156:
(Mittel- u. Südatlantik, Freetown, nordostwärts Ascension)

Kdt:	KK Werner Hartenstein (4. Feindfahrt)
20.08.1942	Lorient aus
16.11.1942	Lorient ein
Erfolge:	3 Schiffe (30381 BRT +)

Stellungnahme des B.d.U.:
Gut durchgeführte Unternehmung. Der Kommandant befand sich bei der Rettungsaktion der »LACONIA-Schiffbrüchigen« in einer schwierigen Lage. Falsch war die Annahme des »Stillschweigenden Waffenstillstandes«. Sie hätte beinahe zum Verlust des Bootes geführt. Da es von der Führung aber unterlassen wurde, den Stand und Ablehnung der Neutralisation zu übermitteln, handelte er im besten Glauben. Der Vorfall ist ein erneuter Beweis, wie nachteilig sich menschliche Empfindungen gegenüber einem solchen Gegner auswirken können. Die Sicherheit des eigenen Bootes muß stets voll gewahrt bleiben.

5. Unternehmung U 156:
(Mittelatlantik, Kapverden, Westatlantik, Antillen, Barbados)

Kdt:	KK Werner Hartenstein (5. Feindfahrt)
16.01.1943	Lorient aus
08.03.1943	Verlust U 156
Erfolge:	keine

Erfolge Werner Hartenstein als Kommandant U 156:
20 Schiffe (97206 BRT +)
4 Schiffe (20001 BRT = einschließl. am DD BLAKELY =)

Günther Krech

*** 21.09.1914**
in Wilhelmshaven
† 03.06.2000
in Wuppertal

17.09.1942
Ritterkreuz (126-64)

01.04.1933
Eintritt in die Reichsmarine
Crew 33

01.04.1933 – 29.06.1933
Infanterieausbildung – 4. Komp./II. Abt. S.St.Div. der Ostsee, Stralsund

30.06.1933 – 23.09.1933
Bordausbildung – SSS GORCH FOCK

23.09.1933
Seekadett

24.09.1933 – 27.06.1934
Bordausbildung – Leichter Kreuzer KARLSRUHE

28.06.1934 – 18.04.1935
Hauptlehrgang für Fähnriche – Marineschule Flensburg-Mürwik bzw.

17.10.1934 – 23.10.1934
Navigationsbelehrungsfahrt – Tender NORDSEE bzw.

31.01.1935 – 06.02.1935
Navigationsbelehrungsfahrt – Tender NORDSEE

01.07.1934
Fähnrich zur See

19.04.1935 – 12.05.1935
Sperrlehrgang für Fähnriche – Sperrschule Kiel-Wik

13.05.1935 – 14.06.1935
Infanterielehrgang für Fähnriche – II. Abt. S.St.Div. der Ostsee, Stralsund

15.06.1935 – 30.06.1935
Fla-Waffenlehrgang für Fähnriche – Küstenartillerieschule Wilhelmshaven

01.07.1935 – 06.07.1935
U-Abwehrlehrgang für Fähnriche – U-Abwehrschule Kiel-Wik

07.07.1935 – 29.07.1935
Nachrichtenlehrgang für Fähnriche – Nachrichtenschule Flensburg-Mürwik

30.07.1935 – 18.09.1935
Torpedolehrgang für Fähnriche – Torpedoschule Flensburg-Mürwik

19.09.1935 – 30.09.1935
z.Vfg. – Marineschule Flensburg-Mürwik

01.10.1935 – 30.09.1936
Fliegerwaffenschule Warnemünde bzw.

01.10.1935 – 30.09.1936
Beobachterlehrgang – Fliegerschule (See) Parow

01.08.1936
Oberfähnrich zur See

01.10.1936 – 30.09.1937
Küstenfliegerstaffel 1./106, List/Sylt bzw.

01.02.1937 – 25.03.1937
Lehrgang für Staffelfunkoffiziere – Nachrichtenschule Flensburg-Mürwik

01.10.1936
Leutnant zur See (-59-)

02.11.1936
Beobachterabzeichen

01.10.1937 – 14.11.1938
Küstenfliegerstaffel 1./706, zugleich

12.01.1938 – 05.12.1938
zur Dienstleistung – Stab, F.d.Luft

01.06.1938
Oberleutnant zur See (-57-)

15.11.1938 – 26.02.1939
Küsten-Mehrzweckstaffel 3./506

27.02.1939 – 04.03.1939
Torpedolehrgang für Offiziere – Torpedoschule Flensburg-Mürwik

05.03.1939 – 31.10.1939
n.v.

01.11.1939
zur Kriegsmarine zurückversetzt

01.11.1939 – 25.11.1939
U.W.O.-Lehrgang – Nachrichtenschule Flensburg-Mürwik

26.11.1939 – 25.01.1940
U-Lehrgang – U-Schule

26.01.1940 – 03.03.1940
U.T.O.-Lehrgang – Torpedoschule Flensburg-Mürwik

04.03.1940 – 12.03.1940
U.W.O.-Schießlehrgang – S.A.S. Kiel-Wik

13.03.1940 – 24.04.1940
WO – U 5/U-Bootsschulflottille
Feindfahrt U 5/
Kdt: Heinrich Lehmann-Willenbrock
04.04.1940 – 19.04.1940

25.04.1940 – 29.05.1940
Baubelehrung – U-Boote Ost für U 100

09.05.1940
Medaille zur Erinnerung an die Heimkehr des Memellandes

30.05.1940 – 09.11.1940
I.WO – U 100/7. U-Flottille
Feindfahrten U 100/
Kdt: Joachim Schepke
09.08.1940 – 01.09.1940
11.09.1940 – 25.09.1940

12.10.1940 – 23.10.1940
Eisernes Kreuz II. Klasse

03.09.1940
Medaille zur Erinnerung an den 01.10.1938

26.09.1940
Eisernes Kreuz I. Klasse

26.09.1940
U-Boots-Kriegsabzeichen 1939

10.11.1940 – 13.01.1941
Kommandantenlehrgang – 24. U-Flottille

14.01.1941 – 19.02.1941
Baubelehrung für U 558

20.02.1941 – 20.07.1943
Kommandant – U 558/1. U-Flottille

01.04.1941
Kapitänleutnant (-5-)

26.02.1942
Nennung im Wehrmachtsbericht

17.09.1942
Ritterkreuz des Eisernen Kreuzes

20.07.1943
Im Nordatlantik nordwestlich Kap Ortegal durch die »Liberator« F der US-Army A/S Squadron 19 und der »Halifax« E der britischen 58. Squadron auf Position 45°10' Nord/09°42'West versenkt.
45 Tote; Kommandant, LI und drei Mann der Besatzung wurden nach 5 Tagen vom kanadischen Zerstörer ATHABASCAN gerettet und gerieten in Gefangenschaft.

1. Unternehmung U 558:
(Nordatlantik)

Kdt:	Kl Günther Krech (5. Feindfahrt)
01.06.1941	Kiel aus
09.07.1941	Brest ein
Erfolge:	keine

<u>Auszug aus dem K.T.B. des B.d.U. vom 09.07.1941:</u>
U 558, Kapitänleutnant Krech, Brest von Feindfahrt eingelaufen. Erste Unternehmung von Boot und Kommandant. Außer einen Dampfer im schweren Sturm, keine weiteren Handelsschiffe gesichtet. Kein Erfolg. Ein Urteil über den Kommandanten ist auf Grund dieser Unternehmung nicht möglich.

2. Unternehmung U 558:
(mittlerer Nordatlantik)

Kdt:	Kl Günther Krech (6. Feindfahrt)
28.07.1941	Brest aus
07.08.1941	Brest ein
Erfolge:	keine

<u>Stellungnahme des B.d.U.:</u>
Nichts zu bemerken.

3. Unternehmung U 558:
(Nordatlantik, westlich des Nordkanals)
Kdt: Kl Günther Krech (7. Feindfahrt)

25.08.1941 Brest aus
16.09.1941 Brest ein
Erfolge: 1 Schiff (10298 BRT +)

Stellungnahme des B.d.U.:
Das Operieren auf verschiedene Geleitzüge führte wegen sehr schlechter Sichtverhältnisse zu keinem Erfolg.
Der Geleitzugangriff bei dem schlechten Wetter am 28.08. war gut.

4. Unternehmung U 558:
(Nordatlantik, südostwärts Kap Farewell)
Kdt: Kl Günther Krech (8. Feindfahrt)

11.10.1941 Brest aus
25.10.1941 Brest ein
Erfolge: 4 Schiffe (26988 BRT +)

Stellungnahme des B.d.U.:
1.) Kurze, sehr gut durchgeführte Unternehmung mit schönem Erfolg.
2.) Bei der großen Gefahr, daß angreifende Boote durch die Sicherung abgedrängt werden, müssen auch verschossene Boote solange wie irgend möglich dranbleiben und Fühlung melden.

5. Unternehmung U 558:
(Nordatlantik, westlich Gibraltar, Durchbruchsversuch 02.12.1941)
Kdt: Kl Günther Krech (9. Feindfahrt)

24.11.1941 Brest aus
07.12.1941 Brest ein
Erfolge: keine

Stellungnahme des B.d.U.:
Unternehmung wurde wegen schwerer Fliegerbomben abgebrochen. Zur Durchführung nichts zu bemerken.

6. Unternehmung U 558:
(Westatlantik, Neufundland, nordostwärts Kap Race)
Kdt: Kl Günther Krech (10. Feindfahrt)

10.02.1942 Brest aus
11.03.1942 Brest ein
Erfolge: 2 Schiffe (15010 BRT +)
1 Schiff (8009 BRT =)

Auszug aus dem K.T.B. des B.d.U. vom 13.03.1942:
Der mündliche Bericht des Kommandanten U 558 nach Rückkehr bestätigt seinen Funkspruch über das Vorhandensein von Schutznetzen. Er hat beim Angriff im Geleitzug beim Schein von Leuchtraketen einwandfrei bei einem Tanker und einem Dampfer Schutznetze erkannt, die an dicken Spieren von etwa 10–15 m Länge und sehr starkem Durchmesser gefahren wurden. Erstaunlich ist die Tatsache, daß diese Schiffe – allerdings bei gutem Wetter – mit ausgebrachten Netzen 10 sm liefen. Ob es möglich sein wird, gegen diese Abwehrmaßnahme einen entsprechenden Torpedokopf mit Netzschere zu konstruieren, ist fraglich. Allheilmittel auch hiergegen – eine funktionierende Abstandspistole!

7. Unternehmung U 558:
(Westatlantik, Ostkaribik)
Kdt: Kl Günther Krech (11. Feindfahrt)

12.04.1942 Brest aus
13.04.1942 Lorient ein
13.04.1942 Lorient aus
21.06.1942 Brest ein
Erfolge: 6 Schiffe (12242 BRT + einschließl. br APC BEDFORDSHIRE + 913 ts)
1 Schiff (7061 BRT =)

Stellungnahme des B.d.U.:
Mit den Torpedoschüssen hatte der Kommandant viel Pech. – Guter Artillerieeinsatz. Sonst nichts zu bemerken.

8. Unternehmung U 558:
(Westatlantik, Karibik)
Kdt: Kl Günther Krech (12. Feindfahrt)

29.07.1942 Brest aus
16.10.1942 Brest ein
Erfolge: 5 Schiffe (26421 BRT +)

Funkspruch an U 558 vom 18.09.1942:
An Krech:
Herzlichen Glückwunsch zur Verleihung des Ritterkreuzes. Ihnen und Ihrer Besatzung Dank

und Anerkennung für die hervorragenden Leistungen.

- Oberbefehlshaber -

Herzlichen Glückwunsch.

B.d.U.

9. Unternehmung U 558:
(Mittelatlantik, südlich der Azoren)

Kdt: Kl Günther Krech (13. Feindfahrt)

09.01.1943 Brest aus
29.03.1943 Brest ein
Erfolge: 1 Schiff (9811 BRT +)

10. Unternehmung U 558:
(Nord- u. Mittelatlantik, südwestlich der Azoren)

Kdt: Kl Günther Krech (14. Feindfahrt)

08.05.1943 Brest aus
20.07.1943 Verlust U 558
Erfolge: keine

Erfolge Günter Krech als Kommandant U 558:
19 Schiffe (100770 BRT + einschließl. br APC BEDFORDSHIRE + 913 ts)
2 Schiffe (15070 BRT =)

OTTO VON BÜLOW

* 16.10.1911 IN WILHELMSHAVEN

20.10.1942
Ritterkreuz (129-65)

26.04.1943
234. Eichenlaub (29-23)

01.04.1930
Eintritt in die Reichsmarine als Seeoffiziersanwärter
Crew 30

01.04.1930 – 30.06.1930
Infanterieausbildung – II. Abt. S.St.Div. der Ostsee, Stralsund

01.07.1930 – 09.10.1930
Bordausbildung – SSS NIOBE

09.10.1930
Seekadett

10.10.1930 – 04.01.1932
Bordausbildung – Leichter Kreuzer EMDEN

01.01.1932
Fähnrich zur See

05.01.1932 – 31.03.1932
Infanterielehrgang für Fähnriche – II. Abt. S.St.Div. der Ostsee, Stralsund

01.04.1932 – 28.03.1933
Hauptlehrgang für Fähnriche – Marineschule Flensburg-Mürwik, einschließlich Navigationsbelehrungsfahrten

29.03.1933 – 01.10.1933
Waffenlehrgänge für Fähnriche – bei Sperrabteilung Kiel-Wik, S.A.S. Kiel-Wik, Marine-Torpedo- und Nachrichtenschule Flensburg-Mürwik, Küstenartillerieschule Wilhelmshaven

02.10.1933 – 31.03.1934
Bordausbildung – Panzerschiff DEUTSCHLAND

01.04.1934 – 26.09.1935
Divisionsleutnant und Batteriekommandeur (M.A.) – Panzerschiff DEUTSCHLAND

01.04.1934
Oberfähnrich zur See

01.01.1935
Leutnant zur See

27.09.1935 – 23.04.1937
Kompanieoffizier und Kompanieführer – Fla-Kompanie/VI.Marine-Artillerieabteilung, Emden, zwischenzeitlich Fla-Waffen und Fla-Leiterlehrgang

01.06.1936
Oberleutnant zur See (-30-)

24.04.1937 – 15.03.1939
Divisionsoffizier, I. WO und Flak-AO – Linienschiff SCHLESWIG-HOLSTEIN

16.03.1939 – 03.09.1939
Kompaniechef – Fla-Kompanie/V. Marine-Artillerieabteilung, Pillau

01.06.1939
Kapitänleutnant (-30-)

04.09.1939 – 07.01.1940
Kommandeur – Marine-Flakabteilung 215/V. Marine-Artillerieabteilung, Pillau

08.01.1940 – 31.03.1940
Leiter der Fla-Waffen-Spezialistenausbildung – bei Marine-Flakabteilung 221/Fla-Gruppenkommando Kiel

01.04.1940 – 10.11.1940
z.Vfg. – B.d.U., zugleich U-Ausbildung und U-Lehrgänge – U-Schule Pillau, 1. U.L.D., S.A.S. Kiel-Wik, Torpedo- und Nachrichtenschule Flensburg-Mürwik und Kommandantenlehrgang bei der 24. U-Flottille in Memel

11.11.1940 – 02.07.1941
Kommandant – U 3/21. U-Flottille

03.07.1941 – 05.08.1941
Baubelehrung – Danziger Werft Danzig für U 404

06.08.1941 – 19.07.1943
Kommandant – U 404/6. U-Flottille

06.04.1942
Eisernes Kreuz II. Klasse

06.04.1942
Eisernes Kreuz I. Klasse

28.06.1942
Nennung im Wehrmachtsbericht

26.04.1943
Nennung im Wehrmachtsbericht

20.10.1942
Ritterkreuz des Eisernes Kreuzes

26.04.1943
243. Eichenlaub zum Ritterkreuz des Eisernen Kreuzes

01.06.1943
Korvettenkapitän mit Wirkung vom 01.06.1943 und Rangdienstalter vom 01.04.1943 (-13a)

20.07.1943 – 31.08.1943
z.Vfg. – F.d.U./Ausbildung (zur Einweisung in den Dienstbetrieb bei der 24. U-Flottille in Memel)

01.09.1943 – 19.03.1945
Flottillenchef – 23. U-Flottille/Danzig (im Februar/März 1945 Abwicklung der 23. U-Flottille in Bremerhaven und Hamburg)

20.04.1944
Kriegsverdienstkreuz II. Klasse

20.03.1945 – 07.04.1945
Baubelehrung (zugeteilt) – 31. U-Flottille/Hamburg für U 2545

08.04.1945 – 18.04.1945
Kommandant – U 2545/31. U-Flottille

19.04.1945 – 23.05.1945
Kommandeur – Marinesturmbataillon I in Neustrelitz, Plön und Mürwik

23.05.1945 – 02.08.1945
britische Kriegsgefangenschaft

02.08.1945
Entlassung

01.07.1956
Eintritt in die Bundeswehr

01.07.1956 – 31.07.1956
Kommandeurslehrgang in Sonthofen und Flensburg-Mürwik

01.08.1956 – 30.09.1959
Kommandeur – 5. S.St.Abt. Bremerhaven (Zerstörer-Ausbildungsabteilung)

01.02.1957
Fregattenkapitän

01.10.1959 – 28.02.1962
Kommandant – Zerstörer Z-6 (vorher US-Zerstörer CHARLES AUSBURNE – Übernahme am 12.06.1960 in Charleston)

01.03.1962 – 30.09.1963
Kommandeur – 3. Zerstörergeschwader

01.10.1962
Kapitän zur See

01.10.1963 – 31.12.1963
Lehrstabsoffizier Taktik – Führungsakademie der Bundeswehr/Abteilung Marine, Hamburg-Blankenese

01.01.1964 – 31.03.1965
Kommandeur Lehrgruppe Marine – Führungsakademie der Bundeswehr, Hamburg-Blankenese

01.04.1965 – 30.03.1970
Kommandeur und Standortkommandant Hamburg – Standortkommando Hamburg

31.03.1970
Ruhestand

(Zu anderen Orden- und Ehrenzeichen fehlen die Verleihungsdaten)

1. Unternehmung U 404:
(Nordatlantik)

Kdt:	Kl Otto von Bülow (1. Feindfahrt)
17.01.1942	Kiel aus
18.01.1942	Kristiansand ein
19.01.1942	Kristiansand aus
01.02.1942	Lorient ein
Erfolge:	keine

Stellungnahme des B.d.U.:
Überführungsfahrt nach Westfrankreich. Zur Durchführung nichts zu bemerken.

2. Unternehmung U 404:
(Westatlantik, USA-Ostküste)

Kdt:	Kl Otto von Bülow (2. Feindfahrt)
14.02.1942	Lorient aus
04.04.1942	Brest ein
Erfolge:	4 Schiffe (22 654 BRT +)

Stellungnahme des B.d.U.:
Erste Unternehmung des Kommandanten mit neuem Boot. Ohne zuviel beim Gegner vorauszusetzen, hat der Kommandant die ihm gestellten Aufgaben mit Überlegung und Geschick angepackt.
Der erzielte Erfolg ist erfreulich. – Gut durchgeführte Unternehmung.

3. Unternehmung U 404:
(Westatlantik, USA-Ostküste)

Kdt:	Kl Otto von Bülow (3. Feindfahrt)
06.05.1942	Brest aus
14.07.1942	St. Nazaire ein
Erfolge:	7 Schiffe (31 061 BRT +)

Stellungnahme des B.d.U.:
Ausgezeichnet durchgeführte Unternehmung mit sehr schönem Erfolg.

4. Unternehmung U 404:
(Westatlantik, ostwärts der Neufundlandbank)

Kdt:	Kl Otto von Bülow (4. Feindfahrt)
23.08.1942	St. Nazaire aus
13.10.1942	St. Nazaire ein
Erfolge:	1 Zerstörer (1 120 ts + br DD VETERAN +) 2 Schiffe (16 689 BRT =)

Stellungnahme des B.d.U.:
Sehr gut durchgeführte Unternehmung. Der Kommandant hat die Erfolgschancen an Geleitzügen zähe und geschickt ausgenutzt.

5. Unternehmung U 404:
(Westatlantik, westlich Irlands)

Kdt:	Kl Otto von Bülow (5. Feindfahrt)
21.12.1942	St. Nazaire aus
06.02.1943	St. Nazaire ein
Erfolge:	keine

Stellungnahme des B.d.U.:
Es boten sich dem bewährten Kommandanten in der Aufstellung »Falke« und »Landsknecht« keine Erfolgsmöglichkeiten wegen Verkehrsleere.
Die Sonderaufgabe wurde überlegt und entschlossen angepackt, führte aber wegen Ver-

kehrslosigkeit und starker Ortungsabwehr zu keinem Erfolg. Die Ortungsdeutung und Erfahrungen sind besonders wertvoll.

6. Unternehmung U 404:
(Nordatlantik, westliche Biscaya, südlich Grönland, ostwärts der Neufundlandbank)

Kdt:	Kl Otto von Bülow (6. Feindfahrt)
21.03.1943	St. Nazaire aus
03.05.1943	St. Nazaire ein
Erfolge:	3 Schiffe (17736 BRT +)

Stellungnahme des B.d.U.:
Vorzüglich durchgeführte Unternehmung. Die Erfolge sind dem Angriffsgeist und dem Können des bewährten Kommandanten zu verdanken.

Anerkannte Erfolge:

1 Frachter	*4500 BRT versenkt.*
1 Frachter	*6000 BRT versenkt.*
1 Frachter	*6000 BRT versenkt.*
1 Frachter	*10000 BRT torpediert.*
1 Frachter	*8000 BRT versenkt.*

Flugzeugträger (Ranger) U.S.A. versenkt.

Funkspruch an U 404 vom 27.04.1943 für Kommandant:
In dankbarer Würdigung Ihres heldenhaften Einsatzes im Kampf für die Zukunft unseres Volkes verleihe ich Ihnen als 234. Soldaten der deutschen Wehrmacht das Eichenlaub zum Ritterkreuz des Eisernen Kreuzes.

Erfolge Otto von Bülow als Kommandant U 404:
15 Schiffe (72571 BRT + einschließl. br DD VETERAN + 1120 ts)
2 Schiffe (16689 BRT =)

HELMUT WITTE

* 06.04.1915
IN BOJENDORF/KREIS OLDENBURG IN HOLSTEIN (FEHMARN)

22.10.1942
Ritterkreuz (130-66)

08.04.1934
Eintritt in die Reichsmarine
Crew 34

08.04.1934 – 13.06.1934
Infanterieausbildung – II. Abt. S.St.Div. der Ostsee, Stralsund

14.06.1934 – 26.09.1934
Bordausbildung – SSS GORCH FOCK

27.09.1934 – 29.06.1935
Bordausbildung – Leichter Kreuzer KARLSRUHE

30.06.1935 – 20.09.1936
Hauptlehrgang für Fähnriche – Marineschule Flensburg-Mürwik, einschließlich der verschiedenen Waffenlehrgänge für Fähnriche

01.07.1935
Fähnrich zur See

21.09.1936 – 31.03.1937
Leichter Kreuzer KÖLN

01.01.1937
Oberfähnrich zur See

01.04.1937 – 04.10.1937
Leutnant zur See – Leichter Kreuzer KÖLN

01.04.1937
Leutnant zur See (-28-)

05.10.1937 – 17.12.1937
Lehrgang

18.12.1937 – 25.03.1938
WO – Leichter Kreuzer KÖLN

26.03.1938 – 06.09.1939
I.WO – Torpedoboot KONDOR/5. Torpedobootsflottille, danach (lt. Rangliste 01.11.1938) I.WO – Torpedoboot SEEADLER/6. Torpedobootsflottille, dann bis 25.08.1939 I.WO – Torpedoboot TIGER/ 5. Torpedobootsflottille

01.04.1938
Dienstauszeichnung IV. Klasse

01.04.1939
Oberleutnant zur See (-28-)

06.06.1939
Spanienkreuz in Bronze

07.09.1939 – 11.04.1940
z.Vfg. – 5. Zerstörerdivision, ab Dezember 1939 II.WO – Zerstörer Z-22 ANTON SCHMITT/3. Zerstörerflottille, parallel dazu Sperrwaffen- und Schiffstaucherlehrgänge

12.01.1940
Eisernes Kreuz II. Klasse

11.04.1940 – 30.06.1940
Adjutant und WO – 5. Zerstörerflottille, nach dem Untergang der ANTON SCHMITT bis Mai 1940 Landeinsatz bei Narvik beim Marineregiment Narvik

01.07.1940 – 21.12.1940
z.Vfg. – B.d.U. (U-Ausbildungslehrgänge)

22.12.1940 – 27.07.1941
I.WO – U 107/2. U-Flottille
Feindfahrten U 107/Kdt: Günter Hessler
24.01.1941 – 01.03.1941
29.03.1941 – 02.07.1941

10.07.1941
Eisernes Kreuz I. Klasse

10.07.1941
U-Boots-Kriegsabzeichen 1939

28.07.1941 – 07.09.1941
Kommandantenlehrgang – 24. U-Flottille

01.09.1941
Kapitänleutnant (-23-)

08.09.1941 – 03.10.1941
Baubelehrung – K.L.A.-U-Nord, Bremen für U 159

04.10.1941 – 30.04.1942
Kommandant – U 159/4. U-Flottille

01.05.1942 – 04.06.1943
Kommandant – U 159/10. U-Flottille

18.06.1942
Nennung im Wehrmachtsbericht

22.10.1942
Ritterkreuz des Eisernen Kreuzes

05.06.1943 – 11.1943
Lazarettaufenthalt

11.1943 – 02.1944
Lehrgang – Marineakademie Bad Homburg

03.1944 – 04.1944
Mitglied und Referent – Schiffsbaukommission

04.1944 – 08.05.1945
Asto und ständiger Vertreter des Admirals der Kleinkampfverbände bei der Skl/ O.K.M., u.a. bei Kriegsende Chef der Einsatzgruppe PANTHER im Rhein-Weser-Bereich, nach Kriegsende Marineoberkommando Ostsee und deutscher Marineverbindungsoffizier zum VIII. britischen Korps in Schleswig-Holstein, danach britische Kriegsgefangenschaft

23.12.1944
U-Boots-Frontspange in Bronze

14.07.1945
Entlassung

10.12.1980
Verdienstkreuz am Bande des Verdienstordens der BRD

1. Unternehmung U 159:
(Nordatlantik, Auslegen von Wetterbojen)

Kdt:	Kl Helmut Witte (3. Feindfahrt)
22.04.1942	Kiel aus
03.05.1942	Lorient ein
Erfolge:	keine

2. Unternehmung U 159:
(Westatlantik, Karibik)

Kdt:	Kl Helmut Witte (4. Feindfahrt)
14.05.1942	Lorient aus
13.07.1942	Lorient ein
Erfolge:	11 Schiffe (50504 BRT +) 1 Segler (265 BRT =)

Stellungnahme des B.d.U.:
Ausgezeichnet durchgeführte, erste Unternehmung des Kommandanten mit einem neuen Boot.
Mit vorbildlichem Schneid und Angriffsgeist errang der Kommandant bei vollster Ausnutzung aller Erfolgschancen einen hervorragenden Erfolg.

3. Unternehmung U 159:
(Südatlantik, Kapstadt, Südafrika, St. Paul, brasilianische Küste)

Kdt:	Kl Helmut Witte (5. Feindfahrt)
24.08.1942	Lorient aus
05.01.1943	Lorient ein
Erfolge:	11 Schiffe (63740 BRT +)

Stellungnahme des B.d.U.:
Unternehmung im Seegebiet um Kapstadt bot durch schlagartiges Auftreten große Erfolgsmöglichkeiten. Diese hat der Kommandant mit Energie, Zähigkeit und Geschick wahrgenommen und einen beachtlichen Erfolg erzielt. Die Fortsetzung der Operation nach Ergänzung des Torpedovorrats aus UD-3 (Rigele) brachte weitere Erfolge im Seegebiet FC.
Die Unternehmung wurde mit erfreulicher Frische trotz sehr langer Dauer durchgestanden und bedeutet für Kommandant und Besatzung eine besondere anerkannte Leistung.

4. Unternehmung U 159:
(Mittelatlantik, Azoren, Kanaren, vor Freetown)

Kdt:	Kl Helmut Witte (6. Feindfahrt)
04.03.1943	Lorient aus
25.04.1943	Lorient ein
Erfolge:	1 Schiff (5449 BRT +)

Stellungnahme des B.d.U.:
Das Boot hat sich zäh bewährt und an beiden Geleitzügen richtig operiert. Die Unternehmung wurde wegen Schäden vorzeitig abgebrochen.
Anerkannter Erfolg:
1 Mun. Dampfer 9000 BRT versenkt.

Erfolge Helmut Witte als Kommandant U 159:
23 Schiffe (119693 BRT +)
1 Segler (265 BRT =)

Siegfried Strelow

* 15.04.1911
in Kiel
† 09.07.1943
im Nordatlantik westlich
Figueira da Foz/Portugal

27.10.1942
Ritterkreuz (131-67)

01.04.1931
Eintritt in die Reichsmarine als Seeoffiziersanwärter
Crew 31

01.04.1931 – 29.06.1931
Infanterieausbildung – II. Abt. S.St.Div. der Ostsee, Stralsund

30.06.1931 – 16.10.1931
Bordausbildung – SSS NIOBE

01.09.1931
Seekadett

17.10.1931 – 04.01.1933
Bordausbildung – Leichter Kreuzer KARLSRUHE

05.01.1933 – 29.03.1933
Infanterielehrgang für Fähnriche – II. Abt. S.St.Div. der Ostsee, Stralsund

01.01.1933
Fähnrich zur See

30.03.1933 – 28.03.1934
Hauptlehrgang für Fähnriche – 1. Komp./ Marineschule Flensburg-Mürwik bzw.

15.06.1933 – 21.06.1933
Navigationsbelehrungsfahrt – Fischereischutzboot WESER bzw.

26.07.1933 – 03.08.1933
Belehrungsfahrt – Torpedoboot SEEADLER bzw.

23.10.1933 – 27.10.1933
Navigationsbelehrungsfahrt – Fischereischutzboot WESER

29.03.1934 – 25.04.1934
Sperrlehrgang für Fähnriche – 1. Komp./ Sperrschule Kiel-Wik

26.04.1934 – 30.06.1934
Artillerielehrgang für Fähnriche – S.A.S. Kiel-Wik

01.07.1934 – 22.08.1934
Torpedolehrgang für Fähnriche – Torpedoschule Flensburg-Mürwik

23.08.1934 – 07.09.1934
Fla-Waffenlehrgang für Fähnriche – Küstenartillerieschule

08.09.1934 – 24.09.1934
Nachrichtenlehrgang für Fähnriche – Nachrichtenschule Flensburg-Mürwik

25.09.1934 – 01.10.1934
U-Abwehrlehrgang für Fähnriche – U-Abwehrschule

02.10.1934 – 16.12.1934
Bordausbildung – Linienschiff SCHLESWIG-HOLSTEIN

17.12.1934 – 21.12.1934
Luftschutzlehrgang – Warnemünde

22.12.1934 – 26.05.1935
Bordausbildung – Linienschiff SCHLESWIG-HOLSTEIN

01.01.1935
Oberfähnrich zur See

01.04.1935
Leutnant zur See (-38-)

27.05.1935 – 22.06.1935
Taucherlehrgang – I. Abt. S.St.Div. der Ostsee

23.06.1935 – 27.09.1935
II. Torpedooffizier – Linienschiff SCHLESWIG-HOLSTEIN

28.09.1935 – 05.01.1936
Besatzungsstamm – Panzerschiff ADMIRAL GRAF SPEE bzw.

30.09.1935 – 21.12.1935
T/B-Lehrgang – Torpedoschule Flensburg-Mürwik

06.01.1936 – 11.10.1936
II. Torpedooffizier und Zugführer – Panzerschiff ADMIRAL GRAF SPEE

02.10.1936
Dienstauszeichnung IV. Klasse

12.10.1936 – 03.10.1937
Kommandant – S-9 und S-11/1. Schnellbootsflottille

01.01.1937
Oberleutnant zur See (-33-)

04.10.1937 – 28.10.1938
II.WO und Torpedooffizier – Zerstörer Z-4 RICHARD BEITZEN

29.10.1938 – 19.12.1939
Kommandant – Torpedoboot G-11/Torpedobootsschulflottille

01.08.1939
Medaille zur Erinnerung an den 01.10. 1938

01.10.1939
Kapitänleutnant (-63-)

20.12.1939 – 05.1940
Kommandant – Torpedoboot ALBATROS/ 5.Torpedobootsflottille

25.04.1940
Eisernes Kreuz II. Klasse

25.05.1940
Eisernes Kreuz I. Klasse

05.1940 – 31.05.1940
Kommandant – Minenschiff BRUMMER

01.06.1940 – 17.11.1940
Kommandant – Torpedoboot LÖWE/7. Torpedobootsflottille

18.11.1940 – 31.03.1941
Torpedo- und Rollenoffizier – Leichter Kreuzer LEIPZIG

19.02.1941
Zerstörerkriegsabzeichen

01.04.1941 – 30.05.1941
U-Lehrgang – 1. U.L.D.

31.05.1941 – 15.07.1941
Kommandanten-Schießlehrgang – 24. U-Flottille

16.07.1941 – 29.08.1941
Baubelehrung – 7. K.L.A./Danzig, Schichau-Werft

30.08.1941 – 31.12.1941
Kommandant – U 435/5. U-Flottille

01.01.1942 – 30.06.1942
Kommandant – U 435/1. U-Flottille

15.04.1942
U-Boots-Kriegsabzeichen 1939

01.07.1942 – 31.01.1943
Kommandant – U 435/11. U-Flottille

27.10.1942
Ritterkreuz des Eisernen Kreuzes

01.02.1943 – 09.07.1943
Kommandant – U 435/1. U-Flottille

09.07.1943
Im Nordatlantik westlich Figueira das Foz/ Portugal durch die »Wellington« R der britischen 179. Squadron auf Position 39°48' Nord/14°22'West vernichtet. – Totalverlust, 48 Tote.

01.07.1943
Korvettenkapitän (posthum)

1. Unternehmung U 435:
(Nordmeer, nordwestlich von Island)

Kdt:	Kl Siegfried Strelow (1. Feindfahrt)
20.01.1942	Kiel aus
16.02.1942	Kirkenes ein
18.02.1942	Kirkenes aus
22.02.1942	Drontheim ein
Erfolge:	keine

2. Unternehmung U 435:
(Nordmeer, gegen Geleitzug PQ 13)

Kdt:	Kl Siegfried Strelow (2. Feindfahrt)
16.03.1942	Drontheim aus
05.04.1942	Kirkenes ein
Erfolge:	1 Schiff (6421 BRT +)

Stellungnahme Admiral Nordmeer:
Der Erfolg der Operation gegen den Geleitzug PQ 13 mit einem versenkten Dampfer entspricht den ungünstigen Wetterverhältnissen.

Stellungnahme des B.d.U.:
1.) *Der Stellungnahme Admiral Nordmeer wird zugestimmt.*
2.) *Daß der Angriff auf den Einzelfahrer trotz vorheriger Sichtung mit dem Einsatz von Einzelschüssen zum Erfolg führte, ist sehr viel Glück. In diesem Falle wäre es richtiger gewesen, einen 3er-Fächer zu schießen.*
3.) *Die Angabe jedes gesteuerten Kurses im K.T.B. ist nicht erforderlich.*

3. Unternehmung U 435:
(Nordmeer)

Kdt:	Kl Siegfried Strelow (3. Feindfahrt)
07.04.1942	Kirkenes aus
15.04.1942	Kirkenes ein
17.04.1942	Kirkenes aus
22.04.1942	Bergen ein
24.04.1942	Bergen aus
24.04.1942	Kristiansand ein
25.04.1942	Kristiansand aus
26.04.1942	Kiel ein
Erfolge:	2 Schiffe (11494 BRT +)

Stellungnahme Admiral Nordmeer:
Kurze gut durchgeführte Unternehmung. Entschlußkraft und Einsatzbereitschaft des Kommandanten bei schnell wechselnden Lagen unter schwierigen Bedingungen werden hervorgehoben.

4. Unternehmung U 435:
(Verlegungsfahrten zur Werftreparatur, Nordmeer, Abholung Wettertrupp »Knospe« von Spitzbergen am 23.08.42)

Kdt:	Kl Siegfried Strelow (4. Feindfahrt)
18.06.1942	Kiel aus
20.06.1942	Hela ein
25.06.1942	Hela aus
26.06.1942	Kiel ein
18.07.1942	Kiel aus
19.07.1942	Kristiansand ein
20.07.1942	Kristiansand aus
20.07.1942	Haugesund ein
21.07.1942	Haugesund aus
21.07.1942	Bergen ein
22.07.1942	Bergen aus
25.07.1942	Narvik ein
25.07.1942	Narvik aus
31.08.1942	Skjomenfjord ein
Erfolge:	keine

Stellungnahme Admiral Nordmeer:
Hervorzuheben ist die gute Erkundung Eisfjord, die sachgemäße Durchführung der Abholung »Knospe« und die navigatorisch wesentliche Umschiffung Spitzbergens.

5. Unternehmung U 435:
(Nordmeer)

Kdt:	Kl Siegfried Strelow (5. Feindfahrt)
16.09.1942	Skjomenfjord aus
28.09.1942	Skjomenfjord ein
30.09.1942	Skjomenfjord aus
03.10.1942	Bergen ein
Erfolge:	4 Schiffe (16667 BRT + einschließl. br PM LEDA + 835 ts)

Stellungnahme des B.d.U.:
Nichts zu bemerken.

6. Unternehmung U 435:
(Nordatlantik, westlich Irland, südlich Island)

Kdt:	Kl Siegfried Strelow (6. Feindfahrt)
30.11.1942	Bergen aus
10.01.1943	Brest ein
Erfolge:	3 Schiffe (15245 BRT +)

Stellungnahme des B.d.U.:
Überlegt durchgeführte Unternehmung. Die Operation in »Draufgänger« und »Ungestüm« führte wegen Wetterlage und starker Luft nicht zum Erfolg.
Beim »Spitzgeleit« machte sich Brennstoffschwäche für die Entschlüsse des Kommandanten nachteilig bemerkbar. Der Erfolg ist deshalb erfreulich.

7. Unternehmung U 435:
(Nordatlantik, Grönland, Neufundland)

Kdt:	Kl Siegfried Strelow (7. Feindfahrt)

18.02.1943 Brest aus
25.03.1943 Brest ein
Erfolge: 1 Schiff (7 196 BRT +)

Stellungnahme des B.d.U.:
Gut durchgeführte Unternehmung, die durch Störungen in der Maschinenanlage häufig beeinträchtigt wurde. Der Kommandant hat mit Zähigkeit und Energie alle Angriffsmöglichkeiten ausgeschöpft und einen erfreulichen Erfolg erzielt. Das Glück war dem Kommandanten bei seinem Torpedoeinsatz besonders günstig. Die Angriffe mit E-Torpedos wurden auf sehr große Entfernung gefahren, auch beim FAT-Schuß ist eine möglichst geringe Schußentfernung anzustreben, da die Unterlagen möglichst genau sein sollen und dann erst höchste Wirksamkeit erwartet werden kann. Beim FAT-Schuß soll zunächst auch der direkte Treffer im Verlauf angestrebt werden.

Anerkannte Erfolge:
1 Dampfer 6000 BRT versenkt
1 Dampfer 2500 BRT versenkt
1 Dampfer 2500 BRT versenkt
1 Dampfer 6000 BRT versenkt
1 Dampfer 4500 BRT versenkt
1 Tanker 7000 BRT versenkt

8. Unternehmung U 435:
(Mittelatlantik, südwestlich der Azoren)
Kdt: Kl Siegfried Strelow
(8. Feindfahrt)

20.05.1943 Brest aus
09.07.1943 Verlust U 435
Erfolge: keine

Erfolge Siegfried Strelow als Kommandant U 435:
11 Schiffe (57023 BRT + einschließl. br PM LEDA + 835 ts)

Fritz Poske

*** 23.10.1904**
in Berlin-Schöneberg
† 01.10.1984
in Wachtberg-Niederbachem bei Bad Godesberg

06.11.1942
Ritterkreuz (132-68)

03.04.1923
Eintritt in die Reichsmarine
Crew 23

03.04.1923 – 07.04.1923
Seeoffiziersanwärter – Marineschule Kiel-Wik

08.04.1923 – 30.09.1923
Infanterieausbildung – I. Abt. S.St.Div. der Nordsee, Wilhelmshaven

01.10.1923 – 13.11.1923
seemännische Ausbildung – Linienschiff BRAUNSCHWEIG

14.11.1923 – 17.11.1923
seemännische Ausbildung – Torpedoboot T-151/II. Torpedobootsflottille

18.11.1923 – 29.11.1923
seemännische Ausbildung – Leichter Kreuzer HAMBURG

30.11.1923 – 31.03.1924
seemännische Ausbildung – Linienschiff BRAUNSCHWEIG

01.04.1924 – 28.06.1924
seemännische Ausbildung – SSS NIOBE

01.04.1924
Ernennung zum Seeoffiziersanwärter

29.06.1924 – 28.03.1925
seemännische Ausbildung – Leichter Kreuzer BERLIN

29.03.1925 – 21.03.1926
Hauptlehrgang für Fähnriche – Marineschule Flensburg-Mürwik bzw.

20.07.1925 – 25.07.1925
Navigationsbelehrungsfahrt – Tender NORDSEE bzw.

12.10.1925 – 17.10.1925
Navigationsbelehrungsfahrt – Vermessungsschiff PANTHER

01.04.1925
Fähnrich zur See

22.03.1926 – 29.05.1926
Torpedolehrgang für Fähnriche – Torpedoschule Flensburg-Mürwik

30.05.1926 – 03.07.1926
Nachrichtenlehrgang für Fähnriche – Nachrichtenschule Flensburg-Mürwik

04.07.1926 – 31.07.1926
Sperrlehrgang für Fähnriche – Sperrversuchskommando Kiel

01.08.1926 – 26.09.1926
Infanterielehrgang für Fähnriche (Zugführerlehrgang) – II. Abt. S.St.Div. der Ostsee, Stralsund

27.09.1926 – 05.01.1927
Artillerielehrgang für Fähnriche – S.A.S. Kiel-Wik

06.01.1927 – 28.09.1928
Wach- und Zugführer – Linienschiff SCHLESWIG-HOLSTEIN

01.05.1927
Oberfähnrich zur See

01.10.1927
Leutnant zur See (-21-)

29.09.1928 – 24.09.1929
Zugoffizier – II. Abt. S.St.Div. der Nordsee Wilhelmshaven bzw.

07.12.1928 – 14.12.1928
Fischereischutzfahrt – Tender M-134 bzw.

14.01.1929 – 26.01.1929
Navigationsbelehrungsfahrt – Tender M-134

01.07.1929
Oberleutnant zur See (-19-)

25.09.1929 – 21.12.1929
B-Lehrgang für Torpedooffiziere – Torpedoschule Flensburg-Mürwik

22.12.1929 – 23.09.1930
Zugoffizier – I. Abt. S.St.Div. der Nordsee, Wilhelmshaven

24.09.1930 – 27.09.1932
II.WO und Adjutant – Torpedoboot ALBATROS/4. Torpedobootshalbflottille

28.09.1932 – 14.05.1933
Adjutant – Inspektion des Bildungswesens der Marine, Kiel

15.05.1933 – 30.09.1934
Kommandant – Tender NORDSEE/ 1. Schnellbootsflottille

01.10.1934 – 02.01.1935
Kommandant – Torpedoboot T-155/Sperrversuchskommando Kiel

03.01.1935 – 16.02.1935
A-Lehrgang für Torpedooffizier – Torpedoschule Flensburg-Mürwik

17.02.1935 – 17.03.1935
Kommandant – Torpedoboot T-155/Sperrversuchskommando Kiel

18.03.1935 – 07.04.1935
Artillerielehrgang – S.A.S. Kiel-Wik

01.04.1935
Kapitänleutnant (-3-)

08.04.1935 – 26.09.1935
Kommandant – Torpedoboot T-155/Sperrversuchskommando Kiel

27.09.1935 – 15.07.1936
Divisions-WO und Torpedooffizier – Linienschiff SCHLESWIG-HOLSTEIN

16.07.1936 – 04.10.1937
Kompanieführer – II. M.L.A., zugleich

08.02.1937 – 11.02.1937
Luftschutzlehrgang in Berlin

02.10.1936
Dienstauszeichnung IV. Klasse

02.10.1936
Dienstauszeichnung III. Klasse

05.10.1937 – 11.04.1939
Referent – Inspektion des Bildungswesens der Marine, Kiel bzw.

28.03.1938 – 02.04.1938
Wehrpsychologischer Fortbildungslehrgang in Berlin bzw.

25.04.1938 – 07.05.1938
Torpedo-Ergänzungslehrgang – Torpedoschule bzw.

09.01.1939 – 28.01.1939
Navigations-Ergänzungslehrgang – Marineschule Flensburg-Mürwik

01.01.1939
Korvettenkapitän (-4-)

12.04.1939 – 01.12.1939
Navigationsoffizier – Linienschiff SCHLESIEN

02.10.1939
Eisernes Kreuz II. Klasse

02.12.1939 – 06.04.1940
Navigationsoffizier – Leichter Kreuzer NÜRNBERG

07.04.1940 – 10.04.1940
Navigationsoffizier – Leichter Kreuzer KÖNIGSBERG

11.04.1940 – 09.06.1940
Asto – Stab, Admiral der norwegischen Westküste

10.06.1940 – 25.10.1940
Kommandant – Aviso GRILLE

26.10.1940 – 29.03.1941
z.Vfg. – B.d.U., zugleich

26.10.1940 – 23.11.1940
U.W.O.-Lehrgang – S.A.S. Kiel-Wik bzw.

25.11.1940 – 21.12.1940
U.T.O.-Lehrgang – Torpedoschule Flensburg-Mürwik bzw.

06.01.1941 – 26.01.1941
U.W.O.-Lehrgang – Nachrichtenschule Flensburg-Mürwik bzw.

27.01.1941 – 29.03.1941
U-Lehrgang – 1. U.L.D.

30.03.1941 – 24.04.1941
Kommandantenlehrgang – 24. U-Flottille

25.04.1941 – 27.05.1941
z.Vfg. – 3. U-Flottille

28.05.1941 – 29.07.1941
Baubelehrung – KMD/Hamburg für U 504

30.07.1941 – 31.12.1941
Kommandant – U 504/4. U-Flottille

01.01.1942 – 05.01.1943
Kommandant – U 504/2. U-Flottille

21.03.1942
Nennung im Wehrmachtsbericht

02.04.1942
U-Boots-Kriegsabzeichen 1939

03.04.1942
Eisernes Kreuz I. Klasse

09.10.1942
Flottenkriegsabzeichen

06.11.1942
Ritterkreuz des Eisernen Kreuzes

06.01.1943 – 27.02.1945
Kommandeur – 1. U.L.D.

01.02.1943
Fregattenkapitän (-3-)

01.10.1943
Kapitän zur See (-5-)

01.09.1944
Kriegsverdienstkreuz II. Klasse mit Schwertern

30.01.1945
Kriegsverdienstkreuz I. Klasse mit Schwertern

28.02.1945 – 08.05.1945
z.Vfg. – Chef des Sonderstabes Marineinfanterie/O.K.M

05.03.1946
in Belgien aus britischer Kriegsgefangenschaft entlassen

09.05.1951
Eintritt in den Bundesgrenzschutz

09.05.1951 – 14.07.1952
Hilfsreferent im Referat Ausbildung, Organisation und Einsatz des BGS (Referat VI

B 1) – Bundesministerium des Innern, Seegrenzschutz des Bundesgrenzschutzes

16.06.1952
Oberstabskapitän im BGS

15.07.1952 – 30.06.1956
Leiter Referat Seegrenzschutz (Referat VI C 6, ab 16.06.1953 VI C 7) – Bundesministerium des Innern

01.10.1953
Kapitän im BGS

01.07.1956
Übernahme in die Bundesmarine

01.07.1956 – 30.09.1958
Haushaltsreferent – Bundesmarine

01.07.1956
Kapitän zur See

01.10.1958 – 31.10.1960
Organisationsreferent – Fü Stab der Marine

01.11.1960 – 30.03.1963
Chef des Stabes – Kommando der Flottenbasis

30.03.1963
Bundesverdienstkreuz I. Klasse

31.03.1963
Ruhestand

1. Unternehmung U 504:
(Nordatlantik, Überführungsfahrt nach Westfrankreich)

Kdt:	KK Fritz Poske (1. Feindfahrt)
06.01.1942	Kiel aus
20.01.1942	Lorient ein
Erfolge:	keine

Stellungnahme des B.d.U.:
Nichts zu bemerken.

2. Unternehmung U 504:
(Westatlantik, USA-Ostküste)

Kdt:	KK Fritz Poske (2. Feindfahrt)
25.01.1942	Lorient aus
01.04.1942	Lorient ein
Erfolge:	4 Schiffe (26561 BRT +)

Stellungnahme des B.d.U.:
Erste Unternehmung des Kommandanten mit einem neuen Boot.
Der an sich schöne Erfolg hätte bei mehr Zähigkeit noch größer sein können. Der Antritt des Rückmarsches aus dem verkehrsreichen Operationsgebiet mit noch 5 Torpedos und mehr als für den Rückmarsch notwendigen Brennstoff ist unverständlich. Die Geräusche unter Oberdeck sind kein Grund für diesen Entschluß. Zumal der Kommandant die schlechten Ortungsergebnisse der feindlichen Abwehr selbst feststellen konnte. Auf jeden Fall wäre ein von der Küste abgesetztes Operieren möglich gewesen.

3. Unternehmung U 504:
(Westatlantik, Golf von Mexiko, Kuba, Yucatan)

Kdt:	KK Fritz Poske (3. Feindfahrt)
02.05.1942	Lorient aus
07.07.1942	Lorient ein
Erfolge:	6 Schiffe (19418 BRT +)

Stellungnahme des B.d.U.:
Im Verhältnis zum angetroffenen Einzelverkehr hätte der Erfolg bei etwas mehr Glück und weniger Fehlschüssen größer sein können. Das Verhalten am 20.05. war ungeschickt. Bei Insichtkommen eines Schattens muß erstmal solange auf den Gegner zugehalten werden, bis der Kurs des Gegners bestimmt werden kann.

4. Unternehmung U 504:
(Südatlantik, Südafrika, vor Kapstadt)

Kdt:	KK Fritz Poske (4. Feindfahrt)
19.08.1942	Lorient aus
11.12.1942	Lorient ein
Erfolge:	6 Schiffe (36156 BRT +)

Stellungnahme des B.d.U.:
Erfolgreich durchgeführte vierte Unternehmung des Kommandanten.
Die Operation im Seegebiet vor Kapstadt hätte bei dem schlagartigen Auftreten und dem dortigen starken, wenig gesicherten Verkehr zu größeren Erfolgen führen können, wenn der Kommandant seine Torpedos etwas haushälterischer eingesetzt hätte.
So gingen zweifellos noch leichte Erfolgschancen wegen frühzeitigen Torpedoverbrauchs ungenutzt vorüber!
Sonst nichts zu bemerken.

Funkspruch an U 504 vom 07.11.1942:
An Poske zur Verleihung des Ritterkreuzes übermittle ich Ihnen in dankbarer Anerkennung der von Ihnen und Ihrer Besatzung erzielten großen Erfolge meine herzlichsten Glückwünsche.
Oberbefehlshaber

Herzlichen Glückwunsch
B.d.U.

Funkspruch an U 504 vom 11.11.1942
An U 504 für Korv.Kapt. Poske.
Herzlichen Glückwunsch
Flottillenchef

Erfolge Fritz Poske als Kommandant U 504:
16 Schiffe (82 135 BRT +)

Carl Emmermann

* 06.03.1915
in Hamburg
† 25.03.1990
in Celle

27.11.1942
Ritterkreuz (133-69)

04.07.1943
256. Eichenlaub (32-25)

08.04.1934
Eintritt in die Reichsmarine als Seeoffiziersanwärter
Crew 34

08.04.1934 – 13.06.1934
Infanterieausbildung – 2. Komp./II. Abt. S.St.Div. der Ostsee, Stralsund

14.06.1934 – 26.09.1934
Bordausbildung – SSS GORCH FOCK

26.09.1934
Seekadett

27.09.1934 – 26.06.1935
Bordausbildung – Leichter Kreuzer KARLSRUHE

27.06.1935 – 30.03.1936
Hauptlehrgang für Fähnriche – Marineschule Flensburg-Mürwik

01.07.1935
Fähnrich zur See

04.1936 – 02.1939
Fähnrichs-Waffenkurse und Lehrgänge, dann Gruppenoffizier für Fähnriche – Marineschule Flensburg-Mürwik

01.01.1937
Oberfähnrich zur See

01.04.1937
Leutnant zur See (-42-)

05.04.1938
Dienstauszeichnung IV. Klasse

03.1939 – 06.1940
Marineschule bzw. Torpedo- und Nachrichtenschule Flensburg-Mürwik

01.04.1939
Oberleutnant zur See (-43-)

07.1940 – 09.1940
U-Lehrgänge – S.A.S. Kiel-Wik und 1. U.L.D.

11.1940 – 08.1941
I.WO – U A/7. U-Flottille, ab 01.04.1941, 2. U-Flottille
Feindfahrten U A/ Kdt:Hans Eckermann
25.02.1941 – 18.03.1941
14.04.1941 – 26.04.1941
03.05.1941 – 30.07.1941

19.03.1941
Eisernes Kreuz II. Klasse

02.08.1941
Eisernes Kreuz I. Klasse

02.08.1941
U-Boots-Kriegsabzeichen 1939

08.1941 – 04.11.1941
Kommandantenlehrgang und Baubelehrung für U 172

01.10.1941
Kapitänleutnant (-8-)

05.11.1941 – 30.04.1942
Kommandant – U 172/4. U-Flottille

01.05.1942 – 31.10.1943
Kommandant – U 172/10. U-Flottille

27.11.1942
Ritterkreuz des Eisernen Kreuzes

04.07.1943
256. Eichenlaub zum Ritterkreuz des Eisernen Kreuzes

16.07.1943
Kapitänleutnant, neues Rangdienstalter vom 01.11.1940 (-5a-)

01.10.1943
U-Boots-Kriegsabzeichen 1939 mit Brillanten

01.11.1943 – 06.11.1943
z.Vfg. – 10. U-Flottille

07.11.1943 – 27.08.1944
Flottillenchef – 6. U-Flottille/St. Nazaire

28.08.1944 – 02.03.1945
Referent in der Erprobungsgruppe U-Boote – beim Führer Erprobungsgruppe Typ XXIII, beim F.d.U./Ausbildung

01.09.1944
Kriegsverdienstkreuz II. Klasse mit Schwertern

01.10.1944
U-Boots-Frontspange in Bronze

01.12.1944
Korvettenkapitän

03.03.1945 – 22.04.1945
Kommandant – U 3037/4. U-Flottille

23.04.1945 – 08.05.1945
Flottillenchef – 31.U-Flottille/Hamburg, zuletzt Kommandeur – Marinebataillon »Emmermann« (Einsatz im Raum Hamburg)

08.05.1945 – 02.09.1945
britische Kriegsgefangenschaft

02.09.1945
Entlassung

1. Unternehmung U 172:
(Nordatlantik)

Kdt:	Kl Carl Emmermann (4. Feindfahrt)
22.04.1942	Kiel aus
03.05.1942	Lorient ein
Erfolge:	keine

Stellungnahme des B.d.U.:
Überführungsfahrt nach Westfrankreich. Zur Durchführung nichts zu bemerken.

2. Unternehmung U 172:
(Westatlantik, Karibik, Mona-Passage, Colon, Kleine Antillen, Haiti, Jamaica)

Kdt:	Kl Carl Emmermann (5. Feindfahrt)
11.05.1942	Lorient aus
12.05.1942	Lorient ein
12.05.1942	Lorient aus
21.07.1942	Lorient ein
Erfolge:	9 Schiffe (40618 BRT +)

Stellungnahme des B.d.U.:
Gut durchgeführte, erste Unternehmung des Kommandanten mit einem neuen Boot. Der Erfolg hätte bei weniger Fehlschüssen, die größtenteils auf Torpedoversager zurückzuführen sind, noch größer sein können.

3. Unternehmung U 172:
(Südatlantik, Südafrika, Kapstadt)

Kdt:	Kl Carl Emmermann (6. Feindfahrt)
19.08.1942	Lorient aus
27.12.1942	Lorient ein
Erfolge:	8 Schiffe (60048 BRT +)

Stellungnahme des B.d.U.:
Unternehmung im Seegebiet von Kapstadt hatte durch Überraschungsmoment große Erfolgsmöglichkeiten bei geringer Abwehr. Das vorzeitige Losschlagen des Kommandanten hätte leicht den Gesamterfolg mindern können und muß aus Führungsgründen mißbilligt werden!
Der Kommandant hat mit Geschick, Tatkraft und zäher Energie jede sich bietende Chance ausgenutzt und einen hervorragenden Erfolg erzielt. Sehr gut durchgeführte Unternehmung von langer Dauer, zu der sonst nichts zu bemerken ist.

Funkspruch an U 172 vom 28.11.42:
An U 172 und U 67 für Kommandanten. Zur Verleihung des Ritterkreuzes übermittle ich Ihnen in dankbarer Anerkennung der von Ihnen und Ihren tapferen Besatzungen erzielten großen Erfolge meine herzlichsten Glückwünsche.
Ihr Ob.d.M.

Herzliche Glückwünsche, weiter Heil und Sieg,
B.d.U.

4. Unternehmung U 172:
(Mittelatlantik, Azoren, Kanaren)

Kdt:	Kl Carl Emmermann (7. Feindfahrt)
21.02.1943	Lorient aus
17.04.1943	Lorient ein
Erfolge:	5 Schiffe (29165 BRT +)

Stellungnahme des B.d.U.:
Ausgezeichnet durchgeführte Unternehmung. Alle Angriffe zeigen das hohe Können, die schnelle Entschlußkraft und das Draufgängertum des Kommandanten.
Die Durchführung der Angriffe auf die Einzelfahrer, des Angriffs auf das »Unverzagt-Geleit« und der Abwehr der »Halifax«-Bomber ist vorbildlich.

Anerkannte Erfolge:

1 Mun. Dampfer	*9000 BRT versenkt.*
1 MA	*3041 BRT versenkt.*
1 TA	*5565 BRT versenkt.*
1 Pass. Frachter	*8000 BRT versenkt.*
1 Frachter	*6000 BRT versenkt.*
1 DA	*6800 BRT versenkt.*
1 Pass. Frachter	*10000 BRT versenkt.*
1 Pass. Frachter	*7000 BRT versenkt.*

Insgesamt 8 Schiffe mit 55406 BRT versenkt.

5. Unternehmung U 172:
(Mittel- und Südatlantik, brasilianische Küste)

Kdt:	Kl Carl Emmermann (8. Feindfahrt)
29.05.1943	Lorient aus
07.09.1943	Lorient ein
Erfolge:	4 Schiffe (22946 BRT +)

Stellungnahme des B.d.U.:
Mit bewährter Tatkraft und gutem Geschick durchgeführte Unternehmung, die dem Boot einen erfreulichen Erfolg brachte. Die glückliche Abwehr mehrerer Flugzeugangriffe ist dem umsichtigen und richtigen Verhalten zu danken. – Sonst nichts zu bemerken.

Anerkannte Erfolge:

MA CORNISH CITY	*4952 BRT versenkt.*
AFRICAN STAR	*8500 BRT versenkt.*
DA HARMONIC	*4558 BRT versenkt.*
FORT CHILCOTIN	*6000 BRT versenkt.*
4 Schiffe	*24010 BRT versenkt.*

Funkspruch an U 172 vom 06.07.43:
An Kapitänleutnant Emmermann. In dankbarer Würdigung Ihres heldenhaften Einsatzes im Kampf für die Zukunft unseres Volkes verleihe ich Ihnen als 256. Soldaten der deutschen Wehrmacht das Eichenlaub zum Ritterkreuz des Eisernen Kreuzes.
Adolf Hitler

Zur Verleihung des Eichenlaubs herzlichste Glückwünsche.
Ihr Ob.d.M. und B.d.U.

Erfolge Carl Emmermann als Kommandant U 172:
26 Schiffe (152777 BRT +)

GÜNTHER MÜLLER-STÖCKHEIM

(ab 18.02.1942 Müller-Stöckheim, vorher nur Müller)

* 17.12.1913
IN KLEIN STÖCKHEIM/
KREIS BRAUNSCHWEIG
† 16.07.1943
IM WESTATLANTIK/
SARGASSO-SEE

27.11.1942
Ritterkreuz (134-70)

08.04.1934
Eintritt in die Reichsmarine
Crew 34

08.04.1934 – 14.06.1934
Infanterieausbildung – 4. Komp./II. S.St.Abt. der Ostsee, Stralsund

15.06.1934 – 26.09.1934
Bordausbildung – SSS GORCH FOCK

26.09.1934
Seekadett

27.09.1934 – 26.06.1935
Bordausbildung – Leichter Kreuzer EMDEN

27.06.1935 – 30.03.1936
Hauptlehrgang für Fähnriche – Marineschule Flensburg-Mürwik bzw.

17.02.1936 – 22.02.1936
Navigationsbelehrungsfahrt – Tender HECHT

01.07.1935
Fähnrich zur See

31.03.1936 – 02.06.1936
Artillerielehrgang für Fähnriche – S.A.S. Kiel-Wik

03.06.1936 – 21.07.1936
Torpedolehrgang für Fähnriche – Torpedoschule Flensburg-Mürwik

22.07.1936 – 11.08.1936
Nachrichtenlehrgang für Fähnriche – Nachrichtenschule Flensburg-Mürwik

12.08.1936 – 01.09.1936
Sperrlehrgang für Fähnriche – Sperrschule Kiel-Wik

02.09.1936 – 29.09.1936
Infanterielehrgang für Fähnriche – II. S.St. Abt. der Ostsee, Stralsund

30.09.1936 – 14.02.1937
Bordausbildung – Linienschiff SCHLESIEN

01.01.1937
Oberfähnrich

15.02.1937 – 23.03.1937
E-Meßlehrgang für Offiziere – S.A.S.

24.03.1937 – 25.07.1937
Bordausbildung – Linienschiff SCHLESIEN

01.04.1937
Leutnant zur See (-20-)

26.07.1937 – 04.09.1937
E-Meßlehrgang für Offiziere – S.A.S.

05.09.1937 – 28.04.1938
Artillerieoffizier – Linienschiff SCHLESIEN

29.04.1938 – 28.02.1940
Gruppenoffizier – Marineschule Flensburg-Mürwik bzw.

11.08.1938 – 20.08.1938
Navigationsbelehrungsfahrt – Schulschiff PAUL BENEKE bzw.

28.11.1938 – 01.04.1939
Kompanieoffizier – 4. Komp./7. S.St.Abt. Stralsund

01.04.1939
Oberleutnant zur See (-20-)

29.02.1940 – 28.04.1940
z.Vfg. – 1. M.L.A. (für SSS ALBERT LEO SCHLAGETER)

29.04.1940 – 02.06.1940
z.Vfg. – B.d.U. bzw. U.T.O.-Lehrgang – Torpedoschule Flensburg-Mürwik

03.06.1940 – 30.06.1940
U-Nachrichtenlehrgang – Nachrichtenschule Flensburg-Mürwik

01.07.1940 – 27.07.1940
U-Lehrgang – S.A.S. Kiel-Wik

28.07.1940 – 27.09.1940
U-Lehrgang – 1. U.L.D.

28.09.1940 – 06.10.1940
Baubelehrung – U-Boote Nordsee

07.10.1940 – 29.11.1940
U.A.A., Plön

30.11.1940 – 14.05.1941
I.WO – U 123/2. U-Flottille
Feindfahrten U 123/
Kdt: Karl-Heinz Moehle
14.01.1941 – 28.02.1941
10.04.1941 – 11.05.1941

01.03.1941
Eisernes Kreuz II. Klasse

04.05.1941
U-Boots-Kriegsabzeichen 1939

15.05.1941 – 08.06.1941
z.Vfg. – 2. U-Flottille (v. 14.05. – 19.05. 1941 Kdt i. V. U 123)

09.06.1941 – 02.07.1941
Kommandantenlehrgang – 24. U-Flottille

03.07.1941 – 16.07.1943
Kommandant – U 67/2. U-Flottille

01.09.1941
Kapitänleutnant (-17-)
Eisernes Kreuz I. Klasse

27.11.1942
Ritterkreuz des Eisernen Kreuzes

01.07.1943
Korvettenkapitän (posthum)

16.07.1943
Im Westatlantik, Sargasso-See, durch eine »Avenger« des US-Geleitträgers CORE (Squadron VC-13) mit 4 Mk-47-Torpex Wasserbomben auf Position 30°05'Nord/ 44°17'West versenkt.
48 Tote, einschließlich des Kommandanten Günther Müller-Stöckheim, 3 Überlebende.

1. Unternehmung U 67:
(Nordatlantik)

Kdt:	OlzS Günther Müller (3. Feindfahrt)
LI:	OI (Ing.) Karl-Heinz Wiebe
01.08.1941	Kiel aus
02.08.1941	Farmsund ein
03.08.1941	Farmsund aus
12.08.1941	Bergen ein
19.08.1941	Bergen aus
29.08.1941	Lorient ein
Erfolge:	keine

<u>*Stellungnahme des B.d.U.:*</u>
Überführungsfahrt eines Versuchsbootes aus der Heimat nach Westfrankreich. Angriffsverbot. Befehl, abgesetzt zu marschieren. Zur Durchführung nichts zu bemerken.

2. Unternehmung U 67:
(Mittelatlantik, Kapverden)

Kdt:	Kl Günther Müller (4. Feindfahrt)
LI:	OI (Ing.) Karl-Heinz Wiebe
14.09.1941	Lorient aus
16.10.1941	Lorient ein
Erfolge:	1 Schiff (3753 BRT +)

<u>*Stellungnahme des B.d.U.:*</u>
Auf Grund der Ramming mit dem unbekannten U-Boot mußte Unternehmung früher abgebrochen werden. Zur Durchführung nichts zu bemerken.

3. Unternehmung U 67:
(Nordatlantik, westlich Gibraltar)

Kdt:	Kl Günther Müller (5. Feindfahrt)
LI:	OI (Ing.) Karl-Heinz Wiebe
26.11.1941	Lorient aus
26.12.1941	Lorient ein
Erfolge:	keine

<u>*Stellungnahme des B.d.U.:*</u>
Dem Kommandanten ist es trotz zähen Operierens nicht gelungen, auf den stark gesicherten Gibraltar-Geleitzug zum Angriff zu kom-

men. Angriffe auf Sicherungsfahrzeuge brachten infolge personeller, wie auch materieller Versager keinen Erfolg. Die hier gewonnenen Erfahrungen werden für die späteren Unternehmungen von großem Wert sein.

4. Unternehmung U 67:

(Westatlantik, Karibik, Curaçao)

Kdt:	Kl Günther Müller-Stöckheim (6. Feindfahrt)
LI:	Ol (Ing.) Karl-Heinz Wiebe
19.01.1942	Lorient aus
30.03.1942	Lorient ein
Erfolge:	2 Schiffe (17 903 BRT +) 1 Schiff (3 177 BRT =)

Stellungnahme des B.d.U.:
Der Erfolg dieser Unternehmung ist im Verhältnis zu ihrer Dauer und dem angetroffenen Verkehr gering. Dieses ist zum Teil auf viele ungeklärte Fehlschüsse zurückzuführen. Der Versuch eines Artillerieangriffes auf die Ölraffinerien von Curaçao hätte vom Kommandanten energischer angepackt werden müssen.

5. Unternehmung U 67:

(Westatlantik, Karibik, Große Antillen, Golf von Mexiko)

Kdt:	Kl Günther Müller-Stöckheim (7. Feindfahrt)
LI:	Ol (Ing.) Karl-Heinz Wiebe (am 02.06.1942 auf das heimkehrende U 125 umgestiegen)
20.05.1942	Lorient aus
08.08.1942	Lorient ein
Erfolge:	6 Schiffe (30 014 BRT +) 2 Schiffe (14 831 BRT =)

Stellungnahme des B.d.U.:
Sehr erfolgreiche, gut durchgeführte Unternehmung.
Zur Durchführung nichts zu bemerken.

6. Unternehmung U 67:

(Westatlantik, südostwärts Trinidad)

Kdt:	Kl Günther Müller-Stöckheim (8. Feindfahrt)
16.09.1942	Lorient aus
21.12.1942	Lorient ein
Erfolge:	4 Schiffe (20 467 BRT + 2 Schiffe (11 718 BRT =)

Stellungnahme des B.d.U.:

1.) *Die Kollision mit dem torpedierten Dampfer am 25.10. hat der Kommandant selbst verschuldet, da er in den kritischen Augenblicken die Situation entfernungsmäßig nicht übersah und zu spät den Befehl zum Auf-Tiefe-gehen gab.*
2.) *An dem Unfall, dem der Matr.Gfr. Hartmann am 27.10. zum Opfer fiel, trifft weder den Kommandanten noch ein anderes Besatzungsmitglied ein Verschulden. Es liegt höhere Gewalt vor. Die Maßnahmen nach dem Unfall waren sachgemäß. Die Ursachen werden von zuständiger Seite geklärt, um in Zukunft ähnliche Unfälle auszuschließen.*
Sonst nichts zu bemerken.

Funkspruch an U 67 vom 28.11.1942:
An U 172 und U 67 für Kommandanten:
Zur Verleihung des Ritterkreuzes übermittle ich Ihnen in dankbarer Anerkennung der von Ihnen und Ihrer tapferen Besatzung erzielten großen Erfolge meine herzlichsten Glückwünsche.

Ihr Ob. d. M.

Herzliche Glückwünsche, weiter Heil und Sieg

B.d.U.

Funkspruch an U 67 vom 29.11.1942:
An U 67 und U 172 für Kommandanten.
Zur Verleihung des Ritterkreuzes herzlichen Glückwunsch.

2. und 10. U-Flottille

7. Unternehmung U 67:

(Mittelatlantik, Azoren, Kanaren)

Kdt:	Kl Günther Müller-Stöckheim (9. Feindfahrt)
03.03.1943	Lorient aus
13.04.1943	Lorient ein
Erfolge:	keine

Stellungnahme des B.d.U.:

1.) *Das Durchsacken am 15.03., das schnelle Steigen und Herauskommen des Bootes ist wahrscheinlich auf eine Luftblase, undichte Oberdeckstube, zurückzuführen. Da alle Manometer in der Zentrale an demselben Außenbordabschluß hängen, empfiehlt es sich, bei jeden Auf-Tiefe-gehen, etwa auf Tiefe A+40 m Tiefenmanometer Bug- und Heckraum beobachten und abgetauchte Tiefe alle 10 m in die Zentrale melden zu lassen.*

Bugraum die Fünfer-, Heckraum die Zehnerstellen.
Sonst nichts zu bemerken.

8. Unternehmung U 67:
(Westatlantik, südostwärts Kleine Antillen, Sargasso-See)

Kdt: Kl Günther Müller-Stöckheim (10. Feindfahrt)

10.05.1943 Lorient aus
16.07.1943 Verlust U 67
Erfolge: keine

Erfolge Günther Müller-Stöckheim als Kommandant U 67:
13 Schiffe (72 137 BRT +)
5 Schiffe (29 726 BRT =)

Wilhelm Dommes

* 16.04.1907 in Buchberg/Westpreussen
† 23.01.1990 in Hannover

02.12.1942
Ritterkreuz (135-71)

23.01.1933
Eintritt in die Reichsmarine als Freiwilliger der Seeoffizierslaufbahn
Crew 29 (eingegliedert)

23.01.1933 – 31.03.1933
Infanterieausbildung – II. Abt. S.St.Div. der Ostsee, Stralsund

01.04.1933 – 22.04.1933
Lehrgang – S.A.S. Kiel-Wik

01.04.1933
Fähnrich zur See

23.04.1933 – 28.03.1934
Hauptlehrgang für Fähnriche – Marineschule Flensburg-Mürwik bzw.

10.07.1933 – 14.07.1933
Belehrungsfahrt – Leichter Kreuzer KARLSRUHE bzw.

16.10.1933 – 21.10.1933
Navigationsbelehrungsfahrt – Artillerieschulboot DRACHE

29.03.1934 – 25.04.1934
Sperrlehrgang für Fähnriche – Sperrschule Kiel-Wik

26.04.1934 – 30.06.1934
Artillerielehrgang für Fähnriche – S.A.S. Kiel-Wik

01.07.1934 – 22.08.1934
Torpedolehrgang für Fähnriche – Torpedoschule Flensburg-Mürwik

23.08.1934 – 07.09.1934
Fla-Waffenlehrgang für Fähnriche – Küstenartillerieschule Wilhelmshaven

08.09.1934 – 24.09.1934
Nachrichtenlehrgang für Fähnriche – Nachrichtenschule Flensburg-Mürwik

25.09.1934 – 01.10.1934
U-Abwehrlehrgang für Fähnriche – U-Abwehrschule Kiel

02.10.1934 – 16.12.1934
Bordausbildung – Leichter Kreuzer LEIPZIG

17.12.1934 – 21.12.1934
Luftschutzlehrgang – M.N.O. Warnemünde

22.12.1934 – 26.09.1935
Bordausbildung – Leichter Kreuzer LEIPZIG

01.01.1935
Oberfähnrich zur See

01.04.1935
Leutnant zur See (-8-)

27.09.1935 – 01.11.1936
WO – SSS GORCH FOCK

02.11.1936 – 14.11.1936
Sportlehrgang – Marineschule Mürwik

15.11.1936 – 11.02.1937
WO – SSS GORCH FOCK

01.01.1937
Oberleutnant zur See (-5-)

23.01.1937
Dienstauszeichnung III. Klasse

12.02.1937 – 28.05.1937
A/B-Lehrgang für Offiziere – S.A.S. Kiel-Wik

29.05.1937 – 01.10.1937
WO – SSS GORCH FOCK

02.10.1937 – 27.01.1938
WO- und Divisionsoffizier – Leichter Kreuzer NÜRNBERG bzw.

04.01.1938 – 22.01.1938
Horchlehrgang – U-Schule

28.01.1938 – 30.10.1938
WO – Leichter Kreuzer NÜRNBERG

31.10.1938 – 06.01.1939
Schiffsstamm – Schlachtschiff SCHARNHORST

07.01.1939 – 31.03.1940
WO – Schlachtschiff SCHARNHORST

01.02.1939
Kapitänleutnant mit Wirkung vom 01.02.1939 und Rangdienstalter vom 01.07.1938 (-6-)

29.11.1939
Eisernes Kreuz II. Klasse

20.12.1939
Medaille zur Erinnerung an den 01.10. 1938

01.04.1940 – 27.09.1940
z.Vfg. – B.d.U., zugleich

01.04.1940 – 31.05.1940
U.W.O.-Lehrgang – U-Schule

01.06.1940 – 30.06.1940
U.W.O.-Lehrgang – S.A.S. Kiel-Wik

01.07.1940 – 11.08.1940
U.T.O.-Lehrgang – Torpedoschule Flensburg-Mürwik

12.08.1940 – 19.08.1940
Lehrgang – U-Abwehrschule

20.08.1940 – 01.09.1940
U-Lehrgang – Sperrschule Kiel-Wik

02.09.1940 – 29.09.1940
U-Lehrgang – Marine-Nachrichtenschule

30.09.1940 – 08.01.1941
Kommandantenlehrgang bzw. Kommandantenschüler – U 4/24. U-Flottille

09.01.1941 – 14.02.1941
Kommandantenschüler – U 96/
7. U-Flottille
Feindfahrt U 96/
Kdt: Heinrich Lehmann-Willenbrock
09.01.1941 – 22.01.1941

15.02.1941 – 04.04.1941
Baubelehrung – Schichau-Werft Danzig für U 431

05.04.1941 – 31.12.1941
Kommandant – U 431/3. U-Flottille

01.01.1942 – 31.12.1942
Kommandant – U 431/29. U-Flottille (lt. K.T.B. U 431 fand der Kommandantenwechsel Kl Wilhelm Dommes – OlzS Dietrich Schöneboom am 06.01.1943 statt)

10.02.1942
Eisernes Kreuz I. Klasse

10.02.1942
U-Boots-Kriegsabzeichen 1939

27.07.1942
Italienische Tapferkeitsmedaille in Bronze

21.11.1942
Nennung im Wehrmachtsbericht

02.12.1942
Ritterkreuz des Eisernen Kreuzes

01.01.1943 – 20.02.1943
z.Vfg. – 2. A.d.U.

01.02.1943
Korvettenkapitän (-3-)

21.02.1943 – 25.11.1943
Kommandant – U 178/12. U-Flottille (lt. K.T.B. übernahm Kl Wilhelm Dommes U 178 am 01.03.1943)

29.05.1943
Italienische Tapferkeitsmedaille in Silber

24.11.1943 – 13.01.1944
z.Vfg. – 12. U-Flottille (Landkommando, Südostasien)

14.01.1944 – 29.02.1944
kommandiert – zur Etappe nach Japan

01.03.1944 – 02.01.1945
z.Vfg. – M.O.K. bzw. Stützpunktleiter Penang

03.01.1945 – 08.05.1945
Stützpunktleiter Singapore (Shonan) und Chef der Marinestützpunkte (U-Boote) in Südostasien

29.01.1945
Fregattenkapitän mit Wirkung vom 01.01.1945

30.01.1945
Kriegsverdienstkreuz II. Klasse mit Schwertern

05.03.1945
U-Boots-Frontspange in Bronze

20.04.1945
Kriegsverdienstkreuz I. Klasse mit Schwertern

09.05.1945 – 01.10.1947
japanische Internierung bis 09/45, dann britische Kriegsgefangenschaft in Singapore und Großbritannien (POW-Camp 23 Sudbury/Derby und POW-Camp 200 II Llandover Park)

01.10.1947
Entlassung

1. Unternehmung U 431:
(mittlerer Nordatlantik, westlich Gibraltar)

Kdt:	Kl Wilhelm Dommes (2. Feindfahrt)
19.06.1941	Kiel aus
20.06.1941	Horten ein
25.06.1941	Horten aus
26.06.1941	Kristiansand ein
26.06.1941	Kristiansand aus
28.06.1941	Drontheim ein
10.07.1941	Drontheim aus
11.08.1941	St. Nazaire ein
Erfolge:	keine

Stellungnahme des B.d.U.:
Erste Unternehmung von Kommandant und Besatzung. Das Boot hat ausgesprochenes Pech gehabt. Ungeklärte Fehlschüsse auf geringe Entfernung; Maschinenpannen, z. T. während Operationen auf Geleitzüge. Erfolge waren leider nicht zu verzeichnen.
Nicht den Kopf hängen lassen. Das nächste Mal wird es besser.

2. Unternehmung U 431:
(Nordatlantik, südöstlich von Grönland)

Kdt:	Kl Wilhelm Dommes (3. Feindfahrt)
13.09.1941	St. Nazaire aus
12.10.1941	St. Nazaire ein
Erfolge:	1 Schiff (3198 BRT +)

Stellungnahme des B.d.U.:
Beim Operieren auf Geleitzüge sind am 19.09. und 04.10. durch Alarmtauchen zur Übung mit verbundenen Tiefensteuerübungen wertvolle Stunden verlorengegangen. Der Kommandant muß bestrebt sein, mit allen zur Verfügung stehenden Mitteln so schnell wie möglich an den gemeldeten Gegner heranzukommen. Zu Tauch- und Tiefensteuerübungen ist an verkehrslosen Tagen genügend Zeit. Sonst zur Durchführung nichts zu bemerken.

3. Unternehmung U 431:
(Gibraltar-Durchbruch 24.11.1941, östliches Mittelmeer)

Kdt:	Kl Wilhelm Dommes (4. Feindfahrt)
16.11.1941	St. Nazaire aus
28.11.1941	Messina ein
28.11.1941	Messina aus
20.12.1941	La Spezia ein
Erfolge:	1 Schiff (3560 BRT =)

Stellungnahme des B.d.U.:
Nichts zu bemerken.

4. Unternehmung U 431:
(Mittelmeer, Cyrenaika-Küste, Tobruk)

Kdt:	Kl Wilhelm Dommes (5. Feindfahrt)

18.01.1942	La Spezia aus
18.01.1942	La Spezia ein
20.01.1942	La Spezia aus
22.01.1942	Messina ein
25.01.1942	Messina aus
10.02.1942	La Spezia ein
Erfolge:	1 Schiff (313 BRT +)

Stellungnahme des B.d.U.:
Gut durchgeführte Unternehmung. Der Schuß auf das U-Boot aus so ungünstiger Position, allein wegen der angeführten Gründe, war falsch. Deswegen läßt sich ein U-Boot nicht von Angriff abhalten.

5. Unternehmung U 431:

(Mittelmeer, Malta, Tobruk)

Kdt:	Kl Wilhelm Dommes (6. Feindfahrt)
18.03.1942	La Spezia aus
15.04.1942	La Spezia ein
Erfolge:	keine

Stellungnahme des F.d.U. Italien:
Zur Durchführung der Unternehmung ist zu bemerken, daß es nicht richtig ist, in der Nacht getaucht zu fahren, weil vom Tage keine Sichtmeldungen der Aufklärungsflugzeuge vorliegen.
Schußgelegenheiten hat der Kommandant ausgenutzt; sie sind aber alle ohne Erfolg geblieben. Hoher Torpedoeinsatz darf nicht dazu verführen, auf allzu große Entfernungen zu schießen.
Angriffe auf Zerstörer mit Lagen unter 30° sind schwierig und versprechen bei nicht ganz genauen Schußunterlagen wenig Erfolg.

Stellungnahme des B.d.U.:
Der Stellungnahme des F.d.U. Italien wird zugestimmt.
Der Kommandant muß im Torpedoeinsatz überlegter handeln. Zerstörerschüsse auf so großen Entfernungen bzw. Lagen von 28° haben so wenig Aussicht auf Erfolg, daß sie besser nicht geschossen werden.

6. Unternehmung U 431:

(Mittelmeer, Tobruk)

Kdt:	Kl Wilhelm Dommes (7. Feindfahrt)
LI:	Kl (Ing.) Herbert Donath
14.05.1942	La Spezia aus
16.05.1942	Messina ein
16.05.1942	Messina aus
30.05.1942	Salamis ein
Erfolge:	1 Schiff (4216 BRT +)

Stellungnahme des F.d.U. Italien:

1.) *Die 6. Feindfahrt brachte ausreichende Gelegenheiten zum Schuß zu kommen. Die Angriffe sind gut durchgeführt, der Einsatz der Torpedowaffe erfolgte überlegt und mit gutem Erfolg. In 3 von 4 Fällen durchbrachen Torpedos die Oberfläche.*
2.) *Nach Meldung des Kommandanten ist der Pflege und der Lagerung der Torpedos an Bord größte Aufmerksamkeit gewidmet worden.*
3.) *Der unter »Erfahrungen« angeführten sowie der unter dem 22.05. geäußerten Ansicht kann nur zum Teil zugestimmt werden. Es ist gewiß richtig, daß tagsüber bei angemessener Entfernung von der Küste besser über Wasser geblieben wird und daß das Boot dabei kampfkräftiger bleibt. Die Wartestellung aller Boote aber aus diesem Grunde auf größeren Abstand von der Küste und damit vom Geleitzugweg zu verlegen, wäre selbst dann nicht richtig, wenn täglich öfters Luftaufklärung geflogen werden könnte, als dies damals der Fall war, weil das Vorsetzen vor ein Geleit mit Luftsicherung nur selten möglich wäre. Zudem würde in kürzester Frist der Gegner die Aufstellung erkennen und seine Luftüberwachung entsprechend ausdehnen. Entfernungen von 50 sm zu überbrücken ist für das Flugzeug kein Problem, wohl aber für das U-Boot. Wenn U 431 gute Erfahrungen mit seiner Taktik machte, so beruhte das nicht zuletzt darauf, daß nicht alle Boote von der Küste abgesetzt waren, sondern auf dem Geleitweg stehend, Verkehr erfaßten und meldeten. Eine Methode als »allein Aussicht auf Erfolg« bietend zu bezeichnen, ist abwegig, zumal wenn diese Methode auf Voraussetzungen beruht – im vorliegenden Falle auf regelmäßiger und lückenloser Luftaufklärung – , die nicht gegeben sind. Vom F.d.U. sind je nach Lage wechselnd die verschiedenen Arten des Einsatzes gewählt worden.*
4.) *Die Ausrüstung mit 2 MG/15 anstelle der gleichen Zahl MG/34 ist durchgeführt, da diese Waffe sich als praktischer erwiesen hat.*

7. Unternehmung U 431:

(östliches Mittelmeer)

Kdt:	Kl Wilhelm Dommes (8. Feindfahrt)
04.06.1942	Salamis aus
18.06.1942	Messina ein
18.06.1942	Messina aus
20.06.1942	La Spezia ein
Erfolge:	1 Landungsboot (126 BRT +)

Stellungnahme des F.d.U. Italien:

1.) *Eine vom besten Willen, zum Erfolg zu kommen, getragene Unternehmung.*

2.) *Zum Einsatz der Torpedowaffe wird bemerkt:*

   a) *Der Angriff auf den Geleitzug am 10./11.06. ist umsichtig gefahren worden und hat trotz der hohen Entfernung, auf die geschossen wurde, mit großer Wahrscheinlichkeit zur Vernichtung eines Dampfers geführt. Der Anhalt, daß ein weiterer Dampfer getroffen wurde, ist sehr gering.*

   b) *Der Angriff auf das Geleit am 13.06. mit Schußabgabe von zwei Zweierfächern auf 2 verschiedene Ziele war gut gemeint. Neben der bedauerlichen Falscheinstellung der Gegnerfahrt infolge Hörfehlers ist die Schußabgabe wohl zu überhastet erfolgt in der Besorgnis gesichtet zu werden. Die Erfahrung zeigt, daß U-Boote bei Nacht ihrer Unsichtbarkeit schon einiges zutrauen dürfen.*

   c) *Der Segler von 200 t war keine 2 Torpedos wert. In diesem Falle hat sich bei den nachfolgenden Ereignissen das frühe Verschießen als besonders nachteilig erwiesen. Den Überlegungen des Kommandanten, daß ein Angriff mit der Kanone nicht ratsam sei, wird zugestimmt.*

3.) *Die Betrachtungen, die der Kommandant am 14.06. anstellte, bedürfen in manchen Punkten der Richtigstellung.*

   a) *Es handelte sich um den aus Alexandrien ausgelaufenen großen Geleitzug zur Versorgung Maltas und nicht um das früher von U 431 verfolgte Geleit, das wieder kehrt gemacht hätte. U 431 hat anscheinend eine Reihe von Funksprüchen nicht bekommen.*

   b) *Eine Meldung: »1720 Uhr stand Geleitzug.....«, besagt nicht, daß diese Kenntnis um 1720 Uhr eingegangen ist, wie der Kommandant unterstellt. Flugzeugmeldungen erleiden aus den schon oft ausgeführten Gründen starke Verzögerungen. Von »mangelnder Unterrichtung« in diesem Zusammenhang zu sprechen, kommt den Kommandanten nicht zu.*

   c) *Der Einsatz von Leuchtbomben gegen den Geleitzug erfolgte zu dem Zweck, ein sicheres Fühlunghalten durch Flugzeuge zur wirksamen Bekämpfung am nächsten Morgen zu ermöglichen. Dem Angriff der Luftwaffe gebührte der Vorrang, da nur zwei eigene U-Boote zum Einsatz zur Verfügung standen. Daß der Einsatz von Leuchtbomben den U-Booten den Angriff erschwert, ist klar.*
   Von der Luftwaffe war leider die Absicht des Beleuchtens nicht rechtzeitig übermittelt worden. Sobald sie bekannt wurde, wurden die Boote unterrichtet.

   d) *Es ist bekannt, daß die eigene Luftaufklärung manche Wünsche offen lässt, im verstärkten Maße, wenn – wie am 13.–15.06. von Gibraltar und Malta gleichzeitig angesetzte Feindoperationen die Kräfte zersplittern. Hinzu kommen die Erschwerungen eines Koalitions-Kriegsschauplatzes. Einen zutreffenden Überblick über die Gesamtlage zu erhalten, ist dann nicht immer möglich. Was zur Unterrichtung der Boote geschehen kann, wird getan. Im vorliegenden Falle ist auch kein Schaden aus »fehlender Unterrichtung« zu erkennen. Mehr Zurückhaltung und Überlegung bei kritischen Betrachtungen ist dem Kommandanten anzuraten.*

4.) *Bei der Bergung der Flugzeugbesatzung ist mit Geschick und Umsicht verfahren worden. Das Verhalten des Flugsicherungsbootes am 15.06. ist an anderer Stelle weiterverfolgt worden.*

5.) *Zu den Erfahrungen am Schluß des K.T.B. ist zu sagen:*

   a) *Ein Gerät zur Feststellung ortender Flugzeuge ist in Entwicklung. Eine provisorische Lösung ist den Booten an Bord gegeben.*

   b) *Eine Verständigung zwischen Flugzeug und U-Boot bei gegenseitiger Sichtung kann auf nahe Entfernung nur optisch erfolgen. Auf größere Entfernung ist äußerste Vorsicht gebo-*

ten, da die Unterscheidung zwischen Feind und Freund sehr schwierig ist. Eine Funkverbindung scheitert daran, daß das Flugzeug nicht gleichzeitig mehrere Wellen schalten kann. Das U-Boot auf die Flugzeugwelle zu setzen würde bedingen, daß den Booten laufend die wechselnden Flugzeugfrequenzen übermittelt werden, was zu einer sehr starken Belastung des Funkverkehrs führen würde.

8. Unternehmung U 431:
(westliches Mittelmeer)

Kdt:	Kl Wilhelm Dommes (9. Feindfahrt)
02.09.1942	La Spezia aus
27.09.1942	La Spezia ein
Erfolge:	keine

Stellungnahme des F.d.U. Italien:
Eine Feindfahrt ohne Angriffsmöglichkeiten und ohne sonstige Ereignisse. Hervorzuheben ist der gute Flugzeugausguck auf dem Boote. – Sonst nichts zu bemerken.

9. Unternehmung U 431:
(östliches Mittelmeer)

Kdt:	Kl Wilhelm Dommes (10. Feindfahrt)
29.09.1942	La Spezia aus
05.11.1942	La Spezia ein
Erfolge:	keine

Stellungnahme des F.d.U. Italien:
1.) *Vom Kommandanten mit Umsicht durchgeführte Unternehmung.*
2.) *Zum Angriff auf FURIOUS am 29.10. um 1737 Uhr wird bemerkt:*
   a) *Der Angriff ist den Umständen nach gut gefahren worden.*
   b) *Es ist wahrscheinlich, daß das Herauskommen nach dem Schuß den Erfolg vereitelte. Auch auf der ersten selbständigen Fahrt ist vom L.I. zu fordern, dass er bei den vorliegenden einfachen Verhältnissen das Boot auf Tiefe hält.*
3.) *Beim Tauchen vor einem Flugzeug muß angestrebt werden, das Boot so schnell wie möglich auf Tiefe A und weg von der Tauchstelle zu bringen. Die Darstellung im K.T.B. unter dem 03.11. um 1510 Uhr läßt offen, ob nicht bei einer Sichtentfernung von 60 hm das Erreichen einer größeren Tiefe als A – 25 m möglich gewesen wäre.*
4.) *Der Entschluß des Kommandanten, zum Sehrohrwechsel einzulaufen, war unter den obwaltenden Verhältnissen richtig, wie auch der spätere Ablauf der Ereignisse zeigt, bei dem das Boot besonders erfolgreich sein konnte.*

10. Unternehmung U 431:
(westliches Mittelmeer, vor Algier)

Kdt:	Kl Wilhelm Dommes (11. Feindfahrt)
07.11.1942	La Spezia aus
17.11.1942	Messina ein
18.11.1942	Messina aus
22.11.1942	Pola ein
Erfolge:	2 Zerstörer (3548 ts + br DD MARTIN + 1920 ts/ nl DD ISAAC SWEERS + 1628 ts)

2. Unternehmung U 178:
(Südatlantik, Kapstadt, Indischer Ozean, Mozambique-Straße, Durban)

Kdt:	KK Wilhelm Dommes (12. Feindfahrt)
LI:	Kl (Ing.) Karl-Heinz Wiebe
07.03.1943	Bordeaux aus
09.03.1943	Bordeaux ein
28.03.1943	Bordeaux aus
27.08.1943	Penang ein
Erfolge :	6 Schiffe (32684 BRT +)

Stellungnahme des B.d.U.:
Das Boot hat auf der langen Reise in tropischen Gewässern erfolgreich und glücklich operiert. Die zahlreichen Schußgelegenheiten in der Mozambique-Straße wurden gut ausgenutzt. Am 05.07. hätte versucht werden müssen, den Dampfer doch durch Artillerie zu versenken, nachdem er durch Torpedoschuß nicht zu bekommen war. Der Entschluß, das Gefecht abzubrechen, wird jedoch stark durch die Erkrankung des Kommandanten beeinflußt gewesen sein. Die Besatzung hat unter tropischen Verhältnissen gut gearbeitet, ihre Leistung wird anerkannt.
Wegen des Gesundheitszustandes des Kommandanten wurde das Boot an Kapitänleutnant Spahr übergeben.

Anerkannter Erfolg:
6 Schiffe mit 30711 BRT versenkt.

Erfolge Wilhelm Dommes als Kommandant U 431:
6 Schiffe (11401 BRT + einschließlich
1 Schiff (3560 BRT = br DD MARTIN +
1920 ts/nl DD ISAAC SWEERS +
1628 ts)

Erfolge Wilhelm Dommes als Kommandant U 178:
6 Schiffe (32684 BRT +)

Gesamt:
12 Schiffe (44085 BRT + einschließlich)
1 Schiff (3560 BRT = br DD MARTIN +
1920 ts/nl DD ISAAC SWEERS +
1628 ts)

Hans Ludwig Witt

*** 25.12.1909**
in Bautzen/Sachsen
† 13.02.1980
in Hamburg-Poppenbüttel

17.12.1942
Ritterkreuz (139-72)

01.04.1929
Eintritt in die Reichsmarine als Seeoffiziersanwärter
Crew 29

01.04.1929 – 30.06.1929
Infanterieausbildung – 5. Komp./II. Abt. S.St.Div. der Ostsee, Stralsund

01.07.1929 – 11.10.1929
Bordausbildung – SSS NIOBE

10.10.1929
Seekadett

12.10.1929 – 05.01.1930
Lehrgang – 3. Komp./Marineschule Flensburg-Mürwik

06.01.1930 – 21.05.1930
Bordausbildung – Leichter Kreuzer EMDEN

22.05.1930 – 04.01.1931
Bordausbildung – Leichter Kreuzer KARLSRUHE

01.01.1931
Fähnrich zur See

05.01.1931 – 02.04.1931
Infanterielehrgang für Fähnriche – II. Abt. S.St.Div. der Ostsee, Stralsund

03.04.1931 – 29.03.1932
Hauptlehrgang für Fähnriche – Marineschule Flensburg-Mürwik bzw.

15.06.1931 – 20.06.1931
Navigationsbelehrungsfahrt – Vermessungsschiff METEOR bzw.

12.10.1931 – 17.10.1931
Navigationsbelehrungsfahrt – Vermessungsschiff METEOR

30.03.1932 – 25.05.1932
Torpedolehrgang für Fähnriche – Torpedoschule Flensburg-Mürwik

26.05.1932 – 30.07.1932
Artillerielehrgang für Fähnriche – S.A.S. Kiel-Wik

31.07.1932 – 15.08.1932
Fla-Waffenlehrgang für Fähnriche – Küstenartillerieschule Wilhelmshaven

16.08.1932 – 07.09.1932
Sperrlehrgang für Fähnriche – Sperrversuchskommando Kiel

08.09.1932 – 30.09.1932
Nachrichtenlehrgang für Fähnriche – Nachrichtenschule Flensburg-Mürwik

01.10.1932 – 01.10.1933
Bordausbildung – Linienschiff HESSEN, zugleich

17.03.1933 – 28.03.1933
Luftschutzlehrgang – I. Abt. S.St.Div. der Ostsee

01.04.1933
Oberfähnrich zur See

01.10.1933
Leutnant zur See

02.10.1933 – 03.07.1934
Bordausbildung – Linienschiff HESSEN

04.07.1934 – 08.09.1934
Flakleiterlehrgang – Küstenartillerieschule Wilhelmshaven

09.09.1934 – 25.09.1934
Bordkommando – Linienschiff HESSEN

26.09.1934 – 08.03.1936
Kompanieoffizier – I. Marine-Artillerieabteilung bzw.

19.11.1934 – 24.11.1934
Scheinwerferlehrgang für Offiziere – Küstenartillerieschule bzw.

19.06.1935 – 25.09.1935
A/B-Lehrgang – S.A.S.

01.06.1935
Oberleutnant zur See (-4-)

09.03.1936 – 30.09.1936
Lehrer – S.A.S. Kiel-Wik

30.09.1936
Dienstauszeichnung IV. Klasse

01.10.1936 – 17.11.1936
Kompanieoffizier – der Ausbildungsabteilung der 1. Zerstörerdivision

18.11.1936 – 28.11.1936
Fla-Waffen-Leiterlehrgang (zur Unterrichtung) – Küstenartillerieschule

29.11.1936 – 15.01.1937
Kompanieoffizier – der Ausbildungsabteilung der 1. Zerstörerdivision

16.01.1937 – 18.05.1938
WO – Zerstörer Z-1 LEBERECHT MAASS (Führerboot)/F.d.T.

19.05.1938 – 13.10.1939
Kadetten- und Rollenoffizier – Linienschiff SCHLESIEN

01.07.1938
Kapitänleutnant (-3-)

14.10.1939 – 29.02.1940
Kompaniechef – Marineschule Flensburg-Mürwik

01.03.1940 – 30.04.1940
Ausbildungsleiter – SSS GORCH FOCK

01.05.1940 – 04.06.1940
Ausbildungsleiter – SSS ALBERT LEO SCHLAGETER

05.06.1940 – 29.07.1940
Kadettenoffizier – Kadettenschulschiff TANNENBERG

30.07.1940 – 31.07.1940
z.Vfg. – Kommandierender Admiral Station Nord

01.08.1940 – 14.10.1940
z.Vfg. – Marinegruppe West

15.10.1940 – 01.02.1941
U-Schüler – U-Schule/Pillau, zugleich

15.10.1940 – 21.12.1940
Ua-Lehrgang – Torpedoschule Flensburg-Mürwik, zugleich

06.01.1941 – 01.02.1941
U.T.O.-Lehrgang – Torpedoschule Flensburg-Mürwik

02.02.1941 – 15.02.1941
Lehrgang – 24. U-Flottille

16.02.1941 – 30.03.1941
z.Vfg. – 7. U-Flottille

31.03.1941 – 11.05.1941
Lehrgang – 24. U-Flottille

12.05.1941 – 07.07.1941
Baubelehrung – 5. Komp./K.L.A.-U-Nord, Bremen für U 161

08.07.1941 – 30.11.1941
WO, V/op – U 161/4. U-Flottille, zugleich Kommandant i.V. U 161

01.12.1941 – 31.12.1941
Kommandantenschüler – U 161/4. U-Flottille, zugleich Kommandant i.V. U 161

01.01.1942 – 13.05.1942
Kommandantenschüler – U 161/
2. U-Flottille
Feindfahrten U 161/
Kdt: Albrecht Achilles
03.01.1942 – 15.01.1942
24.01.1942 – 02.04.1942

14.05.1942 – 11.07.1943
Kommandant – U 129/2. U-Flottille (lt. K.T.B. U 129 übernahm Kl Hans Ludwig Witt das Boot am 13.05.1942)

23.08.1942
Eisernes Kreuz II. Klasse

23.08.1942
Eisernes Kreuz I. Klasse

23.08.1942
U-Boots-Kriegsabzeichen 1939

17.12.1942
Ritterkreuz des Eisernen Kreuzes

01.02.1943
Korvettenkapitän (-1-)

12.07.1943 – 03.1944
Hilfsreferent beim A 1 – B.d.U.op, 2. Skl/O.K.M.

03.1944 – 17.10.1944
6. Asto – B.d.U.op, 2. Skl/O.K.M.

07.10.1944
U-Boots-Frontspange in Bronze

18.10.1944 – 06.11.1944
Baubelehrung – 8. K.L.A./Hamburg

07.11.1944 – 25.01.1945
Baubelehrung – 7. K.L.A./Danzig für U 3524

26.01.1945 – 05.05.1945
Kommandant – U 3524/5. U-Flottille

06.05.1945 – 08.05.1945
z.Vfg. – 5. U-Flottille

08.05.1945
britische Kriegsgefangenschaft

5. Unternehmung U 129:
(Westatlantik, Karibik, Große Antillen)

Kdt:	Kl Hans Ludwig Witt (3. Feindfahrt)
20.05.1942	Lorient aus
21.08.1942	Lorient ein
Erfolge:	11 Schiffe (41 570 BRT +)

Stellungnahme des B.d.U.:
Sehr gut durchgeführte Unternehmung des Kommandanten mit einem sehr schönen Erfolg.
Nichts zu bemerken.

6. Unternehmung U 129:
(Westatlantik, Karibik, Trinidad)

Kdt:	Kl Hans Ludwig Witt (4. Feindfahrt)
28.09.1942	Lorient aus
06.01.1943	Lorient ein
Erfolge:	5 Schiffe (32 613 BRT +)

Stellungnahme des B.d.U.:
Alle Erfolgsmöglichkeiten wurden vorbildlich überlegt und mit sehr gutem Geschick ausgenutzt.
Insbesondere war der Angriff auf das Geleit am 05.11. eine ausgezeichnete Leistung. Die Situation am 06.10. hat der Kommandant selbst erkannt.
Anerkannter Erfolg:
7 Schiffe mit 44 032 BRT versenkt,
1 Schiff mit 5 000 BRT torpediert.

Funkspruch vom 19.12.42/1157 Uhr an U 129:
U 129 für Kommandant:
Zur Verleihung des Ritterkreuzes übermittle ich herzliche Glückwünsche. Ihnen und Ihrer tapferen Besatzung Dank und Anerkennung für hervorragende Leistungen und Erfolge.
Ihr Ob. d. M.

Herzlichen Glückwunsch.

Befehlshaber

7. Unternehmung U 129:
(Westatlantik, Große Antillen, Florida, Sargasso-See)

Kdt:	Kl Hans Ludwig Witt (5. Feindfahrt)
11.03.1943	Lorient aus
29.05.1943	Lorient ein
Erfolge:	3 Schiffe (26590 BRT +)

Stellungnahme des B.d.U.:
Gut durchgeführte Unternehmung des bewährten Kommandanten. Es wurden alle Chancen gut überlegt und entschlossen wahrgenommen. – Sonst nichts zu bemerken.
Anerkannter Erfolg:

1 MA MELBOURNE STAR	*12806 BRT versenkt.*
1 Frachter	*7000 BRT versenkt.*
1 Tanker	*5000 BRT versenkt.*

Erfolge Hans Ludwig Witt als Kommandant U 129:
19 Schiffe (100773 BRT +)

Werner Henke

*** 13.05.1909**
in Rudak/Thorn
† 15.06.1944
in Fort Hunt/USA
(Grabstätte in Fort George G. Meade/USA)

17.12.1942
Ritterkreuz (140-72)

04.07.1943
257. Eichenlaub (33-26)

08.04.1934
Eintritt in die Reichsmarine als Seeoffiziersanwärter
Crew 34 (eingegliedert, vorher H.S.O.)

08.04.1934 – 12.06.1934
Infanterieausbildung – 2. Komp./II. Abt. S.St.Div. der Ostsee, Stralsund

13.06.1934 – 11.07.1934
Artillerielehrgang für Fähnriche – S.A.S. Kiel-Wik

01.07.1934
Fähnrich zur See

12.07.1934 – 18.04.1935
Hauptlehrgang für Fähnriche – Marineschule Flensburg-Mürwik bzw.

10.10.1934 – 12.10.1934
Belehrungsfahrt – Linienschiff SCHLESWIG-HOLSTEIN bzw.

29.10.1934 – 31.10.1934
Belehrungsfahrt – Linienschiff SCHLESWIG-HOLSTEIN bzw.

07.02.1935 – 13.02.1935
Navigationsbelehrungsfahrt – Tender SAAR

19.04.1935 – 19.05.1935
Infanterielehrgang für Fähnriche – 10. Komp./II. Abt. S.St.Div. der Ostsee, Stralsund

20.05.1935 – 08.06.1935
Sperrlehrgang für Fähnriche – Sperrschule Kiel-Wik

09.06.1935 – 29.07.1935
Torpedolehrgang für Fähnriche – Torpedoschule Flensburg-Mürwik

30.07.1935 – 24.08.1935
Nachrichtenlehrgang für Fähnriche – Nachrichtenschule Flensburg-Mürwik

25.08.1935 – 31.08.1935
U-Lehrgang für Fähnriche – U-Schule Kiel-Wik

01.09.1935 – 18.09.1935
Fla-Waffenlehrgang für Fähnriche – Küstenartillerieschule Wilhelmshaven

19.09.1935 – 07.12.1935
Artillerielehrgang für Fähnriche – S.A.S. Kiel-Wik

08.12.1935 – 19.01.1936
Bordausbildung – Panzerschiff ADMIRAL SCHEER

20.01.1936 – 24.01.1936
Luftschutzlehrgang – S.A.S. Kiel-Wik

25.01.1936 – 19.03.1936
Bordausbildung – Panzerschiff ADMIRAL SCHEER

20.03.1936 – 28.05.1936
Flakleiterlehrgang – Küstenartillerieschule

01.04.1936
Oberfähnrich zur See

29.05.1936 – 02.05.1937
Divisionsleutnant – Panzerschiff ADMIRAL SCHEER

01.10.1936
Leutnant zur See (-88-)
Dienstauszeichnung IV. Klasse

03.05.1937 – 24.03.1939
Kompanieoffizier – 1. (schwere) Komp./ V. Marine-Artillerieabteilung, bzw.

04.10.1937 – 29.11.1937
Fla-Waffenlehrgang – Küstenartillerieschule Swinemünde bzw.

10.01.1939 – 24.03.1939
Sperrlehrgang für Offiziere – Sperrschule Kiel-Wik

01.06.1938
Oberleutnant zur See (-83-)

25.03.1939 – 01.04.1940
Divisionsoffizier – Linienschiff SCHLESWIG-HOLSTEIN

06.06.1939
Spanienkreuz in Bronze

17.09.1939
Eisernes Kreuz II. Klasse

02.04.1940 – 06.04.1940
U-Schule Neustadt

07.04.1940 – 11.04.1940
Flakartillerieoffizier – Linienschiff SCHLESWIG-HOLSTEIN

11.04.1940 – 07.05.1940
U-Lehrgang – U-Schule Neustadt

08.05.1940 – 14.11.1940
I.WO – U-Begleitschiff und Tender LECH/ 1. U-Flottille

23.10.1940
Medaille zur Erinnerung an den 01.10. 1938

15.11.1940 – 31.10.1941
II.WO und I.WO – U 124/2. U-Flottille
Feindfahrten U 124/Kdt: Wilhelm Schulz
16.12.1940 – 22.01.1941 (II.WO)
23.02.1941 – 01.05.1941 (II.WO)
10.07.1941 – 25.08.1941 (I.WO)
Feindfahrt U 124/Kdt: Johann Mohr
16.09.1941 – 01.10.1941 (I.WO)

28.02.1941
Als Oberleutnant zur See aus dem aktiven Wehrdienst entlassen (gemäß Erlaß MPA 1560 vom 10.02.1941), mit dem

01.03.1941
als Oberleutnant z.S.z.V. (zur Verfügung) der Kriegsmarine gestellt und mit dem gleichen Tage auf Grund des Wehrgesetzes zum aktiven Wehrdienst einberufen.

04.05.1941
U-Boots-Kriegsabzeichen 1939

04.10.1941
Eisernes Kreuz I. Klasse

01.11.1941 – 30.11.1941
Kommandantenlehrgang – 24. U-Flottille/ Memel

01.12.1941 – 11.01.1942
Erprobungsgruppenleiter – Torpedoerprobungsgruppe Gotenhafen

28.12.1941
als Oberleutnant z.S.z.V. mit alten Rangdienstalter in das aktive Offizierskorps wieder übernommen

12.01.1942 – 20.02.1942
Baubelehrung – 8. K.L.A./Hamburg für U 515

21.02.1942 – 31.08.1942
Kommandant – U 515/4. U-Flottille

01.09.1942 – 09.04.1944
Kommandant – U 515/10. U-Flottille

17.12.1942
Ritterkreuz des Eisernen Kreuzes

31.12.1942
Als Oberleutnant zur See mit Wirkung vom 01.12.1942 in der Kriegsmarine angestellt und gleichzeitig mit einem Rangdienstalter vom 01.04.1941 zum Kapitänleutnant befördert.

04.07.1943
257. Eichenlaub zum Ritterkreuz des Eisernen Kreuzes

16.07.1943
Kapitänleutnant, neues Rangdienstalter vom 01.04.1940 (-9a-)

09.04.1944
Im Mittelatlantik nördlich Madeira nach mehrstündigem Kampf mit amerikanischen Trägerflugzeugen vom US-Geleitträger GUADALCANAL (Squadron VC-58) und den US-Geleitzerstörern POPE, PILLSBURY, CHATELAIN und FLAHERTY (Group 21.12) auf Position 34°35'Nord/19°18' West versenkt. Kapitänleutnant Henke und 43 Überlebende von U 515 wurden von den Amerikanern gerettet.

09.04.1944 – 15.06.1944
US-Gefangenschaft (Camp Allen/Norfolk, nach dem 02.05.1944 Verhörlager Fort Hunt/Virginia.

15.06.1944
Bei einem Fluchtversuch schwer verwundet, erlag Werner Henke im Kriegsgefangenenlager Fort Hunt seiner Schußverletzung und wurde in Fort George G. Meade/Maryland beigesetzt.

18.07.1944
Großadmiral Dönitz gab folgenden Tagesbefehl an die U-Boot-Waffe:
Der U-Boots-Kommandant Werner Henke, Träger des Eichenlaubes zum Ritterkreuz des Eisernen Kreuzes, ist bei dem Versuch aus Gefangenschaft zu fliehen, gefallen. Wir haben in ihm einen unserer Besten verloren. Er vereinigte rücksichtsloses Draufgängertum mit Umsicht und hervorragendem taktischen Können. Im Kampf gegen Geleitzüge, Einzelfahrer und Kriegsschiffe hat er sich aufs höchste bewährt und 26 Schiffe mit 166 000 BRT, einen Kreuzer und einen Zerstörer vernichtet.
Wir senken in Trauer unsere Fahnen vor dem eisenharten, tapferen Kämpfer, dem Vorbild seiner begeistert hinter ihm stehenden Besatzung, unserem guten Kameraden. Der Kampf gegen den Feind, dem er erlag, wird fortgeführt.

18.03.1945
Korvettenkapitän mit Wirkung vom 01.06.1944 (posthum)

1. Unternehmung U 515:
(Westatlantik, nordostwärts Trinidad)

Kdt:	Kl Werner Henke (5. Feindfahrt)
12.08.1942	Kiel aus
13.08.1942	Kristiansand ein
15.08.1942	Kristiansand aus
14.10.1942	Lorient ein
Erfolge:	9 Schiffe (46 782 BRT +) 1 Schiff (5 554 BRT =)

Stellungnahme des B.d.U.:
Der Kommandant hat die auf seiner ersten Unternehmung unter leichten Verhältnissen gebotenen, zahlreichen Erfolgschancen gut ausgenutzt und einen sehr schönen Erfolg erzielt.

2. Unternehmung U 515:
(Mittelatlantik, westlich Gibraltar, Azoren, Marokko)

Kdt:	Kl Werner Henke (6. Feindfahrt)
07.11.1942	Lorient aus
06.01.1943	Lorient ein
Erfolge:	2 Schiffe (29 563 BRT +) 1 Zerstörer (1 920 ts = br DD MARNE =)

Stellungnahme des B.d.U.:
Der Angriff auf den Kreuzerverband ist mit vorbildlicher Entschlossenheit und Überlegung und ebensolcher Energie und Zähigkeit gegenüber stärkster Abwehr durchgeführt und brachte einen stolzen Erfolg. Dieser Angriff verdient wegen seiner ganz besonderen Kühnheit und Tapferkeit höchste Anerkennung.
Die Versenkung der CERAMIC erfolgte nach fast 6-stündiger Jagd unter rücksichtsloser und härtester Beanspruchung des Maschinenpersonals, das sich der Härte des Kommandanten würdig zeigte.
Bedauerlich ist nur, daß der Kommandant aus unberechtigtem Mißtrauen gegenüber dem Tiefenlauf des Torpedos die eingestellte Tiefe mit 2 m auch bei den Fangschüssen gegen den schon havarierten Kreuzer beibehielt und so die Genugtuung des beobachteten Untergangs nicht erhielt. Die Versenkung wird anerkannt.

3. Unternehmung U 515:
(Mittelatlantik, Azoren, Kanaren, Freetown)

Kdt:	Kl Werner Henke (7. Feindfahrt)
21.02.1943	Lorient aus
24.06.1943	Lorient ein
Erfolge:	10 Schiffe (58456 BRT +)

Stellungnahme des B.d.U.:
Eine vorzüglich durchgeführte, glückliche Unternehmung, die dem Boot auf Grund des Könnens, der Angriffsfreudigkeit und der Zähigkeit seines Kommandanten einen stolzen Erfolg brachte.
Anerkannter Erfolg:

1 Dampfer	*8500 BRT versenkt*
1 Dampfer	*2357 BRT versenkt*
1 Frachter	*6000 BRT versenkt*
1 Tanker	*7000 BRT versenkt*
1 Frachter	*6000 BRT versenkt*
1 Frachter	*7000 BRT versenkt*
1 Frachter	*5000 BRT versenkt*
1 Frachter	*6000 BRT versenkt*
1 Frachter	*6000 BRT versenkt*
1 Frachter	*6000 BRT versenkt*
1 Frachter	*7000 BRT versenkt*
1 Dampfer	*4544 BRT versenkt*
12 Schiffe mit	*71401 BRT versenkt*

4. Unternehmung U 515:
(westliche Biscaya)

Kdt:	Kl Werner Henke (8. Feindfahrt)
21.08.1943	Lorient aus
22.08.1943	Lorient ein
29.08.1943	Lorient aus
12.09.1943	Lorient ein
Erfolge:	keine

Stellungnahme des B.d.U.:
Die Unternehmung mußte wegen schwerer Waboschäden nach einem leider mißglückten, weil zu früh bemerkten Angriff auf ein Geleit, vorzeitig abgebrochen werden. – Der bewährte Kommandant hat diesmal leider Pech gehabt, dabei aber wieder was zugelernt. Ein früheres Schießen nach dem Motto: »Der Spatz in der Hand ...«, wäre wahrscheinlich günstiger gewesen!
Der schnelle Biscayamarsch ist bemerkenswert.

5. Unternehmung U 515:
(Nordatlantik, westlich Lissabon, Mittelatlantik, Freetown)

Kdt:	Kl Werner Henke (9. Feindfahrt)
01.11.1943	Lorient aus
03.11.1943	St. Nazaire ein
09.11.1943	St. Nazaire aus
14.01.1944	Lorient ein
Erfolge:	4 Schiffe (22263 BRT +)

Stellungnahme des B.d.U.:
Der bewährte Kommandant hat auch auf dieser Unternehmung hart gekämpft und trotz Beschädigung des Bootes die Unternehmung fortgesetzt. Durch klare Überlegung und erfahrener »Nase« fand er Ziele und versenkte sie mit bewährtem Können. Die Leistung der Besatzung bei Beseitigung der Waboschäden und im Ausguck gegen Flugzeuge verdient besondere Anerkennung.
Anerkannter Erfolg:
3 Schiffe mit 21486 BRT versenkt.

6. Unternehmung U 515:
(Mittelatlantik, nördlich Madeira)

Kdt:	Kl Werner Henke (10. Feindfahrt)
30.03.1944	Lorient aus
09.04.1944	Verlust U 515
Erfolge:	keine

Erfolge Werner Henke als Kommandant U 515:
25 Schiffe (157064 BRT +)
1 Schiff (5554 BRT =)
1 Zerstörer (1920 ts = br DD MARNE =)

HERMANN RASCH

* 26.08.1914
IN WILHELMSHAVEN
† 10.06.1974
IN HAMBURG

29.12.1942
Ritterkreuz (141-74)

08.04.1934
Eintritt in die Reichsmarine
Crew 34

08.04.1934 – 03.04.1936
Infanterieausbildung – 4. Komp./II. Abt. S.St.Div. der Ostsee, Stralsund – Bordausbildung – SSS GORCH FOCK – Bordausbildung – Leichter Kreuzer KARLSRUHE – Hauptlehrgang für Fähnriche – Marineschule Flensburg-Mürwik

01.07.1935
Fähnrich zur See

04.04.1936 – 14.04.1936
n.v.

15.04.1936 – 03.05.1936
Nachrichtenlehrgang für Fähnriche – Nachrichtenschule Flensburg-Mürwik

04.05.1936 – 31.10.1936
n.v

01.11.1936 – 12.10.1937
Linienschiff SCHLESWIG-HOLSTEIN

01.01.1937
Oberfähnrich zur See

01.04.1937
Leutnant zur See (-123-)

13.10.1937 – 22.12.1937
F.T.O./B-Lehrgang – Marine-Nachrichtenschule Flensburg-Mürwik

01.11.1937
LzS – Panzerschiff ADMIRAL SCHEER (lt. Rangliste 1937)

01.11.1938
Leutnant zur See – 8. S.St.Abt., Leer (lt. Rangliste 1938)

01.04.1939
Oberleutnant zur See (-121-)

08.04.1938
Dienstauszeichnung IV. Klasse

06.06.1939
Spanienkreuz in Bronze mit Schwertern

05.07.1939 – 21.08.1939
SSS ALBERT LEO SCHLAGETER

22.08.1939 – 31.03.1940
Adjutant – Stab, Stationskommando Nordsee

01.04.1940 – 31.05.1940
U-Lehrgang – U-Schule

03.06.1940 – 29.06.1940
U-Lehrgang – S.A.S.

01.07.1940 – 27.07.1940
U-Lehrgang – S.A.S.

28.07.1940 – 23.09.1940
n.v. (vermutlich Baubelehrung für U 106)

24.09.1940 – 07.1941
I. WO – U 106/2. U-Flottille
Feindfahrten U 106/Kdt: Jürgen Oesten
04.01.1941 – 10.02.1941
26.02.1941 – 17.06.1942

11.07.1941
Eisernes Kreuz I. Klasse

07.1941 –
Kommandantenlehrgang

20.10.1941 – 04.1943
Kommandant – U 106 /2. U-Flottille

07.02.1942
Nennung im Wehrmachtsbericht

01.03.1942
Kapitänleutnant (-13-)

29.12.1942
Ritterkreuz des Eisernen Kreuzes

04.1943 – 06.06.1944
Asto – 4. Skl/O.K.M. (lt. WASt, 1. Skl)

07.06.1944 – 04.07.1944
4. Asto – B.d.U.op/2. Skl/O.K.M. (wahrscheinlich bis Oktober 1944)

10.1944 – 08.05.1945
Kommandeur – Lehrkommando 300, später K-Verband »Rasch« bzw. Kommandeur der 2-Mann-U-Boote im Kommando der Kleinkampfverbände

01.06.1945 – 16.09.1945
1. Kompanie – 1. Minenräum-Ersatzabteilung

17.09.1945 –
kommandiert, durch Order Kapitän z.S. Dobratz ins Stabsquartier, Marine-Oberkommando Ost (MOK Ost)

07.07.1946
Entlassung aus der Kriegsgefangenschaft

Die Personalakte Hermann Rasch ist leider äußerst unvollständig. Weitere Daten und Angaben sind nicht vorhanden.

4. Unternehmung U 106:
(Nordatlantik, Neufundland, südostwärts Grönland)

Kdt:	OlzS Hermann Rasch (3. Feindfahrt)
LI:	Ol (Ing.) Herbert Panknin
21.10.1941	Lorient aus
22.11.1941	Lorient ein
Erfolge:	1 Schiff (5120 BRT +) 1 Schiff (8246 BRT =)

5. Unternehmung U 106:
(Westatlantik, USA-Ostküste)

Kdt:	Kl Hermann Rasch (4. Feindfahrt)
03.01.1942	Lorient aus
22.02.1942	Lorient ein
Erfolge:	5 Schiffe (42139 BRT +)

Stellungnahme des B.d.U.:
Der Kommandant hat die große Chance beim ersten Auftreten an der nordamerikanischen Küste gut ausgenutzt und einen sehr schönen Erfolg erzielt.

6. Unternehmung U 106:
(Westatlantik, Kap Hatteras, Florida-Straße, Große Antillen, Kuba, Yucatan, Ostkaribik)

Kdt:	Kl Hermann Rasch (5. Feindfahrt)
15.04.1942	Lorient aus
29.06.1942	Lorient ein
Erfolge:	5 Schiffe (29154 BRT +) 1 Schiff (4639 BRT =)

Stellungnahme des B.d.U.:
Im Verhältnis zum angetroffenen Verkehr hätte der Erfolg bei etwas mehr Glück größer sein können. Daß es sich bei dem Passagierdampfer am 19.05. um einen Lockvogel handelt, ist nicht anzunehmen. Da nach eigener Angabe Unklarheit über die Gegnerfahrt herrschte, war es auf jeden Fall falsch, bei einer Entfernung von 1500 m nur einen Einzelschuß statt eines Fächers zu schießen.

7. Unternehmung U 106:
(Biscaya, Nordatlantik, Cabot-Straße, westlich Gibraltar und Marokko)

Kdt:	Kl Hermann Rasch (6. Feindfahrt)
25.07.1942	Lorient aus
28.07.1942	Lorient ein
22.09.1942	Lorient aus
26.12.1942	Lorient ein
Erfolge:	1 Schiff (2140 BRT +)

Stellungnahme des B.d.U:

Zur Unternehmung vom 25.07.–29.07. 1942:
Die Haltung der Besatzung und insbesondere das besonnene, kaltblütige Handeln des Kommandanten während des Fliegerangriffs wird besonders anerkannt. Wegen schwerer Fliegerbombenbeschädigung wurde die Unternehmung kurz nach dem Auslaufen abgebrochen.

Zur Unternehmung vom 21.09.–26.12. 1942:
Dem bewährten Kommandanten war auf dieser Unternehmung leider kein größerer Erfolg beschieden, trotz mehrmaligen Zusammentreffens mit Geleiten.
Grund: starke Luftüberwachung im Operationsgebiet. In Gruppe »Westwall« ergaben

sich wegen Verkehrsleere keine Erfolgsmöglichkeiten.
Sonst nichts zu bemerken!

8. Unternehmung U 106:
(Mittelatlantik, Azoren)

Kdt:	Kl Hermann Rasch (7. Feindfahrt)
17.02.1943	Lorient aus
04.04.1943	Lorient ein
Erfolge:	keine

Stellungnahme des B.d.U.:
Ohne Schuld des bewährten Kommandanten erfolglos gebliebene Unternehmung.
Zu den Überlegungen zum Schluß des K.T.B.

1.) *Durch die neu eingeführte Art der Geleitzugbearbeitung werden die Kommandanten soweit wie möglich unterrichtet. Eine Unterrichtung über alle Seegebiete ist praktisch nicht durchführbar, sie erfolgt für das besondere Operationsgebiet durch Funkspruch, soweit Erfahrungen vorliegen.*
2.) *Der gleichzeitige Angriff kann sich ebenso auch dahin auswirken, daß durch ein Boot dem anderen erst der Angriff ermöglicht wird.*
3.) *Für die wenigen Fälle der Versorgung von Angriffsbooten untereinander würde die Anbordgabe besonderer Schläuche einen zu großen Aufwand bedeuten.*

Erfolge Hermann Rasch als Kommandant U 106:
12 Schiffe (78 553 BRT +)
2 Schiffe (12 885 BRT =)

Harro Schacht

*** 15.12.1907**
in Cuxhaven
† 13.01.1943
im Südatlantik nordwestlich Natal vor Pernambuco

09.01.1943
Ritterkreuz (143-75)

01.04.1926
Eintritt in die Reichsmarine
Crew 26

01.04.1926 – 11.07.1926
Infanterieausbildung – 5. Komp./II. Abt. S.St.Div. der Ostsee, Stralsund

12.07.1926 – 17.10.1926
Bordausbildung – SSS NIOBE

12.10.1926
Seekadett

18.10.1926 – 24.03.1928
Bordausbildung – Leichter Kreuzer EMDEN

25.03.1928 – 22.03.1929
Hauptlehrgang für Fähnriche – Marineschule Flensburg-Mürwik bzw.

02.07.1928 – 08.07.1928
Navigationsbelehrungsfahrt – Tender NORDSEE bzw.

16.10.1928 – 24.10.1928
Navigationsbelehrungsfahrt – Vermessungsschiff METEOR

01.04.1928
Fähnrich zur See

23.03.1929 – 01.06.1929
Torpedolehrgang für Fähnriche – Torpedoschule Flensburg-Mürwik

02.06.1929 – 06.07.1929
Nachrichtenlehrgang für Fähnriche – Nachrichtenschule Flensburg-Mürwik

07.07.1929 – 04.08.1929
Sperrlehrgang für Fähnriche – Sperrversuchskommendo

05.08.1929 – 27.10.1929
Infanterielehrgang für Fähnriche – II. Abt. S.St.Div. der Ostsee, Stralsund

28.10.1929 – 02.02.1930
Artillerielehrgang für Fähnriche – S.A.S.

03.02.1930 – 22.09.1930
Bordausbildung – Linienschiff SCHLESIEN

01.06.1930
Oberfähnrich zur See

23.09.1930 – 03.01.1932
Divisionsleutnant und II. F.T.O. – Leichter Kreuzer EMDEN

01.10.1930
Leutnant zur See (-7-)

04.01.1932 – 06.04.1932
Funklehrgang für Offiziere – Nachrichtenschule Flensburg-Mürwik

07.04.1932 – 19.07.1932
II. F.T.O. – Leichter Kreuzer EMDEN

20.07.1932 – 31.08.1932
Sportlehrgang – Marineschule Flensburg-Mürwik

01.08.1932
Oberleutnant zur See (-3-)

01.09.1932 – 25.09.1932
II. F.T.O. – Leichter Kreuzer EMDEN

26.09.1932 – 01.10.1933
Kompanieoffizier – IV. Marine-Artillerieabteilung, Cuxhaven

02.10.1933 – 22.12.1933
Vermessungslehrgang – Vermessungsschiff METEOR

23.12.1933 – 03.04.1934
Kompanieoffizier – IV. Marine-Artillerieabteilung, Cuxhaven

04.04.1934 – 30.09.1935
Adjutant und Kompanieoffizier – II. Abt. S.St.Div. der Nordsee

01.10.1935 – 02.01.1936
F.T.O. – Leichter Kreuzer NÜRNBERG

03.01.1936 – 01.02.1936
F.T./A-Lehrgang – Marine-Nachrichtenschule Flensburg-Mürwik

02.02.1936 – 05.10.1937
F.T.O. – Leichter Kreuzer NÜRNBERG

01.04.1936
Kapitänleutnant (-4-)

06.10.1937 – 30.03.1941
Funkreferent des B.d.A. – O.K.M./Reichskriegsministerium

01.04.1938
Dienstauszeichnung IV. Klasse

29.03.1940
Spanienkreuz in Silber

19.04.1940
Eisernes Kreuz II. Klasse

01.10.1940
Korvettenkapitän (-4-)

31.03.1941 – 28.06.1941
z.Vfg. – B.d.U., zugleich

01.04.1941 – 31.05.1941
U-Lehrgang – 1. U.L.D.

31.05.1941 – 28.06.1941
U-Lehrgang – Torpedoschule Flensburg-Mürwik

29.06.1941 – 13.08.1941
Kommandanten-Schießlehrgang – 24. U-Flottille

14.08.1941 – 08.09.1941
Kommandantenschüler (überplanm.) – U 552/7. U-Flottille
Feindfahrt U 552/Kdt: Erich Topp
18.08.1941 – 26.08.1941

09.09.1941 – 07.10.1941
Baubelehrung – KMD/Hamburg für U 507

08.10.1941 – 28.02.1942
Kommandant – U 507/4. U-Flottille

01.03.1942 – 13.01.1943
Kommandant – U 507/2. U-Flottille

18.05.1942
Nennung im Wehrmachtsbericht

06.06.1942
Eisernes Kreuz I. Klasse

06.06.1942
U-Boots-Kriegsabzeichen 1939

09.01.1943
Ritterkreuz des Eisernen Kreuzes

13.01.1943
Im Südatlantik nordwestlich Natal durch die »Catalina« P-10 der US-Navy-Squadron VP-83 auf Position 01°38'Süd/39°52'West versenkt. – Totalverlust 54 Tote.

21.03.1944
Fregattenkapitän mit Wirkung vom 01.01.1943 (posthum)

1. Unternehmung U 507:
(Nordatlantik)

Kdt:	KK Harro Schacht (2. Feindfahrt)
07.03.1942	Hamburg aus
08.03.1942	Helgoland ein
12.03.1942	Helgoland aus
25.03.1942	Lorient ein
Erfolge:	keine

Stellungnahme des B.d.U.:
1.) *Überführungsfahrt nach Westfrankreich. Erste Unternehmung des Kommandanten mit einem neuen Boot.*
2.) *Der Geleitzugangriff wurde überlegt und beherzt durchgeführt. Besonders hervorgehoben wird, daß der Kommandant trotz der ungeklärten Gewichtszunahme des Bootes unter Wasser nicht vom Gegner abließ. Der Entschluß ist mit einem Erfolg belohnt worden. Ein schöner Auftakt des neuen Bootes.*

2. Unternehmung U 507:
(Westatlantik, Karibik, Golf von Mexiko)

Kdt:	KK Harro Schacht (3. Feindfahrt)
06.04.1942	Lorient aus
04.06.1942	Lorient ein
Erfolge:	9 Schiffe (44782 BRT +) 1 Schiff (6561 BRT =)

Stellungnahme des B.d.U.:
Der Kommandant hat die sehr zahlreichen Erfolgschancen gut ausgenutzt und trotz mehrerer Fehlschüsse, darunter einwandfreie Torpedoversager, einen sehr schönen Erfolg erzielt.

3. Unternehmung U 507:
(Südatlantik, nordostwärts Ascension, Mittelatlantik)

Kdt:	KK Harro Schacht (4. Feindfahrt)
04.07.1942	Lorient aus
12.10.1942	Lorient ein
Erfolge:	7 Schiffe (18132 BRT +)

Stellungnahme des B.d.U.:
1.) *Es wäre richtiger gewesen, der Kommandant hätte sich entschieden, in das Operationsgebiet von U 130 zu gehen, wie es von der Führung auch freigestellt war. Dort wurde von U 130 starker Verkehr angetroffen. Der eigene Erfolg wäre dort größer und die Unternehmung kürzer gewesen.*
Sonst zur Durchführung nichts zu bemerken.
2.) *Im Kriegstagebuch kürzer fassen.*

4. Unternehmung U 507:
(Südatlantik, nordwestlich von Natal)

Kdt:	KK Harro Schacht (5. Feindfahrt)
24.11.1942	Lorient aus
26.11.1942	Lorient ein
Erfolge:	keine

Stellungnahme des B.d.U.:
Unternehmung wurde wegen unklaren Rohres VI und anderer Schäden, die tauchklar einschränkten, einen Tag nach Ausmarsch abgebrochen.

5. Unternehmung U 507:
(Südatlantik, nordwestlich von Natal)

Kdt:	KK Harro Schacht (6. Feindfahrt)
28.11.1942	Lorient aus
13.01.1943	Verlust U 507
Erfolge:	3 Schiffe (14230 BRT +)

Erfolge Harro Schacht als Kommandant U 507:
19 Schiffe (77144 BRT +)
1 Schiff (6561 BRT =)

Albrecht Achilles

* 25.01.1914
in Karlsruhe
† 27.09.1943
im Südatlantik vor Bahia/
Brasilien

16.01.1943
Ritterkreuz (144-76)

08.04.1934
Eintritt in die Reichsmarine als Seeoffiziersanwärter
Crew 34

08.04.1934 – 13.06.1934
Infanterieausbildung – 4. Komp./II. S.St.Abt. der Ostsee, Stralsund

14.06.1934 – 26.09.1934
Bordausbildung – SSS GORCH FOCK

26.09.1934
Seekadett

27.09.1934 – 26.06.1935
Bordausbildung – Leichter Kreuzer KARLSRUHE

27.06.1935 – 31.03.1936
Hauptlehrgang für Fähnriche – Marineschule Flensburg-Mürwik bzw.

26.08.1935 – 31.08.1935
Navigationsbelehrungsfahrt – Schulschiff POSEIDON bzw.

24.02.1936 – 29.02.1936
Navigationsbelehrungsfahrt – Tender HECHT

01.07.1935
Fähnrich zur See

01.04.1936 – 19.05.1936
Torpedolehrgang für Fähnriche – Torpedoschule Flensburg-Mürwik

20.05.1936 – 06.06.1936
Fla-Waffenlehrgang für Fähnriche – Küstenartillerieschule Wilhelmshaven

07.06.1936 – 13.06.1936
Sperrlehrgang für Fähnriche – Sperrschule Kiel-Wik

14.06.1936 – 04.07.1936
Nachrichtenlehrgang für Fähnriche – Marine-Nachrichtenschule Flensburg-Mürwik

05.07.1936 – 28.07.1936
Infanterielehrgang für Fähnriche – 3. Komp./ II. S.St.Abt. der Ostsee, Stralsund

29.07.1936 – 28.09.1936
Artillerielehrgang für Fähnriche – S.A.S. Kiel-Wik

29.09.1936 – 01.04.1937
Bordausbildung – Linienschiff SCHLESWIG-HOLSTEIN

01.01.1937
Oberfähnrich zur See

01.04.1937
Leutnant zur See (-19-)

02.04.1937 – 01.05.1938
WO-, Schrift-, Signal- und Zugoffizier der 1. Division – Linienschiff SCHLESWIG-HOLSTEIN

08.04.1938
Dienstauszeichnung IV. Klasse

02.05.1938 – 20.05.1938
Adjutant – Baubelehrung Schlachtschiff GNEISENAU

21.05.1938 – 22.11.1938
Adjutant und Signaloffizier – Schlachtschiff GNEISENAU

23.11.1938 – 25.11.1938
Unterrichtung für Signaloffiziere – Nachrichtenschule Flensburg-Mürwik

26.11.1938 – 05.02.1939
Signaloffizier – Schlachtschiff GNEISENAU

06.02.1939 – 18.02.1939
Lehrgang für Signaloffizier – Nachrichtenschule Flensburg-Mürwik

19.02.1939 – 31.03.1939
Signaloffizier – Schlachtschiff GNEISENAU

01.04.1939 – 28.04.1940
Fähnrichs-Gruppenoffizier – Marineschule Flensburg-Mürwik bzw.

31.07.1939 – 08.08.1939
Fähnrichs-Gruppenoffizier – Schulschiff PAUL BEHNCKE

01.04.1939
Oberleutnant zur See (-19-)

29.04.1940 – 24.11.1940
z.Vfg. – B.d.U., zugleich

29.04.1940 – 01.06.1940
U.T.O.-Lehrgang – Torpedoschule Flensburg-Mürwik bzw.

02.06.1940 – 30.06.1940
U.W.O.-Lehrgang – Marine-Nachrichtenschule Flensburg-Mürwik bzw.

01.07.1940 – 27.07.1940
U.W.O.-Artillerie-Schießlehrgang – S.A.S. Kiel-Wik bzw.

28.07.1940 – 06.10.1940
U-Lehrgang – 1. U.L.D. bzw.

07.10.1940 – 24.11.1940
U.A.A./Plön

25.11.1940 – 02.01.1941
Baubelehrung – U-Boote Nordsee, Bremen

03.01.1941 – 29.11.1941
I. WO – U 66/2. U-Flottille
Feindfahrten U 66/Kdt: Richard Zapp
13.05.1941 – 11.06.1941
23.06.1941 – 05.08.1941
28.08.1941 – 09.11.1941

07.08.1941
Eisernes Kreuz II. Klasse

07.08.1941
U-Boots-Kriegsabzeichen 1939

01.09.1941
Kapitänleutnant (-16-)

30.11.1941 – 20.12.1941
Kommandantenlehrgang – 24.U-Flottille/Memel

21.12.1941 – 31.12.1941
z.Vfg. – 2. U-Flottille

01.01.1942 – 27.09.1943
Kommandant – U 161/10.U-Flottille

12.03.1942
Nennung im Wehrmachtsbericht

05.04.1942
Eisernes Kreuz I. Klasse

16.01.1943
Ritterkreuz des Eisernen Kreuzes

27.09.1943
Im Südatlantik vor der brasilianischen Küste bei Bahia durch die »Mariner« P-2 der US-Navy-Squadron VP-74 auf Position 12°30'Süd/35°35'West mit der gesamten Besatzung U 161 versenkt.

05.04.1945
Korvettenkapitän mit Wirkung vom 01.10.1943 (posthum)

1. Unternehmung U 161:
(Nordatlantik)

Kdt:	Kl Albrecht Achilles (4. Feindfahrt)
Kdt-Schüler:	Kl Hans Ludwig Witt
03.01.1942	Kiel aus
15.01.1942	Lorient ein
Erfolge:	keine

Stellungnahme des B.d.U.:
Überführungsfahrt nach Westfrankreich. Zur Durchführung nichts zu bemerken.

2. Unternehmung U 161:
(Westatlantik, Karibik, Trinidad, Santa Lucia)

Kdt:	Kl Albrecht Achilles (5. Feindfahrt)
Kdt-Schüler:	Kl Hans Ludwig Witt
24.01.1942	Lorient aus
02.04.1942	Lorient ein
Erfolge:	5 Schiffe (28033 BRT +) 4 Schiffe (30511 BRT =)

Stellungnahme des B.d.U.:
Ausgezeichnet durchgeführte, erste Unternehmung des jungen Kommandanten mit einem neuen Boot.
Besonders hervorgehoben wird das mit Schneid und Überlegung durchgeführte Eindringen in den Golf von Paria und den Hafen Port Castries auf Santa Lucia.

3. Unternehmung U 161:
(Westatlantik, Karibik, brasilianische Küste, Porto Limon, Costa Rica)

Kdt:	Kl Albrecht Achilles (6. Feindfahrt)
28.04.1942	Lorient aus
07.08.1942	Lorient ein
Erfolge:	3 Schiffe (9951 BRT +)

Stellungnahme des B.d.U.:
Sehr lange Unternehmung des Bootes, die ohne Verschulden des Kommandanten, trotz zähen, sachgemäßen Operierens nur einen mäßigen Erfolg brachte.
Die Angriffe auf Geleitzüge am 15.06. und 16.07. brachten Erfolg, während 2 Angriffe am 12. und 13.5. durch Sehenlassen des Bootes vereitelt wurden.
Sonst nichts zu bemerken.

4. Unternehmung U 161:
(Mittelatlantik, afrikanische Westküste, Kongo-Mündung, Goldküste, Südamerika, Pernambuco)

Kdt:	Kl Albrecht Achilles (7. Feindfahrt)
19.09.1942	Lorient aus
09.01.1943	Lorient ein
Erfolge:	3 Schiffe (16284 BRT +) 1 Schiff (5161 BRT =) 1 Kreuzer (5450 ts = br CL PHOEBE =)

Stellungnahme des B.d.U.:
Unternehmung von sehr langer Dauer in westafrikanischen Gewässern, die durch Tropenverhältnisse und stärkere Abwehr erschwert wurde. Der Kommandant hat trotz verhältnismäßig häufigen Anlaufs und überlegten Operierens bei seinen Angriffen wenig Glück gehabt. Es wäre dem bewährten Kommandanten ein höherer Erfolg zu gönnen gewesen!
Die Gründe für die vielen Fehlschüsse sind zum Teil in den zu großen Schußentfernungen zu sehen. Es hätte beim Geleitangriff am 08.11. und am 22.12. eine geringere Schußentfernung angestrebt werden müssen.
Der Dampfer von 5000 BRT am 30.10. hat das Boot anscheinend überflüssigerweise zu lange in die Defensive gedrängt.
Die Überlegungen am Schluß des K.T.B. sind als Erfahrungen für zukünftige Unternehmungen des Kommandanten und andere Boote wertvoll.

5. Unternehmung U 161:
(Mittelatlantik, Azoren, USA-Ostküste, Kanada, Halifax)

Kdt:	Kl Albrecht Achilles (8. Feindfahrt)
13.03.1943	Lorient aus
07.06.1943	Lorient ein
Erfolge:	1 Segler (255 BRT +)

Stellungnahme des B.d.U.:
Einzelunternehmung, die trotz langer Dauer keinen besonderen Erfolg brachte. Es wurde nur geringer Verkehr angetroffen, jedoch starke See- und Luftüberwachung. Die Versenkung einer Brigg durch Artillerie ist der einzige Trosterfolg.
Sonst nichts zu bemerken.

6. Unternehmung U 161:
(Mittel- und Südatlantik, Azoren, brasilianische Küste, vor Bahia)

Kdt:	Kl Albrecht Achilles (9. Feindfahrt)
08.08.1943	Lorient aus
27.09.1943	Verlust U 161
Erfolge:	3 Schiffe (10770 BRT +)

Erfolge Albrecht Achilles als Kommandant U 161:
15 Schiffe (65293 BRT +)
6 Schiffe (41122 BRT = einschließl. br CL PHOEBE = 5450 ts)

Herbert Schneider

* 25.06.1915
in Nürnberg
† 23.02.1943
im Mittelatlantik
südwestlich Madeira

16.01.1943
Ritterkreuz (145-77)

08.04.1934
Eintritt in die Reichsmarine als Seeoffiziersanwärter
Crew 34

08.04.1934 – 14.06.1934
Infanterieausbildung – 4. Komp./II. S.St.Abt. der Ostsee, Stralsund

15.06.1934 – 26.09.1934
Bordausbildung – SSS GORCH FOCK

26.09.1934
Seekadett

27.09.1934 – 26.06.1935
Bordausbildung – Leichter Kreuzer EMDEN

27.06.1935 – 30.03.1936
Hauptlehrgang für Fähnriche – Marineschule Flensburg-Mürwik bzw.

09.10.1935 – 15.10.1935
Navigationsbelehrungsfahrt – Tender NORDSEE bzw.

27.01.1936 – 01.02.1936
Navigationsbelehrungsfahrt – Tender HECHT

01.07.1935
Fähnrich zur See

31.03.1936 – 14.04.1936
Fla-Waffenlehrgang für Fähnriche – Küstenartillerieschule Wilhelmshaven

15.04.1936 – 04.05.1936
Nachrichtenlehrgang für Fähnriche – Nachrichtenschule Flensburg-Mürwik

05.05.1936 – 02.06.1936
Infanterielehrgang für Fähnriche – II. S.St. Abt. der Ostsee, Stralsund

03.06.1936 – 28.07.1936
Artillerielehrgang für Fähnriche – S.A.S. Kiel-Wik

29.07.1936 – 22.09.1936
Torpedolehrgang für Fähnriche – Torpedoschule Flensburg-Mürwik

23.09.1936 – 30.09.1936
Sperrlehrgang für Fähnriche – Sperrschule Kiel-Wik

01.10.1936
zur Luftwaffe versetzt bzw. kommandiert

01.10.1936 – 30.09.1937
Ausbildung zum Beobachter – Fliegerwaffenschule (See) Parow

01.01.1937
Oberfähnrich zur See

01.07.1937
Leutnant zur See (-2-)

01.10.1937
Beobachterabzeichen

01.10.1937 – 14.11.1938
Küstenfliegerstaffel 3./506, Dievenow, zugleich

28.02.1938 – 05.03.1938
Torpedolehrgang für Fliegeroffiziere – Marineschule Flensburg-Mürwik

08.04.1938
Dienstauszeichnung IV. Klasse

15.11.1938 – 30.06.1939
Küstenfliegerstaffel 3./706, Hörnum/Sylt, zugleich

22.02.1939 – 30.04.1939
Kommandierung zur AS/88 der Legion Condor nach Spanien (8 Feindflüge als Beobachter und Flugzeugkommandant)

01.04.1939
Oberleutnant zur See (-165-)

01.07.1939 – 31.07.1940
Gruppenoffizier und Sachbearbeiter für Personalangelegenheiten, später Lehrgruppenführer – Fliegerwaffenschule 2 (See), Bug/Rügen

11.06.1940
Eisernes Kreuz II. Klasse

01.08.1940 – 30.09.1940
Beobachter – Küstenfliegerstaffel 2./406

01.10.1940
zur Kriegsmarine zurück versetzt bzw. kommandiert

01.10.1940 – 29.03.1941
z.Vfg. – B.d.U. bzw

01.10.1940 – 05.01.1941
Ua-Lehrgang – 1. U.L.D./Pillau bzw.

06.01.1941 – 02.02.1941
U.T.O.-Lehrgang – Torpedoschule Flensburg-Mürwik bzw.

03.02.1941 – 02.03.1941
U.W.O.-Nachrichtenlehrgang – Nachrichtenschule Flensburg-Mürwik

03.03.1941 – 29.03.1941
U.W.O.-Lehrgang – S.A.S. Kiel-Wik

30.03.1941 – 15.05.1941
z. Vfg. – 2. U-Flottille/Lorient (als Schrift- und Ausbildungsoffizier)

16.05.1941 – 28.12.1941
I. WO – U 123/2. U-Flottille
Feindfahrten U 123/
Kdt: Reinhard Hardegen
08.06.1941 – 23.08.1941
14.10.1941 – 22.11.1941

29.12.1941 – 10.02.1942
Kommandanten-Schießlehrgang – 26. U-Flottille

11.02.1942 – 21.04.1942
z.Vfg. – 2. U.A.A./Neustadt/Holstein

01.04.1942
Kapitänleutnant (-31-)

22.04.1943 – 10.06.1942
Baubelehrung – 8. K.L.A./Hamburg für U 522

11.06.1942 – 30.09.1942
Kommandant – U 522/4. U-Flottille

01.10.1942 – 23.02.1943
Kommandant – U 522/2. U-Flottille

21.11.1942
Nennung im Wehrmachtsbericht

04.12.1942
Eisernes Kreuz I. Klasse

16.01.1943
Ritterkreuz des Eisernen Kreuzes

23.02.1943
Im Mittelatlantik südwestlich Madeira am Tanker-Konvoi UC.1 durch Wasserbomben der britischen Sloop TOTLAND auf Position 31°27'Nord/26°22'West mit der gesamten Besatzung U 522 versenkt.

1. Unternehmung U 522:
(Nordatlantik, südlich und nordöstlich von Neufundland)

Kdt:	Kl Herbert Schneider (3. Feindfahrt)
08.10.1942	Kiel aus
10.10.1942	Kristiansand ein
10.10.1942	Kristiansand aus
10.10.1942	Farmsund ein
11.10.1942	Farmsund aus
02.12.1942	Lorient ein
Erfolge:	4 Schiffe (20077 BRT +) 1 Schiff (5496 BRT =)

Stellungnahme des B.d.U.:
Erste Unternehmung des Kommandanten mit neuem Boot.
Mit besonderer Begabung für das Wesen des U-Bootes und seine Taktik verbindet der Kommandant in glücklichster Weise Schwung, Zähigkeit, Umsicht und Angriffswillen. Seiner Angriffsfreudigkeit und seinem Können gesellte sich das Glück, so daß das Boot einen hervorragenden Erfolg davontrug.
Die Geleitoperation kann als vorbildlich bezeichnet werden.

1. Unternehmung U 522:
(Mittelatlantik, südlich der Azoren)
Kdt: Kl Herbert Schneider (4. Feindfahrt)

31.12.1942 Kiel aus
21.01.1943 *Glückwunsch an Kapitänleutnant Schneider zur Verleihung des Ritterkreuzes von Ob. d. M. u. B.d.U.*
23.02.1943 Verlust U 522
Erfolge: 3 Schiffe (25749 BRT +)
1 Schiff (6983 BRT =)

Erfolge Herbert Schneider als Kommandant U 522:
7 Schiffe (45826 BRT +)
2 Schiffe (12479 BRT =)

Ulrich Heyse

* 20.09.1906
in Berlin-Friedenau
† 19.11.1970
in Flensburg

21.01.1943
Ritterkreuz (147-78)

04.10.1933
Eintritt in die Reichsmarine
Crew 32 (eingegliedert)

04.10.1933 – 02.01.1934
Infanterieausbildung – 6. Komp./II. Abt. S.St.Div. der Ostsee, Stralsund

01.01.1934
Fähnrich zur See

03.01.1934 – 31.01.1934
Lehrgang – S.A.S. Kiel-Wik

01.02.1934 – 17.03.1934
Infanterielehrgang – II. Abt. S.St.Div. der Ostsee, Stralsund

18.03.1934 – 09.04.1934
Nachrichtenlehrgang – Nachrichtenschule Flensburg-Mürwik

10.04.1934 – 25.04.1934
Fla-Waffenlehrgang – Küstenartillerieschule Wilhelmshaven

26.04.1934 – 12.05.1934
Sperrlehrgang – Sperrschule Kiel-Wik

13.05.1934 – 03.07.1934
Torpedolehrgang – Torpedoschule Flensburg-Mürwik

04.07.1934 – 18.04.1935
Hauptlehrgang für Fähnriche – Marineschule Flensburg-Mürwik bzw.

20.08.1934 – 25.08.1934
Navigationsbelehrungsfahrt – Leichter Kreuzer LEIPZIG bzw.

18.01.1935 – 23.01.1935
Navigationsbelehrungsfahrt – Tender NORDSEE

19.04.1935 – 25.05.1935
Bordausbildung – Leichter Kreuzer KÖLN

26.05.1935 – 28.07.1935
Artillerielehrgang für Fähnriche – S.A.S. Kiel-Wik

29.07.1935 – 03.08.1935
U-Abwehrlehrgang für Fähnriche – U-Abwehrschule Kiel-Wik

04.08.1935 – 30.09.1935
Bordausbildung – Leichter Kreuzer KÖLN

01.09.1935
Oberfähnrich zur See

01.101.935 – 21.12.1935
Nachrichtenlehrgang für Fähnriche – Marine-Nachrichtenschule Flensburg-Mürwik

22.12.1935 – 01.06.1936
Bordausbildung – Leichter Kreuzer KÖLN

01.06.1936
Leutnant zur See (-16-)

02.06.1936 – 20.09.1936
Adjutant und II. F.T.O. – Leichter Kreuzer KÖLN

21.09.1936 – 03.05.1937
II. F.T.O. – Leichter Kreuzer EMDEN

01.11.1936
Orden für militärische Verdienste V. Klasse ohne Krone

04.05.1937 – 28.10.1938
Lehrer – II. M.L.A., zugleich

05.10.1937 – 18.12.1937
T/B-Lehrgang – Torpedoschule Flensburg-Mürwik

01.10.1937
Oberleutnant zur See (-12-)

04.10.1937
Dienstauszeichnung IV. Klasse

29.10.1938 – 30.06.1940
I.WO – Zerstörer Z-6 THEODOR RIEDEL

01.04.1939
Kapitänleutnant (-9-)

11.02.1940
Eisernes Kreuz II. Klasse

01.07.1940 – 28.07.1940
z.Vfg. – B.d.U./U-Ausbildung

29.07.1940 – 27.09.1940
U-Lehrgang – 1. U.L.D.

28.09.1940 – 02.11.1940
U-Lehrgang – Torpedoschule Flensburg-Mürwik

19.10.1940
Zerstörerkriegsabzeichen

03.11.1940 – 09.11.1940
U-Lehrgang – Sperrschule Kiel-Wik

10.11.1940 – 10.01.1941
Kommandantenlehrgang – 24. U-Flottille

11.01.1941 – 17.02.1941
im Stab – 2. U-Flottille bzw. als Kommandantenschüler auf U 37
Feindfahrt U 37/Kdt: Nikolai Clausen
30.01.1941 – 18.02.1941

18.02.1941 – 25.03.1941
Kapitänleutnant beim Stützpunkt – 2. U-Flottille/Lorient

26.03.1941 – 11.05.1941
Baubelehrung – 6. K.L.A.-U-Nord für U 128

12.05.1941 – 28.02.1943
Kommandant – U 128/2. U-Flottille

24.03.1942
Eisernes Kreuz I. Klasse

24.03.1942
U-Boots-Kriegsabzeichen 1939

21.01.1943
Ritterkreuz des Eisernen Kreuzes

01.03.1943 – 27.12.1943
Lehrer und Kompaniechef – 2. U.L.D.

01.04.1943
Korvettenkapitän (-36-)

28.12.1943 – 30.01.1944
Offizierslehrer – 1. U.L.D.

31.01.1944 – 04.03.1945
Kommandeur – 1. Abt./1. U.L.D., zugleich

28.02.1945 – 04.03.1945
Kommandeur (m.d.W.d.G.b.) – 1. U.L.D.

05.03.1945 – 08.05.1945
Flottillenchef – 32. U-Flottille/Hamburg

1. Unternehmung U 128 :
(Nordatlantik)

Kdt :	Kl Ulrich Heyse (2. Feindfahrt)
09.12.1941	Kiel aus
10.12.1941	Kristiansand ein
11.12.1941	Kristiansand aus

24.12.1941 Lorient ein
Erfolge: keine

Stellungnahme des B.d.U.:
Überführungsfahrt nach Westfrankreich. Zur Durchführung nichts zu bemerken.

2. Unternehmung U 128:
(Azoren, Westatlantik, Bermudas, Florida, Bahamas)

Kdt : Kl Ulrich Heyse
(3. Feindfahrt)

08.01.1942 Lorient aus
23.03.1942 Lorient ein
Erfolge: 3 Schiffe (27311 BRT +)

Stellungnahme des B.d.U.:
1.) Gut durchgeführte, erste Unternehmung des Kommandanten mit einem neuen Boot.
2.) Nach B-Dienst handelt es sich bei dem am 19.02. versenkten und mit 3000 BRT geschätzten Tanker um PAN MASSACHUSETTS mit 8202 BRT.
3.) Durch das geringe Etmal während des Ausmarsches, welches durch Wetter und beschädigte Mündungsklappen bedingt war, wurde die Unternehmung sehr lang. Der B.d.U. vermutete das Boot bereits eine Woche früher im Operationsgebiet.

3. Unternehmung U 128 :
(Westatlantik, brasilianische Nordküste, Karibik)

Kdt : Kl Ulrich Heyse
(4. Feindfahrt)

25.04.1942 Lorient aus
22.07.1942 Lorient ein
Erfolge: 5 Schiffe (35620 BRT +)

Stellungnahme des B.d.U.:
Im Verhältnis zur langen Unternehmungsdauer ist der Erfolg nicht sehr groß. Die Schuld liegt aber nicht allein beim Kommandanten, da das Boot Operationsgebiete hatte, in denen der erwartete, starke Verkehr ausblieb.
Am 11.06. nach dem erhaltenen »freien Manöver« wäre es richtiger gewesen, sofort nach Trinidad unter Land zu gehen, statt sich noch weiter im freien Gelände aufzuhalten.
Am 08.06. wurde bei der Verfolgung des Tankers zu spät aufgetaucht. Den Gegner im Sehrohr behalten und nicht nach Horchgeräuschen fahren.

4. Unternehmung U 128:
(Biscaya)

Kdt : Kl Ulrich Heyse
(5. Feindfahrt)

02.09.1942 Lorient aus
10.09.1942 Lorient ein
Erfolge: keine

Stellungnahme des B.d.U.:
Nichts zu bemerken!

5. Unternehmung U 128:
(Mittelatlantik, Freetown, brasilianische Küste)

Kdt : Kl Ulrich Heyse
(6. Feindfahrt)

14.09.1942 Lorient aus
15.01.1943 Lorient ein
Erfolge: 4 Schiffe (20707 BRT +)

Stellungnahme des B.d.U.:
Eine Unternehmung, die im Verhältnis zur langen Dauer nur von einer kurzen Glücksserie bedacht wurde. Bei dem Ansatz vor Freetown vom 19.10. bis 04.11. hat der Kommandant den gegebenen Befehlen nicht genügend sinngemäß, sondern zu weit abgesetzt operiert.
Bei den Versenkungen am 08. und 10.11. hätten die Namen der Dampfer einwandfrei festgestellt werden können.
Zum 23.11.: Der Befehl, Absicht und Lage zu melden, wird erst nach wiederholter Aufforderung am 25. abends ohne Standortangabe beantwortet.
Zur Operation im Qu. FC: Während in dem Seegebiet zu gleicher Zeit andere Boote gegen zahlreiche Einzelfahrer Erfolge erzielten, war U 128 leider nicht mehr vom Glücke begünstigt!

Erfolge Ulrich Heyse als Kommandant U 128:
12 Schiffe (83638 BRT +)

Albrecht Brandi

* 20.06.1914
in Dortmund
† 06.01.1966
in Dortmund

21.01.1943
Ritterkreuz (148-79)

11.04.1943
224. Eichenlaub (26-22)

09.05.1944
66. Schwerter (5-5)

24.11.1944
22. Brillanten (2-2)

01.04.1935
Eintritt in die Kriegsmarine als Seeoffiziersanwärter
Crew 35

01.04.1935 – 25.09.1935
Infanterieausbildung – II. Abt. S.St.Div. der Ostsee, Stralsund und Bordausbildung – SSS GORCH FOCK

25.09.1935
Seekadett

26.09.1935 – 19.06.1936
Bordausbildung – Leichter Kreuzer KARLSRUHE

20.06.1936 – 31.03.1937
Hauptlehrgang für Fähnriche – Marineschule Flensburg-Mürwik

01.07.1936
Fähnrich zur See

01.04.1937 – 01.10.1937
Waffenlehrgänge für Fähnriche, später III.WO – Minensuchboot M-125

02.10.1937 – 24.05.1940
WO – Minensuchboot M-1/1. Minensuchflottille

01.01.1938
Oberfähnrich zur See

01.04.1938
Leutnant zur See (-179-)

01.10.1939
Oberleutnant zur See (-172-)

25.05.1940 – 04.1941
Kommandant – M-1/1. Minensuchflottille

04.1941 – 24.12.1941
U-Bootsausbildung

25.12.1941 – 27.01.1942
Kommandantenschüler – U 552/
7. U-Flottille
Feindfahrt – U 552/Kdt: Erich Topp
25.12.1941 – 27.01.1942

28.01.1942 – 08.04.1942
n.v. bzw. Baubelehrung – 8. K.L.A./Hamburg für U 617

09.04.1942 – 31.08.1942
Kommandant – U 617/5. U-Flottille

01.09.1942 – 30.11.1942
Kommandant – U 617/7. U-Flottille

01.10.1942
Kapitänleutnant (-11-)

01.12.1942 – 12.09.1943
Kommandant – U 617/29. U-Flottille

21.01.1943
Ritterkreuz des Eisernen Kreuzes

11.04.1943
224. Eichenlaub zum Ritterkreuz des Eisernen Kreuzes

12.04.1943
Nennung im Wehrmachtsbericht

01.06.1943
Kapitänleutnant, mit Verbesserung des Rangdienstalters vom 01.03.1942

12.09.1943
Im Mittelmeer vor der spanisch-marokkanischen Küste, vor Melilla, bei der Verfolgung durch »Wellington«-Flugzeuge der britischen 179. Squadron auf einen Unterwasserfelsen gelaufen. U 617 wurde daraufhin auf Befehl von Kl Brandi von der Besatzung auf Position 35°13'Nord/03° 21'West auf Strand gesetzt und selbst gesprengt. Kl Brandi und die Besatzung U 617 erreichten in Schlauchbooten, zum Teil schwimmend, die Küste. Brandi wurde im spanischen Offizierslager Cadiz interniert, er kehrte später mit seiner Besatzung nach Deutschland zurück.

09.1943 – 11.1943
Internierung in Cadiz (Spanien)

12.1943 – 11.03.1944
Kommandant – U 380/29. U-Flottille

11.03.1944
U 380 wurde während eines Luftangriffes der 15. USAAF auf Toulon am Lagerkai liegend zerstört.

04.1944 – 01.07.1944
Kommandant – U 967/29. U-Flottille (Ablösung wegen Erkrankung)

09.05.1944
Eichenlaub mit Schwertern (66.) zum Ritterkreuz des Eisernen Kreuzes

08.06.1944
Korvettenkapitän mit Wirkung vom 09.05.1944 und Rangdienstalter vom 09.05.1944

07.1944 – 01.1945
U-Asto und Einsatzleiter der U-Boote im Finnischen Meerbusen, Helsinki – beim Kommandierenden Admiral östliche Ostsee

24.11.1944
Eichenlaub mit Schwertern und Brillanten (22.) zum Ritterkreuz des Eisernen Kreuzes

18.12.1944
Fregattenkapitän mit Wirkung vom 01.08.1944 und Rangdienstalter vom 01.12.1944

01.1945 – 08.05.1945
Chef der Marine-Kleinkampfverbände in Holland/Ymuiden

08.05.1945 – 09.1945
Kriegsgefangenschaft (dort Lagerkommandant Ymuiden, dann Lagerkommandant bei der Minensuchflottille Emden)

09.1945
Entlassung

Über Orden und Ehrenzeichen sind keine weiteren Angaben vorhanden!

1. Unternehmung U 617:
(Nordatlantik ostwärts der Neufundlandbank)

Kdt:	Kl Albrecht Brandi (2. Feindfahrt)
29.08.1942	Kiel aus
30.08.1942	Kristiansand ein
31.08.1942	Kristiansand aus
07.10.1942	St. Nazaire ein
Erfolge:	4 Schiffe (15079 BRT +)

Stellungnahme des B.d.U.:
Sehr gut durchgeführte, erste Unternehmung des Kommandanten mit einem neuen Boot. Die gebotenen Erfolgschancen wurden überlegt und geschickt ausgenutzt. Ein schöner Anfangserfolg.

2. Unternehmung U 617:
(Gibraltar-Durchbruch 08.11.1942, westliches Mittelmeer)

Kdt:	Kl Albrecht Brandi (3. Feindfahrt)
02.11.1942	St. Nazaire aus
28.11.1942	La Spezia ein
Erfolge:	keine

Stellungnahme des F.d.U. Italien:
1.) Eine vorbildlich, energisch und umsichtig geführte Unternehmung, die auch gute Erfolge erbrachte.
2.) Zum Durchbruch durch die Gibraltarstraße ist nichts zu bemerken.
3.) Hervorzuheben ist der Schneid, mit dem die Anläufe gefahren worden sind, sowie das gute Treffergebnis.
4.) Das Nichtauftreten betriebstörender Ausfälle zeigt, daß die Besatzung vom Geiste strenger Pflichterfüllung beseelt ist.

5.) *Anerkannt werden: 1 Kreuzer, Amerikaner oder Franzose und 1 Zerstörer versenkt, 2 Frachter torpediert, Sinken wahrscheinlich. Für die ernste Beschädigung eines Schlachtschiffes liegen aus dem späteren Verhalten der Schiffe keine Anhaltspunkte vor. Es ist möglich, daß die vom Boot wahrgenommenen Detonationen von auf einem Zerstörer erzielten Treffer stammen.*

3. Unternehmung U 617:

(Mittelmeer, Cyrenaika-Küste)

Kdt:	Kl Albrecht Brandi (4. Feindfahrt)
21.12.1942	La Spezia aus
17.01.1943	Salamis ein
Erfolge:	3 Schiffe (6 996 BRT +)

Stellungnahme des F.d.U. Italien:

1.) *Die Unternehmung ist mit vorbildlichem Schneid und ausgezeichnetem Erfolg durchgeführt. Hervorzuheben sind gleichermaßen der Angriffsgeist, die kaltblütige und richtige Einschätzung des Gegners durch den Kommandanten, sein taktischen Können, seine Schußfertigung sowie der hohe Ausbildungsstand der Besatzung, der Versager nicht aufkommen läßt.*

2.) *Die Durchführung der Angriffe ist beispielgebend. Vor allem gefällt die Vernichtung des Schleppzuges und Zerstörers am 28.12., die unbeirrt durch Landortungen und gesichtet werden, in dreimaligen Anpacken des Gegners erzwungen wird. Ein Schulbeispiel kühnen, zähen aber überlegten Draufgängertums.*

3.) *Anerkannt werden nach den mündlichen Ergänzungen durch den Kommandanten als versenkt:*
   a) *am 28.12.: 1 Zerstörer, 1 Schlepper von 1000 BRT, ein großer Leichter unbekannter Tonnage;*
   b) *am 30.12.: 3 Dampfer mit zusammen 22 000 BRT;*
   c) *am 13.01.:2 Dampfer mit zusammen 5 000 BRT;*
   d) *am 15.01.: 2 Frachter mit zusammen 13 000 BRT.*

Stellungnahme des B.d.U.:
Ausgezeichnet durchgeführte Unternehmung.
Anerkannte Erfolge:
8 Schiffe – 41 000 BRT und 1 Zerstörer versenkt.

4. Unternehmung U 617:

(Mittelmeer, Cyrenaika-Küste)

Kdt:	Kl Albrecht Brandi (5. Feindfahrt)
27.01.1943	Salamis aus
07.02.1943	Salamis ein
08.02.1943	Salamis aus
08.02.1943	Patras ein
11.02.1943	Patras aus
13.02.1943	Pola ein
Erfolge:	3 Schiffe (7 264 BRT + einschließl. br CM WELSHMAN + 2 650 ts)

Stellungnahme des F.d.U. Italien:

1.) *Auch auf dieser Unternehmung hat der Kommandant sein hervorragendes Können und seinen bewährten Angriffsgeist erneut bewiesen. Der Erfolg ist nicht ausgeblieben. Die Unternehmung mußte infolge Waboschäden nach dem Angriff am 05.02. vorzeitig abgebrochen werden.*

2.) *Zu beiden Angriffen ist folgendes zu bemerken:*
   a) *Am 01.02.: Gut geschätzte Schußunterlagen. Nach der mündlichen Berichterstattung des Kommandanten und den Ergebnissen aus dem B-Dienst ist die Versenkung des Kreuzers als sicher anzusehen. In der Schußmeldung, ebenso wie in der vom 05.02. sind Fehler beim Ablesen der Schußwinkel bzw. Errechnung der Torpedokurse unterlaufen, da den angegebenen Schußwinkeln bezogen auf die Bootskurse die gemeldeten Torpedokurse nicht entsprechen.*
   b) *Am 05.02.: Auf Grund der Beobachtung des Kommandanten (hohe Sprengsäule, starkes deutliches Schottenbrechen und Sinkgeräusche) ist mit der Versenkung der beiden Frachter zu rechnen. Die beiden Fehlschüsse müssen als ungeklärt angesehen werden, da aus den Angaben der Schußmeldung die wirkliche Entfernung der Ziele nicht zu ersehen ist und daher nicht geprüft werden kann, ob ein Untersteuern infolge zu geringer Entfernung möglich ist.*

3.) *Anerkannt werden:*
Als versenkt: 1 Kreuzer der DIDO-Klasse, je ein Frachter zu 3 000 und 4 000 BRT.

Stellungnahme des B.d.U.:
Sehr gut durchgeführte Unternehmung.

Anerkannter Erfolg:
1 Kreuzer DIDO-Klasse versenkt.
2 Schiffe 7 000 BRT versenkt.

5. Unternehmung U 617:

(Mittelmeer, vor Alboran)

Kdt:	Kl Albrecht Brandi (6. Feindfahrt)
25.03.1943	Pola aus
17.04.1943	Toulon ein
Erfolge:	keine

Stellungnahme des F.d.U. Italien:

1.) Auch auf dieser Unternehmung hat der Kommandant sein hohes Können und seinen Schneid bewiesen. Von dem zahlreich erfaßten Verkehr wurden mehrere Angriffsabsichten durch Abwehr oder zu große Schußentfernung vereitelt.

2.) Zum Torpedoeinsatz wird bemerkt:
a) Am 10.04.: Die Versenkung des Kreuzers und des Zerstörers sind auf Grund der Treffer, der Sinkgeräusche und nach mündlicher Berichterstattung des Kommandanten als sicher anzunehmen.
b) Am 13.04.: Die Versenkung des Transporters nach 3 Treffern ist anzunehmen.

3.) Im K.T.B. fehlt eine Darstellung der Schäden, die zur Begrenzung der Tauchtiefe auf A+20 und damit zum Rückruf des Bootes führten. Auch der Rückruf-Befehl selbst ist nicht aufgenommen.

4.) Die Feststellung, daß Flugzeuge tonlos suchen und zur Kontrolle kurz auf tönend schalten, wahrnehmbar als Knacken beim Umschalten verdient Beachtung. Der Grund für ein Umschalten von tonlos auf tönend leuchtet nicht ein. Der Kommandant hat mit Erfolg dicht unter der Küste im Ortungsschatten der an Land auf gestellten Ortungsgeräte die Batterie aufgeladen.

5.) Anerkannt werden als versenkt:
1 Kreuzer der FIJI-Klasse.
1 Zerstörer der TRIBAL-Klasse
1 Truppentransporter Typ ORCADES 23 456 BRT.

6. Unternehmung U 617:

(Mittelmeer, vor Algerien)

Kdt:	Kl Albrecht Brandi (7. Feindfahrt)
31.05.1943	Toulon aus
01.06.1943	Toulon ein
19.06.1943	Toulon aus
20.07.1943	Toulon ein
Erfolge:	keine

Stellungnahme des F.d.U. Italien:

1.) Das Boot hatte die Aufgabe, feindliche Kriegsschiffseinheiten bis einschließlich zum Kreuzer sowie Truppentransporter und große Tanker hart ostwärts Gibraltar zu bekämpfen.
Dieser Aufgabe lagen die Meldungen von Agenten zu Grunde, nach denen die in Gibraltar liegenden Schlachtschiffe und Flugzeugträger des Gegners periodisch Schießübungen im Seegebiet ostwärts Gibraltar abhielten. Diese Angaben haben sich als richtig erwiesen ebenso wie die daraus gezogenen Folgerungen. Der Einsatz von 1 – 2 U-Booten für die gedachte Aufgabe ist gerechtfertigt. Die Schwierigkeiten werden von einem erfahrenen Kommandanten gemeistert. Es haben sich folgende wertvolle Erfahrungen ergeben:
a) Sehr starker Strom aus der Straße, der im allgemeinen nördlich einer durch die Achse der Straße laufenden Linie nach Nordosten, südlich dieser Linie nach Südosten setzt. Große Vorsicht ist jedoch geboten.
b) Möglichkeiten zum Aufladen sind an der afrikanischen Küste besser als an der spanischen, da hier sehr viel stärkere Luftüberwachung.
c) Abwehr hart ostwärts Gibraltar nicht stärker als im übrigen Operationsgebiet.

2.) Der Kommandant hat seine Aufgabe vorbildlich durchgeführt und sich dabei längere Zeit in unmittelbarer Nähe Gibraltars aufgehalten. Bei etwas mehr Glück wäre dem Boot möglicherweise ein großer Erfolg beschieden gewesen.

3.) Bedauerlich ist der erst beim Angriff auf den Transporterverband bemerkte Fehler in der Torpedoanlage, der das Boot um eine Erfolgschance brachte.

4.) Die Versenkung des Zerstörers bei der hohen Fahrt und verhältnismäßig großen Entfernung beweist erneut die Erfahrung und das Können des stets bewährten Kommandanten.

5.) Anerkannt wird als versenkt:
1 Zerstörer der H-Klasse.

7. Unternehmung U 617:
(Mittelmeer, vor Algerien und Marokko)

Kdt:	Kl Albrecht Brandi (8. Feindfahrt)
28.08.1943	Toulon aus
12.09.1943	Verlust U 617
Erfolge:	1 Zerstörer (1 050 ts + br DE PUCKERIDGE +)

10. Unternehmung U 380:
(westliches Mittelmeer, algerische Küste)

Kdt:	Kl Albrecht Brandi (9. Feindfahrt)
20.12.1943	Toulon aus
21.01.1944	Toulon ein
Erfolge:	keine

<u>Stellungnahme des F.d.U. Mittelmeer:</u>

1.) Das Boot stand in einem dem Kommandanten vertrauten und erfolgversprechenden Angriffsraum. Trotzdem ist der Erfolg der Unternehmung geringer als er von dem erfahrenen, besonders bewährten Kommandanten seitens der Führung erwartet werden konnte.

2.) Das nicht erschöpfend genug geführte K.T.B. läßt oft Begründungen für Entschlüsse und Handlungsweise des Kommandanten vermissen und erschwert dadurch die Beurteilung der Unternehmung. Auf Grund dieser Tatsache entsteht der Eindruck, daß die Unternehmung mit sehr viel Vorsicht durchgeführt wurde und deshalb nicht den Schwung früherer Unternehmungen trägt. Diese Annahme wird aus folgenden Gegebenheiten abgeleitet:

a) Der Kommandant taucht bei jeder »Naxos«-Ortung ohne im K.T.B. festzulegen, ob ihm die Ortung als solche oder die größer werdende Lautstärke dazu veranlaßte. Es ist somit nicht festzustellen, ob der Kommandant nicht einmal den Versuch gemacht hat, die Ortung abzuschütteln. Den vor anderen Booten mit gutem Erfolg angewandten Einsatz der »Aphrodite« hat er nicht angewandt.

b) Am 01.01. gibt das K.T.B. keine Auskunft darüber, ob die beiden Zerstörer so schnell wieder aus Sicht kamen, daß die Besatzung nur 8 Minuten auf Gefechtsstationen befohlen wurde bzw. ob das Boot überhaupt solange auf Sehrohrtiefe blieb, bis die Aussichtslosigkeit eines Angriffs einwandfrei geklärt war. Eine Kursänderung des Gegners hätte vielleicht einen Angriff ermöglicht.

c) Aus dem K.T.B. ist kein klares Bild darüber zu gewinnen, warum der Dampfer am 08.01. nicht sofort nach Löschen der Positionslaternen angegriffen wurde. Insbesondere fehlen Angaben über Entfernung und Lage bzw. eventuell Abwehrbewegungen des Dampfers. Außerdem ist es nicht verständlich, warum das Boot nach dem Tauchen über 2 Stunden unter Wasser blieb und dadurch von vornherein die Initiative aus der Hand gab.

d) Noch unverständlicher ist das Tauchen vor 3 Landungsbooten am 12.01.44. Es fehlt dafür jegliche Begründung.

3.) Zum Torpedoeinsatz wird bemerkt:

A) <u>Am 23.12.:</u> Nach den Unterlagen des K.T.B. muß angenommen werden, daß die beiden Schüsse um 0238 Uhr und 0243 Uhr auf denselben Zerstörer losgemacht wurden. Danach hätte der Zerstörer in der Zeit, als U 380 zum Heckschuß abdrehte, selbst eine starke Kursänderung vorgenommen, die vermutlich den Fehlschuß um 0238 Uhr zur Folge hatte. Die Torpedierung des Zerstörers ohne Wirkungsbeobachtung wird für möglich gehalten.

B) <u>Am 27.12.:</u> H. E. könnte es sich bei dem gehörten Aufschlag nur um einen Pistolenversager handeln. Es wird jedoch für zweifelhaft gehalten, ob das Geräusch überhaupt ein Aufschlag war, zumindest nicht auf dem beschossenen Ziel. Offensichtlich ist die Gegnerfahrt mit 15 sm für ein Geleit bei Windstärke 4–6, dessen vordere Glieder auch noch Netze ausgebracht hatten, viel zu hoch eingestellt worden. Es besteht ferner die Möglichkeit, daß die Ziele selbst bei einwandfreien sonstigen Schußunterlagen untersteuert worden wären, da es sich um ein Westgeleit und möglicherweise Dampfer in Ballast handelte.

C) <u>Am 11.01.:</u> Trotz der langen Laufzeit wird auf Grund der Sinkgeräusche die Versenkung eines Zerstörers für möglich gehalten. Das Licht an der Schußstelle kann auf Rettungsmaßnahmen schließen lassen. Die Torpedodetona-

tion nach dem Fächer wird als Enddetonierer angenommen.

4.) Das Boot erhielt am 19.01. den Befehl zum Rückmarsch wegen Aufbrauch der Kampfkraft nach einer Seedauer von 30 Tagen. Das K.T.B. läßt sich darüber nicht aus.

5.) Die Grundberührung vor dem Einlaufen ist auf nicht sorgfältig genug durchgeführte Navigation bzw. mangelndes Zusammenarbeiten zwischen Schiffsführung und Maschine zurückzuführen und hätte vermieden werden können. Schäden sind nicht eingetreten.

6.) Am Schluß des K.T.B. fehlen die Erfahrungen des Kommandanten.

7.) Anerkannt werden:
Am 23.12. Torpedierung eines Zerstörers möglich, am 11.01. Versenkung eines Zerstörers möglich.

Stellungnahme des B.d.U.:
Eine Stellungnahme des F.d.U. Mittelmeer hätte in der vorliegenden Form nicht ohne mündliche Berichterstattung des Kommandanten, die offenbar nicht stattgefunden, aber vermutlich klärend gewirkt hätte, erfolgen sollen. Der Stellungnahme des F.d.U. kann daher nicht zugestimmt werden.
Es ist auch darauf hinzuweisen, daß der Kommandant das Boot mit ihm unbekannter Besatzung übernommen hatte. – Sonst nichts zu bemerken.
Anerkannter Erfolg:
1 Zerstörer torp. mögl. Geleit
1 Zerstörer vers. mögl. Geleit

3. Unternehmung U 967:

(westliches Mittelmeer, algerische Küste)

Kdt:	Kl Albrecht Brandi (10. Feindfahrt)
11.04.1944	Toulon aus
17.05.1944	Toulon ein
Erfolge:	1 Zerstörer (1 300 ts + am DE FECHTELER +)

Stellungnahme des F.d.U. Mittelmeer:

1.) Eine gut durchgeführte Unternehmung, bei der das Boot allerdings auffallenderweise keinmal Berührung mit einem Geleit hatte. Die starke Ortungstätigkeit des Gegners hemmte zügiges Operieren im befohlenen Angriffsraum.

2.) Zum Torpedoeinsatz wird bemerkt:
Die Versenkung sämtlicher beschossener Ziele wird auf Grund der Beobachtungen des Kommandanten angenommen. Die Erfolge sind in allen Fällen ein überzeugender Beweis für die einwandfrei und sicher wirkenden »Zaunkönige«.

3.) Die Vermutung, daß Lazarettschiffe orten, ist auch von anderen Kommandanten mehrfach ausgesprochen worden. Vielleicht bringt die »Fliege«, das Funkmessortungsgerät mit Richtempfang, eine Klärung.

4.) Die Vermutung des Kommandanten vom 09.05. über die beabsichtigte Wirkung von Geräuschbojen als Abwehrmaßnahme gegen den »Zaunkönig« bleibt dahingestellt. Es ist fraglich, ob die Zündung der Pistole auf die geringe Masse einer derartigen Boje anspringt. Wenn nicht, würde die Boje eine zusätzliche Gefährdung für das schleppende Fahrzeug sein.

5.) Am Schluß des K.T.B. fehlen die Erfahrungen des Kommandanten.

Funkspruch an U 967 vom 09.05.44:
Führerhauptquartier, den 09.05.44
»Brandi« Im Ansehen Ihres immer bewährten Heldentums verleihe ich Ihnen als 66. Soldaten der deutschen Wehrmacht das Eichenlaub mit Schwertern zum Ritterkreuz des Eisernen Kreuzes.

Adolf Hitler

Funkspruch an U 967 vom 10.05.44:
»Brandi« Meinen herzlichsten Glückwunsch zur hohen Auszeichnung.

Ihr Ob.d.M. und B.d.U.

Funkspruch an U 967 vom 10.05.44:
»Brandi« Ihnen und Ihrer tapferen Besatzung die herzlichsten Glückwünsche zur Verleihung der hohen Auszeichnung.

F.d.U. Mittelmeer

Funkspruch an U 967 vom 10.05.44:
»Brandi« Für höchsten Einsatz höchste Ehr!

Ihre stolze Flottille

Funkspruch an U 967 vom 12.05.44:
»Brandi« Zu Ihrer durch den Führer mit der Verleihung der Schwerter zum Eichenlaub des Ritterkreuzes erfolgten Auszeichnung übermittle ich Ihnen und Ihrer tapferen Besatzung mit herzlichsten Glückwünschen meine besondere Anerkennung für Ihre hervorragenden Leistungen.

Großadmiral Raeder

Erfolge Albrecht Brandi als Kommandant U 617:
11 Schiffe (30389 BRT + einschließlich br CM WELSHMAN + 2650 ts/br DE PUCKERIDGE + 1050 ts)

Erfolge Albrecht Brandi als Kommandant U 967:
1 Zerstörer (1300 ts + am DE FECHTELER +)

Gesamt:
12 Schiffe (31689 BRT + einschließlich br CM WELSHMAN + 2650 ts/br E PUCKERIDGE + 1050 ts/am DE FECHTELER + 1300 ts)

Siegfried Freiherr von Forstner

*** 19.09.1910**
in Hannover
† 13.10.1943
im mittleren Nordatlantik nordwestlich der Azoren

09.02.1943
Ritterkreuz (149-80)

01.04.1930
Eintritt als Seeoffiziersanwärter
Crew 30

01.04.1930 – 30.06.1930
Infanterieausbildung – II. Abt. S.St.Div. der Ostsee, Stralsund

01.07.1930 – 09.10.1930
Bordausbildung – SSS NIOBE

09.10.1930
Seekadett

10.10.1930 – 04.01.1932
Bordausbildung – Leichter Kreuzer EMDEN

01.01.1932
Fähnrich zur See

05.01.1932 – 31.03.1932
Infanterielehrgang für Fähnriche – II. Abt. S.St.Div. der Ostsee, Stralsund

01.04.1932 – 27.03.1933
Hauptlehrgang für Fähnriche – Marineschule Flensburg-Mürwik bzw.

27.06.1932 – 02.07.1932
Navigationsbelehrungsfahrt – Vermessungsschiff METEOR bzw.

17.10.1932 – 21.10.1932
Navigationsbelehrungsfahrt – Vermessungsschiff METEOR

28.03.1933 – 22.04.1933
Sperrlehrgang für Fähnriche – Sperrversuchsabteilung Kiel-Wik

23.04.1933 – 28.06.1933
Artillerielehrgang für Fähnriche – S.A.S. Kiel-Wik

29.06.1933 – 18.08.1933
Nachrichtenlehrgang für Fähnriche – Nachrichtenschule Flensburg-Mürwik

19.08.1933 – 31.08.1933
Fla-Waffenlehrgang für Fähnriche – Küstenartillerieschule Wilhelmshaven

01.09.1933 – 24.09.1933
Torpedolehrgang für Fähnriche – Torpedoschule Flensburg-Mürwik

25.09.1933 – 01.10.1933
U.A.-Lehrgang – Torpedo- und Nachrichtenschule Flensburg-Mürwik

02.10.1933 – 11.11.1934
Bordausbildung – Linienschiff HESSEN

01.04.1934
Oberfähnrich zur See

01.10.1934
Leutnant zur See (-12-)

12.11.1934 – 14.02.1935
Divisionsleutnant – Panzerschiff ADMIRAL SCHEER

15.02.1935 – 29.05.1935
A/B-Lehrgang – S.A.S. Kiel-Wik

30.05.1935 – 26.09.1935
Divisionsleutnant – Panzerschiff ADMIRAL SCHEER

27.09.1935 – 31.03.1936
I. M.L.A.

01.04.1936
z.Vfg. – Kommandierender Admiral der Ostsee bzw.

01.04.1936 – 14.06.1936
beim Leitungsstab zur Einweihung des Marine-Ehrenmals

01.06.1936
Oberleutnant zur See (-9-)

15.06.1936 – 29.08.1937
zur Dienstleistung bei der Schiffsartillerieschule, zugleich ab 01.10.1936 A.T.O.-Lehrgang – S.A.S. Kiel-Wik

02.10.1936
Dienstauszeichnung IV. Klasse

30.08.1937 – 08.01.1940
A.T.O. – Leichter Kreuzer NÜRNBERG bzw.

01.08.1938 – 11.09.1938
A.T.O. – Panzerschiff DEUTSCHLAND

01.04.1939
Kapitänleutnant (-12-)

20.12.1939
Medaille zur Erinnerung an den 01.10. 1938

09.01.1940 – 31.01.1940
A.O.A.-Lehrgang – S.A.S. Kiel-Wik

01.02.1940 – 31.03.1940
Leichter Kreuzer NÜRNBERG

01.04.1940 – 24.09.1940
z.Vfg. – B.d.U., zugleich

01.04.1940 – 30.06.1940
U-Lehrgang – 1. U.L.D. bzw.

01.07.1940 – 31.07.1940
U.T.O.-Lehrgang – Torpedoschule Flensburg-Mürwik bzw.

01.08.1940 – 24.09.1940
Kommandanten-Schießlehrgang – 24. U-Flottille

25.09.1940 – 10.11.1940
z.Vfg. – 7. U-Flottille

11.11.1940 – 31.12.1940
Kommandant – U 59/1. U-Flottille

01.01.1941 – 16.04.1941
Kommandant – U 59/22. U-Flottille

17.04.1941 – 20.05.1941
Baubelehrung – U-Boote, Danziger Werft Danzig für U 402

21.05.1941 – 13.10.1943
Kommandant – U 402/3. U-Flottille

18.02.1942
Eisernes Kreuz II. Klasse

07.08.1942
Eisernes Kreuz I. Klasse

09.02.1943
Ritterkreuz des Eisernen Kreuzes

01.04.1943
Korvettenkapitän (-28-)

13.10.1943
Im mittleren Nordatlantik nordwestlich der Azoren durch zwei »Avenger«-Flugzeuge des US-Geleitträgers CARD (Squadron VC-9) mit Zielsuchtorpedo (Fido) auf Position 48°56'Nord/29°41'West vernichtet. U 402 wurde durch eine gewaltige Unterwasserdetonation regelrecht zerrissen. – Totalverlust, 50 Tote.

1. Unternehmung U 402:
(Nordatlantik, Dänemark-Straße, südöstlich von Island)

Kdt:	Kl Siegfried Freiherr von Forstner (1. Feindfahrt)
26.10.1941	Kiel aus
09.12.1941	St. Nazaire ein
Erfolge:	keine

Stellungnahme des B.d.U.:
Erste Unternehmung des Kommandanten mit einem neuen Boot. Bei in Sicht kommenden Schatten erstmal ausmachen, um was es sich handelt und Angriff versuchen. Nicht gleich ablaufen.
Sonst nichts zu bemerken.

2. Unternehmung U 402:
(Nordatlantik, westlich von Gibraltar)

Kdt:	Kl Siegfried Freiherr von Forstner (2. Feindfahrt)
11.01.1942	St. Nazaire aus
11.02.1942	St. Nazaire ein
Erfolge:	1 Schiff (12053 BRT =)

Stellungnahme des B.d.U.:
Der Kommandant hat bei Durchführung seiner Aufgabe, den von ihm torpedierten Transporter LLANGIBBY CASTLE anzugreifen, Überlegung und Zähigkeit gezeigt. Der volle Erfolg ist ihm auf Grund ungünstiger Umstände versagt geblieben. Das Schiff hat 2 Treffer erhalten und starke Personalverluste gehabt.
Zum Angriff auf den Zerstörer in der Nacht zum 25.01. ist zu bemerken:
Es ist falsch, nachts bei einem nicht erkannten Schatten E.S.-Austausch zu beginnen. E.S.-Austausch heißt Verrat der eigenen Position und damit bewußt Verzicht auf die besondere Stärke des U-Bootes, die in seiner Unsichtbarkeit begründet, ihm den ersten überraschenden Angriff gestattet.

3. Unternehmung U 402:
(Westatlantik, USA-Ostküste)

Kdt:	Kl Siegfried Freiherr von Forstner (3. Feindfahrt)
26.03.1942	St. Nazaire aus
20.05.1942	St. Nazaire ein
Erfolge:	3 Schiffe (11135 BRT +)

4. Unternehmung U 402:
(Nordatlantik)

Kdt:	Kl Siegfried Freiherr von Forstner (4. Feindfahrt)
16.06.1942	St. Nazaire aus
05.08.1942	La Pallice ein
Erfolge:	keine

Stellungnahme des B.d.U.:
Unternehmung wurde vorzeitig abgebrochen, weil das Boot durch Fliegerbomben beschädigt wurde und nicht mehr voll einsatzklar war. Zur Durchführung der Unternehmung nichts zu bemerken.

5. Unternehmung U 402:
(Nordatlantik, ostwärts Neufundland)

Kdt:	Kl Siegfried Freiherr von Forstner (5. Feindfahrt)
04.10.1942	La Pallice aus
20.11.1942	La Pallice ein
Erfolge:	4 Schiffe (19828 BRT +) 1 Schiff (7459 BRT =)

Stellungnahme des B.d.U.:
Eine gute, erfolgreiche und glückliche Unternehmung. Der Kommandant hat endlich Gelegenheit gehabt, sein Können unter Beweis zu stellen. Der Erfolg wurde zäh und entschlossen erkämpft gegen wechselvolle Wetterlagen und mehrfache starke Abwehr.

6. Unternehmung U 402:
(Nordatlantik, westlich von Irland)

Kdt:	Kl Siegfried Freiherr von Forstner (6. Feindfahrt)
14.01.1943	La Pallice aus
23.02.1943	La Pallice ein
Erfolge:	6 Schiffe (32446 BRT +) 1 Schiff (9272 BRT =) 1 Landungsboot (143 BRT =)

Stellungnahme des B.d.U.:
Der Kommandant hat mit zäher Entschlossenheit alle Angriffsmöglichkeiten ausgeschöpft und mit glücklicher Hand einen stolzen Erfolg erkämpft. Es ist sonst nichts zu bemerken.

Funkspruch an U 402:
An von Forstner:
Zur Verleihung des Ritterkreuzes übermittle ich Ihnen und Ihrer tapferen Besatzung herzliche Glückwünsche.
Ob.d.M. und B.d.U.

7. Unternehmung U 402:
(Nordatlantik)

Kdt:	KK Siegfried Freiherr von Forstner (7. Feindfahrt)
21.04.1943	La Pallice aus
26.05.1943	La Pallice ein
Erfolge:	2 Schiffe (7627 BRT +)

Stellungnahme des B.d.U.:
Eine Unternehmung des bewährten Kommandanten, die mit einem klaren Erfolg für zähes und angriffsfreudiges Bemühen belohnt wurde. Die Häufung von maschinellen Störungen und Ausfällen beeinträchtigten die Erfolgsmöglichkeiten des Bootes.
Sonst nichts zu bemerken!
Anerkannte Erfolge:
1 Frachter 5000 BRT versenkt.
1 Frachter 4000 BRT versenkt.

8. Unternehmung U 402:
(mittlerer Nordatlantik)

Kdt:	KK Siegfried Freiherr von Forstner (8. Feindfahrt)
26.08.1943	La Pallice aus
27.08.1943	La Pallice ein
04.09.1943	La Pallice aus
13.10.1943	Verlust U 402
Erfolge:	keine

Erfolge Siegfried Freiherr von Forstner als Kommandant U 402:
15 Schiffe (71036 BRT +)
3 Schiffe und 1 Landungsboot (28927 BRT =)

Gerhard Bielig

*** 28.04.1916**
in Berlin

10.02.1943
Ritterkreuz (150-81)

08.04.1934
Eintritt als Ingenieur-Offiziersanwärter Crew 34

08.04.1934 – 13.06.1934
Infanterieausbildung – II. Abt. S.St.Div. der Ostsee, Stralsund

14.06.1934 – 26.09.1934
Lehrgang – Marineschule Flensburg-Mürwik

27.09.1934 – 26.06.1935
Bordausbildung – Leichter Kreuzer EMDEN

27.06.1935 – 30.03.1936
Hauptlehrgang für Fähnriche – Marineschule Flensburg-Mürwik

31.03.1936 – 02.06.1936
technischer Lehrgang – Marineschule Kiel

03.06.1936 – 30.06.1936
Infanterielehrgang – II. S.St.Abt. der Ostsee, Stralsund

01.07.1936 – 29.09.1936
technischer Lehrgang – Marineschule Kiel

30.09.1936 – 01.04.1937
Bordausbildung für Ingenieursoffizieranwärter – Leichter Kreuzer KÖNIGSBERG

01.04.1937
Leutnant (Ing.) (-8-)

02.04.1937 – 01.10.1937
Lehrgang für Ingenieursoffiziere – Marineschule Kiel

02.10.1937 – 03.01.1938
U-Schüler – U-Schule

04.01.1938 – 27.03.1940
LI – U 20/U-Flottille Lohs, ab 01.01.1940, 1. U-Flottille
Feindfahrten U 20/
Kdt: Karl-Heinz Moehle
25.08.1939 – 31.08.1939
01.09.1939 – 20.09.1939
29.09.1939 – 17.10.1939
18.11.1939 – 24.11.1939
07.12.1939 – 13.12.1939
06.01.1940 – 16.01.1940
Feindfahrten U 20/
Kdt: Harro von Klot-Heydenfeldt
21.01.1940 – 04.02.1940
27.02.1940 – 04.03.1940
14.03.1940 – 22.03.1940

01.04.1939
Oberleutnant (Ing.) (-8-)

17.10.1939
U-Boots-Kriegsabzeichen 1939

23.11.1939
Eisernes Kreuz II. Klasse

28.03.1940 – 05.07.1940
Baubelehrung – U-Boote, Deschimag AG Weser, KMD Bremen

06.07.1940 – 14.12.1941
LI – U 103/2. U-Flottille
Feindfahrten U 103/
Kdt: Viktor Schütze
21.09.1940 – 19.10.1940
09.11.1940 – 12.12.1940
21.01.1941 – 24.02.1941
01.04.1941 – 12.07.1941
Feindfahrten U 103/Kdt: Werner Winter
10.09.1941 – 09.11.1941

21.10.1940
Eisernes Kreuz I. Klasse

01.10.1941
Kapitänleutnant (Ing.) (-1-)

09.12.1941
Deutsches Kreuz in Gold (5)

15.12.1941 – 13.03.1942
Baubelehrung – U-Boote Nordsee, 6. K.L.A./ Bremen für U 177

14.03.1942 – 30.09.1942
LI – U 177/4. U-Flottille

01.10.1942 – 30.11.1942
LI – U 177/10.U-Flottille

01.12.1943 – 01.10.1943
LI – U 177/12. U-Flottille
Feindfahrten U 177/Kdt: Robert Gysae
17.09.1942 – 22.01.1943
01.04.1943 – 01.10.1943

10.02.1943
Ritterkreuz des Eisernen Kreuzes

02.10.1943 – 14.12.1943
z.Vfg. – 12. U-Flottille/Bordeaux

15.12.1943 – 27.12.1944
Chef – 2. Komp./I. Abt. 2. U.L.D./Gotenhafen

10.10.1944
U-Boots-Frontspange in Bronze

28.12.1944 – 08.05.1945
Gefechtsausbildungsoffizier – Technische Ausbildungsgruppe für Front-U-Boote (Agru-Front), Hela

15.05.1945
Chef – 5. Komp./Marinekraftfahrabteilung Eckernförde

15.02.1947
Entlassung

Erich Würdemann

* 15.01.1914 in Hamburg
† 12.07.1943 im Nordatlantik westlich von Vigo

14.03.1943
Ritterkreuz (152-82)

01.04.1933
Eintritt in die Reichsmarine als Seeoffiziersanwärter
Crew 33

01.04.1933 – 29.06.1933
Infanterieausbildung – II. Abt. S.St.Div. der Ostsee, Stralsund

30.06.1933 – 23.09.1933
Bordausbildung – SSS GORCH FOCK

23.09.1933
Seekadett

24.09.1933 – 27.06.1934
Bordausbildung – Leichter Kreuzer KARLSRUHE

28.06.1934 – 11.07.1934
z.Vfg. – Marineschule Flensburg-Mürwik (Urlaub)

01.07.1934
Fähnrich zur See

12.07.1934 – 18.04.1935
Hauptlehrgang für Fähnriche – Marineschule Flensburg-Mürwik bzw.

17.10.1934 – 23.10.1934
Navigationsbelehrungsfahrt – Tender NORDSEE bzw.

31.01.1935 – 06.02.1935
Navigationsbelehrungsfahrt – Tender NORDSEE

19.04.1935 – 08.06.1935
Torpedolehrgang für Fähnriche – Torpedoschule Flensburg-Mürwik

09.06.1935 – 22.06.1935
Fla-Waffenlehrgang für Fähnriche – Küstenartillerieschule Wilhelmshaven

23.06.1935 – 23.07.1935
Infanterie-Zugführerlehrgang für Fähnriche – 10. Komp./II. S.St.Abt. der Ostsee, Stralsund

24.07.1935 – 17.08.1935
Sperrlehrgang für Fähnriche – Sperrschule Kiel-Wik

18.08.1935 – 24.08.1935
U-Abwehrlehrgang für Fähnriche – U-Abwehrschule Kiel

25.08.1935 – 18.09.1935
Nachrichtenlehrgang für Fähnriche – Marine-Nachrichtenschule Flensburg-Mürwik

19.09.1935 – 07.12.1935
Artillerielehrgang für Fähnriche – S.A.S. Kiel-Wik

08.12.1935 – 19.01.1936
Bordausbildung – Leichter Kreuzer LEIPZIG

20.01.1936 – 24.01.1936
Luftschutzlehrgang

25.01.1936 – 19.05.1936
Bordausbildung – Leichter Kreuzer LEIPZIG

01.04.1936
Oberfähnrich zur See

20.05.1936 – 17.06.1936
Fla-Waffenlehrgang – Küstenartillerieschule Wilhelmshaven

18.06.1936 – 11.10.1936
Bordausbildung – Leichter Kreuzer LEIPZIG

01.10.1936
Leutnant zur See (-9-)

12.10.1936 – 23.12.1936
z.Vfg. – Torpedoboot ILTIS/3.Torpedobootsflottille, zugleich

01.10.1936 – 23.12.1936
F.T.O./B-Lehrgang – Nachrichtenschule

24.12.1936 – 24.03.1937
Zugführer – Ausbildungsabteilung der 3. Zerstörer-Division

25.03.1937 – 28.06.1937
III.WO und Adjutant – 3. Torpedobootsflottille

01.04.1937
Dienstauszeichnung IV. Klasse

29.06.1937 – 04.10.1937
III.WO und Adjutant – Zerstörer Z-5 PAUL JACOBI/2. Zerstörer-Division

05.10.1937 – 18.12.1937
T/B-Lehrgang – Torpedoschule Flensburg-Mürwik

19.12.1937 – 31.10.1938
III.WO und Adjutant – Zerstörer Z-5 PAUL JACOBI/2. Zerstörer-Division, zugleich

07.02.1938 – 19.02.1938
Signaloffizierslehrgang – Nachrichtenschule Flensburg-Mürwik

01.06.1938
Oberleutnant zur See (-9-)

01.11.1938 – 30.10.1940
II.WO und Torpedooffizier, später I.WO und Torpedooffizier, dann F.T.O. – Zerstörer Z-5 PAUL JACOBI/2. Zerstörer-Division

16.04.1940
Eisernes Kreuz II. Klasse

23.10.1940
Zerstörerkriegsabzeichen

01.11.1940 – 29.03.1941
z.Vfg. – B.d.U., zugleich

01.11.1940 – 23.11.1941
U.W.O.-Lehrgang – S.A.S. bzw.

25.11.1940 – 21.12.1940
U.T.O.-Lehrgang – Torpedoschule bzw.

06.01.1941 – 23.01.1941
U.W.O.-Nachrichtenlehrgang – Nachrichtenschule bzw.

27.01.1941 – 29.03.1941
Ua-Lehrgang – 1. U.L.D.

01.11.1940
Kapitänleutnant (-2-)

30.03.1941 – 27.04.1941
Kommandanten-Schießlehrgang – 24. U-Flottille/Memel

28.04.1941 – 14.07.1941
Kommandantenschüler – U 43/2. U-Flottille
Feindfahrt U 43/Kdt: Wolfgang Lüth
11.05.1941 – 01.07.1941

15.07.1941 – 14.09.1941
Baubelehrung – 8. K.L.A. bzw. KMD/Hamburg für U 506

15.09.1941 – 31.01.1942
Kommandant – U 506/4. U-Flottille

01.02.1942 – 12.07.1943
Kommandant – U 506/10. U-Flottille

26.03.1942
U-Boots-Kriegsabzeichen 1939

22.05.1942
Nennung im Wehrmachtsbericht

18.06.1942
Eisernes Kreuz I. Klasse

14.03.1943
Ritterkreuz des Eisernen Kreuzes

12.07.1943
Im Nordatlantik westlich von Vigo durch die »Liberator« C der US-Army-A/S-Squadron 1 mit sieben Mk-XI-Wasserbomben auf Position 42°30'Nord/16°30'West versenkt. Mit Kl Würdemann verloren weitere 47 Besatzungsangehörige von U 506 ihr Leben. Sechs Überlebende des Bootes wurden vom britischen Zerstörer HURRICANE gerettet.

1. Unternehmung U 506:
(Nordatlantik)

Kdt:	Kl Erich Würdemann (2. Feindfahrt)
02.03.1942	Hamburg aus
03.03.1942	Helgoland ein
09.03.1942	Helgoland aus

25.03.1942 Lorient ein
Erfolge: keine

Stellungnahme des B.d.U.:
Überführungsfahrt nach Westfrankreich. Zur Durchführung nichts zu bemerken.

2. Unternehmung U 506:
(Westatlantik, Karibik, Golf von Mexiko)
Kdt: Kl Erich Würdemann
(3. Feindfahrt)

06.04.1942 Lorient aus
15.06.1942 Lorient ein
Erfolge: 8 Schiffe (39905 BRT +)
3 Schiffe (23358 BRT =)

Stellungnahme des B.d.U.:
Die im U-Boot-Neuland durchgeführte Unternehmung brachte Boot und Besatzung sehr zahlreiche Erfolgschancen. Der Kommandant hat sie bis zur letzten Granate gut ausgenutzt und einen sehr schönen Erfolg erzielt. Sehr gute Schießleistungen in Torpedo- und Artillerieschießen.

3. Unternehmung U 506:
(Mittelatlantik, westafrikanische Küste, nordostwärts Ascension)
Kdt: Kl Erich Würdemann
(4. Feindfahrt)

28.07.1942 Lorient aus
07.11.1942 Lorient ein
Erfolge: 5 Schiffe (28023 BRT +)

Stellungnahme des B.d.U.:
Für die Länge der Unternehmung ist der Erfolg nicht sehr groß. Materialversager, wie auch Fehlschüsse, die zum Teil auf Abwehrmaßnahmen des Gegners zurückzuführen sind, haben weitere Erfolgschancen vereitelt. Sonst nichts zu bemerken.

4. Unternehmung U 506:
(Südatlantik, Südafrika)
Kdt: Kl Erich Würdemann
(5. Feindfahrt)

14.12.1942 Lorient aus
08.05.1943 Lorient ein
Erfolge: 2 Schiffe (9980 BRT +)

Stellungnahme des B.d.U.:
Eine etwas enttäuschende Unternehmung des bewährten Kommandanten, die bei sehr langer Dauer nur einen geringen Erfolg brachte. – Es boten sich dem Kommandanten nur vereinzelt Angriffschancen, die wahrgenommen wurden. Die Wahl seiner Suchkurse war nicht glücklich und geschickt. Der Verkehr hätte dichter unter der Küste gefunden werden können. – Die lange Dauer (146 Tage) brachte eine besondere Belastung, die anerkennenswert gut überstanden wurde. Sonst nichts zu bemerken.

5. Unternehmung U 506:
(Nordatlantik, westlich Vigo)
Kdt: Kl Erich Würdemann
(6. Feindfahrt)

06.07.1943 Lorient aus
12.07.1943 Verlust U 506
Erfolge: keine

Erfolge Erich Würdemann als Kommandant U 506:
15 Schiffe (77908 BRT +)
3 Schiffe (23358 BRT =)

Reinhart Reche

* 13.12.1915
in Kreuzburg/Oberschlesien
† 03.03.1993
in Bonn

17.03.1943
Ritterkreuz (153-83)

08.04.1934
Eintritt in die Reichsmarine als Seeoffiziersanwärter
Crew 34

08.04.1934 – 13.06.1934
Infanterieausbildung – 4. Komp./II. Abt. S.St.Div. der Ostsee, Stralsund

14.06.1934 – 26.09.1934
Bordausbildung – SSS GORCH FOCK

26.09.1934
Seekadett

27.09.1934 – 26.06.1935
Bordausbildung – Leichter Kreuzer EMDEN

27.06.1935 – 30.03.1936
Hauptlehrgang für Fähnriche – 2. Komp./ Marineschule Flensburg-Mürwik

01.07.1935
Fähnrich zur See

31.03.1936 – 29.09.1936
Waffenlehrgänge für Fähnriche sowie Fähnrichs-Infanterielehrgang

30.09.1936 – 15.05.1938
Bordausbildung, später Divisionsleutnant – Linienschiff SCHLESIEN

01.01.1937
Oberfähnrich zur See

01.04.1937
Leutnant zur See (-39-)

16.05.1938 – 18.06.1939
Kompanieoffizier – II. S.St.Abt. der Ostsee, Stralsund

19.06.1939 – 13.10.1939
Wachoffizier – Leichter Kreuzer EMDEN

01.04.1939
Oberleutnant zur See (-40-)

14.10.1939 – 29.02.1940
Gruppenoffizier – Marineschule Flensburg-Mürwik

01.03.1940 – 28.04.1940
Ausbildungsoffizier – SSS HORST WESSEL

29.04.1940 – 30.01.1941
U-Ausbildungen bzw. U-Lehrgänge, sowie Baubelehrung für U 751

31.01.1941 – 30.09.1941
I.WO – U 751/7. U-Flottille
Feindfahrten U 751/Kdt: Gerhard Bigalk
03.06.1941 – 05.07.1941
02.08.1941 – 08.09.1941

07.07.1941
Eisernes Kreuz II. Klasse

09.09.1941
U-Boots-Kriegsabzeichen 1939

01.10.1941 – 28.11.1941
Kommandantenlehrgang und Baubelehrung – 6.K.L.A. für U 255

01.10.1941
Kapitänleutnant (-5-)

29.11.1941 – 30.06.1942
Kommandant – U 255/8. U-Flottille

01.07.1942 – 31.05.1943
Kommandant – U 255/11. U-Flottille (nach Angaben der WASt war Kl Reinhart Reche Kommandant U 255 bis 06.06. 1943)

23.07.1942
Eisernes Kreuz I. Klasse

17.03.1943
Ritterkreuz des Eisernen Kreuzes

01.06.1943 – 06.06.1943
Kommandant – U 255/13. U-Flottille

07.06.1943 – 08.05.1945
Asto op – Stab, F.d.U. Norwegen, ab 24.10.1944 F.d.U. Nordmeer

02.11.1944
U-Boots-Frontspange in Bronze

08.05.1945 – 01.11.1945
Kriegsgefangenschaft, Reservation 6A Aasenfjord bei Drontheim

30.11.1945 – 09.02.1946
1. Steuermann – Schleuderschiff FALKE

19.02.1946 – 15.05.1946
German Minesweeping Administration, Transportflottille Kiel

31.05.1946
Entlassung

02.07.1956
Eintritt in die Bundesmarine (seit 27.05. 1953 Dipl.-Ing.)

02.07.1956 – 31.10.1958
Hörsaalleiter Marine – Pionierschule München

02.07.1956
Korvettenkapitän

01.07.1958
Fregattenkapitän

01.11.1958 – 20.11.1958
n.v.

21.11.1958 – 31.07.1959
Ausbildungsleiter U-Boote – Kommando Amphibische Streitkräfte

01.08.1959 – 31.01.1961
Kommandeur – U-Bootlehrgruppe Neustadt/Holstein

01.02.1961 – 30.06.1964
A3, Weapons Requirement, SHAPE Paris, Pay and Procurement Division

01.07.1964 – 31.03.1974
Planungsreferent Wehrtechnik See (Abteilung T V 1) Bundesministerium der Verteidigung

01.07.1966
Kapitän zur See

27.08.1973
Bundesverdienstkreuz am Bande

31.03.1974
Ruhestand

1. Unternehmung U 255:
(Nordmeer, Konvoi PQ.17, Barents-See)

Kdt:	Kl Reinhart Reche (3. Feindfahrt)
15.06.1942	Kiel aus
16.06.1942	Kristiansand-Süd ein
17.06.1942	Kristiansand-Süd aus
20.06.1942	Narvik ein
23.06.1942	Narvik aus
15.07.1942	Narvik ein
Erfolge:	4 Schiffe (25544 BRT +)

Stellungnahme des Admiral Nordmeer:
Das Boot hat auf der ersten Reise viel Glück gehabt. Hervorzuheben sind das klare, folgerichtige Handeln des Kommandanten sowie die guten Fühlunghaltermeldungen.

2. Unternehmung U 255:
(Nordmeer, Aufklärung für Kreuzerunternehmen »Wunderland«, ADMIRAL SCHEER)

Kdt:	Kl Reinhart Reche (4. Feindfahrt)
18.07.1942	Narvik aus
20.07.1942	Bergen ein
04.08.1942	Bergen aus
09.09.1942	Neidenfjord ein
Erfolge:	keine

Stellungnahme des Admiral Nordmeer:
Gut durchgeführte Unternehmung. Das seemännische Geschick, die klare Übersicht des Kommandanten bei dieser navigatorisch schwierigen Aufgabe in einem unerforschten Seegebiet werden besonders hervorgehoben.

3. Unternehmung U 255:
(Nordmeer, Konvois PQ.18 und QP.14)

Kdt:	Kl Reinhart Reche (5. Feindfahrt)
13.09.1942	Neidenfjord aus
25.09.1942	Bergen ein
Erfolge:	1 Schiff (4937 BRT +)

Stellungnahme des Admiral Nordmeer:
Der im Nordmeer bewährte Kommandant hat bei dieser Unternehmung ein hohes Maß an

Angriffsgeist, Ruhe und Zähigkeit bewiesen und sein Boot unter schwierigsten Verhältnissen gut gefahren.
Erfolg: Ein Dampfer 9000 BRT versenkt.

4. Unternehmung U 255:
(Nordmeer, Konvois JW.52 und RA.52)

Kdt:	Kl Reinhart Reche (6. Feindfahrt)
29.09.1942	Bergen aus
30.09.1942	Kristiansand-Süd ein
01.10.1942	Kristiansand-Süd aus
03.10.1942	Kiel ein
07.01.1943	Kiel aus
18.01.1943	Hammerfest ein
23.01.1943	Hammerfest aus
09.02.1943	Narvik ein
Erfolge:	3 Schiffe (11770 BRT +)

Stellungnahme des F.d.U. Norwegen:
1.) *Gut durchgeführte Unternehmung des im Nordmeer bewährten Bootes. Klare Meldungen und richtiges taktisches Verhalten im Heranführen anderer Boote. Erfolg: 3 Dampfer versenkt, 1 Dampfer torpediert.*
2.) *Die Verhältnisse des Absprungliegeplatzes Hammerfest werden geprüft. Falls der Platz auch im Sommer bei allgemein besserer Wetterlage ungünstig ist, wird Verlegung nach Altafjord vorgenommen.*
3.) *Ansatz Luftwaffe war in der Zeit vom 01.-04.02. wegen Küstenstau und Wetterverhältnissen auf den Einsatzhäfen nicht möglich, obwohl Wetter im Operationsgebiet gut war.*

5. Unternehmung U 255:
(Nordmeer, Konvois JW.53 und RA.53)

Kdt:	Kl Reinhart Reche (7. Feindfahrt)
22.02.1943	Narvik aus
15.03.1943	Narvik ein
Erfolge:	2 Schiffe (11791 BRT +)

Stellungnahme des F.d.U. Norwegen:
1.) *Zum 24.02./1105 Uhr: Es handelte sich um das Luftwaffenfunkfeuer Helmes, das auf selber Frequenz wie Fühlunghalter arbeitete. Seite vermutlich falsch bestimmt.*
2.) *Zum 04.03./0951 Uhr: Die Ausbreitungsverhältnisse der Kurzwellen in der Zeit vom 02. bis zum 10.03.43 waren im Polargebiet durch erdmagnetische Störungen sehr schlecht. Die Funkverbindung mit den in See stehenden Booten riß häufig ab. Die Störungen wurden laufend durch die Funkberatungsstelle Rechlin bzw. die Funkbeobachtungsstelle Tromsö angekündigt und trafen auch ein. Am 03.03. ging z.B. folgende Meldung ein: Doppelte Störung Kurzwellen-Ausbreitung für die zweite Nachthälfte bis zum Mittag des 04.03.43. In der Polarzone sind Ausfälle zu erwarten. Gegen diese Ausbreitungsstörungen ist ein Wellenwechsel zwecklos und die Boote sind nur auf Längstwellenempfang angewiesen.*
3.) *Erfolg und Zähigkeit des bewährten Bootes sind anzuerkennen.*

Stellungnahme des B.d.U.:
Eine sehr erfolgreiche und vorbildliche Unternehmung. – Sonst nichts zu bemerken.

6. Unternehmung U 255:
(Nordmeer, Jan Mayen)

Kdt:	Kl Reinhart Reche (8. Feindfahrt)
29.03.1943	Narvik aus
29.04.1943	Bergen ein
Erfolge:	keine

Stellungnahme des F.d.U. Norwegen:
1.) *Zu Funkverstoß am 17.04./1030 Uhr. Entsprechende Meldung an Chef MND wurde mit Fs. F.d.U.-Norw. G 1145 vom 20.04. abgegeben.*
2.) *Zur Schlußbetrachtung:*
Die Auffassung über Vorpostenstreifen-Aufstellung ist richtig, sobald ein Vorpostenstreifen über längeren Zeitraum im selben Gebiet stehen bleibt. Im vorliegenden Fall war zunächst an Hand der Feindlage mit baldigem Anlaufen eines PQ-Geleitzuges zu rechnen. Als sich Unsicherheit der Feindunterlagen herausstellte, wurde Aufstellung aufgelockert in Form von Angriffsräumen.

Erfolge Reinhart Reche als Kommandant U 255:
10 Schiffe (54042 BRT +)

Hans Hartwig Trojer

* 22.01.1916
in Birthälm/Siebenbürgen
† 27.09.1943
im Nordatlantik
südwestlich Irland

24.03.1943
Ritterkreuz (154-84)

03.04.1936
Eintritt in die Kriegsmarine als Seeoffiziersanwärter
Crew 36

03.04.1936 – 13.06.1936
Infanterieausbildung – 3. Komp./II. S.St.Abt. der Ostsee, Stralsund

14.06.1936 – 21.09.1936
Bordausbildung – Segelschoner DUHNEN

10.09.1936
Seekadett

22.09.1936 – 29.04.1937
Bordausbildung – Linienschiff SCHLESWIG-HOLSTEIN

30.04.1937 – 27.11.1937
Hauptlehrgang für Fähnriche – Marineschule Flensburg-Mürwik bzw.

23.09.1937 – 02.10.1937
Navigationsbelehrungsfahrt – Tender PAUL BENEKE

01.05.1937
Fähnrich zur See

28.11.1937 – 09.01.1938
Torpedolehrgang für Fähnriche – Torpedoschule Flensburg-Mürwik

10.01.1938 – 13.01.1938
Sperrlehrgang für Fähnriche – Sperrschule Kiel-Wik

14.01.1938 – 22.02.1938
Artillerielehrgang für Fähnriche (Lehrgruppe F) – S.A.S. Kiel-Wik

23.02.1938 – 05.03.1938
Nachrichtenlehrgang für Fähnriche – Nachrichtenschule Flensburg-Mürwik

06.03.1938 – 31.03.1938
Infanterielehrgang für Fähnriche – 4. Komp./7. S.St.Abt., Stralsund

01.04.1938 – 26.04.1938
2. Fähnrichskompanie – Marineschule Flensburg-Mürwik

27.04.1938 – 02.10.1938
Bordausbildung – Linienschiff SCHLESWIG-HOLSTEIN bzw.

14.05.1938 – 22.05.1938
Starbootsegelausbildung – Marinestation Ostsee

01.07.1938
Oberfähnrich zur See

01.10.1938
Leutnant zur See (-65-)

03.10.1938 – 28.11.1938
U-Lehrgang – U-Schule/Neustadt/Holstein

29.11.1938 – 15.01.1939
Nachrichtenlehrgang für U-Offiziere – Nachrichtenschule Flensburg-Mürwik

16.01.1939 – 26.03.1939
U.T.O.-Lehrgang – Torpedoschule Flensburg-Mürwik

27.03.1939 – 02.04.1939
Lehrgang für U-Offiziere – Sperrschule Kiel-Wik

03.04.1939 – 17.08.1939
Kompanieoffizier – 9. S.St.Abt., Stralsund, zugleich

31.07.1939 – 03.08.1939
im Segelstab – Marinestation Ostsee, und

03.08.1939 – 17.08.1939
Hollandwoche in Amsterdam und Loosrecht (Segelregatta)

18.08.1939 – 31.12.1939
II.WO – U 34/U-Flottille Saltzwedel

12.11.1939
U-Boot-Kriegsabzeichen 1939

01.01.1940 – 30.09.1940
II.WO – U 34/2. U-Flottille
Feindfahrten U 34/
Kdt: Wilhelm Rollmann
19.08.1939 – 26.09.1939
17.10.1939 – 12.11.1939
10.01.1940 – 06.02.1940
11.03.1940 – 30.03.1940
03.04.1940 – 30.04.1940
22.06.1940 – 18.07.1940
23.07.1940 – 03.08.1940

07.02.1940
Eisernes Kreuz II. Klasse

05.08.1940
Eisernes Kreuz I. Klasse

01.10.1940 – 01.11.1940
I.WO – U 34/21. U-Flottille

01.10.1940
Oberleutnant zur See (-43-)

02.11.1940 – 08.12.1940
I.WO – U 34/24. U-Flottille

09.12.1940 – 21.01.1941
Baubelehrung – U-Boote Nord, Deschimag AG Weser, Bremen für U 67

22.01.1941 – 08.06.1941
II.WO – U 67/2. U-Flottille

09.06.1941 – 02.07.1941
Kommandantenlehrgang – 24. U-Flottille

03.07.1941 – 09.03.1942
Kommandant – U 3/21. U-Flottille

10.03.1942 – 08.05.1942
Baubelehrung – K.L.A.-U-Ost, Germaniawerft Kiel für U 221

09.05.1942 – 31.08.1942
Kommandant – U 221/5. U-Flottille

01.09.1942 – 27.09.1943
Kommandant – U 221/7. U.Flottille

14.10.1942
Nennung im Wehrmachtsbericht

24.03.1943
Ritterkreuz des Eisernen Kreuzes

01.04.1943
Kapitänleutnant (-5-)

27.09.1943
Im Nordatlantik südwestlich Irland durch die »Halifax« B der britischen 58. Squadron auf Position 47°00'Nord/18°00'West vernichtet. U 221 sank mit der gesamten Besatzung.

1. Unternehmung U 221:
(Nordatlantik, ostwärts Neufundland)

Kdt:	OlzS Hans Hartwig Trojer (8.Feindfahrt)
01.09.1942	Kiel aus
02.09.1942	Kristiansand ein
03.09.1942	Kristiansand aus
22.10.1942	St. Nazaire ein
Erfolge.	5 Schiffe + 1 Landungsboot (29824 BRT +)

<u>*Stellungnahme des B.d.U.:*</u>
Erste Unternehmung des Kommandanten mit einem neuen Boot.
Besonders hervorgehoben wird die ausgezeichnet durchgeführte Geleitzugoperation am 13./14.10. Ohne zu viel bei der Sicherung vorauszusetzen, hat der Kommandant mit frischem Angriffsgeist die sich bietenden Erfolgschancen ausgenutzt. Der hier erzielte Erfolg ist sehr erfreulich.

2. Unternehmung U 221:
(Nordatlantik, westlich von Irland)

Kdt:	OlzS Hans Hartwig Trojer (9. Feindfahrt)
23.11.1942	St. Nazaire aus
23.12.1942	St. Nazaire ein
Erfolge.	keine

<u>*Stellungnahme des B.d.U.:*</u>
Die Unternehmung mußte wegen Kollision mit U 254 (Gilardone) vorzeitig abgebrochen werden.
Zum 08.12.: Mit der Möglichkeit solcher Kollisionen müssen Führung und U-Boot-Kommandanten rechnen. Beim Geleitkampf und im Kriegsgebiet entstehende Kollisionsverluste sind besonders schmerzhaft, aber nicht vermeidbar.

Dem Kommandanten U 221 trifft keine Schuld und nicht der leiseste Vorwurf. Seine Maßnahmen waren richtig und die Rettung der 4 Mann von U 254 eine gute seemännische Leistung.

3. Unternehmung U 221:
(östlicher Nordatlantik)

Kdt: OlzS Hans Hartwig Trojer (10. Feindfahrt)

27.02.1943 St. Nazaire aus
28.03.1943 St. Nazaire ein
Erfolge. 5 Schiffe (30475 BRT +)
1 Schiff (7197 BRT =)

Stellungnahme des B.d.U.:
Eine vorzüglich durchgeführte Unternehmung des bewährten Kommandanten.
Sonst nichts zu bemerken!
Anerkannte Erfolge:
6 Schiffe mit 44100 BRT versenkt.
Zusatz für Ausbildungsstellen:
Lehrreiche und beispielhafte Unternehmung.

4. Unternehmung U 221:
(Nordatlantik, ab 29.06.1943 westlich von Lissabon)

Kdt: OlzS Hans Hartwig Trojer (11. Feindfahrt)

03.05.1943 St. Nazaire aus
21.07.1943 St. Nazaire ein
Erfolge: 1 Schiff (9432 BRT +)

Stellungnahme des B.d.U.:
Die Unternehmung bot dem Kommandanten nur eine Erfolgschance, die mit bewährtem Geschick wahrgenommen wurde.
Das richtige Verhalten in den besonders luftgefährdeten Räumen und gegenüber den häufigen Flugzeugangriffen wird besonders hervorgehoben. – Sonst nichts zu bemerken.
Anerkannte Erfolge:
1 Tanker mit 8000 BRT versenkt.

5. Unternehmung U 221:
(Nordatlantik, südwestlich von Irland)

Kdt: OlzS Hans Hartwig Trojer (12. Feindfahrt)

20.09.1943 St. Nazaire aus
27.09.1943 Verlust U 221
Erfolge: keine

Erfolge Hans Hartwig Trojer als Kommandant U 221:
11 Schiffe + 1 Landungsboot
(69731 BRT +)
1 Schiff (7197 BRT =)

Harald Gelhaus

* 24.07.1915
in Göttingen
† 02.12.1997
in Bochum

26.03.1943
Ritterkreuz (155-85)

05.04.1935
Eintritt in die Kriegsmarine als Seeoffiziersanwärter
Crew 35

05.04.1935 – 17.06.1935
Infanterieausbildung – 4. Komp./II. S.St.Div. der Ostsee, Stralsund

18.06.1935 – 26.09.1935
Bordausbildung – SSS GORCH FOCK

25.09.1935
Seekadett

27.09.1935 – 19.06.1936
Bordausbildung – Leichter Kreuzer EMDEN

20.06.1936 – 31.03.1937
Hauptlehrgang für Fähnriche – Marineschule Flensburg-Mürwik bzw.

07.09.1936 – 12.09.1936
Navigationsbelehrungsfahrt – Tender HECHT bzw.

14.12.1936 – 16.12.1936
Navigationsbelehrungsfahrt – Tender HECHT

01.07.1936
Fähnrich zur See

01.04.1937 – 19.05.1937
Torpedolehrgang für Fähnriche – Torpedoschule Flensburg-Mürwik

20.05.1937 – 07.06.1937
Küstenartillerieschule Wilhelmshaven

08.06.1937 – 12.06.1937
Sperrlehrgang für Fähnriche – Sperrschule Kiel-Wik

13.06.1937 – 03.07.1937
Nachrichtenlehrgang für Fähnriche – Nachrichtenschule Flensburg-Mürwik

04.07.1937 – 28.07.1937
Infanterielehrgang für Fähnriche – II. Abt. S.St.Div. der Ostsee, Stralsund

29.07.1937 – 02.10.1937
Artillerielehrgang für Fähnriche – S.A.S. Kiel-Wik

03.10.1937 – 20.05.1938
Bordausbildung – Leichter Kreuzer KARLSRUHE

01.01.1938
Oberfähnrich zur See

01.04.1938
Leutnant zur See (-26-)

21.05.1938 – 01.10.1939
Adjutant, Signaloffizier, Zugoffizier – Schlachtschiff GNEISENAU

05.04.1939
Dienstauszeichnung IV. Klasse

01.10.1939
Oberleutnant zur See (-27-)

02.10.1939 – 02.03.1940
z.Vfg. – B.d.U. bzw.

27.11.1939 – 01.01.1940
U-Nachrichtenlehrgang – Nachrichtenschule Flensburg-Mürwik bzw.

02.01.1940 – 24.01.1940
U.W.O-Schießlehrgang – S.A.S. Kiel-Wik

25.01.1940 – 02.03.1940
U.T.O.-Lehrgang – Torpedoschule Flensburg-Mürwik

03.03.1940 – 31.03.1940
z.Vfg. – 2. U-Flottille bzw. Baubelehrung – U-Boote Nordsee für U 103

01.04.1940 – 11.04.1940
Sperrlehrgang für Offiziere – Sperrschule Kiel-Wik

12.04.1940 – 04.07.1940
z.Vfg. – 2. U-Flottille bzw. Baubelehrung – U-Boote Nordsee für U 103

05.07.1940 – 13.03.1941
I.WO – U 103/2. U-Flottille
Feindfahrten U 103/Kdt: Viktor Schütze
21.09.1940 – 19.10.1940
09.11.1940 – 12.12.1940
21.01.1941 – 24.02.1941

31.10.1940
Eisernes Kreuz II. Klasse

13.12.1940
U-Boots-Kriegsabzeichen 1939

24.02.1941
Eisernes Kreuz I. Klasse

14.03.1941 – 30.03.1941
Kommandanten-Schießlehrgang – 24. U-Flottille

31.03.1941 – 30.04.1941
Kommandant – U 143/22. U-Flottille

01.05.1941 – 12.09.1941
Kommandant – U 143/3. U-Flottille

13.09.1941 – 30.11.1941
Kommandant – U 143/22. U-Flottille (19.11. – 30.11.1941 Urlaub)

01.12.1941 – 06.06.1943
Kommandant – U 107/2. U-Flottille

01.04.1942
Kapitänleutnant (-55-)

26.03.1943
Ritterkreuz des Eisernen Kreuzes

07.06.1943 – 02.1944
Referent (I U) – 1.Skl/OKM

02.1944 – 20.12.1944
Ausbildungsoffizier – 22. U-Flottille und 27. U-Flottille

01.09.1944
Kriegsverdienstkreuz mit Schwertern II. Klasse

01.10.1944
U-Boots-Frontspange in Bronze

21.12.1944 – 04.1945
U-Boot-Einsatzchef beim Admiral östliche Ostsee und der 9. Sicherungs-Division

04.1945 – 05.05.1945
z.Vfg. – MOK Nord

05.05.1945 – 13.08.1945
Kriegsgefangenschaft auf Sylt

13.08.1945
Entlassung

1. Unternehmung U 143:
(Nordatlantik, Färöer, Shetlands, Orkneys, Hebriden)

Kdt:	OlzS Harald Gelhaus (4. Feindfahrt)
19.04.1941	Kiel aus
13.05.1941	Bergen ein
13.05.1941	Bergen aus
18.05.1941	Kiel ein
Erfolge:	keine

Stellungnahme Kommando 3. U-Flottille:
Anliegend wird das Kriegstagebuch U 143 über die Feindfahrt vom 19. April bis 18. Mai 1941 vorgelegt. Das Boot war mit einem Tag Unterbrechung in Bergen, 29 Tage in See, davon 19 Tage (27.04.–10.05.) im Operationsgebiet.
Das Wetter war im allgemeinen gut, ebenso meistens die Sicht. Die starke Luft- und Fischdampferüberwachung erschwerte das Operieren und verhinderte am 29.04. das Vorsetzen. Bei dem Geleitzug am 28.04. war die Fahrt von 13–14 sm wahrscheinlich zu hoch angenommen. Es lag zugrunde der Funkspruch des B.d.U. von 1450 Uhr am 28.04.: »Flugzeugmeldung 1252 Uhr Quadrat AE 9787 Geleitzug … Kurs 90°, Fahrt 11–17 sm« und um 1538 Uhr von B.d.U.: »Geleitzug stand nicht Quadrat 9787, sondern AE 8932«. Dadurch sowie durch das Fehlen weiterer Meldungen wurde nichts gefunden. Durch das unnötige Verlieren der Fühlung am Geleitzug am 03.05. ging die Hauptchance der Unternehmung verloren. Der Kommandant durfte den Feind nicht freiwillig aus den Augen lassen. Die Gefahr, im Dunst gesehen zu werden, mußte in Kauf genommen werden und ist bei der Kleinheit des Bootes bei geschicktem Verhalten nicht so groß, wie der Kommandant sie einschätzte. Die lange Helligkeit wirkte sich in diesem stark überwachten Gebiet ungünstig aus.

Stellungnahme des B.d.U.:
Wenn auch das Boot nicht viel vom Feind zu sehen bekommen hat und durch die Luftüberwachung stark behindert worden ist, so hat es doch am 03. Mai Erfolgsaussichten am Geleitzug gehabt, die ihm durch wenig glückliches und anscheinend zu vorsichtiges Fühlunghalten wieder verlorengegangen sind. Sehen und dranbleiben sind die Voraussetzungen für den Erfolg des U-Bootes.

2. Unternehmung U 143:
(Nordatlantik, Färöer, Shetlands, Orkneys, Hebriden, Nordkanal)

Kdt:	OlzS Harald Gelhaus (5. Feindfahrt)
09.06.1941	Kiel aus
12.06.1941	Bergen ein
16.06,1941	Bergen aus
29.06.1941	Bergen ein
Erfolge:	keine

Stellungnahme des B.d.U.:
Nichts zu bemerken.

3. Unternehmung U 143:
(Nordatlantik, Färöer, Shetlands, Orkneys, Hebriden, Nordkanal)

Kdt:	OlzS Harald Gelhaus (6. Feindfahrt)
06.07.1941	Bergen aus
14.07.1941	Bergen ein
17.07.1941	Bergen aus
18.07.1941	Kristiansand ein
19.07.1941	Kristiansand aus
19.07.1941	Frederikshaven ein
20.07.1941	Frederikshaven aus
21.07.1941	Kiel ein
Erfolge:	keine

Stellungnahme des B.d.U.:
Wegen Maschinenschadens frühzeitig abgebrochene Unternehmung. – Nichts zu bemerken.

4. Unternehmung U 143:
(Nordatlantik, Färöer, Shetlands, Orkneys, Hebriden, Nordkanal)

Kdt:	OlzS Harald Gelhaus (7. Feindfahrt)
17.08.1941	Kiel aus
05.09.1941	Bergen ein
07.09.1941	Bergen aus
07.09.1941	Egersund ein
08.09.1941	Egersund aus
08.09.1941	Kristiansand ein
10.09.1941	Kristiansand aus
12.09.1941	Kiel ein
Erfolge:	1 Schiff (1418 BRT +)

Stellungnahme des B.d.U.:
Gut durchgeführte Unternehmung.

4. Unternehmung U 107:
(Nordatlantik, westlich von Spanien und Gibraltar)

Kdt:	OlzS Harald Gelhaus (8. Feindfahrt)
10.12.1941	Lorient aus
26.12.1941	Lorient ein
Erfolge:	keine

Stellungnahme des B.d.U.:
Der Kommandant wurde auf seiner 1. Unternehmung mit dem großen Boot bei der Operation auf den stark gesicherten Gibraltar-Geleitzug vor eine schwere Aufgabe gestellt. Im Ansatz und Operieren handelte er nicht sehr geschickt. Die hier gewonnenen Erfahrungen werden ihm aber für spätere Unternehmungen von großem Nutzen sein.

5. Unternehmung U 107:
(Westatlantik, USA-Ostküste)

Kdt:	OlzS Harald Gelhaus (9. Feindfahrt)
07.01.1942	Lorient aus
07.03.1942	Lorient ein
Erfolge:	2 Schiffe (10850 BRT +) 1 Schiff (10068 BRT =)

Stellungnahme des B.d.U.:
Der Kommandant hat auf dieser Unternehmung einen Verkehr angetroffen, wie es nur selten einem Boot geboten wird. Die nur geringe Ausnutzung dieser vielen Erfolgschancen ist zum Teil auf Pech, andererseits auch auf ungeschicktes Verhalten zurückzuführen. Die hier gewonnenen Erfahrungen werden dem Kommandanten auf seinen weiteren Unternehmungen sehr wertvoll sein.

6. Unternehmung U 107:
(Westatlantik, USA-Ostküste, Florida, Kuba, Jamaica)

Kdt:	Kl Harald Gelhaus (10. Feindfahrt)
21.04.1942	Lorient aus
11.07.1942	Lorient ein
Erfolge:	7 Schiffe (27019 BRT +)

Stellungnahme des B.d.U.:
Gut durchgeführte Unternehmung.

7. Unternehmung U 107:
(Mittelatlantik, Lissabon, Sierra Leone, Freetown, Kanaren, Kapverden)

Kdt:	Kl Harald Gelhaus (11. Feindfahrt)
15.08.1942	Lorient aus
18.11.1942	Lorient ein
Erfolge:	3 Schiffe (23 508 BRT +)

Stellungnahme des B.d.U.:
Im südlichen Operationsgebiet war die Verkehrsdichte sehr gering. Die dort erfolgte Versenkung des wertvollen Kühlschiffes ist erfreulich. – Sonst nichts zu bemerken.

8. Unternehmung U 107:
(Atlantik, Portugal, Azoren, Marokko)

Kdt:	Kl Harald Gelhaus (12. Feindfahrt)
30.01.1943	Lorient aus
25.03.1943	Lorient ein
Erfolge:	5 Schiffe (25 177 BRT +)

Stellungnahme des B.d.U.:
Sehr gut durchgeführte Unternehmung des bewährten Kommandanten. Der Erfolg gegen einen der schwer anzugreifenden Gibraltargeleitzüge wird besonders anerkannt. Er ist der Zähigkeit, der Unerschrockenheit und dem taktischen Können des Kommandanten zu verdanken.
Anerkannte Erfolge:

1 MA	*7801 BRT versenkt.*
1 Dampfer	*5000 BRT versenkt.*
1 Dampfer	*5000 BRT versenkt.*
1 Dampfer	*5000 BRT versenkt.*
1 Mun. Dampfer	*7000 BRT versenkt.*

Insgesamt 5 Dampfer mit 29801 BRT versenkt.

9. Unternehmung U 107:
(Nordatlantik, Neufundland, mittlerer Nordatlantik)

Kdt:	Kl Harald Gelhaus (13. Feindfahrt)
24.04.1943	Lorient aus
26.05.1943	Lorient ein
Erfolge:	1 Schiff (12 411 BRT +)

Stellungnahme des B.d.U.:
Das Boot nahm an 2 Geleitoperationen teil, vom 05.05.-06.05. aus Gruppe »Amsel« gegen den »Hasenschargeleitzug« und vom 11.05.-14.05. aus Gruppe »Elbe« gegen das »Luisgeleit«.
Trotz richtigen Operierens und guten Bemühens gelang dem Kommandanten nach Herstellung der Fühlung bei beiden Geleiten kein Angriff, da das Boot durch die zahlreichen Sicherungsstreitkräfte abgedrängt wurde. Schlechte Sicht und hohe Dünung vereitelten in einem Falle eine gute Angriffschance.
Die Versenkung der PORT VICTOR ist ein sehr erfreulicher Erfolg.
Anerkannter Erfolg:
PORT VICTOR 12000 BRT versenkt.

Erfolge Harald Gelhaus als Kommandant U 143:
1 Schiff (1 418 BRT +)

Erfolge Harald Gelhaus als Kommandant U 107:
18 Schiffe (98 965 BRT +)
1 Schiff (10 068 BRT =)

Gesamt:
19 Schiffe (100 383 BRT +)
1 Schiff (10 068 BRT =)

Karl Neitzel

*** 30.01.1901**
in Kolberg/Pommern
† 13.11.1966
in Kiel

27.03.1943
Ritterkreuz (156-86)

01.07.1917
Eintritt in die Kaiserlichen Marine, bei der 7. Torpedobootshalbflottille

01.04.1923
Eintritt in die Reichsmarine als Seeoffiziersanwärter
Crew 23

01.04.1923 – 31.10.1924
Infanterie- und Bordausbildung als Seeoffiziersanwärter

01.04.1924
Seekadett

01.11.1924 – 31.03.1925
Kreuzer BERLIN (lt. Rangliste)

01.04.1925 – 25.09.1927
Haupt- und Waffenlehrgänge – Marineschule Flensburg-Mürwik bzw. ab 01.04. 1925 Sonderlehrgang – Torpedo- und Nachrichtenschule Flensburg-Mürwik (lt. Rangliste)

01.04.1925
Fähnrich zur See

01.05.1927
Oberfähnrich zur See

26.09.1927 – 28.09.1928
Leutnant zur See – Linienschiff ELSASS (lt. Rangliste)

01.10.1927
Leutnant zur See (-34-)

29.09.1928 – 26.09.1929
Kompanieoffizier – I. Abt. S.St.Div. der Ostsee (lt. Rangliste)

01.07.1929
Oberleutnant zur See (-32-)

27.09.1929 – 30.09.1930
Kompanieoffizier – I. Marine-Artillerieabteilung (lt. Rangliste)

01.10.1930 – 29.09.1931
Kompanieoffizier und Kommandant – beim Sperrverband

30.09.1931 – 03.11.1932
I.WO – Minensuchboot M-126/1. Minensuchhalbflottille (Rangliste)

04.11.1932 – 30.09.1935
I.WO – Minensuchboot M-98/1. Minensuchhalbflottille (Rangliste)

01.04.1935
Kapitänleutnant (-14-)

01.10.1935 – 22.09.1936
Kommandant – Minensuchboot M-75/1. Minensuchflottille

02.10.1936
Dienstauszeichnungen IV. bis II. Klasse

23.09.1936 – 09.02.1938
Kompanieführer – 2. Komp./III. Abt.S.St. Div. der Ostsee

10.02.1938 – 30.11.1939
Einstellungsoffizier – Stab, 2. Admiral der Ostsee

01.04.1939
Korvettenkapitän (-5-)

01.12.1939 – 31.01.1941
Flottillenchef – 1. Minensuchflottille

10.01.1940
Spange zum Eisernen Kreuz II. Klasse

23.03.1940
Eisernes Kreuz I. Klasse

01.02.1941 – 24.11.1941
z.Vfg. – B.d.U. bzw. U-Ausbildung, U-Lehrgänge bei der 1. U.L.D. und Baubelehrung für U 510

25.11.1941 – 31.07.1942
Kommandant – U 510/4. U-Flottille

01.08.1942 – 21.05.1943
Kommandant – U 510/10. U-Flottille

09.1942
U-Boots-Kriegsabzeichen 1939

27.03.1943
Ritterkreuz des Eisernen Kreuzes

01.04.1943
Fregattenkapitän

22.05.1943 – 08.1943
zur Verfügung gestellt (beurlaubt)

08.1943 – 04.01.1944
Flottillenchef i.V. – 25. U-Flottille/Libau

01.12.1943
Kapitän zur See (-3-)

05.01.1944 – 02.1945
Kommandeur – 2. U.L.D./Gotenhafen

02.1945 – 08.05.1945
Kommandeur – Marine-Grenadierregiment 7/2. Marine-Infanteriedivision (im Einsatz zwischen Aller und Weser)

08.05.1945 – 23.01.1946
Kriegsgefangenschaft

23.01.1946
Entlassung

Die Personalakte Karl Neitzel ist äußerst unvollständig. Die Daten bis 04.11.1932 sind hauptsächlich aus den Ranglisten der Reichsmarine entnommen (siehe Verweise).

1. Unternehmung U 510:
(Westatlantik, südostwärts Trinidad)

Kdt:	KK Karl Neitzel (1. Feindfahrt)
07.07.1942	Kiel aus
08.07.1942	Kristiansand ein
09.07.1942	Kristiansand aus
13.09.1942	Lorient ein
Erfolge:	2 Schiffe (10256 BRT +) 1 Schiff (8016 BRT =)

Stellungnahme des B.d.U.:
1.) Erste Unternehmung vom Boot und Kommandanten.
2.) Der Erfolg hätte bei überlegterem Torpedoeinsatz größer sein können. Einzelschüsse statt Fächer, 3 Torpedos mit gleichen Schußunterlagen bei einem Angriff oder nach 2 Treffern noch einen 3. Torpedo im Abdrehen bei Lage 110° zu schießen, ist falsch.
3.) Die Versenkung des urugugayischen Dampfers MALDONADO erfolgte nicht nach der Prisenordnung. Das Aussteigen der Besatzung ist kein Grund zur Versenkung. Die Mitnahme des Kapitäns nach Feststellung der Nationalität war falsch. Das Verhalten des Kommandanten bei diesem Vorfall war ungeschickt, unüberlegt und falsch.

2. Unternehmung U 510:
(Mittelatlantik, westlich von Marokko)

Kdt:	KK Karl Neitzel (2. Feindfahrt)
14.10.1942	Lorient aus
12.12.1942	Lorient ein
Erfolge:	1 Schiff (5681 BRT =)

Stellungnahme des B.d.U.:
Die Operation in der Gruppe »Streitaxt« hätte erfolgreicher sein können. Die Angriffschancen waren günstig.
15.11.: Zwei schöne Möglichkeiten zum Erfolg und eigenen Einsatz durchgewandert! Der Kommandant muß zupacken, wenn das Kriegsglück winkt.

3. Unternehmung U 510:
(Westatlantik, Karibik, vor Chayenne)

Kdt:	KK Karl Neitzel (3. Feindfahrt)
16.01.1943	Lorient aus
16.04.1943	Lorient ein
Erfolge:	3 Schiffe (18240 BRT +) 5 Schiffe (35890 BRT =)

Stellungnahme des B.d.U.:
Sehr gut durchgeführte Unternehmung. Die gebotene Chance wurde voll ausgenutzt.

Anerkannte Erfolge:

1 Frachter	*7000 BRT versenkt.*
1 Tanker	*8000 BRT versenkt.*
1 Dampfer	*5000 BRT versenkt.*
1 Dampfer	*6000 BRT versenkt.*
1 Pass.-Dampfer	*10000 BRT versenkt.*
1 Mun.-Dampfer	*6000 BRT versenkt.*
1 Mun.-Dampfer	*6000 BRT versenkt.*
1 Frachter	*7000 BRT versenkt.*

Insgesamt 8 Schiffe mit 55000 BRT versenkt.

Funkspruch an U 510 am 27.03.1943:
An Neitzel und Folkers:
Zur Verleihung des Ritterkreuzes herzliche Glückwünsche.
Ob.d.M. und B.d.U.

Erfolge Karl Neitzel als Kommandant U 510:
5 Schiffe (28496 BRT +)
7 Schiffe (49587 BRT =)

Günther Seibicke

* 30.08.1911
in Eggersdorf/Kreis Lebus
† 26.05.1943
im Nordatlantik westlich Kap Ortegal

27.03.1943
Ritterkreuz (157-87)

29.08.1932
Eintritt in die Reichsmarine als Seeoffiziersanwärter
Crew 32 (eingegliedert)

29.08.1932 – 07.10.1932
Infanterieausbildung – II. Abt. S.St.Div. der Ostsee, Stralsund

08.10.1932 – 05.11.1932
Lehrgang – Marineschule Flensburg-Mürwik bzw.

04.11.1932
Seekadett

26.10.1932 – 03.11.1932
Belehrungsfahrt – Schulschiff EDITH

06.11.1932 – 02.01.1934
Bordausbildung – Leichter Kreuzer KÖLN

01.01.1934
Fähnrich zur See

03.01.1934 – 17.03.1934
Infanterielehrgang – II. Abt. S.St.Div. der Ostsee, Stralsund

18.03.1934 – 12.05.1934
Torpedolehrgang – Torpedoschule Flensburg-Mürwik

13.05.1934 – 29.05.1934
Nachrichtenlehrgang – Nachrichtenschule Flensburg-Mürwik

30.05.1934 – 15.06.1934
Fla-Waffenlehrgang – Küstenartillerieschule

16.06.1934 – 03.07.1934
Sperrlehrgang – Sperrschule Kiel-Wik

04.07.1934 – 18.04.1935
Hauptlehrgang für Fähnriche – Marineschule Flensburg-Mürwik bzw.

27.08.1934 – 01.09.1934
Navigationsbelehrungsfahrt – Tender WESER bzw.

24.01.1935 – 30.01.1935
Navigationsbelehrungsfahrt – Tender SAAR

19.04.1935 – 26.09.1935
Bordausbildung – Linienschiff SCHLESWIG-HOLSTEIN

01.09.1935
Oberfähnrich zur See

27.09.1935 – 01.10.1935
Bordausbildung – Leichter Kreuzer KÖNIGSBERG

02.10.1935 – 07.12.1935
Artillerielehrgang für Fähnriche – S.A.S. Kiel-Wik

08.12.1935 – 15.12.1935
U-Lehrgang für Fähnriche – U-Schule Kiel-Wik

16.12.1935 – 26.01.1936
Leichter Kreuzer KÖNIGSBERG

01.01.1936
Leutnant zur See (-63-)

27.01.1936 – 28.03.1936
Sperrlehrgang – Sperrschule Kiel-Wik

29.03.1936 – 21.09.1936
Divisionsleutnant und Sperroffizier – Leichter Kreuzer KÖNIGSBERG

22.09.1936 – 08.11.1936
z.Vfg. – 1. Minensuchflottille

09.11.1936 – 21.11.1936
Fla-Leiterlehrgang – Küstenartillerieschule

22.11.1936 – 13.02.1938
I.WO – Minensuchboot M-111/1. Minensuchflottille

01.10.1937
Oberleutnant zur See (-58-)

14.02.1938 – 28.05.1938
A/B-Lehrgang – S.A.S. Kiel-Wik

29.05.1938 – 28.10.1938
Adjutant – Minensuchboot M-146/ 1. Minensuchflottille

29.10.1938 – 15.11.1938
Kommandant – Minensuchboot M-89/1. Minensuchflottille

16.11.1938 – 31.03.1941
Kommandant – Minensuchboot M-4/1. Minensuchflottille

17.09.1939
Eisernes Kreuz II. Klasse

20.12.1939
Medaille zur Erinnerung an den 01.10. 1938

01.04.1940
Kapitänleutnant (-13-)

16.05.1940
Eisernes Kreuz I. Klasse

01.04.1941 – 26.09.1941
U-Ausbildungen, U-Lehrgänge – 1. U.L.D. bzw. Baubelehrung für U 436

27.09.1941 – 31.01.1942
Kommandant – U 436/5. U-Flottille

01.02.1942 – 30.06.1942
Kommandant – U 436/7. U-Flottille

24.04.1942
U-Boots-Kriegsabzeichen 1939

01.07.1942 – 31.08.1942
Kommandant – U 436/11. U-Flottille

01.09.1942 – 26.05.1943
Kommandant – U 436/6. U-Flottille

27.03.1943
Ritterkreuz des Eisernen Kreuzes

26.05.1943
Im Nordatlantik westlich Kap Ortegal am Konvoi KX.10 durch Wasserbomben der britischen Korvette HYDERABAD und der britischen Fregatte TEST auf Position 43°49'Nord/15°56'West vernichtet. Mit U 436 ging die gesamte Besatzung verloren.

01.06.1943
Korvettenkapitän (posthum)

1. Unternehmung U 436:
(Nordmeer)

Kdt:	Kl Günther Seibicke (1. Feindfahrt)
02.02.1942	Kiel aus
17.02.1942	Kirkenes ein
Erfolge:	keine

Stellungnahme des B.d.U.:
Nichts zu bemerken!

2. Unternehmung U 436:
(Nordmeer, Konvoi QP.9)

Kdt:	Kl Günther Seibicke (2. Feindfahrt)

26.02.1942 Kirkenes aus
24.03.1942 Kirkenes ein
Erfolge: keine

Stellungnahme des Admiral Nordmeer:
Zum 03.03.42/1335 Uhr: Es war falsch, ohne Befehl gegen den von der Luftaufklärung erfaßten und noch 200 sm von dem Angriffsraum entfernt stehenden Kreuzer zu operieren. Erfolgsaussichten konnten hiermit nicht erwartet werden. Das Boot sollte nur gegen Geleitzüge oder in der Nähe stehende lohnende Ziele selbständig operieren.
Im übrigen hat sich das Boot in dem zeitweise stark überwachten Seegebiet geschickt verhalten und auch einen Versenkungserfolg zu verzeichnen gehabt.

3. Unternehmung U 436:
(Nordmeer, Konvoi PQ.13)
Kdt: Kl Günther Seibicke (3. Feindfahrt)

07.04.1942 Kirkenes aus
20.04.1942 Kirkenes ein
Erfolge: 1 Schiff (5823 BRT +)

Stellungnahme des Admiral Nordmeer:
1.) *Am 13.04. erfolgte Versenkung eines 4500 BRT Geleitdampfers ist als sicher anzunehmen.*
2.) *Unter schwierigen Verhältnissen gut durchgeführte Unternehmung.*

4. Unternehmung U 436:
(Nordmeer, Konvoi PQ.15 und QP.11)
Kdt: Kl Günther Seibicke (4. Feindfahrt)

29.04.1942 Kirkenes aus
04.05.1942 Drontheim ein
Erfolge: keine

Stellungnahme des Admiral Nordmeer:
Gutes Fühlunghalten und klare Meldungen. Bemerkung am 04.05./0702 Uhr ist unsachlich, da sich die Anmeldung 1130 Uhr immer auf Eintreffen Ansteuerungspunkt bezieht. Im übrigen ist nicht bekannt, welche Anweisungen das Boot zur Einfahrt Drontheim von Gruppe Nord erhalten hat.

Stellungnahme des B.d.U.:
Vorzeitig durch Stopfbuchsenschaden am Funkpeiler abgebrochene Unternehmung. Zur Durchführung nichts zu bemerken. – Siehe Stellungnahme Admiral Nordmeer.

5. Unternehmung U 436:
(Nordmeer, Konvoi PQ.16 und QP.12)
Kdt: Kl Günther Seibicke (5. Feindfahrt)

12.05.1942 Drontheim aus
27.05.1942 Skjomenfjord ein
Erfolge: keine

Stellungnahme des Admiral Nordmeer:
Gut durchgeführte Unternehmung des im Nordmeer bewährten Kommandanten. Einwandfreies Fühlunghalten über einen längeren Zeitraum. Daß der Erfolg trotz ernsthafter Bemühungen versagt blieb, entspricht den Verhältnissen und ist nicht Versagen des Bootes. Die nach Waboverfolgung aufgetretenen Materialschäden und ungewöhnlichen Leckagen müssen von der Werft eingehend geprüft werden.
Bemerkung am 25.05.42/0645 Uhr über Bekanntgabe eigener eingesetzter Flugzeugtypen ist unbegründet. Unterlagen wurden, wenn von hier zu übersehen, rechtzeitig an U-Boote weitergegeben.

Verlegungsfahrten U 436:
Kdt: Kl Günther Seibicke

30.05.1942 Skjomenfjord aus
01.06.1942 Drontheim ein
07.06.1942 Drontheim aus
08.06.1942 Bergen ein
08.06.1942 Bergen aus
09.06.1942 Kristiansand ein
10.06.1942 Kristiansand aus
11.06.1942 Kiel ein
12.06.1942 Kiel aus
13.06.1942 Danzig ein
13.09.1942 Danzig aus
13.09.1942 Hela ein
13.09.1942 Hela aus
13.09.1942 Danzig ein
15.09.1942 Danzig aus
15.09.1942 Hela ein
19.09.1942 Hela aus
19.09.1942 Danzig aus
20.09.1942 Danzig aus
21.09.1942 Kiel ein

6. Unternehmung U 436:
(Nordatlantik, westlich Irland)
Kdt: Kl Günther Seibicke (6. Feindfahrt)

06.10.1942 Kiel aus
12.11.1942 Lorient ein
Erfolge: 2 Schiffe + 1 Landungsboot (15248 BRT +)
2 Schiffe (15575 BRT =)

Stellungnahme des B.d.U.:
Ausgezeichnet durchgeführte Unternehmung. Das Verhalten beim Fühlunghalten, Vorsetzen, wie auch beim Angriff auf den Geleitzug war sehr geschickt und brachte einen schönen Erfolg.
Die Angriffsfreiheit im Blockadegebiet, mit Ausnahme des Weges »Anton«, mußte dem Kommandanten bekannt sein. Deshalb war die Anfrage über die Versenkung eines Einzelfahrers überflüssig.

7. Unternehmung U 436:

(Mittelatlantik, südlich der Azoren)
Kdt: Kl Günther Seibicke (7. Feindfahrt)

17.12.1942 Lorient aus
19.02.1943 St. Nazaire ein
Erfolge: 2 Schiffe (14703 BRT +)

Stellungnahme des B.d.U.:
Da das Orginal-K.T.B. durch Feindeinwirkung verloren ging, ist eine eingehende Auswertung und Beurteilung der Unternehmung nicht möglich.
Nach Kurzbericht hat der Kommandant bei der Teilnahme an der »Tankerschlacht« südlich der Azoren in einem Angriff einen dreifachen großen Erfolg gehabt.
Die Fehlangriffe am 07.01. auf den Einzelfahrer sind vielleicht durch Zickzacks, falsche Gegnerwerte beim Schuß, oder durch Ausmanövrieren auf Grund Horchbebachtung zu erklären.
Sonst nichts zu bemerken.
Anerkannte Erfolge:
1 Dampfer 8309 BRT versenkt
2 Tanker 23000 BRT versenkt

8. Unternehmung U 436:

(Nordatlantik, westlich von Spanien)
Kdt: Kl Günther Seibicke (8. Feindfahrt)

25.04.1943 St. Nazaire aus
26.05.1943 Verlust U 436
Erfolge: keine

Erfolge Günther Seibicke als Kommandant U 436:
5 Schiffe + 1 Landungsboot (35774 BRT +)
2 Schiffe (15575 BRT =)

Ulrich Folkers

*** 06.03.1915**
in Kiel
† 06.05.1943
im Nordatlantik
östlich Neufundland

27.03.1943
Ritterkreuz (158-88)

08.04.1934
Eintritt in die Reichsmarine als Seeoffiziersanwärter
Crew 34

08.04.1934 – 14.06.1934
Infanterieausbildung – 2. Komp./II. Abt. S.St.Div. der Ostsee, Stralsund

15.06.1934 – 26.09.1934
Bordausbildung – SSS GORCH FOCK

26.09.1934
Seekadett

27.09.1934 – 26.06.1935
Bordausbildung – Leichter Kreuzer EMDEN

27.06.1935 – 30.03.1936
Hauptlehrgang für Fähnriche – Marineschule Flensburg-Mürwik bzw.

09.10.1935 – 15.10.1935
Navigationsbelehrungsfahrt – Tender NORDSEE bzw.

27.01.1936 – 01.02.1936
Navigationsbelehrungsfahrt – Dampfer HECHT

01.07.1935
Fähnrich zur See

31.03.1936 – 02.06.1936
Artillerielehrgang für Fähnriche – S.A.S. Kiel-Wik (Urlaub vom 31.05.–02.06.1936)

03.06.1936 – 21.07.1936
Torpedolehrgang für Fähnriche – Torpedoschule Flensburg-Mürwik

22.07.1936 – 11.08.1936
Nachrichtenlehrgang für Fähnriche – Nachrichtenschule Flensburg-Mürwik

12.08.1936 – 01.09.1936
Sperrlehrgang für Fähnriche – Sperrschule Kiel-Wik

02.09.1936 – 29.09.1936
Infanterielehrgang für Fähnriche – II. Abt. S.St.Div. der Ostsee, Stralsund

30.09.1936 – 25.07.1937
Bordausbildung – Leichter Kreuzer EMDEN

01.11.1936
Bulgarischer Orden für militärische Verdienste IV. Klasse mit Krone

01.01.1937

Oberfähnrich zur See

01.04.1937
Leutnant zur See (-61-)

26.07.1937 – 04.09.1937
2. Offiziers-E-Meßlehrgang – S.A.S. Kiel-Wik

05.09.1937 – 15.05.1938
Leichter Kreuzer EMDEN

08.04.1938
Dienstauszeichnung IV. Klasse

16.05.1938 – 05.10.1938
Lehrer für E-Meß-Ausbildung – S.A.S. Saßnitz

06.10.1938 – 04.09.1939
Ausbildungsleiter bzw. Sonderlehrgang – Nachrichtenmittelversuchsabteilung bzw.

19.06.1939 – 04.09.1939
A/B-Lehrgang – S.A.S. Kiel-Wik

01.04.1939
Oberleutnant zur See (-60-)

05.09.1939 – 23.11.1939
E-Meß-Ausbildung – S.A.S. Saßnitz

24.11.1939 – 28.04.1940
WO – Zerstörer Z-8 BRUNO HEINEMANN

15.01.1940
Eisernes Kreuz II. Klasse

29.04.1940 – 07.11.1940
z.Vfg. – B.d.U. bzw.

29.04.1940 – 02.06.1940
U-Lehrgang – Torpedoschule Flensburg-Mürwik

03.06.1940 – 30.06.1940
U-Lehrgang – Marine-Nachrichtenschule Flensburg-Mürwik

01.07.1940 – 28.07.1940
U-Lehrgang – S.A.S. Kiel-Wik

29.07.1940 – 07.11.1940
U-Lehrgang – 1. U.L.D.

08.11.1940 – 25.11.1940
WO – Torpedoboot PANTHER/7. Torpedobootsflottille

26.11.1940 – 18.12.1940
WO – 27. U-Flottille/Gotenhafen

19.12.1940 – 14.01.1941
WO – 2. U-Flottille/Lorient

15.01.1941 – 29.03.1941
I.WO – U 37/2. U-Flottille
Feindfahrten U 37/Kdt: Nikolai Clausen
30.01.1941 – 18.02.1941
27.02.1941 – 22.03.1941

26.03.1941
U-Boots-Kriegsabzeichen 1939

30.03.1941 – 27.04.1941
Kommandanten-Schießlehrgang – 24. U-Flottille

28.04.1941 – 02.05.1941
z.Vfg. – 26. U-Flottille/Pillau

03.05.1941 – 14.12.1941
Kommandant (m.W.d.G.b.) – U 37/26. U-Flottille, Pillau (lt. Personalakte Ulrich Folkers war er Kommandant U 37 bis 31.10. 1941, nach Angaben der WASt Kommandant U 37 bis 15.11.1941)

01.11.1941
Kapitänleutnant (-13-)

15.12.1941 – 06.05.1943
Kommandant – U 125/2. U-Flottille (lt. Personalakte Ulrich Folkers war er bereits seit dem 01.11.1941 Kommandant U 125, das K.T.B. U 125 gibt jedoch den Kommandantenwechsel Günter Kuhnke – Ulrich Folkers für den 15.12.1941 an)
Eisernes Kreuz I. Klasse

27.03.1943
Ritterkreuz des Eisernen Kreuzes

06.05.1943
Im Nordatlantik östlich Neufundland am Konvoi ONS.5 durch Rammstoß und Artillerie des britischen Zerstörers ORIBI schwer beschädigt. U 125 konnte sich in eine Regenböe absetzen, wurde aber kurze Zeit später von der britischen Korvette SNOWFLAKE gestellt und unter Artilleriefeuer genommen. Entweder sank U 125 durch die Aktion der beiden britischen Einheiten oder wurde von der eigenen Besatzung, aufgrund der schweren Schäden, selbst versenkt. Mit U 125 ging die gesamte Besatzung unter.

3. Unternehmung U 125:
(Westatlantik, USA-Ostküste)

Kdt:	Kl Ulrich Folkers (3. Feindfahrt)
18.12.1941	Lorient aus
23.02.1942	Lorient ein
Erfolge:	1 Schiff (5666 BRT +)

Stellungnahme des B.d.U.:
Erste Unternehmung des Kommandanten mit einem eingefahrenen Boot. Im Verhältnis zum sehr starken Verkehr im Operationsgebiet ist der Erfolg außerordentlich gering. Abgesehen von personellen, wie auch materiellen Versagern hat der Kommandant auch wenig Geschick bewiesen, was zum Teil auf die geringe Erfahrung zurückzuführen ist.

1.) *Bei in sehr günstigen Lagen gesichteten Schiffen kam das Boot entweder gar nicht oder bei zu großer Entfernung zum Schuß.*
2.) *Die Fühlung an gesichtete Ziele wurde zu schnell verloren.*
3.) *Am 25.01. hätte bei dem gestoppt liegenden Tanker ruhig noch etwas gewartet werden können, um eine bessere Schußposition zu erreichen. Die Zeit war vorhanden.*

4.) *Am 30.01. hätte trotz des herrschenden Wetters zumindest ein Vorsetzen und Angriff versucht werden müssen. Zähe dranbleiben. Am nächsten Tage flaute es bereits ab.*

4. Unternehmung U 125:
(Westatlantik, Karibik, Kuba, Florida, Yucatan-Straße)

Kdt:	Kl Ulrich Folkers (4. Feindfahrt)
LI:	Kl (Ing.) Otto Unger Ol (Ing.) Karl-Heinz Wiebe (am 02.06.1942 auf See von U 67 übernommen)
04.04.1942	Lorient aus
13.06.1942	Lorient ein
Erfolge:	9 Schiffe (47054 BRT +)

Stellungnahme des B.d.U.:
1.) *Der Kommandant hat die sehr zahlreichen Erfolgschancen zu einem schönen Erfolg ausgenutzt. Bei Einsatz der Artillerie hätte dieser noch größer sein können. In keinem Falle ist der Versuch dazu gemacht worden, trotz mehrfacher, günstiger Gelegenheiten.*
2.) *Der Unterwasserangriff auf Einzelfahrer in Vollmondnächten ist nicht so gefahrvoll für das Boot, wie der Kommandant es ansieht. Nicht immer kann man es sich leisten, erfolgversprechende Gelegenheiten auszulassen*
3.) *Am 24.04. war der Einzelschuß trotz selbst erkannter ungenauer Schußunterlagen und großer Entfernung falsch. In diesem Falle hätte unbedingt ein Fächer geschossen werden müssen.*

5. Unternehmung U 125:
(Mittelatlantik, Westafrika, Nigermündung, Freetown)

Kdt:	Kl Ulrich Folkers (5. Feindfahrt)
27.07.1942	Lorient aus
06.11.1942	Lorient ein
Erfolge:	6 Schiffe (25415 BRT +)

Stellungnahme des B.d.U.:
Unter leichten Abwehrverhältnissen gut durchgeführte Unternehmung. Sehr gute Schießleistung.

6. Unternehmung U 125:
(Mittelatlantik, südlich der Azoren)

Kdt:	Kl Ulrich Folkers (6. Feindfahrt)
09.12.1942	Lorient aus
19.02.1943	Lorient ein
Erfolge:	keine

Stellungnahme des B.d.U.:
Unternehmung ohne Erfolg!
Das Abbrechen des Operierens auf das »Aufermanngeleit« am 04./05.01. war falsch und entsprach nicht dem klaren Befehl. Das Verhalten des Kommandanten wird mißbilligt. Das Boot ist durch das unbegründete eigenmächtige Handeln des Kommandanten um eine große Erfolgsmöglichkeit gekommen. Die Gründe, die der Kommandant für seinen Entschluß abzubrechen am 05.01. im K.T.B. und im F.T. am 06.01. anführt, sind keinesfalls stichhaltig. – Im weiteren Verlauf der Unternehmung ergaben sich keine Erfolgsmöglichkeiten!

7. Unternehmung U 125:
(Nordatlantik, südlich von Grönland, östlich Neufundland)

Kdt:	Kl Ulrich Folkers (7. Feindfahrt)
13.04.1943	Lorient aus
06.05.1943	Verlust U 125
Erfolge:	1 Schiff (4737 BRT +)

Erfolge Ulrich Folkers als Kommandant U 125:
17 Schiffe (82872 BRT +)

HANS HEIDTMANN

*** 08.08.1914**
BAHNHOF GLESCHENDORF/ PÖNITZ/KREIS LÜBECK
† 05.04.1976
HAMBURG

12.04.1943
Ritterkreuz (160-89)

08.04.1934
Eintritt in die Reichsmarine als Seeoffiziersanwärter
Crew 34

08.04.1934 – 13.06.1934
Infanterieausbildung – 4. Komp./II. S.St.Abt. der Ostsee, Stralsund

14.06.1934 – 26.09.1934
Bordausbildung – SSS GORCH FOCK

26.09.1934
Seekadett

27.09.1934 – 26.06.1935
Bordausbildung – Leichter Kreuzer EMDEN

27.06.1935 – 30.03.1936
Hauptlehrgang für Fähnriche – Marineschule Flensburg-Mürwik bzw.

19.08.1935 – 24.08.1935
Navigationsbelehrungsfahrt – Schulschiff POSEIDON bzw.

17.02.1936 – 22.02.1936
Navigationsbelehrungsfahrt – Dampfer HECHT

01.07.1935
Fähnrich zur See

31.03.1936 – 13.04.1936
Fla-Waffenlehrgang für Fähnriche – Küstenartillerieschule Wilhelmshaven

14.04.1936 – 04.05.1936
Nachrichtenlehrgang für Fähnriche – Nachrichtenschule Flensburg-Mürwik

05.05.1936 – 02.06.1936
Infanterielehrgang für Fähnriche – 3. Komp./ II. S.St.Abt der Ostsee, Stralsund

03.06.1936 – 27.07.1936
Artillerielehrgang für Fähnriche – S.A.S. Kiel-Wik

28.07.1936 – 20.09.1936
n.v.

21.09.1936 – 14.02.1937
Panzerschiff DEUTSCHLAND

01.01.1937
Oberfähnrich zur See

15.02.1937 – 23.03.1937
E-Meß-Schule Saßnitz

24.03.1937 – 04.10.1937
Panzerschiff DEUTSCHLAND

01.04.1937
Leutnant zur See (-40-)

05.10.1937 – 29.01.1938
TO.-Zusatzlehrgang – Torpedoschule Flensburg-Mürwik

30.01.1938 – 04.05.1938
U-Schüler – U-Schule

08.04.1938
Dienstauszeichnung IV. Klasse

05.05.1938 – 07.09.1938
U-Stammkompanie Wilhelmshaven

08.09.1938 – 07.01.1940
I.WO – U 33/U-Flottille Saltzwedel, ab 01.01.1940, 2. U-Flottille
Feindfahrten U 33/
Kdt: Hans-Wilhelm von Dresky
19.08.1939 – 28.09.1939
29.10.1939 – 26.11.1939

01.04.1939
Oberleutnant zur See (-41-)

06.06.1939
Spanienkreuz in Bronze mit Schwertern

16.09.1939
Medaille zur Erinnerung an den 01.10.1938

26.11.1939
U-Boots-Kriegsabzeichen 1939

27.11.1939
Eisernes Kreuz II. Klasse

08.01.1940 – 08.06.1940
Kommandantenschüler und I.WO – U 14/1. U-Ausbildungsflottille
Feindfahrten U 14/Kdt: Herbert Wohlfarth
17.01.1940 – 26.01.1940
11.02.1940 – 20.02.1940
03.03.1940 – 11.03.1940
04.04.1940 – 05.05.1940

09.06.1940 – 06.07.1940
Kommandantenlehrgang – 24. U-Flottille

07.07.1940 – 31.07.1940
Kommandant i.V. – U 2/21.U-Flottille bzw.

08.1940 – 29.09.1940
Kommandant i.V. – U 14/21. U-Flottille bzw.

01.08.1940 – 20.12.1940
Kommandant – U 21/21. U-Flottille

21.12.1940 – 20.01.1941
z.Vfg. als Kommandant – 1. U-Flottille

21.01.1941 – 26.02.1941
Baubelehrung – Blohm & Voss Hamburg für U 559

27.02.1941 – 31.10.1941
Kommandant – U 559/1. U-Flottille

23.09.1941
Eisernes Kreuz I. Klasse

01.10.1941
Kapitänleutnant (-6-)

01.11.1941 – 14.04.1942
Kommandant – U 559/23. U-Flottille

15.04.1942 – 30.10.1942
Kommandant – U 559/29. U-Flottille

12.06.1942
Nennung im Wehrmachtsbericht

30.10.1942
Im östlichen Mittelmeer nordöstlich Port Said nach stundenlanger Wasserbombenverfolgung durch die britischen Zerstörer PAKENHAM, HERO, PETARD, DULVERTON und HURWORTH zum Auftauchen gezwungen. Nachdem die U-Boot-Besatzung das Boot verlassen hatte, gelang es dem Beiboot der PAKENHAM, mit drei Briten U 559 zu entern. Es konnten noch Dokumente, Funk- und Wetterschlüssel sowie das Dechiffrierhandbuch geborgen werden, bevor U 559 mit zwei Briten an Bord auf Position 32°30'Nord/33°00'Ost sank. Kapitänleutnant Heidtmann und 42 Mann (7 Mann gefallen) der Besatzung gerieten in Gefangenschaft.

30.10.1942 – 05.1947
Kriegsgefangenschaft in Ägypten, Kanada (Lager Grand Ligne), im Mai 1946 zurück nach England

12.04.1943
Ritterkreuz des Eisernen Kreuzes

05.1947
Entlassung aus der Gefangenschaft

01.01.1958
Eintritt in die Bundesmarine

01.01.1958
Korvettenkapitän

01.01.1958 – 1960
kommandiert in einen gemischten Stab

1960 – 18.05.1964
Hilfsreferent (Referat Fü M IV 1) – Bundesministerium der Verteidigung

24.02.1961
Fregattenkapitän

19.05.1964 – 31.03.1965
Kommandeur – Marine-Stützpunktkommando Wilhelmshaven

01.04.1965 – 31.03.1968
Kommandeur – der Troßschiffe (Versorgungsflottille) in Brake

14.05.1965
Kapitän zur See

01.04.1968 – 29.09.1972
Leiter Referat Handelsschiffahrt – im Führungsstab der Marine, Hamburg

30.09.1972
Ruhestand

1. Unternehmung U 559:
(Nordatlantik, Dänemark-Straße, südlich von Island)

Kdt:	OlzS Hans Heidtmann (7. Feindfahrt)
04.06.1941	Kiel aus
05.07.1941	St. Nazaire ein
Erfolge:	keine

Stellungnahme des B.d.U.:
Die Angriffsaussicht am 18.06. hätte unter allen Umständen zäher verfolgt werden müssen. Nach noch nicht einmal einer Stunde durfte die Verfolgung nicht abgebrochen werden. Sonst nichts zu bemerken.

2. Unternehmung U 559:
(Nordatlantik, westlich des Nordkanals)

Kdt:	OlzS Hans Heidtmann (8. Feindfahrt)
26.07.1941	St. Nazaire aus
22.08.1941	St. Nazaire ein
Erfolge:	1 Schiff (1584 BRT +)

Stellungnahme des B.d.U.:
Gut durchgeführte, erfolgreiche Unternehmung, zu der sonst nichts zu bemerken ist. – Weiter so.

3. Unternehmung U 559:
(Gibraltar-Durchbruch 26.09.1941, Mittelmeer, vor Alexandria und Tobruk)

Kdt:	Kl Hans Heidtmann (9. Feindfahrt)
20.09.1941	St. Nazaire aus
20.10.1941	Salamis ein
Erfolge:	keine

Stellungnahme des B.d.U.:
Der Erfolg der Unternehmung wurde durch die vielen, zum Teil ungeklärten Fehlschüsse stark beeinträchtigt. – Sonst nichts zu bemerken.

4. Unternehmung U 559:
(Mittelmeer, vor Tobruk)

Kdt:	Kl Hans Heidtmann (10. Feindfahrt)
24.11.1941	Salamis aus
04.12.1941	Salamis ein
Erfolge:	1 Sloop (1960 ts + au PS PARRAMATTA +)

Stellungnahme des B.d.U.:
Das Boot hat in der kurzen Zeit viel gesehen. Durch Fehlschüsse, wie auch Versager, wurde der Erfolg stark beeinträchtigt.
Die Versenkung des Zerstörers ist erfreulich. – Sonst nichts zu bemerken.

5. Unternehmung U 559:
(Mittelmeer, Ägypten, Cyrenaika)

Kdt:	Kl Hans Heidtmann (11. Feindfahrt)
08.12.1941	Salamis aus
31.12.1941	Salamis ein
Erfolge:	2 Schiffe (5546 BRT +)

Stellungnahme des B.d.U.:
Gut und entschlossen durchgeführte Unternehmung.

6. Unternehmung U 559:
(Mittelmeer, vor Tobruk)

Kdt:	Kl Hans Heidtmann (12. Feindfahrt)
16.02.1942	Salamis aus
26.02.1942	Salamis ein
Erfolge:	keine

Stellungnahme des F.d.U. Italien:
Zur Unternehmung ist nichts zu bemerken. Das Boot mußte, nachdem es nur 6 Tage im Operationsgebiet gestanden hatte, zur Abgabe von 2 Kranken den Rückmarsch antreten. Auf den gestrandeten Dampfer, der von der Luftwaffe gemeldet wurde, wurden 2 Fangschüsse geschossen.
Sonst kein Erfolg.

7. Unternehmung U 559:
(Mittelmeer, vor Tobruk)

Kdt:	Kl Hans Heidtmann (13. Feindfahrt)
04.03.1942	Salamis aus
21.03.1942	Salamis ein
24.03.1942	Salamis aus
27.03.1942	Pola ein
Erfolge:	keine

Stellungnahme des F.d.U. Italien:
Trotz der häufigen Schußgelegenheiten, die sich dem Boot durch geschicktes Verhalten

des Kommandanten boten und von ihm auch ausgenutzt wurden, blieb die Unternehmung ohne Erfolg. Alle Schüsse mit Ausnahme eines Mehrfachschusses, bei dem die Torpedos vermutlich ausmanövriert wurden, weil ein Torpedo wahrscheinlich die Oberfläche durchbrach, sind als Fehlschüsse zu werten.

Stellungnahme des B.d.U.:
Der Stellungnahme des F.d.U. Italien wird zugestimmt. Wenn es sich auch zum größten Teil um kleinere Ziele handelt, müssen die Schießleistungen des Kommandanten aber als unbefriedigend angesehen werden.

8. Unternehmung U 559:

(westliches Mittelmeer, algerische Küste)

Kdt:	Kl Hans Heidtmann (14. Feindfahrt)
10.05.1942	Pola aus
12.05.1942	Pola ein
18.05.1942	Pola aus
22.06.1942	Pola ein
Erfolge:	2 Schiffe (6754 BRT +)

9. Unternehmung U 559:

(östliches Mittelmeer)

Kdt:	Kl Hans Heidtmann (15. Feindfahrt)
15.08.1942	Pola aus
21.08.1942	Salamis ein
29.08.1942	Salamis aus
21.09.1942	Messina ein
Erfolge:	keine

Stellungnahme des F.d.U. Italien:

1.) *Das K.T.B. wurde bei vorübergehendem Anlaufen Messina ohne Unterschrift zur Vervielfältigung abgegeben. Beiziehung der Unterschrift war nicht mehr möglich, da Boot inzwischen vermißt erklärt.*
Es wird bescheinigt, daß die K.T.B.-Abschriften mit der Urschrift übereinstimmen.
2.) *Wegen des Fehlens besonderer Vorkommnisse ist zu der Unternehmung nichts zu bemerken.*

10. Unternehmung U 559:

(östliches Mittelmeer, nordostwärts Port Said)

Kdt:	Kl Hans Heidtmann (16. Feindfahrt)
29.09.1942	Messina aus
30.10.1942	Verlust U 559
Erfolge:	1 Segler (200 BRT +)

Erfolge Hans Heidtmann als Kommandant U 559:
7 Schiffe (16044 BRT + einschließlich au PS PARRAMATTA + 1960 ts)

Helmut Möhlmann

* 25.06.1913
in Kiel
† 12.04.1977
in Prien am Chiemsee

16.04.1943
Ritterkreuz (161-90)

01.04.1933
Eintritt in die Reichsmarine als Seeoffiziersanwärter
Crew 33

01.04.1933 – 29.06.1933
Infanterieausbildung – II. Abt. S.St.Div. der Ostsee, Stralsund

30.06.1933 – 23.09.1933
Bordausbildung – SSS GORCH FOCK

23.09.1933
Seekadett

24.09.1933 – 27.06.1934
Bordausbildung – Leichter Kreuzer KARLSRUHE

28.06.1934 – 18.04.1935
Hauptlehrgang für Fähnriche – Marineschule Flensburg-Mürwik bzw.

10.10.1934 – 16.10.1934
Navigationsbelehrungsfahrt – Tender NORDSEE bzw.

31.01.1935 – 06.02.1935
Navigationsbelehrungsfahrt – Tender SAAR

01.07.1934
Fähnrich zur See

19.04.1935 – 08.06.1935
Torpedolehrgang für Fähnriche – Torpedoschule Flensburg-Mürwik

09.06.1935 – 22.06.1935
Fla-Waffenlehrgang für Fähnriche – Küstenartillerieschule Wilhelmshaven

23.06.1935 – 23.07.1935
Infanterielehrgang für Fähnriche – II. Abt. S.St.Div. der Ostsee, Stralsund

24.07.1935 – 17.08.1935
Sperrlehrgang für Fähnriche – Sperrschule Kiel-Wik

18.08.1935 – 24.08.1935
U-Abwehrlehrgang für Fähnriche – U-Abwehrschule Kiel-Wik

25.08.1935 – 18.09.1935
Nachrichtenlehrgang für Fähnriche – Nachrichtenschule Flensburg-Mürwik

19.09.1935 – 07.12.1935
Artillerielehrgang für Fähnriche – S.A.S. Kiel-Wik

08.12.1935 – 12.01.1936
Bordausbildung – Leichter Kreuzer NÜRNBERG

13.01.1936 – 17.01.1936
Luftschutzlehrgang

18.01.1936 – 24.05.1936
Bordausbildung – Leichter Kreuzer NÜRNBERG

01.04.1936
Oberfähnrich zur See

25.05.1936 – 20.06.1936
Taucherlehrgang – I. Abt. S.St.Div. der Ostsee

21.06.1936 – 29.09.1937
Bordausbildung, später Divisionsleutnant – Leichter Kreuzer NÜRNBERG

01.10.1936
Leutnant zur See (-58-)

02.04.1937
Dienstauszeichnung IV. Klasse

30.09.1937 – 14.02.1938
Zugoffizier und Adjutant – III. M.L.A.

15.02.1938 – 16.10.1938
I.WO – Torpedoboot LUCHS/4. Torpedobootsflottille

01.06.1938
Oberleutnant zur See (-56-)

17.10.1938 – 22.10.1938
Lehrgang – Sperrschule Kiel-Wik

23.10.1938 – 28.04.1940
I.WO – Torpedoboot LUCHS / 6. Torpedobootsflottille

06.06.1939
Spanienkreuz in Bronze

26.10.1939
Medaille zur Erinnerung an die Heimkehr des Memellandes

16.11.1939
Eisernes Kreuz II. Klasse

29.04.1940 – 22.10.1940
z.Vfg. – B.d.U. bzw. U-Lehrgänge an verschiedenen Schulen, zugleich

03.06.1940 – 29.06.1940
Lehrgang für U.W.O.s – Marine-Nachrichtenschule Flensburg-Mürwik

23.10.1940 – 14.11.1940
z.Vfg . – 1. U-Flottille

15.11.1940 – 18.12.1940
Kommandantenlehrgang – 24. U-Flottille

19.12.1940 – 19.03.1941
Kommandant – U 143/22. U-Flottille

20.03.1941 – 15.04.1941
Kommandant – U 52/7. U-Flottille (Kommando nicht angetreten)

01.04.1941
Kapitänleutnant (-4-)

16.04.1941 – 21.05.1941
Baubelehrung – KMD/Hamburg für U 571

20.04.1941
Zerstörerkriegsabzeichen

22.05.1941 – 31.05.1943
Kommandant – U 571 / 3. U-Flottille

01.12.1941
U-Boots-Kriegsabzeichen 1939

01.12.1941
Eisernes Kreuz I. Klasse

16.04.1943
Ritterkreuz des Eisernen Kreuzes

01.06.1943 – 31.08.1941
z.Vfg. – Kommandierender Admiral der U-Boote (Marineakademie Berlin)

01.09.1943 – 16.12.1944
Referent A 3 – Kommandierender Admiral der U-Boote

20.04.1944
Kriegsverdienstkreuz mit Schwertern II. Klasse

16.09.1944
U-Boots-Frontspange in Bronze

17.12.1944 – 08.05.1945
Flottillenchef – 14. U-Flottille/Narvik

01.04.1945
Korvettenkapitän

08.05.1945 – 30.09.1945
britische Gefangenschaft im Raum Drontheim/Norwegen

30.09.1945
Entlassung

01.07.1960
Eintritt in die Bundesmarine

01.07.1960
Fregattenkapitän

01.07.1960 – 15.03.1961
beim Kommando der Freiwilligenannahme

16.03.1961 – 15.08.1962
2. Asto – Stab, Befehlshaber der Streitkräfte der Nordsee, zugleich NATO-Stab Commander German North-Sea Subarea

16.08.1962 – 31.03.1965
Asto – NATO-Stab, Befehlshaber Alliierte Seestreitkräfte der Ostseezugänge

01.04.1965 – 23.08.1965
Attaché-Ausbildung – Bundesverteidigungsministerium

24.08.1965 – 24.11.1969
Militärattaché an der Deutschen Botschaft in Rio de Janeiro/Brasilien

25.11.1969 – 31.03.1970
kommandiert zum Wehrbereichskommando VI München, später beurlaubt

31.03.1970
Ruhestand

1. Unternehmung U 571:
(Nordmeer/Kola-Küste)

Kdt:	Kl Helmut Möhlmann (1. Feindfahrt)
18.08.1941	Drontheim aus
20.08.1941	Tromsö ein
21.08.1941	Tromsö aus
22.08.1941	Kirkenes ein
23.08.1941	Kirkenes aus
27.08.1941	Kirkenes ein
28.08.1941	Kirkenes aus
29.08.1941	Tromsö ein
30.08.1941	Tromsö aus
31.08.1941	Kristiansand ein
01.09.1941	Kristiansand aus
05.09.1941	Kiel ein
Erfolge:	1 Schiff (3870 BRT $)

Stellungnahme des B.d.U.:
Das Boot war einsatzmäßig nicht dem B.d.U. unterstellt. Der Kommandant hat die einzige Erfolgsmöglichkeit gut ausgenutzt. Sonst zur Durchführung nichts zu bemerken.

2. Unternehmung U 571:
(Nordatlantik, ostwärts der Neufundlandbank)

Kdt:	Kl Helmut Möhlmann (2. Feindfahrt)
18.10.1941	Kiel aus
19.10.1941	Arendal ein
22.10.1941	Arendal aus
26.11.1941	La Pallice ein
Erfolge:	keine

Stellungnahme des B.d.U.:
Beim Angriff auf den Geleitzug am 26.10. hätte ein 3er- oder 4er-Fächer vielleicht zum Erfolge geführt. Bei den heutigen geringen Schußmöglichkeiten keineswegs mit Torpedos sparen.
Der Versuch zum Wiedererfassen des Geleitzuges hätte auf jeden Fall unternommen werden müssen.
Sonst nichts zu bemerken.

3. Unternehmung U 571:
(Nordatlantik, vor Gibraltar und den Azoren)

Kdt:	Kl Helmut Möhlmann (3. Feindfahrt)
21.12.1941	La Pallice aus
27.01.1942	La Pallice ein
Erfolge:	keine

Stellungnahme des B.d.U.:
1.) Trotz zähen, braven Operierens auf den Geleitzug gelang es auf Grund starker Sicherung durch See- und Luftstreitkräfte nicht, in Angriffsposition zu kommen. Der Kommandant hat aber dabei wertvolle Erfahrungen sammeln können.
2.) Proteste der Wachoffiziere gegen Maßnahmen des Kommandanten sind unmöglich.
3.) Aus dem K.T.B. geht hervor, daß der Kommandant sich nicht darüber klar ist, daß spanische Schiffe, sofern sie als solche gekennzeichnet sind, auch nicht zwecks Untersuchung angehalten werden dürfen.

4. Unternehmung U 571:
(Westatlantik, USA-Ostküste)

Kdt:	Kl Helmut Möhlmann (4. Feindfahrt)
10.03.1942	La Pallice aus
07.05.1942	La Pallice ein
Erfolge:	3 Schiffe (24319 BRT +)

Stellungnahme des B.d.U.:
Gut durchgeführte Unternehmung. Hervorgehoben wird die zähe und erfolgreiche Verfolgung des wertvollen Kühlschiffes.

5. Unternehmung U 571:
(Nordatlantik)

Kdt:	Kl Helmut Möhlmann (5. Feindfahrt)
11.06.1942	La Pallice aus
07.08.1942	La Pallice ein
Erfolge:	3 Schiffe (18980 BRT +) 1 Schiff (11394 BRT =)

Stellungnahme des B.d.U.:
Gut durchgeführte Unternehmung mit einem sehr schönen Erfolg. – Nichts zu bemerken.

6. Unternehmung U 571:
(Nordatlantik, ostwärts von Neufundland)

Kdt:	Kl Helmut Möhlmann (6. Feindfahrt)

03.10.1942 La Pallice aus
14.11.1942 La Pallice ein
Erfolge: keine

Stellungnahme des B.d.U.:
Mit Schneid und Zähigkeit durchgeführte Unternehmung, der leider der Erfolg versagt blieb. Bei den Angriffsversuchen hat der Kommandant viel Pech gehabt.
Am 03.11. wäre es richtiger gewesen, genau wie U 89 in den dunklen Horizont abzulaufen.

7. Unternehmung U 571:
(Mittelatlantik, südlich der Azoren)
Kdt: Kl Helmut Möhlmann (7. Feindfahrt)

22.12.1942 La Pallice aus
19.02.1943 La Pallice ein
Erfolge: keine

Stellungnahme des B.d.U.:
Unternehmung, die bei stärkerer Abwehr und wegen zunächst eingeschränkter Angriffsfreiheit als Fühlunghalter beim »Pückler«-Geleit nur zu einem Versenkungserfolg führte. Dem Kommandanten wäre ein größerer Erfolg zu gönnen gewesen!
Sonst nichts zu bemerken!
Anerkannte Erfolge:
1 Dampfer 9000 BRT versenkt.

8. Unternehmung U 571:
(Nordatlantik, südlich von Grönland)
Kdt: Kl Helmut Möhlmann (8. Feindfahrt)

22.03.1943 La Pallice aus
23.03.1943 La Pallice ein
25.03.1943 La Pallice aus
01.05.1943 La Pallice ein
Erfolge: keine

Stellungnahme des B.d.U.:
1.) Zu Alarm am 14.04./1515 Uhr: Nicht mehr tauchen, wenn Flugzeug bereits zu nahe ist. Überraschende Angriffe über Wasser abwehren.
Wegen Unfall des Kommandanten abgebrochene Unternehmung. Der Angriff auf den Geleitzug wurde unter rascher Ausnutzung der günstigen Situation gut und erfolgreich durchgeführt.
Anerkannte Erfolge:
1 Dampfer 7500 BRT versenkt.
1 Dampfer 6000 BRT versenkt.
1 Dampfer torpediert.

Funkspruch vom 17.04.43/0813 Uhr an U 571:
An Kapitänleutnant Möhlmann. Zur Verleihung des Ritterkreuzes herzliche Glückwünsche.
Ihr Ob. d. M. und B.d.U.

Funkspruch vom 17.04.43/1730 Uhr an U 571:
An Möhlmann. Herzlichen Glückwunsch zum Ritterkreuz
Chef 3. U-Flottille

Funkspruch vom 17.04.43/1757 Uhr an U 571:
An U 571. Für Kommandant. Zur Verleihung des Ritterkreuzes Ihnen und Ihrer Besatzung herzliche Glückwünsche.
F.d.U. West

Funkspruch vom 18.04.43/1456 Uhr an U 571:
Kapitänleutnant Möhlmann. Zur Verleihung des Ritterkreuzes übermittle ich Ihnen und Ihrer tapferen Besatzung herzlichste Glückwünsche.
Großadmiral Raeder

Erfolge Helmut Möhlmann als Kommandant U 571:
7 Schiffe (47169 BRT +)
1 Schiff (11394 BRT =)

Gunter Jahn

*** 27.09.1910**
in Hamburg
† 12.04.1992
in Krailling bei München
(beigesetzt in Straubing)

30.04.1943
Ritterkreuz (163-91)

08.04.1931
Eintritt in die Reichsmarine als Seeoffiziersanwärter
Crew 31

08.04.1931 – 29.06.1931
Infanterieausbildung – II. Abt. St.St.Div. der Ostsee, Stralsund

30.06.1931 – 16.10.1931
Bordausbildung – SSS NIOBE

14.10.1931
Seekadett

17.10.1931 – 04.01.1933
Bordausbildung – Leichter Kreuzer KARLSRUHE

01.01.1933
Fähnrich zur See

05.01.1933 – 29.03.1933
Infanterielehrgang für Fähnriche (Zugführerlehrgang) – II. Abt. S.St.Div. der Ostsee, Stralsund

30.03.1933 – 28.03.1934
Hauptlehrgang für Fähnriche – Marineschule Flensburg-Mürwik bzw.

15.06.1933 – 21.06.1933
Navigationsbelehrungsfahrt – Tender WESER bzw.

26.07.1933 – 03.08.1933
Navigationsbelehrungsfahrt – Dienstsegelboot SEEADLER

16.10.1933 – 21.10.1933
Navigationsbelehrungsfahrt – Tender WESER

29.03.1934 – 25.04.1934
Sperrlehrgang für Fähnriche – Sperrschule Kiel-Wik

26.04.1934 – 30.06.1934
Artillerielehrgang für Fähnriche – S.A.S. Kiel-Wik

01.07.1934 – 22.08.1934
Torpedolehrgang für Fähnriche – Torpedoschule Flensburg-Mürwik

23.08.1934 – 07.09.1934
Fla-Waffenlehrgang für Fähnriche – Küstenartillerieschule Wilhelmshaven

08.09.1934 – 24.09.1934
Nachrichtenlehrgang für Fähnriche – Nachrichtenschule Flensburg-Mürwik

25.09.1934 – 01.10.1934
U-Abwehrlehrgang für Fähnriche – U-Abwehrschule Kiel

02.10.1934 – 23.04.1935
Bordausbildung, später Leutnant zur See – Panzerschiff DEUTSCHLAND

01.01.1935
Oberfähnrich zur See

01.04.1935
Leutnant zur See (-44-)

24.04.1935 – 25.09.1935
Divisionsoffizier – Linienschiff SCHLESWIG-HOLSTEIN

26.09.1935 – 12.08.1938
Kompanieoffizier – II. Abt. S.St.Div. der Ostsee, Stralsund-Dänholm, zwischenzeitlich

31.05.1937 – 05.06.1937
Begleitoffizier – Dampfer STUTTGART

02.10.1936
Dienstauszeichnung IV. Klasse

01.01.1937
Oberleutnant zur See (-40-)

13.08.1938 – 01.01.1940
Wachoffizier – Leichter Kreuzer NÜRNBERG, zwischenzeitlich

07.08.1939 – 19.08.1939
Versorgungsverband – S.V.K.

01.10.1939
Kapitänleutnant (-68-)

18.10.1939
Eisernes Kreuz II. Klasse

20.12.1939
Medaille zur Erinnerung an die Heimkehr des Memellandes

02.01.1940 – 27.02.1940
Sperrlehrgang für Offiziere – Sperrschule Kiel-Wik

28.02.1940 – 30.03.1941
Wachoffizier – Leichter Kreuzer NÜRNBERG

31.03.1941 – 17.08.1941
z.Vfg. – B.d.U., zugleich

31.03.1941 – 02.06.1941
U-Lehrgang – 1. U.L.D./Pillau bzw.

03.06.1941 – 28.06.1941
U-Lehrgang – Torpedoschule Flensburg-Mürwik bzw.

29.06.1941 – 17.08.1941
Kommandantenlehrgang – 24. U-Flottille

18.08.1941 – 13.10.1941
WO (überplanm.) – U 98/7. U-Flottille
Feindfahrt U 98/Kdt: Robert Gysae
31.08.1941 – 26.09.1941

14.10.1941 – 12.11.1941
Baubelehrung – 8. K.L.A./Hamburg für U 596

13.11.1941 – 30.06.1942
Kommandant – U 596/8. U-Flottille

03.03.1942
Flottenkriegsabzeichen

01.07.1942 – 18.11.1942
Kommandant – U 596/3. U-Flottille

06.10.1942
Eisernes Kreuz I. Klasse

06.10.1942
U-Boots-Kriegsabzeichen 1939

19.11.1942 – 27.07.1943
Kommandant – U 596/29. U-Flottille

30.04.1943
Ritterkreuz des Eisernen Kreuzes

28.07.1943 – 31.07.1943
z.Vfg. – 29. U-Flottille/Toulon

01.08.1943 – 14.09.1944
Flottillenchef – 29. U-Flottille/Toulon

01.11.1943
Korvettenkapitän (-7-)

15.09.1944 – 10.07.1946
französische Kriegsgefangenschaft in Hyères bei Toulon

10.07.1946
Entlassung aus der Gefangenschaft

Unternehmung U 596
(lt. K.T.B. U 596 nicht die 1. Feindfahrt)

Kdt:	Kl Gunter Jahn
25.06.1942	Kiel aus
26.06.1942	Kristiansand ein
27.06.1942	Kristiansand aus
28.06.1942	Bergen ein
29.06.1942	Bergen aus
30.06.1942	Kristiansand ein
30.06.1942	Kristiansand aus
02.07.1942	Kiel ein

Stellungnahme des B.d.U.:
Unternehmung wurde kurz nach dem Auslaufen wegen Batterie-Explosion abgebrochen.

1. Unternehmung U 596:
(Nordatlantik)

Kdt:	Kl Gunter Jahn (2. Feindfahrt)
25.07.1942	Kiel aus
26.07.1942	Kristiansand ein
27.07.1942	Kristiansand aus
28.07.1942	Bergen ein
08.08.1942	Bergen aus
03.10.1942	St. Nazaire ein
Erfolge:	2 Schiffe (10642 BRT +)

Stellungnahme des B.d.U.:
Erste Unternehmung des Kommandanten mit einem neuen Boot. Nebel und schlechtes Wetter beeinträchtigte bestehende Erfolgsaussich-

ten an gemeldeten Geleitzügen. Die bei allen Operationen bewiesene Zähigkeit und angestellten Überlegungen werden anerkannt. Gut durchgeführte Unternehmung!

2. Unternehmung U 596:

(Gibraltar-Durchbruch 09.11.1942, Mittelmeer, vor Oran)

Kdt:	Kl Gunter Jahn (3. Feindfahrt)
04.11.1942	St. Nazaire aus
15.11.1942	La Spezia ein
Erfolge:	keine

Stellungnahme des F.d.U. Italien:

1.) *Die Unternehmung brachte keinen Erfolg, da sich keine Schußgelegenheit bot. Grundsätzlich ist nichts Besonderes zu bemerken.*
2.) *Im einzelnen ist festzustellen:*
   a) *Am 08.11. um 2225 Uhr weicht das Boot zwei Torpedolaufbahnen aus und taucht anschließend. Es wäre richtiger gewesen, zunächst einmal mit hoher Fahrt über Wasser von der Schußstelle abzulaufen. Angaben für eine Begründung des sofortigen Tauchens fehlen.*
   b) *Am 10.11. um 1838 Uhr taucht das Boot vor einem Zerstörer und taucht um 2057 Uhr wieder auf. Es fehlen im K.T.B. Angaben über Standort, Entfernung beim Sichten, Lage. Das lange Unterwasserbleiben von fast zweieinhalb Stunden ist nur gerechtfertigt, wenn Schraubengeräusche oder Wabos in der Nähe ein Auftauchen verhindern oder bei besonders begründeten Umständen. Das K.T.B. läßt darüber nichts verlauten.*
3.) *Das K.T.B. selbst ist nicht sorgfältig genug geführt. Am Anfang fehlt die Angabe, nach welchem Operationsgebiet operiert wurde. Die Standorte, die zu jeder 4. Stunde einzutragen sind, fehlen oft, ebenso die Standorte bei besonderen Ereignissen (z.B. am 08.11. beim Sichten der Torpedolaufbahnen).*

3. Unternehmung U 596:

(westliches Mittelmeer, algerische Küste)

Kdt:	Kl Gunter Jahn (4. Feindfahrt)
27.01.1943	La Spezia aus
16.02.1943	La Spezia ein
Erfolge:	keine

Stellungnahme des F.d.U. Italien:

1.) *Die 3. Feindfahrt des Bootes und des Kommandanten brachte diesem durch sein überlegtes und entschlußfreudiges Handeln den verdienten Erfolg. Besonders anerkennenswert ist die Zähigkeit und Kaltblütigkeit beim Angriff am 06.02. nach dem Heckschuß, wo der Kommandant zum Angriff auf zwei weitere Frachter ansetzt, obgleich ein Zerstörer in Lage 0, 1000 m ab das Boot anläuft.*
2.) *Zu den einzelnen Angriffen ist zu bemerken:*
   a) *Am 06.02.: Die beiden Fehlschüsse aus Rohr II und III erklären sich durch das scharfe Abzacken des Gegners. In der Berichterstattung des Bootes bestehen für die Begründung des Abzackens Unstimmigkeiten zwischen K.T.B. und Schußmeldung. Die nach 22 Sekunden erfolgte scharfe kräftige Detonation, die einer zurückgelegten Laufstrecke des 1. Torpedos von 340 m entspricht, wird im K.T.B. begründet mit der Annahme, daß eines der vorher über dem Verband gesichteten Flugzeuge beim Sichten der Torpedolaufbahnen eine Fliegerbombe geworfen habe, während in der Schußmeldung die Annahme vertreten wird, daß es sich um einen Frühzünder handelte. Der Frühzünder ist demnach möglich, aber nicht erwiesen. Die Detonation nach den Schüssen aus Rohr V, IV und I sind als Treffer zu werten. Nach den Aufzeichnungen des K.T.B. und nach mündlicher Berichterstattung des Kommandanten können je ein Dampfer von 5000 und 7000 BRT als versenkt angesehen werden, während das Sinken des 3. Dampfers von 5000 BRT wahrscheinlich ist.*
   b) *Am 07.02.: Der Fehlschuß aus Rohr III ist geklärt durch Fahrterhöhung des Zieles nach dem Schuß. Bemerkenswert ist die starke Wirkung an dem getroffenen Geleitboot. Ein Feindflugzeug meldet »explodiert und gesunken«.*
   c) *Am 11.02.: Der Zweierfehlfächer ist geklärt durch zu gering eingestellte Gegnerfahrt. Der Einzelfehlschuß aus Rohr II (nach K.T.B. aus Rohr I) wird in der Schußmeldung begründet durch wahrscheinliches Untersteuern des Zieles, während diese Möglichkeit im*

K.T.B. zunächst auch erwähnt, dann aber wieder gestrichen ist. Solche Abweichungen der Berichterstattung zwischen K.T.B. und Schußmeldung muß ein sorgfältiges Durcharbeiten der Berichterstattung verhüten. Ein Untersteuern des Zieles als Auswirkung des Seegangs ist nicht anzunehmen. Wahrscheinlicher ist dann ein geringer Tiefgang des Zieles. Vermutlich wird aber der Fehlschuß begründet sein durch abermalige Fahrtverschätzung des Gegners.

d) Am 12.02.: Bei dem im K.T.B. besonders erwähnten sicheren Schußunterlagen kann beim 1. Schuß ein Untersteuern des Zieles möglich sein. Der 2. Schuß wurde Fehlschuß durch Torpedoversager.

3.) Der Versuch, Ortungen durch Kursänderungen abzuschütteln, ist dem Boot teilweise gelungen. Es werden dadurch die Erfahrungen anderer Kommandanten bestätigt.

4.) Die am Schluß des K.T.B. niedergelegten Erfahrungen des Kommandanten zeugen von gutem taktischen Verständnis und Beobachtungsgabe. Sie sind ein wertvoller Beitrag und verdienen Anerkennung.

5.) Anerkannt werden als

a) versenkt:
Am 06.02.
2 Dampfer (7000 und 5000 BRT)
Am 07.02.
1 Geleitboot der BRIGDEWATER-Klasse (etwa 1050 BRT)

b) torpediert:
Am 06.02.
1 Dampfer von 5000 BRT
(Sinken wahrscheinlich, da Abstandszündung)

Stellungnahme des B.d.U.:
Gut durchgeführte Unternehmung.
Anerkannte Erfolge:
3 Dampfer mit 17000 BRT und 1 Geleitboot versenkt.

4. Unternehmung U 596:

(westliches Mittelmeer, algerische Küste)

Kdt:	Kl Gunter Jahn (5. Feindfahrt)
28.02.1943	La Spezia aus
12.03.1943	La Spezia ein
Erfolge:	2 Schiffe (14180 BRT =)

Stellungnahme des F.d.U. Italien:

1.) Eine vorzüglich durchgeführte Unternehmung, bei der sich Kommandant und Besatzung bestens bewährt haben. Ohne sich von den zahlreichen Ortungen beirren zu lassen, hat der Kommandant jede Angriffsgelegenheit gesucht und durch geschicktes Operieren auf Feindmeldungen oder Sichtungen sein Boot zum Erfolg geführt. Die Angriffe sind besonders gut überlegt und schneidig gefahren worden.

2.) Zum Torpedoeinsatz wird im einzelnen bemerkt:

a) Am 03.03.: Der Fehlfächer ist begründet durch Abzacken des Gegners.

b) Am 07.03.: Die Fehlschüsse, vermutlich zurückzuführen auf Fahrtverschätzung, sind schade. Bei dem gut angelegten Angriff hätte der Kommandant einen besonders schönen Erfolg erzielen können. Es ist nicht mit Sicherheit zu sagen, aus welchem Rohr der Treffer herrührt. Da ein Verschätzen der Entfernung, – wie sie die Laufzeit von 220 Sekunden gegenüber der eingestellten Entfernung von 500 m ergibt – wenig wahrscheinlich ist, kann auch ein Torpedo aus einem der Bugrohre einen Kolonnentreffer erzielt haben. Angenommen wird die Torpedierung eines Dampfers von 5000 BRT.

c) Am 09.03.: Der Vermutung des Kommandanten, mit dem einen der verbundenen Einzelschüsse einen Dampfer der 2. Kolonne getroffen zu haben, wird zugestimmt. Es wird die Torpedierung eines Dampfers von 5000 BRT angenommen. Das Sinken des Dampfers von 6000 BRT auf Grund der Beobachtung am Ziel und der Sinkgeräusche ist als sicher anzusehen. Der Fehlschuß aus Rohr V ist begründet durch Abzacken des Zieles.

3.) Die in den Erfahrungen erwähnten S-Boote und ihr Verhalten sind auch von anderen Kommandanten beobachtet worden. Eigene Flugzeuge parallel zur Küste einzusetzen, zur Störung der Feindortungen bei starkem Geleitverkehr, ist wegen der feindlichen Jagdabwehr nicht durchführbar.

4.) Anerkannt werden:
Als versenkt:
1 Dampfer zu 6000 BRT
1 Dampfer zu 5000 BRT.

Als torpediert:
2 Dampfer zu je 5 000 BRT.

Stellungnahme des B.d.U.:
Der Stellungnahme des F.d.U. Italien wird zugestimmt. Die Leistungen des Bootes verdienen volle Anerkennung.

5. Unternehmung U 596:
(westliches Mittelmeer, algerische Küste, Alboran)

Kdt:	Kl Gunter Jahn (6. Feindfahrt)
23.03.1943	La Spezia aus
15.04.1943	La Spezia ein
Erfolge:	2 Schiffe (16 684 BRT +)

Stellungnahme des F.d.U. Italien:

1.) Der Kommandant hat auch auf dieser Fahrt sein Können und seinen zielbewußten Angriffswillen bewiesen. Die Unternehmung brachte dem Boot unter teilweise erschwerten Angriffsbedingungen infolge der Wetterlage schöne Erfolge und legte dadurch auch Zeugnis ab von dem hohen Ausbildungsstand der Besatzung. Die Angriffe selbst sind überlegt und schneidig gefahren worden und verdienen besondere Anerkennung.

2.) Zum Torpedoeinsatz wird im einzelnen bemerkt:

a) Am 27.03.: Der Angriff wurde erschwert durch das diesige Wetter und die ungewöhnlich starken Kursänderungen des Gegners, wodurch der Kommandant in kürzester Zeit vor immer neue Lagen gestellt wurde. Die Fehlschüsse sind vermutlich auf Fahrtfehlschätzung zurückzuführen, die sich bei der großen Entfernung in erhöhtem Maße auswirkte.

b) Am 30.03.: Die Anlauf kann ganz besonders gut gefallen. Der Kommandant zieht das Boot nach dem Überlaufen durch einen Dampfer des Geleits sofort wieder auf Sehrohrtiefe, um den beschädigten Tanker zu vernichten. Das Sinken ist nach 3 Treffern und den Sinkgeräuschen als sicher anzunehmen.

c) Am 10.04.: Der Angriff auf den Kreuzer hatte bei dem Gebrauch des Luftzielsehrohrs und den Entschluß des Kommandanten, Einzelschüsse zu schießen, bei der großen Entfernung wenig Aussicht auf Erfolg. Es war trotzdem richtig, auf den Kreuzer zu schießen. Die Fehlschüsse sind offensichtlich auf Fahrtunterschätzung zurückzuführen, denn derselbe Kreuzer wurde eine halbe Stunde später von U 617 bei einer geschätzten Gegnerfahrt von 24 sm durch 3 Torpedos getroffen und versenkt.

3.) Die Erfahrungen des Kommandanten verdienen infolge ihrer Gründlichkeit besondere Beachtung. Sie werden ausgewertet. Die Forderung nach Störung und Vernichtung der feindlichen Ortung ist oft erhoben, hat aber noch zu keiner Endlösung geführt. Der Vorschlag, ein Boot abgesetzt als Störer aufzustellen, ist praktisch nicht durchführbar. Ein derartiges Boot würde vom Gegner sofort eingepeilt und unter Wasser gedrückt werden, so daß der Wert den Aufwand und das Risiko nicht lohnt.

4.) Anerkannt werden als versenkt:
1 Tanker von 8 000 BRT,
1 Dampfer von 6 000 BRT.

6. Unternehmung U 596:
(Überführungsfahrt)

Kdt:	Kl Gunter Jahn (7. Feindfahrt)
26.04.1943	La Spezia aus
30.04.1943	Pola ein
Erfolge:	keine

Stellungnahme des F.d.U. Italien:
Die Verlegung des Bootes erfolgte auf Grund eines schweren Luftangriffes auf La Spezia in der Nacht vom 18. zum 19.04.43, bei dem durch Schäden in den Werftanlagen die Fertigstellungstermine der dort liegenden Boote stark verzögert wurden. – Sonst nichts zu bemerken.

7. Unternehmung U 596:
(östliches Mittelmeer)

Kdt:	Kl Gunter Jahn (8. Feindfahrt)
17.06.1943	Pola aus
26.06.1943	Pola ein
Erfolge:	keine

Stellungnahme des F.d.U. Italien:

1.) Die Unternehmung wurde infolge Ausfalls eines Diesels abgebrochen, bevor das Boot im Operationsgebiet stand. Das Abbrechen war den Umständen nach gerechtfertigt.

2.) Das falsche Verhalten des italienischen Flugzeuges am 23.06. ist dem italieni-

schen Oberkommando gemeldet und von diesem geahndet worden.

3.) Es ist nichts Grundsätzliches zu bemerken.

Erfolge Gunter Jahn als Kommandant U 596:
4 Schiffe (27326 BRT +)
2 Schiffe (14180 BRT =)

Klaus Bargsten

* 31.10.1911
in Bad Oldesloe
† 25.10.2000
in Bremen

30.04.1943
Ritterkreuz (164-92)

03.04.1936
Eintritt in die Kriegsmarine als Seeoffiziersanwärter
Crew 35 (eingegliedert)

03.04.1936 – 02.06.1936
Infanterieausbildung – II. S.St.Abt. der Ostsee, Stralsund

03.06.1936 – 05.07.1936
Lehrgang – S.A.S. Kiel-Wik

01.07.1936
Fähnrich zur See

06.07.1936 – 31.03.1937
Hauptlehrgang für Fähnriche – Marineschule Flensburg-Mürwik bzw.

05.10.1936 – 10.10.1936
Navigationsbelehrungsfahrt – Tender NORDSEE bzw.

02.11.1936 – 07.11.1936
Navigationsbelehrungsfahrt – Leichter Kreuzer KÖNIGSBERG

01.04.1937 – 19.05.1937
Torpedolehrgang für Fähnriche – Torpedoschule Flensburg-Mürwik

20.05.1937 – 07.06.1937
Fla-Waffenlehrgang für Fähnriche – Küstenartillerieschule Wilhelmshaven

08.06.1937 – 12.06.1937
Sperrlehrgang für Fähnriche – Sperrschule Kiel-Wik

13.06.1937 – 03.07.1937
Nachrichtenlehrgang für Fähnriche – Nachrichtenschule Flensburg-Mürwik

04.07.1937 – 28.07.1937
Infanterielehrgang für Fähnriche – II. S.St. Abt. der Ostsee, Stralsund

29.07.1937 – 01.10.1937
Artillerielehrgang für Fähnriche – S.A.S. Kiel-Wik

02.10.1937 – 27.03.1938
Bordausbildung – Aviso GRILLE

01.01.1938
Oberfähnrich zur See

28.03.1938 – 29.09.1938
Zugoffizier – 5. Schiffsstammabteilung

01.04.1938
Leutnant zur See (-107-)

30.09.1938 – 02.04.1939
Zugoffizier – 7. Schiffsstammabteilung

03.04.1939 – 20.08.1939
z.Vfg. – F.d.U. bzw.

03.04.1939 – 31.05.1939
U-Lehrgang für Offiziere – U-Schule

01.06.1939 – 18.06.1939
U-Lehrgang – Sperrschule Kiel-Wik

19.06.1939 – 30.07.1939
U-Lehrgang – Marine-Nachrichtenschule Flensburg-Mürwik

31.07.1939 – 20.08.1939
U-Lehrgang – Torpedoschule Flensburg-Mürwik

21.08.1939 – 01.10.1939
WO – U 6/U-Bootsschulflottille
Feindfahrt mit U 6/Kdt: Joachim Matz
30.08.1939 – 13.09.1939

01.10.1939
Oberleutnant zur See (-104-)

02.10.1939 – 09.11.1939
Zugoffizier – U-Schule

10.11.1939 – 31.12.1939
Adjutant – U-Bootsschulflottille

01.01.1940 – 18.03.1940
Adjutant – U-Schule

19.03.1940 – 17.04.1940
Baubelehrung – U-Boote Ost für U 99

18.04.1940 – 04.01.1941
I.WO – U 99/7. U-Flottille
Feindfahrten mit U 99/
Kdt: Otto Kretschmer
18.06.1940 – 25.06.1940
27.06.1940 – 21.07.1940
25.07.1940 – 05.08.1940
04.09.1940 – 25.09.1940
13.10.1940 – 22.10.1940
30.10.1940 – 08.11.1940
27.11.1940 – 12.12.1940

23.07.1940
Eisernes Kreuz II. Klasse

10.08.1940
U-Boots-Kriegsabzeichen 1939

25.09.1940
Eisernes Kreuz I. Klasse

05.01.1941 – 16.02.1941
Kommandanten-Schießlehrgang – 24. U-Flottille

17.02.1941 – 26.03.1941
Baubelehrung – K.L.A.-U-Nord für U 563 (das K.T.B. U 563 gibt den Kommandantenwechsel OlzS Klaus Bargsten/OlzS Götz von Hartmann am 15.03.1942 an)

27.03.1941 – 31.03.1942
Kommandant – U 563/1. U-Flottille

01.04.1942 – 02.06.1942
Baubelehrung – 8. K.L.A./Hamburg für U 521

03.06.1942 – 30.09.1942
Kommandant – U 521/4. U-Flottille

01.08.1942
Kapitänleutnant (-2-)

01.10.1942 – 02.06.1943
Kommandant – U 521/2. U-Flottille

30.04.1943
Ritterkreuz des Eisernen Kreuzes

02.06.1943
Im Westatlantik/USA-Ostküste südöstlich von Baltimore durch Wasserbomben des US-Jägers USS PC 565 auf Position 37°43' Nord/73°16'West versenkt. Nur der Kommandant Klaus Bargsten überlebte als einziger den Untergang von U 521.

Verlegungsfahrten U 563
(keine Feindfahrt)

Kdt:	OlzS Klaus Bargsten
10.07.1941	Kiel aus
10.07.1941	Helsingör ein
27.07.1941	Helsingör aus
28.07.1941	Bergen ein

1. Unternehmung U 563:
(Nordatlantik, südwestlich Island, westlich des Nordkanals)

Kdt:	OlzS Klaus Bargsten (9. Feindfahrt)
31.07.1941	Bergen aus
10.09.1941	Brest ein
Erfolge:	keine

2. Unternehmung U 563:
(Nordatlantik, westlich Gibraltar, Kap Trafalgar)

Kdt:	OlzS Klaus Bargsten (10. Feindfahrt)

04.10.1941	Brest aus
01.11.1941	Brest ein
Erfolge:	1 Zerstörer (1870 ts + br DD COSSACK +)

3. Unternehmung U 563:
(Überführungsfahrt)

Kdt:	OlzS Klaus Bargsten (11. Feindfahrt)
29.11.1941	Brest aus
03.12.1941	Lorient ein

4. Unternehmung U 563:
(Nordatlantik, Überführungsfahrt)

Kdt:	OlzS Klaus Bargsten (12. Feindfahrt)
21.01.1942	Lorient aus
03.02.1942	Bergen ein
07.02.1942	Bergen aus
09.02.1942	Helgoland ein
10.02.1942	Helgoland aus
11.02.1942	Hamburg ein
Erfolge:	keine

Stellungnahme des B.d.U.:
Überführungsfahrt in die Heimat.
Zur Durchführung nichts zu bemerken.

1. Unternehmung U 521:
(Nordatlantik, südlich Neufundland)

Kdt:	Kl Klaus Bargsten (13. Feindfahrt)
03.10.1942	Kiel aus
04.10.1942	Kristiansand ein
06.10.1942	Kristiansand aus
08.12.1942	Lorient ein
Erfolge:	2 Schiffe (12351 BRT +)

Stellungnahme des B.d.U.:
Erste Unternehmung mit neuem Boot!
Die Angriffe erfolgten aus durchweg zu großer Entfernung, so daß die Vermutung von Endstreckendetonationen naheliegt, da bei zu großer Entfernung, Abwehr und Sichtverhältnissen häufig keine Beobachtung der Wirkung am Ziel gemacht wurde! Näher ran!

2. Unternehmung U 521:
(Nordatlantik, Kanaren, südlich der Azoren)

Kdt:	Kl Klaus Bargsten (14. Feindfahrt)
07.01.1943	Lorient aus
26.03.1943	Lorient ein
Erfolge:	2 Schiffe (7926 BRT + einschließl. br APC BREDON 750 ts +)

Stellungnahme des B.d.U.:
Sehr gut durchgeführte, erfolgreiche, leider durch häufige Maschinenstörungen stark behinderte Unternehmung.
Anerkannte Erfolge:

1 Tanker	*10000 BRT*	*versenkt.*
1 Korvette		*versenkt.*
1 Frachter	*8000 BRT*	*versenkt.*
1 Frachter	*5000 BRT*	*versenkt.*
1 Frachter	*7000 BRT*	*versenkt.*

3. Unternehmung U 521:
(Westatlantik, USA-Ostküste, südostwärts Baltimore)

Kdt:	Kl Klaus Bargsten (15. Feindfahrt)
05.05.1943	Lorient aus
02.06.1943	Verlust U 521
Erfolge:	keine

Erfolge Klaus Bargsten als Kommandant U 563:
1 Zerstörer (1870 ts + br DD COSSACK +)

Erfolge Klaus Bargsten als Kommandant U 521:
4 Schiffe (20277 BRT + einschließl. br APC BREDON 750 ts +)

Wilhelm Franken

*** 11.09.1914**
in Schildesche/
Kreis Bielefeld
† 13.01.1945
in Kiel

30.04.1943
Ritterkreuz (165-93)

05.04.1935
Eintritt in die Kriegsmarine als Seeoffiziersanwärter
Crew 35

05.04.1935 – 17.06.1935
Infanterieausbildung – 4. Komp./II. Abt. S.St.Div. der Ostsee, Stralsund

18.06.1935 – 26.09.1935
Bordausbildung – SSS GORCH FOCK

26.09.1935
Seekadett

27.09.1935 – 19.06.1936
Bordausbildung – Leichter Kreuzer KARLSRUHE

20.06.1936 – 31.03.1937
Hauptlehrgang für Fähnriche – Marineschule Flensburg-Mürwik bzw.

17.08.1936 – 22.08.1936
Navigationsbelehrungsfahrt – Tender NORDSEE bzw.

23.11.1936 – 28.11.1936
Navigationsbelehrungsfahrt – Dampfer HECHT

01.07.1936
Fähnrich zur See

01.04.1937 – 01.06.1937
Artillerielehrgang für Fähnriche – S.A.S. Kiel-Wik

02.06.1937 – 21.07.1937
Torpedolehrgang für Fähnriche – Torpedoschule Flensburg-Mürwik

22.07.1937 – 11.08.1937
Nachrichtenlehrgang für Fähnriche – Nachrichtenschule Flensburg-Mürwik

12.08.1937 – 01.09.1937
Sperrlehrgang für Fähnriche – Sperrschule Kiel-Wik

02.09.1937 – 02.10.1937
Infanterielehrgang für Fähnriche – 3. Komp./ II. S.St.Abt. der Ostsee

03.10.1937 – 29.03.1938
Bordausbildung – Zerstörer Z-6 THEODOR RIEDEL

01.01.1938
Oberfähnrich zur See

30.03.1938 – 02.05.1938
3. Komp./II. Marine-Artillerieabteilung

01.04.1938
Leutnant zur See (-22-)

03.05.1938 – 31.05.1938
Fla-Waffen-Leiterlehrgang – Küstenartillerieschule

01.06.1938 – 28.10.1938
3. Komp./II. Marine-Artillerieabteilung

29.10.1938 – 05.02.1939
Artillerieoffizier – Donauflottille

06.02.1939 – 30.05.1939
Fla-B-Lehrgang – Schiffsflakschule

04.04.1939
Dienstauszeichnung IV. Klasse

31.05.1939 – 28.06.1939
Artillerieoffizier – Donauflottille

29.06.1939 – 04.09.1939
Fla-Leiter-B-Lehrgang – Flugabwehr- und Küstenartillerieschule

05.09.1939 – 19.11.1939
I.WO und A.O. – auf BECHELARN/Donauflottille

01.10.1939
Oberleutnant zur See (-23-)

20.11.1939 – 14.10.1940
Zugoffizier und Divisionsoffizier – Schlachtschiff SCHARNHORST

14.04.1940
Eisernes Kreuz II. Klasse

31.05.1940
Medaille zur Erinnerung an den 01.10.1938

15.10.1940 – 21.12.1940
U-Lehrgang – 1. U.L.D./Pillau

22.12.1940 – 02.02.1941
U.T.O.-Lehrgang – Torpedoschule Flensburg-Mürwik

03.02.1941 – 03.03.1941
U.W.O.-Lehrgang – Marine-Nachrichtenschule Flensburg-Mürwik

04.03.1941 – 30.03.1941
Baubelehrung – U-Boote Nord für U 331

31.03.1941 – 14.10.1941
I.WO – U 331/1. U-Flottille

15.10.1941 – 04.01.1942
I.WO – U 331/23. U-Flottille
Feindfahrten U 331/
Kdt: Hans Diedrich Frhr. v. Tiesenhausen
02.07.1941 – 19.08.1941
24.09.1941 – 11.10.1941
12.11.1941 – 03.12.1941

15.10.1941
U-Boots-Kriegsabzeichen 1939

05.01.1942 – 16.03.1942
Kommandantenschüler – 24. U-Flottille/Memel

28.01.1942
Eisernes Kreuz I. Klasse

28.01.1942
Flottenkriegsabzeichen

17.03.1942 – 07.10.1943
Kommandant – U 565/29. U-Flottille

30.03.1942
Italienisches Kriegskreuz mit Schwertern

01.04.1942
Kapitänleutnant (-54-)

30.04.1943
Ritterkreuz des Eisernen Kreuzes

29.05.1943
Italienische Tapferkeitsmedaille in Bronze

08.10.1943 – 28.12.1943
z.Vfg. – 29. U-Flottille/Toulon

29.12.1943 – 13.01.1945
Referent und P II – Stab, Kommandierender Admiral der U-Boote

13.01.1945
in Kiel bei Schiffsbrand auf der DARESSALAM tödlich verunglückt

01.01.1945
Korvettenkapitän, nachträglich mit Wirkung vom 01.01.1945

5. Unternehmung U 565:
(Mittelmeer, Tobruk)

Kdt:	Kl Wilhelm Franken (4. Feindfahrt)
11.04.1942	La Spezia aus
13.04.1942	Messina ein
15.04.1942	Messina aus
30.04.1942	Salamis ein
Erfolge:	1 Schiff (1 361 BRT +)

Stellungnahme des F.d.U. Italien.:

1.) *Die erste Feindfahrt als Kommandant, die ihn in dem stark überwachten Seegebiet gleich vor eine recht schwierige Aufgabe stellte.*
2.) *Die ganze Unternehmung zeigt frischen Angriffsgeist und gesundes Selbstvertrauen. Es wird anerkannt, daß alle Angriffe zielbewußt gefahren wurden. Sie führten auch mit Ausnahme des ersten zur Schußabgabe. Besonders hervorzuheben ist der Angriff auf den Geleitzug in der Nacht des 23.04., der mit viel Schneid und Verständnis durchgeführt wurde und durch die Versenkung von zwei Schiffen einen beachtlichen Erfolg brachte.*
3.) *Zum Einsatz der Torpedowaffe wird bemerkt:*

a.) Die Mehrzahl der Schüsse fiel mit 1 m Tiefeneinstellung. Die Maßnahme kann nicht gut geheißen werden. Der Torpedo ist nur bis 2 m Tiefeneinstellung als zuverlässig freigegeben. Nach Versuchen der T.V.A. ist mit einer hohen Versagerprozentzahl zu rechnen, wenn mit geringerer Tiefeneinstellung als 2 m geschossen wird. Die Boote haben entsprechende Anweisung erhalten.

b.) Die Fehlschüsse vom 22. und 28.04. glaubt der Kommandant auf Unterschießen zurückführen zu wollen. Dafür besteht kein Anhalt. Im ersten Falle ist zudem mit 1 m im zweiten mit 2 m Tiefeneinstellung geschossen worden. Weit wahrscheinlicher werden die Fehlschüsse am 22.04. auf die Kleinheit des Zieles und vielleicht Gradlaufversager des Torpedos als Auswirkung der 1 m Tiefeneinstellung, am 28.04. auf Fahrtverschätzung bei einer Gegnerfahrt von 26 sm zurückzuführen sein

c.) Am 23.04. wurde die Entfernung bei Nacht erheblich unterschätzt. Geschätzte Entfernung 1400 m, nach Laufzeit 4000 m.

4.) Die Feststellungen unter Punkt 3 können den vorzüglichen Eindruck von dieser Unternehmung nicht beeinträchtigen.

6. Unternehmung U 565:

(Mittelmeer, Tobruk)

Kdt:	Kl Wilhelm Franken (5. Feindfahrt)
07.05.1942	Salamis aus
10.06.1942	La Spezia ein
Erfolge:	keine

Stellungnahme des F.d.U. Italien:

1.) Die 6. Feindfahrt – die 2. des Kommandanten – ist erfolglos geblieben. Trotzdem verdient hervorgehoben zu werden, daß bei starker Luftbelästigung jede Gelegenheit verfolgt wurde, an den Feind zu kommen. Das drückt sich zumal im schnellen Wiederauftauchen nach Flugzeugalarm aus.

2.) Der erste Angriff am 10.05. zeigt, daß sich auf Wartestellung unter Wasser fahrend empfiehlt, in nicht zu großen Abständen auf Sehrohrtiefe zu gehen und sich nicht allein auf die Horchpeilung zu verlassen.

3.) Zum Anlauf am 14./15.05. ist nichts zu bemerken.

4.) In den Schußmeldungen fehlen die Fehlschußbegründungen.

5.) Zur Abgabe von Fühlunghaltersignalen durch Kurzsignale – ein Verfahren, das der Kommandant fast ausschließlich angewandt hat – ist an anderer Stelle eingehend Stellung genommen worden. Dem Funkspruch bzw. Funksignal ist bei den Verhältnissen des Mittelmeeres der Vorzug zu geben, da die Kurzsignale erfahrungsgemäß von den anderen U-Booten nur selten erfaßt werden. Kenntnis von der Fühlunghaltermeldung erhalten sie daher erst sehr verspätet. Nur in besonders gelagerten Fällen ist vom Kurzsignal Gebrauch zu machen.

6.) Die Anbordnahme einiger Granaten mit Zeitzünder ist nützlich und wird an anderer Stelle verfolgt.

7. Unternehmung U 565:

(östliches Mittelmeer, Palästina-Küste)

Kdt:	Kl Wilhelm Franken (6. Feindfahrt)
09.07.1942	La Spezia aus
04.08.1942	Salamis ein
Erfolge:	keine

Stellungnahme des F.d.U. Italien:

1.) Der Kommandant führte sein Boot mit viel Schneid in unmittelbarer Küstennähe. Eine entsprechende Flachwasserausrüstung des Bootes war nicht vorgenommen. Die Frage wird anderweitig verfolgt.

2.) Der am 31.07. durchgeführte Angriff auf einen Einzelfahrer ist durch Ausfallen des Angriffssehrohres nicht planmäßig durchgeführt worden. Ein Schuß aus Lage 130 ° ist wenig erfolgversprechend. Tiefeneinstellung am Torpedo 1 m ist nicht freigegeben und unterbleibt in Zukunft. Der Ausfall des Sehrohres führte zum Abbruch der Unternehmung.

3.) Es hat sich erneut gezeigt, daß bei gutem Fliegerausguck ein aufgetauchtes Marschieren und Operieren bei Tage möglich ist.

4.) Die Übernahme der Besatzung des Fischerbootes in Küstennähe vor Port Said war recht gewagt. Da andere Fischkutter in der Nähe waren, lag auch keine Notwendigkeit für die Rettungsaktion vor.

5.) Zwei Transportsegler mit zusammen 200 t werden als versenkt anerkannt.

8. Unternehmung U 565:
(östliches Mittelmeer)

Kdt:	Kl Wilhelm Franken (7. Feindfahrt)
16.08.1942	Salamis aus
25.08.1942	La Spezia ein
31.08.1942	La Spezia aus
04.09.1942	La Spezia ein
Erfolge:	keine

Stellungnahme des F.d.U. Italien:

1.) *Wegen starker Flibobeschädigung vorzeitig abgebrochene Unternehmung.*
2.) *Die Haltung der Besatzung und die Maßnahmen des Kommandanten zur Erhaltung des Bootes werden voll anerkannt.*
3.) *Die bei dem Flugzeugangriff am 22.08. gemachten Erfahrungen decken sich mit den bisherigen Erkenntnissen, daß bei einem Überraschtwerden durch ein feindliches Flugzeug der Augenblick sehr nahe ist, von dem ab das Tauchen gefährlicher wird als die aktive Abwehr, die in allen Fällen von Erfolg begleitet war. Die anschließende Flugzeugabwehr war gut und zeigt, daß das Flugzeug in seiner Handlungsfreiheit eingeschränkt werden konnte.*
4.) *Die auf Vorschlag des Kommandanten mitgeführten Zeitzündergranaten für 8,8 cm haben sich bewährt, so daß in Zukunft alle Mittelmeerboote entsprechend ausgerüstet werden.*
5.) *Zum falschen Verhalten eigener Flugzeuge am 17.08. wird bemerkt, daß U 565 außerhalb des Einlaufgebietes E 2 gestanden hat. Zu der fraglichen Zeit war nur das Gebiet E 2 für die U-Boot-Jagd gesperrt. An dem Vorfall ist daher U 565 nicht ohne Schuld. Fehlerhaftes Verhalten eigener Flugzeuge wird dem O.B.S. laufend gemeldet.*

9. Unternehmung U 565:
(westliches Mittelmeer, Balearen, Algier)

Kdt:	Kl Wilhelm Franken (8. Feindfahrt)
25.10.1942	La Spezia aus
13.11.1942	La Spezia ein
Erfolge:	keine

Stellungnahme des F.d.U. Italien:

1.) *Durch Wabo-Schäden verursacht mußte die Unternehmung, ohne einen eigentlichen Erfolg gebracht zu haben, vorzeitig abgebrochen werden.*
2.) *Zum Angriff auf den Flugzeugträger FURIOUS wird bemerkt:*
   a) *Es kann als völlig ausgeschlossen bezeichnet werden, daß Pistolen-Versager auf eine Entfernung von 3600 m (Laufzeit 4 min.) im Boot wahrgenommen werden. Bei einer Schußentfernung von 3000 m auf einen schnell laufenden Verband aus stumpfer Lage bestehen nur geringe Trefferaussichten. Fehlschuß infolge Fahrt- und Lageverschätzung. Der Einsatz eines 4er-Fächers war gleichwohl berechtigt.*
   b) *Die Abgabe einer Meldung hätte unbedingt erfolgen müssen. Für den Ansatz der weiter zurück stehenden Boote konnte sie von hohem Wert sein. Zudem muß die Führung über den Torpedoverbrauch im Bilde sein.*
3.) *Das Versagen des Ausgucks, ebenso wie die vermeidbaren Versager in der Schaltung der Kommandoelemente haben das Boot am 01.11. in eine äußerst gefährliche Lage gebracht, die mit Glück und anerkennenswerter Kaltblütigkeit gemeistert wurde. Der Entschluß des Kommandanten, die zweite anfliegende Maschine mit Fla-Waffen abzuwehren, war richtig, wie auch der Erfolg beweist. Die Fla-Abwehr zeigte einen guten Stand der Ausbildung und der Pflege. Der Abschuß eines Flugzeuges sowie die Beschädigung eines weiteren werden anerkannt.*
4.) *Die angegebenen Standorte z.B. unter dem 09.11. 1200 Uhr, 1600 und 2230 Uhr müssen fehlerhaft sein. Trotz des Befehls beschleunigt nach Oran zu gehen, hatte sich danach das Boot weiter nach Osten bewegt.*

10. Unternehmung U 565:
(westliches Mittelmeer, algerische Küste)

Kdt:	Kl Wilhelm Franken (9. Feindfahrt)
23.11.1942	La Spezia aus
01.01.1943	La Spezia ein
Erfolge:	1 Zerstörer (1540 ts + br DD PARTRIDGE
	1 Schiff (16297 BRT =)

Stellungnahme des F.d.U. Italien:

1.) *Die Unternehmung stellt dem Angriffswillen und der Umsicht des Kommandanten und der zähen Ausdauer der Besatzung ein gutes Zeugnis aus.*

2.) Bei Berücksichtigung der starken Überwachung im Operationsgebiet sind alle Gelegenheiten, zum Torpedoschuß zu kommen, ausgenutzt worden. Die Anläufe sind sämtlich geschickt und mit Schneid gefahren worden.

3.) Zum Einsatz der Torpedowaffe wird bemerkt:

a) B.Ü.-Versager z.B. das Einstellen eines falschen Streuwinkels am 16.12. müssen ausgeschlossen sein. Der Angriff ist als Folge der starken Gegnerabwehr selten und mit hohem Einsatz verbunden, er darf nicht durch vermeidbare Fehler vereitelt oder zum Mißerfolg werden. Im vorliegenden Falle ist der Versager nicht ursächlich für den Fehlschuß, sondern das Abwehrmanöver des Gegners.

b) Bei dem 3er-Fächer auf den Zerstörer am 26.12. war bei stumpfer Lage und einer geschätzten Entfernung von 1500 m der gewählte Streuwinkel von 3° zu groß.

4.) Bemerkenswert ist:

a) Die Beobachtung am 29.11., nach der Schlachtschiffe, Flugzeugträger und Kreuzer in Kiellinie ohne Seitensicherung, aber mit starker enger Luftsicherung marschierten.

b) Die Sichtung der Rettungsboote eines Fahrgasters am 27.12., die den Schluß zulassen, daß der von U 562 am 21.12. im gleichen Seegebiet torpedierte Truppentransporter gesunken ist.

5.) Das Verhalten beim Flugzeugangriff am 09.12. war richtig.

6.) Anerkannt werden: 1 Zerstörer versenkt, 1 Transporter von 12000 BRT torpediert.

11. Unternehmung U 565:

(westliches Mittelmeer, algerische Küste)

Kdt: Kl Wilhelm Franken (10. Feindfahrt)

14.02.1943	La Spezia aus
05.03.1943	La Spezia ein
Erfolge:	2 Schiffe (17565 BRT =)

Stellungnahme des F.d.U. Italien:

1.) Eine gut durchgeführte Unternehmung, die dem bewährten Kommandanten und seiner Besatzung das beste Zeugnis ausstellt. Die Schußgelegenheiten sind zielbewußt ausgenutzt und die Angriffe mit Umsicht und Schneid gefahren worden. Anzuerkennen ist besonders das Nachladen am 27.02. trotz der Nähe der Geleitfahrzeuge, mit dem Entschluß, den angeschossenen Tanker zu versenken.

2.) Zum Torpedoeinsatz wird bemerkt:

A) Am 24.02.: Die Versenkung des Dampfers ist als sicher anzunehmen. Auch der B-Dienst spricht von Übernahme von Überlebenden.

B) Am 27.02.: Mit dem Untergang des Tankers ist zu rechnen.

C) Am 01.03.: Der Fehlfächer ist auf Fehlschätzung zurückzuführen.

3.) Der Verdacht, daß auf den Balearen feindliche Ortungsgeräte stehen, wird von den Kommandanten immer wieder geäußert.

4.) Anerkannt werden als versenkt:

1 Tanker von 10000 BRT,
1 Dampfer von 8000 BRT,
Als torpediert:
1 Frachter von 8000 BRT.

12. Unternehmung U 565:

(westliches Mittelmeer, algerische Küste)

Kdt: Kl Wilhelm Franken (11. Feindfahrt)

08.04.1943	La Spezia aus
12.05.1943	La Spezia ein
Erfolge:	2 Schiffe (10001 BRT +)

Stellungnahme des F.d.U. Italien:

1.) Eine vorzüglich durchgeführte Unternehmung, die an Kommandant und Besatzung sehr hohe Anforderungen stellte.

2.) Zu den durchgeführten Angriffen und zum Einsatz der Torpedowaffe wird bemerkt:

a) Ganz besondere Anerkennung verdient das Operieren auf den Geleitzug am 19./20.04.42. Der Entschluß des Kommandanten, bei der sich bietenden Lage in der hellen Vollmondnacht zunächst auf den Angriff zu verzichten und sich trotz feindlicher Ortungstätigkeit in dem scharf überwachten Seegebiet zum Unterwassertagangriff vorzusetzen, war kühn. Der unbeirrbare Wille, zum Erfolg zu kommen, vorzügliches taktisches Verständnis, Vertrauen zu sich und der Besatzung, waren entscheidend für das Gelingen. Der am nächsten Morgen durch die Sicherung auf nächste Entfernung an die wertvollsten Ziele herangetragene Angriff ist vorzüglich durchgeführt worden. Ein Musterbeispiel eines von frischem Wagemut, kluger Überlegung und hohem Können zeugenden U-Boot-Angriffes.

b) Bei dem Angriff auf das Tankergeleit am 01.05. war der Einsatz eines Viererfächers trotz der hohen Entfernung, die mit 3000 m vermutlich erheblich unterschätzt wurde, durchaus gerechtfertigt. Es ist mit hoher Wahrscheinlichkeit ein Treffer erzielt worden.

c) Bei dem Fächer auf den Dampfer am 08.05. ist neben Fahrtverschätzung auch Unterschätzen der Entfernung und damit bei der stumpfen Lage Schuß außerhalb der Reichweite möglich.

3.) Die Beobachtungen und Vermutungen über feindliche Ortungstätigkeit:
a) Durch Feindeinheiten bei den Balearen,
b) durch Zusammenarbeit zweier Flugzeuge mit tonloser und tönender Ortung,
c) durch Lazarettschiff mit tonloser Ortung geben wertvolle Hinweise.

4.) Die saubere, klare und übersichtliche Führung des K.T.B. verdient Anerkennung.

5.) Anerkannt werden:
a) versenkt:

1 Truppentransporter	*12000 BRT*
1 Dampfer	*6000 BRT*

b) torpediert:

1 Tanker	*12000 BRT*

13. Unternehmung U 565:

(westliches Mittelmeer)

Kdt:	Kl Wilhelm Franken (12. Feindfahrt)
17.06.1943	La Spezia aus
23.07.1943	Toulon ein
Erfolge:	keine

Stellungnahme des F.d.U. Mittelmeer:

1.) Die Unternehmung stellte dem Kommandanten die Aufgabe, die sich auf Gibraltar stützenden schweren Einheiten des Gegners, die erfahrungsgemäß mehrfach zu Übungen ostwärts Gibraltar operierten, anzugreifen. Bis unmittelbar vor Gibraltar ist das Boot nicht gelangt. Nur einmal passierten 2 Schlachtschiffe im Nebel, sonst fehlte es an Gegnersichtungen und daher Schußgelegenheiten. Die an Kommandant und Besatzung harte Anforderungen stellende Unternehmung blieb daher erfolglos.

2.) Das Vorhandensein von Ortungsgeräten auf den Balearen ist von anderen Booten bestätigt worden, ohne indessen bisher den Standort mit einiger Genauigkeit erkannt zu haben. Die vom Kommandanten vermutete Zusammenarbeit der Geräte mit Flugzeugen und Suchgruppe ist möglich.

3.) Im K.T.B. fehlen die Erfahrungen des Kommandanten.

14. Unternehmung U 565:

(Mittelmeer, vor Salerno)

Kdt:	Kl Wilhelm Franken (13. Feindfahrt)
07.09.1943	Toulon aus
01.10.1943	Toulon ein
Erfolge:	keine

Stellungnahme des F.d.U. Mittelmeer:

1.) Das Boot operierte vor der Salernobucht zu einer Zeit, in der der Gegner anfing, nach erfolgter Landung eine stärkere Bewachung aufzuziehen. Der größte Anteil der Feindsichtungen entfiel auf leichte Seestreitkräfte, insbesondere Zerstörer. Allerdings stand das Boot während der meisten Zeit seines Operierens verhältnismäßig weit abgesetzt von der Küste. Die einzige Sichtung von Handelsschiffen erfolgte, als das Boot am weitesten im Osten von allen Positionen während der Unternehmung stand. Es besteht der Eindruck, daß sich der Gesundheitszustand des Kommandanten, der nach 10 Feindfahrten im Mittelmeer eine Abgabe des Bootes mit anschließender Ausspannung nötig macht, hemmend für eine schwungvolle Unternehmung auswirkte.

2.) Der Verzicht auf den Schuß am 14.09. war richtig.

3.) Zum Torpedoeinsatz wird bemerkt:
a) Am 13.09.: Der Fehlfächer war bedingt durch Abdrehen des Kreuzers.
b) Am 22.09.: Der Einzelfehlschuß ist vermutlich auf Fehlschätzung zurückzuführen. Zwei Treffer auf Landungsboote sind möglich.
c) Am 24.09.: Nach ergänzenden mündlichen Ausführungen des Kommandanten sind trotz der langen Laufzeiten 3 Treffer im Geleit wahrscheinlich.

4.) Das dem Kommandanten nicht bekannte Stichwort, gemäß Funkspruch vom

19.09., betraf Einstellung des E.S.-Schiebers, den die Mittelmeerboote bisher nicht an Bord hatten.

5.) Die schlechten Horchverhältnisse im Operationsgebiet, die gleichermaßen ein spätes Erfassen des Gegners zur Folge haben, wie sie auch in den meisten Fällen ein Erfaßtwerden des Bootes durch den Gegner verhindern, sind von anderen Booten bestätigt worden.

6.) Anerkannt werden:
2 Treffer auf Landungsboote möglich.
3 Treffer im Geleit wahrscheinlich.

Erfolge Wilhelm Franken als Kommandant U 565:
4 Schiffe (12902 BRT + einschließl. br DD PARTRIDGE 1540 ts +)
3 Schiffe (33862 BRT =)

Günther Heydemann

*** 11.01.1914**
in Greifswald
† 02.01.1986
in Hamburg-Wedel

03.07.1943
Ritterkreuz (175-94)

01.04.1933
Eintritt in die Reichsmarine als Seeoffiziersanwärter
Crew 33

01.04.1933 – 29.06.1933
Infanterieausbildung – II. Abt. S.St.Div. der Ostsee, Stralsund

30.06.1933 – 23.09.1933
Bordausbildung – SSS GORCH FOCK

23.09.1933
Seekadett

24.09.1933 – 27.06.1934
Bordausbildung – Leichter Kreuzer KARLSRUHE

28.06.1934 – 18.04.1935
Hauptlehrgang für Fähnriche – Marineschule Flensburg-Mürwik bzw.

10.10.1934 – 16.10.1934
Navigationsbelehrungsfahrt – Tender NORDSEE bzw.

31.01.1935 – 06.02.1935
Navigationsbelehrungsfahrt – Tender SAAR

01.07.1934
Fähnrich zur See

19.04.1935 – 20.05.1935
Infanterielehrgang für Fähnriche – II. Abt. S.St.Div. der Ostsee, Stralsund

21.05.1935 – 08.06.1935
Sperrlehrgang für Fähnriche – Sperrschule Kiel-Wik

09.06.1935 – 29.07.1935
Torpedolehrgang für Fähnriche – Torpedoschule Flensburg-Mürwik

30.07.1935 – 24.08.1935
Nachrichtenlehrgang für Fähnriche – Nachrichtenschule Flensburg-Mürwik

25.08.1935 – 31.08.1935
U-Lehrgang für Fähnriche – U-Schule Kiel-Wik

01.09.1935 – 18.09.1935
Fla-Waffenlehrgang für Fähnriche – Küstenartillerieschule

19.09.1935 – 28.11.1935
Artillerielehrgang für Fähnriche – S.A.S. Kiel-Wik

29.11.1935 – 19.05.1936
Bordausbildung – Linienschiff SCHLESIEN

01.04.1936
Oberfähnrich zur See

20.05.1936 – 17.06.1936
Fla-Waffenlehrgang – Küstenartillerieschule Wilhelmshaven

18.06.1936 – 03.05.1937
Bordausbildung, später Divisionsleutnant – Linienschiff SCHLESIEN

01.10.1936
Leutnant zur See (-78-)

01.04.1937
Dienstauszeichnung IV. Klasse

04.05.1937 – 01.10.1937
Zugführer – III. Abt. S.St.Div. der Nordsee

02.10.1937 – 13.03.1939
Zugführer – II. Abt. S.St.Div. der Ostsee bzw. 7. S.St.Abt., Stralsund

01.06.1938
Oberleutnant zur See (-74-)

14.03.1939 – 13.12.1939
Linienschiff SCHLESWIG-HOLSTEIN

17.09.1939
Eisernes Kreuz II. Klasse

14.12.1939 – 26.01.1940
A/B-Lehrgang – S.A.S. Kiel-Wik

27.01.1940 – 31.03.1940
Linienschiff SCHLESWIG-HOLSTEIN

01.04.1940 – 27.09.1940
z.Vfg. – B.d.U., zugleich

01.04.1940 – 02.06.1940
U-Lehrgang – U-Schule bzw.

03.06.1940 – 30.06.1940
U-Lehrgang – S.A.S. Kiel-Wik bzw.

01.07.1940 – 11.08.1904
U-Lehrgang – Torpedoschule Flensburg-Mürwik

12.08.1940 – 19.08.1940
U-Abwehrlehrgang – U-Abwehrschule

20.08.1940 – 01.09.1940
U-Lehrgang – Sperrschule Kiel-Wik

02.09.1940 – 27.09.1940
Nachrichtenlehrgang für U-Offiziere – Marineschule Flensburg-Mürwik

28.09.1940 – 01.11.1940
Baubelehrung – U-Boote Ost für U 69

02.11.1940 – 26.04.1941
I.WO – U 69/7. U-Flottille
Feindfahrten U 69/Kdt: Jost Metzler
10.02.1941 – 01.03.1941
18.03.1941 – 11.04.1941

01.04.1941
Kapitänleutnant (-19-)

12.04.1941
Eisernes Kreuz I. Klasse

12.04.1941
U-Boots-Kriegsabzeichen 1939

27.04.1941 – 26.05.1941
Kommandanten-Schießlehrgang – 24. U-Flottille

27.05.1941 – 18.06.1941
Baubelehrung – K.L.A.-U-Nord für U 575

19.06.1941 – 29.07.1943
Kommandant – U 575/7. U-Flottille

03.07.1943
Ritterkreuz des Eisernen Kreuzes

30.07.1943 – 22.02.1945
Schießleiter – 23. U-Flottille/Danzig

23.02.1945 – 08.05.1945
Ausbilder – 25. U-Flottille (bis 01.06.1945)

01.06.1945 – 30.09.1945
Marine-Intentur - Dienststelle Neustadt

01.10.1945
Entlassung aus der 4. Sicherungsflottille

1. Unternehmung U 575:
(Nordatlantik, südwestlich Islands)

Kdt:	Kl Günther Heydemann (3. Feindfahrt)
08.09.1941	Drontheim aus
09.10.1941	St. Nazaire ein
Erfolge:	1 Schiff (4652 BRT +)

<u>*Stellungnahme des B.d.U.:*</u>
Erste Unternehmung vom Boot und Kommandanten, auf der wertvolle Erfahrungen gesammelt werden konnten. Zur Durchführung wird vermerkt:

1.) *Nicht zuviel beim Gegner voraussetzen. Am 11.09. wurde vor einem Bewacher, von dem nur Mastspitzen und Schornsteinkappe in Sicht waren, gleich auf T = 50 m gegangen. Dies war unnötig. Auf Sehrohrtiefe beobachten und ausweichen.*
2.) *Am 20.09. geht das Boot gleich wieder auf T = 50 m und bleibt 5 Stunden unten, trotzdem keine Wasserbomben geworfen wurden und der Zerstörer das Boot offensichtlich nicht hatte.*
3.) *Am 01.10. konnte es sich bei dem Schatten nur um ein feindliches Schiff handeln. Schwedendampfer fahren aufgeblendet. Hier war eine Chance, dann keine Überlegung, den restlichen Brennstoff sparen zu wollen.*
4.) *Am 02.10. nach dem Angriff hätte das Boot über Wasser ablaufen müssen. Durch das Tauchen machte der Kommandant sich blind und zog die Verfolgung auf sich. Auch hier bleibt das Boot noch zweieinhalb Stunden nachdem keine Schraubengeräusche gehört werden, noch unter Wasser. Der beste Anhalt, ob man auftauchen kann, ist, wenn bei geringer Fahrt und Ruhe im Boot im Turm mit bloßen Ohr keine Schraubengeräusche gehört werden.*
5.) *Der Erfolg vom 20.09. ist erfreulich.*

2. Unternehmung U 575:
(Nordatlantik, westlich von Gibraltar)

Kdt:	Kl Günther Heydemann (4. Feindfahrt)
09.11.1941	St. Nazaire aus
17.12.1941	St. Nazaire ein
Erfolge:	keine

<u>*Stellungnahme des B.d.U.:*</u>

1.) *Es werden bei Ortungs- und Wabo-verfolgung gleich zu große Tiefen angesteuert. Beim Prüfungstauchen am 10.11. ist die Tiefe vom T = 100 m <u>viel zu groß</u>. Abgesehen von der unnötigen Belastung, wird das Boot auch stark gefährdet. Neuen – Dauernden Befehl Nr.16 beachten.*
2.) *In der Geleitzugmeldung am 30.11. hätte zum Ausdruck kommen müssen, daß nur Rauchwolken gesichtet wurden. Durch diese Meldung schlug die ganze Operation auf den Geleitzug fehl, da es sich bei der Rauchwolke nur um einen Einzelfahrer handelte, auf Grund der Meldung aber vom B.d.U. als Geleitzug angesehen mußte.*

3. Unternehmung U 575:
(Nordatlantik, Neufundlandbank, Nova Scotia, Kap Sable)

Kdt:	Kl Günther Heydemann (5. Feindfahrt)
14.01.1942	St. Nazaire aus
26.02.1942	St. Nazaire ein
Erfolge:	keine

<u>*Stellungnahme des B.d.U.:*</u>
Boot war durch Ausfall der Steuerbord-Gebläsekupplung im eigenen Ansatz auf gemeldete bzw. gesichtete Ziele stark gehindert. Zur Durchführung der Unternehmung nichts zu bemerken.

4. Unternehmung U 575:
(Westatlantik, USA-Ostküste)

Kdt:	Kl Günther Heydemann (6. Feindfahrt)
24.03.1942	St. Nazaire aus
14.05.1942	St. Nazaire ein
Erfolge:	1 Schiff (6886 BRT +)

<u>*Stellungnahme des B.d.U.:*</u>
Mit etwas mehr Glück hätte der Erfolg größer sein können.
Am 18.04. war die Absicht des Kommandanten, nur einen Torpedo schießen, falsch. Bei geschätzter Lage von 110° wäre ein Fächer berechtigt gewesen. Der weitere Verlauf der Unternehmung hat bewiesen, daß das hier falsche Sparen mit Torpedos zwecklos war. Was man vor den Rohren hat, mit allen Mitteln unter Wasser bringen und nicht auf spätere bessere Gelegenheit hoffen.

5. Unternehmung U 575:
(Westatlantik, Kuba, Große Antillen, Golf von Mexiko)

Kdt:	Kl Günther Heydemann (7. Feindfahrt)
10.06.1942	St. Nazaire aus
07.08.1942	St. Nazaire ein
Erfolge:	2 Schiffe + 2 Segler (8274 BRT +) 1 Schiff (12910 BRT =)

Stellungnahme des B.d.U.:
Zur Durchführung der Unternehmung ist nichts zu bemerken. – Schöner Erfolg.

6. Unternehmung U 575:
(Nordatlantik)

Kdt:	Kl Günther Heydemann (8. Feindfahrt)
16.09.1942	St. Nazaire aus
17.09.1942	St. Naziaire ein
19.09.1942	St. Nazaire aus
08.11.1942	Lorient ein
Erfolge:	1 Schiff (11 330 BRT +)

Stellungnahme des B.d.U.:
Durch schlechte Wetter- und Sichtverhältnisse beeinträchtigte Unternehmung. – Zur Durchführung nichts zu bemerken.

7. Unternehmung U 575:
(Mittelatlantik, südlich der Azoren)

Kdt:	Kl Günther Heydemann (9. Feindfahrt)
14.12.1942	Lorient aus
18.02.1943	St. Nazaire ein
Erfolge:	1 Schiff (4963 BRT +)

Stellungnahme des B.d.U.:
Die Unternehmung brachte dem Kommandanten einen schönen Erfolg. Er hat mit Geschick und sicherem taktischen Gefühl die Angriffschancen ausgenutzt und seine Torpedos überlegt und erfolgreich ans Ziel gebracht. – Sonst nichts zu bemerken!

Anerkannte Erfolge:

1 Tanker	*8000 BRT*	*versenkt*
1 Tanker	*6833 BRT*	*versenkt*
1 Tanker	*10000 BRT*	*torpediert*
1 Tanker		*torpediert*
1 Tanker		*torpediert*
1 Tanker		*torpediert*
1 Dampfer	*9000 BRT*	*versenkt*

8. Unternehmung U 575:
(Nordatlantik)

Kdt:	Kl Günther Heydemann (10. Feindfahrt)
22.04.1943	St. Nazaire aus
11.06.1943	St. Nazaire ein
Erfolge:	keine

Stellungnahme des B.d.U.:
Die Teilnahme an 2 Geleitoperationen ergab für das Boot keinen Erfolg.
Der Kommandant hat überlegt und energisch operiert, erhielt am »Hasenschargeleit« schnell Fühlung, konnte sich gegenüber der starken Sicherung und Abwehr jedoch nicht in Angriffsposition durchkämpfen und wurde abgedrängt. Am »Luisgeleit« erhielt der Kommandant ebenfalls Fühlung, wurde aber auch hier abgedrängt, ohne Chancen zum Schuß erreichen zu können.
Trotz ausgezeichneten taktischen Verhaltens und energischen Bemühens zum Angriff blieb dem Boot der Lohn versagt.

Erfolge Günther Heydemann als Kommandant U 575:
6 Schiffe + 2 Segler (36 105 BRT +)
1 Schiff (12 910 BRT =)

Friedrich Markworth

* 14.02.1915
in Wolfenbüttel
† 13.01.1994
in Detmold

08.07.1943
Ritterkreuz (177-95)

08.04.1934
Eintritt in die Reichsmarine als Seeoffiziersanwärter
Crew 34

08.04.1934 – 14.06.1934
Infanterieausbildung – 4. Komp./II. Abt. S.St.Div. der Ostsee, Stralsund

15.06.1934 – 26.09.1934
Bordausbildung – SSS GORCH FOCK

26.09.1934
Seekadett

27.09.1934 – 26.06.1935
Bordausbildung – Leichter Kreuzer EMDEN

27.06.1935 – 30.03.1936
Hauptlehrgang für Fähnriche – Marineschule Flensburg-Mürwik bzw.

09.10.1935 – 15.10.1935
Navigationsbelehrungsfahrt – Tender NORDSEE bzw.

27.01.1936 – 01.02.1936
Navigationsbelehrungsfahrt – Dampfer HECHT

01.07.1935
Fähnrich zur See

31.03.1936 – 14.04.1936
Fla-Waffenlehrgang für Fähnriche – Küstenartillerieschule Wilhelmshaven

15.04.1936 – 04.05.1936
Nachrichtenlehrgang für Fähnriche – Nachrichtenschule Flensburg-Mürwik

05.05.1936 – 02.06.1936
Infanterielehrgang für Fähnriche – II. S.St. Abt. der Ostsee, Stralsund

03.06.1936 – 28.07.1936
Artillerielehrgang für Fähnriche – S.A.S. Kiel-Wik

29.07.1936 – 22.09.1936
Torpedolehrgang für Fähnriche – Torpedoschule Flensburg-Mürwik

23.09.1936 – 29.09.1936
Sperrlehrgang für Fähnriche – Sperrschule Kiel-Wik

30.09.1936 – 11.02.1937
Bordausbildung – Leichter Kreuzer KÖNIGSBERG

01.01.1937
Oberfähnrich zur See

12.02.1937 – 28.05.1937
A/B-Lehrgang – S.A.S. Kiel-Wik

01.04.1937
Leutnant zur See (-18-)

29.05.1937 – 01.10.1937
Leutnant zur See – Leichter Kreuzer KÖNIGSBERG

02.10.1937 – 19.09.1938
Schiffsartillerieschule Kiel-Wik

08.04.1938
Dienstauszeichnung IV. Klasse

20.09.1938 – 19.09.1939
Baubelehrung – Schwerer Kreuzer BLÜCHER

01.04.1939
Oberleutnant zur See (-18-)

20.09.1939 – 10.04.1940
Schwerer Kreuzer BLÜCHER

10.04.1940 – 30.06.1940
Landkommandos in Norwegen

24.04.1940
Eisernes Kreuz II. Klasse

01.07.1940 – 21.12.1940
z.Vfg. – B.d.U., zugleich

01.07.1940 – 28.07.1940
U-Lehrgang – S.A.S. Kiel-Wik

29.07.1940 – 30.09.1940
U-Lehrgang – 1. U.L.D.

01.10.1940 – 02.11.1940
U-Lehrgang – Torpedoschule Flensburg-Mürwik

03.11.1940 – 24.11.1940
U-Lehrgang – Sperrschule Kiel-Wik

25.11.1940 – 21.12.1940
U-Lehrgang – Marine-Nachrichtenschule Flensburg-Mürwik

22.12.1940 – 31.01.1941
U.A.A./Plön

01.02.1941 – 29.11.1941
I.WO – U 103/2. U-Flottille
Feindfahrt mit U 103/
Kdt: Viktor Schütze
01.04.1941 – 12.07.1941
Feindfahrt mit U 103/
Kdt: Werner Winter
10.09.1941 – 09.11.1941

13.07.1941
U-Boots-Kriegsabzeichen 1939

01.09.1941
Kapitänleutnant (-15-)

30.11.1941 – 07.01.1942
Kommandantenlehrgang – 24. U-Flottille/Memel

08.01.1942 – 21.04.1942
2. U.A.A./Neustadt/Holstein

22.04.1942 – 21.06.1942
z.Vfg. – 2. U-Flottille/Lorient

22.06.1942 – 01.09.1943
Kommandant – U 66/2. U-Flottille

10.11.1942
Eisernes Kreuz I. Klasse

27.03.1943
Flottenkriegsabzeichen

08.07.1943
Ritterkreuz des Eisernen Kreuzes

02.09.1943 – 18.10.1943
z.Vfg . – 2. U-Flottille

19.10.1943 – 22.02.1945
Ausbildungsoffizier – 23. U-Flottille/Danzig

23.02.1945 – 08.05.1945
kommandiert zur 25. U-Flottille

6. Unternehmung U 66:
(Westatlantik, Karibik, südostwärts Trinidad, Minenaufgabe)

Kdt:	Kl Friedrich Markworth (3. Feindfahrt)
LI:	Ol (Ing.) Georg Olschewski
23.06.1942	Lorient aus
25.09.1942	El Ferrol ein (Abgabe eines Kranken und Treibstoffübernahme vom deutschen Versorger MAX ALBRECHT)
26.09.1942	El Ferrol aus
29.09.1942	Lorient ein
Erfolge:	9 Schiffe (49 274 BRT +) 2 MTB (64 ts =)

Stellungnahme des B.d.U.:
Erste Unternehmung des Kommandanten mit einem eingefahrenen Boot. Die sehr gute Durchführung, bei der die Minenaufgabe besonders hervorgehoben wird, brachte einen erfreulichen Erfolg.

7. Unternehmung U 66:
(Biscaya)

Kdt:	Kl Friedrich Markworth (4. Feindfahrt)
LI:	Ol (Ing.) Georg Olschewski
09.11.1942	Lorient aus
11.11.1942	Lorient ein
Erfolge:	keine

Stellungnahme des B.d.U.:
Die Unternehmung mußte wegen schweren Wassereinbruchs auf Grund eines höchst fahrlässigen Bedienungsfehlers kurz nach dem Auslaufen abgebrochen werden.
Die Schuldfrage wird durch Havarieverfahren geklärt.

8. Unternehmung U 66:
(Mittelatlantik, Kanaren, Azoren.
Anlandung eines Agenten bei Kap Blanco/Spanisch-Marokko am 20.01.1943)

Kdt:	Kl Friedrich Markworth (5. Feindfahrt)
LI:	Ol (Ing.) Georg Olschewski

06.01.1943	Lorient aus
24.03.1943	Lorient ein
Erfolge:	2 Schiffe (4425 BRT +)

Stellungnahme des B.d.U.:

1.) *Zur Sonderaufgabe: Die Sonderaufgabe ist nicht gut durchgeführt worden. Durch geeignetere Maßnahmen z.B. Signalverbindung wäre der Verlust der Leute vielleicht zu vermeiden gewesen.*

2.) *Zum Verhalten am 31.01./0344 Uhr: Das Anleuchten eines Seglers entsprach nicht den Anweisungen über Verhalten in Gruppenaufstellungen. Ein Funkspruch, in dem auf die Notwendigkeit des Unentdecktbleibens hingewiesen wurde, war gerade am 28.01./2305 Uhr eingegangen.*

3.) *Zum Operieren auf »Becker«-Geleit: Erst tauchen, wenn ein Ablaufen über Wasser unmöglich ist. Sobald es irgend geht, auftauchen und nachstoßen.*

4.) *Zum Feuerleitversager am 24.02.: Ausbildungsschwäche des Bootes!*
Der Kommandant hat nicht alle Chancen voll ausgenutzt. Beim Operieren auf und an den Geleitzügen hätte mehr erreicht werden müssen. Der Kommandant muß sich die Erfahrungen dieser Unternehmung zunutze machen.
Anerkannter Erfolg:

1 Dampfer	*500 BRT*	*versenkt*
1 Zerstörer		*versenkt*
1 Dampfer	*4300 BRT*	*versenkt*

9. Unternehmung U 66:
(Westatlantik, USA-Ostküste, Mittelatlantik, Azoren)

Kdt:	Kl Friedrich Markworth (6. Feindfahrt)
LI:	Ol (Ing.) Georg Olschewski
27.04.1943	Lorient aus
28.04.1943	Lorient ein
29.04.1943	Lorient aus
03.08.1943	Verwundung Friedrich Markworth, am 06.08. 1943 Übernahme von Paul Frerks (WO U 117) als Kommandant i.V. U 66
01.09.1943	Lorient ein
Erfolge:	2 Schiffe (20368 BRT +)
	1 Schiff (10172 BRT =)

Stellungnahme des B.d.U.:
Dem Boot wurden in seinem Operationsgebiet an der stark luftgesicherten amerikanischen Küste mehrere günstige Chancen geboten, aus denen der Kommandant zwei klare Versenkungserfolge machen konnte. Durch überraschenden Flugzeugangriff am 03.08. erlitt das Boot schwere Ausfälle der Brückenwache. Durch Bordwaffenbeschuß u.a. wurde der Kommandant schwer verwundet, so daß zur sicheren Rückführung des Bootes der OlzSdR Frerks von U 117 übersteigen und das Kommando übernehmen mußte. – Sonst nichts zu bemerken.
Anerkannte Erfolge:

1 Tanker	*10600 BRT*	*versenkt*
1 Tanker	*10600 BRT*	*versenkt*
1 Tanker		*torpediert*
2 Tanker	*21200 BRT*	*versenkt*

Funkspruch vom 09.07. an U 66:
An »Markworth«
Der Führer hat Ihnen am 08.Juli das Ritterkreuz verliehen. Herzlichen Glückwunsch.
– Ihr Ob.d.M. und B.d.U.

Funkspruch vom 10.07. an U 66:
An Kommandant U 66. – Zur Verleihung des Ritterkreuzes herzlichen Glückwunsch von
F.d.U.-West

Funkspruch vom 10.07. an U 66:
»Markworth« Ihnen und Ihren Männern herzlichen Glückwunsch zum Ritterkreuz. Weiterhin Waffenglück und glückliche Heimkehr.
Chef 2. Ufl.

Funkspruch vom 13.07. an U 66:
An Kapitänleutnant Markworth
Zur Verleihung des Ritterkreuzes übermittle ich Ihnen und Ihrer tapferen Besatzung herzliche Glückwünsche.
Raeder, Großadmiral

Erfolge Friedrich Markworth als Kommandant U 66:
13 Schiffe (74067 BRT +)
1 Schiff und 2 MTB (10236 BRT =)

Georg Staats

*** 13.03.1916**
in Bremen
† 12.11.1943
in der Biscaya
nördlich Kap Ortegal

14.07.1943
Ritterkreuz (179-96)

05.04.1935
Eintritt in die Reichsmarine als Seeoffiziersanwärter
Crew 35

05.04.1935 – 17.06.1935
Infanterieausbildung – 2. Komp./II. S.St.Abt. der Ostsee, Stralsund

18.06.1935 – 26.09.1935
Bordausbildung – SSS GORCH FOCK

26.09.1935
Seekadett

27.09.1935 – 19.06.1936
Bordausbildung – Leichter Kreuzer EMDEN

20.06.1936 – 31.03.1937
Hauptlehrgang für Fähnriche – 2. Komp./ Marineschule Flensburg-Mürwik bzw.

31.08.1936 – 05.09.1936
Navigationsbelehrungsfahrt – Tender NORDSEE bzw.

05.01.1937 – 09.01.1937
Navigationsbelehrungsfahrt – Dampfer HECHT

01.07.1936
Fähnrich zur See

01.04.1937 – 14.04.1937
Fla-Waffenlehrgang für Fähnriche – Küstenartillerieschule Wilhelmshaven

15.04.1937 – 04.05.1937
Nachrichtenlehrgang für Fähnriche – Nachrichtenschule Flensburg-Mürwik

05.05.1937 – 02.06.1937
Infanterielehrgang für Fähnriche – 3. Komp./ II. S.St.Abt. der Ostsee, Stralsund

03.06.1937 – 28.07.1937
Artillerielehrgang für Fähnriche – S.A.S. Kiel-Wik

29.07.1937 – 22.09.1937
Torpedolehrgang für Fähnriche – Torpedoschule Flensburg-Mürwik

23.09.1937 – 03.10.1937
Sperrlehrgang für Fähnriche – Sperrschule Kiel-Wik

04.10.1937 – 31.10.1937
Auswahllehrgang – beim Kommando der Fliegerschulen (See) und Ersatzabteilung im Luftgau 6/Warnemünde

01.11.1937 – 12.11.1937
Fliegerschule (See) Parow

13.11.1937 – 18.11.1937
2. Fähnrichskompanie – Marineschule Flensburg-Mürwik

19.11.1937 – 25.01.1938
Zugoffizier – Leichter Kreuzer KARLSRUHE

01.01.1938
Oberfähnrich zur See

26.01.1938 – 26.02.1938
Fla-Waffenlehrgang – Küstenartillerieschule Wilhelmshaven

27.02.1938 – 20.05.1938
Zugoffizier – Leichter Kreuzer KARLSRUHE

01.04.1938
Leutnant zur See (-33-)

21.05.1938 – 31.10.1938
Zugoffizier – Schlachtschiff GNEISENAU (09.-16.07.1938, 3. S.St.Abt.)

01.11.1938 – 12.11.1938
Sportlehrgang für Zugführer – Marinesportschule

13.11.1938 – 02.04.1939
Fla-Waffenoffizier – Schlachtschiff GNEISENAU

03.04.1939 – 27.05.1939
U-Lehrgang für Offiziere – U-Schule

05.04.1939
Dienstauszeichnung IV. Klasse

28.05.1939 – 31.05.1939
z.Vfg. – F.d.U.

01.06.1939 – 18.06.1939
U-Sperrlehrgang für Offiziere – Sperrschule Kiel-Wik

19.06.1939 – 30.07.1939
U-Lehrgang für Offiziere – Nachrichtenschule Flensburg- Mürwik

31.07.1939 – 20.08.1939
U.T.O.-Lehrgang – Torpedoschule Flensburg-Mürwik

21.08.1939 – 01.10.1939
WO – U 5/U-Bootsschule
Feindfahrt U 5/Kdt: Günter Kutschmann
24.08.1939 – 08.09.1939

01.10.1939
Oberleutnant zur See (-34-)

02.10.1939 – 24.01.1940
Referent – B.d.U.

25.01.1940 – 20.11.1940
I.WO – U A/7. U-Flottille
Feindfahrten U A/Kdt: Hans Cohausz
27.04.1940 – 10.05.1940
06.06.1940 – 30.08.1940

28.08.1940
Eisernes Kreuz II. Klasse

28.08.1940
U-Boots-Kriegsabzeichen 1939

21.11.1940 – 04.01.1941
z.Vfg. – 7. U-Flottille

05.01.1941 – 14.02.1941
Kommandantenlehrgang – 24. U-Flottille

15.02.1941 – 19.03.1941
stellv. Kommandant – U-Tender ISAR/2. U-Flottille

20.03.1941 – 07.04.1941
Baubelehrung – U-Boote Nord für U 80

08.04.1941 – 30.04.1941
Kommandant – U 80/1. U-Flottille

01.05.1941 – 05.10.1941
Kommandant – U 80/26. U-Flottille

06.10.1941 – 19.10.1941
Baubelehrung – 8.K.L.A./Hamburg für U 508

20.10.1941 – 30.06.1942
Kommandant – U 508/4. U-Flottille

01.04.1942
Kapitänleutnant (-61-)

01.07.1942 – 12.11.1943
Kommandant – U 508/10.U-Flottille

09.01.1943
Eisernes Kreuz I. Klasse

14.07.1943
Ritterkreuz des Eisernen Kreuzes

12.11.1943
In der Biscaya nördlich Kap Ortegal durch die »Liberator« C der US-Navy-Squadron VB-103 auf Position 46°00'Nord/07°30' West versenkt.
Da sich die »Liberator« C nach dem Angriff auf U 508 nicht mehr meldete, besteht die Annahme, daß die »Liberator« vom U-Boot abgeschossen wurde. U 508 war Totalverlust. – 57 Tote.

1. Unternehmung U 508:
(Westatlantik, Karibik, Kuba, Havanna, Key West)

Kdt:	Kl Georg Staats (4. Feindfahrt)
25.06.1942	Kiel aus
26.06.1942	Kristiansand-Süd ein
27.06.1942	Kristiansand-Süd aus
15.09.1942	Lorient ein
Erfolge:	2 Schiffe (2 710 BRT +)

Stellungnahme des B.d.U.:
Erste Unternehmung vom Kommandanten mit einem neuen Boot. Die starke Luftüberwachung und die im Boot herrschenden Temperaturen stellten die Besatzung gleich vor eine schwierige Aufgabe. Die hier bewiesene Zähigkeit wird anerkannt.

In der Ausnutzung der Erfolgschancen ist die Durchführung der Unternehmung jedoch nicht befriedigend. Der Kommandant hätte die große Gelegenheit, auf ein Schlachtschiff zum Schuß zu kommen, unter vollem Einsatz wahrnehmen müssen. Das Tauchen auf G+20 auf reine Vermutung hin, daß das Boot bemerkt wäre, war falsch und von zu großer Vorsicht bestimmt.
Andere Erfolgsmöglichkeiten wurden durch Fehlschüsse bzw. personelle Versager vereitelt. Vor allen Dingen müssen geringere Schußentfernungen angestrebt werden. Behauptungen von ungeklärten Fehlschüssen sind bei einer Entfernung von 3500 m wenig stichhaltig.
In dieser Unternehmung steckte erheblich mehr drin, als vom Kommandanten erreicht wurde.

2. Unternehmung U 508:
(Westatlantik, Karibik, Trinidad)

Kdt:	Kl Georg Staats (5. Feindfahrt)
17.10.1942	Lorient aus
06.01.1943	Lorient ein
Erfolge:	9 Schiffe (50165 BRT +)

Stellungnahme des B.d.U.:
Eine vorbildlich durchgeführte, besonders erfolgreiche Unternehmung, die für die Schießkunst und das taktische Können des Kommandanten ein eindeutiges Zeugnis ablegt. Sonst nichts zu bemerken.

3. Unternehmung U 508:
(westliche Biscaya)

Kdt:	Kl Georg Staats (6. Feindfahrt)
22.02.1943	Lorient aus
15.03.1943	Lorient ein
Erfolge:	keine

Stellungnahme des B.d.U.:
Durch Flugzeugangriff schwer beschädigt, mußte das Boot vorzeitig die Unternehmung abbrechen. Die Führung des Bootes und die Haltung der Besatzung nach dem Angriff ist anerkennenswert. Die glückliche Heimkehr des Bootes ist eine gute Leistung.

4. Unternehmung U 508:
(Mittelatlantik, Kanaren, Freetown)

Kdt:	Kl Georg Staats (7. Feindfahrt)
29.05.1943	Lorient aus
31.05.1943	Lorient ein
07.06.1943	Lorient aus
14.09.1943	Lorient ein
Erfolge:	3 Schiffe (19612 BRT +)

Stellungnahme des B.d.U.:
Der Kommandant hat mit Zähigkeit und Energie die Erfolgschance am 09.07. wahrgenommen und gegen starke Abwehr nach mehrmaligem Abdrängen den Erfolg erzwungen.
Zum 08.07./0810 Uhr: Der Streuwinkel war leider zu groß gewählt.
Die überlegte, geschickte und tatkräftige Abwehr von häufigen Flugzeugangriffen sowie die angriffsfreudige Führung des Bootes ist besonders hervorzuheben.
Anerkannte Erfolge:

1 Pass. Frachter	*12000 BRT versenkt*
1 Erzfrachter	*6000 BRT versenkt*
INCOMATI	*7369 BRT versenkt*
3 Schiffe	*25369 BRT versenkt*

Funkspruch an U 508:
»An Kapitänleutnant Staats«
Zur Verleihung des Ritterkreuzes übermittle ich Ihnen herzlichste Glückwünsche.
Ihr Ob.d.M. und B.d.U.

Dazu in den nächsten Tagen noch Glückwünsche von Großadmiral Raeder, Kommandierender Admiral U-Boote, F.d.U. West und Chef 10. U-Flottille.

5. Unternehmung U 508:
(Nordatlantik, nördlich Kap Ortegal)

Kdt:	Kl Georg Staats (8. Feindfahrt)
01.11.1943	Lorient aus
03.11.1943	St. Nazaire ein
09.11.1943	St. Nazaire aus
12.11.1943	Verlust U 508
Erfolge:	keine

Erfolge Georg Staats als Kommandant U 508:
14 Schiffe (72487 BRT +)

Gerd Kelbling

*** 12.06.1915**
in Salzbrunn/Schlesien

19.08.1943
Ritterkreuz (182-97)

08.04.1934
Eintritt in die Reichsmarine als Seeoffiziersanwärter
Crew 34

08.04.1934 – 14.06.1934
Infanterieausbildung – 4. Komp./II. Abt. S.St.Div. der Ostsee, Stralsund

15.06.1934 – 26.09.1934
Bordausbildung – SSS GORCH FOCK

26.09.1934
Seekadett

27.09.1934 – 26.06.1935
Bordausbildung – Leichter Kreuzer KARLSRUHE

27.06.1935 – 30.03.1936
Hauptlehrgang für Fähnriche – Marineschule Flensburg-Mürwik bzw.

02.10.1935 – 08.10.1935
Navigationsbelehrungsfahrt – Tender NORDSEE bzw.

20.01.1936 – 25.01.1936
Navigationsbelehrungsfahrt – Dampfer HECHT

01.07.1935
Fähnrich zur See

31.03.1936 – 19.05.1936
Torpedolehrgang für Fähnriche – Torpedoschule Flensburg-Mürwik

20.05.1936 – 06.06.1936
Fla-Waffenlehrgang für Fähnriche – Küstenartillerieschule Wilhelmshaven

07.06.1936 – 13.06.1936
Sperrlehrgang für Fähnriche – Sperrschule Kiel-Wik

14.06.1936 – 04.07.1936
Nachrichtenlehrgang für Fähnriche – Nachrichtenschule Flensburg-Mürwik

05.07.1936 – 28.07.1936
Infanterielehrgang für Fähnriche – II. S.St. Abt. der Ostsee, Stralsund

29.07.1936 – 19.09.1936
Artillerielehrgang für Fähnriche – S.A.S. Kiel-Wik

20.09.1936 – 31.03.1937
Bordausbildung – Panzerschiff DEUTSCHLAND

01.01.1937
Oberfähnrich zur See

01.04.1937 – 28.09.1937
II.WO – Minensuchboot M-132/1. Minensuchflottille

01.04.1937
Leutnant zur See (-133-)

29.09.1937 – 07.11.1937
I.WO – Minensuchboot M-132/1. Minensuchflottille

08.11.1937 – 20.11.1937
Fla-Leiterlehrgang für Minensuchflottillen

21.11.1937 – 04.07.1938
I.WO – Minensuchboot M-132/1. Minensuchflottille

08.04.1938
Dienstauszeichnung IV. Klasse

05.07.1938 – 24.09.1938
Sperrlehrgang für Offiziere – Sperrschule Kiel-Wik

25.09.1938 – 03.04.1939
Adjutant – 1. Minensuchflottille (ab 28.10. 1938 auf M-146)

01.04.1939
Oberleutnant zur See (-130-)

04.04.1939 – 09.11.1939
Führer der Flußhilfsräumbootgruppe – Donauflottille

10.11.1939 – 31.07.1940
Kommandant – Minensuchboot M-89/ 4. Minensuchflottille

31.05.1940
Eisernes Kreuz II. Klasse

01.08.1940 – 26.01.1941
Kommandant – Minensuchboot M-6/ 2. Minensuchflottille

29.08.1940
Eisernes Kreuz I. Klasse

03.12.1940
Kriegsabzeichen für Minensuch-, U-Boot-Jagd- und Sicherungsverbände

27.01.1941 – 30.09.1941
z.Vfg. – B.d.U. zugleich

27.01.1941 – 30.03.1941
U-Lehrgang – 1. U.L.D.

31.03.1941 – 27.04.1941
U-Nachrichtenlehrgang – Marine-Nachrichtenschule Flensburg-Mürwik

28.04.1941 – 02.06.1941
Artillerielehrgang für U-Offiziere – S.A.S. Kiel-Wik

03.06.1941 – 29.06.1941
U.T.O.-Lehrgang – Torpedoschule Flensburg-Mürwik

30.06.1941 – 09.08.1941
Kommandantenlehrgang – 24. U-Flottille

10.08.1941 – 30.09.1941
Kommandantenschüler – U 557/
1. U-Flottille
Feindfahrt mit U 557/
Kdt: Ottokar Paulshen
13.08.1941 – 19.09.1941

01.09.1941
Kapitänleutnant mit Wirkung vom 01.09.1941 und Rangdienstalter vom 01.04.1941 (-21a-)

01.10.1941 – 22.10.1941
Baubelehrung – 8.K.L.A./Hamburg für U 593

23.10.1941 – 28.02.1942
Kommandant – U 593/8. U-Flottille

01.03.1942 – 31.10.1942
Kommandant – U 593/7. U-Flottille

30.03.1942
U-Boots-Kriegsabzeichen 1939

01.11.1942 – 13.12.1943
Kommandant – U 593/29. U-Flottille

19.08.1943
Ritterkreuz des Eisernen Kreuzes

13.12.1943
Im Mittelmeer nördlich von Constantine (Algerien) nach 32stündiger Jagd durch die US-Zerstörer NIBLACK, WAINRIGHT, BENSON und die britischen Zerstörer CALPE und HOLCOMBE, letzterer wurde von U 593 versenkt, durch Wasserbomben zum Auftauchen gezwungen und von der Besatzung auf Position 37°38' Nord/05°58'Ost selbst versenkt. Die gesamte Besatzung U 593 (51 Mann) geriet ohne Verluste in Kriegsgefangenschaft.

20.09.1947
Entlassung aus der Kriegsgefangenschaft in England und Kanada

1. Unternehmung U 593:
(Nordatlantik, Hebriden/Färöer)

Kdt:	Kl Gerd Kelbling (2. Feindfahrt)
02.03.1942	Kiel aus
28.03.1942	St. Nazaire ein
Erfolge:	keine

Stellungnahme des B.d.U.:
Erste Unternehmung des Kommandanten mit einem neuen Boot. Wenn ihr auch kein Erfolg beschieden war, so hat der Kommandant aber alles versucht und Erfahrungen sammeln können. Das Verhalten bei der schweren Waboverfolgung war gut und richtig.

2. Unternehmung U 593:
(Westatlantik, USA-
und kanadische Ostküste)

Kdt:	Kl Gerd Kelbling (3. Feindfahrt)
20.04.1942	St. Nazaire aus
18.06.1942	St. Nazaire ein

Erfolge: 1 Schiff (8426 BRT +)
1 Schiff (4853 BRT =)

Stellungnahme des B.d.U.:
Der Kommandant hat geschickt und zähe unmittelbar unter der Küste operiert. Pech und personeller RW-Versager haben einen größeren Erfolg vereitelt. Auf große Entfernungen keine Einzelschüsse, sondern Fächer schießen.

3. Unternehmung U 593:
(Nordatlantik, ostwärts der Neufundlandbank)

Kdt: Kl Gerd Kelbling (4. Feindfahrt)

22.07.1942 St. Nazaire aus
19.08.1942 St. Nazaire ein
Erfolge: 1 Schiff (3616 BRT +)

Stellungnahme des B.d.U.:
Gut durchgeführte Unternehmung, die wegen maschineller Störung vorzeitig abgebrochen werden mußte. – Nichts zu bemerken.

4. Unternehmung U 593:
(Gibraltar-Durchbruch 11.10.1942, Mittelmeer)

Kdt: Kl Gerd Kelbling (5. Feindfahrt)

03.10.1942 St. Nazaire aus
15.10.1942 La Spezia ein
Erfolge: keine

Stellungnahme des B.d.U.:
Die Überfahrt ins Mittelmeer ist gut gelungen. – Sonst nichts zu bemerken.

5. Unternehmung U 593:
(westliches Mittelmeer vor Algier und Oran)

Kdt: Kl Gerd Kelbling (6. Feindfahrt)

02.11.1942 La Spezia aus
16.11.1942 La Spezia ein
Erfolge: keine

Stellungnahme des F.d.U. Italien:
1.) *Die Unternehmung ist mit Ruhe und anerkennenswertem Angriffswillen durchgeführt worden.*
2.) *Die Anläufe sind umsichtig und zielbewußt gefahren worden, soweit ein Urteil bei dem Mangel an Gefechtsskizzen möglich ist. Das Unterschneiden bei dem Angriff auf den Flugzeugträger und der Abfeuerversager eines Rohres bei dem Schuß auf RODNEY sind bedauerlich.*
3.) *Anerkannt wird ein Frachter mit 7000 BRT als versenkt und ein gleich großer als torpediert.*

6. Unternehmung U 593:
(westliches Mittelmeer)

Kdt: Kl Gerd Kelbling (7. Feindfahrt)

29.11.1942 La Spezia aus
31.12.1942 Pola ein
Erfolge: keine

Stellungnahme des F.d.U. Italien:
1.) *Durch die ganze Unternehmung geht ein Zug von frischem Angriffsgeist.*
2.) *Die sich bietenden Schußmöglichkeiten sind entschlossen wahrgenommen worden. Daß sie nicht zu Erfolgen führten, ist Mitschuld des Kommandos, da bei entsprechender Überwachung der Werftarbeit und sorgfältiger Abnahme Versager vermieden werden könnten.*
3.) *Zum Torpedoeinsatz wird im einzelnen bemerkt:*
   a) *Über die Durchführung der Angriffe kann wegen des Fehlens von Gefechtsskizzen kein eingehendes Urteil gewonnen werden. Dem K.T.B. sind über jeden gefahrenen Anlauf Skizzen beizufügen.*
   b) *Der Heckrohrläufer am 03.12. als Auswirkung eines falsch aufgesetzten Handprüfhebels fällt dem Torpedowaffenbetrieb und dem Bootskommando zur Last. Versager dieser Art müssen ausgeschlossen sein.*
   c) *Der 4er-Fächer auf die Truppentransporter am 13.12. fiel wahrscheinlich außer Reichweite.*
   d) *Schuß auf den Zerstörer am 13.12. – Fehlschuß wegen Fahrtverschätzung.*
   e) *Zur Schwergängigkeit des Abzugsgestänges am 24.12. ist das Gleiche zu bemerken wie zu dem Rohrläufer am 03.12.*
   Der Einsatz der Torpedowaffe insgesamt kann nicht gefallen.
4.) *Der Flugzeugangriff am 16.12. erfolgte mit höchster Wahrscheinlichkeit ohne Benutzung eines Ortungsgerätes nach Sichtung des Kielwassers oder der Bootssilhouette im Mondschein.*
5.) *Das Antreffen von Geleitzügen sowie der wiederholte Einsatz der Torpedowaffe mußte gemeldet werden, da für die Führung von hoher Bedeutung.*

7. Unternehmung U 593:
(östliches Mittelmeer)

Kdt:	Kl Gerd Kelbling (8. Feindfahrt)
06.02.1943	Pola aus
08.03.1943	Salamis ein
Erfolge:	keine

<u>Stellungnahme des F.d.U. Italien:</u>

1.) Der Kommandant hat sich redlich bemüht, die sich ihm bietenden Angriffsmöglichkeiten auszunutzen. Bemerkenswert ist das Nachstoßen und Vorsetzen nach dem 3er-Fehl am 03.03., die zu erstrebende Angriffsart des U-Bootes, zu der sich im Mittelmeer, besonders im westlichen Teil, bei der starken Ortung durch Flugzeuge und Seestreitkräfte, wenig Gelegenheit bietet. Besonders anzuerkennen ist das zähe Durchhalten trotz der Bedrängung durch 3 Bewacher und das baldige Auftauchen nach dem Alarm zum Zwecke des erneuten Nachstoßens. Beides kennzeichnet den freudigen Angriffsgeist des Kommandanten.

2.) Erschwerend für den Kommandanten wirkten sich die laufenden Ruderversager aus, besonders beim Angriff am 27.02., bei dem das Boot vom Heckraum gesteuert wurde, da der Kommandant kein Vertrauen zur Ruderanlage besaß. Die Angelegenheit wird besonders geklärt werden.

3.) Zum Torpedoeinsatz wird bemerkt:

A) <u>Am 27.02.:</u> Die Absicht des Kommandanten, eine Schußgelegenheit nach 3 Wochen in See sein auszunützen, ist verständlich. Trotzdem hätte der Angriff besser unterbleiben sollen. Die unsicheren Treffchancen rechtfertigen nicht den 4er-Fächer.

B) <u>Am 03.03.:</u> Der Begründung des 3er-Fehls wird zugestimmt. Die Angriffe am Abend wurden erschwert durch das Vorhandensein der Motorboote, die die ganze Aufmerksamkeit des Brückenpersonals in Anspruch nahmen. Das Zudrehen des blinkenden Zerstörers erforderte schnelles Handeln, so daß vermutlich die Zeit zum Erfassen genauer Gegnerwerte zu kurz war. Die Tiefeneinstellung beim Schuß auf den Zerstörer wäre besser 2 Meter, anstatt 3 gewesen.

4.) Anerkannt wird:
Als torpediert ein Frachter von 4000 BRT.

8. Unternehmung U 593:
(östliches Mittelmeer, Cyrenaika, vor Tripolis und Alexandria)

Kdt:	Kl Gerd Kelbling (9. Feindfahrt)
13.03.1943	Salamis aus
21.03.1943	Salamis ein
Erfolge:	2 Schiffe (4566 BRT +)

<u>Stellungnahme des Italien:</u>

1.) Gut durchgeführte Unternehmung, bei der die Schußgelegenheiten vom Kommandanten schnell und entschlossen ausgenutzt wurden. Bedauerlich ist der Schaden am Rohr 3 im entscheidenden Augenblick am 16.03. – Bei einem 3er-Fächer wäre die Erfolgsaussicht auf einen Treffer auf den Kreuzer größer gewesen.

2.) Zum Einsatz der Torpedowaffe wird bemerkt:

a) <u>Am 16.03.:</u> Die Fehlschüsse auf den Dampfer sind bei der großen Schußentfernung vermutlich auf Fehlschätzung zurückzuführen. Bei dem Fehlfächer auf den Kreuzer ist Fahrtverschätzung als Ursache des Mißerfolges anzunehmen.

b) <u>Am 18.03.:</u> Das Sinken der Dampfer ist auf Grund der gehörten Treffer, der Sinkgeräusche und der Beobachtung auf Sehrohrtiefe nach dem Angriff als sicher anzusehen. Anzuerkennen ist besonders bei diesem Anlauf die Kaltblütigkeit des Kommandanten, der sich durch das unmittelbar ihn passierende Geleitboot nicht in seinem Angriff stören läßt.

3.) Auffallend an dem Geleit am 18.03. war die starke Sicherung durch Bewacher und Flugzeuge.

4.) Das Aufladen der Batterie dicht unter der Küste im Ortungsschatten feindlicher Landgeräte ist auch im westlichen Mittelmeer mit Erfolg durchgeführt worden.

5.) Anerkannt werden als versenkt: 2 Dampfer zu je 4000 BRT.

9. Unternehmung U 593:
(östliches Mittelmeer, Cyrenaika)

Kdt:	Kl Gerd Kelbling (10. Feindfahrt)
25.03.1943	Salamis aus
04.04.1943	Salamis ein
Erfolge:	1 Schiff (5157 BRT +)

Stellungnahme des F.d.U. Italien:

1.) Mit großer Angriffsfreudigkeit hat der Kommandant auch auf dieser Unternehmung in dem ihm nun vertrauten Gebiet operiert und auch wieder regen Verkehr angetroffen. Die Angriffe sind überlegt und kühn gefahren worden und verdienen Anerkennung. Bemerkenswert ist die seit der vorhergehenden Unternehmung im etwa gleichem Gebiet stärker gewordene Ortungstätigkeit und U-Jagd.

2.) Zum Torpedoeinsatz wird bemerkt:

a) Am 27.03.: Der Fehlfächer auf den Kreuzer wird auf Fehlschätzung bzw. Abdrehen des Gegners zurückgeführt. Das Sinken der beiden torpedierten Dampfer wird auf Grund der gehörten Treffer und Sinkgeräusche als sicher angenommen. Für beide Angriffe fehlen die Skizzen.

b) Am 02.04.: Die Fehlschüsse sind begründet durch Herandrehen des Gegners nach dem Schuß. Hervorzuheben ist die Kaltblütigkeit und schnelle Entschlußkraft des Kommandanten bei diesem Anlauf.

3.) Anerkannt als versenkt: Je ein Dampfer zu 4000 BRT und 5000 BRT.

10. Unternehmung U 593:

(östliches Mittelmeer)

Kdt:	Kl Gerd Kelbling (11. Feindfahrt)
08.04.1943	Salamis aus
23.04.1943	Salamis ein
24.04.1943	Salamis aus
28.04.1943	Pola ein
Erfolge:	1 Schiff (1858 BRT +)

Stellungnahme des F.d.U. Italien:

1.) Eine durchgeführte Unternehmung, die dem Kommandanten als Folge seines Angriffsgeistes und der durchdacht und schneidig durchgeführten Anläufe Erfolge brachte. Das Boot war mit kurzzeitigen Unterbrechungen 10 Wochen im Einsatz.

2.) Zum Torpedoeinsatz wird bemerkt:

a) Am 11.04.43: Die Verfolgung des Geleitzuges und der Angriff sind gut durchgeführt. Ein Untersteuern des Zieles wird nicht angenommen, da 2 Torpedos mit derselben Tiefeneinstellung von 3 m getroffen haben. Möglicherweise sind die Fehlschüsse auf den Frachter von 4000 BRT als Lagefehlschätzung zurückzuführen. Die Versenkung des Frachters von 4000 BRT nach dem Schuß aus Rohr V wird auf Grund der Wirkung am Ziel angenommen. Der Kommandant hat sich geschickt der einsetzenden Waboverfolgung entzogen.

b) Am 19.04.43: Der Fehlschuß ist vermutlich auf Fahrtfehlschätzung zurückzuführen. Ein Fächer auf 3000 m auf einen hohe Fahrt laufenden Zerstörer haben nur geringe Trefferaussichten.

3.) Der Verzicht auf den Angriff auf die Suchgruppe am 12.04. war nach Lage der Dinge richtig.

4.) Am Schluß des K.T.B. fehlen die Betrachtungen und Erfahrungen des Kommandanten.

5.) Anerkannt werden als versenkt:
1 Frachter zu 4000 BRT
1 Frachter zu 3500 BRT

11. Unternehmung U 593:

(westliches Mittelmeer, algerische Küste)

Kdt:	Kl Gerd Kelbling (12. Feindfahrt)
13.06.1943	Pola aus
16.06.1943	Messina ein
18.06.1943	Messina aus
11.07.1943	Toulon ein
Erfolge:	3 Schiffe (9304 BRT +)

Stellungnahme des F.d.U. Italien:

1.) Eine besonders gut durchgeführte Unternehmung. Der Kommandant hat sich durch den unbeirrbaren Entschluß, den Gegner zu stellen, durch seinen Angriffsgeist, sein geschicktes Manövrieren und sein hohes Können erneut bewährt und schöne Erfolge errungen, die mit etwas mehr Glück zweifellos noch höher gewesen wären.

2.) Zum Torpedoeinsatz wird bemerkt:

a) Am 22.06.: Auf Grund der Beobachtungen am Ziel und des gehörten Treffers ist mit der Versenkung der beiden Tanker zu rechnen. Laut B-Dienst hat ein amerikanischer Dampfer 10 Minuten nach der Uhrzeit der Schüsse um Hilfe für 2 Dampfer gebeten.

b) Am 05.07.: Der Versager durch den T.W.L. ist recht bedauerlich und hat das Boot vermutlich um einen weiteren Erfolg gebracht. Das Sinken des Frachters ist als sicher anzunehmen.

c) *<u>Am 08.07.:</u> Der Entschluß des Kommandanten, auf den Zerstörer zu schiessen, war nach dem Abdrehen des Geleitzuges richtig. Der Fehlfächer wird auf Zacken des Zerstörers zurückgeführt. Allerdings wäre bei einer Tiefeneinstellung des Torpedos von 3 m der Zerstörer auch bei sonst richtigen Schußunterlagen möglicherweise unterschossen worden.*

3.) Anzuerkennen ist die positive Einstellung des Kommandanten zur Feindortung, wobei er sich durch Landortung nicht beeindrucken läßt, da er sie als unwirksam erkennt.
Der am 05.07. vom Fu.M.B. nicht erfaßte, nach Ansicht des Kommandanten nach Ortungsgerät erfolgte Anflug erhärtet den Verdacht, daß der Gegner das Boot auf Grund von Abstrahlungen des Fu.M.B.-Empfängers (Metox) ausmacht.

4.) Bemerkenswert ist die Tatsache, daß das Boot bei Cap Corbelin dicht unter der Küste ohne Schwierigkeiten die Batterie aufladen konnte, ein Verfahren, das auch andere Boote an anderen Teilen der Nordafrikanischen Küste, sofern diese Steilküsten waren, angewandt haben. Die unter der Küste sehr wechselnden Horchbedingungen haben in mehreren Fällen ein rechtzeitiges Sichten des Gegners verhindert. So z.B. beim zu spät bemerkten Passieren eines Flugzeugträgers und eines Schlachtschiffes am 30.06. – Andererseits machen die gleichen Verhältnisse aber auch den feindlichen Horch- und S-Geräte-Einsatz wirkungslos, wie der Kommandant wiederholt feststellte.

5.) Die klar und durchdacht formulierten Erfahrungen sind von großen Wert.

6.) Anerkannt werden als versenkt:
2 Tanker je 6000 BRT
1 Frachter 8000 BRT.

12. Unternehmung U 593:

(westliches Mittelmeer, vor der Südspitze Sardiniens)

Kdt:	Kl Gerd Kelbling (13. Feindfahrt)
27.07.1943	Toulon aus
08.08.1943	Toulon ein
Erfolge:	keine

<u>Stellungnahme des F.d.U. Mittelmeer:</u>

1.) Die Unternehmung mußte nach Durchführung der Sonderaufgabe vorzeitig abgebrochen werden infolge Schäden durch Jägerbeschuß, und blieb ohne Erfolg.

2.) Die Bemerkung am 05.08. über vom F.d.U. angenommenen Marsch des Bootes ostwärts Korsika beruht auf einem Funkspruch an U 73, die Linie Cap Carbonara – Cap San Vito bis auf weiteres nicht nach Osten zu überschreiten und einen Befehl an U 593, sich von der Küste abzusetzen und ungesehen zu bleiben. Grund war eine Unternehmung italienischer Seestreitkräfte von Maddalana nach Palermo.

3.) Der Entschluß zum Rückmarsch wird unter den vorliegenden Umständen gebilligt.

4.) Sonst ist nichts Grundsätzliches zu bemerken.

13. Unternehmung U 593:

(westliches Mittelmeer, italienische Westküste vor Salerno)

Kdt:	Kl Gerd Kelbling (14. Feindfahrt)
15.09.1943	Toulon aus
05.10.1943	Toulon ein
Erfolge:	1 Schiff (7176 BRT +) 1 Minensuchboot (815 ts + am PM SKILL +)

<u>Stellungnahme des F.d.U. Mittelmeer:</u>

1.) Das Boot stand in einem lohnenden Gebiet. Der zahlreiche Gegnerverkehr ergab genügend Schußgelegenheiten und brachte dem Boot infolge einsatzfreudigen und geschickten Operierens schöne Erfolge. Die Unternehmung stellt Kommandant und Besatzung ein gutes Zeugnis aus und kann daher gefallen.

2.) Zum Torpedoeinsatz wird bemerkt:

a) <u>Am 21.09:</u> Ein schneidig gefahrener Angriff. Der Fehler in der Feuerleitanlage ist bedauerlich, er brachte das Boot möglicherweise um einen weiteren Erfolg. Nach B-Dienstmeldung sind beide Dampfer vernichtet worden. Die Gefechtsskizze ist falsch beschriftet, sie steht auf dem Kopf.

b) <u>Am 25.09.:</u> Bemerkenswert ist auch in diesem Falle wieder die vernichtende Wirkung der Pistole. Im K.T:B: fehlt die Angriffsskizze.

c) <u>Am 26.09.:</u> Der Fehlschuß ist vermutlich auf Fehlschätzung zurückzuführen.

d) <u>Am 01.10.:</u> Ursache für den Fehlschuß ist das Zudrehen des Gegners.

3.) *Die Bemerkung des Kommandanten am 18.09. über ein Abziehen der Transportflotte nach dem Süden beruht auf einem Funkspruch des F.d.U. vom 17.09., in dem lediglich von erkannten Truppenverschiebungen von der Salernobucht nach der Westküste Calabriens die Rede war.*

4.) *Die Erfahrungen über die Unwirksamkeit der feindlichen S-Geräte in den Küstengewässern ebenso wie die günstigen Erfahrungen über den Einsatz der »Aphrodite« sind auch von anderen Booten berichtet worden. Der Entschluß des Kommandanten, zum Aufladen der Batterie unter Land zu gehen, ist richtig und verdient Anerkennung.*

5.) *Anerkannt werden als versenkt:*
1 Zerstörer
2 Frachter von je 7000 BRT.

Stellungnahme des B.d.U.:
Stellungnahme F.d.U. wird zugestimmt. Wertvoll sind die guten Erfahrungen mit »Aphrodite«. Hätte das Boot T-5-Torpedos gehabt, wären eine Fülle günstiger Schußgelegenheiten geboten gewesen.
Anerkannte Erfolge:

1 Frachter	*7000 BRT versenkt*
1 Frachter	*7000 BRT versenkt*
WILLIAM G. GERHARD	
2 Frachter	*14000 BRT versenkt und*
1 Zerstörer	

14. Unternehmung U 593:
(westliches Mittelmeer)

Kdt:	Kl Gerd Kelbling (15. Feindfahrt)
26.10.1943	Toulon aus
07.11.1943	Toulon ein
Erfolge:	1 Schiff (4531 BRT +)

Stellungnahme des F.d.U. Mittelmeer:

1.) *Eine Unternehmung, die getragen wird von dem freudigen Einsatzwillen und der Beharrlichkeit des bewährten Kommandanten. Bei der Fülle der Ziele fehlte dem Kommandanten nur etwas mehr Glück. Hervorzuheben ist die schneidig und mit viel Geschick und Können durchgeführte Angriffsoperation auf das Geleit in der Nacht vom 02. zum 03., die mehr Erfolg verdient hätte. Das Operieren wurde erschwert durch das in dieser Jahreszeit im westlichen Mittelmeer auftretende starke Meeresleuchten.*

2.) *Torpedoeinsatz:*
  a) *Zum 30.10.: Der Fehlfächer kann auf Fehlschätzung beruhen. Der Fächer auf ein so wertvolles und seltenes Ziel war berechtigt, wenn auch das Schlachtschiff möglicherweise außer Reichweite stand. Der Torpedoversager beim Schuß auf das Geleitboot brachte das Boot vermutlich um einen Erfolg.*
  b) *Zum 03.11.: Auf Grund der Beobachtungen des Kommandanten und der Sinkgeräusche wird die Versenkung des Dampfers angenommen. Der Fehlschuß um 0047 Uhr ist nach ergänzender mündlicher Berichterstattung des Kommandanten mit hoher Wahrscheinlichkeit auf einen Pistolenversager zurückzuführen. Bei dem starken Meeresleuchten konnte der Torpedo verfolgt werden, bis er das Ziel erreichte. Eine Detonation erfolgte nicht.*

3.) *Anerkannt wird als versenkt: 1 Dampfer 7000 BRT.*

15. Unternehmung U 593:
(Mittelmeer – Sondereinsatz/U-Boot-Jagd vor St. Tropez)

Kdt:	Kl Gerd Kelbling (16. Feindfahrt)
25.11.1943	Toulon aus
29.11.1943	Toulon ein
Erfolge:	keine

16. Unternehmung U 593:
(Mittelmeer vor Constantine und Algier)

Kdt:	Kl Gerd Kelbling (17. Feindfahrt)
01.12.1943	Toulon aus
13.12.1943	Verlust U 593
Erfolge:	2 Zerstörer (2087 ts + br DE TYNEDALE 1000 ts +/br DE HOLCOMBE 1087 ts +)

Erfolge Gerd Kelbling als Kommandant U 593:
14 Schiffe (47536 BRT + einschließl. am PM SKILL 815 ts +/br DE TYNEDALE 1000 ts +/br DE HOLCOMBE 1087 ts +)
1 Schiff (4853 BRT =)

Herbert Panknin

*** 27.12.1913**
in Neustettin/Pommern
† 15.03.2001
in Langen-Sievern/
bei Bremerhaven

04.09.1943
Ritterkreuz (184-98)

08.04.1934
Eintritt in die Reichsmarine als Ingenieuranwärter
Crew 34

08.04.1934 – 13.06.1934
Infanterieausbildung – II. Abt. S.St.Div. der Ostsee, Stralsund

14.06.1934 – 26.09.1934
Marineschule Flensburg-Mürwik

27.09.1934 – 26.05.1935
Bordausbildung – Leichter Kreuzer EMDEN

27.05.1935 – 30.03.1936
Marineschule Flensburg-Mürwik

01.07.1935
Fähnrich (Ing.)

31.03.1936 – 02.06.1936
Marineschule Kiel

03.06.1936 – 30.06.1936
Infanterielehrgang für Fähnriche – II. Abt. S.St.Div. der Ostsee, Stralsund

01.07.1936 – 29.09.1936
Marineschule Kiel

30.09.1936 – 01.04.1937
Leichter Kreuzer KÖNIGSBERG

01.01.1937
Oberfähnrich (Ing.)

01.04.1937
Leutnant (Ing.) (-24-)

02.04.1937 – 26.09.1937
Marineschule Kiel

27.09.1937
Ingenieursoffziersberufsprüfung

28.09.1937 – 03.01.1938
U-Ausbildung – U-Schule

04.01.1938 – 01.12.1938
LI – Reserveverband des F.d.U. bzw. Kriegsmarinearsenal Kiel

02.12.1938 – 28.12.1938
Baubelehrung – U-Boote, Arsenal Kiel

29.12.1938 – 31.12.1939
LI – U 57/U-Flottille Emsmann

01.04.1939
Oberleutnant (Ing.) (-23-)

01.01.1940 – 05.07.1940
LI – U 57/1. U-Flottille
Feindfahrten U 57/Kdt: Claus Korth
23.08.1939 – 05.09.1939
05.09.1939 – 18.09.1939
25.10.1939 – 05.11.1939
12.11.1939 – 23.11.1939
05.12.1939 – 16.12.1939
16.01.1940 – 25.01.1940
08.02.1940 – 25.02.1940
14.03.1940 – 29.03.1940
04.04.1940 – 07.05.1940

06.07.1940 – 23.09.1940
Baubelehrung – U-Boote Nord, Deschimag AG Weser, Bremen für U 106

24.09.1940 – 22.11.1941
LI – U 106/2. U-Flottille
Feindfahrten U 106/Kdt: Jürgen Oesten
04.01.1941 – 10.02.1941
26.02.1941 – 17.06.1941
11.08.1941 – 11.09.1941
Feindfahrt U 106/Kdt: Hermann Rasch
21.10.1941 – 22.11.1941

23.11.1941 – 24.03.1943
Flottilleningenieur – 9. U-Flottille/Brest

01.02.1942
Kapitänleutnant (Ing.) (-2-)

02.02.1942
Deutsches Kreuz in Gold (6)

25.03.1943 – 20.06.1943
Baubelehrung – 6. K.L.A./Bremen für U 852 (Kommando als LI nicht angetreten)

21.06.1943 – 01.09.1943
Baubelehrung – 6. K.L.A/Bremen für U 861

02.09.1943 – 31.03.1944
LI – U 861/4. U-Flottille

04.09.1943
Ritterkreuz des Eisernen Kreuzes

01.04.1944 – 30.09.1944
LI – U 861/12. U-Flottille
Feindfahrt U 861/Kdt: Jürgen Oesten
20.04.1944 – 23.09.1944

01.10.1944 – 08.05.1945
LI – U 861/33. U-Flottille
Feindfahrt U 861/Kdt: Jürgen Oesten
15.01.1945 – 19.04.1945

09.05.1945 – 28.05.1945
LI – U 861/Gefangenschaft in Norwegen

29.05.1945 – 09.1945
Überführung U 861 nach Lisahally (Operation »Deadlight«), danach Gefangenschaft

09.1945
Entlassung

22.12.1958
Eintritt in die Bundesmarine

22.12.1958 – 31.08.1959
A 4 und Schiffstechnischer Offizier – Kommando der Amphibischen Streitkräfte, Wilhelmshaven, zugleich

06.01.1959 – 23.01.1959
Lehrgangsteilnehmer – Bundeswehrschule Koblenz bzw.

10.03.1959 – 13.03.1959
Lehrgang – Technische Marineschule I, Kiel

01.04.1959
Korvettenkapitän (Ernennung zum Berufssoldaten)

01.09.1959 – 30.04.1960
Verbandsmaschinenoffizier – Kommando der Zerstörer

01.05.1960 – 31.12.1962
Schiffstechnischer Offizier – 2. Geleitgeschwader, zugleich

09.05.1960 – 14.05.1960
Kommandierung – Stützpunktkommando Kiel bzw.

23.05.1960 – 01.07.1960
Baubelehrung – Neubaukommando III bzw.

17.10.1960 – 14.06.1962
zugleich (b.m.W.d.G.) des Geschwaderkommandeurs – 2. Geleitgeschwader bzw.

28.11.1961 – 01.12.1961
Lehrgang – Schiffssicherungsgruppe bzw.

20.02.1962 – 23.02.1962
Kommandierung – Technische Marineschule I, Kiel (E-Kompaß)

01.01.1961
Fregattenkapitän

01.01.1963 – 31.05.1966
Asto für Schiffstechnik (Dienstantritt 09.01.1963) – Kommando der Flotte

01.05.1966
Kapitän zur See

01.06.1966 – 30.03.1972
Kommandeur (Dienstantritt 14.06.1966) – Technische Marineschule II, Bremerhaven

31.03.1972
Ruhestand

WILLI LECHTENBÖRGER (DIPL.-ING.)

* 02.02.1914
IN BOTTROP/WESTFALEN
† 27.08.1943
IM WESTATLANTIK/
SARGASSO-SEE

04.09.1943
Ritterkreuz (185-99)

01.12.1934
Reichsmarine

01.12.1934 – 14.03.1935
Rekrut – 2. Komp./3. Marine-Artillerieabteilung

19.03.1935 – 30.09.1935
Bordausbildung – Flottentender NORDSEE

30.09.1935
Oberheizer der Reserve (zum ROA ernannt)

01.03.1937 – 25.03.1937
U-Anwärter – 1. M.L.A.

19.02.1938 – 19.03.1938
Ausbildung als U-Anwärter – Torpedoboot T-190/ Sperrversuchskommando

13.03.1938
Maschinenmaat der Reserve

02.07.1938 – 13.08.1938
Ausbildung als Reserveoffizier – Tender NAUTILUS/Sperrversuchskommando

13.08.1938
Maschinist der Reserve

12.06.1939 – 08.07.1939
ROA - Ausbildung – Marineschule Kiel

09.07.1939 – 05.08.1939
Artillerieschulschiff BREMSE/S.A.S. Kiel-Wik

02.09.1939 – 10.09.1939
z.Vfg. – 2. Admiral der Ostsee

11.09.1939 – 25.11.1939
Kompanieoffizier – Marineschule Kiel

27.09.1939
Leutnant (Ing.) der Reserve

26.11.1939 – 31.01.1940
z.Vfg. – 2. Admiral der Ostsee

01.02.1940 – 17.06.1940
U-Lehrgang – U-Schule Neustadt/Holstein

18.06.1940 – 29.07.1940
z.Vfg. – 1. U-Flottille

30.07.1940 – 30.10.1940
LI – U 60/1. U-Flottille
Feindfahrten U 60/
Kdt: Adalbert Schnee
30.07.1940 – 18.08.1940
21.08.1940 – 06.09.1940
16.09.1940 – 08.10.1940

10.09.1940
Eisernes Kreuz II. Klasse

10.09.1940
U-Boots-Kriegsabzeichen 1939

31.10.1940 – 24.01.1941
Baubelehrung – U-Boote Ostsee für U 201

25.01.1941 – 04.09.1942
LI – U 201/1. U-Flottille
Feindfahrten U 201/
Kdt: Adalbert Schnee
22.04.1941 – 18.05.1941
08.06.1941 – 19.07.1941
14.08.1941 – 25.08.1941
14.09.1941 – 30.09.1941
29.10.1941 – 09.12.1941
24.03.1942 – 21.05.1942
27.06.1942 – 08.08.1942

21.05.1941
Eisernes Kreuz I. Klasse

01.11.1941
Oberleutnant (Ing.) der Reserve (-4-)

05.09.1942 – 04.10.1942
z.Vfg. – 1. U-Flottille/Brest

30.09.1942
Deutsches Kreuz in Gold (29)

05.10.1942 – 22.01.1943
Baubelehrung – U-Boote Nord/1.Komp./6.K.L.A. Bremen für U 847

23.01.1943 – 30.06.1943
LI – U 847/4. U-Flottille

01.07.1943 – 27.08.1943
LI – U 847/12. U-Flottille

06.07.1943
Kiel aus

27.08.1943
Im Westatlantik/Sargasso-See durch eine »Wildcat« und eine »Avenger« des US-Geleitträgers CARD (Squadron VC-1) mit akustischem Zielsuchtorpedo (Fido) während des Wegtauchens auf Position 28° 19'Nord/37°58'West versenkt. – Totalverlust, 62 Tote.

01.08.1943
Kapitänleutnant (Ing.) der Reserve gemäß MPA VI 5500 vom 13.07.1944

04.09.1943
Ritterkreuz des Eisernen Kreuzes

Heinz Krey

* 31.12.1921
in Wiesbaden
† 23.05.1943
im mittleren Nordatlantik

04.09.1943
Ritterkreuz (186-100)

01.12.1939
Eintritt in die Kriegsmarine als Ingenieuroffiziersanwärter
Crew XII/39

01.12.1939 – 28.02.1940
Infanterieausbildung – 7. S.St.Abt. Stralsund

29.02.1940 – 29.04.1940
1. Werkstättenlehrgang – 9. Komp./Marineschule Flensburg-Mürwik

30.04.1940 – 05.08.1940
Bordausbildung – Linienschiff SCHLESWIG-HOLSTEIN

01.05.1940
Kadett

06.08.1940 – 12.08.1940
Stützpunktkompanie (Durchgang) – Führer der Minensuchboote West

13.08.1940 – 13.12.1940
Minensuchboot M-84/4. Minensuchflottille

01.11.1940
Fähnrich (Ing.)

14.12.1940 – 30.04.1941
Hauptlehrgang für Fähnriche – Marineschule Flensburg-Mürwik

01.05.1941 – 28.06.1941
II. Werkstättenlehrgang – 12. Komp./Marineschule Flensburg-Mürwik

29.06.1941 – 23.07.1941
8. Komp./Marineschule Flensburg-Mürwik

24.07.1941 – 30.09.1941
U-Lehrgang – 2. U.L.D.

01.10.1941 – 31.10.1941
Fähnrich (Ing.) – U 567/3. U-Flottille

01.11.1941 – 04.01.1942
Fähnrich (Ing.) – U 567/7. U-Flottille
Feindfahrt U 567/Kdt: Engelbert Endrass
25.10.1941 – 26.11.1941

01.11.1941
Oberfähnrich (Ing.)

10.12.1941
Kriegsabzeichen für Minensuch-, U-Jagd- und Sicherungsverbände

05.01.1942 – 28.03.1942
Sonderlehrgang (U.mot. und U.E.) – 10. Komp./II. Abt. Marineschule Kiel

29.03.1942 – 28.05.1942
LI-Lehrgang – Offizierskompanie/1. U.L.D.

01.04.1942
Leutnant (Ing.)

29.05.1942 – 14.06.1942
II. Abt./Marineschule Kiel

15.06.1942 – 17.07.1942
Kommandiert zur Information über U-Boote – 8. K.L.A./Hamburg

18.07.1942 – 11.11.1942
LI-Schüler – U 703/11. U-Flottille
Feindfahrten U 703/Kdt: Heinz Bielfeld
02.08.1942 – 11.09.1942
24.09.1942 – 26.09.1942

28.09.1942
U-Boots-Kriegsabzeichen 1939

12.11.1942 – 02.01.1943
kommandiert zur Agru-Front (Ausbildung für VII C-Boote)

03.01.1943 – 15.02.1943
LI (zur Einweisung) – U 752/3. U-Flottille
Feindfahrt U 752/Kdt: Karl-Ernst Schroeter
09.01.1943 – 15.02.1943

16.02.1943 – 23.05.1943
LI – U 752/3. U-Flottille

22.04.1943
St. Nazaire aus

22.05.1943
Eisernes Kreuz II. Klasse

22.05.1943
Eisernes Kreuz I. Klasse

23.05.1943
Im mittleren Nordatlantik auf Position 51° 40'Nord/29°49'West durch die »Swordfish« G und B der 819. FAA des britischen Geleitträgers ARCHER nach Wasserbombentreffer zum Auftauchen gezwungen. Oben sprachen die Waffen gegen die angreifenden Flugzeuge (3 »Swordfish« und eine »Martlet«). Nachdem der Kommandant und die Brückenwache gefallen waren, kam der Befehl: »Alle Mann von Bord«. Krey schickte seine Maschinisten und Heizer an Deck. Er selbst blieb. In seiner letzten Tat gelang es ihm, das U-Boot solange über Wasser zu halten, bis der letzte Mann aus dem Boot war. Danach versenkte er U 752, bei Annäherung der britischen Zerstörer KEPPEL und ESCAPADE, ohne sich selbst retten zu können. 30 Tote, 17 Überlebende.

04.09.1943
Ritterkreuz des Eisernen Kreuzes (posthum)

Auszug aus »Die Kriegsmarine«
Die Tat des Ritterkreuzträgers Leutnant (Ing.) Heinz Krey:
»Bis zum letzten Atemzug füllte er seine Stellung als Leitender Ingenieur in vorbildlicher Weise aus.« Mit diesen knappen Worten umreißt die Begründung zur Ritterkreuzverleihung die letzte Tat des Leutnant (Ing.) Heinz Krey, den der Führer nach seinem Tode mit dem Ritterkreuz ausgezeichnete. Leutnant Krey wurde nicht von diesem Tod überrascht, er fiel nicht im Schwung des Kampfes, ihn traf nicht das harte Eisen. Bewußt ging er den letzten Gang, sah Leben und Pflicht wie zwei Wege vor sich und wählte – die Pflicht.
Leutnant (Ing.) Krey war einer aus der großen Reihe der frontbewährten Ingenieur-Offiziere, von deren Kampf nicht oft Rede ist, obwohl von ihnen schlechthin der Wert des U-Bootes in technischer Beziehung abhängt. Der L.I. sieht nicht, was geschieht, denn außer dem Kommandanten sind ja alle an Bord wie menschliche Räder in dem feingliedrigen Apparat aus Blut und Stahl, aus dem Willen seiner

Kämpfer und dem menschlichen Geist, der Gerät und Konstruktion ersann und erschuf. So sah auch Heinz Krey nicht die kreisenden Bomber über dem Boot. Aber er hörte dicht an der Bordwand die Bomben krachen, kurz nachdem der Befehl zum Tauchen gekommen war und er sein Boot in die Tiefe steuerte. Aber das Boot war nicht zu halten. »Auftauchen!« Die Luft schoß in die Tanks. Krey brachte das Boot an die Oberfläche. Oben sprachen die Waffen. Sechs Flieger griffen an, und auf das havarierte Boot zu schäumten mit jagender Bugwelle zwei Zerstörer. Sie waren schon viel zu nahe, als daß noch ein Mensch das Schicksal hätte wenden können. Der Kommandant und die Brückenwache waren gefallen, der Befehl »Alle Mann von Bord«, flog durch das Boot. Krey schickte seine Maschinisten und Heizer an Deck. Er selbst blieb: Das havarierte U-Boot mit den tausend Geheimnissen moderner Waffen durfte nicht in Feindeshand fallen. Um keinen Preis.
Und der L.I. tat, was geschehen mußte und was in diesem Falle nur geschehen konnte, wenn er selbst das Leben überwand. In seiner letzten Tat stieß er sich das Tor zu einem neuen Leben auf, aber in all den Vielen fortbesteht, die mit ihm und nach ihm an gleicher Stelle stehen. Die draußen im Wasser trieben, sahen ihr Boot sinken, noch ehe die Zerstörer heran waren. Aber sie warteten vergeblich auf den letzten Mann, dem die Pflicht mehr wog als das junge Leben.

AUGUST MAUS

*** 07.02.1915**
IN WUPPERTAL
† 28.09.1996
IN HAMBURG

21.09.1943
Ritterkreuz (187-101)

08.04.1934
Eintritt in die Reichsmarine als Seeoffiziersanwärter
Crew 34

08.04.1934 – 14.06.1934
Infanterieausbildung – 2. Komp./II. Abt. S.St.Div. der Ostsee, Stralsund

15.06.1934 – 26.09.1934
Bordausbildung – SSS GORCH FOCK

26.09.1934
Seekadett

27.09.1934 – 26.06.1935
Bordausbildung – Leichter Kreuzer EMDEN

27.06.1935 – 30.03.1936
Hauptlehrgang für Fähnriche – 2. Komp./ Marineschule Flensburg-Mürwik bzw.

19.08.1935 – 24.08.1935
Navigationsbelehrungsfahrt – Dampfer POSEIDON bzw.

17.02.1936 – 22.02.1936
Navigationsbelehrungsfahrt – Dampfer HECHT

01.07.1935
Fähnrich zur See

31.03.1936 – 19.05.1936
Torpedolehrgang für Fähnriche – Torpedoschule Flensburg-Mürwik

20.05.1936 – 06.06.1936
Fla-Waffenlehrgang für Fähnriche – Küstenartillerieschule Wilhelmshaven

07.06.1936 – 13.06.1936
Sperrlehrgang für Fähnriche – Sperrschule Kiel-Wik

14.06.1936 – 04.07.1936
Nachrichtenlehrgang für Fähnriche – Marine-Nachrichtenschule Flensburg-Mürwik

05.07.1936 – 28.07.1936
Infanterielehrgang für Fähnriche – II. Abt. S.St.Div. der Ostsee, Stralsund

29.07.1936 – 29.09.1936
Artillerielehrgang für Fähnriche – S.A.S. Kiel-Wik

30.09.1936 – 16.04.1937
Bordausbildung – Leichter Kreuzer NÜRNBERG, zugleich

15.02.1937 – 12.04.1937
E-Meßlehrgang – E-Meßschule Saßnitz, bzw.

13.04.1937 – 16.04.1937
Fla-E-Meßausbildung – Küstenartillerieschule

01.01.1937
Oberfähnrich zur See

01.04.1937
Leutnant zur See (-57-)

17.04.1937 – 29.05.1938
Wach- und E-Meßoffizier – Leichter Kreuzer NÜRNBERG, zugleich

14.02.1938 – 28.05.1938
A/B-Lehrgang – S.A.S. Kiel-Wik

01.04.1938
Dienstauszeichnung IV. Klasse

30.05.1938 – 02.03.1939
Zugführer (Rekrutenzug) – 7. S.St.Abt. Stralsund

03.03.1939 – 14.06.1939
Adjutant – 1. Schiffsstammregiment

01.04.1939
Oberleutnant zur See (-56-)

15.06.1939 – 28.04.1940
Ausbildungsoffizier – Linienschiff SCHLESWIG-HOLSTEIN

06.10.1939
Eisernes Kreuz II. Klasse

29.04.1940 – 06.10.1940
z.Vfg. – B.d.U., zugleich

29.04.1940 – 02.06.1940
U.T.O.-Lehrgang – Torpedoschule Flensburg-Mürwik bzw

03.06.1940 – 30.06.1940
U.W.O.-Lehrgang – Marine-Nachrichtenschule Flensburg-Mürwik bzw.

01.07.1940 – 28.07.1940
U.T.O.-Lehrer – Torpedoschule Flensburg-Mürwik bzw.

29.07.1940 – 06.10.1940
U-Lehrgang – 1. U.L.D.

05.06.1940
Spanienkreuz in Bronze

07.10.1940 – 21.12.1940
1. U.A.A./Plön

22.12.1940 – 10.02.1941
Baubelehrung – U-Boote Nord/Deschimag AG Weser, Bremen

11.02.1941 – 29.12.1941
I.WO – U 68/2. U-Flottille
Feindfahrten U 68/
Kdt: Karl-Friedrich Merten
30.06.1941 – 01.08.1941
11.09.1941 – 25.12.1941

01.11.1941
Kapitänleutnant (-9-)

26.12.1941
U-Boots-Kriegsabzeichen 1939

30.12.1941 – 11.03.1942
Kommandanten-Schießlehrgang – 24. U-Flottille/Memel

12.03.1942 – 31.03.1942
Kapitänleutnant beim Stab i.V., bzw. z.Vfg. – 1. U-Flottille/Brest

01.04.1942 – 19.04.1942
z.Vfg. – 1. U-Flottille/Brest

20.04.1942 – 04.05.1942
Kommandantenlehrgang – 24. U-Flottille/Memel

05.05.1942 – 12.06.1942
Baubelehrung – 1.Komp./K.L.A.- U-Nord, Bremen für U 185

13.06.1942 – 31.10.1942
Kommandant – U 18/4. U-Flottille

01.11.1942 – 24.08.1943
Kommandant – U 185/10. U-Flottille

09.11.1942
Flottenkriegsabzeichen

05.05.1943
Eisernes Kreuz I. Klasse

24.08.1943
Im mittleren Nordatlantik durch eine »Avenger« und zwei »Wildcat« Trägerflugzeuge des US-Geleitträgers CORE (Squadron VC-13) mit Mk-47-Torpex-Wasserbomben auf Position 27°00'Nord/ 37°06'West versenkt. 29 Tote der U-185-Besatzung. 23 Mann einschließlich des Kommandanten wurden gerettet. Außerdem fanden 14 Mann der an Bord von U 185 befindlichen U-604-Besatzung den Tod. 9 Mann der U-604-Besatzung wurden gerettet. Kapitänleutnant August Maus geriet in Gefangenschaft.

21.09.1943
Ritterkreuz des Eisernen Kreuzes

23.12.1944
Flucht aus dem Gefangenenlager Papago-Park bei Phönix in Arizona. Die Flucht mißlingt.

1946
Aus der Kriegsgefangenschaft entlassen.

1. Unternehmung U 185:
(Nordatlantik, westlich Gibraltar)

Kdt:	Kl August Maus (3. Feindfahrt)
27.10.1942	Kiel aus
29.10.1942	Kristiansand / Marwik ein
29.10.1942	Kristiansand / Marwik aus
01.01.1943	Lorient ein
Erfolge:	1 Schiff (5476 BRT +)

Stellungnahme des B.d.U.:
Erste Unternehmung des Kommandanten mit neuem Boot.
Der Kommandant hat sein Boot auf der Unternehmung unter schwierigen Verhältnissen überlegt geführt und wertvolle Erfahrungen gewonnen. Ein Versenkungs- und ein Torpedierungserfolg sind erfreulich. Am 13.11. bot sich dem Kommandanten eine Angriffsmöglichkeit, die leider wegen technischer Schwierigkeiten nicht wahrgenommen werden konnte. Auf jeden Fall aber hätte energisch nachgestoßen werden müssen.
Der Torpedoeinsatz bei den Fangschüssen am 07.12. war überhastet und noch nicht ruhig genug. Die Angriffe auf den Dampfer am 20.12. und 21.12. führten wegen vermutlich zu großer Hast und unüberlegtem Torpedoeinsatz nur zum unbefriedigenden Teilerfolg. Die Zähigkeit bei der Verfolgung wird anerkannt.
Die Unternehmung wurde durch stärkere Abwehr und mehrere technischen Störungen beeinträchtigt.

2. Unternehmung U 185:
(Westatlantik, Karibik, Windward-Passage)

Kdt:	Kl August Maus (4. Feindfahrt)
08.02.1943	Lorient aus
03.05.1943	Bordeaux ein
Erfolge:	3 Schiffe (20471 BRT +)

Stellungnahme des B.d.U.:
1.) *Zu Angriff am 12.02.: Wie mündlich gemeldet, wurden die Rohre I-IV wegen eines schweren Versagers des Torpedomechaniker-Personals zu spät klar und das Boot kam so um einen großen Erfolg. Dieser Vorfall zeigt eindringlich, mit welcher Schärfe und Unerbittlichkeit die Besatzung erzogen werden muß.*
2.) *Zu Geleitangriff am 10.03.: Es wurde meist auf große Entfernung geschossen. Man muß stets bestrebt sein, so nahe wie möglich ranzugehen und bei jedem Anlauf, besonders aber beim ersten, mehrere Ziele anzugreifen.*
Gut durchgeführte Unternehmung.

Anerkannte Erfolge:

1 Tanker (Typ BRAZOS)	*8000 BRT versenkt.*
1 Mun. Dampfer	*8000 BRT versenkt.*
1 Frachter	*5500 BRT versenkt.*

3. Unternehmung U 185:
(Südatlantik, brasilianische Gewässer)

Kdt:	Kl August Maus (5. Feindfahrt)
09.06.1943	Bordeaux aus
24.08.1943	Verlust U 185
Erfolge:	5 Schiffe (36781 BRT +) 1 Schiff (6840 BRT =)

Erfolge August Maus als Kommandant U 185:
9 Schiffe (62728 BRT +)
1 Schiff (6840 BRT =)

Dietrich Schöneboom

* 04.12.1917
in Amdorf/Kreis Leer
† 21.10.1943
im Mittelmeer vor Algier

20.10.1943
Ritterkreuz (188-102)

03.04.1937
Eintritt in die Kriegsmarine als Seeoffiziersanwärter
Crew 37a

03.04.1937 – 14.06.1937
Infanterieausbildung – 2. Komp./II. S.St. Abt. der Ostsee, Stralsund

15.06.1937 – 22.09.1937
Bordausbildung – SSS HORST WESSEL

21.09.1937
Seekadett

23.09.1937 – 28.04.1938
Bordausbildung – Linienschiff SCHLESIEN

29.04.1938 – 25.11.1938
Hauptlehrgang für Fähnriche – 4. Komp./ Marineschule Flensburg-Mürwik bzw.

14.07.1938 – 17.07.1938
Navigationsbelehrungsfahrt – Schulschiff PAUL BENEKE

01.05.1938
Fähnrich zur See

26.11.1938 – 08.01.1939
Torpedolehrgang für Fähnriche – 4. Komp./Torpedoschule Flensburg-Mürwik

09.01.1939 – 12.01.1939
Sperrlehrgang für Fähnriche – Sperrschule Kiel-Wik

13.01.1939 – 21.02.1939
Artillerielehrgang für Fähnriche – S.A.S. Kiel-Wik

22.02.1939 – 05.03.1939
Nachrichtenlehrgang für Fähnriche – 6. Komp./Marine-Nachrichtenschule Flensburg-Mürwik

06.03.1939 – 02.04.1939
Infanterielehrgang – 4. Komp./7. S.St.Abt. Stralsund

03.04.1939 – 27.08.1939
Bordausbildung – Geleitboot F-10/Geleitflottille

01.07.1939
Oberfähnrich zur See

01.08.1939
Leutnant zur See (-223-)

28.08.1939 – 13.12.1939
WO – Geleitboot F-10/Geleitflottille

14.12.1939 – 07.02.1940
A/B-Lehrgang – S.A.S. Kiel-Wik

08.02.1940 – 29.02.1940
WO – Geleitboot F-6/Geleitflottille

01.03.1940 – 23.05.1940
I.WO – Führer-Geleitboot F-6/Führer der Minensuchboote West

24.05.1940 – 14.06.1940
Schießlehrgang – S.A.S. Kiel-Wik

15.06.1940 – 30.06.1940
I.WO – Führer-Geleitboot F-6/Führer der Minensuchboote West

01.07.1940 – 01.08.1940
Kommandant – R-152/7. Räumbootflottille bzw. z.Vfg. – 11. Räumbootflottille

07.1940
Eisernes Kreuz II. Klasse

02.08.1940 – 14.10.1940
Kommandant – R-152/11. Räumbootflottille

09.1940
Kriegsabzeichen für Minensuch-, U-Jagd- und Sicherungsverbände

15.10.1940 – 28.09.1941
Kommandant – R-152/7. Räumbootflottille

01.08.1941
Eisernes Kreuz I. Klasse

01.09.1941
Oberleutnant zur See (-178-)

29.09.1941 – 23.11.1941
U.W.O.-Lehrgang – 1. U.L.D./Pillau

24.11.1941 – 01.02.1942
U.T.O.-Lehrgang – Torpedoschule Flensburg-Mürwik

02.02.1942 – 01.03.1942
U.W.O.-Lehrgang – Marine-Nachrichtenschule Flensburg-Mürwik

02.03.1942 – 16.03.1942
U.W.O.-Lehrgang – S.A.S. Saßnitz

17.03.1942 – 30.06.1942
I.WO – U 205/29. U-Flottille
Feindfahrten U 205/
Kdt: Franz-Georg Reschke
17.03.1942 – 06.04.1942
06.05.1942 – 08.06.1942
11.06.1942 – 23.06.1942

01.07.1942 – 17.08.1942
Kommandanten-Schießlehrgang – 24. U-Flottille/Memel (28. K.S.L./ 01.07.1942 – 31.07.1942)

18.08.1942 – 31.08.1942
z.Vfg. – 22. U-Flottille/Gotenhafen

01.09.1942 – 14.12.1942
Kommandant – U 58/22. U-Flottille/Gotenhafen

25.12.1942 – 21.10.1943
Kommandant – U 431/29. U-Flottille (lt. K.T.B. U 431 übernahm OlzS Dietrich Schöneboom das Boot am 06.01.1943)

12.02.1943
U-Boots-Kriegsabzeichen 1939

10.08.1943
Italienische Tapferkeitsmedaille in Bronze

20.10.1943
Ritterkreuz des Eisernen Kreuzes

21.10.1943
Im Mittelmeer vor Algier durch die »Wellington« Z der britischen 179. Squadron des Coastal Command auf Positon 37°23' Nord/03°50'Ost versenkt. Totalverlust. – 53 Tote.

11. Feindfahrt U 431:
(östliches Mittelmeer, Palästina-Küste)

Kdt:	OlzS Dietrich Schöneboom (4. Feindfahrt)
07.01.1943	Pola aus
08.02.1943	Pola ein
Erfolge:	4 Segler (265 BRT +)

Stellungnahme des F.d.U. Italien:

1.) *Es war für den jungen Kommandanten nicht leicht, als 1. Unternehmung eine Feindfahrt im Mittelmeer mit der Besatzung eines bisher erfolgreichen Bootes zu fahren. Die Aufgabe wurde erschwert durch den Wechsel von 10 eingefahrenen Besatzungsangehörigen gegen unbefahrene Soldaten. Der Feststellung des Kommandanten, daß ein derartiger Wechsel eine Gefahr für das Boot bringt, wird zugestimmt. Die Steuerung des Per-*

sonalaustausches ist in diesem Falle zu beanstanden. Die Unternehmung selbst, insbesondere die verschiedenen Torpedoangriffe litten noch unter der geringen Erfahrung und Übung des Kommandanten. Es ist aber festzustellen, daß der Kommandant sich redlich und zähe bemüht hat, Gelegenheiten zum Angriff zu bekommen, zu suchen und zu nutzen. Die nächste Unternehmung wird zeigen, was er aus seiner 1. Feindfahrt gelernt hat. Anzuerkennen ist am 14.01. die geschickte Ausnutzung der Horchpeilung, wodurch es dem Kommandanten gelang, den Gegner zu finden.

2.) *Das Boot hatte am 11.01. durch Funkspruch den Befehl erhalten, das Überschreiten des Längengrades 31° Ost nach Osten durch Kurzsignal zu melden. Am 17.01. wird das Boot zur Standortmeldung aufgefordert, da angenommen wurde, daß die Länge von 31° Ost inzwischen überschritten sein mußte, eine Meldung darüber aber bis zum 17.01. nicht eingegangen war. Weder diese Aufforderung noch zwei weitere am 18. und 19.01. wurden vom Boot beantwortet. Es mußte daher mit dem Verlust des Bootes gerechnet werden. Erst am 04.02. geht wieder ein Funkspruch des auf Rückmarsch befindlichen Bootes ein. Wie aus dem K.T.B. hervorgeht, fiel am 16.01. der Sender aus, und auch der Hilfssender war unklar. Deshalb konnten die angeforderten Standortmeldungen nicht abgegeben werden. Es ist dem Boot nicht gelungen, während der Zeit vom 16.01. bis 04.02.1943 Verbindung mit der Führung zu bekommen. Aus dem nach dem Einlaufen des Bootes angeforderten Bericht über den Senderausfall geht hervor, daß der Funkwachleiter seinen Aufgaben nicht gewachsen gewesen ist. Es hätte mit allen Mitteln versucht werden müssen, die Verbindung mit der Führung herzustellen, um so mehr, als das Boot aus den nochmaligen Aufforderungen zur Standortangabe ersehen mußte, daß bei der Führung ernste Bedenken für das Boot bestanden.*

3.) *Zu den Angriffen wird bemerkt:*
   A) Am 15.01.43:
   Ein Untersteuern des Zieles ist nicht erwiesen. Die Fehlschüsse sind mit höherer Wahrscheinlichkeit auf ungenaue Schußunterlagen bei relativ großer Schußentfernung zurückzuführen.
   B) Am 22.01.43:
   Der Fächerschuß ist geklärt durch Abzacken des Gegners nach dem Schuß. Für den anschließenden Fehlschuß wird weniger die Möglichkeit des Untersteuerns als vielmehr ungenaue Schußunterlagen angenommen.
   C) Am 29.01.43:
   Bei derartig unsicheren Verhältnissen und ungenauer Beobachtung hätte der Fächer nicht losgemacht werden dürfen. Auch die Tiefeneinstellung von 1 m – zumal bei hoher Dünung – ist zu beanstanden.
   D) Am 01.02.43:
   Die Beobachtungen des Bootes sprechen bei beiden Schüssen für Torpedoversager.

4.) *Das Rammen der Segler am 25. und 26.01. ist falsch. Die Gefahr, dabei das Boot zu beschädigen, ist sehr groß und kann unter Umständen Ursache für Abbrechen der Unternehmung und eine lange Werftliegezeit werden.*

5.) *Anerkannt werden als versenkt:*
   4 Frachtsegler zu je 150 BRT, zusammen 600 BRT.

12. Feindfahrt U 431:

(westliches Mittelmeer, algerische Küste)

Kdt:	OlzS Dietrich Schöneboom (5. Feindfahrt)
11.03.1943	Pola aus
29.03.1943	Toulon ein
Erfolge:	1 Schiff (6415 BRT +)

Stellungnahme des F.d.U. Italien:

1.) *Der Kommandant ist mit den Schwierigkeiten, die ihm die erste Unternehmung im westlichen Mittelmeer brachte, gut fertig geworden. Der gute Ausbildungsstand der Besatzung ist bewiesen worden, nach dem Waboangriff am 18.03. und mehreren Flibos am 26.03.43. In beiden Fällen war das Boot schwer gefährdet. Kommandant und Besatzung blieben aber Herr der Lage. Auch diesmal waren 11 neue Soldaten an Bord.*

2.) *Der Angriffswille des Kommandanten verdient Anerkennung. Er hat auf dieser Unternehmung wertvolle Erfahrungen für späteres Operieren im westlichen Mittelmeer sammeln können. Die Angriffe wurden überlegt und entschlossen durchgeführt.*

3.) Zum Torpedoeinsatz wird bemerkt:
a.) Am 18.03.
Nach mündlichem Vortrag des Kommandanten wird die Torpedierung des angegriffenen Dampfers angenommen.
b.) Am 25.03.
Die Entfernung, bei der die Dampfer »Vollkommen auf der Kimm« standen, ist sicher größer gewesen als 3 – 4000 m. Fehlschätzung bei großer Entfernung oder noch wahrscheinlicher, Schüsse außer Reichweite sind vermutlich Ursache der Fehlschüsse. Sperrballons als Träger von Torpedonetzen gehören in das Reich der Fabel.
c.) Am 26.03.
Die Einzelschüsse aus Rohr 2 und Rohr 5 können nach der Schußmeldung nicht denselben Dampfer gegolten haben. Die Versenkung je eines Dampfers von 5000 und 8000 BRT ist anzunehmen, die Torpedierung eines weiteren Dampfers ist möglich.
4.) Anerkannt werden
als versenkt je 1 Dampfer von 5000 und 8000 BRT,
als torpediert 1 Dampfer von 2000 BRT.

13. Feindfahrt U 431:

(westliches Mittelmeer)

Kdt:	OlzS Dietrich Schöneboom (6. Feindfahrt)
20.05.1943	Toulon aus
29.05.1943	Toulon ein
Erfolge:	keine

Stellungnahme des F.d.U. Italien:
1.) Die Unternehmung mußte infolge Waboschäden vorzeitig abgebrochen werden. Sie bot daher dem Boot keine Gelegenheit, gestützt auf die Erfahrungen der vorhergehenden, ersten Feindfahrten im westlichen Mittelmeer, erfolgreich zu operieren.
2.) Der Angriff am 26.05. ist mit Schneid gefahren. Möglicherweise standen die Ziele aber außer Reichweite. Bei der großen Entfernung und den unsicheren Schußunterlagen war das Schießen von zwei 2er-Fächern nicht zweckmäßig. Entweder einen 4er-Fächer schießen oder verzichten im Hinblick darauf, daß das Boot erst am Anfang des Unternehmens stand und damit rechnen konnte, daß sich ihm bessere Schußgelegenheiten bieten würden.
3.) Sonst ist nichts Grundsätzliches zu bemerken.

14. Feindfahrt U 431:

(westliches Mittelmeer)

Kdt:	OlzS Dietrich Schöneboom (7. Feindfahrt)
05.06.1943	Toulon aus
27.06.1943	Toulon ein
Erfolge:	keine

Stellungnahme des F.d.U. Italien:
1.) Der Kommandant hat sich gut mit den schwierigen Verhältnissen des Operierens im westlichen Mittelmeer abgefunden und sein Boot mit Schneid und Umsicht geführt. Erschwerend wirkte sich das unklare Horchgerät aus.
2.) Das geschickte Verhalten bei der Flugzeugabwehr in mehreren Fällen verdient hervorgehoben zu werden. Das Versagen des MG C 30 belastete die Abwehr. Das Boot erhält z. Zt. den Vierlingsturm, einer Wiederholung der mißlichen Lagen ist damit gesteuert.
3.) Zu dem Angriff am 21.06. auf den schnellen Verband wird bemerkt:
a) Der Streuwinkel von 5° war bei einer geschätzten Entfernung von hm zu groß. Hinzu kommt, daß erfahrungsgemäß – wie auch im vorliegenden Falle – Entfernungen unterschätzt werden.
b) Auf Grund der gehörten 3 Detonationen bei Schüssen mit Abstandszündung und nach mündlichem Vortrag des Kommandanten ist die Versenkung eines Kreuzers der FROBISHER-Klasse durch zwei Torpedos als sicher anzunehmen, während die 3. Detonation nach einer weiteren halben Minute auf einer 2. Einheit erfolgt sein kann. Da nach Agentenmeldung am gleichen Tage 2115 Uhr ein Kleiner Kreuzer in einem Verband von 12 Schiffen vom Mittelmeer kommend in Gibraltar eingeschleppt wurde, kann angenommen werden, daß dieser Kreuzer, der später als GALATEA erkannt wurde, von U 431 torpediert worden ist.
4.) Die Vermutung, daß auf den Balearen Ortungsgeräte stehen, wird immer wieder von den Kommandanten ausgesprochen, ohne daß nähere Angaben gemacht werden können.

5.) Anerkannt werden als versenkt:
1 Kreuzer der FROBISHER-Klasse
wahrscheinlich torpediert:
1 Kreuzer (GALATEA)

Stellungnahme des B.d.U.:
Zum 21.06.:
1.) Bei eingestelltem Fächerwinkel von 5° ist nach einer Laufzeit von 3–4 Minuten nicht mit 2 Treffern auf demselben Kreuzer zu rechnen!
2.) Die Unterlagen über Laufzeit der Torpedos sind nach Schußmeldungen und K.T.B. verschieden und ungenau angegeben.
3.) Die Möglichkeit von Pi-Versagern – Früh- oder Endzündern muß bei gehörten Detonationen ohne einwandfreie Trefferbeobachtung in Rechnung gestellt werden. Die Torpedierung eines Kreuzers vermutlich der FROBISHER-Klasse kann erhofft werden, die Torpedierung einer 2. Einheit ist nicht ausgeschlossen.

15. Feindfahrt U 431:
(westliches Mittelmeer, nördlich von Sizilien)

Kdt:	OlzS Dietrich Schöneboom (8. Feindfahrt)
09.08.1943	Toulon aus
01.09.1943	Toulon ein
Erfolge:	keine

Stellungnahme des F.d.U. Mittelmeer:
1.) Eine mit Schwung durchgeführte Unternehmung, die dem im Mittelmeer auf 4 Unternehmungen bewährten Kommandanten erneut ein gutes Zeugnis ausstellt. Die Angriffe sind mit Schneid und Überlegung gefahren worden. Hervorzuheben ist die in mehreren Fällen erfolgreiche Anwendung des Funkmeßboldes zur Irreführung des ortenden Gegners, das Fühlunghalten des Bootes im Geleit während des Nachladens am 30.08. sowie das Nachladen über Wasser am Geleit, wodurch das Boot zu einem weiteren Erfolg kam.
2.) Zum Torpedoeinsatz wird bemerkt:
a) Am 22.08.: Auf Grund des gehörten Treffers, der Geräusche im Horchgerät und nach mündlicher Berichterstattung des Kommandanten ist die Versenkung des Kreuzers anzunehmen.
b) Am 30.08.: Für Erfolge trotz der langen Laufzeit der Torpedos bis zum Ziel sprechen beim Angriff um 0341 Uhr die Sichtbeobachtung des Kommandanten sowie bei diesem und dem folgenden Angriff der Umstand, daß die Torpedos frisch aufgeladen waren und die hohe Wasser- und Bootstemperatur die Leitungsfähigkeit der E-Torpedos stark steigern. Der Fehlschuß auf den Zerstörer beruht aller Wahrscheinlichkeit nach auf Gegnerwertfehlschätzung im Zusammenhang mit der großen Entfernung. Die eingestellte Tiefe von 6 m ist falsch. Beim Schuß auf Zerstörer ist 4 m Tiefe einzustellen.
3.) Anerkannt werden als versenkt:
1 Kreuzer der AURORA-Klasse,
1 Dampfer von 8000 BRT.
Als torpediert:
1 Tanker von 10000 BRT, Sinken wahrscheinlich

16. Feindfahrt U 431:
(westliches Mittelmeer, algerische Küste)

Kdt:	OlzS Dietrich Schöneboom (9. Feindfahrt)
26.09.1943	Toulon aus
21.10.1943	*Funkspruch an U 431:* *Für Kommandanten: Der Führer hat Ihnen am 20. Oktober das Ritterkreuz zum Eisernen Kreuz verliehen. Herzlichen Glückwunsch. Ihr Ob.d.M. und B.d.U.* *Zusatz F.d.U. Mittelmeer: Ihnen und Ihrer tapferen Besatzung herzliche Glückwünsche zu der Auszeichnung. F.d.U. Mittelmeer*
21.10.1943	Verlust U 431
Erfolge:	keine

Erfolge Dietrich Schöneboom als Kommandant U 431:
1 Schiff und 4 Segler (6680 BRT +)

Carl-August Landfermann

* 14.07.1914 in Dortmund

27.10.1943
Ritterkreuz (189-103)

Reichsmarine/Kriegsmarine

01.03.1934 – 30.05.1934
Rekrut (ROA) – 2. Komp./V. Marine-Artillerieabteilung

15.03.1935 – 30.09.1935
Bordausbildung – Tender SAAR

01.09.1935
Heizer

27.09.1935
Reserveoffiziersanwärter (ROA)

01.10.1935
Oberheizer

01.07.1936 – 02.08.1936
1. Reserveübung (Teil 1) – Küstenartillerieschule Wilhelmshaven

23.08.1936 – 20.09.1936
1. Reserveübung (Teil 2) – Linienschiff SCHLESIEN

01.10.1936
Maschinenmaat d.R.

06.09.1938 – 15.10.1938
2. Reserveübung bzw. Bordausbildung – Tender SAAR

15.10.1938
Maschinist d.R.

12.06.1939 – 08.07.1939
3. Reserveübung (Teil 1) – Marineschule Kiel

09.07.1939 – 05.08.1939
3. Reserveübung (Teil 2) – Leichter Kreuzer KÖLN

01.10.1939 – 28.02.1940
Flugabwehrgruppenkommando Sylt

31.10.1939
Leutnant (Ing.) d.R. mit Wirkung vom 31.10.1939 und Rangdienstalter vom 18.10.1939

29.02.1940 – 30.03.1940
U-Lehrgang – U-Ausbildungsflottille

31.03.1940 – 30.05.1940
z.Vfg. – B.d.U. bzw. U-Lehrgang – U-Schule Neustadt

31.05.1940 – 18.08.1940
24. U-Flottille

19.08.1940 – 29.10.1940
Baubelehrung – U-Boote Ost, Deutsche Werke Kiel für U 146

30.10.1940 – 31.12.1940
LI – U 146/1. U-Flottille

01.01.1941 – 23.03.1941
LI – U 146/22. U-Flottille

24.03.1941 – 05.08.1941
z.Vfg. – 2. U-Flottille bzw. LI (z. Ausb.) – U 38
Feindfahrt U 38/Kdt: Heinrich Liebe
09.04.1941 – 26.06.1941

24.06.1941
U-Boots-Kriegsabzeichen 1939

25.06.1941
Eisernes Kreuz II. Klasse

06.08.1941 – 11.01.1942
LI – U 38/2. U-Flottille
Feindfahrten U 38/Kdt: Heinrich Schuch
06.08.1941 – 14.09.1941
15.10.1941 – 29.11.1941

12.01.1942 – 08.05.1942
Baubelehrung – K.L.A.-U-Nord, Bremen für U 181

01.02.1942
Oberleutnant (Ing.) (-3-)

09.05.1942 – 30.09.1942
LI – U 181/4. U-Flottille

01.10.1942 – 31.10.1942
LI – U 181/10. U-Flottille

01.11.1942 – 30.04.1944
LI – U 181/12. U-Flottille
Feindfahrten U 181/
Kdt: Wolfgang Lüth
12.09.1942 – 18.01.1943
23.03.1943 – 14.10.1943

21.01.1943
Eisernes Kreuz I. Klasse

27.10.1943
Ritterkreuz des Eisernen Kreuzes
Nach erfolgter U-Boot-Ausbildung wurde Carl-August Landfermann der Reihe nach auf die U-Boote U 146, U 38 und U 181 als LI kommandiert. Mit U 181 hatte Landfermann unter dem Kommando des späteren Brillantenträgers Wolfgang Lüth von März bis Oktober 1943 an einer der längsten Feindfahrten eines U-Bootes im Zweiten Weltkrieg (203 Seetage) teilgenommen. Wegen seiner besonderen Leistungen auf U 181 und aufgrund weiterer militärischer Verdienste war er am 27.10.1943 als 189. Marineangehöriger mit dem Ritterkreuz ausgezeichnet worden.

01.01.1944
Kapitänleutnant (Ing.)

01.05.1944 – 17.10.1944
z.Vfg. – 12. U-Flottille
Am 26.06.1944 wurden Kl Siegfried Lüdden, Kl (Ing.) Carl-August Landfermann und einige weitere Marine-Soldaten auf der Fahrt von Bordeaux nach Paris, in der Nähe von Limoges, von französischen Widerstandstruppen gefangengenommen. Am 17.07.1944 gelang ihnen die Flucht aus der Gefangenschaft und nach sieben Tagen nächtlichen Fußmarsches erreichten sie die Regionshauptstadt Limoges und konnten sich wieder bei den deutschen Behörden melden.

12.10.1944
U-Boots-Frontspange in Bronze

18.10.1944 – 08.05.1945
Ausbilder – Technische Ausbildungsgruppe für Front-U-Boote (Agru-Front), Hela

08.05.1945 – 29.08.1945
Kriegsgefangenschaft

29.08.1945
Entlassung

Hellmut Rohweder

* 17.01.1914
in Hagen/Westfalen

14.11.1943
Ritterkreuz (191-104)

08.04.1935
Eintritt in die Reichsmarine als Ingenieuroffiziersanwärter
Crew 35

08.04.1935 – 30.09.1938
Infanterieausbildung; Bordausbildung – Leichter Kreuzer KARLSRUHE und LEIPZIG; Fachausbildung zum Ingenieur – Marineschule Flensburg-Mürwik und Technische Marineschule Kiel; Ingenieuroffiziersprüfung

01.06.1936
Fähnrich (Ing.)

01.01.1938
Oberfähnrich (Ing.)

01.04.1938
Leutnant (Ing.) (-42-)

01.10.1938 – 31.12.1938
Lehrgang für LIs – U-Schule Neustadt

01.01.1939 – 30.03.1939
Ausbildungsoffizier und Zugführer – Technische Marineschule Wesermünde

01.04.1939 – 30.09.1940
LI – U 17/U-Flottille Weddigen, ab 01.11.1939 U-Ausbildungsflottille, ab 01.05.1940 U-Abwehrschule
Feindfahrt U 17/Kdt: Heinz von Reiche
31.08.1939 – 08.09.1939

01.06.1939
Dienstauszeichnung IV. Klasse

01.10.1939
Oberleutnant (Ing.) (-42-)
Feindfahrten U 17/Kdt: Udo Behrens
29.01.1940 – 10.02.1940
29.02.1940 – 07.03.1940
13.04.1940 – 02.05.1940

08.03.1940
Eisernes Kreuz II. Klasse

02.05.1940
U-Boots-Kriegsabzeichen 1939

01.10.1940 – 01.11.1940
Baubelehrung – U-Boote Ost, Germania Werft Kiel für U 69

02.11.1940 – 08.11.1941
LI – U 69/7. U-Flottille
Feindfahrten U 69 / Kdt: Jost Metzler
10.02.1941 – 01.03.1941
18.03.1941 – 11.04.1941
05.05.1941 – 08.07.1941
21.08.1941 – 27.08.1941

12.04.1941
Eisernes Kreuz I. Klasse
Feindfahrt U 69/Kdt: Wilhelm Zahn
01.09.1941 – 01.10.1941

09.11.1941 – 23.01.1942
Baubelehrung – U-Boote Nord für U 514

24.01.1942 – 31.08.1942
LI – U 514/4. U-Flottille

01.09.1942 – 30.04.1943
LI – U 514/10. U-Flottille
Feindfahrten U 514/
Kdt: Hans-Jürgen Auffermann
12.08.1942 – 09.11.1942
09.12.1942 – 12.02.1943

01.12.1942
Kapitänleutnant (Ing.) (-1-)

01.05.1943 – 07.1943
Flottilleningenieur i.V. – 12. U-Flottille/Bordeaux

07.1943 – 01.1944
Flottilleningenieur – 4. U-Flottille/Stettin bzw.

09.1943 – 10.1943
Referent – Annahmestelle für Offiziersbewerber in Stralsund

07.08.1943
Deutsches Kreuz in Gold (113)

14.11.1943
Ritterkreuz des Eisernen Kreuzes

01.1944 – 02.1944
Ausbildungsoffizier – Agru-Front/Hela

02.1944 – 06.1944
Flottilleningenieur – 6. U-Flottille/St. Nazaire

06.1944 – 31.10.1944
LI – U 673/6. U-Flottille
Feindfahrt U 673/
Kdt: Ernst-August Gerke
14.09.1944 – 19.10.1944

20.10.1944
U-Boots-Frontspange in Bronze

01.11.1944 – 12.1944
2. Skl/B.d.U.op/O.K.M.

12.1944 – 02.1945
Kommandeur – II. Abt./2. U.L.D.

01.12.1944
Korvettenkapitän (Ing.)

02.1945 – 08.05.1945
Referent im technischen Stab (Bauaufsicht Flenderwerke Lübeck und Hansawerft Wismar) – Kommandierender Admiral der U-Boote, keine Kriegsgefangenschaft

---

04.04.1956
Eintritt in die Bundesmarine (Eignungsprüfung 04.04. – 03.08.1956)

04.04.1956 – 31.01.1958
Referent – Abt. VII/Bundesministerium der Verteidigung

01.08.1956
Fregattenkapitän

01.02.1958 – 28.02.1958
Hilfsdezernent – Marineamt

01.03.1958 – 31.08.1959
Schüleretat, zugleich

01.03.1958 – 16.08.1959
Versorgungsoffizier – Schiffsmaschinenkommando bzw.

04.05.1959 – 31.07.1959
Lehrgang – SHAPE Paris bzw.

17.08.1959 – 31.08.1959
Einweisung – Kommando Amphibische Streitkräfte

01.09.1959 – 31.03.1963
Asto (S-4 und Schiffstechnischer Offizier) – Kommando der Amphibischen Streitkräfte, zugleich

06.06.1960 – 10.06.1960
Lehrgang – Joint Service Amphibian Poole, Dorsethire/England bzw.

01.08.1960 – 05.11.1960
Kommandeur i.V. (b.m.d.W.d.G.) – U-Bootslehrgruppe bzw.

10.01.1963 – 06.02.1963
Lehrgang – Logistische Führung, Logistikschule der Bundeswehr, Hamburg

01.04.1963 – 31.03.1964
Sonderaufgabe z.b.V. – Zentrales Marine-Kommando Wilhelmshaven

01.04.1964 – 30.09.1965
Dezernent – Zentrales Marine-Kommando Wilhelmshaven

01.10.1965 – 30.09.1969
Referent im Führungsstab der Marine (FüM III 3) – Bundesministerium der Verteidigung

01.03.1966
Kapitän zur See

01.10.1969 – 30.09.1970
Leiter der STAN-Abteilung – Marineamt

01.10.1970 – 30.03.1972
Kommandeur und Standortältester – Verteidigungskreiskommando 115 Kiel

31.03.1972
Ruhestand

Egon Reiner Freiherr von Schlippenbach

* 10.04.1914
in Köln-Lindenthal
† 11.05.1979
in Kiel

19.11.1943
Ritterkreuz (192-105)

08.04.1934
Eintritt in die Reichsmarine als Seeoffiziersanwärter
Crew 34

08.04.1934 – 13.06.1934
Infanterieausbildung – 4. Komp./II. Abt. S.St.Div. der Ostsee, Stralsund

14.06.1934 – 26.09.1934
Bordausbildung – SSS GORCH FOCK

27.09.1934 – 26.06.1935
Bordausbildung – Leichter Kreuzer EMDEN

27.06.1935 – 30.03.1936
Hauptlehrgang für Fähnriche – Marineschule Flensburg-Mürwik

01.07.1935
Fähnrich zur See

31.03.1936 – 31.10.1936
Waffenlehrgänge für Fähnriche – Marineschulen Mürwik und Kiel

01.11.1936 – 31.10.1937
Linienschiff SCHLESWIG-HOLSTEIN (lt. Rangliste)

01.01.1937
Oberfähnrich zur See

01.04.1937
Leutnant zur See (-55-)

01.11.1937 – 30.09.1938
Leutnant zur See – Linienschiff SCHLESWIG-HOLSTEIN und Lehrgänge für Artillerieoffiziere (A.T.O.) – S.A.S. (lt. Rangliste)

08.04.1938
Dienstauszeichnung IV. Klasse

01.10.1938 – 10.1939
Lehrer und Schießleiter – S.A.S. und U-Bootsausbildung (lt. Rangliste)

01.04.1939
Oberleutnant zur See (-55-)

10.1939 – 11.1939
I.WO – U 18/U-Flottille Lohs

11.1939 – 28.04.1940
I.WO – U 18/U-Ausbildungsflottille, ab 04.1940, 1.U-Ausbildungsflottille
Feindfahrt U 18/
Kdt: Max-Hermann Bauer
15.11.1939 – 22.11.1939
Feindfahrten U 18/
Kdt: Ernst Mengersen
08.01.1940 – 26.01.1940
11.02.1940 – 24.02.1940

29.04.1940 – 02.06.1940
Torpedolehrgang – Torpedoschule Flensburg-Mürwik

03.06.1940 – 30.06.1940
Nachrichtenlehrgang – Nachrichtenschule Flensburg-Mürwik

01.07.1940 – 27.09.1940
U-Lehrgang – 1. U.L.D.

28.09.1940 – 27.10.1940
WO – U 3 / 21. U-Flottille

28.10.1940 – 22.11.1940
U-Ausbildung – U.A.A./Plön

23.11.1940 – 13.03.1941
I.WO – U 101/7. U-Flottille
Feindfahrten U 101/
Kdt: Ernst Mengersen

24.11.1940 – 07.12.1940
23.01.1941 – 19.02.1941

25.02.1941
Eisernes Kreuz II. Klasse

14.03.1941 – 30.03.1941
Schießlehrgang – 24. U-Flottille

31.03.1941 – 08.07.1941
Kommandant – U 121/21. U-Flottille

09.07.1941 – 31.12.1941
Kommandant – U 453/7. U-Flottille

01.11.1941
Kapitänleutnant (-7-)

01.01.1942 – 06.12.1943
Kommandant – U 453/29. U-Flottille

25.02.1942
U-Boots-Kriegsabzeichen 1939

06.08.1942
Eisernes Kreuz I. Klasse

19.11.1943
Ritterkreuz des Eisernen Kreuzes

07.12.1943 – 12.01.1944
z.Vfg. – 29. U-Flottille

13.01.1944 – 14.07.1944
Asto und Referent – 1. Abt. Skl/O.K.M.

15.07.1944 – 25.03.1945
Kompaniechef und stellv. Kommandeur – 1. Abt./Marinekriegsschule Schleswig

26.03.1945 – 08.05.1945
IIa – Stab, 1. Marine-Infanteriedivision

20.04.1945
Korvettenkapitän

09.05.1945 – 06.08.1945
US-Kriegsgefangenschaft

06.08.1945
Entlassung

15.01.1956
Eintritt in die Bundesmarine

15.01.1956 – 16.03.1956
Eignungsprüfung und Einweisung

17.03.1956 – 29.03.1957
Aufstellungsstab – Kommando der Marineausbildung, zugleich

21.02.1957 – 17.03.1957
Lehrgang – Royal Naval College, Greenwich bzw.

18.03.1957 – 29.03.1957
Lehrgang – Royal Tactial School, Woolwich

30.03.1957 – 20.10.1957
im Stab, Befehlshaber der Seestreitkräfte der Ostsee

27.05.1957
Fregattenkapitän

21.10.1957 – 15.05.1960
Planungsoffizier Führung – Stab, COMNAVNORCENT

16.05.1960 – 30.06.1960
Kommandeur – 1. Geleitgeschwader

01.07.1960 – 30.09.1961
Kommandeur – Schulgeschwader

01.10.1961 – 31.01.1963
Lehroffizier Marine – Abteilung Gesamtstreitkräfte/Führungsakademie der Bundeswehr

01.02.1963 – 31.01.1967
German National Representative to SACLANT, Norfolk

01.08.1963
Kapitän zur See

01.02.1967 – 30.06.1969
stellv. Dienststellenleiter – Stab für Studien und Übungen der Bundeswehr, Bensberg

01.07.1969 – 29.09.1972
Kommandeur – Marine-Ausbildungsregiment Glückstadt

30.09.1972
Ruhestand

1. Unternehmung U 453:
(Nordatlantik, Gibraltar-Durchbruch, westliches Mittelmeer)

Kdt:	Kl Egon Reiner Freiherr von Schlippenbach (6. Feindfahrt)
12.11.1941	Kiel aus
17.12.1941	La Spezia ein
Erfolge:	1 Schiff (4202 BRT +)

Stellungnahme des B.d.U.:
Erste Unternehmung des Kommandanten mit einem neuen Boot. Die Durchführung beweist noch große Mängel an praktischer Erfahrung. Das Verhalten des Kommandanten war in mehreren Fällen ungeschickt.

1.) Am 01.12. beim Anhalten des kleinen Fischdampfers setzte sich der Kommandant einer großen Gefahrsituation aus, indem er ein unbekanntes Schiff bis auf 10 m herankommen ließ. Der eventuell zu erwartende Erfolg steht in gar keinem Verhältnis zum Einsatz.

2.) Durch den Verzicht des Sehrohr-Rundblicks kann das Boot ebenfalls in große Gefahrsituation kommen. Der Rundblick vor dem Auftauchen ist eine unbedingte Notwendigkeit, zumal, wenn bereits vor dem Tauchen ein Flugzeug gesichtet wurde.

3.) Am 02.12. hätte die Zeit von 35 Minuten zum Klarmachen der Rohre ausreichen müssen. Hier war eine Erfolgschance.

4.) Am 09.12. wird der Entschluß, später Alarmtauchen durchzuführen, weil die Diesel noch heiß sind, mißbilligt.

5.) Am 13.12. hätte nach dem Erkennen der spanischen Abzeichen an der Bordwand von einem Angriff abgesehen werden müssen. Bisher liegen noch keine Unterlagen vor, daß feindliche Schiffe neutrale Abzeichen benutzen. Die Einschränkungen in der Angriffsfreiheit sind notwendig und müssen von den Kommandanten beachtet werden.

6.) Die Beobachtungen des Kommandanten über den Brennstoffverbrauch sind abwegig. Sie werden an anderer Stelle richtig gestellt. Ebenso die nicht zutreffenden Ausstellungen bezüglich der Kartenausrüstung.

7.) In der Kürze liegt die Würze – auch beim Kriegstagebuch. Das vorliegende hätte höchstens halb so lang sein sollen.

2. Unternehmung U 453:

(östliches Mittelmeer)

Kdt:	Kl Egon Reiner Freiherr von Schlippenbach (7. Feindfahrt)
17.01.1942	La Spezia aus
01.02.1942	Pola ein
Erfolge:	keine

Stellungnahme des B.d.U.:
Der Stellungnahme des F.d.U. Italien wird zugestimmt.

3. Unternehmung U 453:

(Mittelmeer, vor Tobruk)

Kdt:	Kl Egon Reiner Freiherr von Schlippenbach (8. Feindfahrt)
22.03.1942	Pola aus
21.04.1942	Pola ein
Erfolge:	1 Schiff (9716 BRT =)

Stellungnahme des F.d.U. Italien:
Der Kommandant hat aus seiner ersten Mittelmeer-Unternehmung gelernt und wird sich vermutlich in die hier gegebenen Verhältnisse hineinfinden.
Es boten sich dem Boot wenig Schußgelegenheiten. Bei Feindberührungen hat der Kommandant sich richtig verhalten und ist zum Angriff gekommen.
Außer der Torpedierung eines englischen Lazarettschiffes kein Erfolg. Die Torpedierung des Lazarettschiffes ist bei der mündlichen Berichterstattung des Kommandanten eingehend untersucht worden. Ein schuldhaftes Verhalten des Kommandanten liegt unter den obwaltenden Verhältnissen nicht vor. Bei größerer Erfahrung wäre die Torpedierung vielleicht vermieden worden.
Die sorgfältige und durchdachte Führung des K.T.B. wird anerkannt.

4. Unternehmung U 453:

(östliches Mittelmeer)

Kdt:	Kl Egon Reiner Freiherr von Schlippenbach (9. Feindfahrt)
25.05.1942	Pola aus
14.06.1942	Salamis ein
Erfolge:	keine

Stellungnahme des F.d.U. Italien:

1.) Die beiden »ungeklärten« Fehlschüsse am 04.06. werden ihre Erklärung in Fahrtverschätzung und erheblicher Unterschätzung der Entfernung finden. Zumal der letztere Fehler, ... die hauptsächliche Fehlschußquelle allgemein ist.

2.) Die Annahme, das um 0330 Uhr am 05.06. gehörte Geräusch sei mit einem doch erzielten Treffer auf einen der Dampfer in Verbindung zu bringen, hat wenig Wahrscheinlichkeit für sich.

3.) Der Kommandant ist in allen Fällen beim Sichten feindlicher Flugzeuge getaucht. Am 08.06./2238 Uhr auch, als eine Maschine in 200 m Entfernung gesichtet wird. Trotzdem das Boot mit A.K. gut herunterkam, fiel auf 15 m eine Flibo. Das ist die gefährlichste Situation. In diesem Falle wären Obenbleiben und Abwehr mit Flawaffen richtiger gewesen. Ein Rezept, ob Tauchen oder Obenbleiben, gibt es nicht. Die sich häufenden Fälle gelungener Abwehr einerseits und die Ausfälle durch Flibos kurz nach dem Tauchen andererseits wiesen aber in die Richtung, mehr als bisher einer Abwehr zu vertrauen und zumindest in Zweifelsfällen über Wasser zu bleiben. Daß englische Flugzeuge mit Ortungsgeräten arbeiten, ist erwiesen.

4.) Auf dieser Entfernung ist ein Dampfer torpediert worden. Der erste Erfolg des Bootes. Das Boot selbst ist gut durchgebildet. Die Besatzung fest in der Hand des Kommandanten. Der Kommandant muß im Vertrauen auf eine eingefahrene Besatzung an den Erfolg glauben. In 2 Fällen hat er ein energisches Nachstoßen unterlassen, weil er annahm, doch nicht mehr heranzukommen. Es zeigt sich immer wieder, daß den Kommandanten, die zäh und unbeirrbar nachsetzen, überraschend günstige Umstände auch zum Erfolg verhelfen.

5. Unternehmung U 453:

(östliches Mittelmeer)

Kdt:	Kl Egon Reiner Freiherr von Schlippenbach (10. Feindfahrt)
18.06.1942	Salamis aus
21.07.1942	Pola ein
Erfolge:	keine

Stellungnahme des F.d.U. Italien:

1). Fühlunghaltermeldung durch Kurzsignal.

I.) Im Operationsgebiet wird der Kommandant je nach Lage von Fall zu Fall die Abgabeform seiner Fühlunghaltermeldung (ob durch Funk oder Kurzsignal) entscheiden müssen. Die Vorteile des Kurzsignals sind kurze Sendezeit, geringe Einpeilgefahr.

Nachteilig wirken sich aus:

a) Das Kurzsignal wir erfahrungsgemäß nur bei guten Empfangsverhältnissen (mindestens Lautstärke 3–5) mit einiger Sicherheit aufgenommen. Über die Empfangsverhältnisse aus dem Operationsraum zur Landfunkstelle hat der Kommandant aber fast nie ein zutreffendes Bild.

b) Fast ohne Ausnahme ist bei Kurzsignalen Entstümmelung erforderlich. Dadurch entsteht auf U-Booten erheblicher Zeitverlust, der bei Landfunkstellen geringer ist, da sie besonders auf Entstümmelung geschult sind.

c) Nur gut geschultes Personal kann mit einiger Sicherheit ein Kurzsignal aufnehmen. Die Erfahrungen haben gezeigt, daß die Boote in den seltensten Fällen ein Kurzsignal direkt aufgenommen haben.

d) Das Boot muß, wenn es sicher gehen will, daß seine Meldung aufgenommen ist, bis zur betrieblichen Bestätigung auf Empfang stehen. Die Bestätigungen erfolgen nicht immer sofort, sondern können sich bis zu 30 Minuten hinausziehen bzw. unter Umständen ganz ausbleiben, da das Signal nicht gehört wurde oder nicht zu entstümmeln war. Damit ist die Gefahr eines untragbaren Zeitverlustes gegeben, bis das Boot erneut ein Signal absetzt.

e) Inhaltliche Bestätigung auch bei bevorzugter Behandlung im allgemeinen nicht unter einer Stunde möglich. Damit erhalten in der Mehrzahl der Fälle andere Boote mit großer Verzögerung erst Kenntnis.

II.) Zur Abgabe eines Fühlunghalter-Kurzsignals wird sich der Kommandant deshalb nur in besonderen Lagen entschließen, z.B. wenn er nur ganz kurz senden kann und auch das Letzte nicht unversucht lassen will oder wenn aus Gründen der Überraschung die Durchbrechung der Funkstille mißlich ist bzw. die Einpeilung vermieden werden muß. Normalerweise sind Fühlunghaltermeldungen durch Funksignal abzusetzen.

2.) Die Unternehmung litt unter dem Ausfall von Besatzungsangehörigen durch ruhrartige Erkrankungen. Diese Erscheinungen sind auf mehreren U-Booten aufgetreten, vornehmlich nach dem Anlaufen von Salamis. Der Verdacht liegt nahe, daß dort übernommenes Trinkwasser nicht einwandfrei ist. Der bei der Hitze naturgemäß starke Verbrauch von künstlichen Limonaden kann eine weitere Quelle der Erkrankungen sein, auch Erkältung bei der abendlichen Abkühlung kann ursächlich sein. Die Boote sind angewiesen worden, die Besatzung nach Sonnenuntergang Leibbinden tragen zu lassen, ferner den Limonadenverbrauch einzuschränken und dafür Tee zu verausgaben.

3.) Der Ausfall des Horchgerätes, des Flachlotes und des Angriffsehrohres in Verbindung mit dem Zwang, auf teilweise flachem Wasser zu operieren, haben bei der starken Lufttätigkeit des Gegners den Kommandanten vor eine schwierige Aufgabe gestellt. Er ist aus verschiedensten Gründen trotz ausreichender Sichtungen nicht zum Schuß gekommen. Die vom Kommandanten angestellten Überlegungen und die Abwägung aller Gegebenheiten treffen in allgemeinen zu. Ich habe von ihm den Eindruck, daß er sich bemüht, den Erfordernissen gerecht zu werden und überlegt und ruhig zu handeln, daß ihm aber mehr gesunde Unbekümmertheit zu wünschen wäre.

4.) Der am 02.07. erbetene Rückmarschbefehl konnte in Ansehung der allgemeinen Lage und bei Einschätzung der Verhältnisse auf U 453 nicht erteilt werden. Die Kampfkraft des Bootes war noch keineswegs aufgebraucht, wie auch sein weiterer Einsatz zeigt. Die Bitte war daher verfrüht gestellt.

6. Unternehmung U 453:

(westliches Mittelmeer)

Kdt: Kl Egon Reiner Freiherr von Schlippenbach (11. Feindfahrt)

31.08.1942	Pola aus
10.09.1942	Salamis ein
17.09.1942	Salamis aus
15.10.1942	La Spezia ein
Erfolge:	keine

<u>Stellungnahme des F.d.U. Italien:</u>

1.) Die Unternehmung ist ohne Angriff- und Schußgelegenheit verlaufen.

2.) Der Entschluß einzulaufen, wird unter den obwaltenden Verhältnissen gebilligt.

3.) Der unglückliche Vorfall im Bugraum beim Hantieren mit dem M.G. wird gesondert behandelt.

7. Unternehmung U 453:

(westliches Mittelmeer)

Kdt: Kl Egon Reiner Freiherr von Schlippenbach (12. Feindfahrt)

29.11.1942	La Spezia aus
17.12.1942	La Spezia ein
Erfolge:	keine

<u>Stellungnahme des F.d.U. Italien:</u>

1.) Die Unternehmung stellte wie alle Operationen im westlichen Mittelmeer hohe Anforderungen an Kommandanten und Besatzung. Die Beherrschung des Bootes und die Bekämpfung von Schäden entsprach den Notwendigkeiten, bei dem starken Wechsel in der Besatzung eine gute Leistung.

2.) Während der Operationsdauer lief im westlichen Mittelmeer starker Feindverkehr. Das K.T.B. spricht sich nicht immer erschöpfend darüber aus, welche Feindnachrichten dem Kommandanten jeweils zur Verfügung standen und welche Überlegungen er angestellt hat, um nach seinen Möglichkeiten den Feind zu fassen.

3.) Das Verhalten bei dem Flugzeugangriff am 03.12. wird nicht gebilligt. Der Befehl »Alarm« darf nur vom Kommandanten oder seinem Stellvertreter, niemals von einem Ausguckposten gegeben werden, sonst entstehen gefährliche Lagen wie im vorliegenden Falle, wo weder ein Tauchmanöver noch eine Abwehr durchgeführt wurde. Das Boot hat wirklich »fast« unwahrscheinlichen »Dusel« gehabt. Auch am 07.12. entsprach der Befehl des W.O. »Alarm« nicht der Lage. Das Verhalten bei Fliegerangriffen muß immer wieder geübt werden.

4.) Die Einstellung von 5 m Tiefe gegen den Zerstörer entspricht nicht der Vorschrift. Es wird aber kein Fehlschuß infolge falscher Tiefeneinstellung, sondern wegen Fehlschätzung oder Abwehrmanöver des Gegners angenommen.

5.) Die Unternehmung ist erfolglos geblieben.

<u>Stellungnahme des B.d.U.:</u>

Der Stellungnahme des F.d.U. Italien wird zugestimmt.

Zum 11.12./1842 Uhr: Die Bemerkung des Kommandanten: »Man weiß zur Zeit leider nie, ob man nicht auf ein eigenes Boot operiert!« bedarf noch der Klärung durch den F.d.U.

8. Unternehmung U 453:

(Mittelmeer, algerische Küste)

Kdt: Kl Egon Reiner Freiherr von Schlippenbach (13. Feindfahrt)

11.01.1943 La Spezia aus
16.02.1943 Pola ein
Erfolge: 1 Schiff (5859 BRT +)

Stellungnahme des F.d.U. Italien:

1.) *Der Kommandant hat diesmal unter schwierigen Verhältnissen – bedingt durch starke Luftüberwachung und Landortungen, seine Unternehmung mit Schneid, Umsicht und geschickter Ausnutzung der ihm zur Verfügung stehenden Aufklärungsmeldungen gut durchgeführt. Die erzielten Erfolge verdienen besondere Anerkennung. Das öftere Wechseln des Angriffsraumes, war bedingt durch die Lage. Es erschwerte dem Boot das Operieren.*
2.) *Der Angriff am 20.01. ist mit viel Geschick gefahren worden. Auf Grund der Treffer, der Sinkgeräusche und nach Berichterstattung des Kommandanten ist mit der Versenkung von drei Dampfern zu rechnen. Die Tiefeneinstellung von 4 m bei »Pi zwo ein« war falsch. Die Pistole hat nur durch Aufschlag gezündet.*
3.) *Die Ausführungen des Kommandanten im Anschluß an den Funkspruch des F.d.U. am 19.01. sind unverständlich. Auf eine Aufforderung zur Standortmeldung ist der augenblickliche Standort zu melden. Der befohlene Schwerpunkt im »Süden und westlich Algier« sollte dem Kommandanten die Auffassung der Führung vermitteln, daß der Gegner den Weg unter der Küste wählen würde. Entbehrlich sind auch Auslassungen über die Zuweisung eines neuen Operationsgebietes, da dem Kommandanten die Gründe für diese Maßnahme nicht bekannt sind. Die Verlegung nach Osten am 21.01. erfolgte z.B. auf Weisung der Skl.*
4.) *Am 24.01. erhält das Boot als Operationsgebiet die Qu 83 und 94 CH. Das Boot steht am Abend des 26.01. an der Ostgrenze des neuen Operationsgebietes und hat die Absicht, am 27.01. weiter nach Osten zu marschieren. Bis zur Zuweisung des Operationsgebietes Qu CH 83 am 02.02. hat sich das Boot stets ostwärts außerhalb seiner ihm am 24.01. bzw. 28.01. zugewiesenen Operationsgebiete aufgehalten. Eine Begründung hierfür fehlt.*
5.) *Die am Schluß niedergelegten Erfahrungen und Gedanken werden begrüßt und gesondert ausgewertet.*
6.) *Anerkannt werden als versenkt:*
3 Dampfer mit insgesamt 20000 BRT
als torpediert:
1 Dampfer zu 6000 BRT

Stellungnahme des B.d.U.:
Sehr gut durchgeführte Unternehmung. Besondere Anerkennung verdient das Verhalten gegenüber der Ortung.
Der Stellungnahme des F.d.U. Italien wird zugestimmt.

9. Unternehmung U 453:

(Mittelmeer, algerische Küste)

Kdt: Kl Egon Reiner Freiherr von Schlippenbach (14. Feindfahrt)

01.04.1943 Pola aus
05.05.1943 Pola ein
Erfolge: keine

Stellungnahme des F.d.U. Italien:

1.) *In dem vom Feind durch Flugzeuge und Landortungsstellen sehr stark überwachtem Gebiet hat der Kommandant sein Boot in bewährter Weise geführt und infolge seines Angriffswillens, gestützt auf seine erprobte Besatzung, den Feind erfaßt und Erfolge erzielt. Das taktisch richtige, von Ruhe und Entschlossenheit zeugende Verhalten bei wiederholten Flugzeugangriffen wird besonders anerkannt.*
2.) *Der Angriff auf den Geleitzug am 20.04. ist überlegt und kühn gefahren. Auch in der Vollmondnacht war der Überwasserangriff möglich. Auf Grund der Treffer und Beobachtungen nach dem Angriff am 20.04. und nach mündlicher Berichterstattung durch den Kommandanten ist die Versenkung von 2 Dampfern und die Torpedierung eines weiteren anzunehmen.*
3.) *Der Entschluß des Kommandanten, trotz der Waboschäden bis zum Aufbrauch der Kampfkraft im Operationsgebiet zu bleiben, war nach Lage der Dinge richtig. Die 9-stündige Waboverfolgung stellte das Boot vor eine harte Aufgabe, die gut gemeistert wurde. Ob vom Gegner eine Wabotiefe von mehr als A plus 70 angewandt wurde, ist nicht erwiesen. Die Beobachtungen des Kommandanten über die feindliche Verfolgungstaktik und die von ihm gezogenen Schlüsse sind beachtenswert.*

4.) Die Erfahrungen lassen eine rege Mitarbeit erkennen und verdienen Anerkennung.
5.) Anerkannt werden als versenkt, je 1 Frachter zu 8000 und 7000 BRT, als torpediert 1 Frachter zu 7000 BRT. Ferner der Abschuß eines 2motorigen Flugzeuges.

10. Unternehmung U 453:

(Mittelmeer, Cyrenaika-Küste)

Kdt:	Kl Egon Reiner Freiherr von Schlippenbach (15. Feindfahrt)
23.06.1943	Pola aus
24.07.1943	Pola ein
Erfolge:	1 Schiff (5454 BRT +)
	1 Schiff (6894 BRT =)

Stellungnahme des F.d.U. Mittelmeer:
1.) Der Kommandant führte, wie bisher, auch diese Unternehmung mit viel Überlegung durch. Der Erfolg wäre größer gewesen, wenn die Angriffe näher an die Ziele hätten herangetragen werden können. Der 1. Angriff am 06.07. durfte nicht so schnell aufgegeben werden. Nach Überlaufen durch den U-Jäger hätte der Kommandant versuchen müssen, noch zum Schuß zu kommen, um so mehr, als das Boot offensichtlich nicht bemerkt worden war.
2.) Zum Torpedoeinsatz wird bemerkt:
a) Am 30.06.: Die Versenkung eines Dampfers wird angenommen. Die Möglichkeit, die beiden weiteren Detonationen als Treffer zu werten, ist h.E. unter Berücksichtigung der langen Laufzeiten kaum gegeben.
b) Am 06.07.: Die Versenkung eines Dampfers von 8000 BRT wird angenommen.
c) Am 16.07.: Bei dem Fehlschuß ist neben einer Fehlschätzung möglicherweise auch ein ungenauer Schußwinkel die Ursache des Mißerfolges, da die Feuerleitanlage nicht benutzt wurde, bei der großen Entfernung nicht ganz verständlich.
d) Am 18.07.: Ein Untersteuern des Zerstörers ist möglich.
3.) Zu der Überlegung des Kommandanten der F.d.U. möge entscheiden, ob das Boot infolge Schäden im Operationsgebiet bleiben soll, ist grundsätzlich zu bemerken:
Eine solche Entscheidung muß der Kommandant nach Rücksprache mit dem L.I. selbst treffen, da wie auch in diesem Falle die Führung aus der Meldung des Bootes nur selten ein klares Bild über die Schäden, ihre Größe und Auswirkung erhalten kann.
4.) Die Vorlage des K.T.B. erfolgt verspätet, da die ersten Ausfertigungen im Zuge der Ereignisse in Italien vernichtet werden mussten.
5.) Anerkannt werden als versenkt: je ein Dampfer zu 8000 und 5000 BRT

11. Unternehmung U 453:

(Mittelmeer, Ostküste Siziliens)

Kdt:	Kl Egon Reiner Freiherr von Schlippenbach (16. Feindfahrt)
31.07.1943	Pola aus
14.08.1943	Pola ein
Erfolge:	keine

Stellungnahme des F.d.U. Mittelmeer:
1.) Die Unternehmung wurde wegen verschiedener Schäden, und da das Sehrohr nur noch stark eingeschränkt zu gebrauchen war, abgebrochen. Sie brachte dem Boot keinen Erfolg.
2.) Der Fehlfächer am 05.08. ist vermutlich auf das Abdrehen des Zerstörers zurückzuführen. Die Trefferchancen waren bei der großen Entfernung und der hohen Gegnerfahrt gering. Die gehörten Torpedodetonationen sind nicht als Treffer zu werten.
3.) Der Entschluß des Kommandanten, zu Beginn seiner Unternehmung von der Anbordnahme der abgeschossenen englischen Flugzeugbesatzung Abstand zu nehmen, wird gebilligt. Dem Kommandanten ist bekannt, das im Übrigen der Gefangennahme englischer Flieger hohe Bedeutung zukommt.
4.) Die Tatsache, daß das Sehrohr infolge der Temperaturschwankungen in den Sommermonaten leicht beschlägt, entspricht den Erfahrungen anderer Boote.

Stellungnahme des B.d.U.:
Der Stellungnahme des F.d.U. ist nichts hinzuzufügen.
Auf die Wichtigkeit der Gefangennahme englischer Flieger, besonders solcher, die zur U-Boot-Jagd eingesetzt sind, muß ausdrücklich hingewiesen werden. Sie rechtfertigt auch den Abbruch einer Unternehmung.

12. Unternehmung U 453:
(Mittelmeer, Minenunternehmung vor Brindisi)

Kdt: Kl Egon Reiner Freiherr von Schlippenbach (17. Feindfahrt)

21.10.1943 Pola aus
27.10.1943 Pola ein
Erfolge: keine

Stellungnahme des F.d.U. Mittelmeer:
Der Kommandant meldete mündlich zu der Lage der Minen 1–10, daß nach seinen Beobachtungen einlaufende Fahrzeuge die Westseite des Fahrwassers halten und dabei »Riso« mit Kurs 180 Grad passieren.
Wenn auch das Legen der ersten Minen auf geradem Kurse nicht voll zugestimmt wird und im ganzen die Durchführung anders erfolgte, als beabsichtigt (es war vorgesehen, die Reede noch weiter nach NW und SO zu verseuchen), so ist die Leistung des Kommandanten sowie der gesamten Besatzung im Hinblick auf die Schwierigkeit der Aufgabe, die mit Überlegung und großem Schneid unter vollem Einsatz des Bootes durchgeführt wurde, anzuerkennen. Die Unternehmung stellt Kommandant und Besatzung ein gutes Zeugnis aus.
Eine Ergänzung der Verseuchung durch eine zweite Unternehmung läuft an.

13. Unternehmung U 453:
(Mittelmeer, Minenunternehmung vor Bari)

Kdt: Kl Egon Reiner Freiherr von Schlippenbach (18. Feindfahrt)

02.11.1943 Pola aus
13.11.1943 Pola ein
Erfolge: 2 Schiffe (2040 BRT + Minensperre vom 11.11.1943)
1 Minensuchboot (835 BRT + Minensperre vom 11.11.1943 PM HEBE)

Stellungnahme des F.d.U. Mittelmeer:
1.) Die Aufgabe mußte unter schwierigen Umständen, bedingt durch die starke Luft- und Seeüberwachung, die erschwerten navigatorischen Verhältnisse bei geringer Wassertiefe und Seegang durchgeführt werden und bedeutet einen vollen Einsatz des Bootes. Nach gründlicher Vorbereitung und unter richtiger Einschätzung aller Umstände wurde die Aufgabe vom Kommandanten mit Zähigkeit, Umsicht und Schneid durchgeführt. Besonders hervorzuheben sind auch die Leistungen des L.I. und der Tiefenrudergänger. Die Unternehmung verdient volle Anerkennung.
2.) Die Vermutung, daß sich auf »Pianosa« und »Pelagosa« Ortungsgeräte befinden, wird hier zum ersten Male angesprochen.
3.) Das Einschalten der »Wanze« trotz des Verbotes ist zu beanstanden. Wenn, wie dem Boot übermittelt, das Gerät strahlt, so bedeutet seine Benutzung für das Boot eine Gefahr, besonders wenn es, wie in diesem Falle, gezwungen ist, sich für längere Zeit in einem begrenzten Seeraum mit starker Überwachung aufzuhalten.
Ein Ortungsempfang auf einem Längstwellen empfangenden Gerät, wie dem Peiler, ist bei den Frequenzen, mit denen der Gegner arbeitet, nicht möglich.
Der Meldung des Bootes vom 09.11. wurde entnommen, daß der Kommandant die Durchführung der Aufgabe trotz der ungünstiger werdenden Mondphase erneut versuchen wollte. Denn nach seinem Operationsbefehl sollte er mit Kurzsignal »Nein« melden, wenn die Aufgabe undurchführbar sei. Zu einem Eingreifen der Führung bestand daher keine Veranlassung.
Die Lage der Minen ist zweckmäßig. Erfolge werden erwartet.

Stellungnahme des B.d.U.:
Der Stellungnahme des F.d.U. ist nichts hinzuzufügen.
Anerkannter Erfolg:
Am 11.11.43 Minen gelegt.

14. Unternehmung U 453:
(Mittelmeer, Minenunternehmung vor Brindisi)

Kdt: Kl Egon Reiner Freiherr von Schlippenbach (19. Feindfahrt)

24.11.1943 Pola aus
01.12.1943 Pola ein
Erfolge: keine

Stellungnahme des F.d.U. Mittelmeer:
1.) Eine vom Kommandanten mit Schneid und Kaltblütigkeit durchgeführte Unter-

nehmung. Die bereits vorher vom gleichem Boot geworfene Verseuchung und der stark versetzende Strom erschwerte die Durchführung der Aufgabe erheblich. Die Unternehmung bedeutete einen vollen Einsatz des Bootes und verdient Anerkennung.
Die Lage der Minen muß im Hinblick auf die schwierigen Verhältnisse als zweckmäßig angesehen werden.

2.) *Ob die in zwei Fällen beobachteten Geräusche der Kolbenmaschinen von Dampfern als Abwehr gegen »Zaunkönig« zu werten sind, ist sehr fraglich. Möglicherweise hatten die Geräusche ihren Ursprung in den Maschinen selbst und wirken sich infolge der geringen Entfernung der Ziele besonders stark aus.*

3.) *Die Verwendung von Geräuschbojen durch den Gegner, entweder zum Räumen von akustischen Minen oder zum Einschüchtern von U-Booten erscheint h.E. möglich.*

4.) *In 3 Minenunternehmungen sind sowohl Bari als auch Brindisi den Umständen nach ausreichend und zweckdienlich vermint worden. In allen 3 Fällen bedeutete die Unternehmung den vollen Einsatz des Bootes, das insgesamt rund 2 Monate für diese Aufgaben einer anderen Verwendung entzogen war. Eine Auswirkung der Verseuchung ist bisher nicht zu erkennen gewesen. Es erhebt sich die Frage, ob bei der Leistungsfähigkeit moderner Räumgeräte solch Mineneinsatz unmittelbar vor dem Hafen das Risiko und den Verzicht auf Einsatz des U-Bootes zu Torpedounternehmungen lohnt. Im Mittelmeer durchgeführte Mineneinsätze haben bisher nicht überzeugen können.*

Stellungnahme des B.d.U.:
Der Stellungnahme des F.d.U. Mittelmeer wird zugestimmt.

Anerkannter Erfolg:
Am 28.11. Minen geworfen.

Erfolge Egon Reiner Freiherr von Schlippenbach als Kommandant U 453:
6 Schiffe (18390 BRT + einschließl. br
PM HEBE 835 ts +)
2 Schiffe (16610 BRT =)

Horst-Arno Fenski

* 03.11.1918
in Königsberg
† 10.02.1965
in Hamburg-Wandsbek

26.11.1943
Ritterkreuz (194-106)

09.10.1937
Eintritt in die Kriegsmarine als Seeoffiziersanwärter
Crew 37 b

09.10.1937 – 27.02.1938
Infanterieausbildung – 8. Komp./II. S.St.Abt. der Ostsee Stralsund

28.02.1938 – 30.06.1938
Bordausbildung – SSS HORST WESSEL

29.06.1938
Seekadett

01.07.1938 – 14.03.1939
Bordausbildung – Linienschiff SCHLESWIG-HOLSTEIN

15.03.1939 – 29.09.1939
Hauptlehrgang für Fähnriche – 4. Komp./ Marineschule Flensburg-Mürwik bzw.

21.08.1939 – 29.08.1939
Navigationsbelehrungsfahrt – Schulschiff PAUL BENEKE

01.04.1939
Fähnrich zur See

30.09.1939 – 31.10.1939
Nachrichtenlehrgang für Fähnriche – Nachrichtenschule Flensburg-Mürwik

01.11.1939 – 30.11.1939
Sperrlehrgang für Fähnriche – Sperrschule Kiel-Wik

01.12.1939 – 28.04.1940
Bordausbildung – Schlachtschiff GNEISENAU

01.03.1940
Oberfähnrich zur See

29.04.1940 – 01.06.1940
U.T.O.-Lehrgang – Torpedoschule Flensburg-Mürwik (z.Vfg. B.d.U.)

01.05.1940
Leutnant zur See (-144-)

02.06.1940 – 30.06.1940
U.W.O.-Lehrgang – Nachrichtenschule Flensburg-Mürwik

01.07.1940 – 27.07.1940
U.W.O.-Lehrgang – S.A.S. Kiel-Wik

28.07.1940 – 27.09.1940
U-Lehrgang – 1. U.L.D.

28.09.1940 – 15.04.1941
Kompanieoffizier – 1. U.L.D.

16.04.1941 – 23.05.1941
Baubelehrung – U-Boote Ost für U 752

24.05.1941 – 15.06.1942
I.WO – U 752/3. U-Flottille
Feindfahrten U 752/
Kdt: Karl-Ernst Schroeter
23.07.1941 – 17.09.1941
18.10.1941 – 18.11.1941
04.02.1942 – 13.03.1942
28.03.1942 – 21.05.1942

10.10.1941
Eisernes Kreuz II. Klasse

13.12.1941
U-Boots-Kriegsabzeichen 1939

16.06.1942 – 01.02.1943
Kommandant – U 34, zugleich Kommandantenlehrgang – 24. U-Flottille in Memel (27. K.S.L./16.06.1942 – 15.07.1942)

02.02.1943 – 04.02.1943
z.Vfg. – 7. U-Flottille

05.02.1943 – 31.05.1943
Kommandant – U 410/7. U-Flottille

18.03.1943
Oberleutnant zur See mit Wirkung vom 01.04.1942 und Rangdienstalter vom 01.04.1942

28.03.1943
Eisernes Kreuz I. Klasse

01.06.1943 – 11.03.1944
Kommandant – U 410/29. U-Flottille

26.11.1943
Ritterkreuz des Eisernen Kreuzes

20.02.1944
Nennung im Wehrmachtsbericht

12.03.1944 – 04.04.1944
z.Vfg. – 29. U-Flottille

05.04.1944 – 04.05.1944
Kommandant – U 371/29. U-Flottille

04.05.1944
Im Mittelmeer nördlich Constantine wegen leerer Batterien nach Wasserbombenverfolgung durch die US-Geleitzerstörer JOSEPH E. CAMPBELL, PRIDE und MENGES, den britischen Zerstörer BLANKNEY, den US-Minensucher SUSTAIN und die freifranzösischen Zerstörer L'ALCYON und SÉNÉGALAIS zum Auftauchen gezwungen und auf Position 37°49'Nord/05°39' Ost selbst versenkt. 3 Tote, der Kommandant Horst-Arno Fenski und 49 Mann der Besatzung U 371 gerieten in Gefangenschaft.

04.05.1944 – 04.05.1946
US-Kriegsgefangenschaft

04.05.1946
Entlassung

3. Unternehmung U 410:
(Mittelatlantik, nördlich der Azoren)

Kdt:	OlzS Horst-Arno Fenski (5. Feindfahrt)
09.02.1943	St. Nazaire aus
27.03.1943	Lorient ein
Erfolge:	1 Schiff (7 133 BRT +)
	1 Schiff (7 134 BRT =)

Stellungnahme des B.d.U.:
Erste Unternehmung des Kommandanten mit altem Boot!
Gut durchgeführte Unternehmung, die dem Kommandanten durch einen entschlossenen und richtig angepackten Unterwasserangriff am 06.03. einen schönen Erfolg brachte. – Die Operationen am 12.02. gegen das »Johannsen«-Geleit und am 12.03. gegen das Luft gemeldete Geleit boten keine Angriffsmöglichkeiten. Der Kommandant hat sein Boot in besonders schwierigem, stark überwachtem Seeraum (Gibraltarraum) mit gutem taktischen Gefühl geführt, dabei starke Abwehr erfahren und trotzdem einen schönen Erfolg erzielt.
Anerkannter Erfolg:
1 Dampfer 6 000 BRT versenkt.
1 Dampfer 7 000 BRT versenkt.
1 Dampfer (4 000 BRT) torpediert.

4. Unternehmung U 410:
(Atlantik, östlich Gibraltar, Gibraltar-Durchbruch 06.05.1943)

Kdt:	OlzS Horst-Arno Fenski (6. Feindfahrt)
26.04.1943	Lorient aus
13.05.1943	La Spezia ein
Erfolge:	keine

Stellungnahme des F.d.U. Italien:
1.) Der Durchmarsch durch die Gibraltarstraße verlief bis auf rege feindliche Ortungstätigkeit ohne Feindberührung. Es ist anzunehmen, daß es sich bei den »Flugzeugortungen« am 06.05. in der Zeit von 0020 bis 0433 Uhr um eine Landstation auf Flugzeugfrequenz gehandelt hat. Der Entschluß, unbeschadet der lauten Ortungen über Wasser zu marschieren, war richtig. Der Kommandant hat dabei die wertvolle Erfahrung gemacht, daß trotz Ortungen mit großer Lautstärke keine Gegenmaßnahmen des Gegners erfolgten. Die Überzeugung, auch die Mittel des Feindes sind begrenzt in Verbindung mit schärfster Aufmerksamkeit und Bereitschaft, hilft am weitesten in der geschilderten Lage.
2.) Von besonderem Interesse sind die unter dem 08.05./0716 Uhr niedergelegten Beobachtungen über neuartige Ortungsgeräusche. Der Vermutung des Kommandanten, daß es sich hierbei um vom Gegner als Bluff ausgelegte Geräuschquellen handelt, wird beigetreten. Die Anregung in Verbindung mit Bold eine ähnliche Störeinrichtung zur Unterbindung einer feindlichen Wabo-Horchverfolgung zu verwenden, ist der Nachprüfung auf Verwirklichung wert.
3.) Die Unternehmung trägt den Stempel kühlen Wagens und durchdachter Anlage. Es ist bedauerlich, daß die Überraschung durch ein feindliches Flugzeug das Boot vorzeitig und voraussichtlich für längere Zeit außer Gefecht setzte.

5. Unternehmung U 410:
(westliches Mittelmeer, algerische Küste)

Kdt:	OlzS Horst-Arno Fenski (7. Feindfahrt)
07.08.1943	La Spezia aus
30.08.1943	Toulon ein
Erfolge:	2 Schiffe (14 436 BRT +)

Stellungnahme des F.d.U. Mittelmeer:
1.) Die erste Unternehmung des Bootes im Mittelmeer gestaltete sich infolge des unbeugsamen Willens des Kommandanten, den Gegner zu stellen, zu einem schönen Erfolg für das Boot.
Ausgehend hierfür war das Verhalten des Kommandanten, der sich weder durch Überwasser- noch durch Unterwasserortung der Flugzeuge von dem einmal gefaßten Entschluß zum Angriff abhalten ließ. Die Angriffe sind schneidig und mit Überlegung angesetzt und durchgeführt worden. Die Unternehmung stellt Kommandant und Besatzung das beste Zeugnis aus und verdient daher Anerkennung.
2.) Zum Torpedoeinsatz wird bemerkt:
a) Am 19.08.: Der Zweierfehlfächer ist durch Abzacken des Zieles begründet.
b) Am 23.08.: Die Abfeuerungsversager sind bedauerlich und brachten das Boot möglicherweise um einen Erfolg! Der Einzelfehlschuß ist vermutlich auf ungenaue Schußunterlagen zurückzuführen.

c) <u>Am 25.08.:</u> Nach den Beobachtungen des Kommandanten und nach ergänzender mündlicher Berichterstattung wird die Torpedierung und die wahrscheinliche Torpedierung je eines Passagierdampfers von 22 000 BRT angenommen.

d) <u>Am 26.08.:</u> Die Vernichtung von drei Dampfern wird angenommen.

3.) Bemerkenswert ist der offensichtliche Abwehrerfolg durch »Aphrodite«.

4.) Anzuerkennen ist die Aufstellung der gut durchdachten und aufschlußreichen Erfahrungen.

5.) Die Ausfertigungen 1–7 des K.T.B. sind im Zuge der Ereignisse in Italien vernichtet worden und werden deshalb neu aufgestellt, verspätet vorgelegt.
<u>Anerkannt werden:</u>
3 Dampfer je 7000 BRT versenkt.
1 Treffer auf 1 Passagierdampfer von 22 000 BRT
2 Treffer auf 1 Passagierdampfer von 22 000 BRT wahrscheinlich

<u>Stellungnahme des B.d.U.:</u>
Ausgezeichnete Unternehmung.
<u>Anerkannte Erfolge:</u>
3 Dampfer je 7000 BRT versenkt.
2 Passagierdampfer je 22 000 BRT torpediert.

6. Unternehmung U 410:

(westliches Mittelmeer, algerische Küste)

Kdt:	OlzS Horst-Arno Fenski (8. Feindfahrt)
12.09.1943	Toulon aus
03.10.1943	Toulon ein
Erfolge:	3 Schiffe (18 031 BRT +)

<u>Keine Stellungnahme des F.d.U. Mittelmeer vorhanden!</u>

<u>Stellungnahme des B.d.U.:</u>
Der Stellungnahme des F.d.U. Mittelmeer wird zugestimmt. Die hervorragende Leistung des Kommandanten wird besonders anerkannt.
<u>Anerkannte Erfolge:</u>
5 Schiffe 39 000 BRT versenkt.
2 Schiffe 17 000 BRT torpediert.

7. Unternehmung U 410:

(Mittelmeer, östlich Sizilien, vor Anzio)

Kdt:	OlzS Horst-Arno Fenski (9. Feindfahrt)
03.02.1944	Toulon aus
28.02.1944	Toulon ein
Erfolge:	1 Schiffe (7 154 BRT +) 1 Kreuzer (5 270 ts + br CL PENELOPE) 1 Landungsboot (1 625 BRT +) 1 Landungsboot (1 625 BRT =)

<u>Stellungnahme des B.d.U.:</u>
Der Stellungnahme des F.d.U. Mittelmeer wird zugestimmt.
<u>Anerkannter Erfolg:</u>

1 Frachter	*7000 BRT*	*versenkt*
1 Zerstörer		*versenkt*
1 Kreuzer AURORA-Klasse (wahrscheinlich PENELOPE)		*versenkt*
1 Panzerlandungsschiff	*3000 BRT*	*versenkt*
1 Zerstörer		*Versenkung möglich*

20. Unternehmung U 371:

(Mittelmeer, algerische Küste)

Kdt:	OlzS Horst-Arno Fenski (10. Feindfahrt)
23.04.1944	Toulon aus
04.05.1944	Verlust U 371
Erfolge:	2 Zerstörer (2 500 ts = am DE MENGES 1200 ts =/fr DE SÉNÉGALAIS 1300 ts =)

Erfolge Horst-Arno Fenski als Kommandant U 410:
9 Schiffe (53 649 BRT + einschließl. br CL PENELOPE 5 270 ts) +
2 Schiffe (8 759 BRT =)

Erfolge Horst-Arno Fenski als Kommandant U 371:
2 Zerstörer (2 500 ts = am DE MENGES 1 200 ts =/fr DE SÉNÉGALAIS 1 300 ts =)

HEINZ FRANKE

* 30.11.1915 IN BERLIN-STEGLITZ
† 05.04.2003 IN SASBACH/ACHERN

30.11.1943
Ritterkreuz (195-107)

03.04.1936
Eintritt in die Kriegsmarine als Seeoffiziersanwärter
Crew 36

03.04.1936 – 13.06.1936
Infanterieausbildung – 2. Komp./II. S.St. Abt. der Ostsee, Stralsund

14.06.1936 – 12.09.1936
Bordausbildung – SSS GORCH FOCK

10.09.1936
Seekadett

13.09.1936 – 30.04.1937
Bordausbildung – Leichter Kreuzer EMDEN

01.05.1937 – 27.11.1937
Hauptlehrgang für Fähnriche – Marineschule Flensburg-Mürwik bzw.

04.10.1937 – 13.10.1937
Navigationsbelehrungsfahrt – Schulschiff PAUL BEHNCKE

01.05.1937
Fähnrich zur See

28.11.1937 – 02.01.1938
Infanterielehrgang für Fähnriche – II. S.St. Abt. der Ostsee, Stralsund

03.01.1938 – 13.01.1938
Nachrichtenlehrgang für Fähnriche – Nachrichtenschule Flensburg-Mürwik

14.01.1938 – 17.02.1938
Torpedolehrgang für Fähnriche – Torpedoschule Flensburg-Mürwik

18.02.1938 – 22.02.1938
Sperrlehrgang für Fähnriche – Sperrschule Kiel-Wik

23.02.1938 – 02.04.1938
Artillerielehrgang für Fähnriche – S.A.S. Kiel-Wik

03.04.1938 – 30.04.1938
Bordausbildung – Leichter Kreuzer KARLSRUHE

01.05.1938 – 04.10.1938
Bordausbildung – Schlachtschiff GNEISENAU

01.07.1938
Oberfähnrich zur See

01.10.1938
Leutnant zur See (-140-)

05.10.1938 – 22.12.1938
Fla-Lehrgang – Küstenartillerieschule Wilhelmshaven

23.12.1938 – 14.10.1940
Divisionsoffizier und Flakoffizier – Schlachtschiff GNEISENAU

23.02.1940
Eisernes Kreuz II. Klasse

01.10.1940
Oberleutnant zur See (-99-)

15.10.1940 – 02.03.1941
z.Vfg. – B.d.U., zugleich

15.10.1940 – 05.01.1941
U-Lehrgang – 1. U.L.D.

06.01.1941 – 02.02.1941
U-Lehrgang – Torpedoschule Flensburg-Mürwik

03.02.1941 – 02.03.1941
U-Lehrgang – Marine-Nachrichtenschule Flensburg-Mürwik

03.03.1941 – 29.03.1941
U.W.O-Lehrgang – S.A.S. Kiel-Wik

30.03.1941 – 28.04.1941
Baubelehrung – U-Boote, Flender-Werke Lübeck für U 84

29.04.1941 – 27.12.1941
I.WO – U 84/1. U-Flottille
Feindfahrten U 84/Kdt: Horst Uphoff
02.07.1941 – 15.07.1941
09.08.1941 – 22.09.1941
16.10.1941 – 18.11.1941

21.11.1941
U-Boots-Kriegsabzeichen 1939

28.12.1941 – 15.01.1942
Kommandanten-Schießlehrgang – 26. U-Flottille, Pillau

16.01.1942 – 19.10.1942
Kommandant – U 148/21. U-Flottille, Pillau

16.05.1942
Flottenkriegsabzeichen

20.10.1942 – 04.02.1944
Kommandant – U 262/3. U-Flottille, La Pallice (lt. K.T.B. U 262 war Heinz Franke Kommandant von 26.10.1942 – 25.01.1944)

12.12.1942
Eisernes Kreuz I. Klasse

01.04.1943
Kapitänleutnant

30.11.1943
Ritterkreuz des Eisernen Kreuzes

26.01.1944 – 04.02.1944
z.Vfg. – 3. U-Flottille

05.02.1944 – 19.04.1944
Referent – 2. Skl/B.d.U.op

23.03.1944
Ärmelband »Afrika«

20.04.1944 – 19.05.1944
Schiffsbaukommission – OKM

20.05.1944 – 10.07.1944
im Stab, Marine-Gruppenkommando West

11.07.1944 – 14.03.1945
Chef der Ausbildung – Lehrkommando 350/400/Kommando der Kleinkampfverbände in Surendorf

24.01.1945
U-Boots-Frontspange in Bronze

15.03.1945 – 09.04.1945
Kommandant – U 3509/5. U-Flottille

10.04.1945 – 08.05.1945
Kommandant – U 2502/11. U-Flottille (nach Eigenangabe übernahm Heinz Franke U 2502 am 12.04.1945 in Kiel)

08.05.1945 – 17.12.1945
Kriegsgefangenschaft Reservation Krageroe, Norwegen

17.12.1945
Entlassung aus der Gefangenschaft. Danach in einer Minenräumdivision, dann Kapitän eines Marine-Hochschleppers und in einer Abwicklungseinheit in der US-Navy.

01.12.1957
Eintritt in die Bundesmarine als Hilfsreferent im Amt für Militärkunde

01.10.1959
Korvettenkapitän

14.09.1967
Fregattenkapitän

31.03.1972
Ruhestand

4. Unternehmung U 262:

(Nordatlantik, nordostwärts Neufundland)

Kdt:	OlzS Heinz Franke (4. Feindfahrt)
05.11.1942	Narvik aus
09.12.1942	La Pallice ein
Erfolge:	1 Schiff (7 178 BRT +)
	1 Korvette (925 ts + nw PE MONTBRETIA)

Stellungnahme des B.d.U.:
Unternehmung brachte einen Erfolg, der für die erste Fahrt des Kommandanten mit neuem Boot nach 3maligem Kommandantenwechsel besonders erfreulich ist.
Zum 16.11.: Es besteht der Eindruck, daß der Kommandant bereits an diesem Tag mit dem Geleitzug bzw. mit der Sicherung oder Teilen des Geleitzuges Fühlung hatte, allerdings ohne dies klar zu erkennen.
Zum 17.11.: Eine gute Angriffschance wurde leider zu keinem klaren Erfolg.
2115 Uhr: Das Tauchen dauerte zu lange, die »Horchverfolgung« war vermutlich nicht böse gemeint. Das Nachstoßen brachte in den Mor-

genstunden eine Angriffsgelegenheit, die, entschlossen wahrgenommen, durch Zufall zum Doppelerfolg führte.
Zum 26.11.: Der Überwasserangriff war gut. Der Fangschuß hätte ruhiger und überlegt angebracht werden müssen. Bei dieser Wetterlage und nach einem Treffer ist es sehr unwahrscheinlich, daß Dampfer noch mit »hoher Fahrt« angegangen ist.

5. Unternehmung U 262:
(Nordatlantik, westlich von Irland)

Kdt:	OlzS Heinz Franke (5. Feindfahrt)
16.01.1943	La Pallice aus
15.02.1943	La Pallice ein
Erfolge:	1 Schiff (2864 BRT +)

Stellungnahme des B.d.U.:
Der Kommandant hat überlegt und energisch bemüht mit Erfolg gegen den Geleitzug »Münnich« (U 187) operiert. – Das Verhalten gegenüber der starken Abwehr war gut. Dem Angriff am 07.02. wurde leider nicht der volle Erfolg zu teil, da vermutlich Torpedoschutznetze oder Pi-Versager die Torpedowirkung am Ziel verhinderten. Sonst nichts zu bemerken.
Anerkannte Erfolge:
1 Tanker 12000 BRT versenkt.
1 Tanker 8000 BRT torpediert.
1 Tanker 9000 BRT versenkt.

6. Unternehmung U 262:
(Westatlantik, Cabot-Straße, Neufundland, St.-Lorenz-Strom, Unternehmen »Elster«)

Kdt:	OlzS Heinz Franke (6. Feindfahrt)
27.03.1943	La Pallice aus
25.05.1943	La Pallice ein
Erfolge:	keine

Stellungnahme des B.d.U.:
Die Sonderaufgabe wurde vom Kommandanten überlegt und richtig angefaßt, die Schwierigkeiten waren beachtlich, wurden aber durch entschlossene Maßnahmen (z.T. Untertauchen!) tatkräftig gemeistert. Der beabsichtigte Erfolg blieb leider ohne Schuld des Kommandanten aus.
Sonst nichts zu bemerken.

7. Unternehmung U 262:
(Mittelatlantik, südlich der Azoren)

Kdt:	OlzS Heinz Franke (7. Feindfahrt)
24.07.1943	La Pallice aus
02.09.1943	La Pallice ein
Erfolge:	keine

Stellungnahme des B.d.U.:
Ohne Erfolgsmöglichkeiten mußte der Kommandant die Unternehmung wegen Beschädigungen durch Flugzeugangriff vorzeitig abbrechen. – Er hat das Boot überlegt und geschickt geführt und sich den Flugzeugangriffen gegenüber mit Glück richtig verhalten. Der Abschuß von einem Trägerflugzeug und der wahrscheinliche Abschuß eines weiteren wird als erfreulich anerkannt.
Sonst nichts zu bemerken.

8. Unternehmung U 262:
(Nordatlantik, westlich von Spanien)

Kdt:	OlzS Heinz Franke (8. Feindfahrt)
14.10.1943	La Pallice aus
07.12.1943	La Pallice ein
Erfolge:	1 Schiff (2968 BRT +)

Stellungnahme des B.d.U.:
Der Kommandant hat mit seiner bewährten Zähigkeit und Beharrlichkeit in den Gruppen »Schill« und »Weddigen« operiert, durch sein Können und seine Energie Angriffschancen erkämpft, diese durch schnell entschlossenen Angriff ausgenutzt und dabei am 31.10. und am 28.11. je einen erfreulichen Erfolg als Lohn für seine Bemühungen erreicht. Der Einsatz des »Zaunkönigs« soll grundsätzlich nicht in gleicher Richtung und in zeitlich so kurzem Abstand von anderen Torpedos wie am 28.11. erfolgen.
Wenn auch hier der Erfolg die Maßnahme des Kommandanten rechtfertigt, so kann in einem solchen Falle doch zu leicht der vorn laufende Torpedo den T-5 nach sich ziehen und zum Fehlschuß werden lassen. Der Einsatz des »Zaunkönigs« am 09.11./1023 Uhr erfolgte aus zu großer Entfernung und zu großer Lage. Ein Treffererfolg kann dabei nicht angenommen werden!
Die beobachteten Laufzeiten der Torpedos bis zur Detonation im Vergleich zu den geschätzten Schußentfernungen für die Annahme von Treffern nur ein ungefährer Anhalt. Nach Vortrag des Kommandanten wird der Erfolg der Unternehmung angenommen:
4 Schiffe 27000 BRT versenkt
1 Zerstörer versenkt angenommen
2 Schiffe torpediert

Zusatz für Kommandierenden Admiral der Unterseeboote Führer der Unterseebootsausbildungsflottillen
<u>27. Unterseebootsflottille:</u>
Das K.T.B. ist für Ausbildungszwecke lehrreich.

Erfolge Heinz Franke als Kommandant U 262:

3 Schiffe und 1 Korvette
(13935 BRT + einschließl. br PE MONTBRETIA 925 ts +)

Max-Martin Teichert

*** 31.01.1915**
in Kiel
† 12.05.1943
im Nordatlantik

19.12.1943
Ritterkreuz (198-108)

08.04.1934
Eintritt in die Reichsmarine als Seeoffiziersanwärter
Crew 34

08.04.1934 – 13.06.1934
Infanterieausbildung – 2. Komp./II. S.St. Abt. der Ostsee, Stralsund

14.06.1934 – 26.09.1934
Bordausbildung – SSS GORCH FOCK

26.09.1934
Seekadett

27.09.1934 – 26.06.1934
Bordausbildung – Leichter Kreuzer EMDEN

27.06.1935 – 30.03.1936
Hauptlehrgang für Fähnriche – Marineschule Flensburg-Mürwik bzw.

02.10.1935 – 08.10.1935
Navigationsbelehrungsfahrt – Tender NORDSEE bzw.

20.01.1936 – 25.01.1936
Navigationsbelehrungsfahrt – Dampfer HECHT

01.07.1935
Fähnrich zur See

31.03.1936 – 19.05.1936
Torpedolehrgang für Fähnriche – Torpedoschule Flensburg-Mürwik

20.05.1936 – 06.06.1936
Fla-Waffenlehrgang für Fähnriche – Küstenartillerieschule Wilhelmshaven

07.06.1936 – 13.06.1936
Sperrlehrgang für Fähnriche – Sperrschule Kiel-Wik

14.06.1936 – 04.07.1936
Nachrichtenlehrgang für Fähnriche – Marine-Nachrichtenschule Flensburg-Mürwik

05.07.1936 – 28.07.1936
Infanterielehrgang für Fähnriche – 3. Komp./ II. S.St.Abt. der Ostsee, Stralsund

29.07.1936 – 09.10.1936
Artillerielehrgang für Fähnriche – S.A.S. Kiel-Wik

10.10.1936 – 30.03.1937
Bordausbildung – Torpedoboot ILTIS/ 3. Torpedobootsflottille

01.01.1937
Oberfähnrich zur See

31.03.1937 – 25.04.1937
z.Vfg. – 3. Torpedobootsflottille, Wilhelmshaven

01.04.1937
Leutnant zur See (-73-)

26.04.1937 – 30.06.1937
Wachoffizier – 3. Torpedobootsflottille, Wilhelmshaven

01.07.1937 – 30.09.1937
Kompanieoffizier – III. S.St.Abt. der Nordsee, Wilhelmshaven

01.10.1937 – 17.01.1938
4. Komp./Ausbildungsabteilung der 6. Zerstörerdivision (Besatzungsstamm für Z-9 WOLFGANG ZENKER)

18.01.1938 – 01.02.1938
Wachoffizier – Torpedoboot ILTIS

02.02.1938 – 27.03.1938
4. Komp./Ausbildungsabteilung der 6. Zerstörerdivision

28.03.1938 – 18.09.1938
8. Schiffsstammabteilung

01.04.1938
Dienstauszeichnung IV. Klasse

19.09.1938 – 17.12.1938
T/B-Lehrgang – Torpedoschule Flensburg-Mürwik

18.12.1938 – 03.02.1939
4. Komp./Ausbildungsabteilung der 8. Zerstörerdivision

04.02.1939 – 16.03.1939
Kommandant – Hilfsminensuchboot WOTAN

17.03.1939 – 31.05.1940
II.WO und Torpedooffizier – Zerstörer Z-14 FRIEDRICH IHN

01.04.1939
Oberleutnant zur See (-72-)

15.12.1939
Eisernes Kreuz II. Klasse

15.01.1940
Medaille zur Erinnerung an den 01.10. 1938

01.06.1940 – 02.06.1940
z.Vfg. – Marinestation Ostsee

03.06.1940 – 30.06.1940
z.Vfg. – F.d.T. bzw. z.Vfg. – B.d.U.

01.07.1940 – 28.07.1940
U.W.O.-Lehrgang – S.A.S. Kiel-Wik

29.07.1940 – 30.09.1940
U-Lehrgang – 1. U.L.D.

01.10.1940 – 02.11.1940
U.T.O.-Lehrgang – Torpedoschule Flensburg-Mürwik

19.10.1940
Zerstörerkriegsabzeichen

03.11.1940 – 24.11.1940
U-Lehrgang – Sperrschule Kiel-Wik

25.11.1940 – 21.12.1940
U-Lehrgang – Marine-Nachrichtenschule Flensburg-Mürwik

22.12.1940 – 24.02.1941
U.A.A./Plön

25.02.1941 – 30.06.1941
I.WO – U 94/7. U-Flottille
Feindfahrten U 94/
Kdt: Herbert Kuppisch
29.03.1941 – 18.04.1941
29.04.1941 – 04.06.1941

07.06.1941
Eisernes Kreuz I. Klasse

07.06.1941
U-Boots-Kriegsabzeichen 1939

01.07.1941 – 18.08.1941
Kommandantenlehrgang – 24. U-Flottille

19.08.1941 – 17.09.1941
Baubelehrung – K.L.A.-U-Ost für U 456

18.09.1941 – 30.06.1942
Kommandant – U 456/6. U-Flottille

01.12.1941
Kapitänleutnant (-10-)

04.05.1942
Nennung im Wehrmachtsbericht

01.07.1942 – 30.11.1942
Kommandant – U 456/11. U-Flottille

01.12.1942 – 12.05.1943
Kommandant – U 456/1. U-Flottille

12.05.1943
Im Nordatlantik am Konvoi HX.237 nach dem Angriff der »Liberator« B der britischen 86. Squadron, vermutlich durch die dabei erlittenen schweren Schäden auf Position 46°39'Nord/26°54'West verlorengegangen.

19.12.1943
Ritterkreuz des Eisernen Kreuzes (posthum)

1. Unternehmung U 456:
(Nordmeer, Nordnorwegen)

Kdt:	Kl Max-Martin Teichert (3. Feindfahrt)
31.01.1942	Kiel aus
01.02.1942	Helgoland ein
02.02.1942	Helgoland aus
15.02.1942	Kirkenes ein
Erfolge:	keine

2. Unternehmung U 456:
(Nordmeer)

Kdt:	Kl Max-Martin Teichert (4. Feindfahrt)
24.02.1942	Kirkenes aus
22.03.1942	Kirkenes ein
Erfolge:	1 Schiff (251 ts +)

3. Unternehmung U 456:
(Nordmeer, gegen Konvois QP.9 und PQ.13)

Kdt:	Kl Max-Martin Teichert (5. Feindfahrt)
29.03.1942	Kirkenes aus
02.04.1942	Kirkenes ein
Erfolge:	keine

4. Unternehmung U 456:
(Nordmeer, gegen Konvois QP.10 und PQ.14)

Kdt:	Kl Max-Martin Teichert (6. Feindfahrt)
07.04.1942	Kirkenes aus
20.04.1942	Kirkenes ein
Erfolge:	keine

5. Unternehmung U 456:
(Nordmeer, gegen Konvois QP.11 und PQ.15)

Kdt:	Kl Max-Martin Teichert (7. Feindfahrt)
29.04.1942	Kirkenes aus
04.05.1942	Kirkenes ein
07.05.1942	Kirkenes aus
12.05.1942	Bergen ein
Erfolge:	1 Kreuzer (11 500 ts = br CL EDINBURGH)

6. Unternehmung U 456:
(Nordmeer, gegen Konvois QP.13 und PQ.17)

Kdt:	Kl Max-Martin Teichert (8. Feindfahrt)
25.06.1942	Bergen aus
06.07.1942	Neidenfjord ein
Erfolge:	1 Schiff (6999 BRT +)

7. Unternehmung U 456:
(Nordmeer)

Kdt:	Kl Max-Martin Teichert (9. Feindfahrt)
04.08.1942	Neidenfjord aus
10.08.1942	Neidenfjord ein
Erfolge:	keine

8. Unternehmung U 456:
(Nordmeer, sibirischer Seeweg)

Kdt:	Kl Max-Martin Teichert (10. Feindfahrt)
15.08.1942	Neidenfjord aus
19.09.1942	Kirkenes ein
19.09.1942	Kirkenes aus
19.09.1942	Neidenfjord ein
21.09.1942	Neidenfjord aus
24.09.1942	Narvik ein
24.09.1942	Narvik aus
24.09.1942	Skjomenfjord ein
25.09.1942	Skjomenfjord aus
27.09.1942	Drontheim ein
Erfolge:	keine

9. Unternehmung U 456:
(Verlegungsfahrt)

Kdt:	Kl Max-Martin Teichert (11. Feindfahrt)
23.11.1942	Drontheim aus
04.12.1942	Bergen ein
Erfolge:	keine

10. Unternehmung U 456:
(Nordatlantik, westlich von Irland)

Kdt:	Kl Max-Martin Teichert (12. Feindfahrt)

14.01.1943 Bergen aus
26.02.1943 Brest ein
Erfolge: 3 Schiffe (17333 BRT +)

11. Unternehmung U 456:
(Nordatlantik, westlich von Spanien)
Kdt: Kl Max-Martin Teichert +
(13. Feindfahrt)

24.04.1943 Brest aus
12.05.1943 Verlust U 456
Erfolge: 1 Schiff (7138 BRT +)

Erfolge Max-Martin Teichert als Kommandant U 456:
6 Schiffe (31721 BRT +)
1 Kreuzer (11500 ts = br CL EDINBURGH)

Siegfried Koitschka

* 06.08.1917 in Siebitz, Kreis Bautzen/Sachsen
† 17.05.2002 in Lohra/Hessen

27.01.1944
Ritterkreuz (203-109)

03.04.1937
Eintritt in die Kriegsmarine als Seeoffiziersanwärter
Crew 37a

03.04.1937 – 14.06.1937
Infanterieausbildung – 3. Komp./II. Abt. S.St.Div. der Ostsee, Stralsund

15.06.1937 – 22.09.1937
Bordausbildung – SSS GORCH FOCK

21.09.1937
Seekadett

23.09.1937 – 29.04.1938
Bordausbildung – Leichter Kreuzer EMDEN

30.04.1938 – 25.11.1938
Hauptlehrgang für Fähnriche – Marineschule Flensburg-Mürwik

26.11.1938 – 04.01.1939
Infanterielehrgang für Fähnriche – 7. S.St. Abt. Stralsund

01.05.1938
Fähnrich zur See

05.01.1939 – 12.01.1939
Nachrichtenlehrgang für Fähnriche – Nachrichtenschule Flensburg-Mürwik

13.01.1939 – 16.02.1939
Torpedolehrgang für Fähnriche – Torpedoschule Flensburg-Mürwik

17.02.1939 – 21.02.1939
Sperrlehrgang für Fähnriche – Sperrschule Kiel-Wik

22.02.1939 – 02.04.1939
Artillerielehrgang für Fähnriche – S.A.S. Kiel-Wik

03.04.1939 – 28.04.1939
Besatzungsstamm – Schwerer Kreuzer ADMIRAL HIPPER

29.04.1939 – 01.09.1939
Bordausbildung – Schwerer Kreuzer ADMIRAL HIPPER

01.07.1939
Oberfähnrich zur See

01.08.1939
Leutnant zur See (-189-)

02.09.1939 – 02.06.1940
Adjutant – 6. Schiffsstammabteilung

03.06.1940 – 29.06.1940
U.W.O.-Lehrgang – Marine-Nachrichtenschule Flensburg-Mürwik

30.06.1940 – 28.07.1940
U.T.O.-Lehrgang – Torpedoschule Flensburg-Mürwik

29.07.1940 – 06.10.1940
U-Lehrgang – 1. U.L.D.

07.10.1940 – 03.11.1940
U.A.A./Plön

04.11.1940 – 03.12.1940
Baubelehrung – U-Boote Nordsee für U 552

04.12.1940 – 27.12.1941
II.WO – U 552/7. U-Flottille
Feindfahrten U 552/Kdt: Erich Topp
13.02.1941 – 16.03.1941
07.04.1941 – 06.05.1941
25.05.1941 – 02.07.1941
18.08.1941 – 26.08.1941
04.09.1941 – 05.10.1941
25.10.1941 – 26.11.1941

08.05.1941
Eisernes Kreuz II. Klasse

08.05.1941
U-Boots-Kriegsabzeichen 1939

14.08.1941
Oberleutnant zur See mit Wirkung vom 01.09.1941 und Rangdienstalter vom 01.09.1941 (-150-)

07.10.1941
Eisernes Kreuz I. Klasse

28.12.1941 – 15.01.1942
Kommandantenlehrgang – 26. U-Flottille/Pillau

16.01.1942 – 07.10.1942
Kommandant – U 7/21. U-Flottille

08.10.1942 – 31.12.1942
Kommandant – U 616/8. U-Flottille

01.01.1943 – 31.05.1943
Kommandant – U 616/6. U-Flottille

01.06.1943 – 17.05.1944
Kommandant – U 616/29. U-Flottille

19.11.1943
Deutsches Kreuz in Gold (165)

27.01.1944
Ritterkreuz des Eisernen Kreuzes

17.05.1944
Im Mittelmeer ostwärts Cartagena durch Wasserbomben der US-Zerstörer NIELDS, GLEAVES, ELLYSON, MACOMB, HAMBLETON, RODMAN, EMMONS und HILARY P. JONES sowie Flugzeuge der britischen 36. Squadron während der Operation »Monstrous« nach tagelanger Jagd wegen Erschöpfung der Batterien zum Auftauchen gezwungen und auf Position 36°46'Nord/00°52'Ost selbst versenkt. Die gesamte Besatzung (53 Mann) von U 616 geriet in Kriegsgefangenschaft.

15.05.1944
Kapitänleutnant mit Wirkung zum 01.06.1944 und Rangdienstalter vom 01.06.1944 (-17-)

17.05.1944 – 01.06.1946
Kriegsgefangenschaft

01.06.1946
Entlassung

1. Unternehmung U 616:
(Nordatlantik, nordostwärts Neufundland)

Kdt:	OlzS Siegfried Koitschka (7. Feindfahrt)
06.02.1943	Kiel aus
26.03.1943	St. Nazaire ein
Erfolge:	keine

Stellungnahme des B.d.U.:
Erste Unternehmung des Kommandanten mit neuem Boot!
Der Kommandant hat sein Boot mit Zähigkeit und Härte geführt, verbissen auf alle Möglichkeiten zum Erfolg operiert und dabei richtiges Gefühl und Verständnis gezeigt.
Leider blieb ihm ein größerer verdienter Erfolg versagt. Das Verhalten gegenüber der Abwehr und die Durchführung des Angriffs am 10.3. zeigen besondere Kaltblütigkeit und Einsatzfreudigkeit. Von dem Kommandanten können noch besondere Leistungen erwartet werden.

Anerkannter Erfolg:
1 Dampfer 5000 BRT versenkt.

2. Unternehmung U 616:

(Nordatlantik, Gibraltar-Durchbruch 05.05.1943, westliches Mittelmeer)

Kdt:	OlzS Siegfried Koitschka (8. Feindfahrt)
19.04.1943	St. Nazaire aus
17.05.1943	La Spezia ein
Erfolge:	keine

Stellungnahme des F.d.U. Italien:

1.) *Durchbruch durch die Gibraltarstraße erfolgte im wesentlichen in Unterwasserfahrt. Die zahlreichen Netze und Fischerfahrzeuge traten in der gemeldeten Fülle erstmalig als Erschwerung auf. Das Nachschleppen eines Netzes mit Bojen hätte üble Folgen haben können. Der Entschluß des Kommandanten, den Durchbruch erst z. Zt. des Neumondes (04.05.) zu unternehmen, wird gebilligt.*

2.) *Die Unternehmung zeugt von gutem Angriffsgeist. Sie mußte infolge Waboschäden vorzeitig abgebrochen werden. Die Schwierigkeiten, die das bisher nicht aus eigener Erfahrung bekannte Operationsgebiet im Mittelmeer boten, sind während der allerdings nur kurzen Zeit des Operierens mit Glück gemeistert worden. Der Flugzeugausguck ist noch nicht auf der gebotenen Höhe. Zu spätes Erkennen von Flugzeugen, hätte dem Boot leicht verhängnisvoll werden können. Bei einer Entfernung des Flugzeuges von 400 m (13.05.) darf nicht mehr getaucht werden. Auch der 2. Angriff am gleichen Tage hätte über Wasser abgewehrt werden müssen, denn die Tatsache, daß das Boot Flibos auf 15 m erhielt, beweist, daß das Flugzeug beim Sichten schon zu nahe war, um das Boot vor einem wirksamen Angriff auf sichere Tiefe zu bringen.*

3.) *Zum Torpedoeinsatz wird bemerkt:*
   a) *Am 08.05.: Der Fehlfächer ist vermutlich auf Fehlschätzung, wahrscheinlich auf falsch eingestellte Gegnerfahrt zurückzuführen.*
   b) *Am 12.05.: Bei dem nachträglich festgestellten Fehler des Schußwinkels von 20 Grad wird es sich mit größter Wahrscheinlichkeit um einen Bedienungsfehler und weniger um einen Fehler in der Feuerleitanlage handeln. Die Aussicht auf einen Treffer bei einer Entfernung von 5000 m und unsicheren Schußunterlagen war sehr gering. Außerdem war der Streuwinkel von 2,5° zu groß. Auch der Einzelschuß aus Rohr 5 auf dasselbe Ziel bei einer Entfernung von 4000 m konnte höchstens ein Zufallstreffer werden. Ein solcher ist anzunehmen. Nach Angaben des V-Dienstes wurde am 19.05. der englische Zerstörer PORCUPINE mit fehlendem Heck in Gibraltar eingeschleppt. Es wird vermutet, daß die Beschädigung eine Auswirkung des von U 616 gehörten Treffers war. Das Fehlen von Gefechtsskizzen bei sämtlichen Angriffen erschwert die Beurteilung.*

4.) *Es fehlen sowohl im K.T.B. als auch im Auszug aus der Funkkladde wichtige Funksprüche, so vor allem der F.T. vom 07.05. über das zugewiesene Operationsgebiet. Die Leitnummer allein genügt nicht.*

5.) *Anerkannt werden: Als torpediert und schwer beschädigt englischer Zerstörer PORCUPINE.*

3. Unternehmung U 616:

(westliches Mittelmeer, algerische Küste)

Kdt:	OlzS Siegfried Koitschka (9. Feindfahrt)
28.07.1943	La Spezia aus
18.08.1943	Toulon ein
Erfolge:	keine

Stellungnahme des F.d.U. Mittelmeer:

1.) *Nach der Überführungsfahrt aus dem Atlantik, die erste selbständige Unternehmung des Kommandanten im Mittelmeer. Der Kommandant hat sich mit den Schwierigkeiten des ihm unbekannten Operationsgebietes schnell vertraut gemacht und wertvolle Erfahrungen auf dem Gebiet der feindlichen Ortungstätigkeit sammeln können. Die Bemühungen des Kommandanten zum Erfolg zu kommen, wurden nicht in dem Gegnerverkehr entsprechenden Maße erreicht, da das Boot in den ersten Tagen im allgemeinen etwas zu weit nördlich des laufenden Feindnachschubs stand.*

2.) *Zum Angriff am 15.08. wird bemerkt: Die Annahme des Kommandanten, daß es sich bei der Detonation nach 11 min 36 sek und 14 min 24 sek um Treffer im*

Geleit handelte, wird vom F.d.U. auf Grund der langen Laufzeiten nicht geteilt. Dagegen wird die Torpedierung eines Kreuzers der LEANDER-Klasse angenommen.

3.) *Die Vermutung des Kommandanten, daß sich auf den Balearen Ortungsgeräte des Gegners befinden, hat sich bestätigt.*
4.) *Am Schluß des K.T.B. fehlen die Erfahrungen des Kommandanten.*
5.) *Das K.T.B. dieser Unternehmung wurde im Zuge der Ereignisse in Italien vernichtet und wird daher, neu aufgestellt, verspätet vorgelegt.*
6.) *Anerkannt:*
1 Kreuzer der LEANDER-Klasse torpediert.

4. Unternehmung U 616:

(Mittelmeer, vor Salerno)

Kdt:	OlzS Siegfried Koitschka (10. Feindfahrt)
08.09.1943	Toulon aus
08.09.1943	Toulon ein
09.09.1943	Toulon aus
18.09.1943	Toulon ein
Erfolge:	keine

Stellungnahme des F.d.U. Mittelmeer:

1.) *Die sich dem Boot in kurzer Zeit bietenden Ziele hat der Kommandant schnell entschlossen angegriffen, wobei sich erschwerend die hellen Mondnächte auswirkten. Bei stärkerer Dunkelheit wären die Erfolgsaussichten wahrscheinlich größer gewesen.*
2.) *Der Torpedoeinsatz kann nicht gefallen. Im einzelnen wird bemerkt:*
   a) *Am 12.09: Die Flacheinstellung vom Vorhalterechner ist äußerst bedauerlich. Der Vermutung des Kommandanten, daß es sich um einen Endstreckendetonierer handelt, wird zugestimmt.*
   b) *Am 14.09.: Ein Treffer ist nach der langen Laufzeit von 9 Minuten unwahrscheinlich. Der Fehlfächer ist vermutlich auf Fehlschätzung zurückzuführen, im Verein mit der vom Kommandanten nachträglich als größer erkannten Entfernung gegenüber der geschätzten. In diesem Falle ist möglicherweise der Streuwinkel zu groß gewesen. Bedauerlich ist der Versager des Mechanikergasten, der das Boot vielleicht um einen Erfolg brachte.*
   c) *Am 15.09.: Der neuerliche Versager durch Befehlsübermittlung zeigt, daß die Ausbildung der Torpedowaffe nicht auf der Höhe ist. Insgesamt wurden 9 Torpedos auf ein Ziel verschossen, ohne eindeutigen Erfolg. Die Versenkung eines Zerstörers wird angenommen.*
3.) *Anerkannt werden:*
Als versenkt:
1 Zerstörer der JERVIS-Klasse.
Als torpediert:
1 vermutlich Großtanker oder Hilfsflugzeugträger.

Stellungnahme des B.d.U.:
Zugestimmt. Durch mangelhafte Ausbildung der Torpedowaffe dürfen in Zukunft nicht mehr Erfolge verschenkt werden.
Anerkannte Erfolge:
1 Großtanker oder Hilfsflugzeugträger 12 000 BRT torpediert.
1 JERVIS-Zerstörer versenkt.

5. Unternehmung U 616:

(Mittelmeer, vor Salerno)

Kdt:	OlzS Siegfried Koitschka (11. Feindfahrt)
03.10.1943	Toulon aus
15.10.1943	Toulon ein
Erfolge:	1 Zerstörer (1570 ts + am DD BUCK +) 1 Landungsboot (269 BRT +)

Stellungnahme des F.d.U. Mittelmeer:

1.) *Eine gut durchgeführte Unternehmung, die durch rasches, entschlossenes Handeln des Kommandanten Erfolge brachte.*
2.) *Zum Torpedoeinsatz wird bemerkt:*
   a) *Am 09.10.: Nach B-Dienst hat U 616 den USA-Zerstörer BUCK 1 570 ts versenkt.*
   Nach mündlicher ergänzender Berichterstattung ist die Vernichtung des torpedierten Dampfers anzunehmen. Der Kommandant hat die Detonation nach 1 min 40 sek. einwandfrei als Torpedodetonation erkannt und hält nach der Lage einen Frühdetonierer für erwiesen.
   b) *Am 11.10.: Die Versenkung von 2 Landungstransportschiffen von je 3 000 BRT und die Torpedierung einer unbekannten Einheit ist anzunehmen. Ein erneuter Frühdetonierer nach 1 min 46 sek. Laufzeit wurde beobachtet.*
3.) *Nach Einsatz von »Aphrodite« wurde wiederholt Verschwinden der Feindortung beobachtet.*

4.) Anerkannt werden als versenkt:
1 Zerstörer 1570 ts,
1 Dampfer 4000 BRT,
2 Landungstransportschiffe von je 3000 BRT,
1 unbekannte Einheit als torpediert.

Stellungnahme des B.d.U.:
Die Zerstörerversenkung ist ein Schulbeispiel für den »Zaunkönig-Schuß«. Der Stellungnahme des F.d.U. Mittelmeer wird zugestimmt.
Anerkannte Erfolge:
3 Schiffe 10000 BRT versenkt.
1 Zerstörer versenkt.
1 unbekannte Einheit torpediert.

6. Unternehmung U 616:

(westliches Mittelmeer, algerische Küste)

Kdt: OlzS Siegfried Koitschka (12. Feindfahrt)

20.11.1943 Toulon aus
12.12.1943 Toulon ein
Erfolge: keine

Stellungnahme des F.d.U. Mittelmeer:
1.) Die Unternehmung ist mit Angriffsgeist und gutem Können durchgeführt und brachte dem bewährten Kommandanten einen schönen Erfolg. Das Operationsgebiet des Tyrrhenischen Meeres zeigte sich auch schon auf der vorangegangenen Unternehmung von U 380 als nicht ergiebig.
2.) Auf Grund der Beobachtungen und nach mündlicher Berichterstattung des Kommandanten ist mit der Vernichtung sämtlicher beschossener Ziele zu rechnen. Im einzelnen:
a) Der Angriff am 08.12. ist mit Überlegung und anerkennenswerter Schießfertigkeit gefahren worden. Das Ergebnis ist bei der großen Entfernung vorzüglich.
b) Bei dem Schuß auf den Zerstörer am 09.12. hält der Kommandant seine Wahrnehmung des Treffers und der Sinkgeräusche für zweifelsfrei. Danach hat der »Zaunkönig« auch bei einer Laufzeit von fast 13 Minuten noch einwandfrei gearbeitet.
3.) Der Entschluß zum Rückmarsch infolge Ausfall der »Naxos«-Antenne wird mit Rücksicht auf die starke Feindüberwachung des Operationsgebietes gebilligt.
4.) Anerkannt werden als versenkt:
3 Dampfer je 8000 BRT
1 Zerstörer

7. Unternehmung U 616:

(westliches Mittelmeer, algerische Küste)

Kdt: OlzS Siegfried Koitschka (13. Feindfahrt)

03.01.1944 Toulon aus
15.01.1944 Toulon ein
Erfolge: keine

Stellungnahme des F.d.U. Mittelmeer:
1.) Eine für den bewährten Kommandanten kennzeichnende Unternehmung, die ihm wieder in kurzer Zeit infolge seines schwungvollen Angriffsgeistes und seines Könnens schöne Erfolge brachte.
2.) Zum Torpedoeinsatz wird bemerkt:
a) Am 18.01.44:
Der Fehlschuß ist vermutlich auf Fehlschätzung begünstigt durch die große Schußentfernung zurückzuführen. Möglicherweise stand das Ziel außer Reichweite.
b) Am 09.01.44:
Es wird angenommen, daß beide »Zaunkönige« getroffen haben, während die beiden weiteren Detonationen Enddetonierer waren. Ein besonders schöner Erfolg.
c) Am 13.01.44:
Auf Grund der Beobachtungen sowie der mündlichen Berichterstattung des Kommandanten wird als Erfolg des schneidig durchgeführten Angriffs die Versenkung eines Dampfers von 6000 BRT und eines Zerstörers angenommen.
3.) Anerkannt werden als versenkt:
1 Dampfer 6000 BRT
1 Zerstörer
2 U-Boote

Stellungnahme des B.d.U.:
Der Stellungnahme des F.d.U. Mittelmeer wird zugestimmt.
Anerkannte Erfolge:
1 Dampfer 6000 BRT
1 Zerstörer
2 U-Boote

8. Unternehmung U 616:

(westliches Mittelmeer, vor Anzio und Nettuno)

Kdt: OlzS Siegfried Koitschka (14. Feindfahrt)

19.02.1944 Toulon aus
15.03.1944 Toulon ein
Erfolge: keine

<u>Stellungnahme des F.d.U. Mittelmeer:</u>

1.) *Eine Unternehmung, die gekennzeichnet ist durch die Eigenart des Einsatzgebietes vor dem Landekopf, in dem der Gegnerverkehr hinter den eigenen Minensperren dicht unter Land läuft und vermutlich in der Hauptsache durch Landungsschiffe- und Boote ausgeführt wird, gesichert und abgeschirmt durch zahlreiche Sicherungsfahrzeuge und U-Jagdgruppen.*
Es ist ihm ansonsten nicht gelungen, in das mit dem 29.02. befohlene Operationsgebiet einzudringen. Ein rücksichtsloser, gegebenenfalls mehrfacher Versuch dazu wird vermißt. Die Unternehmung kann daher trotz der erzielten Erfolge nicht voll befriedigen.

2.) *Zum Torpedoeinsatz wird bemerkt:*
   a) *<u>Am 01.03.:</u>*
   Möglicherweise liegen die Bedingungen für einen erfolgversprechenden Wendeschuß infolge zu geringer Fahrt des Zerstörers nicht vor.
   b) *<u>Am 02.03.:</u>*
   Die Versenkung eines Zerstörers wird für wahrscheinlich, die des zweiten, auf Grund der Beobachtungen des Kommandanten trotz der Laufzeit von über 17 Minuten für möglich gehalten.
   c) *<u>Am 06.03.:</u>*
   Der Fehlfächer ist vermutlich auf Fehlschätzung bei der verhältnismäßig großen Entfernung zurückzuführen. Die Torpedierung eines der beiden Zerstörer wird angenommen und Sinken für möglich gehalten.
   d) *<u>Am 09.03.:</u>*
   Nach ergänzender mündlicher Berichterstattung des Kommandanten ergibt sich, daß es sich wahrscheinlich nicht um Oberflächenläufer handelte, sondern daß die Torpedos bei der gering eingestellten Tiefe infolge des Meeresleuchtens vom Gegner gesehen und ausmanövriert wurden.

3.) *Am Schluß des K.T.B. fehlen die Erfahrungen des Kommandanten.*

4.) *Anerkannt werden:*
Am 02.03.
1 Zerstörer versenkt möglich.
1 Zerstörer wahrscheinlich versenkt.
Am 06.03.
1 Zerstörer torpediert, Sinken möglich.

<u>Stellungnahme des B.d.U.:</u>
Zur Stellungnahme des F.d.U. Mittelmeer wird bemerkt:
Die Anerkennung des Zerstörers am 02.03. (versenkt möglich) wird abgelehnt, wegen Aussichtslosigkeit eines Treffers des T-V bei einer Laufzeit von 17 Min. 39 Sek.
<u>Anerkannte Erfolge:</u>
1 Zerstörer wahrscheinlich versenkt.
1 Zerstörer torpediert, Sinken möglich.

9. Unternehmung U 616:
(westliches Mittelmeer, ostwärts Cartagena)

Kdt:	OlzS Siegfried Koitschka (15. Feindfahrt)
30.04.1944	Toulon aus
17.05.1944	Verlust U 616
Erfolge:	2 Schiffe (17 754 BRT =)

Erfolge Siegfried Koitschka als Kommandant U 616:
1 Zerstörer und
1 Landungsboot (1 839 BRT + einschließlich am DD BUCK 1 570 ts +)
2 Schiffe (17 754 BRT =)

Hans-Jürgen Hellriegel

*** 16.06.1917**
in Berlin-Wilmersdorf
† 02.07.1944
im Mittelatlantik
südwestlich von Teneriffa

03.02.1944
Ritterkreuz (204-110)

03.04.1936
Eintritt in die Kriegsmarine als Seeoffiziersanwärter
Crew 36

03.04.1936 – 13.06.1936
Infanterieausbildung – 2. Komp./II. S.St. Abt. der Ostsee, Stralsund

14.06.1936 – 12.09.1936
Bordausbildung – SSS GORCH FOCK

10.09.1936
Seekadett

13.09.1936 – 30.04.1937
Bordausbildung – Leichter Kreuzer EMDEN

01.05.1937 – 27.11.1937
Hauptlehrgang für Fähnriche – Marineschule Flensburg-Mürwik bzw.

28.10.1937 – 06.11.1937
Navigationsbelehrungsfahrt – Schulschiff PAUL BEHNCKE

01.05.1937
Fähnrich zur See

28.11.1937 – 02.01.1938
Infanterielehrgang für Fähnriche – II. S.St. Abt. der Ostsee, Stralsund

03.01.1938 – 13.01.1938
Nachrichtenlehrgang für Fähnriche – Nachrichtenschule Flensburg-Mürwik

14.01.1938 – 17.02.1938
Torpedolehrgang für Fähnriche – Torpedoschule Flensburg-Mürwik

18.02.1938 – 22.02.1938
Sperrlehrgang für Fähnriche – Sperrschule Kiel-Wik

23.02.1938 – 02.04.1938
Artillerielehrgang für Fähnriche – S.A.S. Kiel-Wik

03.04.1938 – 02.10.1938
Bordausbildung – Torpedoboot LUCHS/4. Torpedobootsflottille

01.07.1938
Oberfähnrich zur See

01.10.1938
Leutnant zur See (-102-)

03.10.1938 – 02.04.1939
U-Lehrgang – U-Schule (z.Vfg. – F.d.U.), zugleich

29.11.1938 – 15.01.1939
U.W.O.-Nachrichtenlehrgang – Marine-Nachrichtenschule Flensburg-Mürwik bzw.

16.01.1939 – 26.03.1939
U.T.O.-Lehrgang – Torpedoschule Flensburg-Mürwik

27.03.1939 – 02.04.1939
U.W.O.-Sperrlehrgang – Sperrschule Kiel-Wik

03.04.1939 – 30.11.1939
Kompanieoffizier – 7. S.St.Abt. Stralsund

01.12.1939 – 06.12.1939
U-Lehrgang – U-Schule

07.12.1939 – 13.03.1941
II.WO – U 46/U-Flottille Wegener, ab 01.01.1940, 7. U-Flottille
Feindfahrten U 46/Kdt: Herbert Sohler
19.12.1939 – 10.01.1940
11.03.1940 – 23.04.1940

Feindfahrten U 46/
Kdt: Engelbert Endrass
01.06.1940 – 01.07.1940
01.08.1940 – 06.09.1940
20.09.1940 – 29.09.1940
13.10.1940 – 29.10.1940
12.02.1941 – 04.03.1941

24.04.1940
U-Boots-Kriegsabzeichen 1939

26.04.1940
Eisernes Kreuz II. Klasse

03.07.1940
Eisernes Kreuz I. Klasse

01.10.1940
Oberleutnant zur See (-69-)

14.03.1941 – 29.03.1941
Kommandanten-Schießlehrgang – 24. U-Flottille/Memel

30.03.1941 – 06.04.1941
z.Vfg. – 22. U-Flottille/Gotenhafen

07.04.1941 – 09.12.1941
Kommandant – U 140/22. U-Flottille

10.12.1941 – 27.03.1942
z.Vfg. – 7. U-Flottille/St. Nazaire

28.03.1942 – 15.03.1943
Kommandant – U 96/7. U-Flottille

16.03.1943 – 20.04.1943
Baubelehrung – 8. K.L.A./Hamburg für U 543

01.04.1943
Kapitänleutnant (-25-)

21.04.1943 – 31.10.1943
Kommandant – U 543/4. U-Flottille

01.11.1943 – 02.07.1944
Kommandant – U 543/10. U-Flottille

03.02.1944
Ritterkreuz des Eisernen Kreuzes

02.07.1944
Im Mittelatlantik südwestlich von Teneriffa von der US-Task Group 22.4 mit dem US-Geleitträger WAKE ISLAND (Squadron VC-58) und den Geleitzerstörern DOUGLAS L. HOWARD, FISKE, FARQUHAR, HILL und J.R. BLAKELY gestellt und trotz heftiger Flakabwehr von einer »Avenger« der WAKE ISLAND während des Tauchens des U-Bootes mit akustischem Torpedo (Fido) auf Position 25°34'Nord/21°36'West versenkt. – Totalverlust, 58 Tote.

2. Unternehmung U 140:
(mittlere Ostsee, vor Libau)

Kdt:	OlzS Hans-Jürgen Hellriegel (8. Feindfahrt)
19.06.1941	Gotenhafen aus
30.06.1941	Gotenhafen ein
Erfolge:	keine

3. Unternehmung U 140:
(Ostsee, vor Ösel, Dagö, und Öland)

Kdt:	OlzS Hans-Jürgen Hellriegel (9. Feindfahrt)
07.07.1941	Gotenhafen aus
24.07.1941	Gotenhafen ein
Erfolge:	1 U-Boot (206 ts + sj SS M-94)

9. Unternehmung U 96:
(Nordatlantik, Neufundland, USA-Ostküste)

Kdt:	OlzS Hans-Jürgen Hellriegel (10. Feindfahrt)
Kdt-Schüler:	OlzS Heinrich Schroeteler
23.04.1942	St. Nazaire aus
01.07.1942	St. Nazaire ein
Erfolge:	keine

Stellungnahme des B.d.U.:
Erste Unternehmung des Kommandanten. Bei allen Geleitzugoperationen wurde mit Zähigkeit operiert. In günstigen Positionen eintretende Maschinenstörungen vereitelten jedoch den beabsichtigten Angriff. Trotz dieser Behinderung wurde aber die Fühlung am Geleitzug gut gehalten.

10. Unternehmung U 96:
(Nordatlantik, östlich Neufundland)

Kdt:	OlzS Hans-Jürgen Hellriegel (11. Feindfahrt)
24.08.1942	St. Nazaire aus
05.10.1942	St. Nazaire ein
Erfolge:	4 Schiffe (15 958 BRT +) 1 Schiff (12 190 BRT =)

Stellungnahme des B.d.U.:
1.) *Ausgezeichnete durchgeführte Unternehmung. Trotz sehr häufigen Dieselausfalls hat der Kommandant zähe und energisch auf alle gemeldeten Geleit-*

züge operiert und einen schönen und verdienten Erfolg errungen.

2.) Über die Einhaltung besserer Meldedisziplin der Fühlunghalter ist auch vom B.d.U. häufig hingewiesen und entsprechende Befehle erlassen worden. Es ist zu erwarten, daß diese Mängel allmählich behoben werden.
Beim Ansatz vieler Boote auf einen Geleitzug hängt sehr viel vom klaren und richtigen Verhalten des Fühlunghalters ab. Leider wurden in dieser Hinsicht bei den letzten Geleitoperationen schwerwiegende Fehler gemacht.
Der hier niedergelegten Ansicht des Kommandanten wird zugestimmt.

11. Unternehmung U 96:

(Nordatlantik, nordöstlich Neufundland)

Kdt: OlzS Hans-Jürgen Hellriegel (12. Feindfahrt)

26.12.1942 St. Nazaire aus
08.02.1943 Königsberg ein
Erfolge: keine

Stellungnahme des B.d.U.:
Unternehmung ergab keine besonderen Operations- oder Erfolgsmöglichkeiten. Das Boot ging nach 11 Feindfahrten wegen Überalterung in die Heimat zur Schule. – Sonst nichts zu bemerken.

1. Unternehmung U 543:

(Nordatlantik, nordwestlich von Spanien)

Kdt: Kl Hans-Jürgen Hellriegel (13. Feindfahrt)

09.11.1943 Kiel aus
24.01.1944 Lorient ein
Erfolge: keine

Stellungnahme des B.d.U.:
Der fronterfahrene Kommandant hat auf der ersten Fahrt mit dem neuen Boot in bewährter Form zwei Zerstörer versenkt. Die Tatsache, daß der Passagierdampfer am 07.01. zu spät bemerkt wurde, zeigt erneut, wie wenig man sich auf rechtzeitige Warnung durch das Horchgerät verlassen kann.
Anerkannter Erfolg:
2 Zerstörer versenkt.

2. Unternehmung U 543:

(Mittelatlantik, Freetown, Azoren, Teneriffa)

Kdt: Kl Hans-Jürgen Hellriegel (14. Feindfahrt)

28.03.1944 Lorient aus
02.07.1944 Verlust U 543
Erfolge: keine

Erfolge Hans-Jürgen Hellriegel als Kommandant U 140:
1 U-Boot (206 ts + sj SS M-94)

Erfolge Hans-Jürgen Hellriegel als Kommandant U 96
4 Schiffe (15958 BRT +)
1 Schiff (12190 BRT =)

Erfolge Hans-Jürgen Hellriegel als Kommandant U 543:
keine

Siegfried Lüdden

* 20.05.1916
in Neubrandenburg/
Kreis Stargard
†13.01.1945
in Kiel

11.02.1944
Ritterkreuz (205-111)

03.04.1936
Eintritt in die Kriegsmarine als Seeoffiziersanwärter
Crew 36

03.04.1936 – 13.06.1936
Infanterieausbildung – 2. Komp./II. Abt. S.St.Div. der Ostsee, Stralsund

14.06.1936 – 28.04.1937
Bordausbildung – Linienschiff SCHLESIEN

10.09.1936
Seekadett

29.04.1937 – 27.11.1937
Hauptlehrgang für Fähnriche – 4. Komp./ Marineschule Flensburg-Mürwik

01.05.1937
Fähnrich zur See

28.11.1937 – 09.01.1938
Torpedolehrgang für Fähnriche – Torpedoschule Flensburg-Mürwik

10.01.1938 – 13.01.1938
Sperrlehrgang für Fähnriche – Sperrschule Kiel-Wik

14.01.1938 – 22.02.1938
Artillerielehrgang für Fähnriche – S.A.S. Kiel-Wik

23.02.1938 – 05.03.1938
Nachrichtenlehrgang für Fähnriche – 5. Komp./Nachrichtenschule Flensburg-Mürwik

06.03.1938 – 03.04.1938
Infanterielehrgang – 7. S.St.Abt. Stralsund

04.04.1938 – 30.09.1938
U-Boot-Begleitschiff DONAU/1. U-Flottille

01.07.1938
Oberfähnrich zur See

01.10.1938 – 21.09.1939
zur Luftwaffe kommandiert bzw.

28.02.1939 – 04.03.1939
Fla-Lehrgang – Flak-Schule bzw.

06.03.1939 – 08.03.1939
Sperrlehrgang – Sperrschule Kiel-Wik

01.10.1938
Leutnant zur See (-149-)

22.09.1939 – 03.04.1940
z.Vfg. – Küstenbefehlshaber westliche Ostsee

20.12.1939
Medaille zur Erinnerung an den 01.10.1938

04.04.1940 – 13.08.1940
z.Vfg. – B.d.U., zugleich

04.04.1940 – 31.05.1940
U-Lehrgang – U-Schule bzw.

03.06.1940 – 29.06.1940
U-Lehrgang – S.A.S. Kiel-Wik bzw.

01.07.1940 – 31.07.1940
U.T.O.-Lehrgang – Torpedoschule Flensburg-Mürwik bzw.

01.08.1940 – 13.08.1940
U-Lehrgang – Sperrschule Kiel-Wik

14.08.1940 – 20.08.1940
Baubelehrung – U-Boote Ost, Deutsche Werke Kiel für U 141

21.08.1940 – 21.10.1940
WO – U 141/1. U-Flottille

01.10.1940
Oberleutnant zur See (-114-)

22.10.1940 – 24.11.1940
z.Vfg. – U.A.A./Plön

25.11.1940 – 13.02.1941
I.WO – 24. U-Flottille/Memel

14.02.1941 – 30.04.1941
Adjutant – 1. U-Flottille

01.05.1941 – 14.07.1941
Adjutant – 3. U-Flottille

15.07.1941 – 12.09.1941
Adjutant – 5. U-Flottille

13.09.1941 – 05.05.1942
II.WO und I.WO – U 129/2. U-Flottille
Feindfahrten U 129/Kdt: Nikolai Clausen
27.09.1941 – 08.10.1941 (als II.WO)
21.10.1941 – 28.12.1941 (als II.WO)
25.01.1942 – 05.04.1942 (als I.WO)

18.12.1941
Eisernes Kreuz II. Klasse

29.12.1941
U-Boots-Kriegsabzeichen 1939

08.04.1942
Eisernes Kreuz I. Klasse

06.05.1942 – 25.06.1942
Kommandanten-Schießlehrgang – 24. U-Flottille/Memel

26.06.1942 – 04.08.1942
Baubelehrung – K.L.A.-U-Nord für U 188

05.08.1942 – 31.01.1943
Kommandant – U 188/4. U-Flottille

01.02.1943 – 20.08.1944
Kommandant – U 188/10. U-Flottille

01.04.1943
Kapitänleutnant (-56-)

11.02.1944
Ritterkreuz des Eisernen Kreuzes

21.08.1944 – 08.09.1944
z.Vfg. – 10. U-Flottille

09.09.1944 – 07.11.1944
z.Vfg. – 1. U.A.A.

27.09.1944
U-Boots-Frontspange in Bronze

08.11.1944 – 13.01.1945
Referat F 3 – Kommandierender Admiral der U-Boote

13.01.1945
In Kiel beim Schiffsbrand der DARESSALAM tödlich verunglückt.

18.03.1945
Korvettenkapitän mit Wirkung vom 01.01.1945

1. Unternehmung U 188:
(Nordatlantik, südlich von Island, südlich von Grönland)

Kdt:	Kl Siegfried Lüdden (4. Feindfahrt)
04.03.1943	Kiel aus
04.05.1943	Lorient ein
Erfolge:	1 Zerstörer (1 190 ts + br DD BEVERLEY +)

Stellungnahme des B.d.U.:
Erste Unternehmung des Kommandanten mit neuem Boot!
Der Kommandant hat sein Boot mit richtigem taktischem Verständnis und Gefühl angriffsfreudig, zäh und entschlossen geführt und die große Chance am 11.04. erfolgreich wahrgenommen. Durch maschinelle Ausfälle wurde das Boot zum Rückmarsch gezwungen. – Das Verhalten des Kommandanten und der Besatzung bei dem Fliegerangriff am 02.05. verdient besondere Anerkennung. Der Kommandant hat trotz schwerer Verwundung sein Boot tatkräftig und energisch nach Hause geführt.
Anerkannte Erfolge:

1 Tanker	*8000 BRT versenkt.*
1 Dampfer	*5000 BRT versenkt.*
1 Dampfer	*5000 BRT versenkt.*
1 Dampfer	*5000 BRT versenkt.*

2. Unternehmung U 188:
(Mittel-und Südatlantik, Indischer Ozean, Mauritius, Golf von Oman, Malaya)

Kdt:	Kl Siegfried Lüdden (5. Feindfahrt)
30.06.1943	Lorient aus
30.10.1943	Penang ein
Erfolge:	1 Schiff (7 176 BRT +)
	1 Schiff (9 977 BRT =)

3. Unternehmung U 188:
(Indischer Ozean, Golf von Aden, Süd- und Mittelatlantik, Biscaya)

Kdt:	Kl Siegfried Lüdden (6. Feindfahrt)
12.12.1943	Penang aus
14.12.1943	Shonan ein
30.12.1943	Shonan aus
31.12.1943	Penang ein
03.01.1944	Penang aus
19.06.1944	Bordeaux ein
Erfolge:	7 Schiffe (42549 BRT +)

Am 26.06.1944 wurden Kl Siegfried Lüdden, Kl (Ing.) Carl-August Landfermann und einige weitere Marine-Soldaten, auf der Fahrt von Bordeaux nach Paris, in der Nähe von Limoges, von französischen Widerstandstruppen gefangengenommen. Am 17.07.1944 gelang ihnen die Flucht aus der Gefangenschaft. Nach sieben Tagen nächtlichen Fußmarsches erreichten sie die Regionshauptstadt Limoges und konnten sich wieder bei den deutschen Behörden melden.

Erfolge Siegfried Lüdden als Kommandant U 188:
8 Schiffe und 1 Zerstörer
(50915 BRT + einschließl. br DD BEVERLEY 1190 ts +)
1 Schiff (9977 BRT =)

Johann Friedrich Wessels

* 28.05.1904
in Wilhelmshaven-Rüstringen
† 09.02.1988
in Oldenburg i. O.

09.03.1944
Ritterkreuz (206-112)

01.04.1923
Eintritt in die Reichsmarine

01.04.1923 – 31.03.1924
Rekrut – 5. Komp./I. Abt. S.St.Div. der Nordsee, Wilhelmshaven

01.04.1924 – 02.07.1924
Schüler (M.B. III) – 6. Komp./II. Abt. S.St. Div. der Nordsee, Wilhelmshaven

03.07.1924 – 10.09.1924
Heizer – 3. Komp./I. Abt. S.St.Div. der Nordsee, Wilhelmshaven

11.09.1924 – 07.02.1925
Heizer – Tender ZIETEN

08.02.1925 – 17.03.1925
z.Vfg. – 7. Komp./II. Abt. S.St.Div. der Nordsee, Wilhelmshaven

18.03.1925 – 07.10.1927
Heizer – Vermessungsschiff METEOR

01.05.1925
Oberheizer

01.04.1927
Maschinengefreiter

08.10.1927 – 31.03.1928
Unteroffiziersschüler – 2. Komp./Marineschule Kiel-Friedrichsort

01.04.1928 – 17.09.1928
Maschinenmaatschüler – Marineschule Kiel-Wik

18.09.1928 – 30.11.1928
Schüler (M.B. II) – 1. Komp./Marineschule Kiel-Wik

01.11.1928
Maschinenmaat

01.12.1928 – 03.12.1928
z.Vfg. – 5. Komp./II. Abt. S.St.Div. der Nordsee, Wilhelmshaven

04.12.1928 – 02.01.1930
Maschinenmaat für E-Anlage – Linienschiff SCHLESIEN

03.01.1930 – 15.02.1930
Maschinistenanwärterlehrgang – 3. Komp./I. Abt. S.St.Div. der Nordsee, Wilhelmshaven

16.02.1930 – 30.03.1930
Fachschüler – 3. Komp./I. Abt. S.St.Div. der Nordsee, Wilhelmshaven

31.03.1930 – 26.09.1930
Maschinistenschule – 2. Komp./Marineschule Kiel-Wik

27.09.1930 – 01.12.1930
Schüler (Mot.1) – 1. Komp./Marineschule Kiel-Wik

01.11.1930
Obermaschinenmaat

02.12.1930 – 07.10.1931
4. Komp./I. Abt. S.St.Div. der Nordsee, Wilhelmshaven bzw. Baubelehrung als Wachmaschinist – Leichter Kreuzer LEIPZIG

01.10.1931
Maschinist

08.10.1931 – 13.04.1936
Wach- und Abschnittsmaschinist der Motor-Turbinenölanlage – Leichter Kreuzer LEIPZIG

01.04.1932
Obermaschinist

01.02.1936
Fähnrich (Ing.)

14.04.1936 – 05.07.1936
Offiziersschüler – 1. Komp./Marineschule Flensburg-Mürwik

06.07.1936 – 11.10.1936
Bordausbildung als Fähnrich (Ing.) – Panzerschiff ADMIRAL GRAF SPEE

01.10.1936
Oberfähnrich (Ing.)

02.10.1936
Dienstauszeichnung IV. Klasse

02.10.1936
Dienstauszeichnung III. Klasse

12.10.1936 – 04.01.1937
Lehrgang – Marineschule Kiel-Wik

01.01.1937
Leutnant (Ing.) (-6-)

05.01.1937 – 23.03.1937
U-Schüler – U-Schule

24.03.1937 – 24.06.1938
LI – U 23/U-Flottille Weddigen

01.06.1938
Oberleutnant (Ing.) (-39-)

25.06.1938 – 16.12.1938
Baubelehrung – U-Flottille Wegener bzw. Marinearsenal Kiel

17.12.1938 – 05.04.1940
LI – U 47/U-Flottille Wegener, ab 01.01. 1940, 7. U-Flottille
Feindfahrten U 47/Kdt: Günther Prien
19.08.1939 – 15.09.1939
08.10.1939 – 17.10.1939
16.11.1939 – 18.12.1939
29.02.1940 – 05.03.1940

25.09.1939
Eisernes Kreuz II. Klasse

17.10.1939
Eisernes Kreuz I. Klasse

19.12.1939
U-Boots-Kriegsabzeichen 1939

01.01.1940
Kapitänleutnant (Ing.) (-7-)

06.04.1940 – 30.10.1940
Flottilleningenieur – 1. U-Flottille

31.10.1940 – 19.08.1941
z.Vfg. – B.d.U. zur Einrichtung des U-Boot-Stützpunktes St. Nazaire

20.08.1941 – 24.06.1942
Lehrer und Kompaniechef – 1. U.L.D.

25.06.1942 – 02.11.1942
Baubelehrung – K.L.A.-U-Nord für U 198

03.11.1942 – 31.03.1943
LI – U 198/4. U-Flottille

01.04.1943 – 19.01.1944
LI – U 198/12. U-Flottille
Feindfahrt U 198/Kdt: Werner Hartmann
09.03.1943 – 24.09.1943

20.01.1944 – 14.02.1944
z.Vfg. – 12. U-Flottille/Bordeaux

15.02.1944 – 02.06.1944
Sonderbeauftragter – beim F.d.U. Ost

09.03.1944
Ritterkreuz des Eisernen Kreuzes
Die Laufbahn von Johann Friedrich Wessels als LI auf U-Booten begann im Dezember 1938 auf U 47. Unter dem Kommandanten Günther Prien nahm er an dem Einsatz in Scapa Flow teil. Wessels hatte große Verdienste an der gelungenen Sonderunternehmung, bei der das britische Schlachtschiff ROYAL OAK versenkt wurde. Im April 1940 wurde er von U 47 abkommandiert. Es folgten Stabstellungen und Lehrtätigkeiten bei der1. U-Flottille, dem B.d.U. und der 1. U.L.D. Von November 1942 bis Januar 1944 war Wessels LI auf U 198, das unter dem Kommando des Ritterkreuzträgers Werner Hartmann stand. Nach erneuter Verwendung in Stäben wurde er im August 1944 als LI auf U 870 kommandiert, dessen Kommandant der spätere Ritterkreuzträger Ernst Hechler war. Für seine hervorragenden Leistungen und Anteile an den Erfolgen der von ihm technisch betreuten Boote bekam er am 09.03.1944 das Ritterkreuz zum Eisernen Kreuz verliehen.

01.04.1944
Korvettenkapitän (Ing.) (-3-)

03.06.1944 – 13.08.1944
z.Vfg. – F.d.U. Ost

14.08.1944 – 30.09.1944
LI – U 870/4. U-Flottille

01.10.1944 – 20.03.1945
LI – U 870/33. U-Flottille
Feindfahrt U 870/Kdt: Ernst Hechler
10.11.1944 – 27.02.1945

04.10.1944
U-Boots-Frontspange in Bronze

21.03.1945 – 06.04.1945
Stabsoffizier – K.L.A.-U-Ost

07.04.1945 – 20.05.1945
Verbandsingenieur – Stab, F.d.U. Ost

21.05.1945 – 29.01.1947
Kriegsgefangenschaft (britische)

29.01.1947
Entlassung

Gustav Poel

* 02.08.1917
in Hamburg

21.03.1944
Ritterkreuz (207-113)

03.04.1936
Eintritt in die Kriegsmarine als Seeoffiziersanwärter
Crew 36

03.04.1936 – 13.06.1936
Infanterieausbildung – 2. Komp./II. S.St. Abt. der Ostsee, Stralsund

14.06.1936 – 12.09.1936
Bordausbildung – SSS GORCH FOCK

10.09.1936
Seekadett

13.09.1936 – 30.04.1937
Bordausbildung – Leichter Kreuzer EMDEN

01.05.1937 – 27.11.1937
Hauptlehrgang für Fähnriche – Marineschule Flensburg-Mürwik bzw.

23.07.1937 – 31.07.1937
Navigationsbelehrungsfahrt – Schiffsname unbekannt

01.05.1937
Fähnrich zur See

28.11.1937 – 02.01.1938
Infanterielehrgang für Fähnriche – II. S.St. Abt. der Ostsee, Stralsund

03.01.1938 – 13.01.1938
Nachrichtenlehrgang für Fähnriche – Nachrichtenschule Flensburg-Mürwik

14.01.1938 – 17.02.1938
Torpedolehrgang für Fähnriche – Torpedoschule Flensburg-Mürwik

18.02.1938 – 22.02.1938
Sperrlehrgang für Fähnriche – Sperrschule Kiel-Wik

23.02.1938 – 02.04.1938
Artillerielehrgang für Fähnriche – S.A.S. Kiel-Wik

03.04.1938 – 06.04.1938
Marineschule Flensburg-Mürwik

07.04.1938 – 02.10.1938
Bordausbildung – Torpedoboot TIGER/ 3. Torpedobootsflottille (3 Monate im Spanieneinsatz)

01.07.1938
Oberfähnrich zur See

01.10.1938
Leutnant zur See (-14-)

03.10.1938 – 02.04.1939
U-Bootsausbildung – U-Schule Neustadt/ Holstein, zugleich verschiedene U-Lehrgänge, bzw. Waffenkurse

03.04.1939 – 22.05.1939
II.WO – U 27/U-Flottille Saltzwedel

23.05.1939 – 10.06.1940
II.WO – U 37/U-Flottille Hundius, ab 01.01. 1940, 2. U-Flottille
Feindfahrt – U 37/Kdt: Heinrich Schuch
19.08.1939 – 15.09.1939
Feindfahrten U 37/Kdt: Werner Hartmann
05.10.1939 – 08.11.1939
28.01.1940 – 27.02.1940
30.03.1940 – 18.04.1940
Feindfahrt U 37/Kdt: Viktor Oehrn
15.05.1940 – 09.06.1940

06.06.1939
Spanienkreuz in Bronze

08.11.1939
U-Boots-Kriegsabzeichen 1939

28.02.1940
Eisernes Kreuz II. Klasse

11.06.1940 – 01.10.1940
Flaggleutnant – beim B.d.U./Org., Kiel

01.10.1940
Oberleutnant zur See (-8-)

02.10.1940 – 15.06.1941
Gehilfe beim deutschen Verbindungsoffizier des italienischen F.d.U., Bordeaux

16.06.1941 – 27.12.1941
Taktiklehrer und Ausbilder – 25. U-Flottille/Libau

24.10.1941
Croce di Guerra al Valor Militare (ital.)

28.12.1941 – 15.01.1942
Kommandanten-Schießlehrgang – 26. U-Flottille/Pillau

16.01.1942 – 11.05.1942
Taktiklehrer – Stab, 25. U-Flottille/Libau

12.05.1942 – 02.06.1942
Baubelehrung – 7. K.L.A. Danzig für U 413

03.06.1942 – 31.10.1942
Kommandant – U 413/8. U-Flottille

01.11.1942 – 15.04.1944
Kommandant – U 413/1. U-Flottille (lt. seiner Personalakte war Gustav Poel Kommandant U 413 bis 24.04.1944)

27.11.1942
Eisernes Kreuz I. Klasse

01.02.1943
Kapitänleutnant (-7-)

22.12.1943
Deutsches Kreuz in Gold (175)

21.03.1944
Ritterkreuz des Eisernen Kreuzes

16.04.1944 – 25.01.1945
Kompaniechef – II. Abt./Marinekriegsschule Glücksburg

09.11.1944
U-Boots-Frontspange in Bronze

26.01.1945 – 08.05.1945
Stabsoffizier – im Stab, Kommandierender Admiral der U-Boote

27.04.1945
U-Boots-Frontspange in Silber

09.05.1945 – 15.10.1945
Kriegsgefangenschaft bzw. ab

01.06.1945
im Stab, 13. Landungsflottille

06.10.1945
Entlassung nach Eutin

15.10.1945
Entlassung aus der Kriegsgefangenschaft

1. Unternehmung U 413:
(Nordatlantik, westlich von Gibraltar)

Kdt:	OlzS Gustav Poel (6. Feindfahrt)
22.10.1942	Kiel aus
24.10.1942	Marviken ein
28.10.1942	Marviken aus
25.11.1942	Brest ein
Erfolge:	1 Schiff (20107 BRT +)

Stellungnahme des B.d.U.:
Erste Unternehmung! Die günstige Gelegenheit am 14.11. wurde entschlossen, geschickt und mit glücklicher Hand ausgenutzt. Das Operieren auf den Geleitzug vom 20.11. zeigte richtiges Einfühlen in die Lage und verständiges Mitdenken.
Zunehmende Erfahrung im Nachtangriff (richtige Entfernungs- und Gegnerbeurteilung sind wichtigste Grundlage!!) wird später auch Erfolge bringen.
Das Verhalten gegen Luft, bei Flibo- und Waboangriffen und Schäden muß jeder lernen und dabei Lehrgeld zahlen. Die Haltung der Besatzung verdient Anerkennung.
Die Versenkung der WARWIK CASTLE ist für das junge Boot ein stolzer Ersterfolg.

2. Unternehmung U 413:
(Nordatlantik, nordostwärts Neufundland)

Kdt:	Kl Gustav Poel (7. Feindfahrt)
27.12.1942	Brest aus
17.02.1943	Brest ein
Erfolge:	2 Schiffe (8932 BRT +)

Stellungnahme des B.d.U.:
Der Kommandant hat überlegt und richtig operiert und das Geleit »Zitzewitz« (U 706) und »Münnich« (U 187) und dabei je einen Nachzügler versenkt.
Zum 23.01.: Es wäre nichts dagegen einzuwenden gewesen, wenn der Kommandant

wegen des Abreißens der Verbindung zur Führung selbständig einen Suchstreifen der Lage an Ort entsprechend aus den zur Gruppe gehörigen Booten gebildet hätte. – Das Ergebnis und die eigene Verantwortungsfreudigkeit hätten nachträglich solche Maßnahmen rechtfertigen müssen!
Sonst nichts zu bemerken!
Anerkannte Erfolge:
1 Dampfer 5000 BRT versenkt.
1 Dampfer 6000 BRT versenkt.

3. Unternehmung U 413:
(Nordatlantik, ostwärts Neufundland)

Kdt:	Kl Gustav Poel (8. Feindfahrt)
29.03.1943	Brest aus
13.06.1943	Brest ein
Erfolge:	1 Schiff (5486 BRT +)

Stellungnahme des B.d.U.:
Die Unternehmung ergab die Teilnahme an 5 Geleitoperationen. Dem braven Bemühen des Bootes war neben häufigen Waboangriffen leider nur eine Havaristenversenkung beschieden.
Die Erfahrungen insbesondere gegenüber der feindlichen Abwehr und beim Geleitkampf bedeuten trotzdem für Kommandant und Besatzung ein wertvolles Ergebnis dieser Unternehmung, wenn die entsprechenden Lehren beherzigt werden. Die Annahme von zwei Treffern am 25.04. ist sehr unwahrscheinlich und wird nicht anerkannt. Es wird sich um Endstreckendetonierer gehandelt haben.
Anerkannte Erfolge:
1 Havarist mit 3800 BRT versenkt.

4. Unternehmung U 413:
(Nordatlantik, Biscaya, ostwärts Neufundland)

Kdt:	Kl Gustav Poel (9. Feindfahrt)
04.09.1943	Brest aus
18.09.1943	Brest ein
27.09.1943	Brest aus
28.09.1943	Brest ein
02.10.1943	Brest aus
21.11.1943	Brest ein
Erfolge:	keine

Stellungnahme des B.d.U.:
Dem bewährten Kommandanten war auf dieser Unternehmung keine Erfolgsmöglichkeit geboten. Er hat jedoch als erstes Boot mit einem Kurzwellenpeiler und einer ausgebildeten B-Dienstgruppe den feindlichen Sprechverkehr beobachtet und gepeilt, diese neuen Möglichkeiten zur Erfassung von Geleiten interessiert angepackt und wertvolle Erfahrungen gesammelt.

5. Unternehmung U 413:
(Nordatlantik, west- und südlich von Irland, Scilly-Inseln, Nordkanal, North-Minch)

Kdt:	Kl Gustav Poel (10. Feindfahrt)
26.01.1944	Brest aus
27.03.1944	Brest ein
Erfolge:	1 Zerstörer (1100 ts + br DD WARWICK +)

Stellungnahme des B.d.U.:
Eine ausgezeichnete Unternehmung des bewährten Kommandanten. Die Angriffe auf U-Jagd-Gruppen und Zerstörer wurden überlegt unter Ausnutzung aller Hilfsmittel (Geleitsprechwelle) angesetzt und erfolgreich durchgeführt. Der Kommandant war durch seine geistige Regsamkeit und vollkommene Beherrschung des Bootes und seiner Waffen auch zahlreichen Gegnern überlegen und hatte die Initiative stets in der Hand.
Die ausgezeichnet ausgebildete und eingefahrene Besatzung hat alle Lagen sicher gemeistert. Klare Beobachtungen brachten wertvolles Material über die feindliche Abwehr.
Anerkannter Erfolg:
3 Zerstörer und ein Geleitboot versenkt.

Funkspruch (1850/25/59) des B.d.U. am 25.03.1944/1933 Uhr an U 413:
»Poel«
Der Führer hat Ihnen heute das Ritterkreuz verliehen. Herzlichen Glückwunsch
Ihr Ob.d.M. und B.d.U.
Herzlichen Glückwunsch,
Chef B.d.U. op.

Erfolge Gustav Poel als Kommandant U 413:
4 Schiffe und 1 Zerstörer
(35625 BRT + einschließl. br DD WARWICK 1100 ts +)

Waldemar Mehl

*** 07.09.1914**
in Grävenwiesbach/
Kreis Usingen, Taunus
† 29.03.1996
in Wiesbaden

28.03.1944
Ritterkreuz (208-114)

01.04.1933
Eintritt in die Reichsmarine als Seeoffiziersanwärter
Crew 33

01.04.1933 – 29.06.1933
Infanterieausbildung – 4. Komp./II. Abt. S.St.Div. der Ostsee, Stralsund

30.06.1933 – 23.09.1933
Bordausbildung – SSS GORCH FOCK

23.09.1933
Seekadett

24.09.1933 – 27.06.1934
Bordausbildung – Leichter Kreuzer KARLSRUHE

28.06.1934 – 18.04.1935
Hauptlehrgang für Fähnriche – Marineschule Flensburg-Mürwik bzw.

17.10.1934 – 23.10.1934
Navigationsbelehrungsfahrt – Tender NORDSEE bzw.

31.01.1935 – 06.02.1935
Navigationsbelehrungsfahrt – Tender NORDSEE

10.07.1934
Fähnrich zur See

19.04.1935 – 20.05.1935
Infanterielehrgang für Fähnriche – II. S.St. Abt. der Ostsee, Stralsund

21.05.1935 – 08.06.1935
Sperrlehrgang für Fähnriche – Sperrschule Kiel-Wik

09.06.1935 – 29.07.1935
Torpedolehrgang für Fähnriche – Torpedoschule Flensburg-Mürwik

30.07.1935 – 24.08.1935
Nachrichtenlehrgang für Fähnriche – Nachrichtenschule Flensburg-Mürwik

25.08.1935 – 31.08.1935
U-Lehrgang für Fähnriche – U-Schule Kiel-Wik

01.09.1935 – 18.09.1935
Fla-Waffenlehrgang für Fähnriche – Küstenartillerieschule Wilhelmshaven

19.09.1935 – 07.12.1935
Artillerielehrgang für Fähnriche – S.A.S. Kiel-Wik

08.12.1935 – 19.01.1936
Bordausbildung – Leichter Kreuzer KÖLN

20.01.1936 – 24.01.1936
Luftschutzlehrgang – Marineschule Holtenau

25.01.1936 – 30.09.1936
Bordausbildung – Leichter Kreuzer KÖLN

01.04.1936
Oberfähnrich zur See

01.10.1936 – 23.12.1936
Lehrgang – Marine-Nachrichtenschule Flensburg-Mürwik

01.10.1936
Leutnant zur See (-36-)

24.12.1936 – 02.08.1937
II. F.T.O. – Leichter Kreuzer KÖLN

31.03.1937
Dienstauszeichnung IV. Klasse

03.08.1937 – 28.09.1937
II. F.T.O. – Leichter Kreuzer NÜRNBERG

29.09.1937 – 17.08.1939
I. F.T.O. – Linienschiff SCHLESWIG-HOLSTEIN

01.06.1938
Oberleutnant zur See (-35-)

06.06.1939
Spanienkreuz in Bronze

18.08.1939 – 21.08.1939
Marine-Nachrichtenoffizier – Radio-Küstenfunkstelle Rügen

22.08.1939 – 14.12.1939
I. F.T.O. – Linienschiff SCHLESWIG-HOLSTEIN

15.12.1939 – 03.04.1940
Kompaniechef – Marine-Nachrichtenschule Flensburg-Mürwik

04.04.1940 – 09.04.1940
Kommandant im Abschnitt Wesermünde

10.04.1940 – 01.01.1941
Marine-Nachrichtenoffizier in Narvik

30.04.1940
Eisernes Kreuz II. Klasse

26.10.1940
Eisernes Kreuz I. Klasse

02.01.1941 – 31.03.1941
Marine-Nachrichtenoffizier in Bergen beim Admiral norwegische Westküste

01.02.1941
Kapitänleutnant (-2-)

01.04.1941 – 30.05.1941
z.Vfg. – B.d.U. bzw. U-Lehrgang – 1. U.L.D.

31.05.1941 – 28.06.1941
U.T.O.-Lehrgang – Torpedoschule Flensburg-Mürwik

29.06.1941 – 27.07.1941
U.W.O.-Lehrgang – Marine-Nachrichtenschule Flensburg-Mürwik

28.07.1941 – 15.09.1941
Kommandantenschüler – 24. U-Flottille

16.09.1941 – 31.10.1941
Kommandantenschüler – U 371/1. U-Flottille

01.11.1941 – 04.11.1941
Kommandantenschüler – U 371/23. U-Flottille
Feindfahrt U 371/Kdt: Heinrich Driver
16.09.1941 – 24.10.1941

05.11.1941 – 19.11.1941
Kommandant – U 62/21. U-Flottille

20.11.1941 – 01.12.1941
z.Vfg. – 21. U-Flottille/Pillau

02.12.1941 – 06.05.1942
Kommandant – U 72/21. U-Flottille

07.05.1942 – 23.05.1942
z.Vfg. – 29. U-Flottille

24.05.1942 – 04.04.1944
Kommandant – U 371/29. U-Flottille, zugleich

01.11.1942 – 15.11.1942
Kommandanten-Schießlehrgang – 24. U-Flottille/Memel

22.09.1942
U-Boots-Kriegsabzeichen 1939

19.11.1943
Deutsches Kreuz in Gold (163)

28.03.1944
Ritterkreuz des Eisernen Kreuzes

05.04.1944 – 22.08.1944
4. Asto – beim F.d.U. Mittelmeer

23.08.1944 – 05.10.1944
1. Asto für U-Boote (A 1 U) – beim Admiral Ägäis

06.10.1944 – 08.05.1945
Referent in der Operationsabteilung für U-Boote (4. Asto) – 2. Skl/OKM

01.03.1945
Korvettenkapitän

10.03.1945
U-Boots-Frontspange in Silber

05.1945 – 08.1945
in der deutschen Minenräumdienstleistung

08.1945
Entlassung aus der deutschen Minenräumdienstleistung

7. Unternehmung U 371:
(Überführungsfahrt)

Kdt:	Kl Waldemar Mehl (2. Feindfahrt)

01.07.1942 Salamis aus
07.07.1942 Pola ein
Erfolge: keine

Stellungnahme des F.d.U. Italien:

1.) *Am Ende einer Werftliegezeit von 6 Wochen wurde die Deformierung sämtlicher Torpedorohre festgestellt. Untersuchungen haben ergeben, daß diese Schäden auf Wasserbomben zurückzuführen sind, die das Boot auf seiner letzten Feindfahrt bekommen hatte. Die Frage, wen die Schuld an der späten Feststellung der Schäden trifft, hat sich eindeutig nicht klären lassen, da der damalige Kommandant Kapitänleutnant Neumann z. Zt. vermißt wird und der Stützpunktingenieur inzwischen gewechselt hat. Von seiten der Werft Salamis wird geltend gemacht, daß vom Bordkommando bei der Werftsitzung die schwere Waboverfolgung nicht erwähnt worden sei. Dem ist entgegenzuhalten, daß andere durch die Waboverfolgung entstandenen Schäden genügend Hinweis geben mußten, und daß das Aufmessen der Rohre vom Bootskommando als eine selbstverständliche Arbeit zu Beginn einer langen Liegezeit angesehen wurde.*

2.) *An der Grundberührung am 29.06. trifft den Kommandanten kein Verschulden. An dieser Stelle werden Trimmversuche nicht mehr durchgeführt.*

Stellungnahme des Ob.d.M.:
Der Ob.d.M. hat der Stellungnahme des F.d.U. Italien zum obigen K.T.B. folgenden Vermerk beigefügt: »Kein gutes Zusammenarbeiten! Das muß allen völlig klar sein.«

8. Unternehmung U 371:
(östliches Mittelmeer)

Kdt: Kl Waldemar Mehl (3. Feindfahrt)

05.09.1942 Pola aus
18.09.1942 Salamis ein
Erfolge: keine

Stellungnahme des F.d.U. Italien:

I.) *Die Unternehmung kann auch unter Berücksichtigung der Tatsache, daß der Kommandant zum ersten Male ein Boot am Feind führte, nicht gefallen. Sie läßt zwar in ihrer Anlage Einsatzwillen erkennen, zeigt aber in der Durchführung der einzelnen Angriffe Mängel, vornehmlich in der Kenntnis der Grundlagen des Torpedoschusses. Die Kommandierung des Kommandanten zu einem Schießlehrgang während der Liegezeit des Bootes wird angestrebt.*

II.) *Zum Einsatz der Torpedowaffe wird bemerkt:*

a) *Allgemein: Für die Ansicht, daß ein großer Teil der Torpedos das Ziel untersteuert habe, fehlt der Nachweis. Ihr wird im vorliegenden Falle um so weniger beigetreten, als es der Heranziehung der Möglichkeit des Unterschießens nicht bedarf, da die »ungeklärten Fehlschüsse« sich auf natürliche Art besser klären lassen.*

b) *Im einzelnen:*

1.) *Der erste Viererfächer fiel am 13.09. auf einer geschätzten Entfernung von 6000 m aus stumpfer Lage. Ein solcher Schuss ist Torpedovergeudung und hatte zu unterbleiben, wenn die Position des Bootes infolge der Sicherung nicht verbessert werden konnte.*

2.) *Der Viererfächer am 14.09. auf 3000 m auf einem Wachboot hatte kaum Trefferaussichten und lohnte daher den Einsatz der wertvollen Torpedos nicht.*

3.) *Zum Zweierfächer am 15.09. nichts zu bemerken.*

4.) *Ein Schuß, wie der Heckschuß am 15.09. aus Lage 110° und Entfernung 4000 m trifft nur bei unwahrscheinlichem Glück. Der Fehlschuß ist danach nicht »ungeklärt«. Auch dieser Schuß mußte unterbleiben.*

III.) *Bei der Ausfertigung der Gefechtsskizzen als Beilagen zum K.T.B. muß darauf Bedacht genommen werden, daß aus ihnen ein Bild des Angriffes einschließlich des Anlaufes gewonnen werden soll. Nur den Schießkurs des Bootes anzugeben genügt nicht!*

9. Unternehmung U 371:
(Mittelmeer, ostwärts Algier)

Kdt: Kl Waldemar Mehl (4. Feindfahrt)

12.10.1942 Salamis aus
16.10.1942 Pola ein
01.12.1942 Pola aus
04.12.1942 Messina ein
07.12.1942 Messina aus
10.01.1943 La Spezia ein

Erfolge: 1 U-Jäger (545 ts + br APC JURA +)
1 Schiff (7159 BRT =)

Stellungnahme des F.d.U. Italien:

1.) Der Kommandant hat mit den Schwierigkeiten ehrlich gerungen, die das vom Gegner scharf überwachte Seegebiet sowie die Wetterverhältnisse boten, und hat auf dieser seiner zweiten Fernfahrt – der ersten im westlichen Mittelmeer, wertvolle Erfahrungen sammeln können. Das zeigt auch der Ablauf der Unternehmung; der Kommandant stand im ersten Teil der Fahrt offensichtlich sehr stark unter dem Eindruck einer ihm weit überlegenen Feindabwehr, die in ihrer Wirkung abzuschätzen, ihm noch der Maßstab fehlte. Das frische Zupacken gelingt ihm dann zum Schluß und der Erfolg bleibt nicht aus.

2.) Im einzelnen wird bemerkt:

a) Der Gegner hat längs der Küste zahlreiche Funkmeßgeräte und wahrscheinlich auch S-Geräte eingesetzt, die den Geleitzugweg überwachen und schützen sollen. Es muß beachtet werden, daß diese Geräte von dem U-Boot auf sehr viel größere Entfernung wahrgenommen werden, als umgekehrt das U-Boot erfaßt werden kann, sonst liegt die Gefahr nahe, daß die moralische Wirkung der Geräte ihre tatsächliche weit überwiegt, wie auch der Kommandant in seiner Bemerkung am 22.12. feststellt.

b) Der Kommandant hätte den von ihm angetroffenen Verkehr durch Kurzsignal melden müssen, da für die Führung unerläßlich.

c) Bei dem Auftreten neuartiger »Ortungsgeräusche« wie Pfeifen und Zwitschern, ist nicht ausgeschlossen, daß Ratten die Urheber sind, die sich nach den Meldungen einzelner Kommandanten neuerdings recht unliebsam bemerkbar machen.

d) Zum Torpedoeinsatz: Am 03.01. ist ein Untersteuern möglich, da bei sehr spitzer Lage die Schußweite weniger als 250 m betragen haben kann, wahrscheinlicher ist Fehlschätzung von Lage und Fahrt, die vermutlich beide zu groß angenommen sind. Der Angriff am 07.01. um 1204 Uhr ist gut durchgeführt worden. Nach Erkenntnissen aus dem B-Dienst handelt es sich um den Dampfer JURA von 1700 BRT, dessen Einsatz als U-Jäger möglich ist. Der Angriff am 07.01. um 1831 Uhr ist mit Schneid und Umsicht gefahren worden. Die Vernichtung des ersten angegriffenen Dampfers ist anzunehmen, beim zweiten ist Untersteuern nicht ganz ausgeschlossen, wahrscheinlicher ist aber als Fehlschußursache, ebenso wie beim dritten, zu groß angenommene Gegnerfahrt, denn schon der erste Treffer saß vorn, und danach ist der Verband mit der Fahrt heruntergegangen.

3.) Anerkannt wird die Versenkung des Dampfers JURA von 1700 BRT sowie eines Dampfers von 6000 BRT.

10. Unternehmung U 371:

(Mittelmeer, algerische Küste)

Kdt: Kl Waldemar Mehl (5. Feindfahrt)

14.02.1943 La Spezia aus
03.03.1943 La Spezia ein
Erfolge: 1 Schiff (2089 BRT +)
1 Schiff (7176 BRT =)

Stellungnahme des F.d.U. Italien:

1.) Der Kommandant hat die Erfahrungen seiner vorhergehenden Fahrt anwenden können und hat die Schwierigkeiten überwunden, die ihm die zahlreichen Ortungen der Landgeräte boten. Als erschwerend für das Operieren bei Nacht ist das z. T. starke Meeresleuchten zu erwähnen. Die Unternehmung kann gefallen und spricht für die Einsatzfreudigkeit des Kommandanten.

2.) Zu dem Torpedoeinsatz wird bemerkt:

a) Am 23.02.: Die Versenkung des Frachters von 6000 BRT ist anzunehmen.

b) Am 25.02.: Anhalt für den Fehlfächer nicht vorhanden. Möglicherweise sind die Gegnerwerte falsch geschätzt.

c) Am 28.02.: Der Frachter ist auf Grund der Detonation und der Sinkgeräusche als versenkt anzusehen. Der Pistolenversager brachte den Kommandanten um einen weiteren Erfolg. Besonders anzuerkennen ist das Bestreben des Kommandanten, durch den mehrmaligen Versuch, auf Sehrohrtiefe zu gehen, sich von der Wirkung des Angriffs zu überzeugen.

3.) *Anerkannt werden als versenkt: Je ein Frachter von 6000 und 5000 BRT.*

11. Unternehmung U 371:
(westliches Mittelmeer)

Kdt:	Kl Waldemar Mehl (6. Feindfahrt)
07.04.1943	La Spezia aus
09.04.1943	La Spezia ein
10.04.1943	La Spezia aus
11.05.1943	Toulon ein
Erfolge:	1 Schiff (1 162 BRT +)

<u>Stellungnahme des F.d.U. Italien:</u>

1.) *Der Kommandant hat sich zähe bemüht, zum Erfolg zu kommen. Eine frühere Verlegung des Tätigkeitfeldes in den Westteil des zugewiesenen Angriffsraumes wäre zweckmäßig gewesen. Anerkannt wird mit das Operieren dicht unter der Küste sowie die ruhige und richtige Einschätzung der feindlichen Ortungstätigkeit.*
2.) *Die am Schluß des K.T.B. niedergelegten Erfahrungen sind durchdacht und wertvoll, zumal die Feststellungen der Reichweiten der feindlichen Ortungsgeräte.*
3.) *Die einzige sich bietende Schußgelegenheit ist gut genutzt worden.*
4.) *Anerkannt wird die Versenkung eines Frachters von 4000 BRT.*

12. Unternehmung U 371:
(westliches Mittelmeer, algerische Küste)

Kdt:	Kl Waldemar Mehl (7. Feindfahrt)
03.07.1943	Toulon aus
04.07.1943	Toulon ein
06.07.1943	Toulon aus
12.07.1943	Toulon ein
Erfolge:	2 Schiffe (13737 BRT =)

<u>Stellungnahme des F.d.U. Italien:</u>

1.) *Die Unternehmung mußte wegen Waboschäden vorzeitig abgebrochen werden. Sie ist mit viel Schneid gefahren worden.*
2.) *Durch blitzschnelles Handeln im Geleitzug am 10.07. kam der Kommandant zu einem schönen Erfolg. Das Ausnutzen der sich plötzlich bietenden <u>Schußgelegenheit</u> und die Treffergebnisse legen Zeugnis ab von dem Können des Kommandanten und verdienen besonders anerkannt zu werden. Der Fehlschuß ist vermutlich auf das Abdrehen des Gegners zurückzuführen.*
3.) *Von der Möglichkeit, infolge günstiger Wasserschichten längere Zeit unter Wasser gestoppt zu liegen, haben die Boote wiederholt Gebrauch gemacht.*
4.) *Sonst ist nichts Grundsätzliches zu bemerken.*
5.) *Anerkannt werden als versenkt:*
2 Tanker von 10000 BRT
1 Frachter von 8000 BRT

13. Unternehmung U 371:
(westliches Mittelmeer, algerische Küste)

Kdt:	Kl Waldemar Mehl (8. Feindfahrt)
22.07.1943	Toulon aus
31.07.1943	Toulon ein
31.07.1943	Toulon aus
11.08.1943	Toulon ein
Erfolge:	1 Schiff (6004 BRT +)

<u>Stellungnahme des F.d.U. Mittelmeer:</u>

1.) *Nach Durchführung einer Sonderaufgabe operierte das Boot in einem Gebiet mit starkem Gegnerverkehr, der auch gleich erfaßt wurde. Es ist zu bedauern, daß die Unternehmung wegen unbrauchbarer Sehrohre vorzeitig abgebrochen werden mußte. Dem angriffsfreudigen Kommandanten wäre ein größerer Erfolg zu gönnen gewesen.*
2.) *Zum Torpedoeinsatz wird bemerkt:*
   A) *<u>Am 07.08.:</u> Auf Grund der Beobachtungen und nach mündlicher Berichterstattung des Kommandanten wird die Versenkung eines Frachters von 5000 BRT angenommen und ein Treffer im Geleit für wahrscheinlich gehalten. Das Boot ist offensichtlich bemerkt und dadurch möglicherweise durch Ausweichbewegungen des Gegners um weitere Erfolge gebracht worden.*
   B) *<u>Am 09.08.:</u> Der Fehlfächer auf den Kreuzer ist vermutlich auf Fehlschätzung zurückzuführen. Nach Ansicht des F.d.U. waren die Detonationen Endstreckendetonierer.*
3.) *Das K.T.B. dieser Unternehmung ist eine Zweitausfertigung des im Zuge der Ereignisse in Italien vernichteten K.T.B. des Bootes und daher verspätet aufgestellt.*
4.) *Anerkannt werden:*
1 Frachter 5000 BRT versenkt..
1 Treffer im Geleit wahrscheinlich.

14. Unternehmung U 371:

(westliches Mittelmeer, algerische Küste)

Kdt:	Kl Waldemar Mehl (9. Feindfahrt)
21.08.1943	Toulon aus
03.09.1943	Toulon ein
Erfolge:	keine

Stellungnahme des B.d.U.:
Nichts zu bemerken.

15. Unternehmung U 371:

(westliches Mittelmeer, algerische Küste)

Kdt:	Kl Waldemar Mehl (10. Feindfahrt)
07.10.1943	Toulon aus
28.10.1943	Toulon ein
Erfolge:	1 Minensucher (656 ts + br PM HYTHE +) 1 Zerstörer (1630 ts + br DD BRISTOL +) 1 Schiff (7 176 BRT +)

Stellungnahme des F.d.U. Mittelmeer:

1.) *Eine schön durchgeführte Unternehmung, die bei mehr Glück noch größere Erfolge hätte bringen können. Die Angriffe am 11., 13. und 15.10. sind schneidig angesetzt und durchgeführt worden, von denen die beiden Unterwasserangriffe besondere Anerkennung verdienen. Sie stellen dem Können des bewährten Kommandanten ein gutes Zeugnis aus.*

2.) *Zum Torpedoeinsatz wird bemerkt:*
   a) *Am 11.10.: Die Versenkung des Zerstörers ist nach mündlicher ergänzender Berichterstattung des Kommandanten anzunehmen.*
   b) *Am 13.10.: Auch dieser Zerstörer kann auf Grund der Trefferbeobachtung und der starken Sinkgeräusche als vernichtet gelten. Nach B-Dienst handelt es sich vermutlich um den USA-Zerstörer BRISTOL, 1 700 ts. Die Vermutung des Kommandanten, dass die Torpedos in beiden Fällen durch Aufschlag zündeten, ist h. E.. nicht einwandfrei erwiesen. Die Versenkung beider Zerstörer ist dem »Zaunkönig« zu danken, ohne diesen Torpedo wären beide Ziele sehr wahrscheinlich unbeschossen geblieben.*
   c) *Zum 15.10.: Außer der Versenkung eines Dampfers von 6 000 BRT ist die Vernichtung eines weiteren, auf Grund der gehörten 2. Torpedodetonation und nach ergänzendem Bericht des Kommandanten möglich. Der Vermutung des Kommandanten für den Fehlschuß aus Rohr 5 wird zugestimmt.*
   d) *Zum 25.10.: Der Fehlfächer ist wahrscheinlich auf Fahrtfehlschätzung zurückzuführen. Möglicherweise standen die Ziele auch außer Reichweite. Der Fächer ist trotz der ungünstigen Schußunterlagen vertretbar, da die Entfernung zunächst geringer geschätzt wurde und das Boot kurz vor dem Ende der Unternehmung stand.*
   e) *Zum 26.10.: Der Fehlschuß wurde verursacht durch Zacken des Gegners. Auch ist ein Schuß außer Reichweite möglich. Bedenklich ist die Tatsache, daß alle Fehlschüsse Enddetonierer wurden, was in letzter Zeit auch von anderen Booten gemeldet wurde.*

3.) *Die gemeldete Unwirksamkeit der »Aphrodite« steht im Gegensatz zu den guten Erfahrungen anderer Boote. Es besteht der Verdacht, daß die Verhältnisse den erfolgreichen Einsatz der »Aphrodite« verhinderten.*

4.) *Der Einbau eines »Schnorchels« läuft an. Eine Ausrüstung mit 5 »Zaunkönigen« je Boot, sobald die Torpedolage es gestattet, ist erwünscht. Der Einbau eines weiteren Bugrohres hat den Nachteil des Verzichtes auf den Dreierfächer, so lange das 2te Bugrohr mit »Zaunkönig« geladen. Die Notwendigkeit, einen zweiten »Zaunkönig« schießen zu müssen hat sich bis jetzt noch nicht gezeigt. Der Umbau wird daher vorläufig nicht befürwortet.*

5.) *Anerkannt werden als versenkt:*
   2 Zerstörer (davon USA-Zerstörer BRISTOL, 1 700 ts)
   1 Dampfer 6 000 BRT
   Die Vernichtung eines weiteren Dampfers von 6 000 BRT ist möglich.

16. Unternehmung U 371:

(westliches Mittelmeer)

Kdt:	Kl Waldemar Mehl (11. Feindfahrt)
15.11.1943	Toulon aus
23.11.1943	Toulon ein
Erfolge:	keine

Stellungnahme des F.d.U. Mittelmeer:

1.) Nach Verbot der Benutzung des als nicht strahlungsfrei erkannten Fu.M.B. »Wanze 1« erhielt U 371 in Toulon als Übergangslösung bis zum Eintreffen des wahrscheinlich strahlungsfreien Gerätes »Wanze G 2« das Borkum-Gerät, ein nicht abstimmbares Detektor-Gerät eingebaut. Es mußte angenommen werden, daß mit diesem Gerät Ortungen von geringer Lautstärke bei Vorhandensein solcher von größerer Lautstärke (z.B. Landortungen) nicht erfaßt werden konnten, so daß ein Operieren an der Nordafrikaküste das Boot stark gefährdet, zum mindesten sehr gehemmt hätte. Um Erfahrungen zu sammeln, erhielt das Boot ein Operationsgebiet an der Westküste Korsikas zugewiesen, wo mit einer intensiven Luftüberwachung nicht gerechnet wurde.

2.) Der Rückruf erfolgte zwecks Einbau des neuen Gerätes »Wanze G 2«, damit das Boot wieder voll einsatzfähig für jedes Operationsgebiet wurde.

3.) Die Unternehmung blieb erfolglos, da in der kurzen Zeit des Operierens kein Gegner gesichtet wurde.

4.) Sonst ist nichts Grundsätzliches zu bemerken.

17. Unternehmung U 371:

(westliches Mittelmeer, vor Anzio-Nettuno)

Kdt:	Kl Waldemar Mehl (12. Feindfahrt)
22.01.1944	Toulon aus
13.02.1944	Toulon ein
Erfolge:	keine

Stellungnahme des F.d.U. Mittelmeer:

1.) Die Unternehmung stand unter einen unglücklichen Stern und hätte den bewährten Kommandanten bei etwas mehr Glück verdiente Erfolge bringen können. Das Operieren wurde erschwert durch die sehr starke Feindüberwachung des Angriffsraumes.

2.) Zum Torpedoeinsatz wird bemerkt:

A) Am 30.01.: Der Entschluß des Kommandanten, trotz der ungünstigen Schußbedingungen, den Kreuzer anzugreifen, wird bei der selten sich bietenden Schußgelegenheit auf ein so wertvolles Ziel gebilligt, zumal die Möglichkeit, einen Treffer zu erzielen, nicht aussichtslos erschien.

B) Am 01.02.: Die Fehlschüsse auf den Zerstörer sind vermutlich auf zufällige Abwehrbewegungen des Zieles zurückzuführen. Der beschossene Frachter stand wahrscheinlich außer Reichweite.

C) Am 03.02.: Der Fehlschuß auf das Panzerlandungsschiff ist vermutlich durch Fehlschätzung begründet. Bemerkenswert ist die Tatsache, daß von 7 Fehlschüssen 6 Enddetonierer waren.

3.) Es fehlt eine Zusammenstellung der Erfahrungen am Schluß des K.T.B.

18. Unternehmung U 371:

(westliches Mittelmeer)

Kdt:	Kl Waldemar Mehl (13. Feindfahrt)
04.03.1944	Toulon aus
25.03.1944	Toulon ein
Erfolge:	2 Schiffe (23180 BRT +)

Stellungnahme des F.d.U. Mittelmeer:

1.) Das Boot stand in einem dem Kommandanten vertrauten, erfolgversprechenden Angriffsraum. Trotzdem wurde etwa eine Woche lang nach dem Eintreffen im Operationsgebiet kein Gegnerverkehr erfaßt. Vermutlich liefen die vom B-Dienst gemeldeten Geleite doch südlicher, als es der Kommandant annahm. Leider mußte die Unternehmung wegen Schäden nach einer hartnäckigen Waboverfolgung vorzeitig abgebrochen werden.

2.) Die Erfolge am 17.03. konnte der Kommandant durch zielbewußt angesetzten und mit Schneid durchgeführten Angriff erzielen. Besonders anzuerkennen ist das Nachstoßen auf den havarierten Frachter in Sichtweite der vorhandenen Bewachung und der hinzukommenden Suchgruppe. Das Fehlen einer den Geleitzug in seiner Gesamtheit darstellenden Gefechtsskizze erschwert die Beurteilung über die Gefechtslage beim Angriff am Vormittag. H.E. wäre es nach den Unterlagen des K.T.B. möglich und zweckentsprechend gewesen, den 3er-Fächer auf die beiden sich überlappenden Transporter und den »Zaunkönig« auf den LIBERTY-Frachter loszumachen. Nach den Beobachtungen des Kommandanten wird bei dem Angriff am Vormittag die Torpedierung eines Motorschiffes von 8000 BRT und eines LIBER-

TY-Frachters von 7000 BRT und die wahrscheinliche Torpedierung eines weiteren LIBERTY-Frachters von 7000 BRT, bei dem Angriff mittags die wahrscheinliche Versenkung des am Vormittag torpedierten Frachters von 7000 BRT angenommen.

3.) *Das Durchstehen der hartnäckigen Waboverfolgung bei einer Unterwasserfahrt von 53 Stunden zeugt von dem guten Ausbildungsstand der Besatzung und stellt dem L.I. des Bootes ein gutes Zeugnis aus. Die Verfolgung des Bootes zeichnete sich deutlich in den Angaben des B-Dienstes aus.*

4.) *Die in den Erfahrungen des Kommandanten angeregte Ausrüstung der Boote mit der neuen »Naxos«-Antenne (»Fliege«), die einen Peilempfang ermöglicht, und mit dem Schnorchel, ist angelaufen.*

5.) *Anerkannt werden:*
1 Frachter 7000 BRT wahrscheinlich versenkt.
1 Motorschiff 8000 BRT torpediert.
1 Frachter 7000 BRT wahrscheinlich torpediert.
Die Aufklärung der Luftwaffe in diesem Gebiet ist sehr lückenhaft, und es fehlen daher genaue Unterlagen über den Gegnerverkehrsweg.

Erfolge Waldemar Mehl als Kommandant U 371:
9 Schiffe (42442 BRT + einschließl.
br APC JURA 545 ts +/br
PM HYTHE 656 ts +/br DD
BRISTOL 1630 ts +)
4 Schiffe (28072 BRT =)

Alfred Eick

* 09.03.1916 in Essen

31.03.1944
Ritterkreuz (209-115)

03.04.1937
Eintritt in die Kriegsmarine als Seeoffiziersanwärter
Crew 37 a

03.04.1937 – 14.06.1937
Infanterieausbildung – II. S.St.Abt. der Ostsee, Stralsund

15.06.1937 – 23.09.1937
Bordausbildung – SSS GORCH FOCK

21.09.1937
Seekadett

24.09.1937 – 28.04.1938
Bordausbildung – Linienschiff SCHLESIEN

29.04.1938 – 25.11.1938
Hauptlehrgang für Fähnriche – Marineschule Flensburg-Mürwik bzw.

01.08.1938 – 10.08.1938
Navigationsbelehrungsfahrt – Schulschiff PAUL BENEKE

01.04.1938
Fähnrich zur See

26.11.1938 – 04.01.1939
Infanterielehrgang für Fähnriche – 7. S.St. Abt. Stralsund

05.01.1939 – 12.01.1939
Nachrichtenlehrgang für Fähnriche – Marine-Nachrichtenschule Flensburg-Mürwik

13.01.1939 – 16.02.1939
Torpedolehrgang für Fähnriche – Torpedoschule Flensburg-Mürwik

17.02.1939 – 21.02.1939
Sperrlehrgang für Fähnriche – Sperrschule Kiel-Wik

22.02.1939 – 01.04.1939
Artillerielehrgang für Fähnriche – S.A.S. Kiel-Wik

02.04.1939 – 31.07.1939
Bordausbildung – Zerstörer Z-4 RICHARD BEITZEN

01.07.1939
Oberfähnrich zur See

01.08.1939 – 30.10.1940
IV. WO, II. AO, Schriftoffizier und F.T.O. – Zerstörer Z-4 RICHARD BEITZEN, zugleich

10.06.1940 – 03.08.1940
A/B-Lehrgang – S.A.S. Kiel-Wik

01.08.1939
Leutnant zur See (-111-)

13.01.1940
Eisernes Kreuz II. Klasse

13.01.1940
Zerstörerkriegsabzeichen

31.10.1940 – 27.10.1941
z.Vfg. – B.d.U., zugleich

01.11.1940 – 23.11.1940
U-Lehrgang – S.A.S. Kiel-Wik

24.11.1940 – 05.01.1941
U.T.O.-Lehrgang – Torpedoschule Flensburg-Mürwik

06.01.1941 – 26.01.1941
U.W.O.-Lehrgang – Marine-Nachrichtenschule Flensburg-Mürwik

27.01.1941 – 30.03.1941
U-Lehrgang – 1. U.L.D., auf U 139

31.03.1941 – 27.10.1941
Adjutant – 1. U.L.D.

01.09.1941
Oberleutnant zur See (-87-)

28.10.1941 – 14.12.1941
Baubelehrung – U-Boote Nordsee, Deschimag AG Weser Bremen

15.12.1941 – 31.07.1942
I.WO – U 176/4. U-Flottille

01.08.1942 – 07.03.1943
I.WO – U 176/10. U-Flottille
Feindfahrten U 176/Kdt: Reiner Dierksen
21.07.1942 – 02.10.1942
09.11.1942 – 18.02.1943

09.1942
U-Boots-Kriegsabzeichen 1939

08.03.1943 – 15.03.1943
Lehrgang am F-Gerät – 2. U.L.D./Gotenhafen

16.03.1943 – 16.04.1943
Kommandanten-Schießlehrgang – 24. U-Flottille/Memel (44. K.S.L./15.03.1943 – 15.04.1943)

17.04.1943 – 29.04.1943
Kommandantenschüler – 5. U-Flottille/ Kiel

30.04.1943 – 21.05.1943
Kommandantenschüler – 27. U-Flottille/ Gotenhafen

22.05.1943 – 30.09.1944
Kommandant – U 510/10. U-Flottille

29.08.1943
Eisernes Kreuz I. Klasse

16.03.1944
Deutsches Kreuz in Gold (277)

31.03.1944
Ritterkreuz des Eisernen Kreuzes

31.03.1944
Nennung im Wehrmachtsbericht

01.04.1944
Kapitänleutnant (-8-)

01.10.1944 – 12.05.1945
Kommandant – U 510/33. U-Flottille

12.05.1945 – 26.07.1947
französische Kriegsgefangenschaft (in St. Nazaire, St. Martin de Ré, Mulsanne)

26.07.1947
Entlassung

4. Unternehmung U 510:
(Westatlantik, ostwärts der Karibik)
Kdt: OlzS Alfred Eick
(3. Feindfahrt)

03.06.1943	Lorient aus
29.08.1943	Lorient ein
Erfolge:	3 Schiffe (18865 BRT +)
	1 Schiff (3702 BRT =)

Stellungnahme des B.d.U.:
Erste Unternehmung des Kommandanten mit eingefahrenem Boot (Neitzel). Der Kommandant hat mit erfreulichem Geschick und verdientem Glück die gebotenen Chancen angepackt und zum guten Erfolg geführt.
Die am 08.07. um 0520 Uhr gehörten Detonationen sind wahrscheinlich Enddetonierer, können aber unter günstigen Umständen noch als Treffer angesprochen werden. Die Angriffsentfernung ist leider sehr unterschätzt worden. Die Zähigkeit beim Nachstoßen, die energische und gute Durchführung des 2. Angriffs auf das Geleit brachten einen runden, sehr befriedigenden Erfolg.
Sonst nichts zu bemerken.
Anerkannte Erfolge:
1 Tanker 10000 BRT versenkt
1 Frachter 6000 BRT versenkt
1 Dampfer 5000 BRT nicht
1 Dampfer 6000 BRT ausgeschlossen
MA SCANDINAVIA 1641 BRT/
schwed. versenkt
3 Schiffe 17641 BRT versenkt

5. Unternehmung U 510:
(Indischer Ozean, Golf von Aden)

Kdt:	OlzS Alfred Eick
	(4. Feindfahrt)
03.11.1943	Lorient aus
05.04.1944	Penang ein
Erfolge:	6 Schiffe (41190 BRT +)

6. Unternehmung U 510:
(Verlegungsfahrt nach Japan)

Kdt:	Kl Alfred Eick
	(5. Feindfahrt)
12.04.1944	Penang aus
13.04.1944	Singapur ein
26.06.1944	Singapur aus
07.07.1944	Kobe ein
Erfolge:	keine

7. Unternehmung U 510:
(Verlegungsfahrt, Java-See)

Kdt:	Kl Alfred Eick
	(6. Feindfahrt)
07.10.1944	Kobe aus
19.10.1944	Batavia ein
26.11.1944	Batavia aus
03.12.1944	Batavia ein
Erfolge:	keine

8. Unternehmung U 510:
(Indischer Ozean, Süd-Mittel- und Nordatlantik, Biscaya)

Kdt:	Kl Alfred Eick
	(7. Feindfahrt)
11.01.1945	Batavia aus
23.04.1945	St. Nazaire ein
Erfolge:	1 Schiff (7136 BRT +)

Erfolge Alfred Eick als Kommandant U 510:
10 Schiffe (67191 BRT +)
1 Schiff (3702 BRT =)

Georg Olschewski

* 02.06.1911
in Horstmar/
Kreis Steinfurt/Westfalen
† 29.09.1996
in Immenstadt/Allgäu

23.04.1944
Ritterkreuz (210-116)

31.10.1928
Eintritt in die Reichsmarine

31.10.1928 – 27.09.1929
Rekrut – II. Marine-Artillerieabteilung

28.09.1929 – 25.11.1930
Heizer – 3. Torpedobootsflottille

01.11.1930
Oberheizer

26.11.1930 – 27.09.1932
Heizer – Leichter Kreuzer EMDEN

28.09.1932 – 29.03.1933
Maschinenmaat-Lehrgang – Marineschule Kiel-Wik

01.11.1932
Maschinengefreiter

30.03.1933 – 29.09.1933
Maschinenmaat-Lehrgang – Marineschule Friedrichsort

30.09.1933 – 02.04.1934
Leichter Kreuzer LEIPZIG

01.10.1933
Maschinenmaat

03.04.1934 – 02.07.1934
Lehrgang E II – Marineschule Kiel

03.07.1934 – 23.01.1935
Leichter Kreuzer LEIPZIG

24.01.1935 – 22.03.1935
Lehrgang Mot II – Marineschule Kiel

23.03.1935 – 27.03.1935
Leichter Kreuzer LEIPZIG

28.03.1935 – 26.03.1936
E-Lehrer – Marineschule Wesermünde

01.10.1935
Obermaschinenmaat

27.03.1936 – 20.09.1936
Maschinisten-Lehrgang – Marineschule Kiel

21.09.1936 – 09.10.1936
Zugführerlehrgang – III. S.St.Abt. der Nordsee, Wilhelmshaven

02.10.1936
Dienstauszeichnung IV. Klasse

10.10.1936 – 20.11.1936
z.Vfg. – I. S.St.Abt. der Nordsee

01.11.1936
Obermaschinist

21.11.1936 – 17.05.1937
Maschinist – Fischereischutzboot ELBE

18.05.1937 – 17.08.1937
Lehrgang E I – Marineschule Kiel

18.08.1937 – 11.03.1938
II. S.St.Abt. der Ostsee, Stralsund

12.03.1938 – 28.10.1940
Leitender Maschinist – Geleitboot F-10/ 1. Geleitflottille

03.10.1939
Medaille zur Erinnerung an den 01.10. 1938

01.11.1939
Stabsobermaschinist

29.10.1940 – 28.06.1941
Leitender Maschinist – Geleitboot F-10, später F-8/25. U-Flottille

29.06.1941 – 29.08.1941
U-Lehrgang – 2. U.L.D.

01.07.1941
Oberfähnrich (Ing.)

30.08.1941 – 18.09.1941
Lehrgang – Marineschule Kiel

19.09.1941 – 23.11.1941
LI – Schüler – Agru-Front/26. U-Flottille

01.10.1941
Leutnant (Ing.) (-35-)

24.11.1941 – 06.05.1944
LI – U 66/2. U-Flottille
Feindfahrten U 66 Kdt: Richard Zapp
25.12.1941 – 10.02.1942 (z. Einw.)
21.03.1942 – 27.05.1942
Feindfahrten U 66/
Kdt: Friedrich Markworth
23.06.1942 – 29.09.1942
09.11.1942 – 11.11.1942
06.01.1943 – 24.03.1943
27.04.1943 – 01.09.1943
Feindfahrt U 66/Kdt: Gerhard Seehausen
16.01.1944 – 06.05.1944

13.02.1942
Eisernes Kreuz II. Klasse

01.04.1942
Oberleutnant (Ing.) (-92-)

01.06.1942
U-Boots-Kriegsabzeichen 1939

02.10.1942
Eisernes Kreuz I. Klasse

23.04.1944
Ritterkreuz des Eisernen Kreuzes

Fernschreiben:
An Konteradmiral von Puttkamer FHQ
Ritterkreuzvorschlag:
Der Oberleutnant (Ing.) Georg Olschewski, LI U 66, geb. am 02.06.1911 in Horstmar Krs. Steinfurt/Westf., Vater Maschinist, wird zur Verleihung des Ritterkreuzes zum Eisernen Kreuz vorgeschlagen.
Begründung: Olschewski steht seit November 1941 ununterbrochen im Feindeinsatz als LI von U 66 unter den Kommandanten Zapp und Markworth, beide Ritterkreuzträger, und ist z. Zt. in See unter OlzS Seehausen. Er hat bisher 7 Feindfahrten mit über 520 Seetagen gemacht und an der Versenkung von über 209000 BRT teilgenommen.
Olschewski ist ein hervorragend tüchtiger Ingenieuroffizier, dessen stete Einsatzbereitschaft und Kampfesfreude vorbildlich sind. Er ist ein hervorragender U-Boots-LI mit sicherer Beherrschung der Anlage, der in zahlreichen kritischen Lagen unerschrockene Ruhe, Übersicht und schnelles Handeln bewies. Er trug dadurch maßgebend mit dazu bei, daß das Boot in entscheidenden Situationen vor größeren Schäden oder Verlust bewahrt blieb. Da die hervorragenden Erfolge des Bootes zum großen Teil in Unterwasserangriffen erzielt wurden, ist er auch an den Versenkungen unmittelbar beteiligt. –
Dönitz, Großadmiral.
Fernschreiben: + SSD WOSP 097
24/4 1300 – SSD OKM MPA.
gltd: OKM BdU Op z. Hd. Kapt. Taeufer.
– OKM MPA. –
Der Führer hat dem Oberleutnant (Ing.) Georg Olschewski am 23.04.1944 das Ritterkreuz verliehen. –
Adjutantur der Wehrmacht beim Führer. –
Fernschreiben anzugeben sofort an:
B.d.U. op zur Übermittlung an
Oberleutnant (Ing.) Georg Olschewski.
Zur Verleihung des Ritterkreuzes zum Eisernen Kreuz übermittle ich ihnen herzliche Glückwünsche.
Ihr Ob.d.M. und B.d.U.
Oberleutnant (Ing.) Georg Olschewski ist vermißt + seit 23.05.44 U 66

06.05.1944
Im Mittelatlantik westlich der Kapverden von Flugzeugen des US-Geleitträgers BLOCK ISLAND (Squadron VC-55), mit den US-Geleitzerstörern AHRENS, EUGENE E. ELMORE, BARR und BUCKLEY (US-Task-Group 21.11.) über Wasser festgehalten, vom US-Geleitzerstörer BUCKLEY gestellt und tauchunklar geschossen. Im Überwassergefecht mit Artillerie, Torpedos, beiderseitigen Ramm- und Enterversuchen nach Ausstieg der Besatzung von U 66, durch den Leitenden Ingenieur Georg Olschewski auf Position 17°17'Nord/

32°29'West, selbst versenkt. – 24 Tote, 36 Überlebende.

06.05.1944 – 01.03.1946
Kriegsgefangenschaft (Casablanca, USA in Norfolk und Dermott/Dallas)

01.03.1946
Entlassung in Münster/Westfalen

18.06.1957
Eintritt in die Bundesmarine

18.06.1957 – 30.06.1957
Eignungsprüfung und Einweisung

01.07.1957 – 30.09.1958
Geschwadermaschinenoffizier – 1. Geleitgeschwader

01.10.1957
Kapitänleutnant

01.10.1958 – 03.08.1964
Leiter der Abteilung Schiffstechnik – beim Kommando der Minenstreitkräfte

01.07.1959
Korvettenkapitän

04.08.1964 – 29.09.1967
Dezernent für Materialerhaltung und Instandsetzung (L 3) – im Bereich des Marine-Abschnittskommandos Nordsee/Materialamt der Marine

25.03.1965
Fregattenkapitän

29.09.1967
Verdienstkreuz am Bande des Verdienstordens der BRD

30.09.1967
Ruhestand

Walter Kaeding

* 14.09.1915
in Berlin
† 04.01.1991
in Bremen

15.05.1944
Ritterkreuz (214-117)

01.04.1935
Eintritt in die Reichsmarine

01.04.1935 – 30.06.1935
Rekrut – 1.Komp./I. S.St.Abt. der Nordsee, Wilhelmshaven

01.07.1935 – 30.09.1937
Bordausbildung – Leichter Kreuzer LEIPZIG bzw.

15.02.1936 – 28.03.1936
Lehrgang für Torpedowaffenleiter – Torpedoschule Flensburg-Mürwik

01.04.1936
Obermatrose

01.04.1937
Stabsmatrose

01.10.1937 – 14.12.1937
Lehrgang – 2. T.W.L./Torpedoschule Flensburg-Mürwik

15.12.1937 – 29.01.1938
z.Vfg. – II. Schiffsstammabteilung

30.01.1938 – 31.05.1938
Lehrgang für Unteroffiziersanwärter (29.01. – 28.05.1938) – 2. M.L.A.

01.06.1938 – 30.06.1938
Fachschule – I. Schiffsstammabteilung

01.07.1938 – 31.10.1938
Bordausbildung – SSS ALBERT LEO SCHLAGETER (Unteroffiziersanwärter-Ausbildungslehrgang)

01.10.1938
Bootsmannsmaat

01.11.1938 – 19.09.1939
seemännischer Unteroffizier – Leichter Kreuzer LEIPZIG

05.04.1939
Dienstauszeichnung IV. Klasse

06.06.1939
Spanienkreuz in Bronze

20.09.1939 – 31.01.1940
U-Lehrgang – U-Schule Neustadt

26.10.1939
Medaille zur Erinnerung an die Heimkehr des Memellandes

01.02.1940 – 14.03.1940
Flaklehrgang Flak II (B) (24.01. – 04.04. 1940) – Flakschule Misdroy

15.03.1940 – 14.04.1940
z.Vfg. – U.A.A./Plön

15.04.1940 – 29.05.1940
Baubelehrung – U-Boote Nord, Deschimag AG Weser Bremen für U 123

30.05.1940 – 11.05.1942
Seemännische Nr. 2 und Nr. 1 – U 123/ 2. U-Flottille
Feindfahrten U 123/
Kdt: Karl-Heinz Moehle
21.09.1940 – 23.10.1940
14.11.1940 – 28.11.1940
14.01.1941 – 28.02.1941
10.04.1941 – 11.05.1941
Feindfahrten U 123/
Kdt: Reinhard Hardegen
08.06.1941 – 23.08.1941
14.10.1941 – 22.11.1941
23.12.1941 – 09.02.1942
02.03.1942 – 02.05.1942

01.10.1940
Oberbootsmannsmaat

11.12.1940
Eisernes Kreuz II. Klasse

11.12.1940
U-Boots-Kriegsabzeichen 1939

25.08.1941
Eisernes Kreuz I. Klasse

01.10.1941
Bootsmann

12.05.1942 – 05.11.1942
Lehrgang für Obersteuerleute – Steuermannsschule Gotenhafen

01.11.1942
Obersteuermann

06.11.1942 – 30.11.1942
z. Vfg. – U.A.A./Plön

01.12.1942 – 19.06.1944
Obersteuermann – U 123/2. U-Flottille
Feindfahrten U 123/
Kdt: Horst von Schroeter
05.12.1942 – 06.02.1943
13.03.1943 – 08.06.1943
16.08.1943 – 07.11.1943
09.01.1944 – 24.04.1944

06.09.1943
Deutsches Kreuz in Gold (131)

15.05.1944
Ritterkreuz des Eisernen Kreuzes
Walter Kaeding kam nach verschiedenen Lehrgängen auf sein erstes U-Boot U 123, auf dem er als Seemännische 2 und 1, sowie als Obersteuermann von April 1940 bis Juni 1944 an allen Feindfahrten teilnahm. Die Kommandanten waren zu jener Zeit Heinz Moehle, Reinhard Hardegen und Horst von Schroeter. Auf 12 Einsätzen im Atlantik, vor der USA-Ostküste und Westafrika hatte er sich in seiner jeweiligen Funktion große Verdienste erworben und bedeutenden Anteil an den Versenkungserfolgen des Bootes. Das Ritterkreuz war ihm daraufhin am 15.05. 1944 verliehen worden.

20.06.1944 – 26.08.1944
z.Vfg. – 2. U-Flottille (Vortragsreisen)

27.08.1944 – 21.10.1944
U.T.O.-Lehrgang – Torpedoschule Flensburg-Mürwik

01.10.1944
Leutnant zur See (Kr.O.)

22.10.1944 – 18.11.1944
U-Nachrichtenlehrgang – Marine-Nachrichtenschule Flensburg-Mürwik

19.11.1944 – 02.12.1944
Flaklehrgang – Flakschule VII

03.12.1944 – 16.12.1944
Funkmeßlehrgang – 1. Funkmeß-Lehrabteilung (Fu.M.L.A.) Fehmarn

17.12.1944 – 08.01.1945
Kommandanten-Vorschulung – 19. U-Flottille/Pillau

09.01.1945 – 05.02.1945
Kommandant i. V. – U 56/19. U-Flottille

09.01.1945
U-Boots-Frontspange in Bronze

1945
U-Boots-Frontspange in Silber

06.02.1945 – 03.05.1945
Baubelehrung – Germaniawerft Kiel für U 4713

03.05.1945
U 4713 in Kiel kurz vor der Indienststellung gesprengt

Horst Hofmann

* 18.01.1919
in Cranzahl/Erzgebirge
† 14.06.1978
in Lübeck

20.05.1944
Ritterkreuz (217-118)

01.11.1937
Eintritt in die Kriegsmarine

01.11.1937 – 29.03.1938
Rekrut – 14. S.St.Abt./II. Abt. S.St.Div. der Nordsee

30.03.1938 – 29.04.1938
3. Komp./1. S.St.Abt.

30.04.1938 – 27.05.1938
U-Lehrgang – 2. Komp./U-Bootsschule

28.05.1938 – 25.09.1938
Stabszug – V. Marine-Artillerieabteilung

26.09.1938 – 12.11.1938
2. Komp./2. S.St.Abt. bzw.

27.09.1938 – 12.11.1938
Lehrgänge für U-Bootsköche

01.10.1938
Matrosengefreiter

13.11.1938 – 03.04.1939
1. Komp./1. S.St.Abt.

04.04.1939 – 21.04.1939
3. Komp./1. S.St.Abt.

22.04.1939 – 20.01.1941
Besatzungsangehöriger (seemänn.) – U 48/U-Flottille Wegener, ab 01.01.1940, 7. U-Flottille
Feindfahrten U 48/
Kdt: Herbert Schultze
19.08.1939 – 17.09.1939
04.10.1939 – 25.10.1939
20.11.1939 – 20.12.1939
24.01.1940 – 26.02.1940
03.04.1940 – 20.04.1940
Feindfahrten U 48/Kdt i.V.
Hans-Rudolf Rösing

26.05.1940 – 29.06.1940
07.08.1940 – 28.08.1940
Feindfahrten U 48/
Kdt: Heinrich Bleichrodt
08.09.1940 – 25.09.1940
05.10.1940 – 27.10.1940

01.10.1939
Matrosenobergefreiter

25.02.1940
Eisernes Kreuz II. Klasse

30.08.1940
Eisernes Kreuz I. Klasse

01.12.1940
Bootsmannsmaat

21.01.1941 – 15.02.1941
4. Komp./1. M.L.A.

16.02.1941 – 14.03.1941
1. U.A.A.

15.03.1941 – 25.04.1941
6. Komp./S.A.S. Kiel-Wik

26.04.1941 – 16.05.1941
2. Komp./U.A.A.

17.05.1941 – 25.07.1941
Baubelehrung – Vegesacker Werft, Bremen für U 134

26.07.1941 – 31.10.1941
Seemännische Nr. 1 – U 134/5. U-Flottille

01.11.1941 – 06.03.1943
Seemännische Nr. 1 – U 134/3. U-Flottille
Feindfahrten U 134/Kdt: Rudolf Schendel
01.12.1941 – 12.12.1941
24.12.1941 – 20.01.1942
01.02.1942 – 22.02.1942
01.03.1942 – 15.03.1942
18.05.1942 – 01.06.1942
11.06.1942 – 01.09.1942
15.10.1942 – 19.01.1943

01.12.1942
Oberbootsmannsmaat

07.03.1943 – 05.09.1943
Lehrgang für Obersteuerleute – Navigationsschule Gotenhafen

01.04.1943
Deutsches Kreuz in Gold (69)

01.09.1943
Obersteuermann

06.09.1943 – 08.09.1943
2. Komp./1. U.A.A.

09.09.1943 – 30.09.1943
z.Vfg. – 5. U-Flottille/Kiel

01.10.1943 – 18.07.1944
Obersteuermann – U 672/6. U-Flottille
Feindfahrten U 672/Kdt: Ulf Lawaetz
13.11.1943 – 15.01.1944
24.02.1944 – 12.05.1944
28.06.1944 – 01.07.1944
06.07.1944 – 18.07.1944
(Verlust U 672)

20.05.1944
Ritterkreuz des Eisernes Kreuzes
Von April 1939 bis Januar 1941 gehörte Horst Hofmann zum seemännischen Personal auf U 48, unter den drei Kommandanten, Schultze, Rösing und Bleichrodt, die auf U 48 mit dem Ritterkreuz ausgezeichnet wurden. Danach war er bis März 1943 Seemännische Nr. 1 auf U 134. Nach Beendigung der Steuermannsschule wurde er als Obersteuermann und III. Wachoffizier auf U 672 kommandiert. Die Versenkung des Bootes überlebte er, wie die gesamte Besatzung, die in Gefangenschaft geriet. Horst Hofmann hatte während seiner Einsatzzeit an den Versenkungserfolgen der von ihm gefahrenen U-Boote maßgeblichen Anteil. Für seine Leistungen wurde ihm am 20.05.1944 das Ritterkreuzes verliehen.

18.07.1944
Im Ärmelkanal nördlich von Guernsey nach Wasserbombenbeschädigung durch die britische Fregatte BALFOUR zum Auftauchen gezwungen. U 672 wurde in Position 50°03'Nord/02°30'West selbst versenkt. Die gesamte Besatzung U 672, unter ihnen Horst Hofmann, geriet in Kriegsgefangenschaft (52 Mann).

18.07.1944 – 02.10.1947
britische Kriegsgefangenschaft

02.10.1947
Entlassung

Karl-Heinz Wiebe

* 10.04.1916
in Kiel

22.05.1944
Ritterkreuz (218-119)

03.04.1935
Eintritt in die Reichsmarine als Ingenieursoffiziersanwärter
Crew 35

03.04.1935 – 15.06.1935
Infanterieausbildung – 4. Komp./II. Abt. S.St.Div. der Ostsee, Stralsund

16.06.1935 – 26.09.1935
I. Werkstättenlehrgang – Marineschule Flensburg-Mürwik

25.09.1935
Kadett (Ing.)

27.09.1935 – 19.06.1936
Bordausbildung – Leichter Kreuzer EMDEN

20.06.1936 – 31.03.1937
Hauptlehrgang für Fähnriche – 2. Komp./ Marineschule Flensburg-Mürwik

01.07.1936
Fähnrich (Ing.)

01.04.1937 – 02.07.1937
II. Werkstättenlehrgang – Stabszug, Marineschule Kiel, zugleich

07.06.1937 – 11.06.1937
Hochdruckdampflehrgang – Artillerieschulschiff BRUMMER

04.07.1937 – 28.07.1937
Zugführerlehrgang – 8. Komp./II. S.St.Abt. der Ostsee, Stralsund

29.07.1937 – 02.10.1937
III. Werkstättenlehrgang – Marineschule Kiel

03.10.1937 – 31.03.1938
Bordausbildung – Aviso GRILLE

01.01.1938
Oberfähnrich (Ing.)

01.04.1938 – 29.09.1938
Ingenieuroffiziersberufslehrgang – Marineschule Kiel

01.04.1938
Leutnant (Ing.) (-23-)

30.09.1938 – 02.12.1938
Artillerieschulschiff BRUMMER

03.12.1938 – 16.12.1938
Gasschutzlehrgang – Marinegasschutzschule

17.12.1938 – 30.06.1939
E-Ingenieur und Divisionsoffizier – Artillerieschulschiff BRUMMER

05.04.1939
Dienstauszeichnung IV. Klasse

01.07.1939 – 05.08.1939
Lehrgang für berufswissenschaftliche Förderung – Marineschule Kiel bzw.

10.07.1939 – 15.07.1939
M.G.D.-Lehrgang – Marineschule Kiel

06.08.1939 – 02.10.1939
E-Ingenieur und Divisionsoffizier – Artillerieschulschiff BRUMMER

03.10.1939 – 09.10.1939
Kreiselkompaßlehrgang – Marineschule Kiel

01.10.1939
Oberleutnant (Ing.) (-23-)

10.10.1939 – 03.12.1939
U-Lehrgang für Leitende Ingenieure – U-Boot-Schule

04.12.1939 – 15.12.1939
LI-Schüler – 1. U-Ausbildungsflottille

16.12.1939 – 31.12.1939
LI – U 9/U-Flottille Weddigen

01.01.1940 – 30.06.1940
LI – U 9/1. U-Flottille

01.07.1940 – 15.08.1940
LI – U 9/24. U-Flottille
Feindfahrten U 9/Kdt: Wolfgang Lüth
16.01.1940 – 22.01.1940
05.02.1940 – 17.02.1940
14.03.1940 – 20.03.1940
04.04.1940 – 24.04.1940
05.05.1940 – 15.05.1940
16.05.1940 – 30.05.1940

18.02.1940
Eisernes Kreuz II. Klasse

21.03.1940
U-Boots-Kriegsabzeichen 1939

30.05.1940
Eisernes Kreuz I. Klasse

16.08.1940 – 21.01.1941
beim Kommando der Baubelehrung U-Boote Nord, Bremen bzw. Baubelehrung – U-Boote Nord, Deschimag AG Weser Bremen für U 67

22.01.1941 – 09.07.1942
LI – U 67/2. U-Flottille
Feindfahrten U 67/
Kdt: Günther Müller-Stöckheim
19.08.1941 – 29.08.1941
14.09.1941 – 16.10.1941
26.11.1941 – 26.12.1941
19.01.1942 – 30.03.1942
20.05.1942 – 02.06.1942
(am 02.06.1942 auf See von U 67 auf das heimkehrende U 125 umgestiegen)
02.06.1942 – 13.06.1942

10.07.1942 – 13.07.1942
z.Vfg. – 2. Admiral der U-Boote

14.07.1942 – 03.08.1942
Ausbilder für LI-Schüler – Agru-Front

04.08.1942 – 11.02.1943
Flottilleningenieur – 1. U-Flottille/Brest

01.09.1942
Kapitänleutnant (Ing.) (-1-)

12.02.1943 – 19.02.1943
LI (überplanm.) z. Einw. für Typ IX D 2 – U 200/4. U-Flottille

20.02.1943 – 24.06.1944
LI – U 178/12. U-Flottille
Feindfahrt U 178/Kdt: Wilhelm Dommes
28.03.1943 – 27.08.1943
Feindfahrt U 178/Kdt: Wilhelm Spahr
27.11.1943 – 25.05.1944

22.05.1944
Ritterkreuz des Eisernen Kreuzes

25.06.1944 – 08.05.1945
Referent – B.d.U.op/2. Skl/O.K.M.

08.05.1945 – 18.07.1945
Chef einer Fahrkompanie – Marine-Kraftfahrabteilung Kiel

Bundeswehr

1958
beim Schiffsmaschinenkommando der Bundesmarine

01.09.1958
Korvettenkapitän

01.06.1959 – 31.01.1961
Ausbildungsleiter – Technische Marineschule II

01.10.1961
Korvettenkapitän d. R.

Horst von Schroeter

*** 10.06.1919**
in Bieberstein/
Kreis Meissen/Sachsen

01.06.1944
Ritterkreuz (219-120)

09.10.1937
Eintritt in die Kriegsmarine als Seeoffiziersanwärter
Crew 37 b

09.10.1937 – 27.02.1938
Infanterieausbildung – 3. Komp./II. S.St. Abt. der Ostsee, Stralsund

28.02.1938 – 30.06.1938
Bordausbildung – SSS ALBERT LEO SCHLAGETER

28.06.1938
Seekadett

01.07.1938 – 15.03.1938
Bordausbildung – Leichter Kreuzer EMDEN

16.03.1939 – 29.09.1939
Hauptlehrgang für Fähnriche – Marineschule Flensburg-Mürwik bzw.

10.08.1939 – 18.08.1939
Navigationsbelehrungsfahrt – Schulschiff PAUL BEHNCKE

01.04.1939
Fähnrich zur See

30.09.1939 – 30.11.1939
Artillerielehrgang für Fähnriche – S.A.S. Kiel-Wik

01.12.1939 – 28.04.1940
Bordausbildung – Schlachtschiff SCHARNHORST

01.03.1940
Oberfähnrich zur See

29.04.1940 – 06.10.1940
z.Vfg. – B.d.U., zugleich

29.04.1940 – 02.06.1940
U.T.O.-Lehrgang – Torpedoschule Flensburg-Mürwik bzw.

03.06.1940 – 30.06.1940
U.W.O.-Lehrgang – Marine-Nachrichtenschule Flensburg-Mürwik bzw.

01.07.1940 – 27.07.1940
U-Lehrgang – S.A.S. Kiel-Wik bzw.

28.07.1940 – 06.10.1940
U-Lehrgang – 1. U.L.D.

01.05.1940
Leutnant zur See (-4-)

07.10.1940 – 05.04.1941
Adjutant – 1. U.L.D.

06.04.1941 – 15.06.1942
II.WO und I.WO – U 123/2. U-Flottille
Feindfahrt U 123/Kdt: Karl-Heinz Moehle
10.04.1941 – 11.05.1941 (II.WO)
Feindfahrten U 123/
Kdt: Reinhard Hardegen
15.06.1941 – 23.08.1941 (II.WO)
14.10.1941 – 22.11.1941 (II.WO)
23.12.1941 – 09.02.1942 (II.WO)
02.03.1942 – 02.05.1942 (I.WO)
16.05.1942 – 05.06.1942 (I.WO)

25.08.1941
Eisernes Kreuz II. Klasse

25.08.1941
U-Boots-Kriegsabzeichen 1939

10.02.1942
Eisernes Kreuz I. Klasse

01.04.1942
Oberleutnant zur See (-1-)

16.06.1942 – 31.07.1942
Kommandanten-Schießlehrgang – 24. U-Flottille/Memel (27. K.S.L./16.06.1942 – 15.07.1942)

01.08.1942 – 17.06.1944
Kommandant – U 123/2. U-Flottille

12.12.1943
Deutsches Kreuz in Gold (171)

01.06.1944
Ritterkreuz des Eisernen Kreuzes

18.06.1944 – 30.08.1944
Baubelehrung – 8. K.L.A./Hamburg für U 2506

31.08.1944 – 04.1945
Kommandant – U 2506/31. U-Flottille

01.01.1945
Kapitänleutnant

15.03.1945
U-Boots-Frontspange in Silber

04.1945 – 08.05.1945
Kommandant – U 2506/11. U-Flottille

08.05.1945 – 06.1947
Kriegsgefangenschaft

06.1947
Entlassung aus der Kriegsgefangenschaft

01.07.1956
Eintritt in die Bundesmarine

01.07.1956 – 31.10.1958
Inspektionschef – Marineschule Flensburg-Mürwik

14.11.1956
Korvettenkapitän

01.11.1958 – 31.03.1960
I. Offizier – Zerstörer Z-1

01.04.1960 – 30.04.1961
Prüfoffizier – beim Kommando Freiwilligen-Annahmestelle Kiel

21.02.1961
Fregattenkapitän

01.05.1961 – 31.03.1963
Operations-Stabsoffizier (A-3) – Kommando der Schnellboote, Flensburg

01.04.1963 – 30.09.1963
Kommandeur – Schulgeschwader Kiel

01.10.1963 – 16.04.1964
Kommandant – Tender WESEL

17.04.1964 – 30.09.1966
Referent (P V 2) – Personalabteilung/Bundesministerium der Verteidigung, Bonn

23.12.1964
Kapitän zur See

01.10.1966 – 31.12.1969
Unterabteilungsleiter (P V) – Bundesministerium der Verteidigung, Bonn

01.01.1970 – 31.03.1970
z.Vfg. (Einweisung) – Führungsakademie der Bundeswehr, Hamburg

01.04.1970 – 30.09.1971
Kommandeur Abteilung Marine – Führungsakademie der Bundeswehr, Hamburg

20.04.1970
Flottillenadmiral

01.10.1971 – 30.09.1976
Stellvertreter des Inspekteurs der Marine – Chef Führungsstab der Marine

01.10.1971
Konteradmiral

01.10.1976 – 29.09.1979
Befehlshaber der Alliierten Seestreitkräfte der Ostseezugänge (COMNAVBALTAP)

01.10.1976
Vizeadmiral

04.09.1979
Großes Verdienstkreuz des Verdienstordens der BRD

30.09.1979
Ruhestand

10. Unternehmung U 123:
(Nordatlantik, südöstlich Neufundland)

Kdt:	OlzS Horst von Schroeter (7. Feindfahrt)
05.12.1942	Kiel aus
06.02.1943	Lorient ein
Erfolge:	1 Schiff (3385 BRT +)
	1 Schiff (7068 BRT =)

Stellungnahme des B.d.U.:
Erste Unternehmung des Kommandanten. Die Operation auf das Spitzgeleit war noch wenig geschickt und glücklich. Fühlung erhielt das Boot erst am 28.12. nachmittags.

Die Angriffschancen wurden nur zögernd wahrgenommen und auf die Havaristen aus zu großer Entfernung geschossen. Die Beobachtungen am 29.12./0500 Uhr und das Verhalten des Bootes dabei sind nicht ganz klar. Das Nachstoßen war nicht energisch genug. Die Operation des Bootes wurde durch Besteckschwierigkeiten beeinträchtigt.
Zum Operieren nach Horchbeobachtung. Die U-Boot-Geräusche lassen sich bei einigermaßen genauer Beobachtung von den Geräuschen eines Zerstörers oder Dampfers gut unterscheiden.
Wenn bei Feindberührung Aussicht auf Erfolg besteht, darf wegen Brennstoffsorgen nicht abgebrochen werden. Der B.d.U. läßt keinen im Stich, der im Angriff seinen letzten Tropfen Öl verfährt.

11. Unternehmung U 123:
(Mittelatlantik, Kanaren, Freetown)

Kdt:	OlzS Horst von Schroeter (8. Feindfahrt)
13.03.1943	Lorient aus
08.06.1943	Lorient ein
Erfolge:	5 Schiffe (28855 BRT + einschließl. br SS P. 615 + 683 ts)

Stellungnahme des B.d.U.:
Die Operation in Gruppe »Seeräuber« auf das »Emmermann«-Geleit leider erfolglos. Die Angriffschancen am 30.03. nachts hätten trotz Ortungsbeobachtung wahrgenommen werden müssen, zumal der Kommandant um 0254 Uhr den Schatten einwandfrei als Dampfer angesprochen hat. Die Einzeloperation im westafrikanischen Raum bot mehrere gute Chancen, die der Kommandant mit glücklicher Hand wahrnahm. Der Erfolg ist erfreulich. Die Abwehr und Luftüberwachung waren verhältnismäßig gering. Sonst nichts zu bemerken.

12. Unternehmung U 123:
(Westatlantik, Golf von Mexiko, Guayana-Küste, Trinidad)

Kdt:	OlzS Horst von Schroeter (9. Feindfahrt)
01.08.1943	Lorient aus
05.08.1943	Lorient ein
16.08.1943	Lorient aus
07.11.1943	Lorient ein
Erfolge:	keine

Stellungnahme des B.d.U.:
Die 3. Unternehmung des tüchtigen Kommandanten wurde durch den frühzeitigen Ausfall der »Wanze« entscheidend benachteiligt. Unterstrichen wurde diese Grundeinstellung noch durch die Warnung vor Nachtluft im Ansatzbefehl und die besondere Mahnung zur Vorsicht durch die Führung nach Ausfall der »Wanze«.
Trotzdem hat der Kommandant im luftgefährdeten Gebiet an der 200 m Linie operiert und auf Grund selbständiger klarer Überlegungen einen Geleitzug erfaßt. Durch schlechte Beobachtungsmöglichkeit blieb ihm die genauere Feststellung seines Erfolges versagt, das Nachstoßen wurde durch Ortungsangriff vereitelt.
Anerkannter Erfolg:
LIBERTY-Schiffe – 4 Treffer möglich.

13. Unternehmung U 123:
(Mittelatlantik, Freetown)

Kdt:	OlzS Horst von Schroeter (10. Feindfahrt)
29.12.1943	Lorient aus
30.12.1943	Lorient ein
09.01.1944	Loreint aus
24.04.1944	Lorient ein
Erfolge:	keine

Stellungnahme des B.d.U.:
Die Unternehmung des Bootes stand unter keinem günstigen Stern. Der bewährte Kommandant hat sich redlich um Erfolge bemüht. Die durch zu schnelles Bewässern der Rohre hervorgerufenen Tiefensteuerschwierigkeiten und die Fahrtverschätzung haben ihn bei der einzigen günstigen Schußgelegenheit um den Erfolg gebracht.

Erfolge Horst von Schroeter als Kommandant U 123:
6 Schiffe (32240 BRT + einschließl. br SS P. 615 683 ts +)
1 Schiff (7068 BRT =)

Reinhard König

* 30.03.1909
in Hanau/Main
† 28.03.1998
in Bischofsheim

08.07.1944
Ritterkreuz (235-121)

27.10.1928
Eintritt in die Reichsmarine

27.10.1928 – 30.09.1929
Rekrut – II. Marine-Artillerieabteilung Wilhelmshaven

01.10.1929 – 28.02.1930
Bordausbildung – Linienschiff SCHLESWIG-HOLSTEIN

01.03.1930 – 31.01.1931
Bordausbildung – Linienschiff HANNOVER

01.10.1930
Oberheizer

01.02.1931 – 31.03.1933
Leichter Kreuzer LEIPZIG

01.10.1932
Maschinengefreiter

01.04.1933 – 30.09.1933
Lehrgang – Marineschule Kiel-Wik

01.10.1933 – 31.03.1934
Lehrgang – Marineschule Friedrichsort

01.04.1934 – 30.09.1936
Maschinenmaat – Panzerschiff DEUTSCHLAND

01.04.1934
Maschinenmaat

01.04.1936
Obermaschinenmaat

01.10.1936 – 31.01.1938
E-Lehrer – Marineschule Wesermünde

01.02.1938 – 31.03.1938
Zugführerlehrgang – M.L.A. Wesermünde

01.04.1938 – 30.09.1938
Obermaschinistenlehrgang – Marineschule Wesermünde

01.10.1938 – 03.01.1939
Ausbilder (Landkommando) – 4. S.St.Abt. Wilhelmshaven

01.10.1938
Obermaschinist

04.12.1938
Oberstabsmaschinist

04.01.1939 – 16.04.1939
Maschinist – Leichter Kreuzer KÖLN

17.04.1939 – 27.07.1939
Lehrgang (E-I) – Marineschule Kiel

06.06.1939
Spanienkreuz in Bronze

28.07.1939 – 25.10.1939
Baubelehrung – Flugzeugträger GRAF ZEPPELIN

26.10.1939 – 31.12.1941
E-Maschinist – Hilfskreuzer ATLANTIS

22.09.1940
Eisernes Kreuz II. Klasse

31.03.1941
Eisernes Kreuz I. Klasse

30.12.1941
Hilfskreuzerabzeichen

01.01.1942 – 30.03.1942
4. Schiffsstammabteilung

31.03.1942 – 27.05.1942
LI-Lehrgang – 1. U.L.D./Pillau

01.04.1942
Leutnant (Ing.) Kr.O.

28.05.1942 – 18.06.1942
E-Kompasslehrgang für Leitende Ingenieure – Marineschule Kiel

19.06.1942 – 31.07.1942
Technische Ausbildungsgruppe für Front-U-Boote (Agru-Front)

01.08.1942 – 17.06.1944
LI – U 123/2. U-Flottille
Feindfahrten U 123/
Kdt: Horst von Schroeter
05.12.1942 – 06.02.1943
13.03.1943 – 08.06.1943
01.08.1943 – 07.11.1943
29.12.1943 – 24.04.1944

01.10.1942
Oberleutnant (Ing.) Kr.O. (-72-)

01.10.1942
Dienstauszeichnung IV. Klasse

11.02.1943
U-Boots-Kriegsabzeichen 1939

01.09.1943
Kriegsverdienstkreuz in Schwertern II. Klasse

12.12.1943
Deutsches Kreuz in Gold (172)

08.07.1944
Ritterkreuz des Eisernen Kreuzes

18.06.1944 – 30.08.1944
Baubelehrung – 8. K.L.A./Hamburg für U 2506

31.08.1944 – 04.1945
LI – U 2506/31. U-Flottille

14.10.1944
U-Boots-Frontspange in Bronze

15.03.1945
U-Boots-Frontspange in Silber

04.1945 – 08.05.1945
LI – U 2506/11. U-Flottille

10.04.1945
Kapitänleutnant (Ing.) Kr.O. mit Wirkung vom 01.04.1945 und Rangdienstalter vom 20.04.1945

09.05.1945 – 01.04.1947
britische Kriegsgefangenschaft, am 14.06.1945 Überführung U 2506 von Bergen nach Lisahally zur Operation »Deadlight«, US-, später französische Kriegsgefangenschaft

01.04.1947
Entlassung

Heinz Sieder

* 28.06.1920
in München
† 20.08.1944
in der Biscaya westlich von Brest, Höhe Landsend

08.07.1944
Ritterkreuz (236-122)

01.10.1938
Eintritt in die Kriegsmarine als Seeoffiziersanwärter
Crew 38

01.10.1938 – 27.02.1939
Infanterieausbildung – 2. Komp/7. S.St. Abt. Stralsund

28.02.1939 – 01.07.1939
Bordausbildung – SSS GORCH FOCK

01.07.1939
Seekadett

02.07.1939 – 14.10.1939
Bordausbildung – Linienschiff SCHLESIEN

15.10.1939 – 01.03.1940
Hauptlehrgang für Fähnriche – Marineschule Flensburg-Mürwik

01.12.1939
Fähnrich zur See

02.03.1940 – 29.04.1940
Artillerielehrgang für Fähnriche – 1. Komp./II. Abt. S.A.S. Kiel-Wik

30.04.1940 – 02.02.1941
Schlachtschiff SCHARNHORST

01.08.1940
Oberfähnrich zur See

03.02.1941 – 02.03.1941
Torpedolehrgang – Torpedoschule Flensburg-Mürwik

03.03.1941 – 30.03.1941
Nachrichtenlehrgang – Marine-Nachrichtenschule Flensburg-Mürwik

31.03.1941 – 26.04.1941
Artillerielehrgang – S.A.S. Kiel-Wik

01.04.1941
Leutnant zur See (-80-)

27.04.1941 – 26.07.1941
U-Lehrgang – 2. U.L.D.

27.07.1941 – 04.09.1941
Kompanieoffizier – 1. U.A.A.

05.09.1941 – 08.12.1941
I.WO – 26. U-Flottille/Pillau

09.12.1941 – 23.01.1942
Baubelehrung – 7. K.L.A./Danzig für U 440

24.01.1942 – 31.08.1942
I.WO – U 440/5. U-Flottille

01.09.1942 – 15.04.1943
I.WO – U 440/1. U-Flottille
Feindfahrten U 440/Kdt: Hans Geißler
01.09.1942 – 21.09.1942
19.10.1942 – 13.11.1942
12.12.1942 – 26.01.1943
27.02.1943 – 11.04.1943

16.10.1942
Flottenkriegsabzeichen

16.11.1942
U-Boots-Kriegsabzeichen 1939

29.01.1943
Eisernes Kreuz II. Klasse

01.04.1943
Oberleutnant zur See (-61-)
(lt. Rangliste vom 01.09.1944 Rangdienstalter vom 01.01.1943 / -97-)

16.04.1943 – 17.05.1943
Kommandanten-Schießlehrgang – 24. U-Flottille/Memel (46. K.S.L./15.04.1943 – 15.05.1943)

18.05.1943 – 16.06.1943
Baubelehrung – 8. K.L.A./Hamburg für U 984

17.06.1943 – 31.12.1943
Kommandant – U 984/5. U-Flottille

01.01.1944 – 20.08.1944
Kommandant – U 984/9. U-Flottille

28.02.1944
Eisernes Kreuz I. Klasse

08.07.1944
Ritterkreuz des Eisernen Kreuzes

20.08.1944
In der Biscaya westlich von Brest durch Hedgehog und Wasserbomben der kanadischen Zerstörer OTTAWA, KOOTENAY und CHAUDIÈRE (11. Escort-Group) auf Position 48°16'Nord/05°33'West versenkt.

1. Unternehmung U 984:
(Nordatlantik, westlich von Irland)

Kdt:	OlzS Heinz Sieder (5. Feindfahrt)
30.12.1943	Kiel aus
02.01.1944	Egersund ein
04.01.1944	Egersund aus
24.02.1944	Brest ein
Erfolge:	keine

Stellungnahme des B.d.U.:
Das Boot hat auf seiner ersten Feindfahrt in verschiedenen Aufstellungen gestanden, ohne Erfolgsmöglichkeiten zu haben. Die Flugzeugangriffe wurden geschickt und energisch abgewehrt, durch gute Pflege haben die Waffen, besonders 3,7 cm, gut geschossen. Die Schußgelegenheit auf den Zerstörer wurde kurz entschlossen angepackt und ein schöner Erfolg erzielt.
Anerkannter Erfolg: 1 Zerstörer versenkt.

2. Unternehmung U 984:
(Biscaya, Kanaleingang, nördlich Quessant)

Kdt:	OlzS Heinz Sieder (6. Feindfahrt)
22.05.1944	Brest aus
27.05.1944	Brest ein
Erfolge:	keine

Stellungnahme des B.d.U.:
Kurzunternehmung in den Westausgang des Kanals. Keine Erfolgsaussichten.
Die ersten Unternehmungen von 3 Booten (U 269, U 764, U 984) mit Schnorchel in den Westausgang des Kanals erbrachten wertvolle, positive Erfahrungen über den Schnorchel und bewiesen, daß sich die Boote mit Schnorchel in Räumen halten können, in denen dies ohne Schnorchel nicht denkbar wäre.

3. Unternehmung U 984:
(Biscaya, Ärmelkanal)

Kdt:	OlzS Heinz Sieder (7. Feindfahrt)
06.06.1944	Brest aus
10.06.1944	Brest ein
12.06.1944	Brest aus
19.06.1944	St. Peter Port ein
21.06.1944	St. Peter Port aus
05.07.1944	Brest ein
Erfolge:	4 Schiffe (22 828 BRT $ einschließl. br DE GOODSON + 1300 ts) 1 Schiff (7 240 BRT =)

Stellungnahme des B.d.U.:
Vorbildlich durchgeführte, von hohem Angriffsgeist getragene Unternehmung. Der Kommandant hat am 07.06. und 25.06. mit eiserner Ruhe und Zähigkeit sich den Zerstörern gegenüber behauptet und alle Gelegenheiten zum Angriff entschlossen ausgenutzt. Der Angriff auf das Geleit am 29.06. war eine taktische Meisterleistung mit prächtigem Erfolg. Die Erfahrungen des Bootes sind wertvoll.
Anerkannte Erfolge:
1 Zerstörer versenkt
1 Fregatte versenkt
3 Dampfer mit zusammen 24 000 BRT versenkt

4. Unternehmung U 984:
(Biscaya, Ärmelkanal, westlich von Brest)

Kdt:	OlzS Heinz Sieder (8. Feindfahrt)
26.07.1944	Brest aus
20.08.1944	Verlust U 984
Erfolge:	keine

Erfolge Heinz Sieder als Kommandant U 984:
4 Schiffe (22 828 BRT $ einschließl. br DE GOODSON + 1300 ts)
1 Schiff (7 240 BRT =)

Karl Fleige

*** 05.09.1905**
in Hildesheim
† 16.02.1975
in Erzhausen/
Kreis Gandersheim
(beerdigt in Aurich)

18.07.1944
Ritterkreuz (238-123)

01.10.1924
Eintritt in die Reichsmarine

01.10.1924 – 25.09.1925
Rekrut – Küstenwehrabteilung V

26.09.1925 – 13.05.1926
Bordausbildung – Kleiner Kreuzer NYMPHE/B.d.A.

14.05.1926 – 14.08.1926
Signalschüler – Torpedo- und Nachrichtenschule Flensburg-Mürwik

15.08.1926 – 23.09.1926
z.Vfg. – 3. Komp./I. S.St.Abt. der Ostsee, Stralsund

24.09.1926 – 29.09.1928
Signalgast – II. Torpedobootshalbflottille/ B.d.A.

01.05.1927
Obersignalgast

30.09.1928 – 16.04.1929
Signalgast – Kleiner Kreuzer NYMPHE/ B.d.A.

01.10.1928
Signalgefreiter

17.04.1929 – 27.09.1930
Signalgast – Leichter Kreuzer KÖNIGSBERG/ B.d.A.

28.09.1930 – 07.04.1931
Unteroffizierslehrgang (Uffz.-Anwärter) – Marineschule

01.10.1930
Obersignalgefreiter

08.04.1931 – 27.06.1931
Signalmaat-Schüler – Torpedo- u. Nachrichtenschule Flensburg-Mürwik

27.06.1931 – 09.08.1931
z.Vfg. – I. Abt. S.St.Div. der Ostsee, Stralsund

10.08.1931 – 05.11.1931
Signalmaat – Linienschiff HESSEN/B.d.L.

06.11.1931 – 21.12.1931
Signalmaat – Marine-Signalstelle Arcona

22.12.1931 – 16.05.1932
Signalmaat – Linienschiff HESSEN/B.d.L.

01.04.1932
Signalmaat

17.05.1932 – 28.09.1932
Signal-Wachleiter – beim Marine-Nachrichtenoffizier (MNO) Kiel

29.09.1932 – 26.09.1934
Signalmaat – Linienschiff HESSEN/B.d.L.

01.07.1934
Obersignalmaat

27.09.1934 – 21.09.1936
Signalmaat – SSS GORCH FOCK

22.09.1936 – 13.11.1936
Oberfeldwebellehrgang (O.F.-Anwärter) – I. M.L.A.

14.11.1936 – 02.04.1937
Ausbildung zum Obersteuermann – Versuchsboot STRAHL

03.04.1937 – 27.08.1937
Lehrgang zum Obersteuermann – Steuermannsschule

01.08.1937
überzähliger Obersteuermann

28.08.1937 – 01.10.1937
z.Vfg. – I. S.St.Abt. der Ostsee, Stralsund

01.10.1937
Obersteuermann

02.10.1937 – 12.11.1937
U-Lehrgang – U-Schule

13.11.1937 – 20.01.1938
z.Vfg. – I. S.St.Abt. der Ostsee, Stralsund

21.01.1938 – 28.05.1938
Obersteuermann – Minensuchboot M-129/ Sperrversuchskommando

29.05.1938 – 22.04.1940
Obersteuermann – U 20/U-Flottille Lohs, ab 01.01.1940. 1. U-Flottille
Feindfahrten U 20/
Kdt: Karl-Heinz Moehle
25.08.1939 – 20.09.1939
29.09.1939 – 17.10.1939
18.11.1939 – 24.11.1939
07.12.1939 – 13.12.1939
06.01.1940 – 16.01.1940
Feindfahrten U 20/
Kdt: Harro von Klot-Heydenfeldt
21.01.1940 – 04.02.1940
27.02.1940 – 04.03.1940
14.03.1940 – 22.03.1940

01.11.1938
Stabssteuermann

23.04.1940 – 29.05.1940
Baubelehrung – U-Boote Nord, Deschimag AG Weser, Bremen

30.05.1940 – 28.08.1941
Obersteuermann – U 123/2. U-Flottille
Feindfahrten U 123/
Kdt: Karl-Heinz Moehle
21.09.1940 – 23.10.1940
14.11.1940 – 28.11.1940
14.01.1941 – 28.02.1941
10.04.1941 – 11.05.1941
Feindfahrt U 123/
Kdt: Reinhard Hardegen
15.06.1941 – 23.08.1941

01.10.1940
Stabsobersteuermann

29.08.1941 – 21.04.1942
Flottillensteuermann – 5. U-Flottille, Kiel, auf ST. LOUIS

01.04.1942
Leutnant zur See

22.04.1942 – 26.04.1942
z.Vfg. – B.d.U.

27.04.1942 – 05.07.1942
U.T.O.-Lehrgang – Torpedoschule Flensburg-Mürwik

06.07.1942 – 15.07.1942
Ausbildung – 2. U.A.A.

16.07.1942 – 16.08.1942
Kommandanten-Schießlehrgang – 24. U-Flottille/Memel (29. K.S.L./16.07.1942 – 15.08.1942)

17.08.1942 – 25.09.1942
z.Vfg. – 22. U-Flottille/Gotenhafen

26.09.1942 – 25.10.1942
z.Vfg. – 1. U.A.A.

01.10.1942
Oberleutnant zur See (-30-)

26.10.1942 – 23.11.1942
Marine-Nachrichtenschule Flensburg-Mürwik

24.11.1942 – 02.12.1942
Zugführer – 1. U.A.A.

03.12.1942 – 25.08.1944
Kommandant – U 18/30. U-Flottille/Konstanza (U 18 wurde am 06.05.1943 erneut in Dienst gestellt)

08.10.1943
Deutsches Kreuz in Gold (147)

04.02.1944
Rumänische Erinnerungsmedaille »Kreuzzug gegen den Kommunismus«

18.07.1944
Ritterkreuz des Eisernen Kreuzes

25.08.1944
U 18 vor Konstanza südöstlich Cap Tuzla nach schwerer Fliegerbombenbeschädigung selbst versenkt

26.08.1944 – 11.12.1944
n.v. (vermutlich z.Vfg. – 24. U-Flottille)

12.12.1944 – 10.01.1945
Lehrer – 24. U-Flottille

11.01.1945 – 03.05.1945
Lehrer – 1. U.L.D.

01.04.1945
Kapitänleutnant mit Wirkung vom 01.04.1945 und Rangdienstalter vom 20.04.1945

04.05.1945 – 08.05.1945
Kommandant – U 4712/5. U-Flottille (U 4712 war bereits am 03.05.1945 in Kiel im Schwimmdock der Germaniawerft gesprengt worden)

08.05.1945 – 01.08.1945
Kriegsgefangenschaft

01.08.1945
Entlassung aus der Kriegsgefangenschaft

Weitere verliehene Orden und Auszeichnungen an Karl Fleige ohne bekanntes Verleihungsdatum waren:

Dienstauszeichnung III.- und IV. Klasse
Medaille zur Erinnerung an den 01.10. 1938
U-Boots-Kriegsabzeichen 1939
Eisernes Kreuz II.- und I. Klasse

8. Unternehmung U 18:

(Schwarzes Meer, Suchumi)

Kdt:	OlzS Karl Fleige (14. Feindfahrt)
26.05.1943	Konstanza aus
09.06.1943	Konstanza ein
Erfolge:	keine

Stellungnahme des Flottillenchefs 30. U-Flottille:

1.) *Boot und Kommandant fuhren 1. Feindunternehmung im Schwarzmeer, die Anlage und Durchführung der Fahrt macht einen entschlossenen und sehr einsatzfreudigen Eindruck. Die Erfolglosigkeit ist durch verfrühten Abbruch zu erklären.*
2.) *Im einzelnen wird bemerkt:*
30.05./0610 Uhr: Angriff energisch und richtig, Fehlschuß infolge schwieriger Fahrtschätzung bei Seegang 3-4. Zähes Nachstoßen wird anerkannt.
30.05./1033 Uhr: Angriffsansatz gut. Sicherer Erfolg durch bei diesem Seegang und auf 1. Fahrt erklärliches Versagen des L.I. zunichte gemacht.
31.05. und folgende Tage: Abwartendes Verhalten gegenüber gesichteten Flugzeugen richtig.
31.05./1734 Uhr: Diese heikle Situation wurde durch viel Glück und schnelles Handeln ohne Schaden überstanden.
04.06./2351 Uhr: Meldung war richtig. Ein Weiteroperieren mit Zentralesehrohr wäre aussichtslos gewesen.
05.06./1355 Uhr bis 1749 Uhr: Ein klassisches Beispiel für Zusammenarbeit von Flugzeugen und Schnellbooten in der U-Boot-Bekämpfung. Verhalten des Bootes dabei geschickt und energisch.

Stellungnahme des Kommandierenden Admiral Schwarzes Meer:

1.) *Der Stellungnahme des Flottillenchefs wird beigetreten.*
2.) *Zu beachten ist die beobachtete gute Zusammenarbeit von Feindflugzeugen und Schnellbooten in der U-Boot-Bekämpfung. Boote werden auf diese Weise, wenn sie einmal erkannt sind, für 6–8 Stunden unter Wasser gedrückt, damit wird ihnen jede Sichtung und Angriffsmöglichkeit genommen.*
3.) *Von weiterem Einsatz des Bootes nur mit Zentralesehrohr wurde im Hinblick auf meist ruhige See, größere Stärke dieses Sehrohrs (Luftzielsehrohr) und den dadurch entstehenden Schwierigkeiten in der Durchführung unbemerkter Unterwasserangriffe abgesehen.*

Stellungnahme Marinegruppenkommando Süd:

1.) *Der Stellungnahme des Flottillenchefs und des ASM wird hinsichtlich der Bewertung des Kommandanten nicht zugestimmt. Der Kommandant hat bei dieser Unternehmung noch nicht bewiesen, daß er entschlossen und sehr einsatzfreudig seine Aufgaben löst. Da es die erste Feindfahrt im Schwarzen Meer war, bleiben die Erfolge weiterer Operationen abzuwarten, ehe ein endgültiges Urteil gefällt wird.*
2.) *Zu Seite 5 vom 30.05./1033 Uhr: Bei dem an sich guten Angriffsansatz hätte ein energisches Durchstehen möglicherweise doch noch zu einem Erfolg geführt. Über Hemmungen, wie sie beim Kommandanten auftraten, müßte ein U-Boot-Kommandant erhaben sein. Die erst sehr spät einsetzende Abwehr deu-*

tet darauf hin, daß sich unter Umständen noch eine Erfolgsaussicht ergeben hätte.

3.) *Zu Seite 7 vom 31.05./1600 Uhr: Die operative U-Boot-Führung muß, wie schon mehrfach in Stellungnahme anderer K.T.B. betont, unbeabsichtigtes Zusammentreffen eigener Seestreitkräfte ausschließen, zumal auch russische Überwasser- und Unterwassereinheiten im eigenen Operationsgebiet festgestellt wurden.*

4.) *Im einzelnen wird der Stellungnahme des Flottillenchefs und des ASM zugestimmt.*

5.) *Die Wegekarte ist unvollständig. Teilweise fehlen die Daten, oder stimmen mit den Bezugs-Uhrzeiten im K.T.B. nicht überein. Angriffsskizzen fehlen ebenfalls.*

9. Unternehmung U 18:

(Schwarzes Meer, Kaukasus-Küste)

Kdt:	OlzS Karl Fleige (15. Feindfahrt)
16.06.1943	Konstanza aus
22.07.1943	Konstanza ein
Erfolge:	2 Schiffe (5691 BRT +)

Stellungnahme des Flottillenchefs 30.U-Flottille:

I.) *Allgemein: Die auf der ersten Unternehmung gezeigte besondere Einsatzfreude des Kommandanten und die aufgrund seiner langen Erfahrungen besonders überlegte und energische Führung des Bootes brachten auf dieser Feindfahrt dem Boot den verdienten Erfolg. Das Verhalten des Kommandanten im Operationsgebiet war in fast allen Fällen richtig und im Sinne der U-Boot-Führung, der besonders lange Einsatz mit kurzer Zwischenergänzung unter den schwierigen Verhältnissen an der Kaukasusküste stellt eine besonders anerkennenswerte Leistung von Kommandant und Besatzung dar.*

II.) *Im einzelnen: 18.06./Seite 3/2133 Uhr: Das Unterschneiden des Bootes kurz vor dem Schuß wurde verursacht durch Fehler an der Torpedoarmierung, wobei nach Bewässern der Rohre größere Wassermengen ins Boot traten.*
21.06./0126 Uhr: Größenverschätzung infolge Küstendunst, zu dieser Zeit keine Frachter dieser Größe in Gelendschik gewesen.
22.06./0420 Uhr: Überlegung und Verfahren neuartig für Schwarzmeer, jedoch richtig und erfolgversprechend. Boot ist durch diese sparsame Wirtschaft mit seiner Batterie in der Lage, zwei Tage und die dazwischen liegende Nacht ohne Unterbrechung durch Aufladen dicht unter Küste zu stehen. Voraussetzung: Einwandfreies Horchgerät.
23.06./1240 Uhr und 1512 Uhr: Erkenntnisse und der anschließende Erfolg bestätigen obige Überlegungen.
23.06./1530 Uhr: Geleit wurde am nächsten Vormittag in gleicher Zusammensetzung durch Luftaufklärung erfaßt, der zweite Dampfer fehlt hierbei und in den vollständigen Hafenbelegungen dieses Tages.
23.06./2034 Uhr: Sehr richtige Maßnahme.
25.06./0005 Uhr: Schneidig durchgeführter Einbruch, durch Pech ohne Erfolg.
27.06./0217 Uhr usw.: Ohne Schuld des Kommandanten vorbei gestoßen infolge größerer Besteckdifferenzen zwischen erstem und zweitem Aufklärer, die außerdem viel zu hohe Gegnerfahrt vortäuschten. Abbruch der Verfolgung befehlsgemäß richtig.
28.06./0103 Uhr: Geschickte Aufstellung an der sicherungsschwachen Landseite begünstigte den Erfolg.
03.07./Seite 24: Wegen seines besonders geschickten Verhaltens im ersten Teil der Fahrt erhält der Kommandant Freiheit der Operationen in den Gebieten »Iltis« und »Tapir«.
16.07./0447 Uhr: Unverschuldet durch notwendiges Aufladen verursachte schlechte Schußposition erklärt den Ausfall des Angriffs.
17.07./1936 Uhr: Das freiwillige, verlängerte Ausharren im Operationsgebiet nach Freigabe des Suchmarsches wird durch einen Erfolg belohnt. Annahme der Versenkung bei 2 MZ-Treffern gerechtfertigt und durch Luftaufklärung bestätigt.

Stellungnahme Admiral Schwarzes Meer:

I.) *Die Unternehmung war die bisher erfolgreichste U-Boot-Unternehmung im Schwarzmeer. Die großen Erfahrungen von 15 Feindfahrten und die betonte Einsatzfreude des Kommandanten, die sich schon auf seiner vorigen Fahrt zeigte, haben diesen Erfolg gezeitigt.*

II.) Den Einzelausführungen des Flottillenchefs wird beigetreten unter Hervorhebung der besonderen Zähigkeit von Kommandanten und Besatzung bei diesem sehr langen, schwierigen Einsatz.

Stellungnahme des B.d.U.:
Den Stellungnahmen ist nichts hinzuzufügen.
Anerkannte Erfolge:

1 Frachter	*1 000 BRT torpediert.*
1 Leichter	*800 BRT versenkt.*
1 Frachter	*2 000 BRT versenkt.*
2 Schiffe	*2 800 BRT versenkt.*

10. Unternehmung U 18:
(Schwarzes Meer, Kaukasus-Küste)

Kdt:	OlzS Karl Fleige (16. Feindfahrt)
21.08.1943	Konstanza aus
24.09.1943	Konstanza ein
Erfolge:	1 Hilfsminensuchboot (400 ts + sj APM TSC-11 DZHALITA) 1 U-Jäger (56 ts = sj PC SKA-0132)

Stellungnahme des Flottillenchefs 30. U-Flottille:

1.) Die Unternehmung wurde mit der dem Kommandanten eigenen klaren und zielbewußten Einsatzfreude durchgeführt, die sich bietenden Angriffsmöglichkeiten wurden entschlossen genutzt und zwei schöne Erfolge erzielt.

2.) Im einzelnen:
Seite 4/25.08./2115 Uhr: Das Abbrechen des Vorsetzmanövers in der Hoffnung, das Geleit bei Pizunda abfangen zu können, war nicht richtig. Wenn Fühlung, Gegner nicht wieder aus dem Auge lassen. Geleit ist tatsächlich nur bis Suchumi gegangen.
Seite 9/29.08./0044 Uhr: Richtig! Wenn auf ein Hauptziel angesetzt, dann nicht von Nebenzielen in der Operation stören lassen.
Seite 10/29.08./1912 Uhr: Sehr vernünftig durchgeführter Angriff. Ortung mit dem ersten englischen Asdic-Gerät ähnlichen Tönen wurde bereits von U 23 festgestellt.
Seite 19/10.09./0019 Uhr: Es handelte sich um eigenen Nachtaufklärer. Seit dem Tage haben »Liechtenstein«-Nachtaufklärer folgende Weisung: Da zum Erkennen des nur als Ortungssache erscheinenden Ziels, seines Kurses und seiner Fahrt Beleuchtung durch Leuchtbomben unumgänglich ist, anderseits auch gerade die in den Operationsgebieten der U-Boote laufenden Ziele erfaßt und gemeldet werden sollen, ist ein eventuelles Erfassen eigener U-Boote nicht zu vermeiden. Diese haben Befehl, bei der ersten Leuchtbombe sofort zu tauchen. »Liechtenstein«-Maschinen, die deswegen nach der ersten Bombe die Ortung verlieren und nichts sichten, setzen in der Erkenntnis, daß es sich um ein U-Boot handelt, ohne weiteren Leuchtbombenwurf ihren Flug fort. Kampfauftrag liegt bei diesen Maschinen sowieso nicht vor.
Seite 27/18.09./0612 Uhr: Annahme der Versenkung ist gerechtfertigt. Schußunterlagen nach Auswertung richtig, gehörter Treffer einwandfrei. Wenn das Fahrzeug in der kurzen Zeit weggelaufen wäre, hätte der Bewacher a) sofort U-Jagd aufgenommen, b) wäre er dann nicht mit entgegengesetztem Kurs abgelaufen.
Seite 30/21.09./0817 Uhr: Angriffsansatz und Maßnahmen richtig. Erkanntwerden bei Windstille und See 0 bedauerlich, aber dem Kommandanten nicht zum Vorwurf zu machen.
Seite 31/21.09./1240 Uhr: Energie des Langwellen-Notsenders für Tagverhältnisse zu gering.

3.) Die knappe, klare Fassung des K.T.B., die trotzdem alles Wesentliche enthält, wird anerkannt.

Stellungnahme des Admiral Schwarzes Meer:
Zu 30.08./1932 Uhr: Der Überwasserangriff auf den U-Jäger zeigt wieder den erfreulichen Angriffsgeist des Kommandanten. Es ist aber nicht Aufgabe der schwach bewaffneten U-Boote artilleristisch überlegenen feindlichen U-Jägern mit 2 cm über Wasser anzugreifen. Der Einsatz steht in keinem Verhältnis zu den Erfolgsaussichten. Es ist zu berücksichtigen, daß der Gegner den Verlust eines U-Jägers leicht tragen kann, während uns der Ausfall eines U-Bootes schwer trifft.
Zu 18.09./0529 Uhr: Die Versenkung des Küfas wird anerkannt. Ein schöner Erfolg der Zusammenarbeit zwischen Nachtaufklärer und U-Boot.
Zu 21.09./0817 Uhr: Es ist nur zu bedauern, daß der Angriff auf den 7000-t-Tanker und den Frachter aus Umständen, die vom Kommandanten nicht beeinflußt werden konnten, keinen Erfolg brachte.

Zur Stellungnahme des Flottillenchefs Seite 4/25.08./2115 Uhr:
Nach Meldung des Kommandanten (siehe FT 2137/25) war durch den Artilleriebeschuß von Land die Fühlung am Geleit bereits verlorengegangen. Der Entschluß des Kommandanten, sich energisch bis Kap Pizunda vorzusetzen, um dort den Geleitzug wieder abzufangen, ist daher nicht zu beanstanden. Im übrigen wird der Stellungnahme des Flottillenchefs zugestimmt. Das K.T.B. U 18 zeigt die laufende und geschickte taktische Führung der U-Boote in See durch den Flottillenchef.

Stellungnahme des Marinegruppenkommando Süd:
Der Stellungnahme des Flottillenchefs und des ASM wird zugestimmt. Besonders auch hinsichtlich der Beurteilung der einsatzfreudigen und zielbewußten Führung durch den Kommandanten.

Stellungnahme des B.d.U.:
Der Stellungnahme des Flottillenchefs wird voll zugestimmt.
Anerkannter Erfolg:
U-Boot-Falle 800 BRT versenkt.
Küstenfahrzeug 800 BRT versenkt.

11. Unternehmung U 18:

(Schwarzes Meer, Kaukasus-Küste)

Kdt:	OlzS Karl Fleige (17. Feindfahrt)
27.10.1943	Konstanza aus
24.11.1943	Konstanza ein
Erfolge:	1 Schiff (7 745 BRT =)

Stellungnahme des Flottillenchefs 30. U-Flottille:
1.) *Eine besonders schneidige, vorbildliche Unternehmung! Die klar und einfach überlegende, dann kurz entschlossen handelnde Art des Kommandanten hat zusammen mit der durch energische Erziehungsarbeit auf die Besatzung übertragenen langjährigen Erfahrungen unter der jederzeit einsatzfreudigen Führung des Kommandanten ihren verdienten Lohn durch die beiden schönen Erfolge gefunden.*
2.) *Die Betrachtungen des Kommandanten in seiner »Zusammenfassung« auf Seite 26 betreffs der Erfahrungen vor Batum und den anderen Haupthäfen (Warngebiete) sind sehr wertvoll für die Einschätzung der Minengefahr. Die im letzten Satz gegebene Anregung zu überraschenden Beschießungen mit Werfern waren von Flottille und A.S.M. schon einmal vorgeschlagen, durch OKM wegen der technischen Mängel der Ausstoßgeräte jedoch abgelehnt worden. Sie werden erneut aufgegriffen und verfolgt.*

Stellungnahme des Kommandierenden Admiral Schwarzes Meer:
Der Kommandant hat die ihm befohlene Aufgabe, auf Batum-Reede zu operieren, mit großem Geschick durchgeführt. Der zielbewußte Ansatz des Bootes und die Hartnäckigkeit, mit der er an seiner Aufgabe festgehalten hat, wurden durch den Erfolg belohnt. Die Durchführung der Unternehmung verdient volle Anerkennung.

Stellungnahme des B.d.U.:
Der Stellungnahme des Flottillenchefs wird zugestimmt.
Anerkannter Erfolg:
1 Tanker 2 000 BRT versenkt.
1 Frachter 1 500 BRT versenkt.

12. Unternehmung U 18:

(Schwarzes Meer, Batumi)

Kdt:	OlzS Karl Fleige (18. Feindfahrt)
29.01.1944	Konstanza aus
29.02.1944	Konstanza ein
Erfolge:	keine

Stellungnahme des Flottillenchefs 30. U-Flottille:
1.) *Mit derselben gleich bleibenden Zähigkeit und Einsatzfreude wie bisher durchgeführte Unternehmung. Mangels irgendwelchen angreifbaren Nachschubverkehrs pirschte sich der Kommandant an den Hafen Batum heran und versenkte – von flachem Wasser über flaches Wasser durch die Netzsperrlücke schießend – im Außenhafen einen Frachter von 1 500 BRT, an der Pier liegende Fahrzeuge erhielten zwei weitere Treffer. Ein schneidiger Einbruch in die »Höhle des Löwen«!*
2.) *Im einzelnen:*
   a) *Es fehlen die befohlenen vierstündigen Standortangaben nach Marinequadraten. Auch im Operationsgebiet notwendig.*
   b) *Die Entschlüsselungen der Führungs-Funksprüche weisen mehrfach Wort- und Sinnverstümmelungen auf. Schär-*

fere Überwachung des Funkpersonals, gegebenenfalls nochmals aufnehmen lassen. (Appelle, Längstwelle).

Stellungnahme des Kommandierenden Admiral Schwarzes Meer:
Mit Sinken des 1500-t-Frachters durch MZ-Treffer in Höhe des achteren Mastes ist mit Bestimmtheit zu rechnen. Da die Wassertiefe am Versenkungsort 20 m beträgt, blieb Luftbildauswertung ohne Ergebnis. Das Luftbild von Batum zeigt als Ergebnis der weiteren Schüsse ein anscheinend Unterwasserwrack am Liegeplatz, an welchem nach früheren Luftbildaufnahmen ein 600–800-t-Frachter lag, und außerdem eine einwandfrei zerstörte Anlegebrücke, die bisher als Liegeplatz für R-Boote und MKB diente. Liegeplatz des Küstenfrachters und die Anlegebrücke liegen genau in Richtung der Torpedoschüsse. Dem Kommandanten ist es durch überlegten und schneidigen Angriff gelungen in einer Zeit, in der auf See keine lohnenden Ziele angetroffen wurden, einen schönen Erfolg zu erzielen. Der Stellungnahme des Flottillenchefs wird im übrigen beigetreten.

13. Unternehmung U 18:
(Schwarzes Meer, Kaukasus-Küste)
Kdt: OlzS Karl Fleige
(19. Feindfahrt)

25.03.1944 Konstanza aus
27.04.1944 Konstanza ein
Erfolge: keine

Stellungnahme des Kommandierenden Admiral Schwarzes Meer:
Der Artillerieangriff auf ein MKB zeigt abermals, daß Gegner Überwasserangriff nicht gewachsen ist und eigene Boote trotz artilleristischer Unterlegenheit zum Erfolg kommen können.
Die Erfolgsmeldung über angebliche Vernichtung eines deutschen U-Bootes ist schon mehrmals festgestellt worden. Der auffallend starke Dampferverkehr nördlich Tuapse läßt vermuten, daß Ladung in Küfas nach Tuapse gebracht und dort erst in Dampfer umgeladen wird, um diese nicht erst von Südhäfen auf langem, gefährdeten Weg heraufzuführen. Denn zwischen Südhäfen und Tuapse wurde seit langer Zeit kein Dampferverkehr mehr festgestellt.
Nach anfänglichem Pech kam der Kommandant durch seinen Wagemut am Ende der Unternehmung durch Torpedierung von je einem Küfa, Schlepper und Leichter doch noch zu einem schönen Erfolg. Die Beschießung des Bootes durch eine eigene Blohm & Voss ist auf Übermittlungsfehler der Luftwaffe zurückzuführen. Die U-Jagdsperrung für das Gebiet lag auf dem Gefechtsstand der Seeflieger 24 Stunden vorher vor. Der Einsatzleiter hat die Maschine nicht unterrichtet. Der betreffende Offizier wird zur Verantwortung gezogen.
Der Stellungnahme des Flottillenchefs wird zugestimmt.

Stellungnahme des B.d.U.:
Nichts hinzuzufügen.
Anerkannter Erfolg: 3 Fahrzeuge versenkt.

14. Unternehmung U 18:
(25.05.1944 bis 07.06.1944)
Kdt i.V. OlzS Rudolf Arendt

15. Unternehmung U 18:
(Schwarzes Meer, vor Poti)
Kdt: OlzS Karl Fleige
(20. Feindfahrt)

24.07.1944 Konstanza aus
16.08.1944 Konstanza ein
Erfolge: keine

Erfolge Karl Fleige als Kommandant U 18:
3 Schiffe (6091 BRT + einschließl. sj APM TSC-11 DZHALITA 400 ts +)
2 Schiffe (7801 BRT = einschließl. sj PC SKA-0132 56 ts =)

Karl-Heinz Marbach

* 05.07.1917
in Kolberg
† 27.09.1995
in Bonn

22.07.1944
Ritterkreuz (239-124)

03.04.1937
Eintritt in die Kriegsmarine als Seeoffiziersanwärter
Crew 37a

03.04.1937 – 15.06.1937
Infanterieausbildung – 2. Komp./II. Abt. S.St.Div. der Ostsee, Stralsund

16.06.1937 – 23.09.1937
Bordausbildung – SSS HORST WESSEL

21.09.1937
Seekadett

24.09.1937 – 29.04.1938
Bordausbildung – Leichter Kreuzer EMDEN

30.04.1938 – 25.11.1938
Hauptlehrgang für Fähnriche – Marineschule Flensburg-Mürwik bzw.

01.08.1938 – 10.08.1938
Navigationsbelehrungsfahrt – Schulschiff PAUL BENEKE

01.05.1938
Fähnrich zur See

26.11.1938 – 04.01.1939
n.v.

05.01.1939 – 12.01.1939
Nachrichtenlehrgang für Fähnriche – 6. Komp./Nachrichtenschule Flensburg-Mürwik

13.01.1939 – 16.02.1939
Torpedolehrgang für Fähnriche – 4. Komp./ Torpedoschule Flensburg-Mürwik

17.02.1939 – 21.02.1939
Sperrlehrgang für Fähnriche – Sperrschule Kiel-Wik

22.02.1939 – 02.04.1939
Artillerielehrgang für Fähnriche – S.A.S. Kiel-Wik

03.04.1939 – 11.04.1939
Bordausbildung – Leichter Kreuzer LEIPZIG

12.04.1939 – 04.06.1939
Bordausbildung – Leichter Kreuzer NÜRNBERG

05.06.1939 – 18.06.1939
Bordausbildung – Leichter Kreuzer LEIPZIG

19.06.1939 – 08.07.1939
Horchlehrgang für Offiziere – U-Schule Neustadt

01.07.1939
Oberfähnrich zur See

09.07.1939 – 29.09.1939
Leichter Kreuzer LEIPZIG

01.08.1939
Leutnant zur See (-285-)

30.09.1939 – 14.10.1940
Hilfssachbearbeiter – beim Flottenkommando bzw. Schlachtschiff GNEISENAU

04.04.1940
Eisernes Kreuz II. Klasse

15.10.1940 – 21.12.1940
U-Lehrgang – 1. U.L.D.

22.12.1940 – 02.02.1941
U.T.O.-Lehrgang – Torpedoschule Flensburg-Mürwik

03.02.1941 – 01.03.1941
U.W.O.-Lehrgang – Marine-Nachrichtenschule Flensburg-Mürwik

02.03.1941 – 30.03.1941
U.W.O.-Artillerielehrgang – S.A.S. Kiel-Wik

31.03.1941 – 05.05.1941
2. U.A.A.

06.05.1941 – 31.12.1941
II.WO – U 101/7. U-Flottille
Feindfahrten U 101/
Kdt: Ernst Mengersen
28.05.1941 – 04.07.1941
07.08.1941 – 04.09.1941
11.10.1941 – 16.11.1941

22.06.1941

Flottenkriegsabzeichen

01.09.1941
Oberleutnant zur See

05.09.1941
U-Boots-Kriegsabzeichen 1939

01.01.1942 – 31.03.1942
I.WO – U 101/26. U-Flottille/Pillau, zugleich

01.01.1942 – 03.02.1942
Kommandant i.V. – U 101

01.04.1942 – 05.05.1942
Kommandanten-Schießlehrgang – 24. U-Flottille

06.05.1942 – 30.06.1942
Kommandant – U 29/24. U-Flottille

01.07.1942 – 29.11.1942
Kommandant – U 28/24. U-Flottille

30.11.1942 – 16.12.1942
Baubelehrung – 8. K.L.A./Hamburg für U 953

17.12.1942 – 31.05.1943
Kommandant – U 953/5. U-Flottille

01.06.1943 – 08.1944
Kommandant – U 953/3. U-Flottille

21.11.1943
Eisernes Kreuz I. Klasse

22.07.1944
Ritterkreuz des Eisernen Kreuzes

08.1944 – 19.09.1944
z.Vfg. – 3. U-Flottille (Ritterkreuzverleihung in Berlin)

01.09.1944
Kapitänleutnant (-8-)

20.09.1944 – 16.12.1944
Baubelehrung – 6.K.L.A./Bremen für U 3014

26.11.1944
U-Boots-Frontspange in Bronze

17.12.1944 – 03.05.1945
Kommandant – U 3014/4. U-Flottille

03.05.1945
Selbstversenkung U 3014 im Neustädter Hafenbereich

09.05.1945
in Horten in Kriegsgefangenschaft geraten

21.02.1948
Entlassung aus der Gefangenschaft

Bundeswehr

14.10.1963 – 20.10.1963
Reserveoffiziers-Einweisungslehrgang – Marineschule Flensburg-Mürwik

21.10.1963 – 26.10.1963
Bordeinweisung – Zerstörer Z-3

14.10.1963
Kapitänleutnant der Reserve

27.10.1963 – 02.11.1963
Bordeinweisung – 2. Landungsgeschwader, Wilhelmshaven

03.11.1963 – 08.11.1963
Einweisung – Zentrales Marinekommando

09.11.1963 – 01.03.1964
A 1 – Gebiet-Öffentlichkeitsarbeit

02.03.1964 – 25.03.1964
Lehrgang – BwA/Lehrgruppe

26.03.1964 – 06.09.1964
am Fb-Lehrgang für Offiziere und Unteroffiziere der PSK-Truppe

07.09.1964 – 28.09.1964
Nato-Übung – beim Kommando der Flotte

20.02.1965
Korvettenkapitän der Reserve

15.03.1965 – 14.04.1965
Bundesministerium der Verteidigung

15.04.1965 – 09.05.1965
4. Wehrübung – Abteilung B VII 5/Bonn

10.05.1965 – 30.09.1965
5. Wehrübung – Bundeswehramt Bonn

01.04.1966 – 30.04.1966
6. Wehrübung – Bundeswehramt Bonn

1. Unternehmung U 953:
(Nord- und Mittelatlantik)

Kdt:	OlzS Karl-Heinz Marbach (4. Feindfahrt)
13.05.1943	Kiel aus
15.05.1943	Kristiansand ein
15.05.1943	Kristiansand aus
22.07.1943	La Pallice ein
Erfolge:	keine

Stellungnahme des B.d.U.:
Erste Unternehmung des Kommandanten mit neuem Boot. Es waren dem Kommandanten in den Aufstellungsräumen der Gruppen »Trutz« und »Geier« und auf dem Marsch keine Erfolgschancen geboten. Das Verhalten gegenüber den Flugzeugangriffen war entschlossen und tatkräftig, die Haltung der Flawaffen-Bedienung, insbesondere des Bootsmaaten Henschel wird besonders hervorgehoben. Die Erfahrungen der ersten Fahrt sind auch trotz der Erfolgslosigkeit der Unternehmung für Kommandanten und Besatzung ein wertvolles Ergebnis.
Sonst nichts zu bemerken.

2. Unternehmung U 953:
(Nordatlantik, westlich von Spanien)

Kdt:	OlzS Karl-Heinz Marbach (5. Feindfahrt)
Bordarzt:	Marine-Oberassistenzarzt Dr. med. Klaus Mulkau
02.10.1943	La Pallice aus
04.10.1943	La Pallice ein
04.10.1943	La Pallice aus
17.11.1943	La Pallice ein
Erfolge:	keine

Stellungnahme des B.d.U.:
Das Boot war zum Flakboot umgebaut worden und hat auf der Unternehmung dieselben schlechten See-Eigenschaften festgestellt wie die übrigen Flakboote. Das Gefecht mit der »Sunderland« war ein guter Abwehrerfolg.
Der Entschluß, am 31.10. nicht auf den Zerstörer zu schießen, weil der Geleitzug in Sicht war, war richtig, das Absacken des Geleitzuges Pech. Kommandant und Besatzung haben am Feind wertvolle Erfahrungen sammeln können.

3. Unternehmung U 953:
(Nordatlantik, nordwestlich von Spanien)

Kdt:	OlzS Karl-Heinz Marbach (6. Feindfahrt)
26.12.1943	La Pallice aus
20.02.1944	La Pallice ein
Erfolge:	keine Angriff am 11.01.1944 auf die kanadische Korvette LUNENBURG (Früh- und Kielwasserdetonierer)

Stellungnahme des Bd.U.:
Der Kommandant hat in schwierigen, stark überwachten Gebieten ausdauernd operiert, leider blieben ihm Erfolge versagt. Die Wabo-verfolgung wurde gut durchgestanden, der energische Entschluß zum Auftauchen während noch Jagdfahrzeuge in der Nähe waren, bewährte sich und machte das Boot endgültig von der Suchgruppe frei.
Der Aufenthalt im Angriffsraum war durch zahlreiche Ortungen erschwert, machte ein Operieren in diesem Gebiet aber nicht unmöglich. Ein energischer Versuch, näher an die Küste zu gehen, hätte gemacht werden müssen.
Bemerkenswert sind die guten Reichweiten des Horchgeräts.
Anerkannter Erfolg:
Korvette »K 151«, Treffer möglich.

4. Unternehmung U 953:
(Biscaya, Kanaleingang, nördlich Quessant)

Kdt:	OlzS Karl-Heinz Marbach (7. Feindfahrt)
30.03.1944	La Pallice aus
01.04.1944	La Pallice ein
23.04.1944	La Pallice aus
26.04.1944	Brest ein
22.05.1944	Brest aus
28.05.1944	Brest ein
Erfolge:	keine

Stellungnahme des B.d.U:
Kurzunternehmung in den Westausgang des Kanals. Keine Erfolgsaussichten. Nichts zu bemerken.

5. Unternehmung U 953:
(Biscaya, Ärmelkanal)

Kdt: OlzS Karl-Heinz Marbach (8. Feindfahrt)

06.06.1944 Brest aus
18.06.1944 Brest ein
Erfolge: keine
Angriff am 08.06.1944 auf die kanadischen Zerstörer QU´APPELLE, RESTIGOUCHE und SKEENA der 12. Escort-Group (Früh- und Kielwasserdetonierer)

Stellungnahme des B.d.U.:
Die 5. Unternehmung hat dem Kommandanten den längst erwarteten prächtigen Erfolg gebracht. Im schwierigen Operationsgebiet hat der Kommandant alle Gelegenheiten zum Angriff entschlossen und mit vorzüglicher Kaltblütigkeit ausgenutzt. Der Angriff und die Versenkung der 3 Zerstörer am 08.06. waren beispielhaft sowohl in der Anlage des Angriffs als auch beim Angriff und anschließender Verfolgung durch den Gegner gemachten Erfahrungen sind wertvoll. Die guten Schnorchelerfahrungen werden besonders hervorgehoben.
Anerkannter Erfolg:
3 Zerstörer versenkt.

6. Unternehmung U 953:
(Biscaya, Ärmelkanal)

Kdt: OlzS Karl-Heinz Marbach (9. Feindfahrt)

24.06.1944 Brest aus
22.07.1944 Brest ein
Erfolge: 1 Schiff (1927 BRT +)

Stellungnahme des B.d.U.:
Ausgezeichnete Unternehmung des bewährten Kommandanten. Gedanken, Feststellungen und Anregungen geben wertvolle Anhalte für weitere Operationen. – Der Angriff auf das Geleit am 05.07. wurde mit großer Ruhe und Überlegung durchgeführt. Kommandant hat sich nach dem Angriff nicht blind gemacht, sondern auf Sehrohrtiefe die klare Wirkung am Ziel beobachtet, hat mit außerordentlicher Kaltblütigkeit einen Sicherungszerstörer auf geringer Entfernung mit sicheren T-V-Schuß, passieren lassen, um zum Angriff auf den wertvollen Dampferpulk zu kommen. – Der Angriff am 11.07. wurde durch überlegenes Können des Kommandanten trotz starker Behinderung durch laufende Beschlagung des Sehrohrs gemeistert. – Inwieweit das jetzt vorhandene Sehrohr bei den starken Druckunterschieden, die hier durch Seegang besonders kraß in Erscheinung traten, den Anforderungen des totalen Unterwasserkrieges nicht mehr genügt, wird geprüft.
Der interne Bootsbetrieb stellt die ideale Verwirklichung der Zusammenarbeit aller Teile dar, der mit eine Voraussetzung für den Erfolg schaffte.
Anerkannte Erfolge:
2 Transporter mit zusammen 13 000 BRT versenkt.
1 Munitionsfrachter mit 7 000 BRT versenkt.
1 Zerstörer (JERVIS-Klasse) versenkt.

Erfolge Karl-Heinz Marbach als Kommandant U 953:
1 Schiff (1 927 BRT +)

Hermann Stuckmann

* 02.01.1921
in Wuppertal-Barmen
† 18.08.1944
in der Biscaya
vor La Rochelle

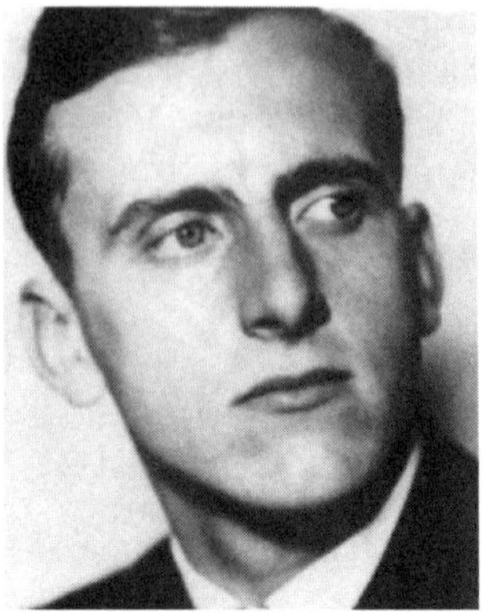

11.08.1944
Ritterkreuz (241-125)

16.09.1939
Eintritt in die Kriegsmarine als Seeoffiziersanwärter
Crew X/39

16.09.1939 – 29.11.1939
Infanterieausbildung – 2. Komp./7. S.St. Abt. Stralsund

30.11.1939 – 30.04.1940
Bordausbildung – Linienschiff SCHLESWIG-HOLSTEIN

01.02.1940
Seekadett

01.05.1940 – 23.08.1940
Hauptlehrgang für Fähnriche – Marineschule Flensburg-Mürwik

01.07.1940
Fähnrich zur See

24.08.1940 – 10.09.1940
kommandiert zum Standortältesten Neustadt

11.09.1940 – 24.11.1940
Fähnrich zur See – Leichter Artillerieträger MEMELLAND

25.11.1940 – 31.01.1941
F.T.O.-C-Lehrgang – Marine-Nachrichtenschule Flensburg-Mürwik

01.02.1941 – 06.04.1941
Fähnrich zur See – U-Tender SAAR/25. U-Flottille

07.04.1941 – 31.05.1941
Torpedolehrgang für Fähnriche – Torpedoschule Flensburg-Mürwik

01.06.1941 – 29.06.1941
Nachrichtenlehrgang für Fähnriche – Nachrichtenschule Flensburg-Mürwik

30.06.1941 – 27.07.1941
Artillerielehrgang für Fähnriche – S.A.S. Kiel-Wik

01.07.1941
Oberfähnrich zur See

28.07.1941 – 28.09.1941
U-Lehrgang – 1. U.L.D.

29.09.1941 – 18.12.1941
z.Vfg. – 3. U-Flottille/La Pallice

19.12.1941 – 11.05.1943
III.WO, II.WO und I.WO – U 571/
3. U-Flottille
Feindfahrten U 571/Kdt: Helmut Möhlmann
21.12.1941 – 27.01.1942 (III.WO)
10.03.1942 – 07.05.1942 (II.WO)
11.06.1942 – 07.08.1942 (II.WO)
03.10.1942 – 14.11.1942 (II.WO)
22.12.1942 – 19.02.1943 (I.WO)
22.03.1943 – 01.05.1943 (I.WO)

01.03.1942
Leutnant zur See

11.05.1942
Eisernes Kreuz II. Klasse

15.05.1942
U-Boots-Kriegsabzeichen 1939

18.11.1942
Eisernes Kreuz I. Klasse

12.05.1943 – 16.05.1943
Lehrgang – 2. U.A.A.

17.05.1943 – 28.06.1943
Kommandanten-Schießlehrgang – 24. U-Flottille/Memel (48. K.S.L./15.05.1943 – 15.06.1943)

29.06.1943 – 04.08.1943
Baubelehrung – 3. K.L.A./Lübeck für U 316

05.08.1943 – 31.08.1943
Kommandant – U 316/22. U-Flottille/Gotenhafen

01.09.1943 – 04.05.1944
Kommandant – U 316/23. U-Flottille/Danzig

01.10.1943
Oberleutnant zur See (-80-)

05.05.1944 – 18.08.1944
Kommandant – U 621/9. U-Flottille/Brest (das K.T.B. U 621 gibt den Kommandantenwechsel OlzS Max Kruschka – OlzS Hermann Stuckmann am 15.05.1944 an)

11.08.1944
Ritterkreuz des Eisernen Kreuzes

18.08.1944
In der Biscaya etwa 90 Seemeilen vor La Rochelle durch Wasserbomben und Hedgehog der kanadischen Zerstörer OTTAWA, KOOTENAY, RESTIGOUCHE und CHAUDIÈRE der 11. Escort-Group auf Position 45°52'Nord/02°36'West versenkt. – Totalverlust.

8. Unternehmung U 621:
(Biscaya, Ärmelkanal)

Kdt:	OlzS Hermann Stuckmann (7. Feindfahrt)
06.06.1944	Brest aus
23.06.1944	Brest ein
Erfolge:	1 Landungsschiff (1490 BRT +

<u>Stellungnahme des B.d.U.:</u>
Unternehmung in den Kanal. Aufgabe war Angriff des Invasionsverkehrs zwischen englischer Südküste und Seine-Bucht.
Aufgabe wurde trotz schwieriger Verhältnisse ausgezeichnet durchgeführt. Der Kommandant konnte, ohne sich von der starken Abschirmung durch Zerstörer beirren zu lassen, das Operationsgebiet erreichen. Hier traf er wie erwartet wegen des Durcheinanders von Feindfahrzeugen verhältnismäßig wenig Abwehr an.
Die Erfolgsaussichten im Operationsgebiet waren sehr gut. Der Kommandant hat mit richtigem, energischem Torpedoeinsatz bis zum Aufbrauch seiner Torpedobewaffnung alles versucht, um Feindfahrzeuge zu versenken. Wenn ihm dabei nur die Versenkung eines LST gelungen ist, so ist dies ein bedauernswertes, unverdientes Pech, in erster Linie zurückzuführen auf sich besonders ungünstig auswirkende Torpedoversager. Das Boot trifft dabei keine Schuld.
Das unbeschwerte Rangehen des Kommandanten, das richtige Erkennen der Stärken des U-Bootes und der Schwächen der feindlichen Abwehr werden dem noch jungen Kommandanten bei weiteren Unternehmungen mehr Erfolg bringen, als auf dieser Unternehmung.
<u>*Anerkannter Erfolg:*</u> *1 LST*

9. Unternehmung U 621:
(Biscaya, Ärmelkanal)

Kdt:	OlzS Hermann Stuckmann (8. Feindfahrt)
15.07.1944	Brest aus
11.08.1944	Brest ein
Erfolge:	1 Landungsschiff (2938 BRT +) 1 Schiff (10048 BRT =)

10. Unternehmung U 621:
(Biscaya, westlich La Rochelle)

Kdt:	OlzS Hermann Stuckmann (9. Feindfahrt)
13.08.1944	Brest aus
18.08.1944	Verlust U 621
Erfolge:	keine

Erfolge Hermann Stuckmann als Kommandant U 621:
2 Landungsschiffe (4428 BRT +)
1 Schiff (10048 BRT =)

Heinrich Dammeier

* 09.02.1914
in Beckedorf/
Grafschaft Schaumburg
† 16.05.2001
in Beckedorf/
Kreis Schaumburg

12.08.1944
Ritterkreuz (246-126)

01.07.1933
Eintritt in die Reichsmarine als Freiwilliger

01.07.1933 – 28.09.1933
Rekrut – 3. Komp./II. Marine-Artillerieabteilung/Wilhelmshaven

29.09.1933 – 25.03.1934
Lehrgang (Mot III) – I. Abt. S.St.Div. der Nordsee

26.03.1934 – 26.09.1935
Bordausbildung – Panzerschiff DEUTSCHLAND

01.10.1934
Oberheizer (überzählig)

01.07.1935
Oberheizer

27.09.1935 – 27.03.1936
Unteroffizierslehrgang – II. M.L.A.

01.10.1935
Stabsheizer (überzählig)

28.03.1936 – 20.09.1936
Maschinenmaatenlehrgang – Marineschule Wesermünde

21.09.1936 – 30.06.1939
Maschinenmaat – Panzerschiff DEUTSCHLAND

01.10.1936
Maschinenmaat

01.07.1937
Dienstauszeichnung IV. Klasse

01.10.1938
Obermaschinenmaat

06.06.1939
Spanienkreuz in Bronze mit Schwertern

06.06.1939
Spanienkreuz in Silber mit Schwertern
(Die Auszeichnung wurde erst 1983 durch die WASt bestätigt, die Verleihungsurkunde wurde Heinrich Dammeier nie ausgehändigt.)

01.07.1939 – 12.08.1939
Maschinistenlehrgang – II. M.L.A.

13.08.1939 – 01.03.1940
Maschinenmaat – Panzerschiff DEUTSCHLAND, im Dezember 1939 umbenannt in Schwerer Kreuzer LÜTZOW

26.10.1939
Medaille zur Erinnerung an die Heimkehr des Memellandes

02.12.1939
Eisernes Kreuz II. Klasse

02.03.1940 – 04.04.1940
z.Vfg. – bei der Ausbildungsabteilung für Kriegsschiffneubauten

01.04.1940
Obermaschinist (vordatiert)

05.04.1940 – 31.07.1940
Obermaschinistenlehrgang – Marineschule Wesermünde

01.08.1940 – 29.09.1940
Lehrgang – 2. Schiffsmaschinen-Ausbildungsabteilung

30.09.1940 – 30.11.1940
U-Lehrgang – 1. U.L.D./Neustadt

01.12.1940 – 31.01.1941
U-Lehrgang – 1. U.A.A./Plön

01.02.1941 – 28.03.1941
Lehrgang (Mot I) – Marineschule Kiel

29.03.1941 – 31.03.1941
z.Vfg. – 1. U.A.A./Plön

01.04.1941 – 20.05.1941
Baubelehrung – U-Boote Nord, Deschimag Werft Bremen für U 129

21.05.1941 – 30.06.1941
Obermaschinist – U 129/4. U-Flottille

01.07.1941 – 31.07.1944
Obermaschinist – U 129/2. U-Flottille
Feindfahrten U 129/
Kdt: Nikolai Clausen
23.07.1941 – 30.08.1941
27.09.1941 – 08.10.1941
21.10.1941 – 28.12.1941
25.01.1942 – 05.04.1942
Feindfahrten U 129/
Kdt: Hans-Ludwig Witt
20.05.1942 – 21.08.1942
28.09.1942 – 06.01.1943
11.03.1943 – 29.05.1943
Feindfahrten U 129/
Kdt: Richard von Harpe
27.07.1943 – 05.09.1943
09.10.1943 – 31.01.1944
22.03.1944 – 19.07.1944

01.08.1941
Obermaschinist

29.12.1941
U-Boots-Kriegsabzeichen 1939

18.08.1942
Eisernes Kreuz I. Klasse

01.07.1943
Stabsobermaschinist

15.07.1943
Flottenkriegsabzeichen

12.02.1944
Deutsches Kreuz in Gold (238)

01.08.1944 – 13.08.1944
Stabsobermaschinist – U 270/6. U-Flottille

12.08.1944
Ritterkreuz des Eisernen Kreuzes

13.08.1944
In der Biscaya westlich von La Rochelle durch die »Sunderland« A der australischen 461. Squadron mit sechs Wasserbomben schwer gebombt. Drei Bomben beschädigten U 270 stark, so daß das Boot zu sinken drohte. Die Entlüftung der Tauchzelle 5 konnte nicht mit Bordmitteln repariert werden. Schweren Herzens gab der Kommandant Heinrich Schreiber den Befehl zu Selbstversenkung. Daß die Besatzung überhaupt vollzählig aus dem sinkenden U 270 herauskommen konnte, verdankte sie dem Stabsobermaschinisten Heinrich Dammeier, der das Boot so lange wie möglich vor dem Untergang bewahrte, bis die gesamte Besatzung außenbords war. Die 71 Mann von U 270, unter ihnen 30 Spezialisten und Werftpersonal aus Lorient, wurden von einer in der Nähe der Sinkstelle befindlichen britischen Escort-Group gerettet und gerieten in Kriegsgefangenschaft. Unter ihnen Heinrich Dammeier. U 270 sank in Position 46°19'Nord/ 52°49'Ost.

Auszug aus »Hannoversche Zeitung« vom 21.08.1944
Ritterkreuz für U-Boot-Maschinisten
Berlin, 20. August
Der Führer verlieh auf Vorschlag des Oberbefehlshabers der Kriegsmarine, Großadmiral Doenitz, das Ritterkreuz des Eisernen Kreuzes an den Stabsobermaschinisten Heinrich Dammeier, als ersten Maschinisten in der U-Boot-Waffe.
Dammeier, der am 09.02.1914 in Beckedorf (Hannover) geboren ist, hat als verantwortlicher Diesel-Obermaschinist sämtliche Fahrten seines U-Bootes mitgemacht, wobei er rund 700 Tage auf See war. An den Versenkungserfolgen seines Bootes, das 31 Schiffe mit 165000 BRT und zwei Zerstörer vernichten konnte, ist er in hohem Maße beteiligt. Durch stete Einsatzbereitschaft und umfassendes Können war er ein Vorbild für die gesamte Besatzung.

20.12.1947
Entlassung aus der Kriegsgefangenschaft

HANS-GÜNTHER LANGE

* 28.09.1916
IN HANNOVER

26.08.1944
Ritterkreuz (250-127)

29.04.1945
846. Eichenlaub (52-29)

03.04.1937
Eintritt in die Kriegsmarine als Seeoffiziersanwärter
Crew 37a

03.04.1937 – 14.06.1937
Infanterieausbildung – 3. Komp./II. Abt. S.St.Div. der Ostsee, Stralsund

15.06.1937 – 23.09.1937
Bordausbildung – SSS GORCH FOCK

01.09.1937
Seekadett

24.09.1937 – 28.04.1938
Bordausbildung – Linienschiff SCHLESIEN

29.04.1938 – 25.11.1938
Hauptlehrgang für Fähnriche – Marineschule Flensburg-Mürwik bzw.

04.07.1938 – 13.07.1938
Navigationsbelehrungsfahrt – Tender NORDSEE

01.05.1938
Fähnrich zur See

26.11.1938 – 12.01.1939
Artillerielehrgang für Fähnriche – S.A.S. Kiel-Wik

13.01.1939 – 25.01.1939
Nachrichtenlehrgang für Fähnriche – Nachrichtenschule Flensburg-Mürwik

26.01.1939 – 22.02.1939
Infanterielehrgang für Fähnriche – 7. S.St. Abt. Stralsund

23.02.1939 – 28.03.1939
Torpedolehrgang für Fähnriche – Torpedoschule Flensburg-Mürwik

29.03.1939 – 02.04.1939
Sperrlehrgang für Fähnriche – Sperrschule Kiel-Wik

03.04.1939 – 11.10.1939
Bordausbildung – Fischereischutzboot ELBE

01.07.1939
Oberfähnrich zur See

01.08.1939
Leutnant zur See (-244-)

12.10.1939 – 12.04.1940
Kompanieoffizier – 14. Schiffsstammabteilung

13.04.1940 – 28.09.1941
II.WO und I.WO – Torpedoboot JAGUAR/ 5. Torpedobootsflottille

07.06.1940
Eisernes Kreuz II. Klasse

12.12.1940
Eisernes Kreuz I. Klasse

24.12.1940
Zerstörerkriegsabzeichen

01.09.1941
Oberleutnant zur See (-196-)

29.09.1941 – 29.06.1941
z.Vfg. – B.d.U., zugleich

29.09.1941 – 23.11.1941
U-Lehrgang – 1. U.L.D.

24.11.1941 – 14.12.1941
U.T.O.-Lehrgang – Torpedoschule Flensburg-Mürwik

15.12.1941 – 30.06.1942
I.WO – U 431/29. U-Flottille
Feindfahrten U 431/Kdt: Wilhelm Dommes
18.03.1942 – 15.04.1942
14.05.1942 – 30.05.1942
04.06.1942 – 20.06.1942

01.07.1942 – 17.08.1942
Kommandanten-Schießlehrgang – 24. U-Flottille/Memel (28. K.S.L./01.07.1942 – 31.07.1942)

18.08.1942 – 25.09.1942
Baubelehrung – 8. K.L.A./Hamburg für U 711

26.09.1942 – 31.03.1943
Kommandant – U 711/5. U-Flottille

01.04.1943 – 31.05.1944
Kommandant – U 711/11. U-Flottille

04.05.1944
Nennung im Wehrmachtsbericht

11.05.1944
Deutsches Kreuz in Gold (322)

01.06.1944 – 04.05.1945
Kommandant – U 711/13. U-Flottille

01.08.1944
Kapitänleutnant (-3-)

26.08.1944
Ritterkreuz des Eisernen Kreuzes
Auszug aus dem Verleihungsvorschlag zum Ritterkreuz für Hans-Günther Lange des F.d.U. Nordmeer:
Hans-Günther Lange hat unter schwierigen Abwehr- und Wetterbedingungen bei oft starker und laufender Luftbedrohung noch an Geleitzügen Fühlung halten können und damit manchem anderen Boot Erfolge eingebracht.

29.04.1945
846. Eichenlaub zum Ritterkreuz des Eisernen Kreuzes

04.05.1945
In Harstad im Stützpunkt Kilbotn durch »Avenger« und »Wildcat«-Flugzeuge der britischen Geleitträger SEARCHER (853. FAA.), Queen (846. FAA.) und TRUMPETER (882.FAA.) mit Fliegerbomben auf Position 68°44'Nord/16°35'Ost versenkt.

08.05.1945 – 08.1945
Kriegsgefangenschaft

08.1945
Entlassung aus norwegisch-britischer Kriegsgefangenschaft

01.10.1957
Eintritt in die Bundesmarine

01.10.1957 – 31.03.1961
Dezernent für U-Jagdwaffen – Marinewaffenkommando

05.03.1958
Korvettenkapitän

01.04.1961 – 30.09.1961
Aufstellung – 1. U-Boot-Geschwader

01.10.1961 – 31.03.1962
S 3 zugleich Kommandeur (m.W.d.G.b) – 1. U-Boot-Geschwader

01.04.1962 – 30.09.1963
A 1, bzw. Kommandeur 1. U-Boot-Geschwader, zwischenzeitlich im Kommando der U-Boote

16.07.1963
Fregattenkapitän

01.10.1963 – 05.01.1964
A 3 – im Kommando der U-Boote

06.01.1964 – 30.09.1965
Kommandeur (ab 31.03.1965) – Kommando der U-Boote

01.10.1965 – 01.04.1968
Stabsoffizier (U-Boot-Asto) – Nato-Stab COMNAVBALTAP/Submarine-Operation

02.04.1968 – 31.12.1969
Gruppenleiter im Marineamt – Inspektion für Angelegenheiten der Marinerüstung

01.01.1970 – 29.09.1972
A 3 – Marinedivision Nordsee

30.09.1972
Ruhestand

Weitere Auszeichnungen an Hans-Günther Lange ohne bekanntes Verleihungsdatum:
U-Boots-Kriegsabzeichen 1939
U-Boots-Frontspange in Bronze
U-Boots-Frontspange in Silber

1. Unternehmung U 711:
(Nordmeer, Jan Mayen)
Kdt: OlzS Hans-Günther Lange (4. Feindfahrt)

20.03.1943	Kiel aus
23.03.1943	Bergen ein
25.03.1943	Bergen aus
30.04.1943	Hammerfest ein
Erfolge:	keine

Stellungnahme des F.d.U. Norwegen:
Zum K.T.B. U 711 vom 20.03.–30.04.43 ist nichts zu bemerken.

2. Unternehmung U 711:
(Nordmeer, südlich und östlich der Häreninsel)

Kdt:	OlzS Hans-Günther Lange (5. Feindfahrt)
12.05.1943	Hammerfest aus
14.05.1943	Hammerfest ein
25.05.1943	Hammerfest aus
16.06.1943	Narvik ein
Erfolge:	keine

Stellungnahme des F.d.U. Norwegen:
1.) *Zu 12.06.: Bei Meldung über Trägerflugzeuge kann Anzahl und Kurs wichtig sein. Berücksichtigen, daß etwa nur 4 Stunden Flugdauer.*
2.) *Zu 13.06: Beim Unterschneiden bei geringer Schußentfernung sofort schießen, besonders wenn Fächer geschaltet ist. Auch in normalen Fällen dauert das Wiederhochkommen für die schnelle Auswanderung des Gegners meist zu lange.*
3.) *Sonst nichts zu bemerken.*

3. Unternehmung U 711:
(Nordmeer, Matockin-Straße)

Kdt:	OlzS Hans-Günther Lange (6. Feindfahrt)
22.07.1943	Narvik aus
30.09.1943	Narvik ein
02.10.1943	Narvik aus
05.10.1943	Drontheim ein
15.12.1943	Drontheim aus
17.12.1943	Narvik ein
18.12.1943	Narvik aus
19.12.1943	Narvik ein
20.12.1943	Narvik aus
23.12.1943	Drontheim ein
Erfolge:	keine

Stellungnahme des F.d.U. Norwegen:
1.) *Zu 19.09./0858 Uhr: Sehrohr hätte gemeldet werden müssen.*
2.) *Anerkannte Erfolge: Funkstelle »Prawdy« am 18.09., Funkstelle und Wetterstation »Blagopolutschija« am 24.09. mit Artillerie zerstört.*

4. Unternehmung U 711:
(Nordmeer, gegen JW 58)

Kdt:	OlzS Hans-Günther Lange (7. Feindfahrt)
19.03.1944	Drontheim aus
21.03.1944	Narvik ein
22.03.1944	Narvik aus
06.04.1944	Hammerfest ein
Erfolge:	keine

Stellungnahme des F.d.U. Norwegen:
1.) *Zu 01.04./2308 Uhr: Meldung geht vor Angriff!*
Abgabe der Kurzsignale muß vor dem Tauchen gesichert sein.
2.) *Vorbildlich durchgeführte Unternehmung.*
3.) *Erfolge:*
2 Zerstörer am 01. und 02.04. versenkt.

Stellungnahme des B.d.U.:
Zu 2. der Stellungnahme des F.d.U. Norwegen:

Vorbildlich durchgeführte Unternehmung. Besonders anerkennenswert ist hartnäckiges Fühlunghalten und dauerndes energisches Nachstoßen während der gesamten Geleitoperation, die Meldungen des Bootes waren Grundlage für den erfolgreichen Verlauf der Operation, da ohne Mitwirkung der eigenen Luft alles von der Fühlung der Boote abhing.
Anerkannter Erfolg: 2 Zerstörer versenkt.

5. Unternehmung U 711:
(Nordmeer, gegen Konvois RA.58 und RA 59)

Kdt:	OlzS Hans-Günther Lange (8. Feindfahrt)
11.04.1944	Hammerfest aus
15.04.1944	Narvik ein
24.04.1944	Narvik aus
05.05.1944	Narvik ein
Erfolge:	1 Schiff (7 176 BRT +)

Stellungnahme des F.d.U. Norwegen:
1.) *Zu 01.05./1015 Uhr: Singgemäß richtig verfahren.*
2.) *Vorbildliche Unternehmung, durch gutes Schießen beim ersten Angriff und anschließendes unermüdliches Vorkämpfen gegen starke Luftsicherung, laufen-*

des Fühlunghalten 3 Tage lang bei dauernder Helligkeit und vorzügliches Melden maßgeblich an Erfolg der Operation beteiligt. Der Kommandant wurde am 09.05. mit dem Deutschen Kreuz in Gold ausgezeichnet.

3.) Anerkannter Erfolg: 2 Zerstörer und 1 Dampfer 7000 BRT versenkt, 1 Zerstörer versenkt angenommen, 1 Dampfer 5000 BRT torpediert.

4.) Der Schlußbetrachtung stimme ich in allen Punkten zu. Nur die Übergabe der Funkleitung an Vardö hat Nachteile, die durch die möglichen Vorteile in keiner Weise ausgeglichen würden. An der Verbesserung der U-Boot-Nordmeerschaltung wird laufend gearbeitet.

6. Unternehmung U 711:

(Nordmeer, westlich der Bäreninsel)

Kdt:	OlzS Hans-Günther Lange (9. Feindfahrt)
30.05.1944	Narvik aus
08.07.1944	Bogenbucht ein
Erfolge:	keine

Stellungnahme des F.d.U. Norwegen:
Unternehmung ohne besonderen Einsatz und Erfolgsmöglichkeit für das besonders bewährte Boot.

7. Unternehmung U 711:

(Nordmeer, sibirischer Seeweg, Kara-See)

Kdt:	Kl Hans-Günther Lange (10. Feindfahrt)
29.07.1944	Bogenbucht aus
30.07.1944	Hammerfest ein
02.08.1944	Hammerfest aus
19.08.1944	Hammerfest ein
Erfolge:	keine

8. Unternehmung U 711:

(Nordmeer, gegen Konvoi JW 59)

Kdt:	Kl Hans-Günther Lange (11. Feindfahrt)
22.08.1944	Hammerfest aus
26.08.1944	Hammerfest ein
Erfolge:	keine

Stellungnahme des F.d.U. Norwegen:

1.) Vorzügliche, mit bewährter Überlegung und Angriffsgeist durchgeführte Geleitunternehmung. Der Kommandant erhielt danach das Ritterkreuz.

2.) Erfolge:
1 Treffer auf engl. Schlachtschiff »R-Klasse«.
2 Zerstörer versenkt.
1 Treffer auf russ. U-Boot »S-Typ«.

9. Unternehmung U 711:

(Nordmeer, Krakovka-Inseln, Vilkickij-Straße, vor Dikson)

Kdt:	Kl Hans-Günther Lange (12. Feindfahrt)
27.08.1944	Hammerfest aus
28.08.1944	Bogenbucht ein
03.09.1944	Bogenbucht aus
03.09.1944	Ramsund ein
04.09.1944	Ramsund aus
04.09.1944	Tromsö ein
05.09.1944	Tromsö aus
05.09.1944	Hammerfest ein
07.09.1944	Hammerfest aus
04.10.1944	Narvik ein
06.10.1944	Narvik aus
08.10.1944	Drontheim ein
Erfolge:	keine

Stellungnahme des F.d.U. Nordmeer:

1.) Überlegene und besonnen als Gruppenführer durchgeführte Sonderunternehmung des vortrefflichen und erfahrenen Kommandanten.

2.) Gute navigatorische Angaben und Berichterstattung.

3.) Bemerkenswerte Funkschaltung und Verfahren.

4.) Zahlreiche gute Schüsse wurden ungeklärt Versager und brachten das Boot um den Hauptertolg.
Mögliche Gründe:
a) Erschütterung beim Auflaufen am 18.09.
b) Geringe Wassertemperatur, Eisbehinderung.
c) Starke Wasserschichtung und Echowirkung für T-5.
d) Magnetische Störungen bei Rusaki.
e) Nahe Torpedodetonation am 23.09.
f) Wegen Eis notwendige Tiefeneinstellung.
g) Sabotage

5.) Erfolg: Gute Erkundung des westsibirischen Seewegs, Beteiligung an der Aushebung und Vernichtung der Funkstelle »Sterligowa« durch U 957/Schaar.

10. Unternehmung U 711:
(Nordmeer, Bäreninsel, gegen Konvoi JW.64, Kola-Küste)

Kdt:	Kl Hans-Günther Lange (13. Feindfahrt)
23.01.1945	Drontheim aus
26.01.1945	Narvik ein
09.02.1945	Narvik aus
24.02.1945	Harstad ein
Erfolge:	1 Schiff (7200 BRT $) 1 Korvette (925 ts + br PE BLUEBELL)

11. Unternehmung U 711:
(Nordmeer, Bäreninsel, gegen Konvois JW.65 und RA.65)

Kdt:	Kl Hans-Günther Lange (14. Feindfahrt)
14.03.1945	Harstad aus
31.03.1945	Harstad ein
Erfolge:	keine

12. Unternehmung U 711:
(Nordmeer, Kola-Mündung, gegen Konvois JW.66, Absetzen eines Frontaufklärungstrupps, bestehend aus 4 norwegischen und 2 finnischen Soldaten, im Varangerfjord bei Vadsö am 18.04.1945)

Kdt:	Kl Hans-Günther Lange (15. Feindfahrt)
15.04.1945	Harstad aus
02.05.1945	Harstad ein
Erfolge:	keine

Erfolge Hans-Günther Lange als Kommandant U 711:
3 Schiffe (15301 BRT + einschließl. br PE BLUEBELL 925 ts +)

HEINRICH TIMM

*** 30.04.1910**
IN BREMEN
† 12.04.1974
IN AXSTEDT BEI BREMEN

17.09.1944
Ritterkreuz (256-128)

04.10.1933
Eintritt in die Reichsmarine
Crew 32 (eingegliedert)

04.10.1933 – 18.03.1934
Infanterieausbildung – 6. Komp./II. Abt. S.St.Div. der Ostsee, Stralsund

01.01.1934
Fähnrich zur See

19.03.1934 – 09.04.1934
Nachrichtenlehrgang für Fähnriche – Nachrichtenschule Flensburg-Mürwik

10.04.1934 – 29.04.1935
Hauptlehrgang für Fähnriche – Marineschule Flensburg-Mürwik bzw.

20.08.1934 – 25.08.1934
Navigationsbelehrungsfahrt – Leichter Kreuzer LEIPZIG bzw.

17.01.1935 – 23.01.1935
Navigationsbelehrungsfahrt – Tender NORDSEE

30.04.1935 – 04.08.1935
verschiedene Waffenkurse bzw.

30.04.1935 – 24.05.1935
Bordausbildung – Panzerschiff ADMIRAL SCHEER

04.08.1935 – 26.09.1935
Bordausbildung – Panzerschiff ADMIRAL SCHEER

01.09.1935
Oberfähnrich zur See

27.09.1935 – 21.09.1936
WO – T-190/Versuchsverband des Sperrversuchskommandos bzw.

27.01.1936 – 28.03.1936
Sperrlehrgang für Offiziere (ausgeführt auf T-190)

01.01.1936
Leutnant zur See (-29-)

22.09.1936 – 20.09.1937
I.WO – M-132/1. Minensuchflottille

21.09.1937 – 30.04.1939
I.WO – M-110/1. Minensuchflottille (umbenannt in M-7)

01.10.1937
Oberleutnant zur See (-24-)

04.10.1937
Dienstauszeichnung IV. Klasse

01.05.1939 – 30.06.1939
F.T.O./B-Lehrgang – Marine-Nachrichtenschule Flensburg-Mürwik

01.07.1939 – 30.03.1941
Kommandant – M-7/1. Minensuchflottille

26.10.1939
Medaille zur Erinnerung an die Heimkehr des Memellandes

20.12.1939
Medaille zur Erinnerung an den 01.10.1938

10.01.1940
Eisernes Kreuz II. Klasse

01.02.1940
Kapitänleutnant (-1-)

16.05.1940
Eisernes Kreuz I. Klasse

31.03.1941 – 30.05.1941
U/A-Lehrgang für Offiziere – 1. U.L.D./Pillau

31.05.1941 – 30.06.1941
verschiedene U-Lehrgänge – Marineschulen Flensburg-Mürwik und Kiel

01.07.1941 – 18.08.1941
Kommandanten-Schießlehrgang – 24. U-Flottille

19.08.1941 – 19.09.1941
Baubelehrung – Vegesacker Werft Bremen für U 251

20.09.1941 – 30.06.1942
Kommandant – U 251/6. U-Flottille

12.02.1942
Deutsches Kreuz in Gold (11)

01.07.1942 – 31.05.1943
Kommandant – U 251/11. U-Flottille

01.06.1943 – 30.06.1943
Kommandant – U 251/13. U-Flottille

01.07.1943 – 01.09.1943
Kommandant – U 251/24. U-Flottille

02.09.1943 – 06.10.1943
Baubelehrung – 6. K.L.A. Bremen für U 862

07.10.1943 – 30.04.1944
Kommandant – U 862/4. U-Flottille

01.05.1944 – 30.09.1944
Kommandant – U 862/12. U-Flottille

01.07.1944
Korvettenkapitän (-2-)

17.09.1944
Ritterkreuz des Eisernen Kreuzes

29.09.1944
U-Boots-Frontspange in Bronze

01.10.1944 – 06.05.1945
Kommandant – U 862/33. U-Flottille

06.05.1945
U 862 wurde in Singapur von der japanischen Marine übernommen und in I-502 umbenannt. Heinrich Timm selbst war von Mai bis September 1945 in Singapur in japanischer Internierung, kam dann nach der britischen Gefangennahme nach England (Camp 200 Llanover Park bei Abergavenny).

09.04.1948
Entlassung aus der Kriegsgefangenschaft

01.12.1955
Eintritt in die Bundesmarine

01.12.1955 – 31.01.1959
Leiter des Referats Infrastruktur – Marine-Abschnittskommando Nord, Wilhelmshaven

01.04.1956
Fregattenkapitän

01.02.1959 – 27.05.1959
Baubelehrung – Schulfregatte SCHARNHORST

28.05.1959 – 31.10.1959
Kommandant – Schulfregatte SCHARNHORST

01.11.1959 – 31.03.1965
Referent – im Marinewaffenkommando

01.04.1965 – 29.09.1966
Standortkommandant – Standortkommandantur Flensburg

30.09.1966
Ruhestand

1. Unternehmung U 251:
(Nordmeer, nördlich Murmansk)

Kdt:	Kl Heinrich Timm (1. Feindfahrt)
18.04.1942	Kiel aus
19.04.1942	Kristiansand ein
20.04.1942	Kristiansand aus
25.04.1942	Kirkenes ein
29.04.1942	Kirkenes aus
07.05.1942	Kirkenes ein
09.05.1942	Kirkenes aus
12.05.1942	Skjomenfjord ein
15.05.1942	Skjomenfjord aus
17.05.1942	Drontheim ein
Erfolge:	1 Schiff (6153 BRT +)

Stellungnahme des B.d.U.:
Erste Feindfahrt des Bootes unter schwierigen Verhältnissen. Siehe Stellungnahme des Admiral Nordmeer.

Stellungnahme des Admiral Nordmeer:
Erste Feindfahrt des Bootes. Versenkung des am 03.05. getroffenen Dampfers ist bei der vom Boot beobachteten starken Detonation anzunehmen.

2. Unternehmung U 251:
(Nordmeer, gegen Konvoi PQ.17)

Kdt:	Kl Heinrich Timm (2. Feindfahrt)
23.05.1942	Drontheim aus
29.05.1942	Skjomenfjord ein
07.06.1942	Skjomenfjord aus
05.07.1942	Harstad ein
06.07.1942	Harstad aus
15.07.1942	Narvik ein
Erfolge:	1 Schiff (5255 BRT +)

3. Unternehmung U 251:
(Nordmeer, Kara-See, Kap Zelanija)

Kdt:	Kl Heinrich Timm (3. Feindfahrt)
14.08.1942	Narvik aus
14.08.1942	Harstad ein
15.08.1942	Harstad aus
13.09.1942	Neidenfjord ein
Erfolge:	keine

Stellungnahme Admiral Nordmeer:
Bei der Unternehmung in der Kara-See war das Absetzen nach Westen um 200 sm und FT.-Abgabe am 20./21.08. überflüssig. Ein Ausliegen von Minen nördlich Bjeluj-Insel wird trotz Meldung vom 28.08. 0650 Uhr für unwahrscheinlich gehalten. Sonst brachte die Unternehmung wertvolle Unterlagen über bisher wenig bekanntes Seegebiet.

4. Unternehmung U 251:
(Nordmeer, gegen Konvoi PQ.18)

Kdt:	Kl Heinrich Timm (4. Feindfahrt)
14.09.1942	Neidenfjord aus
26.09.1942	Narvik ein
30.09.1942	Narvik aus
03.10.1942	Drontheim ein
Erfolge:	keine

Stellungnahme des B.d.U.:
Zur Unternehmung ist nichts zu bemerken.

5. Unternehmung U 251:
(Nordmeer)

Kdt:	Kl Heinrich Timm (5. Feindfahrt)

14.02.1943	Drontheim aus
01.03.1943	Narvik ein
Erfolge:	keine

6. Unternehmung U 251:
(Nordmeer)

Kdt:	Kl Heinrich Timm (6. Feindfahrt)
18.03.1943	Narvik aus
21.04.1943	Narvik ein
Erfolge:	keine

Stellungnahme des F.d.U. Norwegen:
Das am 08.04. gesichtete englische U-Boot hätte auch im Rahmen befohlener Funkeinschränkung gemeldet werden müssen. Besonders, da aus dem Verhalten des Feindbootes klar hervorging, daß es in diesem Gebiet operierte und nicht nur auf dem Marsch war. Ein Feind-U-Boot im Gebiet einer eigenen U-Bootaufstellung ist von ausschlaggebender Bedeutung für die Führung und die anderen eigenen Boote.

Stellungnahme des Admiral Nordmeer:
Der Stellungnahme des F.d.U. Norwegen wird zugestimmt. Das Nichtmelden des englischen U-Bootes war ein ausgesprochener Fehler.

7. Unternehmung U 251:
(Nordmeer)

Kdt:	Kl Heinrich Timm (7. Feindfahrt)
08.05.1943	Narvik aus
10.05.1943	Hammerfest ein
12.05.1943	Hammerfest aus
29.05.1943	Drontheim ein
Erfolge:	keine

Stellungnahme des F.d.U. Norwegen:
1.) Selbständige Aufgabe des Aufklärungsraumes ist durch Unklarwerden eines Diesels nicht gerechtfertigt, solange Boot tauch- und wenn auch beschränkt, fahrklar bleibt. Nach Abgabe eines entsprechenden Kurzsignals hätte – so wie die Dinge lagen (geringe Bootszahl, kurzer Rückmarsch, großes Überwachungsgebiet) – die Ablösung abgewartet werden müssen.
2.) Das Boot ist hinsichtlich Maschinenschäden besonders anfällig.

8. Unternehmung U 251:
(Nordmeer, Überführungsfahrt nach Deutschland)

Kdt:	Kl Heinrich Timm (8. Feindfahrt)
13.06.1943	Drontheim aus
24.06.1943	Kiel ein
Erfolge:	keine

Stellungnahme des F.d.U. Norwegen:
Zum K.T.B. U 251 vom 30.05.–24.06.43 ist nichts zu bemerken.

1. Unternehmung U 862:
(Mittel-und Südatlantik, südostwärts Südafrika, Indischer Ozean, Madagaskar)

Kdt:	KK Heinrich Timm (9. Feindfahrt)
20.05.1944	Kiel aus
26.05.1944	Bergen ein
27.05.1944	Bergen aus
30.05.1944	Narvik ein
03.06.1944	Narvik aus
09.09.1944	Penang ein
Erfolge:	5 Schiffe (28018 BRT +)

2. Unternehmung U 862:
(Indischer Ozean, Pazifik, west- und südlich Australiens, vor Adelaide und Sydney)

Kdt:	KK Heinrich Timm (10. Feindfahrt)
05.11.1944	Penang aus
07.11.1944	Batavia ein
18.11.1944	Bativia aus
15.02.1945	Batavia ein
18.02.1944	Batavia aus
20.02.1944	Singapur ein
Erfolge:	2 Schiffe (14356 BRT +)

Erfolge Heinrich Timm als Kommandant U 251:
2 Schiffe (11408 BRT +)

Erfolge Heinrich Timm als Kommandant U 862:
7 Schiffe (42374 BRT +)

Gesamt:
9 Schiffe (53782 BRT +)

GERHARD SCHAAR

* 05.03.1919
IN BERLIN
† 24.01.1983
IN MASERU/KÖNIGREICH
LESOTHO/SÜDAFRIKA

01.10.1944
Ritterkreuz (261-129)

09.10.1937
Eintritt in die Kriegsmarine als Seeoffiziersanwärter
Crew 37 b

09.10.1937 – 27.02.1938
Infanterieausbildung – 8. Komp./II. S.St. Abt. der Ostsee, Stralsund

28.02.1938 – 30.06.1938
Bordausbildung – SSS ALBERT LEO SCHLAGETER

28.06.1938
Seekadett

01.07.1938 – 15.03.1939
Bordausbildung – Leichter Kreuzer EMDEN

16.03.1939 – 29.09.1939
Hauptlehrgang für Fähnriche – Marineschule Flensburg-Mürwik bzw.

31.08.1939 – 06.09.1939
Navigationsbelehrungsfahrt – Tender NORDSEE

01.04.1939
Fähnrich zur See

30.09.1939 – 30.11.1939
Artillerielehrgang für Fähnriche – S.A.S. Kiel-Wik

01.12.1939 – 13.04.1940
Oberfähnrich zur See – Zerstörer Z-12 ERICH GIESE

01.03.1940
Oberfähnrich zur See

14.04.1940 – 10.07.1940
Landkommando Narvik (Kampf um Narvik)

01.05.1940
Leutnant zur See (-54-)

15.05.1940
Eisernes Kreuz II. Klasse
Eisernes Kreuz I. Klasse
(ohne Angabe von Verleihungsdatum)

11.07.1940 – 19.08.1940
Kommandant – Vorpostenboot N.M.-08/ Hafenschutzflottille Molde

20.08.1940 – 02.09.1940
Zerstörer-Stammabteilung Altengroden

03.09.1940 – 27.10.1940
z.Vfg. – II. S.St.Abt. bzw. Gruppenchef eines Artillerieträgerverbandes in Wilhelmshaven

19.10.1940
Zerstörerkriegsabzeichen

20.10.1940
Narvikschild

28.10.1940 – 20.12.1940
Schiffsartillerieschule Kiel-Wik

21.12.1940 – 29.10.1941
Gruppenoffizier – Marineschule Flensburg-Mürwik

30.10.1941 – 02.02.1942
Schiffsartillerieschule Kiel-Wik

03.02.1942 – 07.06.1942
U-Ausbildung und U-Lehrgänge – 1. U.L.D.

01.04.1942
Oberleutnant zur See (-30-)

08.06.1942 – 02.08.1942
U.T.O.-Lehrgang – Torpedoschule Flensburg-Mürwik

03.08.1942 – 29.08.1942
U.W.O.-Lehrgang – Nachrichtenschule Flensburg-Mürwik

30.08.1942 – 29.09.1942
U-Lehrgang – S.A.S. Kiel-Wik

30.09.1942 – 21.02.1943
Kommandantenschüler und I.WO – U 704/ 7. U-Flottille
Feindfahrten U 704/Kdt: Horst Kessler
05.10.1942 – 23.11.1942
07.01.1943 – 12.02.1943

22.02.1943 – 28.02.1943
Lehrgang am F-Gerät – 2. U.A.A.

01.03.1943 – 31.03.1943
Kommandanten-Schießlehrgang – 24. U-Flottille/Memel (43. K.S.L.)

01.04.1943 – 31.07.1943
Kommandant – U 957/5. U-Flottille

01.08.1943 – 31.12.1943
Kommandant – U 957/3. U-Flottille

01.01.1944 – 30.09.1944
Kommandant – U 957/11. U-Flottille

14.02.1944
Deutsches Kreuz in Gold (246)

01.10.1944 – 21.10.1944
Kommandant – U 957/13. U-Flottille

01.10.1944
Ritterkreuz des Eisernen Kreuzes

21.10.1944
U 957 wurde vom 17.10.-21.10.1944 vom II. Wachoffizier Tönshoff von Drontheim nach Narvik überführt und nach schwerer Eis- und Wasserbombenbeschädigung in Narvik außer Dienst gestellt.

21.10.1944 – 22.01.1945
z.Vfg. – 13. U-Flottille, später 1. U.A.A.

01.01.1945
Kapitänleutnant

23.01.1945 – 04.1945
Baubelehrung – 8. K.L.A./Hamburg für U 2551

04.1945 – 05.05.1945
Kommandant – U 2551/31. U-Flottille

05.05.1945
U 2551 wurde bei Flensburg-Solitude auf Grund gesetzt und am 23.07.1945 durch die Royal Navy gesprengt.

06.05.1945 – 09.1945
Chef einer Marine-Ordnungspolizeitruppe in Schleswig-Holstein

09.1945
Entlassung

1. Unternehmung U 957:
(Nordmeer, gegen die Konvois JW.55A, JW.55B, RA.55A und RA.55B)

Kdt:	OlzS Gerhard Schaar (3. Feindfahrt)
14.12.1943	Kiel aus
16.12.1943	Kristiansand ein
17.12.1943	Kristiansand aus
20.12.1943	Bergen ein
21.12.1943	Bergen aus
11.01.1944	Harstad ein
12.01.1944	Harstad aus
12.01.1944	Narvik ein
Erfolge:	keine

Stellungnahme des F.d.U. Norwegen:
Zu 25.12./1803 Uhr: Das mehrfache Brechen der Anschnallgurte ist bedauerlich, wird gesondert weiterverfolgt.
Zu 28.12./2200 Uhr: Die Beobachtungen über Rotlichtortung erscheinen bemerkenswert. Sie sind gleichfalls gesondert gemeldet.
Zu 28.12./2219 Uhr: Gut und ruhig durchgeführter T-5-Angriff auf Zerstörer, jedoch Fehlschuß. Es wird aber Treffer auf ein anderes, zurückstehendes Fahrzeug angenommen.
Zu 28.12./2243 Uhr: Schneidig durchgeführter erneuter Angriff. Es wird Treffer auf dem Zerstörer und dessen Sinken als wahrscheinlich betrachtet.
Zusammenfassung: Mit Überlegung und Schneid durchgeführte 1.Unternehmung des Kommandanten. Die Anerkennung der Versenkung eines Zerstörers und ein Treffer auf einem weiteren Fahrzeug wird vorgeschlagen.

2. Unternehmung U 957:
(Nordmeer, gegen die Konvois JW.56A und JW.56B)

Kdt:	OlzS Gerhard Schaar (4. Feindfahrt)

24.01.1944	Narvik aus
28.01.1944	Hammerfest ein
29.01.1944	Hammerfest aus
02.02.1944	Hammerfest ein
Erfolge:	1 Schiff (7 153 BRT +)

Stellungnahme des Admiral Nordmeer und F.d.U. Norwegen:
Vorbildlich durchgeführte Unternehmung. Gute Überlegung und Angriffsgeist führten zu den Erfolgen. Besonders die schnelle Auswertung der Aussagen der Gefangenen war sehr geschickt.
Es wird vorgeschlagen, die Versenkung von 4 Zerstörern, 1 LIBERTY-Schiff und 1 Tanker anzuerkennen, ferner die Torpedierung einer Korvette.

Stellungnahme des B.d.U.:
Der Stellungnahme des Admiral Nordmeer/ F.d.U. Norwegen wird zugestimmt.
Hervorragend durchgeführte Unternehmung.
Anerkannte Erfolge:
4 Zerstörer versenkt.
LIBERTY-Schiff 7000 BRT versenkt.
1 Tanker 7000 BRT versenkt.
1 Korvette torpediert.

3. Unternehmung U 957:
(Nordmeer, Bäreninsel, Jan Mayen)

Kdt:	OlzS Gerhard Schaar (5. Feindfahrt)
06.02.1944	Hammerfest aus
20.02.1944	Narvik ein
22.02.1944	Narvik aus
22.02.1944	Ramsund ein
23.02.1944	Ramsund aus
25.02.1944	Hammerfest ein
26.02.1944	Hammerfest aus
26.02.1944	Tromsö ein
01.03.1944	Tromsö aus
04.03.1944	Bergen ein
Erfolge:	keine

Stellungnahme des Admiral Nordmeer und des F.d.U. Norwegen:
1.) *Zu 07.02./0030 Uhr: Empfang der FT.-Eingänge war vom Boot beim Stützpunkt Hammerfest sicherzustellen.*
2.) *Zu 23.02.: Der selbständige Entschluß des Kommandanten, trotz Werftreife erneuten Einsatz gegen den anlaufenden Geleitzug zu ermöglichen, wird anerkannt.*

4. Unternehmung U 957:
(Nordmeer, Bäreninsel, östlich Jan Mayen)

Kdt:	OlzS Gerhard Schaar (6. Feindfahrt)
29.04.1944	Bergen aus
02.05.1944	Narvik ein
11.05.1944	Narvik aus
12.05.1944	Harstad ein
12.05.1944	Harstad aus
08.06.1944	Narvik ein
Erfolge:	keine

Stellungnahme des F.d.U. Norwegen:
1.) *Zu 30.05.: Durch eine Folge unglücklicher Umstände kam der bewährte Kommandant um den Erfolg gegen die Trägergruppe.*
2.) *Zu 30.05./2311 Uhr: Da Boot den Angriffsraum verlassen hatte, mußte unbedingt in erster Meldung das Quadrat enthalten sein. Führung und andere Boote operierten auf den Angriffsraum des Bootes.*
3.) *Zu 31.05./0014 Uhr: Vor allem mußte auch der Kurs ermittelt und gemeldet werden.*
4.) *Erfolg: Treffer auf einen Zerstörer wird angenommen.*

5. Unternehmung U 957:
(Nordmeer, Verlegungsfahrten)

Kdt:	OlzS Gerhard Schaar (7. Feindfahrt)
14.06.1944	Narvik aus
15.06.1944	Tromsö ein
23.06.1944	Tromsö aus
23.06.1944	Tromsö ein
26.06.1944	Tromsö aus
28.06.1944	Tromsö ein
02.07.1944	Tromsö aus
03.07.1944	Narvik ein
18.07.1944	Narvik aus
20.07.1944	Hammerfest ein
23.07.1944	Hammerfest aus zur 5. Unternehmung
03.09.1944	Hammerfest ein
Erfolge:	1 Vermessungsschiff (200 ts sj AGS NORD +) 1 U-Jäger (580 ts sj PE SKR-29 / BRILLIANT +)

Stellungnahme des F.d.U. Norwegen:
1.) *Sehr einfallsreich, geschickt und mit gutem Erfolg durchgeführte Aufklärung*

des bewährten Kommandanten bei schwierigen Eisverhältnissen und in wenig bekannten flachen Gewässern bei geringer Abwehr.

2.) Bemerkenswerte, wenn auch z. T. bekannte Erfahrungen für Eis und Küste.

3.) Erfolg: Vermessungsschiff NORD (etwa 200 t) in Brand geschossen, wertvolle Gefangene eingebracht.

6. Unternehmung U 957:
(Nordmeer, Kara-See, Krakovka-Inseln)

Kdt: OlzS Gerhard Schaar (8. Feindfahrt)

07.09.1944 Hammerfest aus
02.10.1944 Hammerfest ein
02.10.1944 Hammerfest aus
03.10.1944 Narvik ein
06.10.1944 Narvik aus
08.10.1944 Drontheim ein
Erfolge: keine

Stellungnahme des B.d.U:
Der Stellungnahme des F.d.U. Nordmeer wird zugestimmt.
Anerkannter Erfolg:
1 Grosny-Zerstörer versenkt.

Erfolge Gerhard Schaar als Kommandant U 957:
1 Schiff (7 153 BRT +)
1 Vermessungsschiff
(200 ts sj AGS NORD +)
1 U-Jäger
(580 ts sj PE SKR-29/BRILLIANT +)

HANS-JOACHIM FÖRSTER

*** 20.02.1920**
IN GROSS-KÖRIS/KREIS TELTOW
† 24.02.1945
WESTLICH DES ENGLISCHEN KANALS

18.10.1944
Ritterkreuz (266-130)

01.10.1938
Eintritt in die Kriegsmarine als Seeoffiziersanwärter
Crew 38

01.10.1938 – 27.02.1939
Infanterieausbildung – 3. Komp./7. S.St. Abt. Stralsund

28.02.1939 – 30.06.1939
Bordausbildung – SSS ALBERT LEO SCHLAGETER

01.07.1939 – 12.09.1939
Bordausbildung – Leichter Kreuzer EMDEN

01.07.1939
Seekadett

13.09.1939 – 14.10.1939
Ausbildung – 4. Komp./III. M.L.A.

15.10.1939 – 29.02.1940
Hauptlehrgang für Fähnriche – 2. Komp./ Marineschule Flensburg-Mürwik

01.12.1939
Fähnrich zur See

01.03.1940 – 30.04.1940
Torpedolehrgang für Fähnriche – 4. Komp./ Torpedoschule Flensburg-Mürwik

01.05.1940 – 08.09.1940
Minenräumschiff 11 (Kriegseinsätze in Nord- und Ostsee)

01.08.1940
Oberfähnrich zur See

09.09.1940 – 30.09.1940
Lehrgang für Seebeoabachter – Luft-Nachrichtenschule (See) Dievenow

01.10.1940 – 13.11.1940
Beobachterschüler – Fliegerwaffenschule (See) Parow

14.11.1940 – 01.12.1940
z.Vfg. – des Kommandierenden Admirals der Ostseestation

02.12.1940 – 12.01.1941
Zugoffizier – Zerstörer- und Torpedoboots-Stammabteilung Swinemünde

13.01.1941 – 08.02.1941
Lehrgang bei der Lehrgruppe Leichte Flak – Flugabwehr und Küstenartillerieschule Misdroy

01.02.1941
Kriegsabzeichen für Minensuch-, U-Jagd- und Sicherungsverbände

09.02.1941 – 31.03.1941
Zerstörer- und Torpedoboots-Stammabteilung Swinemünde

01.04.1941 – 19.06.1941
Zugoffizier – Zerstörer- und Torpedoboots-Stammabteilung Swinemünde

01.04.1941
Leutnant zur See (-212-)

20.06.1941 – 24.06.1941
Baubelehrung – Zerstörer, Deschimag Werft Bremen

25.06.1941 – 05.10.1941
III. WO – Zerstörer Z-29

06.10.1941 – 01.12.1941
T/B-Lehrgang – Torpedoschule Flensburg-Mürwik

02.12.1941 – 02.07.1942
II. WO und Torpedooffizier – Zerstörer Z-29

17.02.1942
Eisernes Kreuz II. Klasse

03.07.1942 – 29.08.1942
U-Lehrgang – 2. U.L.D.

30.08.1942 – 25.10.1942
U.T.O.-Lehrgang – Torpedoschule Flensburg-Mürwik

26.10.1942 – 21.11.1942
U.W.O.-Lehrgang – 6. Komp./Marine-Nachrichtenschule Flensburg-Mürwik

22.11.1942 – 16.12.1942
U-Lehrgang – S.A.S. Kiel-Wik

17.12.1942 – 27.12.1942
z.Vfg. – 29. U-Flottille

28.12.1942 – 26.05.1943
I.WO – U 380/29. U-Flottille
Feindfahrten U 380/Kdt: Josef Röther
01.02.1943 – 06.02.1943
10.03.1943 – 05.04.1943
05.05.1943 – 16.05.1943

01.04.1943
Oberleutnant zur See mit Wirkung vom 01.04.1943 und Rangdienstalter vom 01.01.1943 (-170-)

18.05.1943
U-Boots-Kriegsabzeichen 1939

27.05.1943 – 31.05.1943
F-Gerät-Belehrung – 2. U.A.A.

01.06.1943 – 08.07.1943
Kommandanten-Schießlehrgang – 24. U-Flottille/Memel (49. K.S.L./01.06.1943 – 29.06.1943)

09.07.1943 – 19.08.1943
Baubelehrung – Nordseewerke Emden für U 348, dann z.Vfg. – Kommandierender Admiral der U-Boote auf ERWIN WASSNER

20.08.1943
5. U-Flottille, als Kommandant U 479 vorgesehen bzw.

20.08.1943 – 05.10.1943
Baubelehrung – 1. K.L.A. Kiel für U 480

06.10.1943 – 31.05.1944
Kommandant – U 480/5. U-Flottille

01.06.1944 – 14.10.1944
Kommandant – U 480/9. U-Flottille

12.09.1944
Deutsches Kreuz in Gold (417)

15.10.1944 – 24.02.1945
Kommandant – U 480/11. U-Flottille

18.10.1944
Ritterkreuz des Eisernen Kreuzes

24.02.1945
Nach neuesten Erkenntnissen ist U 480 wahrscheinlich zwischen dem 18. und 24.02.1945 westlich des Englischen Kanals im britischen Minenfeld »Brazier« D2 in Position 50°22'04'Nord/01°44'10' West auf eine Mine gelaufen und gesunken. Totalverlust – 48 Tote.

Weitere Auszeichnungen an Hans-Joachim Förster ohne Angaben des Verleihungsdatums:
Eisernes Kreuz I. Klasse
Zerstörerkriegsabzeichen

1. Unternehmung U 480:
(Nordatlantik, Ärmelkanal)

Kdt:	OlzS Hans-Joachim Förster (4. Feindfahrt)
18.05.1944	Kiel aus
19.05.1944	Arendal ein
07.06.1944	Arendal aus
07.07.1944	Brest ein
Erfolge:	keine

Stellungnahme des B.d.U.:
Erste Unternehmung des Kommandanten. – Die Abwehr des Flugzeugangriffs am 13.06. wurde sehr gut durchgeführt. – Zum Angriff am 22.06.: Wenn das Flugzeug bei direktem Anflug recht achteraus genommen wird, keine Zacks steuern, bringen nur Fahrt aus dem Boot. Selbst auf mittleren Entfernungen kann Flugzeug diesen Zacks leicht nachdrehen. Bei geringen Entfernungen behindert dieses erst nach einer gewissen Zeit sich auswirkendes Ruderlegen die schlagartige Hartdrehung in den Wind, um die Bomben auszumanövrieren. Ansatz der Hartdrehung je nach Geschwindigkeit des Flugzeuges etwa bei E – 1000 m. Meistens jedoch eine gefühlsmäßige Angelegenheit des Kommandanten. Keine Norm. – Es ist falsch, nach Überflug, vor allem bei Tage, zu tauchen; unverantwortlich und allen gegebenen Befehlen widersprechend das Tauchen, wenn Flugzeug bereits zum 2. Anflug ansetzt. Boot kommt, auch bei günstigsten Voraussetzungen und gut eingefahrenem Boot, nicht mehr auf sichere Tiefe. Nur ein glücklicher Zufall hat das Boot vor der Vernichtung bewahrt.
Anerkannter Erfolg:
1 »Catalina« abgeschossen.

2. Unternehmung U 480:
(Nordatlantik, Ärmelkanal)

Kdt:	OlzS Hans-Joachim Förster (5. Feindfahrt)
03.08.1944	Brest aus
04.10.1944	Drontheim ein
Erfolge:	2 Schiffe (12846 BRT +) 1 Korvette (925 ts ca PE ALBERNI +) 1 Minensucher (850 ts br PM LOYALTY +)

Stellungnahme des B.d.U.:
Ausgezeichnete 2. Unternehmung des Kommandanten, die hohe Anforderungen an Boot und Besatzung stellte, und durch die Verleihung des Ritterkreuzes gewürdigt wurde.
Auf dem An- und Rückmarsch bewußt der Überwachung aus dem Wege gegangen. Im Operationsgebiet Angriffschancen nur auf wertvolle Ziele überlegt, zäh, trotz bedingt klaren Sehrohrs entschlossen ausgenutzt. Alle Versenkungen wurden durch einwandfreie Horch- oder Sichtbeobachtung bestätigt. Das äußerst starke Auftreten der Abwehr, die dauernden Geräuschpeilungen jeder Art haben den Kommandanten in der Verfolgung des Zieles nicht beeinträchtigt und beeindruckt.
Geschickte, genaue Navigation unter schwierigsten Verhältnissen, gut eingefahrener Schnorchelbetrieb, straff geführter innerer Bootsbetrieb, ergänzen tadelloses Bild dieser Unternehmung.
Anerkannte Erfolge:
2 Fregatten versenkt.
2 Dampfer mit zusammen 14000 BRT versenkt.
1 Dampfer ca. 5000 BRT Treffer angenommen.

3. Unternehmung U 480:
(Nordatlantik, Ärmelkanal)

Kdt:	OlzS Hans-Joachim Förster (6. Feindfahrt)
06.01.1945	Drontheim aus
24.02.1945	Verlust U 480
Erfolge:	keine

Erfolge Hans-Joachim Förster als Kommandant U 480:
4 Schiffe (14621 BRT + einschließl. ca PE ALBERNI 925 ts +/br PM LOYALTY 850 ts +)

Paul Brasack

* 09.05.1916
in Stettin

30.10.1944
Ritterkreuz (270-131)

01.04.1937
Eintritt in die Kriegsmarine als Seeoffiziersanwärter
Crew 37a

01.04.1937 – 07.1937
Infanterieausbildung – II. S.St.Abt. der Ostsee, Stralsund

07.1937 – 10.1937
Bordausbildung – SSS GORCH FOCK

10.1937 – 31.03.1938
Bordausbildung – Linienschiff SCHLESIEN

01.04.1938 – 04.1939
Hauptlehrgang für Fähnriche – Marineschule Flensburg-Mürwik, danach Waffenkurse und Lehrgänge für Fähnriche

01.04.1938
Fähnrich zur See

04.1939 – 31.08.1939
Bordausbildung – Leichter Kreuzer KÖLN

01.07.1939
Oberfähnrich zur See

01.08.1939
Leutnant zur See (-229-)

01.09.1939 – 31.03.1940
Beobachterausbildung – Fliegerwaffenschule (See) Parow

28.02.1940
Beobachterabzeichen

01.04.1940 – 07.1940
Staffeloffizier und Beobachter – Küstenfliegerstaffel 1./706

05.1940
Eisernes Kreuz II. Klasse

07.1940 – 31.05.1941
Beobachter – 2. Staffel KGr. 126, später 2.Staffel/I. KG 28

11.1940
Eisernes Kreuz I. Klasse

10.03.1941
Frontflugspange für Kampfflieger in Gold

01.06.1941 – 10.1941
Gefechtsoffizier und Hilfsreferent beim I c (See) – IX. Fliegerkorps

24.06.1941
Ehrenpokal des Oberbefehlshabers der Luftwaffe für besondere Leistungen im Luftkrieg

01.09.1941
Oberleutnant zur See

10.1941 – 28.02.1942
z.Vfg. – Ergänzungsgruppe KG 28 sowie Ausbildungsoffizier für die Beobachterausbildung im KG 4 »General Wever«

01.03.1942 – 08.1942
U.W.O.-Ausbildung – 2. U.L.D. und Torpedo und Nachrichtenschule Flensburg-Mürwik

08.1942 – 12.1942
WO (überplanm.) – U 590/6. U-Flottille
Feindfahrt U 590/
Kdt: Heinrich Müller-Edzards
11.08.1942 – 24.11.1942

24.09.1942
U-Boots-Kriegsabzeichen 1939

12.1942
Kommandanten-Schießlehrgang – 24. U-Flottille

01.1943
Baubelehrung – 7. K.L.A./Danzig

05.02.1943 – 30.06.1943
Kommandant – U 737/8. U-Flottillen (Paul Brasack war zuerst als Kommandant für U 422 vorgesehen)

01.07.1943 – 24.11.1944
Kommandant – U 737/13. U-Flottille

01.07.1944
Kapitänleutnant (-17-)

28.10.1944
U-Boots-Frontspange in Bronze

30.10.1944
Ritterkreuz des Eisernen Kreuzes

12.1944 – 04.1945
Ausbildungsoffizier – 25. U-Flottille

24.03.1945
U-Boots-Frontspange in Silber

04.1945 – 05.1945
z.Vfg. – U-Stützpunkt Flensburg

05.1945 – 15.08.1947
Kriegsgefangenschaft

15.08.1947
Entlassung

01.10.1957
Eintritt in die Bundesmarine

01.10.1957 – 31.10.1959
A 3 (Asto) – beim Befehlshaber der Seestreitkräfte Ostsee (B.S.O.)

01.10.1957
Korvettenkapitän

01.11.1959 – 31.10.1962
Attachéreferat beim Vertreter der Marine (Fü S II/8, bzw. B II/4) – im Bundesministerium der Verteidigung

24.04.1961
Fregattenkapitän

01.11.1962 – 31.03.1964
Kommandant – Zerstörer Z-2

01.04.1964 – 14.09.1968
Referat Strategie beim Vertreter der Marine (Fü S III/1) im Bundesministerium der Verteidigung

25.07.1968
Kapitän zur See

15.09.1968 – 31.03.1972
Marineattaché (bis 01.09.1971) – Deutsche Botschaft Washington

01.04.1972 – 29.09.1974
Standortkommandant Hamburg und Kommandeur VBK-10/Hamburg

10.10.1972
Legion of Merit, Offizierskreuz

04.02.1974
Tätigkeitsabzeichen für seefahrendes Personal in Bronze

30.09.1974
Ruhestand

Eigenangaben zur militärischen Laufbahn

1. Unternehmung U 737:
(Überführungsfahrt nach Nordnorwegen, Nordmeer, Spitzbergen, Bäreninsel)

Kdt:	OlzS Paul Brasack (2. Feindfahrt)
20.07.1943	Kiel aus
22.07.1943	Haugesund ein
23.07.1943	Haugesund aus
27.07.1943	Narvik ein
28.07.1943	Narvik aus
29.07.1943	Hammerfest ein
08.08.1943	Hammerfest aus
20.09.1943	Hammerfest ein
Erfolge:	keine

Stellungnahme des F.d.U. Norwegen:
Nichts zu bemerken.

2. Unternehmung U 737:
(Nordmeer, Westküste Spitzbergen)

Kdt:	OlzS Paul Brasack (3. Feindfahrt)
04.10.1943	Hammerfest aus
23.10.1943	Harstad ein
24.10.1943	Harstad aus
24.10.1943	Narvik ein
27.10.1943	Narvik aus
29.10.1943	Drontheim ein
Erfolge:	keine

3. Unternehmung U 737:
(Nordmeer, Jan Mayen, Murmansk, gegen die Konvois JW.56A und JW.56B)

Kdt:	OlzS Paul Brasack (4. Feindfahrt)

13.01.1944	Drontheim aus
15.01.1944	Narvik ein
16.01.1944	Narvik aus
10.02.1944	Hammerfest ein
11.02.1944	Hammerfest aus
12.02.1944	Narvik ein
Erfolge:	keine Angriff auf britischen Zerstörer MILNE (Kielwasserdetonation)

<u>Stellungnahme des Admiral Nordmeer und F.d.U. Norwegen:</u>
30.01./0108 Uhr: Schneidig durchgeführter Angriff auf Zerstörer. – Versenkt.
30.01./0529 Uhr: Weiterer gut durchgeführter Angriff auf das Geleit in schneller Ausnutzung der Lage. Ein Dampfer wurde getroffen.
30.01./2246 Uhr: Gleichfalls gut durchgeführter Angriff auf Zerstörer, der versenkt wurde.

Das Boot wurde von seinem Kommandanten in zwei Geleitzugkämpfen sehr gut geführt und hat erfreuliche Erfolge erzielt.
Es wird vorgeschlagen, die Versenkung von 2 Zerstörern und die Torpedierung eines Dampfers anzuerkennen.

4. Unternehmung U 737:
(Nordmeer)

Kdt:	OlzS Paul Brasack (5. Feindfahrt)
28.02.1944	Narvik aus
29.02.1944	Hammerfest ein
01.03.1944	Hammerfest aus
08.03.1944	Narvik ein
09.03.1944	Narvik aus
12.03.1944	Drontheim ein
Erfolge:	keine

<u>Stellungnahme des Admiral Nordmeer und F.d.U. Norwegen:</u>
1.) *Die Maßnahmen des Kommandanten bei den drei Luftangriffen waren entschlossen und richtig. Die Haltung der Besatzung erkenne ich voll an. Die Schlußbetrachtung des Kommandanten ist bemerkenswert; ich stimme ihr zu. Gut durchgeführte Unternehmung.*

5. Unternehmung U 737:
(Nordmeer)

Kdt:	OlzS Paul Brasack (6. Feindfahrt)
02.05.1944	Drontheim aus
04.05.1944	Narvik ein
08.05.1944	Narvik aus
08.05.1944	Hammerfest ein
13.05.1944	Hammerfest aus
07.06.1944	Bogenbucht ein
Erfolge:	keine

<u>Stellungnahme des F.d.U. Norwegen:</u>
1.) *Unternehmung ohne besonderen Einsatz und Erfolgsmöglichkeit.*
2.) *<u>Zu 06.05./1100 Uhr:</u> Ähnlichen Vorkommnissen ist durch neues Boots-ES für Stützpunkt Narvik vorgebeugt.*

6. Unternehmung U 737:
(Nordmeer, Ausbringung des WFG »Hermann« auf der Bäreninsel, Aufstellung des WFG »Edwin III« in Nordspitzbergen und Abholung des Wettertrupps »Kreuzritter« von Spitzbergen)

Kdt:	OlzS Paul Brasack (7. Feindfahrt)
11.06.1944	Bogenbucht aus
12.06.1944	Hammerfest ein
14.06.1944	Hammerfest aus
18.06.1944	Hammerfest ein
24.06.1944	Hammerfest aus
09.07.1944	Bogenbucht ein
Erfolge:	keine

7. Unternehmung U 737:
(Nordmeer, gegen die Konvois JW.60 und RA.60)

Kdt:	OlzS Paul Brasack (8. Feindfahrt)
15.07.1944	Bogenbucht aus
17.07.1944	Drontheim ein
16.09.1944	Drontheim aus
21.09.1944	Narvik ein
22.09.1944	Narvik aus
22.09.1944	Tromsö ein
24.09.1944	Tromsö aus
03.10.1944	Narvik ein
Erfolge:	keine

<u>Stellungnahme des F.d.U. Nordmeer:</u>
1.) *Mangels sicherer Anhalte am Geleitzug keine Fühlung und keine Schußgelegenheit.*
2.) *Zu 30.09./1805 Uhr und 2140 Uhr: Wichtig war zunächst, Fühlung zu be-*

kommen, damit der einzige Fühlunghalter Unterstützung erhielt und die Fühlung nie völlig verloren gehen konnte, wie nachher tatsächlich und endgültig geschehen. Das Vorsetzen konnte dann am Geleit selbst erfolgen.

8. Unternehmung U 737:
(Nordmeer, gegen den Konvoi JW.61)
Kdt: OlzS Paul Brasack
(9. Feindfahrt)

12.10.1944 Narvik aus
24.10.1944 Hammerfest ein
25.10.1944 Hammerfest aus
31.10.1944 Drontheim ein
Erfolge: keine

Paul Brasack war ein hervorragender U-Boot-Rudelführer gegen die verschiedenen Geleitzüge. Durch sein zähes Aushalten an den Konvoi konnten andere U-Boote herangeführt werden, die dann Erfolge erzielen konnten.

Rudolf Mühlbauer

* 27.03.1919
in Königsbrück, Kreis Kamenz/Sachsen
† 26.03.2000
in Laussnitz/Sachsen

10.12.1944
Ritterkreuz (282-132)

01.04.1939
Eintritt in die Kriegsmarine als Freiwilliger

01.04.1939 – 30.09.1939
infanteristische- und seemännische Grundausbildung – 14. S.St.Abt. in Glückstadt/ Holstein

1939
Matrosengefreiter

01.10.1939 – 02.1940
Kochlehrgang für U-Boote – U-Schule Neustadt/Holstein, dann kommandiert zur U-Ausbildung – U.A.A./Plön

02.1940 – 29.05.1940
Baubelehrung – U-Boote Nordsee, Deschimag AG Weser für U 123, zuerst Wilhelmshaven, dann Bremen

30.05.1940 – 09.1942
Matrosengefeiter (Gefechts-Brückenausguck) – U 123/2. U-Flottille
Feindfahrten U 123/
Kdt: Karl-Heinz Moehle
21.09.1940 – 23.10.1940
14.11.1940 – 28.11.1940
14.01.1941 – 28.02.1941
10.04.1941 – 11.05.1941
Feindfahrten U 123/
Kdt: Reinhard Hardegen
08.06.1941 – 23.08.1941
14.10.1941 – 22.11.1941
23.12.1941 – 09.02.1942
02.03.1942 – 02.05.1942
16.05.1942 – 05.06.1942

11.12.1940
Eisernes Kreuz II. Klasse

11.12.1940
U-Boots-Kriegsabzeichen 1939

1941
Matrosenobergefreiter

07.05.1942
Eisernes Kreuz I. Klasse

01.08.1942
Bootsmannsmaat

09.1942 – 18.01.1943
U-Lehrgang zum Geschützführer für Seeziel- und Flakartillerie – Flakschule Swinemünde, dann Baubelehrung – 6. K.L.A./ Bremen für U 170

19.01.1943 – 31.05.1943
Bootsmannsmaat – U 170/4. U-Flottille

01.06.1943 – 31.10.1944
Boostmannsmaat – U 170/10. U-Flottille

01.11.1944 – 08.05.1945
Oberbootsmannsmaat und Oberbootsmann – U 170/33. U-Flottille
Feindfahrten U 170/Kdt: Günther Pfeffer
27.05.1943 – 09.07.1943
29.08.1943 – 23.12.1943
09.02.1944 – 27.05.1944
Feindfahrt U 170/Kdt: Hans-Gerold Hauber
01.08.1944 – 04.12.1944

10.01.1944
Deutsches Kreuz in Gold (208)

01.08.1944
Oberbootsmannsmaat

05.12.1944
U-Boots-Frontspange in Bronze

10.12.1944
Oberbootsmann

10.12.1944
U-Boots-Frontspange in Silber

10.12.1944
Ritterkreuz des Eisernen Kreuzes
Rudolf Mühlbauer erhielt am 10.12.1944 das Ritterkreuz zum Eisernen Kreuz für seine Verdienste auf U 123 und U 170. Er war auf 13 Feindfahrten, verteilt auf den ganzen Atlantik, Afrika, Süd-Mittel- und Nordamerika 822 auf See. Während dieser Fahrten wurden von den Booten insgesamt 309 500 BRT versenkt. Gewürdigt wurde bei der Verleihung des Ritterkreuzes unter anderem, daß er durch sein sicheres Auge, Kameraden bezeichneten seine Augen als die »schärfsten der gesamten U-Boot-Waffe«, und seine Erfahrung, welche er sich auf den Fahrten als Gefechts-Brückenausguck erworben hatte, das Boot zweimal vor der Vernichtung bewahrte. Das Ritterkreuz überreichte ihm am 18. Dezember 1944 Generaladmiral von Friedeburg in Kiel. Gleichzeitig wurde Mühlbauer zum Oberbootsmann befördert und erhielt die U-Boots-Frontspange in Silber, nachdem er die U-Boots-Frontspange in Bronze erst wenige Tage zuvor am 05.12.1944 verliehen bekommen hatte.

09.05.1945 – 07.1945
Internierung in Flensburg, dann britische Kriegsgefangenschaft

07.1945
Entlassung

Günther Pulst

* 26.03.1918
in Braunschweig
† 05.01.1991
in Bonn

21.12.1944
Ritterkreuz (283-133)

09.10.1937
Eintritt in die Kriegsmarine als Seeoffiziersanwärter
Crew 37 b

09.10.1937 – 27.02.1938
Infanterieausbildung – 2. Komp./II. S.St. Abt. der Ostsee, Stralsund

28.02.1938 – 30.06.1938
Bordausbildung – SSS ALBERT LEO SCHLAGETER

28.06.1940
Seekadett

01.07.1938 – 14.03.1939
Bordausbildung – Linienschiff SCHLESWIG-HOLSTEIN

15.03.1939 – 29.09.1939
Hauptlehrgang für Fähnriche – Marineschule Flensburg-Mürwik bzw.

31.07.1939 – 08.08.1939
Navigationsbelehrungsfahrt – Schulschiff PAUL BENEKE

01.04.1939
Fähnrich zur See

30.09.1939 – 30.11.1939
Artillerielehrgang für Fähnriche – S.A.S. Kiel-Wik

01.12.1939 – 13.04.1940
Oberfähnrich zur See – Zerstörer Z-9 WOLFGANG ZENKER

11.02.1940
Eisernes Kreuz II. Klasse

01.03.1940
Oberfähnrich zur See

14.04.1940 – 09.07.1940
Landkommando in Narvik/Zugführer einer gemischten Ski-Kompanie

01.05.1940
Leutnant zur See (-139-)

10.07.1940 – 28.08.1940
Kommandant Vorpostenboot RABE/Küstensicherungsverband norwegische Westküste

29.08.1940 – 08.09.1940
kommandiert zur Zerstörer-Stammabteilung Altengroden

09.09.1940 – 11.11.1940
II. Schiffssstammabteilung

11.10.1940
Zerstörerkriegsabzeichen

10.11.1940
Narvikschild

12.11.1940 – 25.04.1942
Gruppenoffizier für Fähnrichsausbildung – Marineschule Flensburg-Mürwik

01.04.1942
Oberleutnant zur See (-97-)

26.04.1942 – 04.10.1942
z.Vfg. – B.d.U., zugleich

26.04.1942 – 05.07.1942
U-Lehrgang – 2. U.L.D. bzw.

06.07.1942 – 30.08.1942
U.T.O.-Lehrgang – Torpedoschule Flensburg-Mürwik bzw.

31.08.1942 – 04.10.1942
U.W.O.-Lehrgang – Marine-Nachrichtenschule Flensburg-Mürwik

05.10.1942 – 07.03.1943
I.WO – U 752/3. U-Flottille
Feindfahrten U 752/
Kdt: Karl-Ernst Schroeter
19.10.1942 – 03.12.1942
09.01.1943 – 15.02.1943

21.02.1943
U-Boots-Kriegsabzeichen 1939

08.03.1943 – 14.03.1943
Belehrung am F-Gerät – 2. U.A.A.

15.03.1943 – 19.04.1943
Kommandanten-Schießlehrgang – 24. U-Flottille/Memel (44. K.S.L./15.03.1943 – 15.04.1943)

20.04.1943 – 11.05.1943
Baubelehrung – 1.Komp./8. K.L.A./Hamburg für U 978

12.05.1943 – 31.07.1944
Kommandant – U 978/5. U-Flottille

01.08.1944 – 04.09.1944
Kommandant – U 978/3. U-Flottille

05.09.1944 – 08.05.1945
Kommandant – U 978/11. U-Flottille

19.11.1944
U-Boots-Frontspange in Bronze

18.12.1944
Eisernes Kreuz I. Klasse

21.12.1944
Ritterkreuz des Eisernen Kreuzes

01.01.1945
Kapitänleutnant

09.05.1945 – 26.03.1948
zunächst Kommandant eines Reservationslagers in Drontheim, ab 29.05.1945 Überführung von U 978 von Drontheim nach Loch Ryan, dann Kriegsgefangenschaft in England

26.03.1948
Entlassung aus der Kriegsgefangenschaft

01.09.1957
Eintritt in die Bundeswehr

01.09.1957 – 1963
Dezernent in der Wehrbereichsverwaltung II Hannover, Abteilungsleiter Verwaltung bei höheren Kommandobehörden der Bundesmarine um Bundesministerium der Verteidigung

1963 – 1967
Financial-Controller NATO/Paris

1967 – 1983
Ministerialrat – in verschiedenen Referatsstellungen im Bundesministerium der Verteidigung

30.06.1980
Bundesverdienstkreuz

31.03.1983
The Outstanding Civilian Service Medal (USA)

31.03.1983
Ruhestand

1. Unternehmung U 978:
(Nordatlantik, Biscaya, Ärmelkanal)

Kdt:	OlzS Günther Pulst (3. Feindfahrt)
22.08.1944	Kiel aus
24.08.1944	Horten ein
05.09.1944	Horten aus
07.09.1944	Flekkefjord ein
13.09.1944	Flekkefjord aus
13.09.1944	Egersund ein
07.10.1944	Egersund aus
08.10.1944	Bergen ein
09.10.1944	Bergen aus
16.12.1944	Bergen ein
Erfolge:	1 Schiff (7 176 BRT + Schnorchelunternehmung, 73 Tage unter Wasser)

Stellungnahme des B.d.U.:
1.) Unternehmung des Kommandanten in schwierigem Gebiet. Härte und Kampfwillen, sichere Bootsführung, klare Überlegung, führten zu schönen Erfolgen, für die der Kommandant mit dem Ritterkreuz ausgezeichnet wurde.
Auf Anmarsch bei Horchpeilungen und Ortungen richtig verhalten.
25.10.: Besteck von 112 sm in 4 Seetagen viel zu groß. Genauere Koppelnavigation. Erfreulich der Entschluß des Kommandanten, das schwierige Operationsgebiet aufzusuchen, trotz laufender Schnorchelstörungen (mehrfach in Island-

Passage und später im Operationsgebiet aufgetaucht zur Reparatur). Lot- und GHG-Störungen.
Im Operationsgebiet richtig und überlegt gehandelt. Durch das Herangehen an die Einfahrt von Cherbourg hat Boot den Verkehr gefunden. Schade, daß durch Nebel weitere klare Schußgelegenheiten nicht ausgenutzt werden konnten.
08.11./0800 Uhr: Verhalten und anschließende Überlegung erfreulich und richtig.
14.11.: Stromtheoretiker! Überlegung nur richtig, wenn Boot auf »ausgebojten Weg« operierte, falsch bei Angriff nach Gegnerlage.
17.11./1051 Uhr: Beachtenswert kurze Zeit von Sichten bis Schuß. Wahrscheinlicher als ungeklärter Fehlschuß ist Entfernung- oder Vg-Verschätzung.
19.11./1206 und 1214 Uhr: Fehlschußbegründung einleuchtend. T-5-Schuß war falsch – Reichweite hätte vorher berechnet werden können.
25.11.: Es zeigt den Angriffs- und Vernichtungswillen des Kommandanten, daß er nach dem T-5-Treffer nicht aus Furcht vor einsetzender Abwehr ablief, sondern zum Fangschuß aufdrehte.
Schlußbetrachtung gut und richtig bis auf Stromtheorie.
Anerkannte Erfolge:

1 Dampfer	*8000 BRT versenkt.*
1 Dampfer	*7000 BRT versenkt.*
1 LIBERTY-Schiff	*7000 BRT versenkt.*

2. Unternehmung U 978:
(Nordatlantik, Pentland-Firth)

Kdt:	Kl Günther Pulst (4. Feindfahrt)
25.02.1945	Bergen aus
20.04.1945	Drontheim ein
Erfolge:	keine

Erfolge Günther Pulst als Kommandant U 978:
1 Schiff (7 176 BRT +)

ROLF THOMSEN

* 06.05.1915
IN BERLIN
† 26.03.2003
IN BONN/BAD GODESBERG

04.01.1945
Ritterkreuz (287-134)

29.04.1945
845. Eichenlaub (51-28)

01.04.1936
Eintritt in die Kriegsmarine als Seeoffiziersanwärter
Crew 36

01.04.1936 – 04.1937
Infanterieausbildung – II. S.St.Abt. der Ostsee, Stralsund, danach Bordausbildung – Linienschiff SCHLESIEN

04.1937 – 03.1938
Hauptlehrgang für Fähnriche – Marineschule Flensburg-Mürwik, dann verschiedene Waffenlehrgänge und Spezialkurse für Fähnriche

01.05.1937
Fähnrich zur See

04.1938 – 09.1938
Bordausbildung bzw. WO – M-89/1. Minensuchflottille

01.07.1938
Oberfähnrich zur See

01.10.1938 – 30.08.1939
Seefliegerausbildung – Fliegerwaffenschule Bug/Rügen

01.10.1938
Leutnant zur See (-37-)

01.09.1939 – 30.09.1939
Beobachter – Küstenfliegerstaffel 1./106

01.10.1939 – 31.03.1941
1. Asto op (Seeluftstreitkräfte) – F.d.Luft/ Wilhelmshaven-Sengwarden

25.11.1939
Eisernes Kreuz II. Klasse

17.05.1940
Eisernes Kreuz I. Klasse

08.1940
Verwundetenabzeichen in Schwarz

01.10.1940
Oberleutnant zur See (-24-)

1940
Narvikschild

01.04.1941 – 31.03.1942
stellv. Kommandeur und 1. Asto – Küstenfliegergruppe 125

25.04.1941
Frontflugspange für Aufklärer in Silber

26.03.1942
Frontflugspange für Aufklärer in Gold

01.04.1942 – 31.03.1943
Referent – beim Bevollmächtigten für die Lufttorpedowaffe, zugleich Adjutant – Kampfgeschwader 26

01.07.1942
Hauptmann der Luftwaffe

01.03.1943
Kapitänleutnant mit Rückversetzung zur Kriegsmarine am 01.04.1943 (-5-)

01.04.1943 – 26.01.1944
U-Boots-Ausbildung, Kommandanten-Schießausbildung und Baubelehrung – 7. K.L.A./Danzig für U 1202

14.10.1943
Deutsches Kreuz in Gold

27.01.1944 – 31.08.1944
Kommandant – U 1202/8. U-Flottille

01.09.1944 – 08.05.1945
Kommandant – U 1202/11. U-Flottille bzw.

26.04.1945 – 02.06.1945
Leiter – U-Stützpunkt Bergen/11. U-Flottille

03.01.1945
U-Boots-Kriegsabzeichen 1939

04.01.1945
Ritterkreuz des Eisernen Kreuzes

27.04.1945
U-Boots-Frontspange in Bronze

29.04.1945
845. Eichenlaub zum Ritterkreuz des Eisernen Kreuzes

03.06.1945 – 09.02.1946
britische Kriegsgefangenschaft

09.02.1946
Entlassung

01.06.1952 – 04.11.1955
Marinereferent in der ständigen Delegation des Interimsausschusses der Europäischen Verteidigungs-Gemeinschaft, Paris – Dienststelle Blank

05.11.1955
Eintritt in die Bundeswehr

05.11.1955 – 01.01.1956
Hilfsreferent für Marinefliegerfragen (Abteilung VII/Marine) – Bundesministerium für Verteidigung

09.11.1955
Korvettenkapitän

02.01.1956 – 31.08.1958
Referent Marine – SHAPE, Paris

21.03.1957
Fregattenkapitän

01.09.1958 – 31.12.1960
A 3 – Abschnittskommando Ostsee

01.01.1961 – 30.09.1962
Hilfsreferent (Fü B III 1), Führungsstab der Bundeswehr – Bundesministerium der Verteidigung

01.10.1962 – 30.09.1963
Stabsoffizier beim Stabe des Chefs des Führungsstabes der Bundeswehr – Bundesministerium der Verteidigung

26.03.1963
Kapitän zur See

01.10.1963 – 05.01.1966
Adjutant des Bundesverteidigungsministers (von Hassel) – Bundesministerium der Verteidigung

06.01.1966 – 30.09.1966
Leiter des Arbeitsstabes des Bundesverteidigungsministers im Special Comittee der NATO in Paris (Leiter der deutschen Delegation der Nuklearen Planungsgruppe)

06.01.1966
Flottillenadmiral

01.10.1966 – 31.03.1970
Deutscher Nationaler Vertreter beim NATO-Kommando SHAPE

01.04.1970 – 30.03.1972
Kommandeur – Marinedivision der Nordsee

31.03.1972
Ruhestand

1. Unternehmung U 1202:
(Nordatlantik, Gewässer um England, Bristol-Kanal)

Kdt:	Kl Rolf Thomsen (1. Feindfahrt)
21.10.1944	Kiel aus
24.10.1944	Horten ein
26.10.1944	Horten aus
28.10.1944	Kristiansand ein
30.10.1944	Kristiansand aus
01.01.1945	Bergen ein
Erfolge:	1 Schiff (7 176 BRT +)

2. Unternehmung U 1202:
(Nordatlantik, südwestlich von Irland)

Kdt:	Kl Rolf Thomsen (2. Feindfahrt)
04.03.1945	Bergen aus
26.04.1945	Bergen ein
Erfolge:	Angriff auf einen Geleitzug mit Hilfsflugzeugträger

Erfolge Rolf Thomsen als Kommandant U 1202:
1 Schiff (7 176 BRT +)

Ernst Hechler

* 21.11.1907
in Lauterbach/Hessen
† 23.10.1965
in Alzey

21.01.1945
Ritterkreuz (289-135)

Vor dem Eintritt in die Reichsmarine absolvierte Ernst Hechler bereits folgende Fliegerausbildungen:

28.05.1928 – 15.07.1928
Fliegerausbildung – D.V.S. Schleißheim

16.07.1928 – 24.03.1929
Fliegerausbildung – D.V.S. Warnemünde

01.04.1929
Eintritt in die Reichsmarine als Seeoffiziersanwärter
Crew 29

01.04.1929 – 30.06.1929
Infanterieausbildung – 4. Komp./II. Abt. S.St.Div. der Ostsee, Stralsund

01.07.1929 – 11.10.1929
Bordausbildung – SSS NIOBE

10.10.1929
Seekadett

12.10.1929 – 05.01.1930
3. Komp./Marineschule Flensburg-Mürwik

06.01.1930 – 21.05.1930
Bordausbildung – Leichter Kreuzer EMDEN

22.05.1930 – 19.12.1930
Bordausbildung – Leichter Kreuzer KARLSRUHE

20.12.1930 – 04.01.1931
n.v.

01.01.1931
Fähnrich zur See

05.01.1931 – 02.04.1931
Infanterielehrgang für Fähnriche – 4. Komp./II. Abt. S.St.Div. der Ostsee, Stralsund

03.04.1931 – 29.03.1932
Hauptlehrgang für Fähnriche – Marineschule Flensburg-Mürwik bzw.

29.06.1931 – 04.07.1931
Navigationsbelehrungsfahrt – Vermessungsschiff METEOR bzw.

17.07.1931 – 03.08.1931
Fliegerauffrischungskursus – D.S.V. List und Warnemünde bzw.

28.09.1931 – 03.10.1931
Navigationsbelehrungsfahrt – Vermessungsschiff METEOR

30.03.1932 – 25.05.1932
Torpedolehrgang für Fähnriche – Torpedoschule Flensburg-Mürwik

26.05.1932 – 30.07.1932
Artillerielehrgang für Fähnriche – S.A.S. Kiel-Wik

31.07.1932 – 15.08.1932
Fla-Waffenlehrgang für Fähnriche – Küstenartillerieschule

16.08.1932 – 07.09.1932
Sperrlehrgang für Fähnriche – Sperrabteilung

08.09.1932 – 30.09.1932
Nachrichtenlehrgang für Fähnriche – Nachrichtenschule Flensburg-Mürwik

01.10.1932 – 31.05.1934
Bordausbildung – Leichter Kreuzer KÖNIGSBERG bzw.

17.03.1933 – 28.03.1933
Luftschutzlehrgang – I. Abt. S.St.Div. der Ostsee bzw. ab

19.06.1933
Fliegerauffrischungskursus – Flieger-Versuchskommando Warnemünde bzw.

04.12.1933 – 09.12.1933
Unterrichtung über Luftschutzfragen – Küstenartillerieschule Wangerooge

01.04.1933
Oberfähnrich zur See

01.10.1933
Leutnant zur See

01.06.1934 – 30.04.1935
Zugoffizier bzw. Kadetten-Gruppenoffizier – Marineschule Flensburg-Mürwik

01.09.1934
Oberleutnant zur See (-5-)

30.04.1935
aus der Kriegsmarine ausgeschieden und zur Luftwaffe versetzt

01.05.1935 – 30.11.1935
Fliegerschule 2/Warnemünde

30.07.1935
Flugzeugführerabzeichen

21.11.1935
Flugzeugführer und Flugzeugbeobachterabzeichen

01.05.1935
Oberleutnant der Luftwaffe mit Rangdienstalter vom 01.04.1934 (-14a-)

01.12.1935 – 16.03.1936
Chef – 2. Komp./Fliegerschule 2/Warnemünde

17.03.1936 – 02.08.1936
Chef – 1. Komp./Fliegerschule 2/Warnemünde

03.08.1936 – 20.08.1936
Fliegerschule Parow

21.08.1936 – 25.07.1937
z.Vfg. – Seefliegerhorst Holtenau (ab 01.01.1937 Nachrichten- und Funkoffizier) bzw.

07.10.1936 – 23.12.1936
F.T.O./B-Lehrgang – Nachrichtenschule Flensburg-Mürwik

02.10.1936
Dienstauszeichnung IV. Klasse

01.03.1937
Hauptmann der Luftwaffe (-15-)

26.07.1937 – 24.08.1937
Fliegerschule (See) Pütnitz

25.08.1937 – 21.10.1937
kommandiert zur Küstenfliegerstaffel 2./606, Kamp

22.10.1937 – 17.05.1938
Staffelkapitän – Küstenfliegerstaffel 1./706, Nest, zugleich m.d.W.d.G.b. Kommandant des Seefliegerhorstes Nest bzw.

02.05.1937 – 17.05.1938
Z.H.B.-Lehrgang – Kiel-Holtenau bzw. S.A.S. Kiel

11.06.1938
mit Wirkung vom 11.06.1938 Z.B.-Lehrgang – Flak-Küstenartillerieschule Norderney (05.07.1938 - 22.07.1938)

11.11.1938 – 23.03.1939
Major beim Stabe – Küstenfliegergruppe 706

24.03.1939 – 27.08.1939
mit Wirkung vom 01.04.1939 kommandiert zum Stab des Generals der Luftwaffe beim Oberbefehlshaber der Marine und Befehlshaber der Marinefliegerverbände

27.08.1939 – 24.10.1939
Ia – Stab, 9. Fliegerdivision

25.10.1939 – 06.09.1940
Ausbildungsleiter – Fliegerwaffenschule (See) Parow

20.08.1939
Medaille zur Erinnerung an den 01.10.1938

23.05.1940
Eisernes Kreuz II. Klasse

07.09.1940 – 01.1941
Staffelkapitän – 2./KGr 126

25.10.1940
Eisernes Kreuz I. Klasse

01.1941 – 02.1941
Ausbildung – Blindflugschule 1, Neuburg/Donau

02.1941 – 08.03.1941
I./Kampfgeschwader 28 in Nantes

09.03.1941 – 21.06.1941
Generalstabsausbildung an der Luftkriegsakademie Berlin-Gatow

15.03.1941
Frontflugspange für Kampfflieger in Silber

22.06.1941 – 30.09.1941
Ia – im Stab des Generals der Luftwaffe beim OKM in Berlin

15.07.1941
Frontflugspange für Kampfflieger in Gold

01.09.1941
Major i.G.

01.10.1941 – 14.05.1942
Ia – im Stab des Höheren Kommandeurs für Kampfausbildung in Zoppot

15.05.1942 – 30.06.1943
Gruppenleiter Ia – im Stab des Luftminen-inspizenten im R.L.M.

01.07.1943
Rückversetzung in die Kriegsmarine

03.07.1943
Umbenennung zum Korvettenkapitän mit Wirkung vom 01.07.1943 und Rangdienstalter vom 01.06.1942 (-3a-)

04.07.1943 – 29.08.1943
U.A.-Lehrgang – 2. U.L.D.

30.08.1943 – 19.10.1943
U.T.O.-Lehrgang – Torpedoschule Flensburg-Mürwik

20.10.1943 – 31.10.1943
U.W.O.-Lehrgang – Nachrichtenschule Flensburg-Mürwik

01.11.1943 – 15.11.1943
Flaklehrgang – Marine-Flakschule II

16.11.1943 – 02.01.1944
Kommandanten-Schießlehrgang – 24. U-Flottille/Memel (60. K.S.L./16.11.1943 – 22.12.1943)

03.01.1944 – 02.02.1944
Baubelehrung – 6. K.L.A./Bremen für U 870

03.02.1944 – 30.09.1944
Kommandant – U 870/4. U-Flottille

01.10.1944 – 30.03.1945
Kommandant – U 870/33. U-Flottille

21.01.1945
Ritterkreuz des Eisernen Kreuzes

27.02.1945
U-Boots-Kriegsabzeichen 1939

27.02.1945
U-Boots-Frontspange in Bronze

16.04.1945 – 20.05.1945
A I op – Stab, B.d.U. bzw. 2. Skl/B.d.U.op

15.08.1945
Entlassung aus dem Lazarett

1. Unternehmung U 870:
(Nordatlantik (Wetterboot), westlich von Gibraltar)

Kdt:	KK Ernst Hechler (1. Feindfahrt)
LI:	KK (Ing.) Johann-Friedrich Wessels
31.10.1944	Kiel aus
03.11.1944	Horten ein
10.11.1944	Horten aus
20.02.1945	Kristiansand ein
25.02.1945	Kristiansand aus
27.02.1945	Flensburg ein
Erfolge:	3 Schiffe (6462 BRT + einschließl. fr PE L'ENJOUE 335 ts +) 2 Schiffe (8607 BRT = einschließl. am DE FOGG 1400 ts =)

Erfolge Ernst Hechler als Kommandant U 870:
3 Schiffe (6462 BRT + einschließl. fr PE L'ENJOUE 335 ts +)
2 Schiffe (8607 BRT = einschließl. am DE FOGG = 1400 ts =)

KURT DOBRATZ

* 09.04.1904
IN STETTIN
† 21.12.1996
IN BREMEN

23.01.1945
Ritterkreuz (290-136)

30.03.1922
Eintritt in die Reichsmarine als Freiwilliger Crew 22

30.03.1922 – 31.03.1922
S.St.Div. der Ostsee, Kiel bzw. Linienschiff HANNOVER

01.04.1922 – 30.09.1922
Rekrut – Küstenwehrabteilung I/Swinemünde

01.10.1922 – 03.04.1923
Bordausbildung – Linienschiff BRAUNSCHWEIG, danach Marineschule Flensburg-Mürwik

04.04.1923 – 01.07.1923
Bordausbildung – SSS NIOBE

02.07.1923 – 29.03.1924
Bordausbildung – Leichter Kreuzer BERLIN

30.03.1924 – 31.03.1925
Hauptlehrgang für Fähnriche – Marineschule Flensburg-Mürwik

01.04.1924
Fähnrich zur See

01.04.1925 – 02.06.1925
Torpedolehrgang für Fähnriche – Torpedoschule Flensburg-Mürwik

03.06.1925 – 03.07.1925
Sperrlehrgang für Fähnriche – Sperr-Versuchskommando Kiel-Wik

04.07.1925 – 03.08.1925
Nachrichtenlehrgang für Fähnriche – Nachrichtenschule Flensburg-Mürwik

04.08.1925 – 30.09.1925
Infanterielehrgang für Fähnriche – II. Abt. S.St.Div. der Ostsee, Stralsund

01.10.1925 – 12.12.1925
Artillerielehrgang für Fähnriche – S.A.S. Kiel-Wik

13.12.1925 – 23.12.1925
Sonderlehrgang – S.A.S. Kiel-Wik

24.12.1925 – 05.01.1926
Sonderlehrgang – S.A.S. Kiel-Wik

06.01.1926 – 31.03.1927
Bordausbildung bzw. Wachleutnant und Zugoffizier – Leichter Kreuzer HAMBURG

01.04.1926
Oberfähnrich zur See

01.04.1927 – 25.10.1927
Zugoffizier – II. Abt. S.St.Div. der Nordsee bzw.

06.05.1927 – 10.08.1927
Sonderlehrgang, bzw. Ausbildung

01.10.1926
Leutnant zur See (-13-)

26.10.1927 – 10.12.1927
Sonderlehrgang bzw. Ausbildung

11.12.1927 – 19.02.1928
Zugoffizier – II. Abt. S.St.Div. der Nordsee bzw.

09.02.1928 – 17.02.1928
Navigationsbelehrungsfahrt – Minensuchboot M-134

20.02.1928 – 15.10.1928
z.Vfg. – Stationskommando Nordsee, zugleich

04.06.1928 – 13.08.1928
Belehrung – Nachrichtenstelle List

01.07.1928
Oberleutnant zur See (-14-)

16.10.1928 – 28.07.1929
Adjutant und Divisionsoffizier – Linienschiff SCHLESWIG-HOLSTEIN

29.07.1929 – 18.08.1929
Sonderlehrgang

19.08.1929 – 24.02.1930
Adjutant und Divisionsoffizier – Linienschiff SCHLESWIG-HOLSTEIN

25.02.1930 – 30.09.1930
Adjutant und Divisionsoffizier – Linienschiff HANNOVER

01.10.1930 – 26.09.1932
z.Vfg. – Stationschef Nordsee bzw.

14.11.1930 – 07.12.1930
Fla-Waffenlehrgang – Küstenartillerieschule Wilhelmshaven bzw.

08.12.1930 – 19.12.1930
T.O-Sonderlehrgang – Torpedoschule Flensburg-Mürwik bzw.

06.01.1931 – 28.03.1931
Funkoffizier-Sonderlehrgang – Nachrichtenschule Flensburg-Mürwik bzw.

28.08.1931 – 26.09.1931
Sonderlehrgang – S.A.S. Kiel-Wik bzw.

26.09.1931 – 29.11.1931
Fla-Lehrgang – Wangerooge bzw.

27.04.1932 – 06.12.1932
Marine-Nachrichtenoffizier List, gleichzeitig Adjutant der Kommandantur in List/Sylt

07.12.1932 – 13.12.1932
Unterrichtung in Fernschreibwesen – Siemenswerke Berlin

14.12.1932 – 30.09.1933
Marine-Nachrichtenoffizier List, gleichzeitig Adjutant der Kommandantur in List/Sylt bzw.

23.01.1933 – 06.06.1933
B-Dienstlehrgang – Inspektion des Torpedo- und Minenwesens Kiel bzw.

07.06.1933 – 17.06.1933
Übungsreise, Unterrichtung – Luftschutzamt bzw.

09.09.1933 – 22.09.1933
kommandiert zum Flieger-Versuchskommando Warnemünde

01.10.1933 – 12.03.1934
Adjutant und Signaloffizier – Leichter Kreuzer LEIPZIG

13.03.1934 – 17.03.1934
Signal-Offizierslehrgang – Nachrichtenschule Flensburg-Mürwik

18.03.1934 – 01.06.1934
Adjutant, Signaloffizier und WO – Leichter Kreuzer LEIPZIG

02.06.1934 – 16.06.1934
Weiterbildungslehrgang – Warnemünde

17.06.1934 – 16.12.1934
Adjutant, Signaloffizier und WO – Leichter Kreuzer LEIPZIG

01.07.1934
Kapitänleutnant (-4-)

17.12.1934 – 22.12.1934
Belehrungslehrgang für Signaloffiziere – Nachrichtenschule Flensburg-Mürwik

23.12.1934 – 02.01.1935
Adjutant und Signaloffizier und WO – Leichter Kreuzer LEIPZIG

03.01.1935 – 30.01.1935
Wiederholungslehrgang für Funkoffiziere – Nachrichtenschule Flensburg-Mürwik

31.01.1935 – 30.09.1935
Adjutant und Signaloffizier und WO – Leichter Kreuzer LEIPZIG

30.09.1935
aus der Kriegsmarine ausgeschieden

01.10.1935
zur Luftwaffe übergetreten mit einem Rangdienstalter vom 01.04.1934 (-13b-)

01.10.1935 – 17.11.1938
Referent (L.P.I) – zur Verwendung im Luftwaffenpersonalamt bzw.

05.06.1936 – 19.06.1936
Fliegerweiterbildungskurs – Fliegerschule Pütnitz bzw.

01.03.1937 – 06.03.1937
Torpedolehrgang für Mehrzweckstaffeln (See) – Torpedoschule Flensburg-Mürwik bzw.

22.07.1938 – 27.07.1938
kommandiert zur fliegerischen Weiterbildung – Flugzeugführerschule (See), Stettin

01.10.1935
Hauptmann der Luftwaffe mit Rangdienstalter vom 01.04.1934 (-13b-)

01.10.1935
Flugzeugführer und Flugzeugbeobachterabzeichen

02.10.1936
Dienstauszeichnung IV. und III. Klasse

01.04.1937
Major der Luftwaffe (-10-)

18.11.1938 – 29.12.1938
zur Einweisung als Staffelkapitän – III./Kampfgeschwader 255

30.12.1938 – 30.06.1939
Staffelkapitän – 8./Kampfgeschwader 255

01.07.1939 – 05.08.1940
Kommandeur – II.(Kampf) Lehrgeschwader 1, gleichzeitig Kommandant Fliegerhorst Schwerin

1940
Eisernes Kreuz II. Klasse

06.08.1940 – 28.03.1943
Ila – Stab, Luftwaffenkommando 5, zugleich

14.05.1941 – 19.06.1941
Kommandeur – I./Kampfgeschwader 26

01.12.1940
Oberstleutnant der Luftwaffe

15.06.1941
Frontflugspange für Kampfflieger in Bronze

18.08.1941
Eisernes Kreuz I. Klasse

18.02.1942
Cruz blanca II. Clase al mérito militar (spanisch)

27.02.1942
Finnisches Freiheitskreuz III. Klasse

01.06.1942
Oberst der Luftwaffe (-18-)

31.03.1943
mit Wirkung vom 31.03.1943 aus der Luftwaffe ausgeschieden und mit Wirkung vom 01.04.1943 in die Kriegsmarine übergetreten

01.04.1943 – 31.05.1943
Ua-Lehrgang (seit 29.03.1943) – 1. U.L.D.

01.06.1943 – 06.06.1943
U.W.O.-Lehrgang – 1. U.L.D

01.06.1943
Kapitän zur See (-6-)

07.06.1943 – 31.07.1943
U.T.O.-Lehrgang – Torpedoschule Flensburg-Mürwik

01.08.1943 – 31.08.1943
z.Vfg. – 27. U-Flottille und Agru-Front

01.09.1943 – 06.01.1944
Kommandanten-Schießlehrgang – 24. U-Flottille/Memel, zugleich stellv. Flottillenchef der 24. U-Flottille (55. K.S.L./01.09.1943 – 30.09.1943)

07.01.1944 – 07.03.1944
Baubelehrung – 3. Komp./8. K.L.A./Hamburg für U 1232

08.03.1944 – 31.10.1944
Kommandant – U 1232/31. U-Flottille

01.11.1944 – 31.03.1945
Kommandant – U 1232/33. U-Flottille

23.01.1945
Ritterkreuz des Eisernes Kreuzes

1945
U-Boots-Kriegsabzeichen 1939

1945
U-Boots-Frontspange in Bronze

01.04.1945 – 04.1945
z.Vfg. – Kommandierender Admiral der U-Boote (Kommando Daressalam)

04.1945 – 05.1945
Chef des Stabes – Kommandierender Admiral der U-Boote

05.1945
Kommandierender Admiral der U-Boote (m.W.d.G.b.)

26.02.1946
Entlassung aus der Kriegsgefangenschaft

1. Unternehmung U 1232:
(Nordatlantik (Wetterboot), Westatlantik, vor Halifax)

Kdt:	KzS Kurt Dobratz (1. Feindfahrt)
28.10.1944	Kiel aus
31.10.1944	Horten ein
10.11.1944	Horten aus
14.02.1945	Marviken ein
Erfolge:	4 Schiffe (24535 BRT +) 2 Schiffe (2438 BRT =)

Erfolge Kurt Dobratz als Kommandant U 1232:
4 Schiffe (24535 BRT +)
2 Schiffe (2438 BRT =)

JOHANN LIMBACH

* 09.12.1912 IN UERDINGEN/KREFELD † 06.03.1993 IN DÜSSELDORF (SEEBESTATTUNG)

06.02.1945
Ritterkreuz (291-137)

01.10.1930
Eintritt in die Reichsmarine

01.10.1930 – 30.09.1931
Rekrut – I. Marine-Artillerieabteilung

01.10.1931 – 14.05.1933
Bordausbildung – Leichter Kreuzer KARLSRUHE

01.10.1932
Obermatrose

15.05.1933 – 21.08.1933
Personalreserve – 3. Komp./S.St.Div. der Ostsee, Stralsund

22.08.1933 – 04.06.1939
V. Marine-Artillerieabteilung bzw. auf verschiedene Sperrfahrzeuge kommandiert, u. a. auf die Minentransporter OTTER und RHEIN, zugleich

06.10.1936 – 30.11.1936
G.F.K.-Lehrgang – Küstenartillerieschule Swinemünde bzw.

01.12.1936 – 01.10.1937
1. Komp./V. Marine-Artillerieabteilung bzw.

02.10.1937 – 29.03.1938
1. Komp./I. M.L.A. bzw.

30.03.1938 – 14.10.1938
1. Komp./V. Marine-Artillerieabteilung bzw.

15.10.1938 – 29.10.1938
Sportlehrgang – Marine-Sportschule bzw.

30.10.1938 – 30.01.1939
1. Komp./V. Marine-Artillerieabteilung bzw.

31.01.1939 – 31.03.1939
Sperrvormann-Lehrgang – 1. Komp./Sperrschule Kiel-Wik bzw.

01.04.1939 – 04.06.1939
1. Komp./V. Marine-Artillerieabteilung

01.10.1934
Matrosengefreiter

01.10.1935
Matrosenoberstabsartillerist

01.10.1936
Marineartillerieobergefreiter

02.10.1936
Dienstauszeichnung IV. Klasse

01.03.1938
Marineartilleriemaat

05.06.1939 – 31.12.1939
Seemännische Nr. 1 – Minensuchboot M-85/7. Minensuchflottille

10.08.1939
Bootsmannsmaat

01.10.1939
Bootsmann

01.01.1940 – 05.01.1941
Seemännische Nr. 1 – Minensuchboot WESTERPLATTE/7. Minensuchflottille

05.09.1940
Medaille zur Erinnerung an den 01.10.1938

06.01.1941 – 11.06.1941
Obersteuermannlehrgang – Steuermannsschule

10.01.1941
Kriegsabzeichen für Minensuch-, U-Jagd- und Sicherungsverbände

01.06.1941
Obersteuermann

12.06.1941 – 25.07.1941
3. Komp./1. U.A.A.

26.07.1941 – 29.08.1941
1. Komp./1. U.L.D.

30.08.1941 – 07.09.1941
3. Komp./1. U.A.A.

08.09.1941 – 04.11.1941
Personalreserve – 2. U. Flottille

05.11.1941 – 16.03.1942
Obersteuermann – U 43/2. U-Flottille
Feindfahrten U 43/Kdt: Wolfgang Lüth
10.11.1941 – 16.12.1941
30.12.1941 – 22.01.1942

18.12.1941
Eisernes Kreuz II. Klasse

26.01.1942
U-Boots-Kriegsabzeichen 1939

17.03.1942 – 08.05.1942
Baubelehrung – 1. Komp./K.L.A.-U-Nord für U 181

09.05.1942 – 30.09.1942
Obersteuermann – U 181/4. U-Flottille

01.10.1942 – 31.10.1942
Obersteuermann – U 181/10. U-Flottille

01.11.1942 – 30.09.1944
Obersteuermann und II.WO – U 181/12. U-Flottille

01.10.1944 – 08.05.1945
I.WO – U 181/33. U-Flottille
Feindfahrten U 181/Kdt: Wolfgang Lüth
12.09.1942 – 18.01.1943
als Obersteuermann
23.03.1943 – 14.10.1943
als Obersteuermann
Feindfahrten U 181/Kdt: Kurt Freiwald
16.03.1944 – 08.08.1944 als II.WO
19.10.1944 – 05.01.1945 als I.WO
14.01.1945 – 16.01.1945 als I.WO

21.01.1943
Eisernes Kreuz I. Klasse

19.11.1943
Deutsches Kreuz in Gold (168)

Funkspruch an 12. U-Flottille für Obersteuermann Limbach (Johann) vom 20.11.1944:
In Anerkennung Ihrer Verdienste verleihe ich ihnen im Namen des Führers und Obersten Befehlshabers der Wehrmacht das Deutsche Kreuz in Gold. Ob.d.M., Dönitz

Herzlichen Glückwunsch. F.D.U. West

01.04.1944
Leutnant zur See (-24-)

01.10.1944
Oberleutnant zur See (-1-)

06.02.1945
Ritterkreuz des Eisernen Kreuzes

Funkspruch an M.St. Shonan vom 11.02.1945:
Seelt. Limbach zur Verleihung Ritterkreuzes herzl. Glückw. Ihr Ob.d.M. und B.d.U.

Wie vor Glückw. und Anerkennung.
Raeder, Großadmiral

20.04.1945
U-Boots-Frontspange in Bronze

20.04.1945
U-Boots-Frontspange in Silber

Hans Georg Hess

* 06.05.1923
in Berlin

11.02.1945
Ritterkreuz (292-138)

09.04.1940
Eintritt in die Kriegsmarine als Kriegsfreiwilliger

09.04.1940 – 15.06.1940
Rekrut – 2. Komp./8. Schiffsstammabteilung

16.06.1940 – 28.06.1940
Rekrut – 3. Schiffsstammabteilung

29.06.1940 – 30.06.1940
Personalstamm – Stützpunktkompanie/F.d.M. West

01.07.1940 – 06.10.1940
Bordausbildung – M-3806/38. Minensuchflottille (Gruppe A)

07.10.1940 – 14.12.1940
Lehrgang – 8. Komp./Flugabwehr- und Küstenartillerieschule

15.12.1940 – 10.01.1941
M-3806/38. Minensuchflottille (Gruppe A)

01.01.1941
Matrosengefreiter und Reserve-Unteroffiziersanwärter

11.01.1941 – 07.03.1941
Lehrgang – 1. M.L.A.

01.03.1941
Bootsmannsmaat (überzählig)

08.03.1941 – 30.09.1941
Seemännische Nr. 2 – M-1708/17. Minensuchflottille

08.1941
Kriegsabzeichen für Minensuch-, U-Jagd-, und Sicherungsverbände

09.1941
Eisernes Kreuz II. Klasse

01.10.1941 – 30.01.1942
Zugführer- und Navigationslehrgang – 4. Komp./Marineschule Flensburg-Mürwik

01.12.1941
Bootsmannsmaat

31.01.1942 – 13.04.1942
Logger-Kommandant bzw. auf M-4604/46. Minensuchflottille (Gruppe A)

01.02.1942
Bootsmann (überzählig)

01.04.1942
Bootsmann

14.04.1942 – 07.06.1942
U.W.O.-Schüler – 1. U.L.D./Pillau

01.05.1942
Oberbootsmann (überzählig)

08.06.1942 – 21.06.1942
z.Vfg. – B.d.U. bzw. Baubelehrung – 1. K.L.A/ Kiel für U 466 (Indienststellung U 466 am 17.06.1942)

22.06.1942 – 31.12.1942
II.WO – U 466/5. U- Flottille

01.01.1943 – 31.03.1944
II.WO und I.WO – U 466/3. U-Flottille

01.04.1944 – 15.05.1944
I.WO – U 466/29. U-Flottille
12.01.1943 – 11.02.1943 (als II.WO)
17.04.1943 – 26.05.1943 (als II.WO)
29.06.1943 – 16.08.1943 (als II.WO)
16.10.1943 – 19.11.1943 (als I.WO)
04.03.1944 – 30.03.1944 (als I.WO)

03.1943
Leutnant zur See der Reserve mit Rangdienstalter vom 01.05.1942

07.1943
U-Boots-Kriegsabzeichen 1939

08.1943
Verwundetenabzeichen in Schwarz

01.03.1944
Oberleutnant zur See der Reserve

16.05.1944 – 03.07.1944
Kommandanten-Schießlehrgang in Neustadt

04.07.1944 – 28.09.1944
vortaktische Ausbildung – 20. U-Flottille/Pillau

29.09.1944 – 28.02.1945
Kommandant – U 995/13. U-Flottille

11.1944
Eisernes Kreuz I. Klasse

11.02.1945
Ritterkreuz des Eisernen Kreuzes

01.03.1945 – 08.05.1945
Kommandant – U 995/14. U-Flottille

08.05.1945
U 995 in Drontheim an Norwegen übergeben, norwegische Gefangenschaft in Föan bei Drontheim bis 08.1945, danach in Horten/Larvik

06.1946
Entlassung aus der Gefangenschaft

3. Unternehmung U 995:

(Nordmeer, gegen die Konvois JW.61 und RA.61)

Kdt:	OlzS Hans Georg Hess (6. Feindfahrt)
14.10.1944	Skjomenfjord aus
11.11.1944	Narvik ein
Erfolge:	keine

Stellungnahme des F.d.U. Nordmeer:

1.) *Vom neuen Kommandanten besonders frisch und angriffsfreudig durchgeführte Geleitunternehmung. Fühlung durch noch mangelnde Erfahrung verloren.*
2.) *Zu 15.10./0150 Uhr: Waren doch »Westphalen« (U 968) und »Ley« (U 310). »Ley« macht 0140 Uhr hinter »Schwarz 25« Prüfungstauchen. Beispiel, daß man nie nur nach E-Maschinengeräuschen schießen darf.*
3.) *Zu 15.10./0831 Uhr: Das Kurzsignal für Luftangriff zweckmäßig erst absetzen, wenn geschossen wird, nicht schon bei »Flieger«, da bis dahin Angriff oder Bemerktsein noch nicht feststeht.*
4.) *Zu 17.10./1130 Uhr: Das Funken des anderen Bootes war durch sofortigen Widerruf zu vermeiden. Siehe auch Nordmeerhinweise Nr. 22.*
5.) *Zu 19.10./1350 Uhr: Auf zu unsichere Annahmen operiert. Richtig war, sofort letzter sicherer Peilung nach zustoßen und ohne Rücksicht auf Angriffsposition vor allem die Fühlung wiederzugewinnen. (Nordmeerhinweise 34).*
6.) *Zu 20.10./0550 Uhr: Wahrscheinlich doch nur Wolken, kein Rauch, häufige Nordmeertäuschung.*
7.) *Zu 26.10. ab 2345 Uhr: Gut durchgeführtes Zerstörergefecht.*
8.) *Zu 02.11./0800 Uhr: Geräuschboje war wahrscheinlich Täuschung, da sinnlos.*
9.) *Erfolg:*
1 Zerstörer Sinken angenommen.
1 weiterer Treffer auf Zerstörer möglich.

4. Unternehmung U 995:

(Nordmeer, westlich der Bäreninsel)

Kdt:	OlzS Hans Georg Hess (7. Feindfahrt)
30.11.1944	Narvik aus
09.12.1944	Bogenbucht ein
Erfolge:	1 Schiff (2492 BRT +)

Stellungnahme des F.d.U. Nordmeer:

1.) *Schwungvolle Unternehmung des jungen Kommandanten. Gute Schußgelegenheit wurde energisch ausgenutzt, wenn auch noch nicht ganz gekonnt. Erfolg: 1 Dampfer 6000 BRT versenkt, 1 weiterer torpediert, anscheinend auf Strand gesetzt, 1 Treffer auf LIBERTY-Schiff.*
2.) *Zu 05.12./0137 Uhr: Geleit lief wahrscheinlich noch langsamer als 8 sm, so daß Wendeschüsse vorn vorbei. Wendeschüsse müssen sorgfältig gezielt werden und lieber hinten wie vorn vorbeigehen. Am besten jedoch Lagen um Null oder 180 anstreben!*
3.) *Zu 05.12./0205 Uhr: Bei Alarm gleich auf große Tiefe gegangen. Zunächst auf höchstens A+60 einsteuern.*

5. Unternehmung U 995:

(Nordmeer, vor der Kola-Küste)

Kdt:	OlzS Hans Georg Hess (8. Feindfahrt)

11.12.1944	Bogenbucht aus
07.01.1945	Narvik ein
Erfolge:	1 Fischdampfer, 1 U-Jäger und 1 Motorboot (1 582 BRT +)

Stellungnahme des F.d.U. Nordmeer:

1.) *Vorzügliche Unternehmung des offenbar zum U-Boot-Fahrer berufenen jungen Kommandanten, der in jeder Lage mit kaltblütiger richtiger Überlegung, jedoch schnell und mit Pfeffer handelte.*

2.) *Zu 29.12.: Schneidiger Angriff auf Munitionsdampfer.*

3.) *Erfolge:*
1 Fischdampfer versenkt, 1 Gefangener.
Bewaffneter Motorfischer SOM 417 BRT versenkt, 1 Gefangener.
1 Munitionsdampfer 2 000 BRT versenkt.

6. Unternehmung U 995:

(Nordmeer, vor den Kola-Fjord)

Kdt:	OlzS Hans Georg Hess (9. Feindfahrt)
02.02.1945	Narvik aus
06.03.1945	Narvik ein
Erfolge:	1 Schiff und 1 U-Jäger (7 322 BRT +)

Stellungnahme des F.d.U. Nordmeer:

1.) *Wieder vorzügliche Küstenunternehmung ohne Schnorchel des wagemutigen und einfallsreichen jungen Kommandanten.*
Erfolg: Frachter 6 000 BRT torpediert auf Grund, 1 Geleitboot ATHERTON-Typ versenkt.

2.) *Das kühne, durchdachte Eindringen am 08.02. in die minenunsichere Einfahrt von Kirkenes und Torpedierung eines Pierliegers führten zur Verleihung des Ritterkreuzes an den Kommandanten.*

3.) *Gute Meldungen und Aufklärungsergebnisse.*

4.) *Zu 14.12./1330 Uhr: Kolbengeräusch konnte vom torpedierten Schiff des einlaufenden Geleitzuges stammen. Auch durch starke Schichtungen können Geräusche sich wechselnd überdecken.*

7. Unternehmung U 995:

(Nordmeer, gegen den Konvoi JW.65)

Kdt:	OlzS Hans Georg Hess (10. Feindfahrt)
13.03.1945	Narvik aus
25.03.1945	Harstad ein
26.03.1945	Harstad aus
28.03.1945	Drontheim ein
Erfolge:	keine

Erfolge Hans Georg Hess als Kommandant U 995:
3 Schiffe, 2 U-Jäger und 1 Motorboot (11 396 BRT +)

Otto Westphalen

* 12.03.1920
in Hamburg

23.03.1945
Ritterkreuz (297-139)

01.10.1938
Eintritt als Seeoffiziersanwärter
Crew 38

01.10.1938 – 27.02.1939
Infanterieausbildung – 1. Komp./7. S.St. Abt. der Ostsee, Stralsund

28.02.1939 – 30.06.1939
Bordausbildung – SSS GORCH FOCK

01.07.1939 – 13.10.1939
Bordausbildung – Linienschiff SCHLESIEN

01.07.1939
Seekadett

14.10.1939 – 29.02.1940
Hauptlehrgang für Fähnriche – Marineschule Flensburg-Mürwik

01.12.1939
Fähnrich zur See

01.03.1940 – 30.04.1940
Torpedolehrgang für Fähnriche – 4. Komp./ Torpedoschule Flensburg-Mürwik

01.05.1940 – 15.10.1940
Bordkommando – Torpedoboot KONDOR/ 5. Torpedobootsflottille

01.08.1940
Oberfähnrich zur See

16.10.1940 – 21.12.1940
Ua-Lehrgang – 1. U.L.D.

22.12.1940 – 02.02.1941
U.T.O.-Lehrgang – Torpedoschule Flensburg-Mürwik

03.02.1941 – 01.03.1941
U.W.O.-Lehrgang – Marine-Nachrichtenschule Flensburg-Mürwik

02.03.1941 – 29.03.1941
U.W.O.-Lehrgang – S.A.S. Kiel-Wik

30.03.1941 – 24.03.1942
II.WO – U 566/1. U-Flottille
Feindfahrten U 566/Kdt: Dietrich Borchert
26.07.1941 – 19.08.1941
30.08.1941 – 20.09.1941
22.09.1941 – 02.10.1941
03.12.1941 – 23.12.1941
15.01.1942 – 09.03.1942

01.04.1941
Leutnant zur See (-38-)

08.10.1941
Eisernes Kreuz II. Klasse

08.10.1941
U-Boots-Kriegsabzeichen 1939

25.03.1942 – 19.04.1942
z.Vfg. – 1. U-Flottille/Brest

20.04.1942 – 15.05.1942
Kommandanten-Schießlehrgang – 24. U-Flottille/Memel (U 121)

16.05.1942 – 08.02.1943
Kommandant – U 121/21. U-Flottille/Pillau

09.02.1943 – 17.03.1943
Baubelehrung – 1. Komp./8. K.L.A./Hamburg für U 968

18.03.1943 – 29.02.1944
Kommandant – U 968/5. U-Flottille

01.04.1943
Oberleutnant zur See (-34-)

01.03.1944 – 08.05.1945
Kommandant – U 968/13. U-Flottille

03.04.1944
Eisernes Kreuz I. Klasse

18.02.1945
Deutsches Kreuz in Gold (511)

23.03.1945
Ritterkreuz des Eisernen Kreuzes

24.03.1945
Nennung im Wehrmachtsbericht

16.05.1945
Auslaufen Narvik zur Übergabe von U 968 nach Loch Eriboll

1. Unternehmung U 968:
(Nordmeer, gegen den Konvoi JW.58)

Kdt:	OlzS Otto Westphalen (6. Feindfahrt)
07.03.1944	Kiel aus
12.03.1944	Bergen ein
13.03.1944	Bergen aus
02.04.1944	Narvik ein
Erfolge:	keine

Stellungnahme des F.d.U. Norwegen und Admiral Nordmeer:
1.) *Zu 01.04.: Boot durch richtige, überlegte Maßnahmen aus schwierigster Lage gerettet.*
2.) *Abschlußbetrachtung bemerkenswert.*
3.) *Ich schlage vor, Versenkung von 2 Zerstörern am 01.04. anzuerkennen.*

2. Unternehmung U 968:
(Nordmeer)

Kdt:	OlzS Otto Westphalen (7. Feindfahrt)
04.04.1944	Narvik aus
06.04.1944	Drontheim ein
11.07.1944	Drontheim aus
14.07.1944	Narvik ein
17.07.1944	Narvik aus
17.07.1944	Harstad ein
18.07.1944	Harstad aus
21.07.1944	Bogenbucht ein
Erfolge:	keine

Stellungnahme des F.d.U. Norwegen:
1.) *Unternehmung ohne Angriffsgelegenheit mit starker Gegnerluft bei dauernder Helligkeit.*
Zwei »Liberator«-Anflüge energisch und mit gutem Erfolg abgewehrt.
2.) *Der bemerkenswerten Schlußbetrachtung des Kommandanten stimme ich voll zu.*
3.) *Erfolg: 1 »Liberator« abgeschossen.*

3. Unternehmung U 968:
(Nordmeer, Minenunternehmung »Lachs I« – Pecora-See, Kap Kanin Noss)

Kdt:	OlzS Otto Westphalen (8. Feindfahrt)
20.08.1944	Bogenbucht aus
22.08.1944	Hammerfest ein
29.08.1944	Hammerfest aus
08.09.1944	Hammerfest ein
Erfolge:	keine

Stellungnahme des F.d.U. Norwegen:
Gut durchgeführte Minenunternehmung unter erschwerten Verhältnissen.

4. Unternehmung U 968:
(Nordmeer, gegen die Konvois JW.60 und RA.60)

Kdt:	OlzS Otto Westphalen (9. Feindfahrt)
09.09.1944	Hammerfest aus
10.09.1944	Bogenbucht ein
11.09.1944	Bogenbucht aus
11.09.1944	Narvik ein
24.09.1944	Narvik aus
03.10.1944	Narvik ein
Erfolge:	keine

Stellungnahme des F.d.U. Nordmeer:
1.) *Geleitunternehmung ohne Fühlung. Der lebhafte Kommandant hat zu Führung und Kameraden noch nicht das nötige Vertrauen und kommt daher bisweilen zu abwegiger Beurteilung der Lage.*
2.) *Zu 30.09.: »Bentzien« (U 425), ein älterer Kommandant, hatte schon genügend scharf hingesehen, ehe er wirklich »Geleitzug« meldete. Dieses Vertrauen und andererseits dieses Verantwortungsbewußtsein müssen die Kommandanten untereinander voraussetzen! Der Geleitzug hatte offenbar nach dem überraschenden Angriff von »Ley« (U 310) bei nur geringer Luftsicherung stark nach Süden zurückgezackt und hoffte, den verfolgenden Booten dicht unter der Küste zu entgehen.*
3.) *Zur Schlußbetrachtung: Es wird selbstverständlich auf das operiert, was man erfaßt hat, nicht auf Annahmen. Ein Aufklärungsstreifen hätte die Boote unnötig auseinander gezogen. Während der langen Aufdampfzeit war Wiedererfassung durch Luftaufklärung vorgesehen, währenddes-*

sen für die Boote möglichst schnelles Nachvornkommen in Nähe des wahrscheinlichsten Geleitkurses vordringlich.

4.) Die aufgeführten Mängel des »Tunis«-Geräts , des fehlenden »Fumo« und der geringen Flakausbildung werden unterdessen, soweit möglich, abgestellt.

5. Unternehmung U 968:

(Nordmeer, gegen die Konvois JW.61 und RA.61)

Kdt: OlzS Otto Westphalen (10. Feindfahrt)

14.10.1944 Narvik aus
11.11.1944 Ramsund ein
Erfolge: keine

Stellungnahme des F.d.U. Nordmeer:

1.) Gut durchgeführte Unternehmung des einfallsreichen Kommandanten. Wegen mangelnder Anhalte keine Fühlung an Geleitzügen, kein Erfolg.

2.) Zu 19.10./1314 Uhr: Auf die Geleitmeldung mußte sofort aufgetaucht werden, nicht erst nach einer Stunde.

3.) Zur beachtlichen Schlußbetrachtung:

a) Der schnelle Verlust der Fühlung am 19.10. lag an den schlechten Sichtverhältnissen der Jahreszeit und des Nordmeers, aber auch an der Unerfahrenheit der betreffenden Kommandanten, die, statt nach bewährter Regel in der letzten Peilung energisch nachzustoßen, auf irgendwelche angenommenen Kurse operierten. Bei einzelbootsweiser Suche erreicht man eine Verdichtung von Booten im wahrscheinlichen Geleitgebiet. Man traut den Kommandanten »Nase« zu, weiß, daß sie an Ort und Stelle mehr Anhalte zur Beurteilung der Lage haben. Die Verschiedenheit der Ausgangsorte, der gewählten Kurse und die Besteckversetzungen ergeben dabei stets eine gewisse »natürliche Streuung«, während der wahrscheinliche Hauptkurs und die bekannte Geschwindigkeit des Geleitzugs die Maßnahmen aller Boote in bestimmten Grenzen halten. Der am 19.10. erfaßte Geleitzug war nur ein kleiner wendiger Verband (wahrscheinlich von Spitzbergen kommend), der vermutlich weite Ausweichbewegungen schnell durchführte. Der für den 20.10./1600 Uhr befohlene Vorpostenstreifen hätte wahrscheinlich trotzdem zur Erfassung ausgereicht, wenn die Boote nicht inzwischen durch verschiedene unsichere Meldungen (Rauchwolken, Leuchtgranaten) fälschlich mehrfach nach West abgezogen worden wären. Die Findigkeit und Feindnähe des Kommandanten können durch Maßnahmen der Führung nie voll ersetzt werden. Durch das Bilden immer neuer Vorpostenstreifen werden die Boote unnötig harmonikaförmig immer wieder auseinander gezogen und aus der schon erreichten Geleitnähe entfernt. Bei richtigem Verhalten der Boote muß eine verlorene Fühlung bald wieder gewonnen werden, so daß dann mehrere Boote zugleich herankommen können. Durch die wieder regere eigene Luftaufklärung und die demnächst mögliche Peilung des Geleitsprechverkehrs sind weitere Möglichkeiten zur Wiederherstellung der Fühlung gegeben. Dabei ist allerdings Melden wichtiger als Funkstille. Angriffsfreiheit auf alle Ziele wird unterdessen gem. Nordmeerhinweis Nr. 34 angestrebt.

b) Es gibt keine Hauptfunkschaltung »Ulli I«. Alle 3 »Ulli-Wellen« sind Hauptwellen.
Der Verkehr wird auf der Welle abgewickelt, auf der er kommt. Alle Funksprüche werden grundsätzlich auf allen Wellen wiederholt. Zeitverzögerungen gibt es nicht. Wenn sie vorgekommen sein sollen, wird es ausgemerzt.

c) Der Peilvorsatz wird sich nach Einbauen des Stabsstrahlers doch bewähren, da verschiedene Kommandanten auch längeren Sprechverkehr beobachtet haben.

d) Die Schwierigkeit des Einpeilens unserer Wellen durch den Gegner wird wesentlich erhöht nach Einführung des Nebenwellenverfahrens. Es ist in Kürze damit zu rechnen.

e) Dem Vorschlag der 3,7-cm-Munition mit Zerleger wird unbedingt zugestimmt.

6. Unternehmung U 968:

(Nordmeer, Kola-Küste, Bäreninsel, gegen die Konvois JW.64 und RA.64)

Kdt: OlzS Otto Westphalen (11. Feindfahrt)

13.11.1944	Ramsund aus
16.11.1944	Drontheim ein
23.01.1945	Drontheim aus
25.01.1945	Narvik ein
01.02.1945	Narvik aus
01.02.1945	Harstad ein
07.02.1945	Harstad aus
20.02.1945	Kilbotn ein
Erfolge:	2 Schiffe und 1 Korvette (16655 BRT + einschließl. br PS LARK 1350 ts +)

Stellungnahme des F.d.U. Nordmeer:

1.) *In überlegenem Stil kaltblütig gefahrene Unternehmung mit hervorragender Schießleistung.*
Erfolg: Versenkt: 1 Tanker 9377 BRT, 1 LIBERTY-Schiff, 1 GROSNY-Zerstörer.
Versenkung angenommen: 1 LIBERTY, 1 Zerstörer.
Torpediert: 2 LIBERTY, davon nach Meldung U 992 einer wahrscheinlich versenkt.
Torpedierung angenommen: 1 Zerstörer.

2.) *Zu 11.02./1659 Uhr: Geleitmeldung auch von Kampfflugzeugen unmittelbar an U-Boote ist für die Zukunft vereinbart. (Nordmeerbefehl Nr. 8).*

3.) *Zu 14.02./1230 Uhr: Besonders schöner Angriff mit wirksamstem Einsatz aller Rohre und Torpedos.*

4.) *Gute Schlußbetrachtung. Lut-Feuerleitung jetzt durch Tafeln*

7. Unternehmung U 968:
(Nordmeer, gegen die Konvois JW.65 und RA.65)

Kdt:	OlzS Otto Westphalen (12. Feindfahrt)
12.03.1945	Kilbotn aus
30.03.1945	Kilbotn ein
Erfolge:	1 Dampfer und 1 Korvette (8560 BRT + einschließl. br PS LAPWING 1350 ts +)

8. Unternehmung U 968:
(Nordmeer, Murmansk-Küste, gegen die Konvois JW.66 und RA.66)

Kdt:	OlzS Otto Westphalen (13. Feindfahrt)
21.04.1945	Kilbotn aus
06.05.1945	Harstad ein
07.05.1945	Harstad aus
07.05.1945	Skjomenfjord ein
Erfolge:	keine

Erfolge Otto Westphalen als Kommandant U 968:
3 Schiffe und 2 Korvetten
(25215 BRT + einschließl. br PS LARK 1350 ts +/einschließl. br PS LAPWING 1350 ts +)

Philipp Lichtenberg

* 09.09.1908
in Koblenz-Moselweiss
† 14.12.1993
in Kiel

31.03.1945
Ritterkreuz (300-140)

01.04.1928
Eintritt in die Reichsmarine

01.04.1928 – 29.09.1928
Infanterieausbildung – II. Abt. S.St.Div. der Ostsee, Stralsund

30.09.1928 – 25.09.1931
Bordausbildung als Heizer – Torpedoboote S-18 und G-7/1. Torpedobootshalbflottille

01.04.1930
Oberheizer

26.09.1931 – 31.03.1932
Technischer Maatenlehrgang – Marineschule Friedrichsort

01.04.1932 – 27.09.1932
Technischer Maatenlehrgang – 2. Komp./Marineschule Kiel

01.04.1932
Heizergefreiter

28.09.1932 – 30.01.1933
Maschinenmaat – M-129/1. Minensuchhalbflottille

01.11.1932
Maschinenmaat

31.01.1933 – 31.03.1933
Lehrgang – 1. Komp./Marineschule Kiel

01.04.1933 – 31.05.1933
Maschinenmaat – M-129/1. Minensuchhalbflottille

01.06.1933 – 11.07.1933
3. Komp./I. Abt. S.St.Div. der Ostsee, Stralsund

12.07.1933 – 28.09.1933
Maschinenmaat – M-129/1. Minensuchhalbflottille

29.09.1933 – 31.10.1933
1.Komp./U-Abwehrschule

01.11.1933 – 08.04.1934
Maschinenmaat – UZ-28/U-Abwehrschule

09.04.1934 – 25.09.1934
U-Lehrgang für Maschinisten – 1. Komp./U-Abwehrschule

26.09.1934 – 13.08.1935
Obermaschinenmaat – R-3/U-Abwehrschule

01.11.1934
Obermaschinenmaat

14.08.1935 – 10.09.1935
Lehrgang – 1. Komp./U-Schule

11.09.1935 – 27.03.1936
Obermaschinenmaat – U 10/U-Flottille Weddigen

28.03.1936 – 20.09.1936
Maschinistenlehrgang – 4. Komp./Marineschule Kiel

21.09.1936 – 03.12.1936
Lehrgang (Mot-1) – 1. Komp./Marineschule Kiel

02.10.1936
Dienstauszeichnung IV. Klasse

04.12.1936 – 02.01.1937
4. Komp./I. Abt. S.St.Div. der Ostsee, Stralsund

03.01.1937 – 14.02.1937
3. Komp./I. M.L.A.

15.02.1937 – 30.09.1937
Obermaschinist – U 16/U-Flottille Lohs

01.03.1937
Obermaschinist

01.10.1937 – 29.11.1939
Obermaschinist – U 18/U-Flottille Lohs
Feindfahrten U 18/
Kdt: Max-Hermann Bauer
30.08.1939 – 07.09.1939
14.09.1939 – 24.09.1939
02.10.1939 – 19.10.1939
15.11.1939 – 22.11.1939

23.11.1939
U-Boots-Kriegsabzeichen 1939

23.11.1939
Eisernes Kreuz II. Klasse

30.11.1939 – 21.06.1940
Obermaschinist – U 18/1. U-Ausbildungsflottille
Feindfahrten U 18/Kdt: Ernst Mengersen
08.01.1940 – 26.01.1940
11.02.1940 – 24.02.1940

01.03.1940
Stabsobermaschinist

22.06.1940 – 14.10.1940
Baubelehrung – U-Boote Kiel

08.10.1940
Oberfähnrich (Ing.)

15.10.1940 – 31.10.1940
kommandiert zur technischen Ausbildung – U 96/7. U-Flottille

01.11.1940 – 11.01.1941
Ua-Lehrgang für Ingenieursoffiziere – 1. U.L.D./Pillau

01.01.1941
Leutnant (Ing.) (-35-)

12.01.1941 – 11.02.1941
25. U-Flottille/Danzig

12.02.1941 – 02.04.1941
Baubelehrung – Howaldt-Werft Hamburg für U 652

03.04.1941 – 31.12.1941
LI – U 652/3. U-Flottille
Feindfahrten U 652/
Kdt: Georg-Werner Fraatz
19.06.1941 – 03.07.1941
17.07.1941 – 07.08.1941
23.08.1941 – 18.09.1941
01.11.1941 – 12.12.1941
14.12.1941 – 01.01.1942

01.10.1941
Oberleutnant (Ing.) (-50-)

11.11.1941
Eisernes Kreuz I. Klasse

01.01.1942 – 24.02.1942
LI – U 652/29. U-Flottille
Feindfahrt U 652/
Kdt: Georg-Werner Fraatz
05.02.1942 – 16.02.1942

25.02.1942 – 19.04.1942
Baubelehrung – Baulehrzug U-Boote/Le Trait/Frankreich für ein französisches U-Boot

20.04.1942 – 28.03.1943
Ausbilder und LI – U 37/22. U-Flottille/Gotenhafen

29.03.1943 – 09.05.1943
Ausbilder – Technische Ausbildungsgruppe für Front-U-Boote/Hela (Agru-Front)

10.05.1943 – 30.09.1944
LI – U 516/10. U-Flottille
Feindfahrten U 516/
Kdt: Hans-Rutger Tillessen
08.07.1943 – 23.08.1943
30.09.1943 – 26.02.1944
07.05.1944 – 04.10.1944

25.03.1944
Deutsches Kreuz in Gold (280)

01.10.1944 – 08.05.1945
LI – U 516/33. U-Flottille
Feindfahrt U 516/Kdt: Friedrich Petran
05.04.1945 – 14.05.1945

01.10.1944
Kapitänleutnant (Ing.)

05.10.1944
U-Boots-Frontspange in Bronze

06.03.1945
U-Boots-Frontspange in Silber

31.03.1945
Ritterkreuz des Eisernen Kreuzes
Auszug aus einer Meldung des Deutsches Nachrichtenbüros:
Das Ritterkreuz für zwei Leitende Ingenieure von U-Booten, DNB, Berlin, 2. April.

– Der Führer verlieh auf Vorschlag des Oberbefehlshabers der Kriegsmarine, Großadmiral Dönitz, das Ritterkreuz des Eisernen Kreuzes an zwei Leitende Ingenieure von U-Booten, Kapitänleutnant (Ing.) Philipp Lichtenberg und Oberleutnant (Ing.) Hans Johannsen, die beide durch ihr überragendes technisches Können auf vielen Feindfahrten mit zusammen über 1200 Seetagen an der Versenkung von 47 Schiffen mit 325000 BRT und 3 Zerstörern beteiligt sind.

***Lichtenberg,** der einmal sein schwerbeschädigtes Boot unter vollem persönlichen Einsatz wieder tauchklar machte, wurde am 09.09.1908 in Koblenz/Moselweiß als Sohn eines Lokomotivführers geboren.*

***Johannsen,** der stets einen mitreißenden Einfluß auf die Besatzung ausübte, ist am 29.01.1913 in Stadum, Kreis Tondern, als Sohn eines Arbeiters geboren.*

14.05.1945
britische Kriegsgefangenschaft (Loch Eriboll)

01.03.1946
Entlassung aus der Kriegsgefangenschaft

11.02.1956
Eintritt in die Bundeswehr

11.02.1956 – 04.03.1956
Einweisung – Bundesverteidigungsministerium

05.03.1956 – 31.07.1957
Hilfsdezernent beim V.P. Mat.-Ostsee – Marineabschnittskommando Ostsee

15.05.1956
Korvettenkapitän

01.08.1957 – 28.02.1958
Dezernent – Marine-Materialdepot I/Kiel

01.03.1958 – 31.10.1960
Hilfsdezernent für Fachausbildung – Kommando der Marineausbildung

01.11.1960 – 29.09.1964
Dezernent für Unteroffiziers- und Mannschaftsausbildung/Zentrales Marinekommando – Kommando der Marineausbildung

01.03.1961
Fregattenkapitän

09.1964
Bundesverdienstkreuz I. Klasse

30.09.1964
Versetzung in den einstweiligen Ruhestand

Hans Johannsen

* 29.01.1913
in Stadum/Südtondern
† 05.03.1961
in Burg/Fehmarn

31.03.1945
Ritterkreuz (301-141)

01.01.1935
Eintritt in die Reichsmarine/Kriegsmarine

01.01.1935 – 27.03.1935
Rekrut – II. Abt S.St.Div. der Ostsee, Stralsund

28.03.1935 – 30.09.1935
3. Komp./Marineschule Kiel bzw.

01.07.1935 – 27.09.1935
Mot. III-Lehrgang – Marineschule Kiel

01.10.1935 – 04.01.1936
Mot.-Heizer – U 6/U-Schulflottille

01.01.1936
Oberheizer

05.01.1936 – 29.02.1936
Lehrgang – U-Schule

01.03.1936 – 31.03.1937
Mot.-Heizer – U 3/U-Schulflottille

01.01.1937
Stabsheizer

01.04.1937 – 30.09.1937
Lehrgang für Maschinenmaate – Marineschule Kiel

01.10.1937 – 31.01.1938
Lehrgang für Maschinenmaate – I. M.L.A.

01.02.1938 – 29.03.1938
Mot. II-Lehrgang – 1. Komp./Marineschule Kiel

01.03.1938
Maschinenmaat

01.04.1938 – 01.11.1938
Maschinenmaat – U 5/U-Schulflottille

02.11.1938 – 11.12.1938
3. Komp./1. Schiffsstammabteilung

12.12.1938 – 31.07.1940
Maschinenmaat und Obermaschinist – U 5/U-Schulflottille, ab 01.07.1940, 21. U-Flottille
Feindfahrt U 5/Kdt: Günter Kutschmann
24.08.1939 – 08.09.1939
Feindfahrt U 5/
Kdt: Heinrich Lehmann-Willenbrock
04.04.1940 – 19.04.1940

01.01.1939
Dienstauszeichnung IV. Klasse

01.03.1940
Obermaschinist

20.04.1940
Eisernes Kreuz II. Klasse

01.08.1940 – 30.11.1940
Lehrgang für Obermaschinisten – 1. Komp./Marineschule Kiel

01.12.1940 – 02.08.1942
Dieselobermaschinist – U 96/7. U-Flottille
Feindfahrten U 96/
Kdt: Heinrich Lehmann-Willenbrock
04.12.1940 – 29.12.1940
09.01.1941 – 22.01.1941
30.01.1941 – 28.02.1941
12.04.1941 – 22.05.1941
19.06.1941 – 09.07.1941
02.08.1941 – 12.09.1941
27.10.1941 – 06.12.1941
31.01.1942 – 23.03.1942
Feindfahrt U 96/Kdt: Hans-Jürgen Hellriegel
23.04.1942 – 01.07.1942
24.08.1942 – 05.10.1942
(lt. K.T.B. U 96 Abkommandierung nach dem 05.10.1942)

03.01.1941
U-Boots-Kriegsabzeichen 1939

02.03.1941
Eisernes Kreuz I. Klasse

03.08.1942 – 30.09.1942
LI-Lehrgang, Offizierskompanie – 1. U.L.D.

01.10.1942 – 25.10.1942
z.Vfg. – 2. Admiral der U-Boote

01.10.1942
Leutnant (Ing.) Kr.O.

26.10.1942 – 06.01.1943
LI-Lehrgang – 2. U.L.D.

17.11.1942
Deutsches Kreuz in Gold (41)

07.01.1943 – 24.01.1943
Kreisellehrgang – Marineschule Kiel

25.01.1943 – 15.03.1943
Fahrausbildung – Agru-Front/Hela

16.03.1943 – 23.03.1943
Schießausbildung – 24. U-Flottille/Memel

24.03.1943 – 15.05.1943
Baubelehrung – 6. K.L.A. U-Nord für U 802

16.05.1943 – 11.06.1943
z.Vfg. – 4. U-Flottille

12.06.1943 – 31.01.1944
LI – U 802/4. U-Flottille

01.10.1943
Oberleutnant (Ing.) Kr.O.

01.02.1944 – 30.11.1944
LI – U 802/2. U-Flottille
Feindfahrten U 802/
Kdt: Helmut Schmoeckel
29.01.1944 – 02.05.1944
22.06.1944 – 09.07.1944
16.07.1944 – 23.11.1944

01.12.1944 – 11.05.1945
LI – U 802/33. U-Flottille
Feindfahrt U 802/
Kdt: Helmut Schmoeckel
28.04.1945 – 11.05.1945

13.11.1944
U-Boots-Frontspange in Bronze

31.03.1945
Ritterkreuz des Eisernen Kreuzes
Auszug Deutsches Nachrichtenbüro, siehe bei Philipp Lichtenberg

11.05.1945
britische Kriegsgefangenschaft in Loch Eriboll

07.05.1948 (?)
Entlassung

Heinz Prassdorf

* 07.12.1918
in Rostock
† 08.11.1993
in Rostock

21.04.1945
Ritterkreuz (308-142)

01.11.1937
Diensteintritt in die Kriegsmarine

22.04.1939 – 02.12.1940
Maschinenobergefreiter – U 48/U-Flottille Wegener, ab 01.01.1940, 7. U-Flottille
Feindfahrten U 48/Kdt: Herbert Schultze
19.08.1939 – 17.09.1939
04.10.1939 – 25.10.1939
20.11.1939 – 20.12.1939
24.01.1940 – 26.02.1940
03.04.1940 – 20.04.1940
Feindfahrten U 48/
Kdt i.V.: Hans-Rudolf Rösing
26.05.1940 – 29.06.1940
07.08.1940 – 28.08.1940
Feindfahrten U 48/
Kdt: Heinrich Bleichrodt
08.09.1940 – 25.09.1940
05.10.1940 – 27.10.1940

25.10.1939
U-Boot-Kriegsabzeichen 1939

21.12.1939
Eisernes Kreuz II. Klasse

03.12.1940 – 19.02.1941
Baubelehrung – zuerst für U 557, dann U 558

20.02.1941
U 558/1. U-Flottille (ab 20.02.1941)

28.10.1941
Eisernes Kreuz I. Klasse

01.11.1943
Obermaschinist

10.12.1944 – 30.11.1944
Obermaschinist – U 1203/8. U-Flottille

01.12.1944 – 08.05.1945
Obermaschinist – U 1203/11. U-Flottille
Feindfahrt U 1203/Kdt: Sigurd Seeger
15.01.1945 – 30.03.1945

21.04.1945
Ritterkreuz des Eisernen Kreuzes

00.05.1945
U-Boots-Frontspange in Bronze

29.05.1945
U 1203 von Norwegen nach Loch Ryan überführt

Beförderungen:
nicht bekannt

Die Personalakte von Heinz Prassdorf ist äußerst unvollständig. Weitere Daten und Unterlagen zur militärischen Laufbahn von Heinz Prassdorf sind nicht zu ermitteln. Auch gehen aus der Personalakte und den Verleihungsurkunden verschiedene Schreibweisen des Namens hervor.

Heinrich Schroeteler

* 10.12.1915
in Essen-Katernberg
† 19.01.2000
in Bochum

02.05.1945
Ritterkreuz (311-143)

03.04.1936
Eintritt in die Kriegsmarine als Seeoffiziersanwärter
Crew 36

03.04.1936 – 13.06.1936
Infanterieausbildung – II. S.St.Abt. der Ostsee, Stralsund

14.06.1936 – 28.04.1937
Bordausbildung – Linienschiff SCHLESIEN

10.09.1936
Seekadett

29.04.1937 – 27.11.1937
Hauptlehrgang für Fähnriche – Marineschule Flensburg-Mürwik bzw.

13.09.1937 – 22.09.1937
Navigationsbelehrungsfahrt – Schulschiff PAUL BENEKE

01.05.1937
Fähnrich zur See

28.11.1937 – 02.01.1938
Infanterielehrgang für Fähnriche – II. S.St. Abt. der Ostsee, Stralsund

03.01.1938 – 13.02.1938
Nachrichtenlehrgang für Fähnriche – Nachrichtenschule Flensburg-Mürwik

14.02.1938 – 17.02.1938
Torpedolehrgang für Fähnriche – Torpedoschule Flensburg-Mürwik

18.02.1938 – 22.02.1938
Sperrlehrgang für Fähnriche – Sperrschule Kiel-Wik

23.02.1938 – 02.04.1938
Artillerielehrgang für Fähnriche – S.A.S. Kiel-Wik

03.04.1938 – 07.04.1938
z.Vfg. – Marineschule Flensburg-Mürwik

08.04.1938 – 28.09.1938
Bordausbildung – Panzerschiff ADMIRAL SCHEER

01.07.1938
Oberfähnrich zur See

29.09.1938 – 05.1939
Kompanie- und Zugoffizier – 12. S.St.Abt.

01.10.1938
Leutnant zur See (-148-)

05.1939 – 02.09.1939
Lehrgang – Schiffsartillerieschule

03.09.1939 – 31.08.1941
WO, dann Kommandant eines Minensuchbootes – 14. Minensuchflottille

01.10.1940
Oberleutnant zur See (-113-)

24.10.1940
Eisernes Kreuz II. Klasse

14.11.1940
Kriegsabzeichen für Minensuch-, U-Jagd- und Sicherungsverbände

14.04.1941
Eisernes Kreuz I. Klasse

01.09.1941 – 28.09.1941
Kommandant eines Minensuchbootes – 22. Minensuchflottille

29.09.1941 – 23.11.1941
z.Vfg. – B.d.U. bzw. U-Lehrgang – 1. U.L.D.

24.11.1941 – 31.01.1942
U.T.O.-Lehrgang – Torpedoschule Flensburg-Mürwik

01.02.1942 – 28.02.1942
U.W.O.-Lehrgang – Marine-Nachrichtenschule Flensburg-Mürwik

01.03.1942 – 23.03.1942
U-Lehrgang – S.A.S. Kiel-Wik

24.03.1942 – 22.04.1942
z.Vfg. – 7. U-Flottille/St. Nazaire

23.04.1942 – 15.07.1942
WO (überplanm.) – U 96/7. U-Flottille
Feindfahrt U 96/
Kdt: Hans-Jürgen Hellriegel
23.04.1942 - 01.07.1942

06.07.1942
U-Boots-Kriegsabzeichen 1939

16.07.1942 – 31.08.1942
Kommandanten-Schießlehrgang – 24. U-Flottille/Memel (29. K.S.L./16.07.1942 – 15.08.1942)

01.09.1942 – 20.10.1942
Baubelehrung – 8. K.L.A./Hamburg für U 667

21.10.1942 – 31.05.1942
Kommandant – U 667/5. U-Flottille

01.04.1943
Kapitänleutnant (-55-)

01.06.1943 – 19.05.1944
Kommandant – U 667/7. U-Flottille

20.05.1944 – 09.07.1944
kommandiert zur Dienstleistung – B.d.U. op , 2. Skl/O.K.M.

10.07.1944 – 31.12.1944
Hilfssachbearbeiter beim 1. Asto, dann 1. Asto (A I op) – B.d.U.op, 2. Skl/O.K.M.

07.10.1944
U-Boots-Frontspange in Bronze

10.11.1944
Deutsches Kreuz in Gold (455)

01.01.1945 – 09.03.1945
Ausbildungsoffizier – 27. U-Flottille/Gotenhafen

10.03.1945 – 11.05.1945
Kommandant – U 1023/11. U-Flottille

02.05.1945
Ritterkreuz des Eisernen Kreuzes

11.05.1945
Kapitulation in Portland/Weymouth, britische Kriegsgefangenschaft

20.05.1948
Entlassung aus der Kriegsgefangenschaft

1. Unternehmung U 667:
(Nordatlantik)

Kdt:	Kl Heinrich Schroeteler (2. Feindfahrt)
20.05.1943	Kiel aus
26.07.1943	St. Nazaire ein
Erfolge:	keine

Stellungnahme des B.d.U.:
Erste Unternehmung des Kommandanten mit neuem Boot. Dem Kommandanten war in den Aufstellungsräumen keine Erfolgschance geboten.
Der Kommandant hat sein Boot auf der ersten Fahrt mit gutem Geschick und Glück geführt. Das entschlossene Verhalten gegenüber den häufigen Flugzeugangriffen wird besonders hervorgehoben.
Der Abschlußbetrachtung des K.T.B. wird zugestimmt mit folgender Einschränkung:
Das Feuereröffnen muß möglichst frühzeitig erfolgen,
1.) um den gezielten Bombenwurf zu stören bzw. zu verhindern.
2.) um das Einschießen der Flawaffen und Bedienung sicherzustellen.
Der Magazinwechsel und die Reichweite der wirksamen Zielbekämpfung sind noch sehr leidige Probleme der 2-cm-Flawaffen, werden aber mit Nachdruck durch Führungsmaßnahmen gefördert. Bis zu einer wohl in Kürze zu erwartenden besseren Lösung muß durch Ausbildung der Fla-Bedienung und richtiges Verhalten des Kommandanten versucht werden, die Schwäche der jetzigen 2-cm-Armierung auszugleichen.

2. Unternehmung U 667:
(Atlantik, westlich von Spanien)

Kdt:	Kl Heinrich Schroeteler (3. Feindfahrt)
14.09.1943	St. Nazaire aus
16.09.1943	St. Nazaire ein
18.09.1943	St. Nazaire aus
11.10.1943	St. Nazaire ein
Erfolge:	keine

Stellungnahme des B.d.U.:
Die Sonderaufgabe des Bootes konnte nicht durchgeführt werden, da das Boot auf dem Anmarsch vorzeitig von feindlicher Luft erfaßt wurde und bei 8 wiederholten Angriffen Ausfälle und Beschädigungen erlitt, die zum Rückmarsch zwangen.
Der Kommandant hat mit vorzüglicher Kaltblütigkeit und Energie die gefahrvollen Situationen gemeistert und mit viel Glück und Geschick das Boot zurückgeführt.
Die Erfahrungen des Bootes sind wertvoll und werden durch Führungsmaßnahmen ausgewertet.
Anerkannter Erfolg: 1 Flugzeug abgeschossen. – Abschuß angenommen.

3. Unternehmung U 667:

(Nordatlantik, Biscaya, westlich von Irland)

Kdt:	Kl Heinrich Schroeteler (4. Feindfahrt)
18.11.1943	St. Nazaire aus
06.01.1944	St. Nazaire ein
Erfolge:	keine

Stellungnahme des B.d.U.:
Das Boot hat in den Gruppen »Coronel« und »Borkum« ohne Erfolgschancen zu haben operiert. Die Abwehr der Flugzeugangriffe am 01./02.01. erfolgte mit besonderem Geschick und unter bemerkenswert erfolgreichem Einsatz der »Aphrodite«. Die Erfahrungen mit 3,7-cm-Geschütz und 2-cm-Munition werden durch Führungsmaßnahmen ausgewertet.

4. Unternehmung U 667:

(Nordatlantik, westlich von Irland, ostwärts Neufundland)

Kdt:	Kl Heinrich Schroeteler (5. Feindfahrt)
08.03.1944	St. Nazaire aus
19.05.1944	St. Nazaire ein
Erfolge:	keine

Stellungnahme des B.d.U.:
Auf seiner 4. Unternehmung hatte das Boot die erste Gelegenheit zum Torpedoschuß. Der Angriff auf das Geleit wurde entschlossen angesetzt und nach Überwindung einiger »innerer« Schwierigkeiten ein Zerstörer versenkt. Boot war anscheinend geortet und die Sicherung an dieser Stelle verstärkt.
Der Kommandant hat dann angriffsfreudig versucht, entweder aufzutauchen oder auf die Zerstörer zum Schuß zu kommen, was durch das »zurückhaltende« Benehmen der verfolgenden Zerstörer leider nicht gelang.
Besonders anerkannt werden die guten Schnorchelerfahrungen, die in unermüdlicher Fronterprobung gesammelt wurden.
Anerkannter Erfolg: 1 Zerstörer versenkt.

2. Unternehmung U 1023:

(Nordatlantik, Irische See)

Kdt:	Kl Heinrich Schroeteler (6. Feindfahrt)
25.03.1945	Bergen aus
11.05.1945	Kapitulation in Portland/ Weymouth
Erfolge:	1 Minensuchboot (335 ts + nw PM MYMS 382 +) 1 Schiff (7 345 BRT =)

Funkspruch von Großadmiral Karl Dönitz:
An Schröteler!
Ich habe Ihnen am 02. Mai das Ritterkreuz zum Eisernen Kreuz verliehen. Mit meinen Gedanken bin ich bei Ihnen und Ihrer braven Besatzung. – Ihr Großadmiral.

Erfolge Heinrich Schroeteler als Kommandant U 667:
keine

Erfolge Heinrich Schroeteler als Kommandant U 1023:
1 Minensuchboot
(335 ts + nw PM MYMS 382 +)
1 Schiff (7 345 BRT =)

Karl Jäckel

* 20.12.1913
in Gladbeck/Westfalen
† 07.12.1984
in Neubrandenburg

08.05.1945
Ritterkreuz (316-144)/Dönitz-Erlaß

01.04.1937
Eintritt in die Kriegsmarine (Laufbahn III)

05.06.1935
Rettungsmedaille

09.10.1939
Medaille zur Erinnerung an den 01.10. 1938

17.09.1939
Eisernes Kreuz II. Klasse

16.12.1939
U-Boots-Kriegsabzeichen 1939

13.04.1940 –
U 29/2. U-Flottille
Feindfahrten U 29/Kdt: Otto Schuhart
17.04.1940 – 04.05.1940
27.05.1940 – 11.07.1940
02.09.1940 – 01.10.1940
26.10.1940 – 03.12.1940

18.12.1940
Eisernes Kreuz I. Klasse

11.09.1941 – 15.10.1941
Baubelehrung – K.L.A.-U-Nord, Bremen für U 160

16.10.1941 – 28.02.1942
U 160/4. U-Flottille

01.03.1942 – 10.05.1943
U 160/10. U-Flottille
Feindfahrten U 160/Kdt: Georg Lassen
24.02.1942 – 28.04.1942
20.06.1942 – 24.08.1942
23.09.1942 – 09.12.1942
06.01.1943 – 10.05.1943

07.09.1943 –
10. U-Flottille, Personalreserve, während dieser Zeit: Navigationsschule

25.03.1944 – 17.05.1944
Baubelehrung – Stülcken Werft, Hamburg für U 907

18.05.1944 – 30.11.1944
Obersteuermann – U 907/31. U-Flottille

28.10.1944
Deutsches Kreuz in Gold (444)

1944
U-Boots-Frontspange in Bronze

01.12.1944 – 08.05.1945
Obersteuermann – U 907/11. U-Flottille
04.01.1945 – 18.03.1945
29.04.1945 – 05.05.1945

08.05.1945
Ritterkreuz des Eisernen Kreuzes
(Dönitz-Erlaß)
Verleihung am 01.06.1945 (lt. Soldbuch)

02.06.1945
Bergen aus zur Überführung nach Loch Ryan (Operation »Deadlight«)

08.06.1945 – 10.12.1946
Kriegsgefangenschaft

Beförderungen:
Obersteuermann/weitere Beförderungen nicht bekannt

Von Karl Jäckel existieren keine Unterlagen über seine militärische Laufbahn. Die oben genannten Angaben wurden anhand der U-Boot-Unternehmungen auf U 29, U 160 und U 907 sowie Angaben der WASt rekonstruiert.

Hans Lehmann

* 24.09.1915
in Brunsbüttelkoog
† 25.11.1981
in Maschen/Hamburg

08.05.1945
Ritterkreuz (317-144)/Dönitz-Erlaß

01.11.1938
Eintritt in die Kriegsmarine

01.11.1938 – 04.04.1939
Rekrut – 1. (schwere) Artilleriekompanie – 1. Marine-Artillerieabteilung

05.04.1939 – 01.12.1939
Koppelgast – Minensuchboot M-3/1. Minensuchflottille

01.10.1939
Matrosengefreiter

02.12.1939 – 01.02.1940
5. Komp./3. M.L.A.

02.02.1940 – 31.03.1940
Korporal – Schwerer Kreuzer ADMIRAL HIPPER
Hans Lehmann war noch bei der Besetzung von Drontheim am 10.04.1940 an Bord der ADMIRAL HIPPER. Deshalb muß die Versetzung zur 1. M.L.A. erst später erfolgt sein.

02.02.1940
Bootsmannsmaat (überzählig)

01.04.1940 – 14.07.1940
5. Komp./1. M.L.A.

01.07.1940
Bootsmannsmaat der Reserve

15.07.1940 – 02.11.1941
Kommandant – Vorpostenboot VP-402/4. Vorpostenbootflottille

1940
Eisernes Kreuz II. Klasse

1940
Kriegsabzeichen für Minensuch-, U-Jagd- und Sicherungsverbände

01.04.1941
Leutnant zur See der Reserve (-52-)

03.11.1941 – 29.11.1941
A.O.-Lehrgang – S.A.S. Kiel-Wik

30.11.1941 – 05.07.1942
Kommandant – Vorpostenboot VP-407/4. Vorpostenbootflottille

27.05.1942
Eisernes Kreuz I. Klasse

17.06.1942
Flottenkriegsabzeichen

06.07.1942 – 29.08.1942
U-Lehrgang – 2. U.L.D.

30.08.1942 – 15.06.1943
U-Bootsausbildung und verschiedene U-Lehrgänge, sowie Zusatz-WO – U 359/7. U-Flottille
19.04.1943 – 20.05.1943

01.04.1943
Oberleutnant zur See der Reserve (-42-)

27.05.1943
U-Boots-Kriegsabzeichen 1939

16.06.1943 – 26.07.1943
Kdt-Lehrgang – 24. U-Flottille/Memel bzw. I.WO – U 454/7. U-Flottille (keine Feindfahrt/Kommando nicht angetreten)
(50. K.S.L./16.06.1943 – 15.07.1943)

27.07.1943 – 22.09.1943
Baubelehrung – 1. Komp./8. K.L.A./Hamburg für U 997

23.09.1943 – 30.04.1944
Kommandant – U 997/5. U-Flottille

01.05.1944 – 31.05.1944
Kommandant – U 997/9. U-Flottille

01.06.1944 – 03.1945
Kommandant – U 997/13. U-Flottille

28.12.1944
Deutsches Kreuz in Gold (493)

03.1945
U-Boots-Frontspange in Silber

03.1945 – 08.05.1945
Kommandant – U 997/14. U-Flottille

08.05.1945
Ritterkreuz des Eisernen Kreuzes
(Dönitz-Erlaß)

16.05.1945
U 997 von Narvik aus überführt nach Loch Eriboll und Loch Ryan, britische Kriegsgefangenschaft

1. Unternehmung U 997:
(Nordmeer, westlich der Bäreninsel, Jan Mayen)

Kdt:	OlzSdR Hans Lehmann (2. Feindfahrt)
25.04.1944	Kiel aus
26.04.1944	Kristiansand ein
28.04.1944	Kristiansand aus
28.04.1944	Flekkefjord ein
29.04.1944	Flekkefjord aus
29.04.1944	Egersund ein
16.05.1944	Egersund aus
16.05.1944	Bergen ein
18.05.1944	Bergen aus
22.05.1944	Narvik ein
23.05.1944	Narvik aus
22.06.1944	Hammerfest ein
Erfolge:	keine

Stellungnahme des F.d.U. Norwegen:
Erste Unternehmung ohne besonderen Einsatz und Erfolgsmöglichkeit.

2. Unternehmung U 997:
(Nordmeer, ostwärts Jan Mayen)

Kdt:	OlzSdR Hans Lehmann (3. Feindfahrt)
18.07.1944	Hammerfest aus
20.07.1944	Hammerfest ein
06.08.1944	Hammerfest aus
02.09.1944	Harstad ein
02.09.1944	Harstad aus
02.09.1944	Narvik ein
Erfolge:	keine

Stellungnahme des F.d.U. Norwegen:
1.) *Überlegt durchgeführte Geleitunternehmung bei starker Luftabwehr.*
2.) *Zu 10.08./2325 Uhr: Täuschung durch Wale wahrscheinlich.*
3.) *Zu 20.08./2110 Uhr: Verhalten war richtig. Nur ein schwerfälliger Geleitzug rechtfertigt selbständiges Operieren auf so weite Entfernung.*
4.) *Zu 26.08.: Gegner verwendet offenbar Geräuschkörper mit Eigenbewegung.*
5.) *Schlußbetrachtung ist bemerkenswert.*
6.) *Luftangriff am 22.08, gut abgewehrt.*
7.) *Erfolg: Je 1 Treffer auf Zerstörer und Fregatte wahrscheinlich.*

3. Unternehmung U 997:
(Nordmeer, gegen die Konvois JW.60 und RA.60)

Kdt:	OlzSdR Hans Lehmann (4. Feindfahrt)
13.09.1944	Narvik aus
13.09.1944	Tromsö ein
14.09.1944	Tromsö aus
14.09.1944	Hammerfest ein
14.09.1944	Hammerfest aus
01.10.1944	Harstad ein
02.10.1944	Harstad aus
02.10.1944	Narvik ein
Erfolge:	keine

Stellungnahme des F.d.U. Norwegen:
Gut durchgeführte Unternehmung, jedoch ohne Erfolgsmöglichkeit. Boot kam wegen großer Entfernung und mangelnder Unterlagen nicht mehr an den Geleitzug.

4. Unternehmung U 997 (1.Teil):
(Nordmeer)

Kdt:	OlzSdR Hans Lehmann (5. Feindfahrt)
08.10.1944	Narvik aus
08.10.1944	Ramsund ein
08.10.1944	Ramsund aus
09.10.1944	Tromsö ein
09.10.1944	Tromsö aus
10.10.1944	Hammerfest ein
14.10.1944	Hammerfest aus
23.10.1944	Hammerfest ein
Erfolge:	keine

<u>Stellungnahme des F.d.U. Nordmeer:</u>
1.) Gut durchgeführte Unternehmung ohne Erfolgsmöglichkeit, da zu unsichere Anhalte über Geleitzüge.
2.) <u>Zu 17.10./1004 Uhr:</u> Richtig verhalten und mitgedacht.

4. Unternehmung U 997 (2.Teil):
(Nordmeer, gegen die Konvois JW.61 und RA.61)

Kdt:	OlzSdR Hans Lehmann (5. Feindfahrt)
24.10.1944	Hammerfest aus
08.11.1944	Harstad ein
09.11.1944	Harstad aus
09.11.1944	Narvik ein
Erfolge:	keine

<u>Stellungnahme des F.d.U. Nordmeer:</u>
1.) Überlegt und richtig durchgeführte Unternehmung.
2.) <u>Zu 05.11./2247 Uhr:</u> Schönes Zerstörergefecht.
3.) <u>Erfolg:</u> 1 Zerstörer ATHERSTONE versenkt.

5. Unternehmung U 997:
(Nordmeer, Weißes Meer)

Kdt:	OlzSdR Hans Lehmann (6. Feindfahrt)
21.11.1944	Narvik aus
21.11.1944	Harstad ein
21.11.1944	Harstad aus
23.12.1944	Harstad ein
25.12.1944	Harstad aus
25.12.1944	Ramsund ein
26.12.1944	Ramsund aus
26.12.1944	Narvik ein
Erfolge:	1 U-Jäger (146 ts +)

<u>Stellungnahme des F.d.U. Nordmeer:</u>
<u>Zum 22.11./0825 Uhr bis 23.11./11h15 Uhr:</u> Feind-U-Boot möglich, jedoch Verbindung mit Geräuschtonne nicht erwiesen. Letztere ist ungefährlich und nur Einschüchterungsmittel.
<u>Zum 04.12./0446 Uhr:</u> Fehlschüsse durch Torpedobeschädigungen möglich, die durch vorhergegangene Wabos hervorgerufen wurden.
<u>Zum 04.12./2342 Uhr:</u> Nach Beobachtung von »Wiebold« (U 295) und nach den gehörten langanhaltenden Wabos, die als Sinkgeräusche angesprochen werden, wird Versenkung als sicher angenommen.
<u>Zum 09.12./1250 Uhr:</u> Treffer nach Detonation und auf Grund späterer Berichterstattung möglich.
<u>Zum 11.12./0426 Uhr:</u> Bemerkenswert neue Art des Fühlunghaltens.
<u>Zum 13.12./1530 Uhr:</u> Erkenntnis über kürzlich festgestellte Rückortung von Trägerflugzeugen erneut bestätigt.
<u>Abschließend:</u> Die Erfahrungen über russische Ortungsgeräte entsprechen auch hiesigen Auswertungen. Demnach haben die Russen von den Angloamerikanern die Geräte übernommen, verstehen sie aber in keiner Weise geschickt zu handhaben.
<u>Erfolge:</u> Drei Geleitzerstörer versenkt, außerdem ein Treffer auf gleichem Typ möglich. Wie auch der Eindruck der mündlichen Berichterstattung ergab, hat sich damit der zähe Angriffswille des Kommandanten und sein hervorragendes Können erneut auf dieser Unternehmung bewährt.

6. Unternehmung U 997:
(Nordmeer, Bäreninsel)

Kdt:	OlzSdR Hans Lehmann (7. Feindfahrt)
27.12.1944	Narvik aus
29.12.1944	Drontheim ein
22.02.1945	Drontheim aus
26.02.1945	Harstad/Kilbotn ein
07.03.1945	Harstad/Kilbotn aus
08.03.1945	Harstad/Kilbotn ein
12.03.1945	Harstad/Kilbotn aus zur 6. Unternehmung
24.03.1945	Narvik ein
Erfolge:	keine

<u>Stellungnahme des F.d.U. Nordmeer:</u>
1.) Unglückliche Unternehmung des bewährten Kommandanten ohne Erfolg.
2.) <u>Zu 23.02./2000 Uhr:</u> Bei Seegang ohne Rücksicht auf Vormarschkurs quer zur See schnorcheln, um möglichst wenig unterzuschneiden und erträgliche Druckverhältnisse zu behalten.
3.) <u>Zu 24.02./0530 Uhr:</u> und Sonderbericht: Sehr bedenkliche Schnorchelpanne, die bei Abwehr zum Bootsverlust führen kann. Ursache anscheinend häufiges Unterschneiden im Seegang mit Verqualmen der Diesel und starkem Unterdruck, durch den CO2 -Vergiftung begünstigt. Reaktion bei verhältnismäßig schnellem Druckausgleich. Befehl zum Aufsetzen der Tauchretter bei Verqualmung im Diesel ist streng zu befolgen. Sonst in gefährlicher Lage besonnen gehandelt.
4.) <u>Zu 24.02./1500 Uhr:</u> Bei stärkerem Seegang, vor allem von achtern, müßten

unbedingt Sicherheitsgurte auf der Brücke getragen werden. Einsteigen bei Alarm wird dadurch nicht merkbar verzögert, jedoch war bei der geschwächten Besatzung besondere Vorsicht geboten. »Mann über Bord«-Manöver bei unübersichtlicher See am sichersten mit Rückwärtsfahrt auf alten Kurs. Längeres Suchen war aussichtslos.

5.) *Zu 20.03./1215 Uhr: In sicherer Erwartung des großen Geleitzuges wäre unbemerktes Abwarten günstiger Schußgelegenheiten (zunächst spitzes Ablaufen aus unmittelbarer Zerstörernähe) richtiger gewesen.*

6.) *Zu 20.03./1840 Uhr: Beispiel für Erfolg unerwarteter Maßnahmen.*

7.) *Rückmarsch 20.03. gebilligt.*

7. Unternehmung U 997:
(Nordmeer, Kola-Küste)

Kdt:	OlzSdR Hans Lehmann (8. Feindfahrt)
17.04.1945	Narvik aus
30.04.1945	Narvik ein
Erfolge:	1 Schiff (1 603 BRT +)
	1 Schiff (4 287 BRT =)

Erfolge Hans Lehmann als Kommandant U 997:
1 Schiff und 1 U-Jäger
(1 749 BRT + einschließl. sj PC BO-229 146 ts +)
1 Schiff (4 287 BRT =)

Johann Otto Krieg

* 14.03.1919
in Lomnitz/Riesengebirge/
Schlesien
† 02.01.1999
in Bonn

08.07.1944
Ritterkreuz (234)

01.10.1937
Eintritt in die Kriegsmarine als Seeoffiziersanwärter
Crew 37 b

01.10.1937 – 30.06.1938
Infanterieausbildung – II. S.St.Abt. Stralsund und Bordausbildung – SSS HORST WESSEL

01.07.1938 – 14.03.1939
Bordausbildung – Linienschiff SCHLESWIG-HOLSTEIN

15.03.1939 – 30.09.1939
Hauptlehrgang für Fähnriche – 3. Komp./ Marineschule Flensburg-Mürwik und Artillerielehrgang für Fähnriche – S.A.S. Kiel-Wik

01.10.1939 – 14.10.1940
Bordausbildung bzw. WO – Leichter Kreuzer NÜRNBERG

01.05.1940
Leutnant zur See (-135-)

15.10.1940 – 21.12.1940
Ua-Lehrgang für Seeoffiziere – U.L.D.

22.12.1940 – 01.02.1941
U.T.O.-Lehrgang – Torpedoschule Flensburg-Mürwik

02.02.1941 – 28.02.1941
U.W.O.-Nachrichtenlehrgang – Marine-Nachrichtenschule Flensburg-Mürwik

01.03.1941 – 29.03.1941
U.W.O.-Artillerielehrgang – S.A.S. Kiel-Wik

30.03.1941 – 25.04.1941
Baubelehrung – Vegesacker Werft Bremen für U 81

26.04.1941 – 30.11.1941
II.WO – U 81/1. U-Flottille

01.12.1941 – 31.07.1942
II.WO – U 81/29. U-Flottille
Feindfahrten U 81/
Kdt: Friedrich Guggenberger
17.07.1941 – 07.08.1941
27.08.1941 – 19.09.1941
29.10.1941 – 10.12.1941
27.01.1942 – 04.03.1942
04.04.1942 – 25.04.1942
06.05.1942 – 03.06.1942
06.06.1942 – 24.06.1942

23.09.1941
Eisernes Kreuz II. Klasse

23.09.1941
U-Boots-Kriegsabzeichen 1939

13.03.1942
Eisernes Kreuz I. Klasse

30.03.1942
Italienisches Kriegsverdienstkreuz

01.04.1942

Oberleutnant zur See (-94-)

01.08.1942 – 12.09.1942
Kommandanten-Schießlehrgang – 24. U-Flottille/Memel (30. K.S.L./01.08.1942 – 31.08.1942)

13.09.1942 – 24.12.1942
Kommandant – U 142/22. U-Flottille

25.12.1942 – 09.01.1944
Kommandant – U 81/29. U-Flottille

19.11.1943
Deutsches Kreuz in Gold (167)

10.01.1944 – 12.03.1944
z.Vfg. – 29. U-Flottille bzw.

10.03.1944 – 12.03.1944
Heiratsurlaub

13.03.1944 – 31.03.1944
Erprobung für Einmanntorpedo – Erprobungskommando Eckernförde

01.04.1944 – 03.07.1944
Flottillenchef – K-Flottille 361

04.07.1944 – 29.07.1944
durch Autounfall schwer verletzt/Großlazarett Evreux

08.07.1944
Ritterkreuz des Eisernen Kreuzes

30.07.1944 – 01.1945
Ausbildungsleiter – Kommando K-Verband

12.1944
Bewährungsabzeichen des Kleinkampfverbandes

01.01.1945
Kapitänleutnant mit Wirkung vom 01.01.1945 und Rangdienstalter vom 30.01.1945

01.1945 – 16.04.1945
3. Asto (A 3/U) – Kommando der Kleinkampfverbände

16.04.1945
durch Tieffliegerangriff schwer verwundet/2 Tage im Entlassungslager Segeberg/Holstein

16.04.1945
Verwundetenabzeichen in Schwarz

17.07.1945
Entlassung in Neumünster

01.04.1956
Eintritt in die Bundeswehr
Einweisungslehrgang

02.05.1956 – 31.12.1956
Prüfoffizier Annahmestelle Köln – Marineschule Flensburg-Mürwik

22.09.1956
Kapitänleutnant

31.10.1956
Korvettenkapitän

01.01.1957 – 15.03.1957
U-Boot-Jagdausbildung in Den Helder

16.03.1957 – 25.11.1957
z.b.V. Marine-Annahme-Organisation

26.11.1957 – 31.03.1959
Hilfsreferent (Fü M VII) – Bundesministerium der Verteidigung

01.04.1959 – 30.09.1959
Hilfsreferent (Fü B II 1) – Bundesministerium der Verteidigung

01.10.1959 – 31.03.1963
Adjutant Marine beim General-Inspekteur, zugleich ständiger Vertreter des persönlichen Referenten bei Staatssekretär Hopf (Fü B) – Bundesministerium der Verteidigung bzw.

19.06.1962 – 29.06.1962
Lehrgangsteilnehmer für Stabsoffiziere bei Seetaktischer Lehrgruppe Wilhelmshaven bzw.

09.10.1962 – 19.10.1962
Lehrgangsteilnehmer für Stabsoffiziere bei Seetaktischer Lehrgruppe Wilhelmshaven

02.11.1960
Fregattenkapitän

01.04.1963 – 30.09.1964
Kommandant – Fregatte EMDEN/2. Geleitgeschwader

01.10.1964 – 15.06.1966
Hörsaalleiter Abteilung Marine – Führungsakademie der Bundeswehr

16.06.1966 – 31.07.1966
Hilfsreferent (Fü M III 2/III 1 K) – Bundesministerium der Verteidigung

01.08.1966 – 31.03.1970
Hilfsreferent (Fü M III 2/III 1 V) – Bundesministerium der Verteidigung

01.04.1970 – 30.03.1975
Fachdokumentar und Geschäftsführer Dokumentationszentrum/Bundeswehramt

31.03.1975
Ruhestand

10. Unternehmung U 81:

(östliches Mittelmeer/Palästina-Küste)

Kdt:	OlzS Johann Otto Krieg (8. Feindfahrt)
31.01.1943	Pola aus
19.02.1943	Salamis ein
Erfolge:	4 Segler (388 BRT +) 1 Schiff (6671 BRT =)

Stellungnahme des F.d.U. Italien:

1.) Der Kommandant hat sich auf seiner ersten Feindfahrt bewährt und zielbewußt sein Boot geführt. Die Angriffe sind mit Schneid gefahren worden und verdienen Anerkennung.

2.) Zum Torpedoeinsatz wird bemerkt:

A) Am 05.02.: Nach den ergänzenden mündlichen Ausführungen des Kommandanten sind auf den Tanker zwei Treffer erzielt worden. Sinken ist damit anzunehmen.

B) Am 10.02.: Der Fehlschuß auf die Korvette ist vermutlich durch Verschätzung der Gegnerfahrt zu erklären bei Berücksichtigung der Entfernung von etwa 3000 m. Der Tanker war laut B-Dienstmeldung der holländische Tanker SARGENA, 6671 BRT. Die eingestellten Tiefen waren für einen beladenen Tanker zu gering. Mit Versenkung ist zu rechnen. Trotzdem hätte der Versuch, einen Fangschuß mit Heckrohr anzubringen, gelohnt.

3.) Der Entschluß des Kommandanten, wegen nur bedingt klaren vorderen Tiefenruders den Rückmarsch anzutreten, wird gebilligt.

4.) Anerkannt werden:
1 Tanker, 5000 BRT
1 Tanker, 6671BRT
4 Segler und
1 Logger zusammen 600 BRT, als versenkt.

11. Unternehmung U 81:

(Mittelmeer/Cyrenaika-Küste)

Kdt:	OlzS Johann Otto Krieg (9. Feindfahrt)
06.03.1943	Salamis aus
07.04.1943	Pola ein
Erfolge:	2 Segler (210 BRT +)

Stellungnahme des F.d.U. Italien:

1.) Die Unternehmung, bei der das Boot in dem bereits von der vorhergehenden Fahrt bekannten Gebiet operierte, wurde beeinträchtigt durch einen nur bedingt klaren Diesel, der ohne Gebläse laufen mußte. Die Reparatur dieses Diesels in Salamis hätte eine verhältnismäßig lange Werftliegezeit zur Folge gehabt, da Ersatzteile nicht vorhanden waren. Der Aufenthalt im Operationsgebiet fiel in die Zeit heller Mondnächte. Hierin finden die hohen Schußsentfernungen bei Nacht teilweise Erklärung. Bei der vom Kommandanten gemeldeten geringen Luftüberwachung brauchte der Mondschein allein nicht zum langen Unterwasserstehen bei Nacht zu zwingen. Auch das beste Horchgerät vermag das Auge nicht zu ersetzen. Der Kommandant hat sich bemüht, mit den Schwierigkeiten fertig zu werden und sein Boot an den Feind zu bringen. Die Unternehmung macht in dieser Hinsicht einen guten Eindruck.

2.) Zum Torpedoeinsatz wird bemerkt:

a) Am 16.03.: Die Fehlschüsse der Rohre 1–4 sind vermutlich auf geringe Schätzungsfehler bei der großen Entfernung zurückzuführen. Es ist auch möglich, daß das Boot außer Reichweite stand. Der Fehlschuß aus Rohr 5 ist geklärt durch einen Bedienungsfehler in der Feuerleitanlage. Es ist zu erwarten, daß derartige Fehler in Zukunft ausgeschlossen sind.

b) Am 18.03.: Der Schuß hätte bei der großen Entfernung und den unsicheren Schußunterlagen unterbleiben müssen, zudem der Kommandant selbst kein Vertrauen für einen zu erwartenden Treffer hatte.

c) Am 28.03.: Der Fehlschuß aus Rohr 3 ist geklärt durch Gegnerfahrtverschätzung und Rausspringen des Torpedos. Die geringe zulässige Tiefeneinstellung ist 2 m und zwar nur bei glatter See. Anzuerkennen ist die entschlossene durchgeführte Versenkung des Seglers mit Artillerie, trotz zweimaligen Alarmtauchens vor Flugzeug.

3.) Anerkannt werden:
1 Dampfer, 500 BRT
1 Segler, 150 BRT

12. Unternehmung U 81:

(östliches Mittelmeer, vor Syrakus)

Kdt:	OlzS Johann Otto Krieg (10. Feindfahrt)
06.06.1943	Pola aus
04.07.1943	Salamis ein

Erfolge: 2 Schiffe und 3 Segler (12108 BRT +)

Stellungnahme des F.d.U. Italien:

1.) Eine besonders gut durchgeführte Unternehmung auf der der Kommandant gezeigt hat, daß er Boot und Besatzung fest in der Hand und sich mit den Verhältnissen im ostwärtigen Mittelmeer eingehend vertraut gemacht hat. Die Angriffe zeugen von freudiger Einsatzbereitschaft und sind geschickt und zielbewußt gefahren worden.

2.) Zum Torpedoeinsatz wird bemerkt:

a) Am 13.06.: Der schneidig durchgeführte Angriff verdient Anerkennung. Es ist zu bedauern, daß der 2. Fächer ausfiel, wodurch dem Boot ein weiterer sicherer Erfolg versagt blieb.

b) Am 17.06.: Auch dieser Angriff ist vorzüglich durchgeführt. Der Fehlschuß ist vermutlich auf Gegnerfehlschätzung zurückzuführen. Es wird die Versenkung eines Dampfers von 5000 BRT als sicher angenommen.

c) Am 27.06.: Bemerkenswert ist das Vorsetzmanöver, das durch Beharrlichkeit zum Ziel und Erfolg führte.

d) Am 01.07.: Die Fehlschüsse sind auf Verschätzung der Gegnerfahrt zurückzuführen.

3.) Die am Schluß des K.T.B. niedergelegten Erfahrungen des Kommandanten enthalten wertvolle Hinweise für andere dort operierende Boote.

4.) Anerkannt werden als versenkt:
1 Transporter zu 6000 BRT
je 1 Frachter zu 5000 BRT und 2000 BRT
3 Segler mit zusammen 500 BRT

Stellungnahme des B.d.U.:
Zur Stellungnahme des F.d.U. Italien:

Zum 17.06. wird ein Treffer angenommen.
Anerkannte Erfolge:

1 Transporter	*6000 BRT versenkt*
1 Dampfer	*5000 BRT Torpedierung angenommen*
1 Dampfer	*2000 BRT versenkt*
3 Segler	*500 BRT versenkt*
2 Dampfer	*8000 BRT versenkt*
3 Segler	*500 BRT versenkt*
	8500 BRT versenkt

13. Unternehmung U 81:

(östliches Mittelmeer, Ostküste Sizilien)

Kdt: OlzS Johann Otto Krieg (11. Feindfahrt)

14.07.1943 Salamis aus
25.07.1943 Pola ein
Erfolge: 1 Schiff (7472 BRT =)

Stellungnahme des F.d.U. Italien:

1.) Der Kommandant hat sich auf dieser Unternehmung in einem ihm bisher unbekannten Operationsgebiet aufs neue bewährt. Die Erfolge sind um so höher zu bewerten, als der Gesundheitszustand der Besatzung fast während der gesamten Unternehmung schlecht war.

2.) Zum Torpedoeinsatz wird bemerkt:

a) 19.07.: Der Fehlfächer ist auf Abdrehen des Zieles kurz nach dem Schuß zurückzuführen.

b) 21.07.: Der Angriff auf den Transporter bei geringer Wassertiefe und spiegelglatter See verdient besondere Anerkennung. Die Vernichtung bei 2 Treffern, davon einer mit Abstandszündung, ist anzunehmen.

c) 22.07.: Obwohl der Fangschuß nach einer Zeit von 08 Min. 21 Sek. vermutlich kein Treffer, sondern ein Endstreckendetonierer war, wird die Versenkung des Frachters angenommen.

3.) Bei der Behandlung des F.T. am 23.07. liegt ein Versagen der Leitstelle vor, die dem Funkspruch nicht sofort eine Leitnummer gab, weil einige Gruppen fehlten.

4.) Sonst ist nichts Grundsätzliches zu bemerken.

5.) Anerkannt werden als versenkt:
1 Truppentransporter 12000 BRT
1 Frachter 5000 BRT

Stellungnahme des B.d.U.:
Der Stellungnahme des F.d.U. Italien wird zugestimmt.

Anerkannte Erfolge:

1 Truppentransporter	*12000 BRT*
1 Dampfer	*5000 BRT*
	17000 BRT

14. Unternehmung U 81:

(östliches Mittelmeer, Cyrenaika-Küste)

Kdt: OlzS Johann Otto Krieg (12. Feindfahrt)

01.08.1943 Pola aus
10.08.1943 Pola ein
Erfolge: keine

Stellungnahme des F.d.U. Italien:

1.) Die Unternehmung litt unter dem körperlichen Zustand von Kommandant und Besatzung und wurde vorzeitig abge-

brochen: »U 81« lag nach den beiden vorhergehenden Unternehmungen nur 10 bzw. 7 Tage im Hafen und sollte diesmal wegen der unübersichtlichen Lage in Italien infolge Regierungswechsels nur zu einer kurzen Unternehmung auslaufen, unter Verzicht auf noch zurückstellbare Reparaturen.
Der schlechte körperliche Zustand von Kommandant und Besatzung mußte zunächst in Kauf genommen werden, wurde jedoch nach Meldung des Kommandanten aus See vom F.d.U. als Grund zum Rückmarsch gebilligt, zumal das Boot nicht einsatzfähig war und größere Werfthilfe benötigte.

2.) Der Kommandant dürfte bei dem Angriff am 06.08. ein Durchstoßen der Sicherung nicht von vornherein als aussichtslos ansehen. Ein Untertauchen wäre wahrscheinlich möglich gewesen. Die Detonationen werden als Treffer für möglich gehalten.
3.) Die Anregungen und Vorschläge am Schluß des K.T.B. gehören nicht in das K.T.B. und werden gesondert verfolgt.
4.) Das vorliegende K.T.B. ist eine Zweitausfertigung des im Zuge der Ereignisse in Italien am 08.09.43 vernichteten K.T.B. und daher verspätet aufgestellt.
5.) Anerkannt: 4 Treffer im Geleit möglich.

15. Unternehmung U 81:

(Mittelmeer, vor Salerno/Italien)

Kdt: OlzS Johann Otto Krieg (13. Feindfahrt)

20.09.1943 Pola aus
13.10.1943 Pola ein
Erfolge: keine

Stellungnahme des F.d.U. Mittelmeer:

1.) Die Unternehmung stand unter einem unglücklichen Stern und ist gekennzeichnet durch die zahlreichen Fehlschüsse, die zu einem Teil ungeklärt sind bzw. Torpedoversager waren. Der starke Besatzungswechsel sowie die als Auswirkung der unruhigen Verhältnisse wenig sorgfältig durchgeführte Liegezeit wirkten sich ungünstig auf die Schlagkraft des Bootes aus.
2.) Zum Torpedoeinsatz wird bemerkt:
a) Am 05.10.: Der Fehlschuß ist dadurch geklärt, daß anstatt eines Fächers nur der Schuß aus Rohr II fiel. Möglicherweise sprachen die Ziele bei einer eingestellten Tiefe von 5 m nicht an.
b) Am 07.10.: Der Fehlfächer aus Rohr I und III ist vermutlich auf Fehlschätzung zurückzuführen. Die Angaben von K.T.B. und Schußmeldung weichen voneinander ab. Nach K.T.B. wurde nach 14 Minuten eine Detonation gehört. Der Torpedokurs von Rohr III muß 287 Grad sein und nicht 290. Der Fehlfächer aus Rohr II und IV war bedingt durch Frühdetonierer. Der Fehlschuß aus Rohr V wäre geklärt, wenn der Dampfer noch Fahrt durchs Wasser gemacht hätte. Der Fehlschuß aus Rohr IV ist ungeklärt. Nach K.T.B. wurde eine Detonation nach 17 Min. gehört, nach Schußmeldung dagegen nach 14 Min. Bei der angetroffenen Lage – keine Abwehr – mußte der Dampfer unter Einsatz weiterer Torpedos vernichtet werden. Der Verdacht einer Sabotage liegt nahe, obwohl die in einem Torpedo gefundene Schuhsohle bei gewissenhafter Abnahme der Torpedos bemerkt werden mußte.
c) Am 10.10.: Es wird angenommen, daß die Fehlschüsse auf Fehlschätzung beruhen infolge der durch die glatte See bedingten sparsamen Sehrohrgebrauches. Ein Schießen mit »M.Z. aus« und 2 m Tiefeneinstellung auf Landungsboote ist falsch. Die zahlreichen Endstreckendetonierer, die auch von anderen Booten in zunehmenden Maße gemeldet werden, bedeuten eine Gefahr für das Boot. Sie verdienen besondere Beachtung. Es fehlen Skizzen für sämtliche Anläufe. Dadurch wird die Beurteilung erschwert.
3.) Das Festkommen in der Netzsperre hätte vermieden werden können.
4.) Die Vermutung des Kommandanten, daß der Verkehr von der Südoststrecke Siziliens nach der Otranto-Straße direkt läuft, hat sich durch die Aufklärung der Luftwaffe bestätigt. Doch auch unter der Küste fährt der Gegner.

Stellungnahme des B.d.U.:
Die Ursachen der Endstreckendetonierer und Versager werden geprüft. Sonst nichts zu bemerken.

16. Unternehmung U 81:

(Mittelmeer, Golf von Tarent)

Kdt: OlzS Johann Otto Krieg (14. Feindfahrt)

10.11.1943 Pola aus
23.11.1943 Pola ein
Erfolge: 1 Schiff (2887 BRT +)

<u>Stellungnahme des F.d.U. Mittelmeer:</u>

1.) Die gut durchgeführte Unternehmung hätte ein besseres Ergebnis verdient. Das unbeirrbare Festhalten des Gegners und der Versuch, durch mehrfaches Nachstoßen, auch am Tage, erneut zum Angriff zu kommen, ist beispielgebend. Der zum Erfolg strebende Kommandant hat leider, wie auch bei der vorhergehenden Unternehmung, viel Pech gehabt.

2.) Zum Torpedoeinsatz wird bemerkt:

a) <u>Am 17.11.:</u> Der Fehlfächer auf das Landungsboot ist möglicherweise auf Fehlschätzung zurückzuführen. Es besteht zudem der Verdacht, daß Landungsboote nicht auf die Torpedos mit »M.Z.« ansprechen, da in mehreren Fällen bisher kein Erfolg zu verzeichnen war.

b) <u>Am 18.11.:</u> Der bedauerliche Versager beim Legen des Abfeuerungshebels brachte das Boot sehr wahrscheinlich um einen sicheren Erfolg. Die weiteren Fehlschüsse sind geklärt durch das geschickte Manövrieren des zweiten Dampfers, der die Torpedos vermutlich horchte. Die Aufgabe des Angriffs ist verständlich, zumal der Kommandant in diesem Augenblick sicher unter dem Eindruck der auf der vorhergehenden Fahrt vergeblichen Torpedierung eines gestoppten Dampfers stand.

c) <u>Am 20.11.:</u> Auch die beiden Frühdetonierer versagten dem Boot sehr wahrscheinlich einen Erfolg, den der Kommandant auf Grund der genauen Unterlagen und bei dem schulmäßigen Angriff ohne Gegenwehr als sicher buchen zu können glaubte. Dies Pech am laufenden Band zerrt an den Nerven des Kommandanten und der Besatzung. Den Torpedoversagern wird gesondert nachgegangen.

3.) Die Begründung der verspäteten Vorlage des Funkspruches am 06.11. kann nicht anerkannt werden. Es ist eine Organisationsangelegenheit des Bootes, bei erhöhtem Spruchanfall für schnelle Abwicklung der eingehenden F.T. zu sorgen.

4.) Die Bemerkung am 11.11. über die mündliche Verabredung mit »Schlippenbach« (U 453) bezog sich auf eine Minenaufgabe U 453 vor Bari.

5.) Die Anregung am Schluß des K.T.B. auf Einführung einer zusätzlichen Programmzeit am Tage bezieht sich auf das Verbot des Längstwellenempfangs über Wasser wegen Ausstrahlung. Der Anregung wird stattgegeben.

6.) Anerkannt wird als versenkt:
1 Dampfer 7500 BRT

17. Unternehmung U 81:
(Mittelmeer, Adria)
Kdt: OlzS Johann Otto Krieg (15. Feindfahrt)

30.12.1943 Pola aus
03.01.1944 Pola ein
Erfolge: keine

<u>Stellungnahme des F.d.U. Mittelmeer:</u>

1.) Das Operieren des Bootes mit dem kranken Kommandanten wurde vom F.d.U. nicht für zweckmäßig und vertretbar erachtet. Der Entschluß zum Rückmarsch wird daher gebilligt und ist gerechtfertigt durch die Dauer der Krankheit.

2.) Der Verlust des Bootes im Hafen ist ein tragischer Zufall und schmerzlich, besonders bei der ohnehin geringen Anzahl von Booten im Mittelmeer. Nach mündlichem Bericht des Kommandanten, war es bei dem schnellen Sinken des Bootes nicht mehr möglich, Kugelschott zum Achterschiff und Turmluk zu schließen.

Erfolge Johann Otto Krieg als Kommandant U 81:
3 Schiffe und 9 Segler (15593 BRT +)
2 Schiffe (14143 BRT =)fas

Register der Ritterkreuzträger
(alphabetisch)

Liste der Ritterkreuzträger

(Reihenfolge nach dem Datum der Ritterkreuzverleihung)

1. Prien, Günther 18.10.1939
2. Schultze, Herbert 01.03.1940
3. Dönitz, Karl 21.04.1940
4. Hartmann, Werner 09.05.1940
5. Schuhart, Otto 16.05.1940
6. Rollmann, Wilhelm 31.07.1940
7. Kretschmer, Otto 04.08.1940
8. Liebe, Heinrich 14.08.1940
9. Lemp, Fritz-Julius 14.08.1940
10. Rösing, Hans Rudolf 29.08.1940
11. Frauenheim, Fritz 29.08.1940
12. Endrass, Engelbert 05.09.1940
13. Kuhnke, Günter 19.09.1940
14. Schepke, Joachim 24.09.1940
15. Jenisch, Hans 07.10.1940
16. Oehrn, Victor 21.10.1940
17. Suhren, Gerd 21.10.1940
18. Bleichrodt, Heinrich 24.10.1940
19. Lüth, Wolfgang 24.10.1940
20. Suhren, Reinhard 03.11.1940
21. Petersen, Heinrich 05.11.1940
22. Schütze, Viktor 11.12.1940
23. Stockhausen, Hans-Gerrit von 14.01.1941
24. Moehle, Karl-Heinz 26.02.1941
25. Lehmann-Willenbrock, Heinrich 26.02.1941
26. Oesten, Jürgen 26.03.1941
27. Schulz, Wilhelm 04.04.1941
28. Zürn, Erich 23.04.1941
29. Kuppisch, Herbert 14.05.1941
30. Wohlfarth, Herbert 15.05.1941
31. Schewe, Georg 23.05.1941
32. Korth, Claus 29.05.1941
33. Topp, Erich 20.06.1941
34. Hessler, Günter 24.06.1941
35. Metzler, Jost 28.07.1941
36. Schnee, Adalbert 30.08.1941
37. Mützelburg, Rolf 17.11.1941
38. Mengersen, Ernst 18.11.1941
39. Guggenberger, Friedrich 10.12.1941
40. Scholtz, Klaus 26.12.1941
41. Bigalk, Gerhard 26.12.1941
42. Kentrat, Eitel-Friedrich 31.12.1941
43. Gysae, Robert 31.12.1941
44. Hardegen, Reinhard 23.01.1942
45. Tiesenhausen, Hans Diedrich Frhr. von 27.01.1942
46. Clausen, Nikolai Asmus 13.03.1942
47. Bauer, Ernst 16.03.1942
48. Mohr, Johann 27.03.1942
49. Ites, Otto 28.03.1942
50. Zapp, Richard 23.04.1942
51. Winter, Werner 05.06.1942
52. Cremer, Erich 05.06.1942
53. Merten, Karl-Friedrich 13.06.1942
54. Kraus, Hans Werner 19.06.1942
55. Rostin, Erwin 28.06.1942
56. Schultze, Heinz Otto 09.07.1942
57. Lassen, Georg 10.08.1942
58. Rosenbaum, Helmut 12.08.1942
59. Piening, Adolf Cornelius 13.08.1942
60. Schonder, Heinrich 19.08.1942
61. Thurmann, Karl 24.08.1942
62. Kals, Ernst 01.09.1942
63. Hartenstein, Werner 17.09.1942
64. Krech, Günther 17.09.1942
65. Bülow, Otto von 20.10.1942
66. Witte, Helmut 22.10.1942
67. Strelow, Siegfried 27.10.1942
68. Poske, Fritz 06.11.1942
69. Emmermann, Carl 27.11.1942
70. Müller-Stöckheim, Günther 27.11.1942
71. Dommes, Wilhelm 02.12.1942
72. Witt, Hans Ludwig 17.12.1942
73. Henke, Werner 17.12.1942
74. Rasch, Hermann 29.12.1942
75. Schacht, Harro 09.01.1943
76. Achilles, Albrecht 16.01.1943
77. Schneider, Herbert 16.01.1943
78. Heyse, Ulrich 21.01.1943
79. Brandi, Albrecht 21.01.1943
80. Forstner, Siegfried Frhr. von 09.02.1943
81. Bielig, Gerhard 10.02.1943
82. Würdemann, Erich 14.03.1943
83. Reche, Reinhart 17.03.1943
84. Trojer, Hans Hartwig 24.03.1943
85. Gelhaus, Harald 26.03.1943
86. Neitzel, Karl 27.03.1943
87. Seibicke, Günther 27.03.1943

88.	Folkers, Ulrich	27.03.1943
89.	Heidtmann, Hans	12.04.1943
90.	Möhlmann, Helmut	16.04.1943
91.	Jahn, Gunter	30.04.1943
92.	Bargsten, Klaus	30.04.1943
93.	Franken, Wilhelm	30.04.1943
94.	Heydemann, Günther	03.07.1943
95.	Markworth, Friedrich	08.07.1943
96.	Staats, Georg	14.07.1943
97.	Kelbling, Gerd	19.08.1943
98.	Panknin, Herbert	04.09.1943
99.	Lechtenbörger, Willi	04.09.1943
100.	Krey, Heinz	04.09.1943
101.	Maus, August	21.09.1943
102.	Schöneboom, Dietrich	20.10.1943
103.	Landfermann, Carl-August	27.10.1943
104.	Rohweder, Hellmut	14.11.1943
105.	Schlippenbach, Egon Reiner Frhr. von	19.11.1943
106.	Fenski, Horst-Arno	26.11.1943
107.	Franke, Heinz	30.11.1943
108.	Teichert, Max-Martin	19.12.1943
109.	Koitschka, Siegfried	27.01.1944
110.	Hellriegel, Hans-Jürgen	03.02.1944
111.	Lüdden, Siegfried	11.02.1944
112.	Wessels, Johann Friedrich	09.03.1944
113.	Poel, Gustav	21.03.1944
114.	Mehl, Waldemar	28.03.1944
115.	Eick, Alfred	31.03.1944
116.	Olschewski, Georg	23.04.1944
117.	Kaeding, Walter	15.05.1944
118.	Hofmann, Horst	20.05.1944
119.	Wiebe, Karl-Heinz	22.05.1944
120.	Schroeter, Horst von	01.06.1944
121.	König, Reinhard	08.07.1944
122.	Sieder, Heinz	08.07.1944
123.	Fleige, Karl	18.07.1944
124.	Marbach, Karl-Heinz	22.07.1944
125.	Stuckmann, Hermann	11.08.1944
126.	Dammeier, Heinrich	12.08.1944
127.	Lange, Hans-Günther	26.08.1944
128.	Timm, Heinrich	17.09.1944
129.	Schaar, Gerhard	01.10.1944
130.	Förster, Hans-Joachim	18.10.1944
131.	Brasack, Paul	30.10.1944
132.	Mühlbauer, Rudolf	10.12.1944
133.	Pulst, Günther	21.12.1944
134.	Thomsen, Rolf	04.01.1945
135.	Hechler, Ernst	21.01.1945
136.	Dobratz, Kurt	23.01.1945
137.	Limbach, Johann	06.02.1945
138.	Hess, Hans Georg	11.02.1945
139.	Westphalen, Otto	23.03.1945
140.	Lichtenberg, Philipp	31.03.1945
141.	Johannsen, Hans	31.03.1945
142.	Prassdorf, Heinz	21.04.1945
143.	Schroeteler, Heinrich	02.05.1945
144.	Jäckel, Karl	08.05.1945
145.	Lehmann, Hans	08.05.1945

Krieg, Johann Otto 08.07.1944
(erhielt das Ritterkreuz als Flottillenchef einer K-Flottille)

Eichenlaub zum Ritterkreuz

1.	Prien, Günther	20.10.1940
2.	Kretschmer, Otto	04.11.1940
3.	Schepke, Joachim	01.12.1940
4.	Liebe, Heinrich	10.06.1941
5.	Endrass, Engelbert	10.06.1941
6.	Schultze, Herbert	12.06.1941
7.	Schütze, Viktor	14.07.1941
8.	Lehmann-Willenbrock, Heinrich	31.12.1941
9.	Suhren, Reinhard	31.12.1941
10.	Topp, Erich	11.04.1942
11.	Hardegen, Reinhard	23.04.1942
12.	Mützelburg, Rolf	15.07.1942
13.	Schnee, Adalbert	15.07.1942
14.	Scholtz, Klaus	10.09.1942
15.	Bleichrodt, Heinrich	23.09.1942
16.	Lüth, Wolfgang	13.11.1942
17.	Merten, Karl-Friedrich	16.11.1942
18.	Guggenberger, Friedrich	08.01.1943
19.	Mohr, Johann	13.01.1943
20.	Lassen, Georg	07.03.1943
21.	Dönitz, Karl	06.04.1943
22.	Brandi, Albrecht	11.04.1943
23.	Bülow, Otto von	26.04.1943
24.	Gysae, Robert	31.05.1943
25.	Emmermann, Carl	04.07.1943
26.	Henke, Werner	04.07.1943
27.	Hartmann, Werner	05.11.1944
28.	Thomsen, Rolf	29.04.1945
29.	Lange, Hans-Günther	29.04.1945

Eichenlaub mit Schwertern zum Ritterkreuz

1.	Kretschmer, Otto	26.12.1941
2.	Topp, Erich	17.08.1942
3.	Suhren, Reinhard	01.09.1942
4.	Lüth, Wolfgang	15.04.1943
5.	Brandi, Albrecht	09.05.1944

Eichenlaub mit Schwertern und Brillanten zum Ritterkreuz

1.	Lüth, Wolfgang	09.08.1943
2.	Brandi, Albrecht	24.11.1944

Literaturauswahl

Ungedruckte Quellen

Kriegstagebücher der deutschen U-Boote von September 1914 bis November 1918 und von September 1939 bis Mai 1945 auf Mikrofilm-Rollen T 1022 (Rollen 3 bis 4188), einschließlich der Kriegstagebücher des Führers/Befehlshabers (F.d.U./B.d.U.) der Unterseeboote, Führers (F.d.U.) der Unterseeboote Italien/ Mittelmeer, Führers (F.d.U.) der Unterseeboote Norwegen/Nordmeer, Führers (F.d.U.) der Unterseeboote West, Führers (F.d.U.) der Unterseeboote Ost, Führers (F.d.U.) der Unterseeboote Mitte und das Kriegstagebuch der Seekriegsleitung. Besitz von Rainer Busch und Hans-Joachim Röll.

Gedruckte Quellen

Alman, Karl: Ritter der sieben Meere. Chronik eines Opferganges. Ritterkreuzträger der U-Boot-Waffe, Rastatt 1963.

Alman, Karl: U-Boot-Asse, Wien 1980.

Alman, Karl: Graue Wölfe in blauer See, München 1977.

Alman, Karl: Günther Prien. Der »Wolf« und sein Admiral, Leoni am Starnberger See 1981.

Alman, Karl: U 48. Das erfolgreichste Boot des Zweiten Weltkrieges, Leoni am Starnberger See 1986.

Alman, Karl: Wolfgang Lüth. Der erfolgreichste U-Boot-Kommandant des Zweiten Weltkrieges, Friedberg 1988.

Arendt, Rudolf: Letzter Befehl: Versenken. Deutsche U-Boote im Schwarzen Meer, Hamburg-Berlin-Bonn 1998.

Bekker, Cajus: Verdammte See. Ein Kriegstagebuch der deutschen Marine, Herford 1978.

Bendert, Harald: U-Boote im Duell, Hamburg 1996.

Berger, Florian: Mit Eichenlaub und Schwertern, Wien 1999.

Blair, Clay: Der U-Boot-Krieg 1939–1942. Die Jäger, München 1996.

Blair, Clay: Der U-Boot-Krieg 1942–1945. Die Gejagten, München 1999.

Blond, Georges: Kurs Murmansk, Oldenburg 1958.

Böddeker, Günter: Die Boote im Netz, Augsburg 1993.

Brennecke, Jochen: Haie im Paradies, Herford 1967.

Brennecke, Jochen: Jäger – Gejagte, Herford 1989.

Brennecke, Jochen: Die Wende im U-Boot-Krieg, Herford 1984.

Brustat-Naval, Fritz: Ali Cremer: U 333, Berlin 1994.

Brustat-Naval, Fritz/Suhren, Teddy: Nasses Eichenlaub, Herford 1983.

Busch, Fritz-Otto: Die Feindfahrten des U-Bootes U 110, Rastatt 1994.

Busch, Harald: So war der U-Boot-Krieg, Preußisch-Oldendorf 1983

Busch, Rainer/Röll, Hans-Joachim:
Der U-Boot-Krieg 1939–1945.
Die deutschen U-Boot-Kommandanten, Bd. 1, Hamburg-Berlin-Bonn 1996;
Der U-Boot-Bau auf deutschen Werften, Bd. 2, Hamburg-Berlin-Bonn 1997;
Deutsche U-Boot-Erfolge, Bd. 3, Hamburg-Berlin-Bonn 2001;

Deutsche U-Boot-Verluste, Bd.4, Hamburg-Berlin-Bonn 1999.

Diroll, Bernd: Die Hamburger Ritterkreuzträger 1939–1945, Hamburg 1984.

Dönitz, Karl: Zehn Jahre und zwanzig Tage. Erinnerungen 1935–1945, Koblenz 1985.

Dönitz, Karl: Mein soldatisches Leben, Schnellbach 1998.

Dörr, Manfred: Die Ritterkreuzträger der Wehrmacht/Teil IV: Die U-Boot-Waffe/Band 1: A-J, Osnabrück 1988.

Dörr, Manfred: Die Ritterkreuzträger der Wehrmacht/Teil IV: Die U-Boot-Waffe/Band 2: K-Z, Osnabrück 1989.

Dörr, Manfred: Die Ritterkreuzträger der Wehrmacht/Teil VII: Die Überwasserstreitkräfte der Kriegsmarine/Bd. 1: A-K, Osnabrück 1995.

Dörr, Manfred: Die Ritterkreuzträger der Wehrmacht/Teil VII: Die Überwasserstreitkräfte der Kriegsmarine/Bd. 2: L-Z, Osnabrück 1995.

Enders, Gerd: Auch kleine Igel haben Stacheln, Herford 1984.

Enders, Gerd: Deutsche U-Boote zum Schwarzen Meer, Hamburg-Berlin-Bonn 1997.

Fellgiebel, Walther-Peer: Die Träger des Ritterkreuzes des Eisernen Kreuzes 1939–1945, Friedberg 1990.

Frank, Wolfgang: Die Wölfe und der Admiral, Oldenburg 1953.

Frank, Wolfgang/Meckel, Hans: Was war wirklich mit Prien?, Hamburg 1950.

Fraschka, Günter: ... mit Schwertern und Brillanten, Rastatt 1965.

FZ-Verlag: Helden der Wehrmacht. Unsterbliche deutsche Soldaten, München 2000.

Gannon, Michael: Operation Paukenschlag, Frankfurt/M. 1991.

Gannon, Michael: Schwarzer Mai, Berlin 1999.

Gericke, Bernd: Die Inhaber des Deutschen Kreuzes in Gold, in Silber (Kriegsmarine) und die Inhaber der Ehrentafelspange der Kriegsmarine, Osnabrück 1993.

Hadley, Michael L.: Uboote gegen Kanada, Herford-Bonn 1990.

Hadley, Michael L.: Der Mythos der deutschen U-Bootwaffe, Hamburg-Berlin-Bonn 2001.

Harper, Stephen: Kampf um Enigma. Die Jagd auf U 559, Hamburg-Berlin-Bonn 2001.

Hartmann, Werner: Feind im Fadenkreuz, Berlin 1942.

Herlin, Hans: Verdammter Atlantik, Herrsching 1988.

Herzog, Bodo: Otto Kretschmer. Der erfolgreichste U-Boot-Kommandant des Zweiten Weltkrieges 1939–1945, Norderstedt 2001.

Herzog, Bodo/Schomaekers, Günter: Ritter der Tiefe – Graue Wölfe, Wels 1976.

Hess, Hans-Georg: Die Männer von U 995, Oldenburg 1979.

Hirschfeld, Wolfgang: Feindfahrten. Das Logbuch eines U-Boot-Funkers, Wien 1982.

Högel Georg: Embleme, Wappen, Malings deutscher U-Boote 1939–1945, Herford 1987.

Jones, David C.: Der Feind, den wir töteten, mein Freund. Werner Hartenstein und U 156, Plauen 2001.

Kelshall, Gaylord T.M.: Der U-Boot-Krieg in der Karibik 1942–1945, Hamburg-Berlin-Bonn 1999.

Korganoff, A.: Prien gegen Scapa Flow, Stuttgart 1989.

Kriegstagebuch der Seekriegsleitung 1939–1945, Teil A, hrsg. von Werner Rahn und Gerhard Schreiber unter Mitwirkung von Hansjoseph Maierhöfer, (76 Bände), Herford-Hamburg 1988–1997.

Kurowski, Franz: An alle Wölfe: Angriff, Friedberg 1986.

Kurowski, Franz: Die Träger des Ritterkreuzes des Eisernen Kreuzes der U-Bootwaffe 1939–1945, Friedberg 1987.

Kurowski, Franz: Jäger der sieben Meere, Stuttgart 1994.

Kurowski, Franz: Krieg unter Wasser, Düsseldorf 1979.

Kurowski, Franz: Ritterkreuzträger aus Ost- und Westpreußen, Kiel 1996.

Kurowski, Franz: Verleugnete Vaterschaft, Selent 2000.

Lange, Ulrich: Auf Feindfahrt mit U 170 und Ritterkreuzträger Rudolf Mühlbauer, Radebeul 2002.

Lanitzki, Günter: Kreuzer Edinburgh, Berlin 1988.

Lohmann, Walter und Hildebrandt, Hans H.: Die deutsche Kriegsmarine 1939–1945, Bad Nauheim 1956–1964.

Lüdde-Neurath, W.: Regierung Dönitz. Die letzten Tage des III. Reiches, Schnellbach 1999.

Lüth, Wolfgang/Korth, Claus: Boot greift wieder an, Berlin 1943.

Lund, Paul/Lundlam, Harry: Die Nacht der U-Boote, München 1987.

Mallmann-Showell, J.P.: Uboote gegen England, Stuttgart 1987.

Mallmann-Showell, Jak P.: Die U-Boot-Waffe, Stuttgart 2001.

Mallmann-Showell, Jak P.: Deutsche U-Boote an feindlichen Küsten 1939–1945, Stuttgart 2002.

Marbach, Karl-Heinz: Von Kolberg über La Rochelle nach Berlin, Frankfurt 1995.

Merten, Karl-Friedrich: Nach Kompaß, Herford 1994.

Metzler, Jost: Sehrohr Südwärts, Berlin 1943.

Metzler, Jost: U 69 – Die lachende Kuh, München 1958.

Mulligan, Timothy P.: Lone Wolf, The life and death of u-boat ace Werner Henke, Westport, Conneticut, London 1993

Mulligan, Timothy P.: Die Männer der deutschen U-Bootwaffe 1939–1945, Stuttgart 2001.

Niestlé, Axel: German U-boat losses during world war II, Annapolis, Maryland 1998.

Peillard, Leonce: Geschichte des U-Bootkrieges 1939/1945, Klagenfurt 1970.

Pfitzmann, Martin: U-Boot Gruppe Eisbär. Einsatz vor Kapstadt, Rastatt 1986.

Plottke, Herbert: U 172 im Einsatz, Friedberg 1994.

Prien, Günther: Mein Weg nach Scapa Flow, Berlin 1940.

Range, Clemens: Die Ritterkreuzträger der Kriegsmarine, Stuttgart 1974.

Range, Clemens/Düfel, Andreas: Die Ritterkreuzträger in der Bundeswehr, Berlin-Suderburg 2000.

Ritschel, Herbert: Kurzfassung Kriegstagebücher Deutscher U-Boote 1939–1945. Band 1/KTB U 1– U 50.

Ritschel, Herbert: Kurzfassung Kriegstagebücher Deutscher U-Boote 1939–1945. Band 2/KTB U 51 – U 99.

Ritschel, Herbert: Kurzfassung Kriegstagebücher Deutscher U-Boote 1939–1945. Band 3/KTB U 100 – U 124.

Roskill, S.W.: Das Geheimnis um U 110, Frankfurt/M. 1960.

Rohde, Jens: Die Spur des Löwen. U 1202, Itzehoe 2000.

Robertson, Terence: Der Wolf im Atlantik, Augsburg 1994.

Rose, Olaf: U 751. Triumph und Tragödie eines deutschen U-Bootes, Inning am Ammersee 2002.

Savas, Theodore P.: Lautlose Jäger. Deutsche U-Boot-Kommandanten im 2. Weltkrieg, Berlin 1999.

Schepke, Joachim: U-Boot-Fahrer von heute, Berlin 1940.

Schulz, Wilhelm: Über dem nassen Abgrund. Als Kommandant und Flottillenchef im U-Boot-Krieg, Herford 1994.

Smith, Peter C.: Geleitzug nach Russland, Stuttgart 1980.

Snyder, Gerald S.: Husarenstück in Scapa Flow, München 1981.

Tessin, Georg: Verbände und Truppen der deutschen Wehrmacht und Waffen-SS im Zweiten Weltkrieg 1939–1945, Osnabrück 1979–1996.

Topp, Erich: Fackeln über dem Atlantik, Herford 1993.

Vause, Jordan: Die Wölfe. Deutsche U-Boot-Kommandanten im 2. Weltkrieg, Stuttgart 1999.

Vause, Jordan: Der U-Boot-Kommandant Wolfgang Lüth, Stuttgart 1999.

Waters, John M.: Blutiger Winter, Wels 1970.

Wetzel, Eckard: Der U-Boot-Krieg im Nordmeer, Utting o.J.

Wetzel, Eckard: U 995. Das U-Boot vor dem Marine-Ehrenmal in Laboe, Schwedeneck 1990.

Die Kriegsmarine, Deutsche Marine-Zeitung, Hefte 1939–1944, (OKM).

Marineverordnungsblätter 1939–1945, (OKM).

Internationales Militaria-Magazin (vorher INFO), Hefte 1980–2003, Zweibrücken.

Ranglisten der Kaiserlich Deutschen Marine, der Deutschen Reichsmarine und der Deutschen Kriegsmarine 1910–1944.

Crewbücher, Crew 1910-Crew X/1943.

Für Ergänzungen und Berichtigungen sind die Autoren dankbar. Bitte senden Sie Ihre Hinweise mit präziser Quellenangabe an Rainer Busch, Weinbergstrasse 44, 97222 Rimpar, Telefon 09365/89288, Fax 09365/89287, E-Mail: rainer_busch@t-online.de.